Gesa Lindemann
Die Grenzen des Sozialen

Übergänge Band 48

Übergänge

Texte und Studien zu
Handlung, Sprache und Lebenswelt

begründet von

Richard Grathoff
Bernhard Waldenfels

herausgegeben von

Wolfgang Eßbach
Bernhard Waldenfels

Band 48

Gesa Lindemann

Die Grenzen des Sozialen

Zur sozio-technischen Konstruktion von Leben und
Tod in der Intensivmedizin

Wilhelm Fink Verlag

Gedruckt mit Unterstützung der Deutschen Forschungsgemeinschaft (DFG)

Die Deutsche Bibliothek – CIP- Einheitsaufnahme

Lindemann, Gesa:
Die Grenzen des Sozialen : zur sozio-technischen Konstruktion
von Leben und Tod in der Intensivmedizin / Gesa Lindemann. –
München : Fink, 2002
(Übergänge ; Bd. 48)
Zugl.: Frankfurt (Main), Univ., Habil.-Schr., 2001
ISBN 3-7705-3667-3

Alle Rechte, auch die des auszugsweisen Nachdrucks, der fotomechanischen Wiedergabe und der Übersetzung, vorbehalten. Dies betrifft auch die Vervielfältigung und Übertragung einzelner Textabschnitte, Zeichnungen oder Bilder durch alle Verfahren wie Speicherung und Übertragung auf Papier, Transparente, Filme, Bänder, Platten und andere Medien, soweit es nicht §§ 53 und 54 URG ausdrücklich gestatten.

Gedruckt auf alterungsbeständigem Papier

ISBN 3-7705-3667-3
© 2002 Wilhelm Fink Verlag, München
Gesamtherstellung: Ferdinand Schöningh GmbH, Paderborn

Inhaltsverzeichnis

Abbildungen 10

Vorwort 11

Einleitung 13

Textuelle Präsentationsregeln 17

1. Doppelte Kontingenz und reflexive Anthropologie 19
  1.1. Exzentrische Positionalität.. 27
    1.1.1. Der Zusammenhang zwischen exzentrischer
      Positionalität und der Theorie des Lebendigen......... 28
    1.1.2. Die anthropologischen Paradoxien der
      exzentrischen Positionalität...................................... 32
  1.2. Doppelte Kontingenz und exzentrische Positionalität........ 37
    1.2.1. Mitwelt... 38
    1.2.2. Mitwelt und doppelte Kontingenz........................... 40
  1.3. Reflexive Anthropologie und die Grenzen des Sozialen....... 44
    1.3.1. Die erweiterte Deutung.. 44
    1.3.2. Die Materialität des Sozialen................................... 47
  1.4. Fazit: Die Notwendigkeit eine Beobachtungsposition
    theoretisch zu konstruieren.. 48

2. Kritisch-reflexive Methode 51
  2.1. Die Auswahl des Gegenstandes.. 52
  2.2. Konstruktion der Beobachtungsposition........................... 58
    2.2.1. Science studies 58
    2.2.2. Luckmann 64
    2.2.3. Kritisch-reflexive Methode 70
  2.3. Ou-topische Körper und der Konjunktiv des Wissens 73

2.3.1. Ou-topische Körper ... 74
2.3.2. Der Konjunktiv des Wissens ... 75
2.4. Verankerung der Methode im Gegenstand ... 77
    2.4.1. Das reflexive Potential der medizinischen Diskussion um den Hirntod: das Vier-Ebenen-Modell von Kurthen und Linke ... 79
    2.4.2. Umarbeitung des Vier-Ebenen-Modells ... 82
    Enthierarchisierung des Vier-Ebenen-Modells ... 83
2.5. Die Interpretation der medizinischen Praxis ... 89
    2.5.1. Beobachtungsorte und verwendete Daten ... 89
    Zusammenstellung der Daten bzw. Quellen ... 91
    2.5.2. Interpretatives Vorgehen ... 92
    2.5.3. Die kommunikative Situierung der Beobachtung im Feld ... 100

3. DER TOD IM KONJUNKTIV ... 105

3.1. Vertrauenerweckende Unsicherheit: Reanimation – Intensivmedizin ... 108
    3.1.1. Das Problem der unendlichen Behandlung ... 110
    3.1.2. Die neue Sicherheit: Kriterien des Behandlungsabbruchs und/oder des Todes ... 115
3.2. Der Zwang zur präzisen Bestimmung der Grenze ... 116
    3.2.1. Tod und Organverwendung ... 119
    3.2.2. Die Ursache als Phänomen: Die Genese der gegenwärtigen Hirntodkonzeption ... 128
3.3. Der Tod im Konjunktiv ... 137

4. DEM PATIENTENKÖRPER AUF DER SPUR I: DER PATIENT ALS NICHTEXPRESSIVE ORDNUNGSEINHEIT DER ÄRZTLICHEN PRAKTIKEN IN DER INTENSIVMEDIZIN ... 139

4.1. Über den medizinsoziologischen Nutzen der Frage nach den Grenzen des Sozialen ... 139
4.2. Ärzte und Pflegepersonal als Akteure: Die Behandlung der Patientinnen ... 145
    4.2.1. Orte der Beobachtung ... 146
    4.2.2. Der nackte Körper als integraler Bestandteil einer biotechnischen Gestalt ... 148

4.2.3. Sterilität und Lebenserhaltung 153
    4.2.3.1. Die Ordnung der Keime 154
    4.2.3.2. »Anbasteln«: Die Herstellung der biotechnischen Gestalt 157
4.2.4. Die zwei Umgangsweisen 166
    4.2.4.1. Die Teilung der Arbeit und die Teilung und Aneignung des Körpers 168
    4.2.4.2. Die medizinimmanente Grenze der Teilung 173
    4.2.4.3. Die rekursive Konstellierung des »Patienten-im-Bett« und die Erhaltung seines Lebens 178
        4.2.4.3.1. Die korporalen Bedingungen der rekursiven Konstellierung des »Patienten-im-Bett« 182
        Zeichen des Patienten? 183
        Die Herstellung einer stimmigen Symptomkonstellation 186
        Die Verschränkung der zeitlichen Horizonte 193
        4.2.4.3.2. Die extrakorporalen Bedingungen der rekursiven Konstellierung des »Patienten-im-Bett« oder die kommunikative Inversion der Arzt-Patient-Beziehung 203
        Die Fixierung des Ethos der Kunstfertigkeit im Rahmen hierarchischer Unterstellungsverhältnisse 205
        Die diplomatische Regulation hierarchieferner Verhältnisse 214
4.3. Die Behandlung der Patienten und ihre kommunikative Inversion 220

5. DEM PATIENTENKÖRPER AUF DER SPUR II: DIE PATIENTIN ALS EXPRESSIVES GEGENÜBER DER ÄRZTLICHEN PRAKTIKEN IN DER INTENSIVMEDIZIN UND DER NEUROLOGISCHEN FRÜHREHABILITATION 225

5.1. Der ou-topische Charakter des Lebens und des Bewußtseins 226
    Die technischen Oberflächen der Expressivität des Lebens .. 231
5.2. Die Komplexität der Einheit und die Begegnung 236

5.2.1. Ordnungseinheit – Expressivität des Lebens............ 236
Beatmung... 243
5.2.2. Expressivität des Lebens – Expressivität des eigenständig (re)agierenden Körpers................................ 246
5.2.3. Expressivität des eigenständig reagierenden Körpers – Expressivität des leiblichen Bewußtseins... 252
Die Lockerung der technisch ermöglichten Symbiose als Bedingung einer sinnvollen Deutung von Schmerzreaktionen... 253
Schmerzreiz... 258
Schmerzreaktion... 261
Expressivität des leiblichen Bewußtseins................ 267
5.2.4. Das Paradox der diagnostischen Kontrolle und therapeutischen Entfaltung der Gestaltungsmöglichkeiten des bewußten Selbst............................ 278
Diagnostische Kontrolle der Gestaltungsmöglichkeiten des bewußten Selbst............................ 278
Die therapeutische Entfaltung der Gestaltungsmöglichkeiten des bewußten Selbst in der Frührehabilitation.. 284
5.3. Symbolische Expressivität und personales Selbst............... 294
5.3.1. Der Ja/Nein-Code – eine expressive Leistung des personalen Selbst... 299
5.3.2. Symbolische Expressivität im Dienste der Diagnostik: das Befolgen sprachlicher Aufforderungen und die symbolische Orientierung... 314
5.4. Die Vertretbarkeit der Person und die Unvertretbarkeit des Lebens/Bewußtsein... 324
5.4.1. Die Vertretung der Person durch den lebendigen Körper.. 330
5.4.2. Die Vertretung der Person durch Angehörige und vergangene Willensbekundungen............................ 339
5.5. Das Leben der Person: Über das Verhältnis von medizinischem und soziologischem Wissen..................... 346

6. DEM PATIENTENKÖRPER AUF DER SPUR III:
   DAS ERLÖSCHEN DER PATIENTIN ALS EXPRESSIVES
   GEGENÜBER – DIE FESTSTELLUNG DES HIRNTODES 351
   6.1. Das Hirntodsyndrom: die diagnostische Konstellierung
        der Gestalt 354
   6.2. Die Fixierung des Todeszeitpunkts im Kontext des
        lokalen Ethos der Kunstfertigkeit: die zeitlichen
        Strukturen der Diagnose »hirntot« 369
   6.3. Das ou-topische Gegenüber und der Zwang zur wertenden
        Deutung der Gestalt 387
        6.3.1. Expressivität des Körpers – Ereignisse am Körper.... 387
        6.3.2. Transformationen der Beziehungskomplexität als
               Bedingung der Todesfeststellung 404
        6.3.3. Das Paradox des Todes – die unmögliche
               Identifikation des ou-topischen mit der Gestalt 415
               Die Fixierung des Todeszeitpunkts als
               Identifikation des ou-topischen Gegenüber mit
               der Gestalt 418
   6.4. Die finale Deutung und das Paradox des Todes 421

7. DIE BIOMEDIZINISCHEN GRENZEN DES SOZIALEN 425

LITERATUR 437

PERSONENVERZEICHNIS 467

Verzeichnis der Abbildungen

Der Patient als nichtexpressives Gegenüber –
Die Konstellierung der Gestalt (Abb. 1) 94

Die Patientin als expressives Gegenüber –
Die zweiseitige Bedeutungsbeziehung
zwischen Gestalt und ou-topischem Gegenüber (Abb. 2).............. 96

Ou-topos – Übersetzungen zwischen Medizin,
Rechtswissenschaft und Soziologie (Abb. 3) 99

Vorwort

Die Entstehung dieser Arbeit ist von vielen beeinflußt und manchmal entscheidend mitbestimmt worden. Dazu gehören nicht zuletzt die Arbeitsmöglichkeiten, die eine Universitätsstellung bieten kann, wenn sie in einem offenen und forschungsfreundlichen Umfeld angesiedelt ist. Der Umgang, den Heinz Steinert mit seinen Mitarbeiterinnen und Mitarbeitern pflegte, ließ mir großen Spielraum für die Durchführung eigener Forschung. Ich wünsche allen, die sich nach der Promotion auf den steinigen Weg einer akademischen Laufbahn begeben, die Freiheiten, die ich genossen habe.

Ein Glücksfall war, daß die Studierenden, die durch meine Veranstaltungen angezogen wurden, sich weniger an verschulter Wissensvermittlung interessiert zeigten, sondern großes Interesse an einem Lehrmodell hatten, das auf die Einheit von Forschung und Lehre abzielt. Dies gab mir den Mut, in die Seminare auch komplexe Forschungsfragen hineinzutragen. Aus den daraus entstehenden Diskussionen habe ich viel gelernt. Besonders erwähnen möchte ich Udo Hürtgen, Ulle Jäger, Uta Krause und Beatrix Schlemmer.

In einem sehr frühen Stadium hat mich Günter Dux eingeladen, meine Überlegungen in seinem Kolloquium vorzustellen. Die Diskussionen waren für mich ein Ansporn zur Präzisierung meiner Ideen. Mit Hansfried Kellner konnte ich theoretische Fragen diskutieren. Eine Einladung nach Konstanz hat meinen theoretischen und methodischen Überlegungen eine ausführliche und harte Kritik von Hans-Georg Soeffner eingetragen, die mir half zu begreifen, wie weit der Ansatz meiner Arbeit von transzendentaltheoretischen Prämissen entfernt ist, obwohl er eine zumindest teilweise ähnliche Problemlage bearbeitet. Mit Hans Peter Krüger habe ich während der Niederschrift der Arbeit eine ausführliche Korrespondenz geführt, in der ich wichtiges hinsichtlich des Verhältnisses von Theorie und Methode klären konnte. Oliver Brüchert hat den im engeren Sinn methodischen Teil einer instruktiven Kritik unterzogen. Judith Jànoska hat die Entwürfe mehrerer Kapitel gelesen und ich hoffe, es ist mir gelungen ihre manchmal grundsätzlichen Einwände angemessen einzuarbeiten. Christoph Görg hat eine späte Version des ersten Kapitels einer hilfreichen Kritik unterzogen und Friedhelm Krey war so freundlich, mir beim Korrekturlesen zu helfen. Für ihre freundliche Unterstützung danke ich den Mitarbeitern und Mitarbeiterinnen des Archivs der Max-Planck-Gesellschaft, insbesondere Marion Kazemi.

Den meisten Dank schulde ich denjenigen, die ich nicht namentlich erwähnen kann. Um ihre Anonymität nicht zu gefährden, kann ich an dieser Stelle weder die ärztlichen Direktoren noch die Leiter der Abteilungen für Neurologie, Neurochirurgie und Frührehabilitation nennen, die mir den Zutritt zu den Krankenhäusern bzw. den Stationen ermöglichten. Auch den Ärzten und Ärztinnen und den Schwestern und Pflegern, deren tägliche Arbeit ich beobachtet habe, kann ich meinen Dank hier nur indirekt aussprechen. Das Gleiche gilt für die Transplantationskoordinatoren und -koordinatorinnen, an deren Einsätzen ich teilgenommen habe. Schließlich muß ich mich bei den Patienten und Patientinnen bedanken, neben deren Bett ich oft Stunden verbracht habe. Ich hoffe, daß sie meine Anwesenheit nicht gestört hat.

Die teilnehmende Beobachtung der Intensivmedizin hat mich auf eine vollkommen neue Weise mit der Verletzlichkeit und der Technisierbarkeit des menschlichen Lebens konfrontiert. Während der Empiriephase war ich deshalb froh um die seelische Unterstützung, die ich bei Esther Schulz-Goldstein gefunden habe.

Während des Schreibens haben mich die Gespräch mit Regina Kreide daran erinnert, daß auch die Auseinandersetzung mit Bewußtlosigkeit, Sterben und Tod kein Grund ist, sich das Lachen zu versagen.

Mit Juliana Raupp konnte ich die gesamte Arbeit von den ersten Anfängen bis zur Fertigstellung immer wieder diskutieren, und sie hat mehrere Kapitel einer strengen Kritik unterzogen. Manchmal habe ich erst durch ihre Einwände begriffen, worauf ich eigentlich hinaus wollte.

Einleitung

Die Entwicklung der Intensivmedizin hat eine besondere Form des Todes ermöglicht: den Hirntod. Es ist immer wieder heftig diskutiert worden, ob der Hirntod als Tod des Menschen gelten kann. An diesen Debatten haben sich hauptsächlich VertreterInnen der Medizin, der Theologie, der Philosophie und der Rechtswissenschaft beteiligt. Das Besondere eines soziologischen Beitrags zu dieser Diskussion liegt in der empirischen Orientierung: An die Stelle einer engagierten Stellungnahme zu medizinethischen Fragen treten eine wissenssoziologische Rekonstruktion der Entstehung des Hirntodkonzepts und eine nüchterne Beschreibung der intensivmedizinischen Praxis, die auf einer ausführlichen Feldforschung basiert (teilnehmende Beobachtung und ExpertInneninterviews).

Eine soziologische Analyse des Todes stößt allerdings auf besondere Schwierigkeiten. Da in der Soziologie nur lebende Menschen als soziale Akteure gelten, markiert die Grenzziehung zwischen Lebenden und Toten zugleich die Grenze des Bereichs, den die Soziologie in epistemologischer Hinsicht als ihre Domäne reklamiert. Eine empirische Analyse des Umgangs mit IntensivpatientInnen und der Hirntoddiagnostik hat es also gleichermaßen mit zwei Problembereichen zu tun: Epistemologisch geht es darum, wie der Gegenstandsbereich der Sozialwissenschaften konstitutiert wird und in ethisch-politischer Hinsicht steht im Mittelpunkt, wie in der Bundesrepublik Deutschland praktisch wirksam der Bereich abgegrenzt wird, in dem die für Menschen reservierten Grundrechte gelten. Beide Fragen sind eng miteinander verbunden. Denn um sehen zu können, wie die ethisch-politische Grenze gezogen wird, darf sie in der Analyse nicht vorausgesetzt werden. Die Analyse muß also in theoretischer und methodischer Hinsicht ohne Bezug auf »den Menschen« auskommen. Dies erfordert einen vollständigen Bruch mit der in der Soziologie gültigen Weltinterpretation, wonach nur lebende Menschen soziale Akteure sein können.

Die ersten beiden Kapitel klären die theoretischen und methodischen Voraussetzungen für den Bruch mit den bislang in der Soziologie gültigen Annahmen. Im ersten Kapitel wird die unausgesprochen aufrechterhaltene Bindung der soziologischen Theoriebildung an anthropologische Annahmen diskutiert und aufgelöst. Der Bezug auf eine positive Anthropologie wird durch eine reflexive Anthropologie ersetzt, die die Frage, wer ein sozialer Akteur ist, als ausschließlich empirisch zu beantwortende Frage auffaßt. Daraus ergibt sich in methodischer Hinsicht eine vollständig neuartige Situation. Es wird nämlich für die empirische Forschung unmöglich, den eigenen Gegenstand über so allgemeine Festlegungen zu bestimmen wie: die menschliche Gesellschaft, von Menschen gemachte soziale Ordnungen oder von Menschen vollbrachte symbolvermittelte Interaktion. Die methodischen Probleme, die sich aus der Auflösung der Gewißheit über den Gegenstand ergeben, werden im zweiten Kapitel diskutiert. Darüber hinaus wird im zweiten Kapitel auch ausführlich die Frage behandelt, wie eine Verschiebung der Grenzen des Sozialen beobachtet werden kann. Wenn nur *lebende Menschen* soziale Akteure sein können, kann die Frage, wer in den Kreis des Sozialen gehört, auf zwei Ebenen beantwortet werden. Zum einen direkt, indem festgelegt wird, diese Entität ist eine soziale Person und jene nicht und zum anderen indirekt anhand der Unterscheidung zwischen Leben und Tod. Wenn die Frage, wer eine soziale Person ist, mit der Frage, wie bei Menschen zwischen Leben und Tod unterschieden werden kann, zusammenfällt, ist eine Veränderung der Todeskonzeption zugleich eine Verschiebung der Grenzen des Sozialen. In dieser Perspektive untersucht das dritte Kapitel, wie sich Anfang der sechziger Jahre ein neues Todeskonzept, das Hirntodkonzept, entwickelte. Die Gültigkeit der neuen Todeskonzeption ist auch heute noch auf den engen Kontext der Intensivmedizin beschränkt. Das vierte und fünfte Kapitel unterziehen, den Umgang mit Intensivpatienten einer empirischen Analyse. Daran schließt sich im sechsten Kapitel eine Untersuchung dessen an, wie unter den besonderen Bedingungen der Intensivmedizin der Tod eines Menschen festgestellt werden kann. Dieser Vorgang ist gleichbedeutend mit dem Ausschluß der betreffenden Entität aus dem Bereich des Sozialen.

In methodischer Hinsicht legt die Arbeit ein besonderes Augenmerk darauf, wie eine Beobachtung konzipiert sein muß, damit der spezifische Beitrag von Intensivpatientinnen für die Konstruktion situativer Realitäten überhaupt wahrnehmbar wird. Entgegen dem in der Medizinsoziologie gültigen Vorurteil, daß nur den Patienten ein aktiv gestaltender Beitrag zuerkannt werden kann, die wach und handlungs- und kommunikationsfähig sind, folgt diese Studie dem Gegenüber der ärztlichen Praxis auch dann noch, wenn Patienten konsequent in das epistemologische Feld medizinischen Wissens und

Handelns übersetzt sind. Sie folgt ihnen bis auf die Oberflächen ihrer fremd und unverständlich anmutenden nichtpersonalen Existenz. Nur von dorther wird verständlich, wie der in der modernen Gesellschaft endgültige Ausschluß aus dem Bereich des Sozialen, die Deutung einer körperlichen Gestalt als tot, erfolgen kann.

Den Anstoß zu dieser Arbeit erhielt ich vor über 10 Jahren, als ich begann, mich mit dem Werk Helmuth Plessners auseinanderzusetzen. In den 1928 erschienenen »Stufen des Organischen« entwickelt er eine Anthropologie, die auf einer Konzeption der »Mitwelt« aufruht, die Personalität und Sozialität nicht für die Menschen reserviert, sondern es kontingenten Deutungsprozessen anheimstellt, wie die Grenze zwischen der Sozialwelt und anderem gezogen wird. Plessner hat die Implikationen dieses Gedankens nie weitergehend entfaltet und es scheint sogar so, als hätte er in den Arbeiten, die nach 1933, d.h. nach der faschistischen Machtergreifung in Deutschland, entstanden sind, den Gedanken, daß es kontingent sein könnte, wer eine soziale Person ist, fallengelassen. Ich halte es nicht für ausgeschlossen, daß die tiefgehende moralische Erschütterung, die der Faschismus ausgelöst hatte, es unmöglich gemacht hat, das sozialtheoretische Denken derart zu entwurzeln.

In einem demokratischen Rechtstaat werden Personen besondere Schutzrechte zuerkannt. Das Signum der elementaren Zugehörigkeit zum Kreis der sozialen Personen ist es, ein lebender Mensch zu sein. Dies ist der entscheidende und bislang faktisch gültige Bezugspunkt sowohl der historischen als auch der politikwissenschaftlichen und soziologischen Forschung, ganz zu schweigen von den sozialethischen und bioethischen Diskursen. Selbst die Arbeiten Foucaults erhalten bei aller Humanismusschelte durch ihren untergründigen Bezug auf den Menschen einen gesellschaftskritischen Impetus. Daß der Mensch eine vergängliche epistemologische Figur sein könnte, verletzte nicht die Gewißheit den Menschen als Bezugspunkt für eine Kritik des Bestehenden in Dienst nehmen zu können. Auf diese Weise bleibt unausgesprochen aber effektiv eine Ressource für ein politisches Anliegen erhalten. Dieser Sicherheit trauere ich nach, ohne sie fortsetzen zu können. Eine Arbeit, die die Funktion von »Menschsein« für die Konstruktion von Sozialität untersucht, kann sich theoretisch und methodisch nicht auf »die Menschen« berufen. Die ethisch-politischen Implikationen dieses Vorgehens sind anderer Art.

Die Unterscheidung zwischen dem Bereich des Sozialen und anderem scheint notwendig eine ethisch-politische zu sein, denn diejenigen, die dazugehören, genießen besondere Schutzrechte. Wenn die

Grenzziehung kontingent gesetzt wird, wird es fraglich, ob nicht auch diejenigen, die durch die gegenwärtige Form der Grenzziehung ausgeschlossen sind, dazugehören sollten. Wenn jede Grenzziehung ein Ausschluß ist, führt die hier vorgeschlagene Perspektive dazu, diesen prinzipiell mit einem ethischen Zweifel zu belegen: Vielleicht ist der Kreis zu eng gezogen? Auf diese Weise wird zwar der Mensch als ein absolut sicherer Bezugspunkt aufgegeben, aber der Bezugspunkt für eine politisch-kritische Reflexion geht nicht vollständig verloren. An die Stelle des Menschen tritt ein skrupulöser ethischer Zweifel, der ohne eine absolut gültige Sicherung auskommen muß.

Die technischen Möglichkeiten, die die Biomedizin, die Computertechnik, die KI-Forschung und die Nanotechnologie bereitstellen, drohen technisch eine neue Situation zu schaffen, die den Rekurs auf den Menschen als kritische Bezugsgröße zunehmend erschweren wird. Die theoretischen und methodischen Instrumente, die hier entwickelt und am empirischen Material erprobt werden, können vielleicht nützlich sein, in der heraufziehenden Situation wenigstens nicht sofort nichts mehr sehen zu können. Und sie können helfen, die Analyse der Situation nicht zu einer bloßen Affirmation werden zu lassen, sondern die Möglichkeit zu einer kritischen Reflexion offen zu halten.

Textuelle Präsentationsregeln

Für die Präsentation des empirischen Materials gelten folgende Regeln:
Die Herkunft und die Gewinnung des empirischen Materials wird im zweiten Kapitel ausführlich dargestellt werden. Den Schwerpunkt des präsentierten Materials bilden Beobachtungsprotokolle und Transkriptionen von Interviews. *Beobachtungsprotokolle* sind im Text durch eine kleinere Schrift gekennzeichnet. Soweit es nicht direkt vorher oder im Anschluß anders vermerkt ist, handelt es sich bei jeder Passage in der Schriftgröße 9,5 p um ein Beobachtungsprotokoll. Bei der Wiedergabe der Rede von beobachteten Entitäten habe ich unterschieden zwischen »zusammenfassender Darstellung«, »sinngemäßer Darstellung« und »wörtlicher Wiedergabe«. Dies ist jeweils vor der entsprechenden Passage vermerkt durch entsprechende, sich selbst erklärende Kürzel wie »(sinngemäß:)« für »sinngemäße Wiedergabe«. Innerhalb der Protokolle ist dem Namen der Akteure ein Kürzel vorangestellt, das auf ihre Funktion hinweist:

- *S*-Monika steht für Schwester Monika,
  P-Tom steht für Pfleger Tom. Die Verwendung der Vornamen entspricht der Praxis auf den Stationen. Pflegekräfte werden immer mit Vornamen angesprochen.

- *N*-Nistner bezeichnet eine Ärztin, die auf einer neurologischen oder neurochirurgischen Intensivstation arbeitet und sich entsprechend spezialisiert hat oder eine entsprechende Spezialisierung anstrebt.

- *A*-Bense bezeichnet einen Arzt, der auf einer Intensivstation arbeitet, aber eine anästhesiologische Spezialisierung entweder anstrebt oder abgeschlossen hat.

- *P*-Feldner bezeichnet einen Patienten.

- *PJ*-Sibs bezeichnet eine Ärztin im Praktischen Jahr. Dabei handelt es sich um Ärzte in einem Stadium der Ausbildung, in dem sie weitgehend unter Aufsicht ihrer erfahrenen Kolleginnen arbeiten.

Transkriptionen von Interviews sind ebenfalls durch die Schriftgröße 9,5 p gekennzeichnet. Sie unterscheiden sich aber von Beobachtungsprotokollen dadurch, daß sie mit dem Kürzel »IP« (interviewte Person) beginnen. Auf eine streng klanggetreue detaillierte Transkription habe ich verzichtet, den Satzbau der gesprochenen Rede aber im großen ganzen beibehalten. Meine eigenen verständnisbestätigenden Bemerkungen wie »mhm« sind im Fließtext der Rede der interviewten Person in Klammern durch »x« oder »x.x« eingefügt.

»...« steht für eine ausgelassene Passage.

»..1« steht für eine Sprechpause, die Zahl bedeutet die Länge der Sprechpause in Sekunden.

Allgemein gilt für die Präsentation des Textes, daß in lockerer Folge sowohl das generalisierte Maskulinum als auch das generalisierte Femininum verwendet wird. Soweit es nicht eigens vermerkt ist, meint also sowohl die Formulierung »Arzt«, als auch die Formulierung »Ärztinnen« Angehörige des medizinischen Personals im Allgemeinen, ohne damit eine Aussage über das Geschlecht zu intendieren. Ebenso referieren die Termini »Schwester« und »Pfleger« unterschiedslos auf männliche wie auf weibliche Pflegekräfte. Entsprechendes gilt für »Autorinnen«, »Patientinnen«, »Soziologen« etc. In dieser Diktion kann Niklas Luhmenn zu den wichtigsten Soziologinnen gerechnet werden, genauso wie wir es seit Jahrzehnten gewohnt sind, Hannah Arendt zu den großen Philosophen zu zählen. Angeregt ist diese Lösung durch die sprachästhetischen Hemmungen, die sich bei mir gegenüber dem großen »I« aufgebaut haben.

1. DOPPELTE KONTINGENZ UND REFLEXIVE ANTHROPOLOGIE[1]

Soziologische Theorien führen fast immer ein Bild vom Menschen mit. Auch Autoren, die gegen jede wesensmäßige Festlegung des Menschen Stellung beziehen, legen nämlich die anthropologische Problematik nur vordergründig ad acta. Dies wird deutlich, wenn man sich vergegenwärtigt, wie Anthropologie in der soziologischen Theoriebildung in Anspruch genommen wird. Es lassen sich grob zwei Formen unterscheiden. Zum einen wird *explizit* auf anthropologische Bestimmungen zurückgegriffen und zwar in Richtung einer Wesensbestimmung: Gerade die Unbestimmtheit der Verhaltensmöglichkeiten sei nämlich dem Umweltverhältnis von Menschen wesentlich, erst auf dieser Grundlage würde die spezifisch menschliche Form der Vergesellschaftung plausibel. Es soll nur für Menschen gelten, daß sie von ihrer Natur her dazu bestimmt sind, sich selbst und ihr Verhältnis zu ihrer Umwelt zu konstituieren. Deshalb würden nur Menschen nicht in einer für sie natürlichen Umwelt leben, sondern in einer Wirklichkeit, die sozial konstruiert ist. Zum anderen wird Anthropologie aber auch *implizit* in Anspruch genommen: Es geht der Soziologie immer um die Vergesellschaftung von Menschen; dies setzt notwendig ein Wissen darum voraus, wer ein Mensch ist. An diesem Punkt folgt die Soziologie als »Disziplin« weniger wissenschaftlichen anthropologischen Einsichten über die biologische Gattung als vielmehr einem anthropologischen Alltagswissen. Die Frage, wer ein Mensch ist, gilt als prinzipiell beantwortet oder beantwortbar, ohne dabei ein wissenschaftliches Wissen über Gattungszusammenhänge in Anspruch nehmen zu müssen. Epistemologisch ist die Alltagsanthropologie insoweit relevant, als sie es »uns Soziologinnen« erlaubt, unseren Gegenstand z.B. von dem der biologischen Verhaltensforschung abzugrenzen. Obwohl hier also nicht explizit auf wissenschaftlich anthropologisches Wissen zurückgegriffen wird, sondern eher eine »Alltagsanthropologie« als Bezugspunkt dient, halte ich es

---

[1] Dieses Kapitel ist als Aufsatz 1999 in der Zeitschrift für Soziologie erschienen und zwar unter dem gleichen Titel. Für das Buch wurde eine leichte Überarbeitung vorgenommen.

für wichtig festzuhalten, daß es sich um eine anthropologische Fundierung handelt.

Die zwei Hinsichten, in denen Soziologie auf anthropologische Annahmen rekurriert, lassen sich als Antworten auf zwei Fragen verstehen: »*Was* ist der Mensch?« und »*Wer* ist ein Mensch?« Die Frage nach dem *Was* betrifft die oft implizit gehaltene Wesensbestimmung, die das Umweltverhältnis als spezifisch menschlich charakterisiert. Die Frage nach dem *Wer* betrifft die unausgesprochene Voraussetzung, daß Soziologie sich mit menschlichen Gesellschaften befaßt und nicht etwa mit der Vergesellschaftung von Tieren oder von Göttern. Das Verhältnis von Soziologie und Anthropologie ist, jenachdem um welche der beiden Fragen es geht, unterschiedlich.

Die Frage danach, *was* der Mensch ist, wird in der philosophisch orientierten anthropologischen Diskussion thematisiert. Genauer: Die Unmöglichkeit zu einer definitiven Wesensbestimmung zu gelangen, wird explizit herausgearbeitet. Bei der Behandlung dieser Frage gibt es eine wechselseitige Bezugnahme von philosophischen Autoren und solchen, die empirisch arbeiten. Gehlen (1993, 1964) bezieht sich explizit auf historische, kulturvergleichende und nicht zuletzt soziologische Forschungen und arbeitet deren Ergebnisse reflexiv durch, um so zu verallgemeinerbaren Aussagen über das Umweltverhältnis von Menschen zu gelangen.[2] Dabei erweist sich der Mensch in doppelter Weise als ein geschichtliches Wesen, denn in die historischen Veränderungen des Umweltverhältnisses von Menschen ist auch die Veränderlichkeit ihrer Selbstdeutung eingeschlossen.[3]

Innerhalb der Soziologie findet eine explizite Thematisierung der Frage nach dem *Was* nicht statt.[4] Entweder implizit oder explizit schließt soziologische Forschung bzw. Theoriebildung an die Annahme an, das Wesen des Menschen sei nicht festgelegt, sondern

---

2 Gehlen soll hier nur als Beispiel dienen. Andere Autoren, wie etwa Sartre (1967) oder Merleau-Ponty (1966) unterscheiden sich zwar hinsichtlich der Art und Weise ihres Bezuges auf empirische Forschung, aber auch sie formulieren anthropologische Aussagen als deren Reflexion. In etwas anderer Weise gehen Honneth und Joas (1980) vor, sie beschränken Anthropologie auf eine Aufklärung der in der materialen Forschung verwendeten Konzepte hinsichtlich ihrer naturalen bzw. normativen Gehalte.

3 Kamper (1973: 22 ff.) folgert daraus, Anthropologie müsse die Versuche, einen Begriff vom Menschen zu entwickeln, reflexiv in den Blick nehmen und so die Unmöglichkeit eines Begriffs vom Menschen herausarbeiten.

4 Das heißt – wie gesagt nicht –, daß anthropologische Annahmen keine Rolle spielen würden. Honneth und Joas (1980) haben dargelegt, wie anthropologische Annahmen in gesellschaftstheoretische Argumentationen eingehen.

müsse erst durch die historisch-gesellschaftliche Praxis hervorgebracht werden. Ein Beispiel für einen expliziten Anschluß an die philosophische Anthropologie wäre die Wissenssoziologie von Berger/Luckmann (1966), in der die von Gehlen entwickelten Kategorien der »Weltoffenheit« und »Instinktreduktion« die Rolle von fundierenden Annahmen über die Natur des Menschen haben, auf denen aufbauend spezifisch soziologische Kategorien entwickelt werden. Die Systemtheorie Luhmanns nimmt auf Anthropologie höchstens abgrenzend Bezug. Implizit führt sie aber ebenfalls anthropologische Voraussetzungen mit, denn auch die Systemtheorie behandelt die Vergesellschaftung von Menschen.[5] Der Prozeß der Bildung und Aufrechterhaltung sozialer Systeme wird nicht auf psychologische Faktoren oder Instinktverhalten zurückgeführt, sondern im Sinne einer Eigendynamik des Sozialen interpretiert (vgl. Luhmann 1984: Kap. 3). Dies setzt die Möglichkeit voraus, auf andere Faktoren verzichten zu können. Darin ist unschwer die verborgene anthropologische Annahme i.s. eines offenen Umweltverhältnisses zu erkennen.

Während es hinsichtlich der Frage nach dem *Was* eine breite philosophisch-anthropologische Reflexion gibt, wird die Frage danach, *wer* ein Mensch ist, nicht systematisch aufgeworfen. Die einzige Ausnahme bildet der Aufsatz von Luckmann (1980) »Die Grenzen der Sozialwelt«. Luckmann wirft das Problem auf, welche Entitäten für ein Bewußtsein nach der Durchführung der »transzendentalen Reduktion« (Luckmann 1980: 60) als ein alter ego in Frage kommen. Die Frage danach, *wer* ein Mensch ist, wird in der Logik seiner Argumentation durch die Frage ersetzt, wer als ein personales alter Ego erlebt werden kann. Er kommt zu dem Schluß: Eine Analyse der formalen Strukturen des Bewußtseins und der diesem gegebenen Sachverhalte rechtfertigt es nicht, davon auszugehen, nur Menschen könnten von einem Bewußtsein als ein alter Ego erfahren werden. Vielmehr ergibt sich umgekehrt, daß alles Begegnende zunächst als ein alter Ego erlebt wird. Beschränkungen der Sozialwelt auf bestimmte Entitäten sind je konkreten aber historisch veränderlichen institutionell und sozialstrukturell verankerten Weltsichten geschuldet (vgl. Luckmann 1980: 66, 73–92). In konkreten historisch vorfindbaren Gesellschaften findet eine »Ent-Sozialisierung« (Luckmann

---

5 Luhmann kann vielleicht für sich in Anspruch nehmen, antihumanistisch zu sein, wenn er darauf beharrt, der Mensch gehöre in die Umwelt sozialer Systeme, aber nichtsdestotrotz geht es ihm um die Vergesellschaftung von Menschen. Vgl. hierzu in seltener Deutlichkeit Luhmann (1997a: 21).

1980: 73) der primordial umfassend sozialen Welt statt. In diesem Sinne ist es ein historisch kontingenter Sachverhalt, ob nur lebende Menschen oder ob lebende und tote Menschen sowie einige Tiere oder ob bestimmte, d.h. nicht alle, lebenden Menschen sowie bestimmte andere Lebewesen in den Kreis der Entitäten einbezogen werden, die füreinander jeweils ein alter Ego sein können. Erst in den »»westlichen«« (Luckmann 1980: 86) Gesellschaften gilt, daß die Sozialwelt auf lebende Menschen begrenzt wird.[6] Diese Annahme wird durch die Ergebnisse der Todessoziologie gestützt: Mit der Feststellung des Todes verändert sich der Status eines menschlichen Körpers.[7] Es handelt sich nicht mehr um eine Person, deren gegenwärtiger Wille berücksichtigt werden sollte, sondern um eine Sache, die respektvoll und nach Möglichkeit so behandelt werden sollte, wie es der personale Körper verfügt hatte, der jetzt zu dieser Leiche geworden ist.[8] Die Begrenzung auf lebende Menschen hat eine wichtige Implikation: Wenn nur Lebende in den Kreis derjenigen gehören, die füreinander ein alter Ego sein können, fällt die Frage nach den Grenzen der Sozialwelt zusammen mit der Frage nach der Grenze zwischen Leben und Tod. Unter dieser Voraussetzung können die Grenzen des Sozialen verschoben werden, ohne die primäre Festlegung anzutasten, derzufolge nur lebende Menschen soziale Personen sein können, indem nämlich die Grenze zwischen Leben und Tod anders gezogen wird. Genau dies hat in den letzten vierzig Jahren stattgefunden. Die Entwicklung der Intensivmedizin hat bei einigen behandelten Patienten zu Zuständen geführt, von denen sich die naturwissenschaftliche Medizin herausgefordert fühlte, die Grenze zwischen Leben und Tod neu zu bestimmen.

---

6 Der Deutlichkeit halber sei es betont: Dies ist – auch für Luckmann – ein historischer Sonderfall, dessen Genese immer noch nicht begriffen ist (vgl. Luckmann 1980: 86). Es müßte vielleicht angefügt werden, daß es auch in modernen Gesellschaften Nischen gibt, in denen die Grenzen der Sozialwelt anders gezogen sind. Ein in diesem Zusammenhang interessantes Problem stellt das postmortale Persönlichkeitsrecht dar, das immerhin eine ernsthafte Diskussion darüber ermöglicht, inwiefern Tote Subjekte in rechtlichen Verfahren sein können (vgl. Müller 1996).
7 Vgl. hierzu Sudnow (1973), Streckeisen (1992).
8 Sehr instruktiv ist für diesen Zusammenhang auch die juristische Diskussion. Der Statusübergang vom lebenden Körper zur Leiche wird als derart gravierend eingeschätzt, daß der besondere Zustand des Hirntoten es erfordere, das postmortale Persönlichkeitsrecht zu erweitern, da ansonsten »ein hinreichender Schutz für die Phase zwischen Hirntod und Herzkreislauftod« nicht mehr gewährleistet sei (Gallwas 1997: 10).

Eine Analyse der Genese der dabei entwickelten Hirntodkonzeption sowie eine Beobachtung der medizinischen Praxis, in deren Rahmen der Hirntod auftreten kann, nämlich der Intensivmedizin, erfordert allerdings andere begriffliche Instrumentarien, als sie Luckmann bereitstellt. Luckmann geht von der transzendentalen Reduktion aus. Aufgrund dieses methodischen Einsatzes steht begrifflich eine von empirischen Sachverhalten gereinigte Bewußtseinssphäre im Mittelpunkt.[9] Auf diese Weise wird es unmöglich, Spezifizierungen, wie etwa die Differenzierung zwischen den Deutungen lebendig/tot, bewußt lebendig/irreversibel bewußtlos, systematisch in den Blick zu nehmen. Genau solche Unterscheidungen sind aber erforderlich, um die wissenschaftliche Genese des Hirntodes sowie den praktischen Umgang mit bewußtlosen Patienten und Hirntoten zu untersuchen. In diesem Kontext geht es nämlich nicht nur darum, ob es sich bei einer begegnenden Entität um ein alter Ego handelt oder nicht, sondern auch um die differenzierende Deutung zwischen Leben und Tod – und darüber hinaus um das Problem, ob die Deutung »menschliches Leben« nicht besonderer Qualifizierungen bedarf, die weit über das hinaus gehen, was bloße Lebendigkeit meint. Die Intensivmedizin produziert physische Zustände, die es fraglich machen, wie der Tod eines Patienten festgestellt werden kann. Eine Option besteht darin, einen Menschen, dessen Gehirnfunktion in ihrer Gesamtheit irreversibel geschädigt wurde, als Toten einzustufen (Ganzhirntod). Es wurde aber auch seit Mitte der sechziger Jahre diskutiert, ob nicht schon der Zustand einer irreversiblen Bewußtlosigkeit ausreichen soll, um den Tod eines Menschen zu diagnostizieren. Letzteres intendiert das sogenannte Teilhirntodkonzept, das einen irreversiblen Funktionsausfall der Areale des Gehirns, in denen die Bewußtseinsleistungen lokalisiert werden, zum Kriterium für menschliches Leben bzw. menschlichen Tod macht. Menschliches Leben wäre dann nicht einfach an Lebendigkeit, sondern an bewußte Lebendigkeit gekoppelt.[10]

---

9 Für eine ausführliche Kritik an einem formal apriorischen Vorgehen vgl. Misch (1967). Er hatte die Aufsatzfolge, auf die dies Buch zurückgeht schon 1929/30 in dem von Plessner herausgegebenen »Philosophischen Anzeiger« formuliert. Die Kritik von Misch an Husserl und Heidegger läßt sich unschwer auf die Argumentation von Luckmann, der sich ja direkt an Husserl anschließt, übertragen. Plessner hatte sich der Argumentation von Misch auch aus methodischen Erwägungen angeschlossen (vgl. Plessner 1981). Im Kontext der Klärung meines methodischen Vorgehens werde ich darauf genauer eingehen.

10 Einen Überblick über die Diskussion in den sechziger Jahren bieten Penin und Käufer (1969), für die spätere Diskussion vgl. Zaner (1988) und Hoff/in der Schmitten (1995). In dieser Diskussion geht es evidentermaßen um eine Ver-

Eine Analyse des Hirntodkonzepts und der medizinischen Praxis bedarf daher eines Begriffsinstrumentariums, das möglichst viele Differenzierungen anbietet etwa zwischen unbelebten Dingen, Lebewesen, bewußter Lebendigkeit und dem Status ein alter Ego zu sein, also zur Sozialwelt zu gehören. Nur wenn man zwischen diesen Dimensionen unterscheidet, kann man nämlich sehen, wie sie in der historischen Entwicklung des Hirntodkonzepts bzw. der medizinischen Praxis aufeinander bezogen und ineinander verschränkt werden. Wenn nur lebendige Menschen als soziale Personen gelten, schließt eine Analyse der historisch kontingenten Formen der Zuordnung von bestimmten Entitäten zur Sozialwelt eine Analyse der Deutungen ein, in denen Entitäten als lebendig oder bewußt lebendig eingestuft werden.

Plessners Theorie der exzentrischen Positionalität ist einer der philosophisch-anthropologischen Ansätze, der diese Differenzierungen bietet. Obwohl Plessners Theorie anthropologisch zu sein scheint[11], führt eine systematische Rekonstruktion der Argumentation des 1928 erschienen Werks »Die Stufen des Organischen« (Plessner 1975) zu einem verblüffend anderen Ergebnis, das sich thesenartig so zusammenfassen läßt: Die Theorie der exzentrischen Positionalität zielt nicht nur darauf, das Wesen des Menschen als historisch variabel zu beschreiben, sondern sie verunmöglicht auch eine von vornherein gewisse Antwort auf die Frage danach, *wer* ein Mensch ist.[12] Die me-

---

räumlichung der Grenzen des Sozialen. Wo im zentralen Nervensystem soll die Grenze markiert werden? Im Übergang vom Rückenmark zum Gehirn oder an einer anderen Stelle. Im dritten Kapitel wird die Geschichte des Hirntodes in geraffter Form dargestellt. Für eine ausführliche Darstellung, die einen Vergleich zwischen der deutschen und us-amerikanischen Entwicklung einschließt, vgl. »Unheimliche Sicherheiten« Lindemann (2002).

11 Asemissen (1973) geht z.B. davon aus, Plessner würde ein sicheres Wissen darüber formulieren wer und was der »Mensch« ist. In die gleiche Richtung argumentieren u.a. Arlt 1996, Dux 1994 und Fahrenbach 1994. Eine Ausnahme bildet Krüger, der Plessner ebenfalls nicht im Sinne einer positiven Anthropologie versteht und konsequenterweise exzentrische Positionalität nicht an den »Menschen« bindet (vgl. Krüger 1999, 2000a).

12 Es wäre zu prüfen, inwieweit etwa Foucaults (1971) Archäologie der Humanwissenschaften vergleichbare Möglichkeiten eröffnet. Bezüglich der Haltung zur Frage des »Menschen« als zentraler epistemologischer Figur gibt es jedenfalls eine bemerkenswerte Parallele bei Foucault und Plessner. Hinsichtlich des Wissens darum, *was* der »Mensch« ist, stellt Foucault (1971) fest, daß es nicht erforderlich sei, im anthropologischen Rahmen zu verharren, denn die Reflexion darauf, *was* der »Mensch« sei, könne nicht als letztgültige Form betrachtet werden, in der sich »Menschen« ihr Umweltverhältnis deuten. Der »Mensch« »wird verschwinden, sobald unser Wissen eine neue Form gefunden haben wird.« (Foucault 1971: 27) Plessner nimmt diesen Gedanken in gewisser Weise vorweg, wenn er sagt, daß eine

thodische Anlage der »Stufen« vermeidet die transzendentaltheoretischen Beschränkungen, denen die Argumentation Luckmanns unterliegt.[13] Auf diese Weise wird es möglich, die Problematisierung dessen, wer in den Kreis derjenigen gehört, die füreinander ein alter Ego sein können, mit einer Theorie zu verbinden, die sich die Aufgabe stellt zu untersuchen, wie zwischen Lebendigem und Unbelebtem sowie zwischen bewußtem und nicht-bewußtem Leben unterschieden werden kann.

Plessner formuliert eine Theorie der Umweltbeziehung lebender Wesen. Die Form der Umweltbeziehung bezeichnet er als »Positionalität«; »exzentrische Positionalität« ist zunächst nichts weiter als eine besonders komplexe Form der Umweltbeziehung, die auch von Plessner als spezifisch menschlich bezeichnet wird. Insofern wird die Theorie der Positionalität anthropologisch, wenn die Charakteristika der exzentrischen Umweltbeziehung herausgearbeitet sind. Aber zugleich formuliert Plessner die Unmöglichkeit die »exzentrische Positionalität« anthropologisch zu verstehen, denn für ein Wesen, dessen Umweltbeziehung exzentrisch ist, könne nicht mehr von vornherein feststehen, welche anderen begegnenden Wesen eine vergleichbar komplexe Umweltbeziehung haben.

An die Stelle eines sicheren Wissens wird von Plessner ein kontingentes Deutungsverfahren gesetzt (vgl. Plessner 1975: 301). Es wird

---

anthropologisch orientierte Humanitätskonzeption den Gedanken an eine »gesicherte Entwicklungsdifferenz« im Verhältnis zu nichteuropäischen Formen des Wissens aufgeben müsse und sich auf einen Wettbewerb mit anderen »Möglichkeiten des Menschseins« einschließlich ihrer Selbstdeutungen einlassen müsse (vgl. Plessner 1981: 193). Die Gleichwertigkeit anderer Selbstdeutungen schließt ein, den »Menschen« als zentrale epistemologische Figur verabschieden zu können. Soweit ich sehe geht Foucault allerdings nicht soweit, die anthropologische Differenz selbst, d.h. die Differenz lebender Mensch/anderes, als eine kontingente Unterscheidung zu deuten (vgl. Foucault 1971: 27, 462). Foucault war insofern antihumanistisch, als er den Menschen als epistemologische Figur aufgeben wollte, aber es gelang ihm nicht, seinen Blick auf die Gegenwartsgesellschaft und ihre historische Entwicklung so weit zu verfremden, daß er die Kontingenz der Grenzen des Sozialen hätte sehen können.

13 Plessner hat sich explizit der Kritik von Misch an Husserl (und Heidegger) angeschlossen (vgl. Plessner 1981). Für eine Darstellung der methodischen Komplexität des plessnerschen Ansatzes, der hermeneutische (Dilthey/Misch), phänomenologische (Husserl) und kritische (Kant) Ansätze verbindet vgl. Beaufort (2000) und Pietrowicz (1992). Es ist bezeichnend, daß sich Luckmann (1980) mit seiner These gerade nicht auf Plessner stützt, obwohl die beiläufigen seine These stützenden Bemerkungen von Scheler und Rietzler heranzieht (vgl. Luckmann 1980: 73). Die Arbeit von Kelsen (1982, zuerst 1946), die ebenfalls von einer grundlegend sozialen Wahrnehmung der Natur ausgeht, scheint Luckmann unbekannt zu sein.

in Prozessen gesellschaftlicher Deutung entschieden, wie die Fragen *wer* und *was* Menschen sind, beantwortet werden. Insofern kann die Theorie der exzentrischen Positionalität eher als Fundierung von Sozialität gelten, d.h. einer Umweltbeziehung vergesellschafteter Individuen, die durch Kultur und gesellschaftliche Institutionen reguliert wird. Aber es steht nicht mehr fest, *wer* in den Kreis der Wesen gehören kann, deren Umweltverhältnis diese komplexe Art der Regulation erfordert. Die Notwendigkeit, das Umweltverhältnis personaler Entitäten z. B. durch Institutionen oder soziale Systeme zu regulieren, wird innerhalb der Soziologie sowohl in handlungs- als auch in systemtheoretischen Traditionen auf eine ähnliche Weise begründet: mit Bezug auf das Theorem der doppelten Kontingenz. Dies bezeichnet eine soziale Beziehung, in der Ego und Alter ihr Verhalten wechselseitig voneinander abhängig machen mit der Konsequenz, daß das konkrete Verhalten nicht mehr aufgrund instinktiver Vorgaben verstehbar ist, sondern nur noch aus dem Verhältnis, das zwischen Ego und Alter besteht. Als axiomatische Annahme geht diese Konzeption sowohl in die Systemtheorie ein (vgl. Luhmann 1984: Kap. III) als auch in handlungs- bzw. akteurzentrierte soziologische Ansätze in der Nachfolge von Mead oder von Schütz[14]. Die hier vorgeschlagene Interpretation der Theorie Plessners verfolgt nun das Ziel, »exzentrische Positionalität« im Sinne einer Fundierung von doppelter Kontingenz zu lesen. Daraus ergibt sich die Konsequenz, daß Plessners Theorie nicht auf eine Anthropologie zielt, sondern auf eine Theorie des »Sozialen« physisch existierender Individuen.[15]

---

14 Für den Anschluß an Mead vgl. Autoren, die dem symbolischen Interaktionismus zuzurechnen sind wie Blumer (1973) oder Strauss (1974). Garfinkel (1967a), der schon in seiner Dissertation (vgl. Heritage 1984) das Problem der Alter/Ego-Beziehung explizit aufgeworfen hatte, argumentiert dagegen eher im Anschluß an Schütz. Die Institutionentheorie von Berger und Luckmann (1966) verbindet diese Traditionen.
15 Dies widerspricht einer in der soziologischen Diskussion einflußreichen Interpretation. Habermas (1973) hatte Plessner vorgeworfen zu vernachlässigen, daß die Entwicklung einer reflexiven Ich-Identität sprachlich und damit sozial vermittelt sei. Plessner, so Habermas, würde dagegen vom einzelnen isolierten Ich ausgehen. Wenn sich die hier vorgeschlagene Interpretation halten läßt, würde die Kritik von Habermas ins Leere laufen, denn nach der hier vertretenen Deutung formuliert die Theorie der »exzentrischen Positionalität« weder eine Anthropologie noch rekurriert sie auf einen einsam Handelnden, sondern sie versucht, die Komplexitätsbedingungen anzugeben, die ein Umweltverhältnis erfüllen muß, damit sich in diesem das Problem der »doppelten Kontingenz« stellen kann. Honneth/Joas (1980) und Joas (1989: 48) haben sich in modifizierter Weise dieser Kritik an geschlossen.

Hinsichtlich der beiden anthropologischen Fragen ergibt sich folgendes: Bislang hatte sich soziologische Forschung damit begnügt, die Antwort auf die Frage, *was* der Mensch ist, als eine Frage zu betrachten, die nur mit Bezug auf historische Prozesse beantwortet werden kann. Dies beinhaltet solange eine Wesensfestlegung, wie die Frage, *wer* ein Mensch ist, d.h., welche Wesen füreinander ein alter Ego sein können, als beantwortet gilt. Mit Plessner läßt sich diese anthropologische Bindung lösen, denn auch die Frage wer in den Kreis der Wesen gehört, deren Umweltverhältnis soziale Regulationen erfordert, wird als eine Frage betrachtet, die in Gesellschaften auf unterschiedliche Weise beantwortet worden ist. Um diese Argumentation zu entfalten, ohne den Bezug zur physisch-materiellen Existenz gesellschaftlicher Individuen aus dem Auge zu verlieren, ist es notwendig zu rekonstruieren, wie Plessner die Theorie der exzentrischen Positionalität entwickelt (1). Darauf aufbauend werde ich zeigen, wie das Umweltverhältnis, das die exzentrische Positionsform charakterisiert, doppelte Kontingenz und damit Sozialität fundiert (2). Abschließend soll dargelegt werden, welche Möglichkeiten sich für die soziologische Theoriebildung aus einer Verbindung der Positionalitätstheorie mit dem Theorem der doppelten Kontingenz ergeben. (3)

1.1. Exzentrische Positionalität

Plessners Ausgangsfrage ist, wie etwas erscheinen muß, damit es als etwas erscheint, das in der Begegnung mit einem beobachtenden Bewußtsein selbständig ist. Anhand einer phänomenologischen Analyse untersucht er dies zunächst für die Erscheinung unbelebter Dinge. Darauf aufbauend entwickelt er, wie sich belebte Dinge von unbelebten unterscheiden. Dies läßt sich Plessner zufolge als eine Steigerung von Selbständigkeit gegenüber dem beobachtenden Bewußtsein verstehen.

Das anfänglich nicht thematisierte Bewußtsein oder allgemeiner die beobachtende Instanz wird über einen Umweg in die Analyse eingeholt. Plessner fragt nicht danach, wie ein Bewußtsein beschaffen sein muß, damit ihm eine Welt erscheint, sondern danach, wie etwas erscheinen muß, damit es als mit Bewußtsein begabt erscheint. Ebenso wie Lebendigkeit wird Bewußtsein nicht als ein selbstevidenter Sachverhalt behandelt, sondern bedarf eines indirekten Zugangs. Bewußtsein muß ausgehend von der physischen Erscheinung eines begegnenden Individuums vermittels einer Deutung erschlossen werden. In der gleichen Weise wird Sozialität zum Gegenstand gemacht:

Als ein Sachverhalt, der im Verhalten gegenüber begegnenden Wesen realisiert ist und aus den gegebenen Phänomenen vermittels einer Deutung erschlossen werden muß. Lebendigkeit, Bewußtsein und Sozialität bezeichnen jeweils unterschiedliche Formen der Selbständigkeit, mit denen die vorausgesetzte beobachtende Instanz in der Begegnung konfrontiert ist.

1.1.1. Der Zusammenhang zwischen exzentrischer Positionalität und der Theorie des Lebendigen

Die Selbständigkeit sowohl von unbelebten Dingen als auch von Lebewesen begründet Plessner mit einer Selbstbezüglichkeit begegnender individueller Gegebenheiten. Schon unbelebte Dinge seien in ihrer Erscheinung nur deswegen selbständig gegen das wahrnehmende Bewußtsein, weil sie durch einen internen Verweisungszusammenhang konstituiert werden. Dieser muß, Plessners zufolge, unterschieden werden von konkreten physischen Gestalten, als die ein physisches Ding erscheint. In der Gestaltwahrnehmung werden die einzelnen Elemente spontan zu einer Einheit, der Gestalteinheit, zusammengefaßt. Wenn die Einheit des Dings mit der Gestalteinheit gleichgesetzt würde, wäre es unmöglich, verschiedene Gestalten zu einer Einheit zusammenzufassen. Dies ist aber die Voraussetzung dafür, Gestaltwandel und Veränderung begreifen zu können.

Gestaltwandel: Etwas erscheint zunächst als eine Speckschwarte, bei näherem Hinsehen entpuppt sich das Ding, das als Speckschwarte erschien, allerdings als Tonscherbe. Jetzt gibt es zwei Möglichkeiten der Interpretation: Entweder gab es zuerst eine Speckschwarte und dann eine Tonscherbe. Das wäre der Fall, wenn die Einheit des Dinges auf die Gestalteinheit reduziert würde. Oder aber man stellt fest, etwas, das zunächst als Speckschwarte erschien, erscheint jetzt als Tonscherbe. Im zweiten Fall wird eine Einheit angenommen, die nicht in der Gestalteinheit aufgeht, sondern die in Differenz zur Gestalt ist und daher als Einheit auch einen Gestaltwandel überleben kann. Es ist dasselbe Ding, das zunächst so und dann anders erschien.[16]

Ein vergleichbares Problem stellt sich, wenn Veränderungen untersucht werden. Plessner verwendet das Beispiel des Zigarrerauchens. Zunächst hält man sie in der Hand, raucht sie sodann und schließlich

---

16 Hermann Schmitz hat diesen Sachverhalt so beschrieben: Das Ding sei nicht nicht identisch mit der Gestalt, sondern es trägt sie »wie eine Maske« (Schmitz 1978: 169).

bleibt ein Häufchen Asche. Gäbe es nur die Gestalteinheit und nicht die übergreifende Einheit des Dinges, die die beiden gestalthaften Erscheinungen Zigarre und Asche zu einer Einheit vermittelt, wäre es unmöglich zu sagen, daß es sich bei der Asche um die Asche der Zigarre handelt (vgl. Plessner 1975: 84 f.). Die Einheit des Dings ist garantiert, insofern der Einheitspunkt, der die verschiedenen Erscheinungen zur Erscheinung von Etwas macht, in Differenz zur erscheinenden Gestalt ist. Nur wenn die Erscheinung auf etwas bezogen ist, das selbst nicht erscheint, erscheint dieses als etwas, das unabhängig von und selbständig gegen das Bewußtsein ist, dem es erscheint.

Das Verhältnis zwischen dem nicht erscheinenden Einheitspunkt und den einzelnen Erscheinungen bezeichnet Plessner als eines von Kern und eigenschaftstragenden Seiten. Dieser selbstbezügliche Verweisungszusammenhang ist ebensowenig wie der Kern, der Einheitspunkt selbst, positiv bestimmbar. Die basale Selbstbezüglichkeit des Dings erschließt sich zwar einer phänomologischen Analyse, aber sie ist nicht in dem gleichen Sinne positiv feststellbar wie etwa einzelne Qualitäten, die als Eigenschaften des Dings erscheinen. Die auf den Kern bezogene Selbstreferenz des Dings läßt sich nur als etwas beschreiben, das in Differenz zur Gestalt ist. Weder der Kern des Dings noch der Verweisungszusammenhang von eigenschaftstragenden Seiten und Kern ist sinnlich zugänglich. Auch wenn man versuchte, das Ding aufzuschneiden, würde man immer wieder nur neue gestalthafte Erscheinungen des Dings finden und nie den Kern selbst.

»Ding« meint hier ein Strukturierungsprinzip physisch feststellbarer Erscheinungen. Dieses Strukturierungsprinzip betrachtet Plessner als etwas, das dem, was erscheint, selbst zukommt, es ist ein Ding, insofern es gemäß dieser Struktur erscheint. Als Ding ist ein erscheinender Gegenstand selbständig gegen das Bewußtsein, insofern er sich dem Bewußtsein entzieht. Ein Ding ist nicht vollständig wahrnehmbar, sondern es führt die wahrnehmende Beobachtung um sich herum, auf seine eigenschaftstragenden Seiten, die auf es – das Ding – verweisen. Auf eine passive Weise, indem es kraft seiner Weise zu erscheinen, dem Bewußtsein entzogen ist, ist auch ein Ding »unergründlich«.[17]

---

[17] Plessner verwendet den Terminus »unergründlich« selbst nur in einer aktivischen Form. Als Ergebnis seiner Kritik an menschlichen Wesensbestimmungen, auch solchen rein formaler Art, wie sie Heidegger mit seinem »Daseinsbegriff« vornimmt (vgl. Plessner 1981: 154 ff.), formuliert er das »Prinzip der Unergründlichkeit« (Plessner 1981: 175). Demnach ist es nicht möglich zu sagen »was?« der Mensch ist. An die Stelle einer Wesensaussage tritt die Möglichkeit des Seinkön-

Das Lebendige ist dadurch gekennzeichnet, daß diese basale Selbstreferenz gesteigert wird. (Plessner 1975: 127 ff.) Der Blick, der einem unbelebten Gegenstand begegnet, wird von den eigenschaftstragenden Seiten auf den Kern verwiesen, der seinerseits auf die eigenschaftstragenden Seiten verweist. Aber das unbelebte Ding bezieht sich nicht von sich aus auf seine Umwelt. Das ist der entscheidende Sprung, der die Erscheinung des Lebendigen von der Erscheinung des Unbelebten unterscheidet. Etwas, das als lebendig erscheint, erscheint so, daß es sich von seiner Umwelt abgrenzt und sich, indem es sich abgrenzt zu seiner Umwelt von sich aus in Beziehung setzt. Insofern ein lebendiges Ding sich abgrenzt, wird es zu einem sich selbst regulierenden Eigenbereich. Das beinhaltet auch, daß es nur insofern existiert, als es seine physische Gestalt nach seinen eigenen Gesetzmäßigkeiten produziert. Ein lebendiges Ding ist im Verhältnis zu einem unbelebten Ding auf eine qualitativ andere Weise selbständig. Es ist nicht nur von seinen Erscheinungen umgeben, sondern es produziert seine eigene Erscheinung im physischen Austausch mit seiner Umgebung, an die es grenzt.

Darauf baut die zweite Steigerung auf: Das Ding grenzt sich nicht nur von seiner Umgebung ab und ist, insofern es sich abgrenzt, auf seine Umgebung bezogen, sondern es ist seinerseits darauf bezogen, daß und wie es sich auf seine Umwelt bezieht. Unter dieser Bedingung kann es auch für das lebendige Ding selbst verschiedene Weisen geben, sich auf die Umwelt zu beziehen. In diesem Fall steht das lebendige Wesen vor der Aufgabe, an sich selbst zwischen verschiedenen Weisen seines Umweltbezuges zu unterscheiden und die verschiedenen Weisen, sich auf seine Umwelt zu beziehen, selbst aufeinander abzustimmen. Von jetzt an spricht Plessner davon, daß ein lebendiges Wesen ein Selbst ist. Für ein Selbst wird der Körper zu einem Mittel des Umweltbezuges. Es hat seinen Körper als seinen Leib und es unterscheidet an sich, d.h. an seinem Leib, verschiedene Weisen, sich auf seine Umwelt zu beziehen. Die klassische Differenzierung, an der sich auch Plessner orientiert, ist die von »Wahrnehmen« und »Wirken«. Ich halte es allerdings für plausibler, hier allgemeiner

---

nens, des die eigene Wirklichkeit hervorbringen könnens. Wenn »Unergründlichkeit« schon für unbelebte Dinge in Anspruch genommen wird, verweist das nicht auf ein aktives »Sein-Können«, sondern auf die Möglichkeit, daß ein Ding immer auch etwas anderes sein kann als das, als was es aktuell erscheint.

zwischen »Wahrnehmen« und »Eigenaktivität« zu unterscheiden. »Wirken« reduziert die Eigenaktivität des lebendigen Wesens auf eine praktische Einflußnahme und schließt expressive Aktivitäten nicht unbedingt mit ein. Die allgemeinere Rede von »Eigenaktivität« soll dagegen ausdrücken, daß nicht nur »zugreifen« und »einwirken« gemeint ist, sondern auch jede Form von Ausdrucksverhalten.

Ein lebendiges Selbst, das sein Umfeld wahrnimmt und sich entsprechend seiner Wahrnehmung auf das Umfeld bezieht, muß einerseits unterscheiden können zwischen dem, was es wahrnimmt und seinen eigenen Aktionen, und es muß Wahrnehmen und Eigenaktivität selbst vermitteln (Plessner 1975: 230 ff.). Diese Stufe bezeichnet Plessner als zentrische Positionalität. Ein Wesen, dessen Umweltbeziehung derart komplex ist, kann sich intelligent verhalten. Es kann aus seinen Erfahrungen lernen und sein Verhalten einer wechselnden Umgebung anpassen (Plessner 1975: 272 ff.).[18]

Insofern ein lebendiges Ding ein Selbst ist, ist seine Selbständigkeit gegenüber der beobachtenden Instanz weiter gesteigert. Ab jetzt kann eine Beobachterin nicht mehr ausschließen, daß die Beobachtungsaktivitäten in der Wahrnehmungswelt des beobachteten Wesens in irgendeiner Weise vorkommen und daß sich das beobachtete Wesen in irgendeiner Weise zu den Beobachtungsaktivitäten verhält. Die Komplexität der Beziehung, die sich daraus ergeben kann, hat allerdings noch eine Grenze. Denn das beobachtete Selbst geht darin auf, zwischen Wahrnehmen und Eigenaktivität zu vermitteln. Das lebendige Selbst ist der aktuelle Vollzug der Vermittlung von Wahrnehmen und Eigenaktivität. Es bildet räumlich und zeitlich ein absolutes Hier/Jetzt. Das Selbst fungiert als ein Zentrum, auf das hin seine Umwelt konzentrisch geordnet ist, d.h., ein zentrisch organisiertes Selbst kann sich nicht als ein Selbst erfassen, das sich gegenüber einem anderen Selbst befindet. Der lebendige Körper ist ein Selbst, insofern er sich als Mittel des eigenen Umweltbezuges hat. Er nimmt Äußeres wahr, erlebt seinen eigenen Zustand und muß beides in seinem praktischen Verhalten aufeinander abstimmen. Aber diese selbstreferentielle Struktur ist nicht als solche auf sich selbst bezogen. Ein zentrisch organisiertes Selbst könnte sich noch nicht als ein Selbst gegenüber einem anderen Selbst erfahren. Um dies zu realisieren, müßte ein Selbst nicht nur der aktuelle Vollzug der Vermittlung

---

18 Vgl. hierzu auch Eßbach (1995).

zwischen Wahrnehmen und Eigenaktivität sein, sondern es müßte zugleich innerhalb und außerhalb dieser Vermittlung sein. Es ist innerhalb, insofern es die Vermittlung von Wahrnehmen und Eigenaktivität leistet, und zugleich müßte es aus dieser Vermittlung, d.h. aus sich als Selbst, herausgesetzt sein. Genau dies ist das Definiens der exzentrischen Positionalität (vgl. Plessner 1975: 292). Ein exzentrisches Selbst ist in Differenz zu sich, insofern es hier/jetzt etwas wahrnimmt und auf seine Umwelt einwirkt. Es ist darauf bezogen, daß es hier/jetzt ein Selbst ist. Nur wenn das der Fall ist, kann sich ein Selbst als ein Selbst erfassen, das sich gegenüber einem anderen Selbst befindet. Nur wenn der Umweltbezug eines lebendigen Wesens exzentrisch ist, kann in der Umweltbeziehung eines lebendigen Wesens der Umstand vorkommen, daß ein Selbst ein anderes Selbst wahrnimmt und realisiert, daß es sich als ein Selbst gegenüber einem anderen Selbst befindet, wobei beide realisieren, daß das der Fall ist.

Dies ist ein erster Hinweis darauf, daß »doppelte Kontingenz« und exzentrische Positionalität aufs Engste miteinander zusammenhängen. Nur wenn ein Selbst sich als ein Selbst erfährt, kann es sich in seinem Verhalten im Sinne doppelter Kontingenz von einem begegnenden Selbst abhängig machen. Es erfährt sich als ein Selbst, das sich gegenüber einem anderen Selbst befindet und macht sich in seinem Verhalten, d.h. der Abstimmung von Wahrnehmen und Eigenaktivität, vom Verhalten des begegnenden Selbst abhängig, das genauso verfährt (vgl. Luhmann 1984: 166).

1.1.2. Die anthropologischen Paradoxien der exzentrischen Positionalität

Was folgt aus diesen Überlegungen für die beiden Fragen: »Wer ist ein alter Ego?/Wer ist ein Mensch?« bzw. »Was ist der Mensch?« Um das zu klären, ist es sinnvoll, das Verhältnis von zentrischer und exzentrischer Positionalität genauer herauszuarbeiten. Plessner bringt Positionalität und organische Form des Lebewesens in einen inneren Zusammenhang. Demnach muß die physische Organisation als Realisierung der Positionalität eines Lebewesens aufgefaßt werden können. Für die zentrische Positionalität heißt das, daß die spezifische Selbstbezüglichkeit, d.h. der Vollzug der Vermittlung von Wahrnehmen und Eigenaktivität, durch die physische Organisation gewährleistet werden muß, z.B. durch neuronale Strukturen oder ein funktionales Äquivalent, das ebenfalls Reizleitungen ermöglicht (vgl.

Plessner 1975: 241). Insofern der organische Körper als Realisierung der Positionalität gedeutet werden kann, ließe sich mit Bezug auf die physische Organisation eines Wesens, dessen Umweltbeziehung der zentrischen Positionalität entspricht, sowohl bestimmen, welche Form seine Umweltbeziehung hat, als auch, was in dieser Umwelt vorkommen kann. Denn es ist die physische Organisation, die bedingt, was wahrgenommen werden kann und welche Art der Eigenaktivität dem Organismus möglich ist. Für ein zentrisches Selbst erscheinen die Gegebenheiten des Umfeldes als etwas, auf das es im Rahmen seiner physischen Organisation reagieren kann. Insofern ist es sinnvoll, bei Wesen zentrischer Positionalität davon auszugehen, ihre Leib-Umweltbeziehung sei in einer bestimmten körperlich-leiblichen Form realisiert. Innerhalb dieser Form existieren für das Lebewesen auch die Beziehungen zu anderen Lebewesen, die es gemäß seiner physischen Organisation wahrnimmt und auf die es entsprechend reagiert. Ein explizit abgehobener Bereich sozialer Beziehungen kann auf dieser Stufe noch nicht existieren, denn ein Selbst kann nicht als ein Selbst zu einem anderen Selbst eine Beziehung unterhalten. Soziale Beziehungen sind folglich nicht als solche vorhanden, sondern ein integraler Bestandteil des Aufeinandereinspielens zwischen Leib und Umwelt. Die Beziehung, die ein Selbst zu einem anderen leiblichen Selbst unterhält, unterscheiden sich qualitativ nicht von den Beziehungen, die ein leibliches Selbst zu den physischen Gegebenheiten unterhält, mit denen es praktisch umgeht.

Vor diesem Hintergrund erhält die Theorie der »exzentrischen Positionalität« eine weitere Bedeutung. Exzentrisch meint – wie gesagt –, daß ein lebendiges Wesen ein Selbst ist und zugleich außerhalb seiner selbst. Es ist innerhalb, insofern es zwischen Wahrnehmen und Eigenaktivität vermittelt und es ist außerhalb, insofern es darauf bezogen ist, Wahrnehmen und Eigenaktivität zu vermitteln. Als ein Selbst existiert ein Lebewesen innerhalb einer Lebensform; als exzentrisches Selbst ist es dagegen in Differenz zu dieser Form, in der es als ein leibliches Selbst existiert bzw. existieren würde. Die Form garantiert nicht länger einen Rahmen, in dem leibliches Selbst und Umwelt aufeinander einspielen. Lebewesen, die exzentrisch existieren, stehen vor der Aufgabe, das selbstverständliche aufeinander Einspielen von Leib und Umwelt immer wieder neu in ein Gleichgewicht, in eine selbstgeschaffene Lebensform, zu bringen.

Eine wichtige Implikation des Sachverhalts, sowohl innerhalb als auch außerhalb der Form der Umweltbeziehung zu existieren, besteht in der damit zusammenhängenden Veränderung der Gegebenheit der

Umwelt. Ein Wesen zentrischer Positionalität nimmt die Welt in dem Maße wahr, in dem es dazu in der Lage ist, sich praktisch auf die Umwelt zu beziehen. Es existieren sinnlich faßbare Gegebenheiten. Dinge sind Dinge, insofern sie gesehen, umgriffen, geworfen, gezerrt, gepackt usw. werden können. Ein Ding wäre demnach das Insgesamt dessen, was mit ihm aktuell getan werden kann. In diesem Sinne existieren für ein Wesen zentrischer Positionalität Dinge innerhalb der Form ihrer praktischen Umweltbeziehung (vgl. Plessner 1975: 271).

Für ein Wesen exzentrischer Positionalität existieren dagegen begegnende Gegebenheiten nicht nur insofern sie gemäß aktueller Aktionserfordernisse wahrgenommen werden, sondern sie existieren ebenso wie das exzentrische Selbst innerhalb wie außerhalb der Form der praktischen Umweltbeziehung.

Die Dinganalyse, von der die Untersuchung seinen Ausgang nahm, hatte nachgewiesen, daß ein Ding eine Einheit ist, nicht nur insofern es aktuell als eine Gestalt erscheint, sondern insofern es in Differenz zu der Gestalt ist, als die es aktuell erscheint. Aufgrund dieser Differenz erscheint das Ding als eine Einheit, die jenseits der aktuellen Gestalt existiert, weshalb die Dingeinheit auch einen Gestaltwandel überleben kann. Als Gestalt kann ein Ding gemäß gegenwärtiger Aktionserfordernisse wahrgenommen werden. Insofern es in Differenz zur Gestalt ist, ist ein Ding dagegen etwas, das ebenso wie das exzentrische leibliche Selbst sowohl innerhalb als auch außerhalb der leiblichen Umweltbeziehung ist. Die vorausgesetzte wahrnehmende Instanz erweist sich als ein exzentrisches leibliches Selbst.

Die Theorie des Lebendigen nahm ihren Ausgangspunkt von dieser Differenz zur Erscheinung. Lebendigkeit wurde dabei verstanden als eine Steigerung der Selbständigkeit begegnender Gegebenheiten gegen die wahrnehmende Instanz. Nicht erst das Bewußtsein und nicht die Tatsache der Lebendigkeit verweisen auf einen physisch nicht feststellbaren Sachverhalt, einen Einheitspunkt jenseits des physisch Feststellbaren, sondern schon die Erscheinung eines unbelebten Dings (vgl. Plessner 1975: 295). Die Differenzierungen zwischen belebten und unbelebten Dingen, zwischen bewußten und sozial erscheinenden Wesen basieren auf einem Akt der Interpretation. Der Zusammenhang zwischen der Art der interpretierenden Einheitsbildung und der physischen Erscheinung ist nicht beliebig. Die physische Erscheinung muß als Realisierung der entsprechenden Art der Einheitsbildung verstanden werden können. Aber der Zusammenhang ist nicht zwingend oder a priori vorgegeben. Plessner orientiert

die Argumentation in »Die Stufen des Organischen« im Wesentlichen an 5 verschiedenen Formen der Einheitsbildung.
1. Die einfachste wäre die Gestalteinheit. Auf dieser Ebene siedelt er auch die Möglichkeiten der Mathematisierung an, d.h. die Festlegung kalkulierbarer Möglichkeiten.
2. Davon zu unterscheiden ist die Einheit des unbelebten Dings, die der Wahrnehmung einfach nur entzogen ist.[19]
3. Die nächst komplexere Weise, wie ein begegnendes Gegenüber erscheint, ist die Lebendigkeit, ein lebendiges Ding grenzt sich gegen seine Umwelt ab und existiert als ein selbstorganisierter Eigenbereich, indem es sich in seinem physischen Bestand reproduziert.
4. Eine weitere Steigerung der Selbständigkeit gegen die beobachtende Instanz besteht darin, daß die Einheit des Begegnenden im Sinne eines bewußten Selbst erfahren wird, das seine Umwelt merken kann und seine Eigenaktivität gemäß den aktuellen Umweltanforderungen selbst gestaltet.
5. Eine maximale Steigerung der Selbständigkeit einer beobachteten Entität gegen die beobachtende Instanz ist dann gegeben, wenn das Beobachtete seinerseits als ein exzentrisches Selbst interpretiert wird; in diesem Fall erlebt das beobachtende exzentrische Selbst, daß es sich gegenüber einem Selbst befindet, das sich ebenfalls als ein Selbst gegenüber einem anderen Selbst erfährt; damit hat die Beziehung die strukturelle Komplexität doppelter Kontingenz erreicht.

Sowohl die wahrgenommene Welt als auch die wahrnehmende Instanz müssen bestimmte Bedingungen erfüllen, damit sich die Notwendigkeit der Deutung ergibt. Nur wenn die sinnlichen Erscheinungen der Umwelt in der skizzierten Weise auf etwas bezogen sind, das nicht selbst erscheint (Ding, lebendiges Ding, bewußtes Selbst), ist eine Deutung unabdingbar. Auf der Seite der wahrnehmenden Instanz ist die Notwendigkeit der Deutung daran gebunden, daß deren

---

19 Die Unterscheidung der ersten beiden Formen der Einheitsbildung hat eine gewisse Ähnlichkeit mit der Differenz zwischen »Wissensobjekt« und »Instrument«, die Knorr-Cetina (1998: 96) aufmacht. Während das Instrument einfach benutzt wird, wird das Wissensobjekt zum Gegenstand des Fragens, es wird zum Gegenstand des »Betrachtens und Überlegens«, der immer auch abwesend ist (vgl. Knorr Cetina 1998: 96). Von hier aus entwickelt sie den Gedanken des Objekts als eines Gegenübers, mit dem eine Beziehung besteht, die zumindest partiell auch soziale Qualitäten hat (vgl. Knorr Cetina 1998: 104). Im Unterschied zur hier vorgetragenen Konzeption wird allerdings die Komplexität des Gegenüber, d.h. seine eigenständige Umweltbeziehung nicht mehr thematisiert. Darin liegt der meineserachtens der Gewinn der Konzeption Plessners.

Umweltbeziehung durch exzentrische Positionalität gekennzeichnet ist. Daraus folgt: Wenn exzentrische Positionalität für Plessner die humanspezifische Umweltbeziehung charakterisiert, wird seine Anthropologie auf eine grundsätzliche Weise paradox. Während für Wesen zentrischer Positionalität feststehen kann, wie sie sich auf ihre Umwelt beziehen, müssen exzentrische Wesen diese »Feststellung« ihrer Umweltbeziehung erst erreichen. Die Feststellung ihrer Umweltbeziehung erfordert eine Deutung, die entscheidet, ob das, was ihnen begegnet, in der Art und Weise eines unbelebten Dings selbständig gegen die praktischen Erfordernisse ihrer Umweltbeziehung ist, oder in der Art und Weise eines lebendigen Dings oder in der Art und Weise, wie sie für Sozialität, i.s. doppelter Kontingenz, charakteristisch ist. Jenachdem wie komplex das Gegenüber erscheint, ergeben sich ganz unterschiedliche Konsequenzen dafür, wie die praktische Umweltbeziehung gestaltet wird. In der Begegnung mit einem Ding, das nicht wahrnimmt und seine eigene Erscheinung nicht selbst verändert, ergibt sich eine andere Form der Umweltbeziehung als in der Begegnung mit einem Wesen, das wahrnimmt oder gar einem Wesen, das realisiert, daß es ein Selbst ist und sich gegenüber einem anderen Selbst befindet.

Für die Beantwortung der beiden anthropologischen Fragen ergibt sich folgendes. Wenn die Umweltbeziehung lebendiger Wesen nicht komplexer ist, als es im Rahmen der zentrischen Positionalität möglich ist, ist eine Wesensbestimmung möglich und es wäre auch möglich zu sagen, für wen diese zutrifft. Wenn die Umweltbeziehung lebendiger Wesen allerdings exzentrisch ist, wird eine Wesensbestimmung unmöglich, denn ein exzentrisches Wesen wäre immer auch jenseits der Form der Umweltbeziehung, die eine Wesensbestimmung ermöglicht. Zugleich wird es zumindest für Wesen, deren Umweltbeziehung die Komplexität exzentrischer Positionalität erreicht hat, unmöglich, a priori festzulegen, welche erfahrbaren Gegebenheiten ebenfalls eine exzentrische Umweltbeziehung haben und welche nicht. Die Frage, *wer* ein »Mensch« ist, wird in historisch kontingenten Deutungsverfahren entschieden. Statt zu einer Anthropologie führt die Theorie Plessners zu der Unmöglichkeit, anthropologische Fragen zu beantworten. Als Anthropologie ist seine Theorie paradox. Stattdessen aber ermöglicht sie es, diese Fragen zu soziologisieren. An die Stelle der beiden Fragen – *wer* ist ein »Mensch« und *was* ist der »Mensch« – treten die Fragen: 1. Wie wird in Gesellschaften die Deutung reguliert, durch die festgelegt wird, *wer* in den Bereich des Sozialen gehört und *was* aus diesem Bereich ausgeschlossen wird? 2.

Wie wird in Gesellschaften die Umweltbeziehung derjenigen Entitäten reguliert, die in den personalen Seinskreis gehören?

1.2. Doppelte Kontingenz und exzentrische Positionalität

Wie ich schon ausgeführt habe, bezeichnet doppelte Kontingenz eine Beziehungskomplexität, die sowohl in handlungs- als auch systemtheoretischer Perspektive als grundlegend für (menschliche) Sozialität angesehen wird. Auf der Abstraktionsebene, auf der die Argumentation angelegt ist, fallen die Unterschiede der Positionen noch nicht ins Gewicht.[20] In der Systemtheorie dient »doppelte Kontingenz« dazu, die Besonderheit sozialer Systeme zu begründen. Hinsichtlich dieser theoriestrategischen Verortung von doppelter Kontingenz ähneln sich die Positionen von Parsons (1968) und Luhmann (1984). Doppelte Kontingenz bezeichnet ein Umweltverhältnis zwischen zwei Handlungs- bzw. Kommunikationseinheiten, in dem sich die Beteiligten in ihrem Verhalten wechselseitig voneinander abhängig machen. Die beiden Einheiten werden, darauf insistiert vor allem Luhmann, als »Alter« und »Ego« bezeichnet, denn es soll offen bleiben, ob damit handelnde menschliche Personen oder menschliche soziale Systeme gemeint sind (vgl. Luhmann 1984: 153). In einer handlungstheoretischen Perspektive wird ein vergleichbares Umweltverhältnis zur Grundlage sozialen Handelns gemacht. Für Mead (1987a, b, c) ist Sozialität dann realisiert, wenn Ego einen an Alter gerichteten Reiz produziert, wobei das besondere dieses Reizes darin besteht, daß Ego auf diesen Reiz so reagieren könnte, wie er/sie es von Alter erwartet. Wenn sowohl Ego als auch Alter sich in dieser Weise aufeinander beziehen, sind die jeweiligen Erwartungen an das Verhalten des Gegenüber in das eigene Verhalten eingebaut. Unter dieser Voraussetzung wird soziales Verhalten und symbolvermittelte Interaktion möglich.

Die Frage, die ich aufwerfen möchte, ist die: Muß die Theorie Plessners, die – wie gezeigt – nur in einem in sich widersprüchlichen Sinn als Anthropologie gelesen werden kann, nicht vielmehr als Fundierung von Sozialität im Sinne doppelter Kontingenz verstanden werden?

---

20 Luhmann (vgl. 1976: 510) hatte sich zunächst durchaus positiv auf Mead bezogen, hat sich im weiteren aber von dessen Modell der Reflexivität abgesetzt (vgl. Luhmann 1986: 75).

Das Argument wird in zwei Schritten vorgetragen: Zunächst ist es sinnvoll zu zeigen, inwiefern die Art und Weise, in der Plessner das Problem aufrollt, einer soziologischen Thematisierung Schwierigkeiten bereitet. In einem zweiten Schritt werde ich darlegen, daß die von Plessner ansatzweise formulierte Theorie der Sozialität in ihrer Komplexität der Beziehungsstruktur der der doppelten Kontingenz äquivalent ist. Der Gewinn dieser Argumentation liegt in Folgendem: Es wird eine Theorie des Sozialen entwickelt, die die materielle Dimension des sozialen Lebens integrieren kann und darüber hinaus wird es möglich, nicht-soziale Beziehungen als »Dekomplexierung« sozialer Beziehungen zu beschreiben. Dabei kann die »Dekomplexierung« mehr oder weniger weit gehen. Das Gegenüber kann als lebendiges Wesen erfahren werden, das Wahrnehmen und Eigenaktivität vermittelt, aber nicht sich als ein Selbst erfaßt; das Gegenüber kann als bloß lebendig oder als ein unbelebtes Ding erfahren werden und schließlich kann es darauf reduziert werden, aktuellen praktischen Zwecken zu dienen, es ist eine physische Gestalt auf die praktisch zugegriffen wird.

1.2.1. Mitwelt

Das Thema der Sozialität wird in »Die Stufen des Organischen« explizit unter dem Titel »Mitwelt« behandelt (Plessner 1975: 300 ff.). Die Schwierigkeit, die Theorie der Mitwelt zu begreifen, liegt darin, daß hier sowohl von einer Vielheit als auch von der Aufhebung der Vielheit gehandelt wird. Individuelle Organismen haben individuelle Perspektiven, die durch die physische Organisation und die damit gegebene Form der Umweltbeziehung determiniert werden. Eine derartige Vielheit der Lebenszentren existiert auch im Rahmen der exzentrischen Positionalität. Zugleich ist die Vielheit der leiblichen Perspektiven aber relativiert, denn als exzentrisches Wesen ist ein physischer Organismus zugleich innerhalb und außerhalb seiner selbst. Insofern die exzentrische Positionalität nur als Differenz zur organisch determinierten Form der Umweltbeziehung bestimmt ist, ist sie gleichzeitig als Differenz zu jeder räumlichen oder zeitlichen Festlegung bestimmt.

Die Rede von vielen Individuen oder von Intersubjektivität setzt immer den Bezug zu der Vielheit der Lebenszentren voraus. Wenn man aber von der Differenz zu den räumlichen und zeitlichen Festlegungen her denkt, stellt sich die Frage, ob diese Differenz in sich eine

Unterscheidung zwischen einzelnen Einheiten zuläßt. Die Differenz zu sich, von der her ein leibliches Selbst auf sich als ein Selbst bezogen ist, bezeichnet Plessner initial als »nicht-objektivierbaren Ich-Pol« (vgl. Plessner 1975: 292). Da der »Ich-Pol«, von dem aus das leibliche Selbst auf sich als ein Selbst bezogen ist, nur als Differenz zum aktuell Wahrnehmen und Eigenaktivität vermittelnden Selbst bestimmt ist, und nicht seinerseits zum Gegenstand gemacht werden kann, so daß über ihn etwas aussagbar wäre, kann von ihm positiv nichts festgestellt werden. Es ist deshalb auch nicht möglich mit Bezug auf den »Ich-Pol« zwischen Einzahl und Mehrzahl zu unterscheiden. Der »Ich-Pol« ist vielmehr das, von woher die Vielzahl der Lebenszentren in ihrer Gültigkeit entwertet wird, dies mündet in eine paradox anmutende Formulierung, wonach der »Ich-Pol« ebenso die »Wir-Form des eigenen Ichs« (Plessner 1975: 303) bildet. Von dieser Überlegung ausgehend entwickelt Plessner seine Theorie der Mitwelt:

»Als Glied der Mitwelt steht jeder Mensch da, wo der andere steht. In der Mitwelt gibt es nur Einen Menschen, genauer ausgedrückt, die Mitwelt gibt es nur als Einen Menschen. ... Sie ist die Sphäre des Einander ...und so ist sie die wahre Gleichgültigkeit gegen Einzahl und Mehrzahl...« (Plessner 1975: 304 f.)

Aufgrund solcher Formulierungen könnte der Verdacht entstehen, daß Plessner solipsistisch argumentiert, aber dies verfehlt den intendierten Sachverhalt. Wenn von der Mitwelt als »Einem Menschen« die Rede ist, meint das die Differenz, von der her die Relativierung des leiblichen Selbst stattfindet, wodurch die Absolutheit der je unterschiedlichen Perspektiven entwertet wird. Den »Einen Menschen« gibt es nur als Differenz zu der Vielzahl lebendiger Wesen. Der »Eine Mensch« meint gerade nicht ein solipsistisches Ich, sondern die Möglichkeit einer gemeinsamen Welt, obwohl es nur eine Vielzahl organismischer Individuen mit je unterschiedlichen Perspektiven gibt.

In gewissem Sinn ist die Rede von dem »Einen Menschen« hochgradig mißverständlich, denn insofern damit die Differenz gemeint ist, von der her ein leibliches Selbst sich auf sich bezieht, ist die weitere Charakterisierung durch »Gleichgültigkeit gegen Einzahl und Mehrzahl« sicher die treffendere Formulierung, denn die Logik der Argumentation gibt für die Mitwelt, verstanden als Differenz zu den existierenden Lebenszentren, keine in ihr selbst gelegenen Möglichkeiten an, zwischen einem und mehreren zu unterscheiden. Eines oder mehreres gibt es nur, insofern die Mitwelt von dem her verstanden wird, wozu sie in Differenz ist: einem einzelnen zeitlich/räumlich existierenden Selbst, das sich auf ein anderes einzelnes Selbst bezieht. Durch den Bezug auf die Mitwelt ist die Beziehung eines einzelnen Selbst auf eine grundlegende Weise sozial; in die eigene Umweltbeziehung ist der Bezug zu anderen konstitutiv eingelassen.

1.2.2. Mitwelt und doppelte Kontingenz

Die Schwierigkeit, die soziologische Dimension des Konzepts der Mitwelt zu begreifen, liegt darin, daß »Mitwelt« den Sachverhalt, den das Theorem der »doppelten Kontingenz« formuliert, gleichsam von der anderen Seite aus untersucht. Während Plessner die Mitwelt als die Sphäre thematisiert, von der her die Relativierung des Weltbezugs eines leiblichen Selbst möglich ist, geht das Theorem der doppelten Kontingenz von der Unterschiedlichkeit des praktischen Weltbezuges leiblicher Selbste aus und rückt in den Mittelpunkt, wie von dort aus eine Relativierung möglich ist. Insofern eine theoretische Überlegung in Hinblick auf eine empirische Forschung formuliert wird, ist diese Perspektivenverschiebung unerläßlich. Wenn es darum geht zu untersuchen, wie die Beziehungen zwischen sozialen Akteuren beschaffen sind, muß die Annahme, daß ein reflexives Selbstverhältnis immer schon sozial ist, in einer Weise formuliert werden, die eine empirische Beobachtung individueller Entitäten ermöglicht. In diesem Sinne verstehe ich doppelte Kontingenz als eine konkretisierende Reformulierung des Sachverhalts, den Plessner als Mitwelt konzipiert. Dabei bleibt der Grundgedanke erhalten. In beiden Fällen erfolgt die Relativierung der Umweltbeziehung eines einzelnen Selbst darüber, daß die ihre Umwelt wahrnehmende und handelnde Einheit auf sich selbst bezogen ist. Ich möchte diesen Sachverhalt für Luhmann explizit herausarbeiten.

Für die mit dem Theorem der doppelten Kontingenz zusammenhängenden Probleme ist »Soziale Systeme« (1984) der maßgebliche Bezugspunkt. Dort wird entsprechend auch der Kommunikationsbegriff explizit rückgebunden an »doppelte Kontingenz«, denn die spezifische Abhängigkeit von Ego und Alter, die in der doppelten Kontingenz gegeben ist, bildet die Bedingung für Kommunikation. Alter ist für Ego unzugänglich, deshalb ist Ego darauf angewiesen, die Art und Weise, in der Alter erscheint, als Hinweis darauf zu deuten, wie Alter sich auf seine Umwelt bezieht. Auf dieser Grundlage formuliert Luhmann einen Kommunikationsbegriff, der drei Selektionen neuartig zusammenfaßt. 1. Alter selegiert eine mitzuteilende Information.

2. Alter selegiert eine Mitteilungshandlung, die die Information für Ego zugänglich macht. 3. Ego erlebt die sinnliche Erscheinung von Alter als Möglichkeit, zwischen Information und Mitteilung unterscheiden zu können und selegiert, wie die Information aufzufassen ist, d.h., Ego versteht Alter.

Insofern Kommunikanten Systeme sind und Information von Luhmann als Veränderung des Systemzustands aufgefaßt wird (vgl. Luhmann 1984: 102), ist eine mitgeteilte Information immer auch eine Aussage über den eigenen Zustand des Systems, das eine Information mitteilt. Die Information betrifft, um es mit Plessner zu sagen, das Selbst, das wahrnimmt und seine Eigenaktivitäten auf die Wahrnehmungen abstimmt. Luhmann (1984: 195) formuliert: »In der einen Hinsicht muß er (Alter, GL) sich selbst als Teil des wißbaren Weltwissens auffassen, denn die Information (sonst könnte er sie gar nicht handhaben) weist auf ihn zurück.« Insofern ein Kommunikant aber auf sich als ein Selbst bezogen ist, das Wahrnehmen und Eigenaktivität vermittelt, ist er zugleich außerhalb seiner selbst. »In der anderen Hinsicht verfügt er (der Kommunikant, GL) über sich als selbstreferentielles System.« (Luhmann 1984: 195 f.)

Die zentrale Denkfigur ist ähnlich aufgebaut: Sowohl Luhmann als auch Plessner nehmen in Anspruch, daß das operierende (d.h. wahrnehmende und agierende) System (Luhmann) bzw. das wahrnehmende und agierende leibliche Selbst (Plessner) auf sich als operierendes System bzw. auf sich als Wahrnehmung und Eigenaktivität vermittelndes Selbst bezogen sind. Es wird in beiden Fällen mit einer Distanz des Systems bzw. des Selbsts zu sich argumentiert.[21] Diese Selbstbezüglichkeit ist sowohl für Plessner (s.o.) als auch für Luhmann ein irreduzibel sozialer Sachverhalt. Luhmann entwickelt von hier aus, wie die Existenz des anderen Systems in die Operationen von Alter bzw. Ego eingebaut werden können.

Luhmann konzipiert die Art und Weise, wie Ego die Operationen von Alter in das eigene Verhalten einbaut über Beobachtung und Erwartung. Ego beobachtet Alter als ein System, das seinerseits zwischen Umwelt und System unterscheidet und Wahrnehmen und Eigenakti-

---

21 Die Unterschiede beziehen sich darauf, daß Luhmann diese Art des Umweltverhältnisses auch für soziale Systeme in Anspruch nimmt. Hier geht es zunächst nur darum festzustellen, ob »doppelte Kontingenz« und damit zusammenhängend »Kommunikation« i.S. Luhmanns eine Umweltbeziehung erfordern, die strukturell der der exzentrischen Positionalität entspricht. Eine Vorentscheidung darüber, wessen Umweltbeziehung in dieser Weise beschaffen ist, ist damit nicht getroffen, vgl. hierzu auch den dritten Abschnitt dieses Kapitels.

vität aufeinander abstimmt. Weiterhin muß Ego sich als ein System erfahren, das in der Umwelt von Alter vorkommt, d.h. als ein System, das von Alter als ein System beobachtet wird, in dessen Umwelt Alter vorkommt. Damit Ego und Alter ihr Verhalten wechselseitig voneinander abhängig machen bzw. in das jeweils eigene Verhalten das Verhalten des Gegenüber einbauen können, müssen sie voneinander erwarten, daß der jeweils andere den Fortgang der Vermittlung zwischen Wahrnehmen und Eigenaktivität davon abhängig macht, wie sich das Gegenüber präsentiert. Aus der Perspektive von Ego gesprochen: Ego erwartet, daß Alter erwartet, daß Ego das eigene Verhalten vom Verhalten Alters abhängig macht. Das gleiche gilt für Alter entsprechend. Diese reflexiv aufeinander bezogenen Erwartungen setzen ihrerseits die oben beschriebene Distanz zum Vollzug der Vermittlung von Wahrnehmen und Eigenaktivität voraus. Nur wenn Ego und Alter über sich verfügen, insofern sie die Vermittlung leisten, können sie in den Vollzug der eigenen Vermittlung eingreifen und jeweils berücksichtigen, wie sich ihr jeweiliges Gegenüber verhält (vgl. Luhmann 1984: 154 f.). In dem Maße, in dem Ego und Alter den Fortgang ihrer Operationen wechselseitig voneinander abhängig machen, müssen sie sich notwendig aufeinander abstimmen. Da sich die Notwendigkeit und die Möglichkeit der Abstimmung von Ego und Alter nur aus ihrem Bezug zueinander ergibt, nimmt das Theorem der doppelten Kontingenz die Form eines Problems an, das praktisch gelöst werden muß.

Ein genetisches Argument, wie die soziale Selbstbezüglichkeit ermöglichende Distanz zu sich zustande kommt, wird weder von Luhmann noch von Plessner vorgebracht. Es scheint zwar so, als würde Luhmann Sozialität als Begründung für die Entstehung der Distanz zu sich anführen, wenn er sie als »Effekt der Tatsache, daß Ego das Verhalten Alters als Kommunikation auffaßt« (Luhmann 1984: 196) beschreibt, aber dabei handelt es sich nur bedingt um ein genetisches Argument. Denn

> »das Problem der doppelten Kontingenz ist virtuell immer präsent, sobald ein Sinn erlebendes psychisches System gegeben ist. Es begleitet unfocussiert alles Erleben, bis es auf eine andere Person oder ein soziales System trifft, dem freie Wahl zugeschrieben wird. Dann wird es als Problem der Verhaltensabstimmung aktuell. ...Zu einem Akutwerden doppelter Kontingenz genügt jedoch nicht die bloße Faktizität der Begegnung; zu einem motivierenden Problem der doppelten Kontingenz ... kommt es nur, wenn diese Systeme in spezifischer Weise erlebt und behandelt werden: nämlich als unendlich offene, in ihrem Grund dem

fremden Zugriff entzogene Möglichkeiten der Sinnbestimmung.«
(Luhmann 1984: 151 f.)

Wenn dies gegeben ist, faßt Ego das Verhalten von Alter als Kommunikation auf. Aber dazu muß Ego sich als Adressaten der Kommunikation von Alter erfahren, d.h. als ein Selbst gegenüber einem anderen Selbst. Wenn diese Konstellation virtuell gegeben ist, sobald es ein sinnerlebendes psychisches System gibt, handelt es sich bei faktischen Realisierungen dieser Beziehungskomplexität nie um die Genese der Distanz zu sich, sondern um eine Aktualisierung dieser Distanz in einer konkreten Beziehung. Die Konstitution der Komplexität der Umweltbeziehung, die erforderlich ist, damit eine Beziehung zwischen Alter und Ego die Komplexität aufweisen kann, die derjenigen der doppelten Kontingenz entspricht, wird nicht thematisiert.[22]

Insgesamt läßt sich der Vergleich zwischen »Mitwelt« und »doppelter Kontingenz« jetzt so zusammenfassen: Die Theorie der Mitwelt behandelt die sozial vermittelte Selbstbezüglichkeit von der Differenz zur Vielheit existierender Lebenszentren her. Das Theorem der doppelten Kontingenz thematisiert den gleichen Sachverhalt aus der Perspektive der einzelnen Lebenszentren, die einander als Ego und Alter begegnen. Auf diese Weise gerät auch der Zwang zur Abstimmung zwischen den einzelnen Lebenszentren in den Blick. Es handelt sich allerdings nicht um eine bloße Verschiebung der Perspektive, in der der Sachverhalt der sozial vermittelten Selbstbezüglichkeit formuliert wird, sondern eher um eine konkretisierende Entfaltung. Im Rahmen des Theorems der doppelten Kontingenz steht die sozial vermittelte Selbstbezüglichkeit individueller Entitäten im Mittelpunkt. Dies stellt eine Weiterentwicklung des Theorems der Mitwelt dar, die unabdingbar ist, soll empirisch das Verhalten einzelner Entitäten untersucht werden. Der Gewinn, der sich für die soziologische Theoriebil-

---

22 Gegen die Annahme, Luhmann würde genetisch argumentieren, spricht auch die Systematik seiner Argumentation. Luhmann schließt mit seiner Theorie der doppelten Kontingenz zwar an Parsons an, aber er widerspricht zugleich dem Vorschlag von Parsons, wie doppelte Kontingenz bewältigt werden kann. Parsons hatte historisch argumentiert: Das Abstimmungsproblem wird gelöst durch ein gemeinsames Wertesystem, das die Akteure internalisieren. Die Lösung des Problems der doppelten Kontingenz erfolgt demnach durch Sozialisation in das gemeinsame Wertesystem (vgl. Parsons 1968). Luhmanns Einwand lautet: Sinnvollerweise müsse Parsons davon ausgehen, daß auch das Wertesystem sozial produziert wird. Sozialisation würde aber nur erklären, wie es reproduziert wird. Die Konstitution des Wertesystems bleibt somit im Dunkeln (vgl. Luhmann 1984: 150).

dung ergibt, wenn doppelte Kontingenz in dieser Weise an die Positionalitätstheorie rückgebunden wird, soll abschließend herausgearbeitet werden.

1.3. Reflexive Anthropologie und die Grenzen des Sozialen

Das Theorem der doppelten Kontingenz hat sowohl im Rahmen von handlungs- als auch von systemtheoretischen Ansätzen axiomatischen Charakter für die Soziologie. Luhmann formuliert in dieser Hinsicht nur am deutlichsten, wenn er explizit die Irreduzibilität des Sozialen und damit die epistemologische Eigenständigkeit der Soziologie mit Bezug auf das Theorem der doppelten Kontingenz begründet.[23] Einer Integration von exzentrischer Positionalität mit dem Theorem der doppelten Kontingenz kommt von daher eine grundsätzliche Bedeutung zu.

Zwei Momente scheinen mir von besonderer Bedeutung. Zum einen führt die Integration der Konzepte zu einer Erweiterung bzw. Radikalisierung der Notwendigkeit der Deutung und zum anderen zu der Möglichkeit das Theorem der doppelten Kontingenz zu verkörpern und damit die Trennung von Sozialität und Materialität schon im Ansatz zu unterlaufen.

1.3.1. Die erweiterte Deutung

Für ein exzentrisches Selbst besteht die Notwendigkeit zu deuten, wessen Umweltbeziehung in einer vergleichbaren Weise komplex ist, denn es steht nicht von vornherein fest, bei welcher begegnenden Entität es sich um eine soziale Person handelt und bei was nicht. Diese Deutung fundiert jede kommunikative Deutung i.S. Luhmanns. Anders gesagt: Jede kommunikative Deutung setzt eine Deutung voraus, die entscheidet, ob die physische Erscheinung der betreffenden Entität als eine kommunikative Äußerung aufzufassen ist oder als etwas anderes.

»Bei der Annahme der Existenz anderer Iche handelt es sich nicht um Übertragung der eigenen Daseinsweise, in der ein Mensch für sich

---

23 Dies ergibt sich nicht zuletzt aus dem theoriestrategischen Ort: Das Kapitel über doppelte Kontingenz leitet über von den allgemeinen systemtheoretischen Überlegungen hin zur Theorie sozialer Systeme (Vgl. Luhmann 1984: Kap. 3).

lebt, auf andere ihm nur körperhaft gegenwärtige Dinge, also um eine Ausdehnung des personalen Seinskreises, sondern um eine Einengung und Beschränkung dieses ursprünglich gerade nicht lokalisierten und seiner Lokalisierung Widerstände entgegensetzenden Seinskreises auf die »Menschen«. Das Verfahren der Beschränkung, wie es sich in der Deutung leibhaft erscheinender fremder Lebenszentren abspielt, muß streng getrennt werden von der Voraussetzung, daß fremde Personen möglich sind, daß es eine personale Welt überhaupt gibt...Daß der einzelne Mensch sozusagen auf die Idee verfällt, ja daß er von allem Anfang an davon durchdrungen ist, nicht allein zu sein und nicht Dinge, sondern fühlende Wesen wie er als Genossen zu haben, beruht nicht auf einem besonderen Akt, die eigene Lebensform nach außen zu projizieren, sondern gehört zu den Vorbedingungen der Sphäre menschlicher Existenz.« (Plessner 1975: 301)

Im Verhältnis dazu, welche Funktion der Deutung im Rahmen des Theorems der doppelten Kontingenz zukommt, könnte man hier von einer Radikalisierung der Notwendigkeit des Deutens sprechen. Kommunikative Deutung i.S. Luhmanns und auch im Sinne der Theorie symbolvermittelter Interaktion im Anschluß an Mead bezieht sich darauf, daß ein Gegenüber nicht unmittelbar zugänglich ist, sondern daß Verstehen einen Akt der Deutung physischer Zeichen beinhaltet. Plessner geht noch einen Schritt weiter, wenn er darauf insistiert, daß diese Deutung eine grundlegende Deutung impliziert: Eine Deutung, die die Komplexität des Gegenüber erschließt, eine entscheidende Deutung, die den Kreis derjenigen festlegt, deren Verhalten als kommunikativ aufgefaßt werden muß.[24]

Die gleiche Aufgabe stellt sich für eine soziologische Forschung. Wenn ihr Gegenstand nicht mehr durch die Annahme bestimmt ist,

---

24 Die Integration von doppelter Kontingenz und exzentrischer Positionalität führt in sozialtheoretischer Hinsicht zu der Notwendigkeit einer fundierenden Deutung, durch die allererst festgelegt wird, welche Entitäten Kommunikanten sein können. Dies ist der entscheidende Punkt, wenn es darum geht, die Grenzen des Sozialen als veränderliche Grenzen zu verstehen. Krüger (2000b: 310 f.) hat sich dieser Interpretation der exzentrischen Positionalität angeschlossen und führt sie weiter, indem er sie als Vermittlung zwischen Natur- und Sozialphilosophie begreift. In dieser Weiterführung könnte allerdings ein Problem liegen, denn die fundierende Deutung ist in einem Feld angesiedelt, das zunächst weder der Natur- noch der Sozialphilosophie zuzuordnen wäre, weil es sich um eine Deutung handelt, die diesseits der Differenz zwischen Sozialität/Natur angesiedelt ist. Inwiefern die fundierende Deutung unter diesen Umständen als Verbindungsglied zwischen Sozial- und Naturphilosophie fungieren kann, ist mir nicht ganz klar.

nur das Verhalten von »Menschen« sei als soziales Verhalten zu werten, ergibt sich für eine empirische Forschung die Notwendigkeit, anhand einer Deutung zwischen sozialen Beziehungen und anderem unterscheiden zu müssen. Das Feld der zu beobachtenden Sachverhalte wird nicht mehr durch eine nicht-thematisierte gegenstandsbezogene Annahme (i.S. von menschliche Gesellschaft) limitiert, sondern durch eine theoretische Konstruktion. In diesem Sinne, wird es zur Aufgabe der Forschung zu deuten, wann die Beziehungen zwischen Entitäten derart beschaffen sind, daß sie als Lösung des Problems der doppelten Kontingenz verstanden werden können und wann das nicht der Fall ist. Da diese Beobachtung selbst keine Voraussetzungen darüber mitführt, welche Entitäten in den Kreis der sozialen Akteure gehören und welche nicht, gerät auch die Deutungspraxis in den Blick, durch die diejenigen Entitäten, deren Beziehung durch doppelte Kontingenz gekennzeichnet ist, selbst den personalen Seinskreis begrenzen. Auf diese Weise können die Mechanismen sichtbar werden, die die entscheidende Grenzziehung zwischen sozialen Personen und anderem sicherstellen. Die institutionellen Sicherungen dieser Grenze müssen in jedem Fall zweierlei gewährleisten:

1. Es muß die Komplexität der Umweltbeziehung derjenigen, die dazugehören, dauerhaft sichergestellt werden. Solange lebende »Menschen« dazugehören, sind sie auch dann noch soziale Personen, wenn die Komplexität ihrer Umweltbeziehung situativ reduziert ist und damit ihre Beziehung zu anderen sozialen Personen situativ nicht als Lösung des Problems der doppelten Kontingenz verstanden werden kann. Ein Beispiel, das aus meiner eigenen Forschung stammt, wäre etwa die Behandlung eines Intensivpatienten: Daß er im Krankenhaus ist, verdankt er seinem Status als soziale Person, nur als solche hat er einen Anspruch auf Behandlung. Innerhalb der Behandlung existiert er aber nicht, zumindest nicht immer, als soziale Person. Die Komplexität seiner Umweltbeziehung kann beinahe beliebig und ganz nach den praktischen Erfordernissen der Diagnose und Behandlung reduziert werden. Erst mit dem Tod verliert ein Patient den Status einer sozialen Person.

2. Die Dekomplexierung der Umweltbeziehung der anderen Entitäten muß ausreichend stabilisiert werden. Dies muß auch dann möglich sein, wenn eine Beziehung situativ die Komplexität erreicht, die im Sinne einer Lösung des Problems doppelter Kontingenz interpretiert werden kann. Für die gegenwärtige Gesellschaft könnte der Umgang mit Tieren herangezogen werden, der in Einzelfällen durch-

aus den Charakter einer sozialen Beziehung annehmen kann.[25] Aber Tiere werden nicht generalisiert im Status einer sozialen Person gehalten. Ein weiteres Beispiel wäre der Umgang mit hockkomplexen technischen Apparaturen (z.b. Computern), die situativ personalisiert sein können, aber nicht den Status einer sozialen Person erhalten.[26] Wie dargelegt, mündet die Anthropologie Plessners in eine Paradoxie, durch die die anthropologische Unterscheidung reflexiv in den Blick gerät. Es wird theoretisch eine die selbstverständliche Unterscheidung Mensch-Nichtmensch befremdende Beobachtungsposition konstruiert, die eine Beobachtung der Herstellung dieser Unterscheidung erlaubt. Das Theorem der doppelten Kontingenz stellt sich als eine konstruktive Weiterentwicklung der Beobachtungsposition dar, die es erlaubt, das Feld der zu beobachtenden Sachverhalte erneut zu limitieren. Die konstruktive Limitierung ist notwendig, denn es gibt keine selbstverständlichen Grenzen des Sozialen mehr, wenn auch die Differenz Mensch-Nichtmensch als eine unter anderen möglichen Formen der Grenzziehung behandelt wird.

1.3.2. Die Materialität des Sozialen

Joerges (1995) hatte Luhmann zurecht dahin kritisiert, daß die Theorie sozialer Systeme das Problem der Materialität weitgehend ausklammern würde, er hatte nicht zuletzt damit die weitgehende Abstinenz der Systemtheorie hinsichtlich der empirischen Technikforschung erklärt, die es mit physisch existierenden Sachverhalten und Entitäten zu tun hat.[27] Wenn man der Einsicht folgt, daß das Theorem der doppelten Kontingenz und der darauf aufbauende Kommunikationsbegriff hinsichtlich der strukturellen Komplexität der Umweltbeziehung der beteiligten Entitäten Ego und Alter der Komplexität der Umweltbeziehung exzentrischer Selbste entspricht, ergibt sich eine Möglichkeit, die Immaterialität, die auch dem Theorem der doppelten Kontingenz eignet, zu überwinden.

---

25 Parsons (1956: 329) hat sich hier sogar zu einer allgemeinen Bemerkung hinreißen lassen: »a man's relationship to his dog is definetely a social interaction relationship«.
26 Vgl. hierzu etwa Turkle (1984).
27 Joerges konstatiert gewissermaßen einen Mangel der Systemtheorie, aber er untersucht nicht, ob die immaterielle Theoriekonzeption Luhmanns nicht schon immanent zu Schwierigkeiten führt. Eine genauere Analyse des Theoriedesigns fördert nämlich zutage, daß Luhmanns Ansatz gerade aufgrund seiner Vernachlässigung der Materialität des Sozialen als soziologische Theorie in grundsätzliche Schwierigkeiten gerät. Vgl. hierzu Lindemann (1999).

Wie gezeigt, baut Plessner seine Theorie als eine Beobachtung physischer Entitäten auf, und unterscheidet sie hinsichtlich der Komplexität ihrer Umweltbeziehung. Die Möglichkeit der Beobachtung wird auf diese Weise nicht durch eine reflexive Analyse des Bewußtseins bzw. einer beobachtenden Instanz herausgearbeitet. Vielmehr werden Wahrnehmen und Bewußtsein in dem Maße zum Gegenstand, wie sie beobachtet, d.h. als Deutung physisch existierender Sachverhalte thematisiert werden können. Bewußtsein taucht damit immer als schon verkörpertes und beobachtbares Bewußtsein auf. Bewußtsein ist ein Sonderfall der Art und Weise, wie die Komplexität der Einheit physischer Entitäten interpretiert werden kann. Dies vorausgesetzt, kann untersucht werden, wie ein sinnverarbeitendes System seine Umwelt beobachtet und wie es die Erfahrung macht, in der Umwelt eines beobachtenden Systems vorzukommen. Wenn doppelte Kontingenz im hier vorgeschlagenen Sinne verstanden wird, als ein Verhältnis physisch füreinander erfahrbarer Entitäten[28], könnte schon im Ansatz vermieden werden, das Soziale von seiner Materialität zu trennen. Im Sinne Plessners ist das Soziale genauso viel oder genauso wenig materiell wie etwa Dinge, denn schon Dinge sind dadurch gekennzeichnet, daß sie als physische Entität auf eine Einheit bezogen sind, die selbst nicht erscheint. In dieser Hinsicht besteht eine tiefe Kontinuität zwischen Dingen, Lebendigem, Bewußtem und Sozialem. Gerade weil das Soziale nicht als ein rein immaterieller Sachverhalt verstanden werden kann, stellt sich das Problem der Deutung in der eben beschriebenen Weise. Es wird zu einer empirisch zu beantwortenden Frage, wer oder was wen oder was wie beobachtet, bzw. welche beobachtbaren Entitäten mit welchen anderen beobachtbaren Entitäten in einer Beziehung stehen, die durch doppelte Kontingenz gekennzeichnet ist und deshalb Kommunikation ermöglicht.

1.4. Fazit: Die Notwendigkeit eine Beobachtungsposition theoretisch zu konstruieren

Den Ausgangspunkt meiner Überlegungen bildeten die anthropologischen Vorannahmen der soziologischen Forschung, die sich als Antworten auf zwei Fragen formulieren ließen. »*Was* ist der »Mensch«?« und »*Wer* ist ein »Mensch«?« Während Anthropologie und Soziologie

---

28 Das schließt mediale Vermittlung (Brief, Buch, Internet u.ä.) der physischen Erfahrbarkeit nicht aus.

hinsichtlich der Frage nach dem *Was* in einer bei unterschiedlichen Autoren verschieden konzipierten reflexiven Beziehung stehen, trifft das für die Frage nach dem *Wer* nicht zu. Daß es die Soziologie mit der Vergesellschaftung von »Menschen« zu tun hat, bildet eine unbefragte anthropologische Vorannahme, die auf der Unterscheidung zwischen »Mensch« und »Nichtmensch« aufbaut. Unter Bezug auf Plessners Theorie der exzentrischen Positionalität habe ich versucht, die anthropologische Unterscheidung selbst zum Thema zu machen. Die reflexive Wendung auf die anthropologische Unterscheidung führt allerdings im Rahmen der Anthropologie in eine Paradoxie. Wenn exzentrische Positionalität die humanspezifische Komplexität der Umweltbeziehung bezeichnet, ist das in sich widersprüchlich, denn für Wesen, deren Umweltbeziehung exzentrisch ist, gibt es keine Gewißheit mehr darüber, wessen Umweltbeziehung auf eine vergleichbare Weise komplex ist. Damit wird es unmöglich, das Wissen, *wer* ein »Mensch« ist, als eine selbstverständlich geltende Annahme zu behandeln. Das selbstverständliche Wissen wird zu einer Frage, deren Beantwortung in historisch kontingenten Deutungsprozessen entschieden wird. Die Interpretation Plessners mündete in einer soziologischen Reformulierung der beiden anthropologischen Fragen. An die Stelle der Frage nach dem *Was* tritt die Frage danach, wie die Umweltbeziehung exzentrischer Selbste sozial reguliert wird. An die Stelle der Frage nach dem *Wer* tritt die Frage nach den Prozessen, in denen entschieden wird, bei wem es sich um eine soziale Person handelt und bei was nicht.

In einem zweiten Schritt wurde herausgearbeitet, daß das Theorem der doppelten Kontingenz eine konkretisierende und empirische Forschung ermöglichende Weiterentwicklung der sozialtheoretischen Annahmen darstellt, die in der Theorie der exzentrischen Positionalität angelegt sind. Sozialität im Sinne doppelter Kontingenz setzt auf seiten der Entitäten, die zueinander in ein entsprechendes Verhältnis geraten können, eine Umweltbeziehung voraus, die derjenigen der exzentrischen Positionalität entspricht. Eine Integration dieser theoretischen Konzepte bietet folgende Vorteile. 1. Da Plessner seine Theorie als eine Beobachtung physischer Entitäten anlegt, ergibt sich die Möglichkeit, die für die Soziologie axiomatische Annahme der doppelten Kontingenz schon im Ansatz zu materialisieren. 2. Wenn die Annahme aufgegeben wird, daß nur das Verhalten von »Menschen« als ein soziales Phänomen zu verstehen sei, bedarf die empirische Forschung einer konstruktiven Limitierung des Feldes der zu beobachtenden Sachverhalte. Dies leistet das Theorem der doppelten

Kontingenz. Es muß anhand einer Deutung entschieden werden, ob die Beziehung zwischen beobachteten Entitäten als Lösung des Problems doppelter Kontingenz interpretiert werden kann oder nicht. 3. Im Rahmen des Theorems der doppelten Kontingenz wird Deuten als kommunikatives Deuten der Äußerungen von Alter aufgefaßt. Die Deutung ist einstufig. Wenn exzentrische Positionalität als das doppelte Kontingenz fundierende Umweltverhältnis verstanden wird, wird ein zweistufiges Deutungsverfahren erforderlich. Denn die kommunikative Deutung setzt eine weitere Deutung voraus, nämlich die praktische Deutung, die entscheidet, ob eine Entität, der Ego begegnet, als ein Alter interpretiert wird oder etwas anderes. Das Deutungsverfahren wird zweistufig.

Das theoretische Paradox einer reflexiven Anthropologie wird so überführt in eine befremdende Konstruktion, die es erlaubt, empirisch in den Blick zu nehmen, wie der Kreis der sozialen Personen geschlossen wird. Wie die einen drinnen und das andere draußen gehalten wird.

2. KRITISCH-REFLEXIVE METHODE

Das Ergebnis der theoretischen Überlegungen war die Konstruktion einer verfremdenden Beobachtungsposition, von der aus es möglich wird, die Grenzziehung zwischen dem Bereich des Sozialen und anderem in den Blick zu nehmen. Um die theoretischen Überlegungen allerdings zum Ausgangspunkt einer empirischen Forschung zu machen, ist es erforderlich, die sich daraus ergebenden methodischen Probleme zu klären.

Schon die Auswahl des Untersuchungsfeldes sollte unter methodischen Gesichtspunkten erfolgen, d.h. es sollte ein Feld sein, in dem das Problem der Grenzen des Sozialen als ein beobachtbares Problem auftaucht. Ich habe schon angedeutet, daß ich die moderne Intensivmedizin für einen solchen Bereich halte. Zunächst wird es also darum gehen, so weit es im Vorhinein möglich ist, diese Annahme zu begründen. Welche Vorteile bietet eine Untersuchung der Intensivmedizin und der Genese der nur in diesem Teilbereich der Medizin zur Anwendung kommenden Todeskonzeption, des Hirntodes, für die Untersuchung der Frage nach den Grenzen des Sozialen? (2.1.)

Wenn der Gegenstand bestimmt ist, können die besonderen Anforderungen formuliert werden, die seine Bearbeitung in methodischer Hinsicht stellt. Die wichtigste Anforderung besteht darin, eine Beobachtungsposition einzunehmen, die es ermöglicht, sich hinsichtlich der im Feld vorgenommenen Festlegungen, wer welche Akteursposition innehat, neutral zu verhalten. (2.2.) Darüber hinaus ergibt sich ein weiteres Neutralitätsproblem. Im Kontext der vorliegenden Fragestellung wird die Frage nach den Grenzen des Sozialen reformuliert als Frage nach der Grenze zwischen Leben und Tod. Diese Grenzziehung erfolgt zwar mit medizinischen Methoden, aber die Medizin steht bei der Praxis der Grenzziehung sozusagen »unter Aufsicht«. Die medizinische Antwort muß eine Form haben, die z.B. im Bereich des Rechts akzeptiert werden kann. Damit taucht methodisch ein ganz neuartiges Problem auf: Wie vollzieht sich die Übersetzung eines genuin medizinischen Sachverhalts in den Kontext des Rechts, und welche Form nimmt der medizinische Sachverhalt an, wenn er ein rechtlicher Sachverhalt wird? Wie kann die Identität des Sachverhalts »Tod des sozialen Akteurs« aufrechterhalten werden, obwohl dieser in zwei vollständig unterschiedlichen Wissenskontexten existiert? Es handelt sich hier gewissermaßen um die Frage der »Übersetzung« zwischen den gesellschaftlichen Bereichen der wissenschaftlichen Biomedizin und dem des Rechts bzw. der Rechtswissenschaft. (2.3.)

Nach diesen allgemeinen Vorüberlegungen wird es darum gehen, wie die Frage nach den Grenzen des Sozialen im Gegenstand verankert werden kann. Bei meiner eigenen Arbeit bin ich so vorgegangen, daß ich zunächst die für eine Sozialwissenschaftlerin näherliegenden medizintheoretischen und medizinethischen Texte herangezogen habe. Sie stellen innerhalb der Debatte um das Hirntodkonzept eine Form des Wissens zur Verfügung, dessen Besonderheit darin besteht, die unmittelbar praxisrelevanten Konzepte und Vorgehensweisen einer reflexiven Analyse zu unterziehen. Zunächst werde ich also untersuchen, inwiefern sich meine Fragestellung in dieses Reflexionswissen übersetzen läßt. In einem zweiten Schritt werde ich dann die soziologisch interessante Fragestellung nach den Grenzen des Sozialen am Leitfaden des medizinischen Reflexionswissens auf die praxisnahen Konzepte bzw. die beobachtbaren Praktiken beziehen. Dies mündet abschließend in die Darstellung der von mir praktisch angewandten Methoden der Datensammlung und -auswertung. (2.4.)

2.1. Die Auswahl des Gegenstandes

Das erste Problem besteht darin, die Grenzziehung zwischen Sozialem und Nichtsozialem überhaupt als Grenzziehung sichtbar zu machen. Dafür kommen mehrere Möglichkeiten in Betracht. Es wäre zum einen möglich, historisch die Genese der modernen Form der Grenzziehung herauszuarbeiten, durch die der Kreis sozialer Akteure auf die Menschen beschränkt wird. Zum anderen könnten kulturvergleichend verschiedene Weisen der Grenzziehung einander gegenübergestellt werden, und schließlich wäre es möglich, nach einem aktuell empirisch zugänglichen Gegenstand zu suchen, an dem die Kontingenz der Grenzziehung deutlich hervortritt. Die hier vorgenommene Analyse der Todesfeststellungsverfahren beschreitet den letztgenannten Weg. Dabei erfüllt sie optimal alle Anforderungen, die aus methodischer Perspektive an einen Gegenstand gestellt werden können, wenn es darum geht, die Grenzen des Sozialen zu untersuchen.

DIE AUSWAHL DES GEGENSTANDES   53

1. Wenn die Voraussetzung gilt, nur lebende Menschen können sozial Akteure sein[1], ist jede Veränderung der Grenze zwischen Leben und Tod eine Verschiebung der Grenze des Sozialen. Denn menschliche Körper, die zu einem Zeitpunkt als lebendig, also als in den Kreis des Sozialen gehörig, aufgefaßt wurden, werden zu einem anderen Zeitpunkt als tot, als nicht dazugehörig, gedeutet. Eine derartige Veränderung rückt die Kontingenz der Grenzziehung ins Zentrum der Aufmerksamkeit. Schon allein die historische Rekonstruktion des Hirntodkonzepts eröffnet eine gute Möglichkeit, die hier interessierende Fragestellung zu bearbeiten.

2. In etwas anderer Weise gilt dies auch für die direkte Beobachtung der Intensivmedizin. Zumal auf einer neurologischen oder neurochirurgischen Intensivstation werden durch die dort angewendeten Behandlungs- und Diagnosetechniken unentwegt Zweifelsfälle produziert. Reagiert er adäquat auf Aufforderungen? Ist sie noch/wieder bei Bewußtsein? Reagiert er noch reflektorisch auf Reize? Lohnt eine weitere Behandlung noch oder ist es vielleicht besser aufzugeben? Lebt sie noch? Sind die Organe brauchbar für eine Transplantation? Derartige Frage müssen auf einer Intensivstation täglich beantwortet werden. In medizinischer Form wird hier die routinierte Bewältigung des Zweifels geübt, der an den Grenzen des Sozialen auftritt.

3. Wenn die Frage geklärt werden muß, ob ein Patient tot ist oder nicht, geht es definitiv darum, festzustellen, ob eine Person noch

---

1 Es sei hier noch einmal daran erinnert, daß es mir primär nicht um die relativen Abstufungen des Akteursstatus geht oder um idiosynkratische Akteurskonstruktionen. Relative Abstufungen des Akteursstatus geraten in den Blick, wenn sozialer Ausschluß durch Stigmata (Goffman 1975), durch Kriminalisierung (Steinert 1995) oder durch geschlechtliche Zuordnung (Gerhard 1978) untersucht wird. In allen diesen Fällen wird letztlich das Problem bearbeitet, daß bestimmte Entitäten, nämlich Menschen, als grundsätzlich dazugehörig betrachtet werden und es werden die Bedingungen untersucht, die zu einer partiellen Einschränkung des Akteursstatus führen. In gewissen Sinn ist das 1992 verabschiedete deutsche Betreuungsrecht eine Gebrauchsanleitung für die graduelle Abstufung des Akteursstatus (Jürgens, Kröger, Marschner, Winterstein 1992), denn es wird festgelegt, wer unter welchen Umständen nicht mehr selbständig über seine Lebensführung entscheiden kann, sondern andere für sich entscheiden lassen muß. Aber auch in dieser Gebrauchsanleitung ist eine grundsätzliche Grenzziehung festgeschrieben, das Lebensrecht und die Anerkennung der Interessen der Betreffenden wird nicht grundsätzlich in Frage gestellt. Dies unterscheidet Personen, auch wenn sie entmündigt sind, von Tieren und Dingen, also den Entitäten, die nicht in den Kreis des Sozialen gehören.

dazugehört oder nicht. Im Fall der Hirntoddiagnostik weist die Todesfeststellung im Verhältnis zur normalen Todesfeststellung zwei Besonderheiten auf. Das Verfahren der Deutung des körperlichen Zustandes einer Patientin wird in die Länge gezogen – im Extremfall dauert es mehrere Tage, bis die Diagnose feststeht – und weiterhin läuft die Diagnostik extrem kontrolliert ab. Dadurch werden ideale Bedingungen geschaffen, um den Prozeß der Todesfeststellung sichtbar zu machen. Es ist, als würde die Prozedur, durch die der Ausschluß aus dem Bereich des Sozialen erfolgt, wie in Zeitlupe ablaufen. Für die beobachtende Soziologin fungiert die Hirntoddiagnostik wie eine Experimentalanordnung, die der zeitlichen Dehnung des Ausschlußprozesses dient.

4. Im Unterschied zu anderen empirisch zugänglichen Formen der Grenzproblematik wie etwa der Grenze zwischen künstlicher und menschlicher Intelligenz, die sich wahrscheinlich erst in Zukunft in ihrer ganzen Brisanz zeigen wird, handelt es sich bei den modernen Formen der Todesfeststellung um einen Sachverhalt, der gegenwärtig schon zu einem massiven Problem geworden ist. Ob Maschinen soziale Personen sind, ist im Moment noch eine Frage für Experten[2], und ob bzw. inwieweit sie auch zu einem rechtlich-politischen Problem wird, wie es beim Hirntod der Fall war und ist, kann zur Zeit noch nicht sicher entschieden werden. Ich halte es jedenfalls nicht für ausgeschlossen. Ähnlich verhält es sich bei der Frage danach, ob Menschenaffen Menschenrechte zuerkannt werden sollten. Dies könnte zu einem drängenden Problem werden, aber es ist noch nicht soweit.[3] Darüber hinaus sind in diesen Fällen die ethischen Probleme anders gelagert, denn es geht immer um eine Erweiterung des Kreises des Sozialen. Beim Hirntod liegt das Problem anders: Die Anerkennung der Hirntoddiagnostik als eine neue Form der Todesfeststellung beinhaltet nicht nur eine Grenzverschiebung, die schon vollzogen wurde, sondern auch eine Verengung der Grenzen des Sozialen. Menschen mit schlagenden Herzen, die vor der Einführung des Hirntodkonzepts als Lebende galten, können seit der Einführung dieses Konzepts unter bestimmten Bedingungen zu den Toten gerechnet werden. An dieser ethisch und politisch besonders heiklen Verschiebung der Grenzen können deshalb die Bedingungen herausgearbeitet werden, die er-

---

2 Vgl. Moravec (1990).
3 Vgl. das von Cavalieri und Singer (1996) herausgegebene Buch: »Menschenrechte für die großen Menschenaffen«.

DIE AUSWAHL DES GEGENSTANDES

füllt sein müssen, damit eine Verschiebung der Grenzen des Sozialen erfolgen kann.

In den Sozialwissenschaften wurde das Problem der Grenzziehung zwischen Sozialem und Nichtsozialem bislang kaum gesehen. In der empirischen Forschung ist es bis jetzt ausschließlich in den science studies bearbeitet worden. An diese Forschungen knüpft die vorliegende Arbeit an, unterscheidet sich aber von diesen Ansätzen durch die spezifische Form der Gegenstandsbestimmung.

1. In den science studies geht es primär um andere Probleme als das der Grenzziehung zwischen dem Bereich des Sozialem und anderem. In der empirischen Forschung steht die Frage im Zentrum, inwiefern die Ergebnisse der naturwissenschaftlichen Forschung als kontingent betrachtet werden können (vgl. hierzu auch Hacking 1999). Aus diesem Grund wandten sich die science studies den gesellschaftlich anerkannten harten Wissenschaften zu wie der Hochenergiephysik (Knorr-Cetina 1995, Pickering 1984), oder den erfolgreichen Naturwissenschaften mit hohem Renommé wie der Molekularbiologie (Latour, Woolgar 1979). Dabei erwies sich die Annahme als nützlich, daß auch die Objekte und Experimentalapparaturen konstitutiv zu den Untersuchungsergebnissen beitragen, weshalb es problematisch wurde, den Akteursstatus von vornherein auf die Menschen zu begrenzen.[4] Die vorliegende Arbeit nimmt diesen Gedanken auf und stellt ihn explizit in den Mittelpunkt der Untersuchung.

2. Gesellschaftstheoretisch verfolgten die Autorinnen der science studies die Frage, ob nicht materielle Entitäten bzw. technische Entwicklungen für den Zusammenhalt und die Stabilität gesellschaftlicher Ordnungen ausschlaggebend seien. Es seien nicht soziale Systeme oder Institutionen, die sich selbst reproduzieren würden; deren Bestand sei vielmehr maßgeblich von Technologien und materiellen Ordnungen abhängig.[5] Analysen im Sinne der science studies setzen voraus, daß es einen Kernbereich sozialer Akteure gibt. Die von diesen gebildeten Ordnungen wären ohne die Entfaltung von Technik nicht denkbar. Insofern ist eine soziale Ordnung nie

---

4 Heintz (1993) hat nachgezeichnet, wie sich diese Perspektive als Radikalisierung der klassischen Wissenssoziologie Mannheims (1985) entwickelt hat.

5 Vgl. hierzu Knorr Cetina (1995, 1998), Law (1986), der die Entwicklung der Schiffahrtstechnik in ihrer Bedeutung für die Etablierung der portugiesischen Überseeherrschaft untersucht. Vgl. weiterhin Latour (1986, 1994, 1996).

nur eine soziale, sondern immer auch eine materielle bzw. technische Ordnung. Die Analyse dieser hybriden Ordnungen steht im Mittelpunkt (vgl. Latour 1995). Die Kernfrage meiner Untersuchung ist eine andere: Wie wird der Kernbereich des Sozialen festgelegt und abgegrenzt? Wenn man zwischen technischen und symbolischen Konstruktionen unterscheidet (vgl. Görg 1999), ließe sich die Frage auch so formulieren: Bei der Konstruktion hybrider Ordnungen müssen technische Konstruktionen als technische behandelt werden, d.h., es muß gewährleistet sein, daß der Kontakt mit einer technisch hergestellten Entität nicht dauerhaft im Sinne doppelter Kontingenz gedeutet wird. Gerade in hybriden Ordnungen wird es für die beteiligten Akteure unerläßlich, zwischen natürlichen oder technischen Entitäten auf der einen und sozialen Entitäten (Personen) auf der anderen Seite zu unterscheiden. Die Beobachtung eines hochgradig hybriden Settings, wie einer modernen Intensivstation, belegt die Notwendigkeit dieser Unterscheidung für die beteiligten Akteure sehr nachdrücklich. Statusverwechslungen etwa zwischen Patienten und Bakterien hätten Folgen, die alle Beteiligten als katastrophal einstufen würden.

3. Die Gegenstände der von den science studies untersuchten Wissenschaften sind entweder unbelebt, oder es handelt sich um Mikroben (Latour 1987) oder Krabben (Callon 1986). Deshalb geraten die rechtlich-politischen und ethisch-moralischen Formen, durch die der Kernbereich des Sozialen abgegrenzt wird, weitgehend aus dem Blickfeld.[6] Callon beschreibt den Versuch, Krabben an der französischen Küste anzusiedeln, die später für den Verzehr bestimmt sind. Dabei gelingt es ihm zu erfassen, daß das letztendliche Ergebnis dieses wissenschaftlich kontrollierten Versuchs vom Verhalten der Krabben beeinflußt ist. Aber Callon kann das Problem, daß es sich bei Krabben um eine Klasse von Entitäten handelt, die prinzipiell kein Lebensrecht haben, gar nicht sehen. Das Problem eines elementaren Lebensrechts kann aus zwei Gründen

---

6 Erst in den letzten Jahren sind auch Arbeiten entstanden, die den Ansatz der science studies in die Erforschung der Medizin übertragen. Dies führt in gewisser Hinsicht zu kuriosen Ergebnissen. Eher werden Technologien (Berg 1997) oder Protokolle (Timmermans 1996, Timmermans, Berg 1997) als Entitäten mit einer gewissen Wirkungsmacht verstanden, als daß ein behandelter Patient so betrachtet würde. Es scheint, als sei es ausgesprochen schwierig, in den Blick zu nehmen, wie der Akteursstatus einer Patientin im Prozeß der Behandlung durch medizinische Expertinnen variiert.

nicht in Betracht gezogen werden. Entweder werden wie bei Callon Akteure, nämlich Krabben berücksichtigt, die soweit außerhalb eines rechtlich-ethischen Lebensschutzes stehen, daß es den Autoren gar nicht auffällt, wenn dieser nicht gegeben ist. Es scheint vielmehr selbstverständlich zu sein, daß die beobachteten Akteure außerhalb politisch-rechtlicher Schutzmechanismen existieren. Oder aber es werden von vornherein so anspruchsvolle Kriterien als Spezifikum menschlicher Akteure verwendet, daß dieses Problem ebenfalls aus dem Blickfeld gerät. Pickering (1993) bringt z.B. die Fähigkeit, Zukunftsentwürfe oder Interessen zu verfolgen, als den zentralen Unterschied zwischen menschlichen und nichtmenschlichen Akteuren in Anschlag.[7] Derart anspruchsvolle Kriterien würden den Kreis derjenigen, denen der spezifische Akteursstatus sozialer Personen zuerkannt wird, allerdings so einengen, daß schon apallische Patientinnen herausfallen würden, denn bei ihnen wird es offen problematisiert, ob sie ihre Umwelt und sich selbst überhaupt wahrnehmen.[8] Für eine Analyse tatsächlicher Grenzziehungen ist Pickerings für die Zwecke der Analyse der experimentell-physikalischen Forschung entwickeltes Vorgehen wenig hilfreich. In der Perspektive der science studies bleibt die Frage der handlungsrelevanten politisch-rechtlichen Grenzziehung ein blinder Fleck. Eine erfolgreiche Strategie, um diesen aufzuhellen, besteht darin, Entitäten in den Blick zu nehmen, deren Akteursstatus in zeitlicher Hinsicht kontingent ist. Zu einem Zeitpunkt gelten diese Entitäten uneingeschränkt als soziale Personen, zu einem anderen Zeitpunkt werden sie nur aufgrund besonderer Mechanismen in diesem Status gehalten und zu einem weiteren Zeitpunkt gelten sie überhaupt nicht mehr als soziale Personen. Dies

---

7 Hinsichtlich der hohen Ansprüche, die an die Zuerkennung des Status »menschlicher Akteur« gestellt werden, erinnert Pickerings Konzept trotz wichtiger inhaltlicher Unterschiede an den von einigen analytischen Philosophen vertretenen hochanspruchsvollen Personbegriff, bei dem man den Eindruck gewinnt, daß unterhalb des Bildungsniveaus eines abgeschlossenen Universitätsstudiums der Personstatus prekär wird (vgl. die Beiträge in Quante 1999).
8 Singer (1994) hatte vorgeschlagen, die Zugehörigkeit in den Kreis des Sozialen von minimalen kognitiven Fähigkeiten abhängig zu machen. Praktisch durchgesetzt hat sich diese Position allerdings nicht, tatsächlich wird die Grenze der Zugehörigkeit gerade nicht anhand des Nachweises kognitiver Fähigkeiten gezogen. Vgl. Beleites (1997); Cattorini, Reichlin (Hg.) (1997); Nacimiento (1997); Schwörer (1995); Thümler (1994); Zieger (1995, 1997).

ist bei Intensivpatienten und bei Patientinnen, deren Tod durch eine Hirntoddiagnostik festgestellt wird, exakt der Fall.[9] Ungeachtet dieser Differenzen ist der gemeinsame Bezugspunkt meiner eigenen Untersuchung und den Ergebnissen der science studies, daß die Differenz sozialer Akteur/anderes eine kontingente Grenzziehung ist, deren Beobachtung spezielle methodische Anforderungen stellt.

2.2. Konstruktion der Beobachtungsposition

Im Rahmen meiner Studie folge ich zunächst der aktuell gültigen Grenzziehung anhand der Unterscheidung lebender Mensch/anderes. Es ist allerdings erforderlich anzugeben, wie es zugleich möglich ist, eine kritische Distanz zu den gültigen Praktiken der Grenzziehung einzuhalten. Dies mündet in die Frage: Wie kann eine empirische Forschung sich selbst methodisch kontrollieren, wenn sie die Grenzziehung Soziales/anderes untersucht? Wie kann man sich bei der Untersuchung dieser Frage der Suggestionskraft der Unterscheidung Mensch-Nichtmensch entziehen? Auf dieses Problem hin werde ich zunächst den methodischen Einsatz von Callon und Latour und anschließend den von Luckmann untersuchen. In der Auseinandersetzung mit diesen Positionen werde ich meine eigene Position in methodischer Hinsicht formulieren.

2.2.1. Science studies

Ihren Vorschlag, wie sich die Grenzziehung beobachten läßt, haben Callon und Latour an verschiedenen Stellen publiziert (vgl. Latour 1987, 1988, 1995, Callon 1986, 1991). In der Replik auf eine Kritik von Collins und Yearley heben sie die Vorzüge ihres methodischen Ansatzes für eine empirische Arbeit besonders hervor und formulieren

---

9 Auch die von Amann untersuchte Transformation eines (Mäuse-) Organismus in ein epistemisches Objekt stößt nicht auf dieses Problem, denn es ist sozusagen der durch das Labor festgelegte Lebenszweck einer Labormaus, ein epistemisches Objekt zu werden. Die Frage, welchen Sinn eine Labormaus ihrem Leben wohl geben wollen könnte, und ob sie überhaupt dazu in der Lage ist, stellt sich in einer derartigen Perspektive nicht (vgl. Amann 1994). Entsprechend ist es vollkommen selbstverständlich, daß weder eine Maus noch eine Fliege ein eigenständiges Recht auf Leben haben.

dies, um sich dezidiert von einer Position abzusetzen, die an der Aufrechterhaltung der gültigen Grenzen des Sozialen anhand der Unterscheidung Mensch-Nichtmensch interessiert ist. Collins und Yearley (1992: 317–322) hatten gegen die Erweiterung des Akteurskonzepts auf Forschungsobjekte und Apparaturen eingewandt, daß Latour (Latour, Johnson 1988) und Callon (1986) auf diese Weise die Symmetrieregel Bloors (1991) verletzen würden. Diese besagt, daß eine sozialwissenschaftliche Analyse der Stabilität und Wahrheit wissenschaftlicher Annahmen nur soziale Faktoren in Anspruch nehmen sollte. Der Bezug auf wissenschaftsimmanente Richtigkeitskriterien sei problematisch, da auf diese Weise nur die Annahmen der Position, die sich historisch durchgesetzt hatte, berücksichtigt würden. Es würde lediglich das Wissen, das sich als nicht wahr und unhaltbar herausgestellt hatte, auf soziale Einflüsse zurückgeführt, während der Erfolg des Wissen, das historisch erfolgreich war, auf wissenschaftsimmanente Kriterien zurückgeführt würde. Unter dieser Voraussetzung wäre es unmöglich, die gleichen Prinzipien anzuwenden, um zu erklären, warum sich bestimmte Annahmen im historischen Verlauf durchgesetzt haben, andere aber verworfen worden sind. Gegenüber dem in einer beobachteten Wissenschaft ausgetragenen Streit hätte sich die Wissenschaftssoziologie neutral zu verhalten, denn alle wissenschaftlichen Annahmen hätten ihr gleich viel zu gelten.

Wenn nun aber nicht-menschliche Entitäten als Akteure anerkannt würden, hätte das folgende Konsequenz: Da die Macht und die spezifischen Aktionsfähigkeiten der nicht-menschlichen Akteure nur aufgrund der besonderen Expertise von Technikern/Naturwissenschaftlerinnen bestimmt werden kann, würden Soziologinnen dazu gezwungen, die Oberhoheit von Wissenschaft/Technik wieder anzuerkennen. Damit könnten sie die Neutralität, die die Symmetrieregel Bloors (1991) fordert, nicht mehr aufrechterhalten, denn die Darstellungen der Technikerinnen bzw. Wissenschaftler müßten von der Wissenschaftsforschung erneut als letztgültige Beschreibungen akzeptiert werden (vgl. Collins/Yearley 1992: 322).

In der Replik auf diese Kritik formulieren Callon und Latour (1992) die methodische Bedeutung ihrer Erweiterung des Akteurskonzepts. Im Kern geht es ihnen um die Notwendigkeit, das Symmetrieprinzip zu erweitern (vgl. hierzu auch Latour 1995: 127 ff). Bloor hatte eine Symmetrie zwischen wahrem und falschem Wissen, aber ebenso eine strikte Asymmetrie zwischen menschlichen und nichtmenschlichen Akteuren gefordert. Nur Menschen sind in den ausschließlich sozialen Aushandlungsprozessen beteiligt, in denen entschieden wird, ob eine wissenschaftliche Position wahr oder falsch ist. Latour und Callon geht es nun darum, diese Asymmetrie aufzuheben: An der Produktion des Ergebnisses wissenschaftlicher Forschung sind menschliche Akteure, Forschungsapparaturen und untersuchten Objekte gleichermaßen beteiligt. Welchen Entitäten dabei wie der Status eines Akteurs zukommt, stünde nicht von vornherein fest, sondern würde im Prozeß der Forschung immer wieder neu ausgehandelt. Um diese Veränderungen erfassen zu können, bedarf es einer neutralen Beschreibungssprache, die zu entwickeln, zu den »elementaren Aufgaben« zukünftiger Wissenschafts- und Technikforschung zählt (vgl. Callon, Latour 1992: 354). Im Kontext der Diskussion um die Beendigung wissenschaftlicher Debatten beschreiben Callon und Latour die Notwendigkeit der Integration nichtmenschlicher Akteure.

»It is not a question of asserting that there is no perceptible difference. The point is <u>methodological</u> (Hervorhebung von mir, GL). If we wish to follow a controversy through and to account for its possible closure in ways other than having recourse to the Edinburgh sociologists (Anspielung auf Bloor, GL), then it must be accepted that the distribution of roles and competences should be left open. Are we to speak of intentionality, of behavior, of social competences, of interests or attachment? The <u>answers are to be found mainly in the hands of scientists and engineers</u> (Hervorhebung von mir, GL). Their work is exactly that of organizing and stabilizing these attributions and the classifications they lead to. ... Since differences are so visible, what needs to be understood is their construction, their transformations, their remarkable variety and mobility, in order to substitute a multiplicity of little local divides for one great divide. We do not deny differences; we refuse to consider them a priori and to hierarchize them once and for all.« (Callon, Latour 1992: 356)

Es sind drei miteinander verwobene methodische Grundsätze, die diesen Ansatz charakterisieren.
1. Das Bloor'sche Symmetrieprinzip wird verallgemeinert, um die Grenzziehung zwischen dem Bereich des Sozialen und dem der Natur selbst zum Phänomen zu machen.
2. Um die Kontingenz der Grenzziehung zu untersuchen, ist es erforderlich, der Praxis der als maßgeblich betrachteten Akteure – der Wissenschaftler und Technikerinnen – zu folgen, nur so kann man sehen, wie die Grenzziehung sich im Prozeß der naturwissenschaftlichen Wissensproduktion verändert.
3. Um den Akteuren folgen zu können, ist es unumgänglich, eine neutrale Beschreibungssprache zu entwickeln, denn nur dann läßt

sich in der Analyse herausarbeiten, wie von Wissenschaftlerinnen und Technikern im Prozeß der Wissensproduktion unterschiedliche Aktionspositionen konstruiert werden.

Diese drei Grundsätze bringen Latour und Callon in eine große Nähe zur phänomologischen, oder allgemeiner, zur reflexiven Soziologie.[10] Für diese Richtung ist in methodischer Hinsicht die Unterscheidung von Konstruktionen erster und zweiter Ordnung konstitutiv.[11]

»The thought objects constructed by the social scientists refer to and are founded upon the thought objects constructed by the commonsense thought of man living his everyday life among his fellow-men. Thus, the constructs used by the social scientist are, so to speak, constructs of the second degree, namely constructs of the constructs made by the actors on the social scene, whose behavior the scientist observes and tries to explain in accordance with the procedural rules of his science.« (Schütz 1962: 6)

Das Vorgehen Callons und Latours ähnelt dem von Schütz vorgeschlagenen, wenn sie darauf pochen, sich an die Akteure im Feld zu halten und deren Verständnis vollständig ernst zu nehmen. Wenn im praktischen Weltverständnis von Technikern und Wissenschaftlerinnen auch die Objekte einen Akteursstatus erlangen, muß dies als ein beobachteter Sachverhalt gewertet werden und darf nicht durch Vorannahmen der Sozialwissenschaftlerin unsichtbar gemacht werden. Es mögen zwar in der Tradition von Schütz nur wenige Forscher auch nicht-menschliche Akteure anerkennen, prinzipiell ist dies aber zwingend, wenn dieser Sachverhalt im Feld beobachtet wird. Zumindest mit ihrer zweiten und dritten methodischen Maxime ziehen Latour und Callon mit bemerkenswerter Stringenz die Konsequenzen, die in den methodischen Grundannahmen der reflexiven Soziologie angelegt sind.

Auch hinsichtlich der ersten methodischen Maxime ergibt sich eine Übereinstimmung zwischen dem Anliegen Latours und Callons, die Grenzen des Sozialen nicht a priori festzulegen, und einer reflexiven bzw. phänomenologischen Soziologie. Schon lange vor ihnen hatte Luckmann das Anliegen verfolgt, die Grenzen des Sozialen

---

10 Mit »Arbeiten zu einer reflexiven Soziologie« untertitelte Steinert (1973) einen Reader, der englische Texte phänomenologisch, ethnomethodologisch und symbolisch-interaktionistisch orientierter Autoren vorstellte. Vgl. auch Steinert (1999). Für eine Diskussion des Reflexivitätsproblems in der Wirtschaftsforschung vgl. Woolgar (1991b) insbesondere Woolgar (1991a) und Woolgar/Ashmore (1991).
11 Vgl. hierzu auch Soeffner (1989a).

kontingent zu setzen. Das Vorgehen Luckmanns unterscheidet sich allerdings in zwei Punkten von den Autoren der science studies. Luckmann, der die Naturwissenschaften nicht selbst empirisch untersuchte, hielt die Trennung von Natur und Gesellschaft für ein historisch fixiertes Ergebnis, das als solches aber für ihn ein fragwürdiges Phänomen blieb, während Latour, der die Praxis der Laborforschung beobachtete, darauf aufmerksam macht, wie die »große Trennung« (Latour) zwischen Natur und Gesellschaft aktuell hergestellt wird.

In methodischer Hinsicht ergibt sich ein weiterer und gravierender Unterschied zwischen Luckmann und Callon/Latour. Luckmann hielt es aus methodischen Gründen für zwingend, einen wohlumrissenen Standpunkt einzunehmen, von dem aus die Kontingenz der Grenzen des Sozialen untersucht werden kann, während Callon und Latour auf dieses Problem keinen Gedanken verwenden. Sie nehmen irgendwie einen Standpunkt ein, von dem aus sie uns aufklären, wie es sich mit der Trennung zwischen Natur und Gesellschaft verhält.

Diese methodische Differenz ist für den Ansatz meiner eigenen Forschung von grundlegender Bedeutung, weshalb ich näher darauf eingehen möchte. Der Vorwurf, daß Latour seine eigene Beobachtungsposition nicht ausweisen würde, ist verschiedentlich erhoben worden. Pels (1996: 288) wendet sich gegen eine Verabsolutierung des Symmetrieprinzips im Sinne einer a priori geltenden Regel, denn dadurch werde es möglich, bei der Darstellung wissenschaftlicher Kontroversen die eigene Beobachtungsposition, von der aus die entsprechenden Sachverhalte beschrieben werden, unsichtbar zu machen. Anstatt das Symmetrieprinzip als methodisches Instrument heilig zu sprechen, sei es überzeugender, die eigene Beobachtungsposition kritisch zu reflektieren, um so die eigene Interpretation eines Sachverhalts, etwa einer wissenschaftlichen Kontroverse, überhaupt nachvollziehbar und kritisierbar zu machen. Pels exemplifiziert seine Kritik anhand der Verwendung der Symmetrieregel bei der Interpretation des Streits zwischen Hobbes und Boyles um die angemessene wissenschaftliche Methode durch Shapin und Shaffer (1985) und der Interpretation dieser Interpretation durch Latour (1995).[12] Dabei gelingt es Pels herauszuarbeiten, wie die Interpreten (Shapin, Schaffer und Latour) es den historischen Akteuren (Hobbes und Boyle) zu-

---

12 In den Interpretationen von Shapin/Schaffer und Latour kommt diesem Streit eine paradigmatische Bedeutung zu, denn in diesem würde einerseits das Experimentalparadigma als verbindliches Arbeitsmodell der Naturwissenschaften festgeschrieben und andererseits würde die auch heute noch übliche Grenzziehung zwischen Natur und Gesellschaft festgelegt.

muten, die Wissenschaftskämpfe der Gegenwart auszutragen. Statt derart unreflektierter Vereinnahmungen des Materials hält Pels es für angemessen, die eigene Beobachtungsposition so weit es geht, transparent zu machen. Wenn es um die Analyse der Grenzen des Sozialen geht, ist es erforderlich, die von Pels vorgetragene Kritik an der mangelnden Selbstreflexivität Latours (und Callons) um einen weiteren Punkt zu ergänzen. Gerade weil Latour und Callon ihre eigene Beobachtungsposition nicht kritisch reflektieren, bleibt ihnen hinsichtlich der Grenzen des Sozialen eine Restnaivität, aufgrund deren sie letztlich hinter die von Luckmann erreichte Radikalität bei der Infragestellung der aktuell gültigen Grenzen des Sozialen wieder zurückfallen. Latour und Callon gelingt es nämlich nur bis zu einem gewissen Grad, die Grenzen des Sozialen kontingent zu setzen. Nicht umsonst sind ihr letztgültiger Bezugspunkt, um den Gegenstand ihrer Analyse zu fixieren, die Aktivitäten menschlicher Akteure (scientists and engineers). Wie sich diese Fixierung des Gegenstandes methodisch begründen läßt, darüber verlieren weder Latour noch Callon ein Wort. Aus der Prämisse, daß die Grenzen des Sozialen nicht mit der Unterscheidung Mensch-Nichtmensch zusammenfallen, ziehen sie nicht die Schlußfolgerung, daß sie ihren Gegenstand kritisch begrenzen müßten. Es wird für Callon und Latour nicht zu einem Problem, worin der Gegenstand ihrer Beobachtung bestehen könnte, wenn prinzipiell jeder beobachtbare Sachverhalt als ein sozialer Sachverhalt gelten kann. Statt diese Frage aufzuwerfen, wenden sich Latour und Callon ohne weiteres der menschlichen Gesellschaft zu. In dieser Praxis zeigt sich ein verborgener naiver Glaube an die Realität des Menschlich-Sozialen. Latour und Callon verlangen methodisch eine reflexive Einstellung, wenn sie fordern, daß alles als Akteur zu gelten habe, was gemäß dem praktischen Weltverständnis der als Akteur beobachtbaren Entitäten als Akteur gilt. Als ausschlaggebenden und maßgeblichen Bezugspunkt verwenden sie unhinterfragt menschliche Akteure – Wissenschaftlerinnen und Technikerinnen – und berufen sich auf deren Weltverständnis, wenn der Kreis der Akteure erweitert wird. Alles, was Wissenschaftlern und Technikern als Akteur gilt, ist als Akteur zu werten. Damit begrenzen Latour und Callon letztlich ebenso klassisch wie naiv das Feld einer möglichen sozialwissenschaftlichen Beobachtung durch »die menschliche Gesellschaft«.[13]

---

13 Hirschauer argumentiert in vergleichbarer Weise anthropozentrisch. Er postuliert ausgehend von der Fokussierung auf die Menschen als die Kernklasse der Akteure

2.2.2. Luckmann

Jede Forschung, die sich dem Grundsatz verschreibt, die Aktivitäten von Akteuren reflexiv in den Blick zu nehmen, bleibt solange naiv, wie sie es vermeidet, sich Rechenschaft darüber abzulegen, wie initial die Akteure bestimmt werden, die sie beobachtet, d.h., wie initial der Kernbereich des Sozialen begrenzt wird. Wenn man diese Naivität vermeiden möchte, ist es unumgänglich methodisch anders vorzugehen. Luckmann schlägt denn auch dezidiert einen anderen Weg ein, der auf den ersten Blick erfolgversprechender zu sein scheint, denn ihm gelingt es, tatsächlich eine Beobachtungsposition diesseits der Differenz von Gesellschaft und Natur zu fixieren. Ich werde zunächst darlegen, welche Vorteile das Vorgehen Luckmanns bietet, denn vor diesem Hintergrund läßt sich das Ausmaß der methodischen Probleme besser absehen, die sich ergeben, wenn die Grenzen des Sozialen tatsächlich kontingent gesetzt werden. Darauf aufbauend werde ich meine eigene Position entwickeln, die versucht, die Vereinseitigungen der Ansätze von Luckmann und Callon/Latour zu vermeiden.

Für Luckmann ist der methodisch wesentliche Punkt die Differenz zwischen universalen formalen Strukturen der Erfahrung und historisch-kulturell bzw. biographisch kontingenten und deshalb variablen Erfahrungsschemata (vgl. Luckmann 1980: 58 f.). Entsprechend können »konkrete Erfahrungen in der Analyse entweder auf ihre formalen Eigenschaften »reduziert« oder als komplexes sozio-kulturelles Phänomen behandelt werden...« (Luckmann 1980: 59) Seine Unternehmung zielt darauf nachzuweisen, daß die Art und Weise, wie die

---

ein Kontinuum des Schweigens, das vom Schweigen eines prinzipiell als Kommunikanten anerkannten Akteurs (eines lebenden Menschen) bis zur kommunikativen Reglosigkeit von gegenwärtig als nicht-sozial geltenden Entitäten (etwa Mikroben und Steinen) reicht (vgl. Hirschauer 2001). Die systematischen Unterschiede zwischen den verschiedenen Formen des Nicht-Kommunizierens bleiben in einer derartigen Perspektive unbegriffen. Auch Star (1995) begrenzt den engeren Kreis der Akteure auf die Menschen, obwohl sie es für unverzichtbar hält, daß auch der Beitrag der »Non-Humans« (Star 1995: 13 ff.) zur Strukturierung der menschlichen Gesellschaften berücksichtigt wird. Bei ihrer Diskussion dieser Frage bezieht sie sich explizit auf die Diskussion zwischen Collins, Yearley und Callon, Latour, wobei sie die moralische Dimension stärker in den Mittelpunkt rückt: «I think Collins and Yearley have a quite legitimate fear that including nonhumans in an undifferentiated way threatens our moral order (and in particular our moral order as social scientists). The very real image behind the passion in their critique of Callon and Latour is, well, does a cat have just as much right as a human being? Are we going to anthropomorphize machines in a nonchalant way so as to render our moral critiques worthless?« (Star 1995: 21 f.)

Grenzen der Sozialwelt gezogen werden, nicht in den universalen formalen Bedingungen der Erfahrung fundiert sind, sondern durch sozio-kulturelle Bedingungen festgelegt werden. Luckmann stellt seine Argumentation in die Tradition der transzendentaltheoretischen Analysen Husserls[14], den er lediglich darin kritisiert, die transzendentale Reduktion nicht streng genug durchzuführen. Nur dann könne man nämlich sehen, daß die Gleichsetzung von Sozialität mit »menschlich« nicht transzendentaltheoretisch fundiert sei.

»Die transzendentale Reduktion, die er (Husserl, GL) vornimmt, bewirkt die ›Ausschaltung der natürlichen Welt mit ihren Dingen, Animalien, Menschen‹, und sie klammert alle ›durch wertende und praktische Bewußtseinsfunktionen sich konstituierenden individuellen Gegenständlichkeiten‹ (Husserl, Ideen I: 136) ein. Das empirische und weltliche Ich ist deshalb innerhalb des durch transzendentale Reduktion eingeklammerten Bereiches anzusiedeln. Außerhalb der Klammern bleibt das transzendentale ›reine ego‹ bestehen. An diesem Punkt wird einsichtig, daß ›Menschlichkeit‹ als Wahrnehmungsqualität von historisch bedingten sozialen Vorgängen abhängig ist.« (Luckmann 1980: 60 f.)

Luckmann zeigt hier sehr gut, wie durch die Methode der transzendentalen Reduktion der Weg frei wird, die Grenzen des Sozialen unabhängig von einer Bezugnahme auf »die Menschen« zu bestimmen. Zugleich wird die Funktion apriorischer Annahmen deutlich: Bei aller Infragestellung bleibt ein fester Bezugspunkt erhalten. Die formalen Strukturen des transzendentalen Bewußtseins bieten ein sichere Beobachtungsplattform, von der aus die historisch variablen Grenzen des Sozialen in den Blick genommen werden können.

Obwohl der Bezug auf formal-apriorische Annahmen im Sinne universaler Strukturen der Erfahrung methodische Vorteile bietet, halte ich es aus zwei Gründen nicht für sinnvoll, eine Untersuchung der Grenzen des Sozialen entsprechend zu orientieren. Zum einen enthält eine transzendentaltheoretische Perspektive Vorannahmen,

---

14 Es ist wichtig festzuhalten, daß Phänomenologie nicht zwingend mit transzendentaltheoretischen Annahmen zusammenfallen muß. Vgl. etwa die dezidiert nicht transzendentalphilosophische Phänomenologie von Schmitz (1964–1980). Husserl selbst hatte sich erst nach der Veröffentlichung der »Logischen Untersuchungen« (Husserl 1980a, b, c) einer transzendentaltheoretischen Fundierung der phänomelogischen Methode zugewandt (vgl. Husserl 1976a, b). Die später von ihm entwickelte Theorie der Lebenswelt stellt gewissermaßen eine Relativierung der transzendentaltheoretischen Annahmen dar und versucht sie gleichsam zu mundanisieren.

die nicht weiter relativiert werden können, da sie als transzendentale Annahmen gegenüber einer materialbezogenen Kritik resistent sind. Zum anderen orientiert der Rekurs auf ein transzendentales Ego die Untersuchung auf das beobachtende Subjekt und lenkt den Blick vom Gegenüber des Akteurs ab. Dies führt im weiteren zu einer Verkürzung des Problems auf ein »entweder bewußt-sozial«/oder »unbelebt-dinglich«. Diese einfache Entgegensetzung erscheint mir nicht angemessen, wenn es um Fragen elementarer Lebendigkeit geht.

Mit dem Versuch einer transzendentaltheoretischen Fundierung setzt Luckmann sich zudem auch der Kritik an formal-apriorischen Verfahren aus, die schon Ende der 20er Jahre von Misch (1967) vorgetragen wurde und die von Plessner (1981) positiv aufgenommen und weitergeführt wurde. Das für diesen Zusammenhang wichtige Argument von Misch lautet, formal-apriorische Annahmen würden unausweichlich dazu führen, eine bestimmte Sicht der Welt zu verabsolutieren und andere Auffassungsweisen zu desavouieren. In ausgesprochen subtilen Untersuchungen weist er dies für die formal-apriorischen Annahmen Husserls und Heideggers nach.[15] Da die Verabsolutierung einer bestimmten Weltsicht bzw. einer bestimmten Weise der Existenz dazu führe, andere Verfassungen der Welt gerade in ihrer Andersartigkeit nur mehr verzerrt in den Blick nehmen zu können, sei aus methodischen Gründen eine Suspendierung formal-apriorischer Annahmen unumgänglich. Vielmehr seien solche Annahmen selbst als historisch kontingente Weisen des (menschlichen) Selbstverständnisses zu werten (vgl. auch Plessner 1981: 159).

Eine Analyse der praktischen Konsequenzen des Verzichts der Reduktion auf eine transzendentale Bewußtseinssphäre führt zu der Frage, wie in der empirischen Forschung der Blick geleitet wird: zum Subjekt oder zum Gegenüber des Subjekts. Ich hatte dargelegt, daß die kommunikative Deutung beggegnender Entitäten eine fundierende Deutung voraussetzt, vermittels derer entschieden wird, ob im Umgang mit einer beggegnenden Entität eine kommunikative Deutung

---

15 Die Studie von Seeland (1998) kann als überzeugender Beleg für die Gültigkeit der allgemeinen methodischen Überlegungen von Misch gelten. Seeland behandelt explizit auch die Grenzen der Sozialwelt, allerdings erweist sich der Bezug auf die Heideggerschen universalen Strukturen des Daseins als die beste »Methode«, das Problem sofort wieder zu bereinigen. Denn mit der Unterscheidung des Daseins als besonderer Seinsform wird die Differenz Sozial/anderes unmittelbar mit der Differenz Mensch/Nichtmensch identifiziert, womit diese ontologisiert wird, weshalb eine weitere Problematisierung weitgehend verunmöglicht wird. Für eine neuere Kritik dieses Vorgehens vgl. Lindemann (2002: Kap. 2).

überhaupt angemessen ist oder nicht. Ein transzendentaltheoretischer Ansatz unterscheidet sich von einem reflexiv anthropologischen darin, wie die fundierende Deutung methodisch durchzuführen ist. Luckmann entwickelt sein Argument folgendermaßen.

»Die Evidenz, mittels der die Übertragung der Bedeutung »Leib« bestätigt, abgewandelt oder aufgehoben wird, ist von besonderer Art. Das »innen« eines Gegenstandes, auf den die Bedeutung »Leib« übertragen wird, ist meiner Erfahrung nicht unmittelbar zugänglich. Die Evidenz für jeden Bewußtseinsstrom – außer meinem eigenen – ist von der Art eines Indizienbeweises. Das heißt aber, daß die »universale Projektion« nicht durch die Wahrnehmung objektiver Eigenschaften unmittelbar betroffen werden kann. Allein die Deutung solcher Qualitäten – sei es als Symptome einer durée, sei es als Hinweise auf deren Fehlen – führt zu Bewährung, Modifikation oder Widerlegung spezifisch apperzeptiver Übertragungen der Bedeutung »Leib«. Wie alle Deutungen werden auch solche Deutungen im Zusammenhang eines Auslegungsschemas aktualisiert. Einschränkungen der »universalen Projektion« bestimmen sich deshalb für das empirische Ich durch sozial entwickelte Relevanzsysteme, in denen Deutungsschemata ihren Ursprung haben.« (Luckmann 1980: 75 f.)

Luckmann sieht genau den Unterschied zwischen einer fundierenden und einer im eigentlichen Sinn kommunikativen Deutung. Durch die fundierende Deutung wird entschieden, ob überhaupt ein »innen« angenommen werden muß, dessen Äußerungen im weiteren kommunikativ gedeutet werden. Hinsichtlich der praktischen Durchführung der fundierenden Deutung macht Luckmann weiterhin auf einen Bruch aufmerksam, der zwischen dem erdeuteten Sachverhalt und den Indizien liegt, die die Realität des Sachverhalts evident machen. Dieser Sachverhalt ist insofern von besonderer Bedeutung, als er auch in der medizinischen Deutung eine zentrale Rolle spielt. Es gibt keinen direkten Beweis für Lebendigkeit oder das Bewußtsein einer Entität, denn auch dabei handelt es sich um etwas, das als »innen« nicht direkt zugänglich ist. Zwischen den erdeuteten Sachverhalten wie »lebendig/tot« oder »bewußt/nicht-bewußt« und den Indizien, die auf das Vorliegen von Bewußtsein und Lebendigkeit hindeuten, liegt ebenfalls ein Bruch, der einen definitiven Beweis ausschließt etwa in dem Sinne: Etwas, das diese Gestalt hat und in dieser besonderen Art bewegt ist, ist eine lebendige bzw. mit Bewußtsein begabte Entität. Es gibt ein unaufhebbares »Halt!« im direkten Zugriff auf das Gegenüber.

Das Zitat führt allerdings auch die Beschränkungen des methodischen Ansatzes von Luckmann vor Augen. Luckmann thematisiert nicht die begegnende Entität, wie sie in der Begegnung selbst erscheint, sondern wie auf das Begegnende etwas übertragen wird, nämlich die Bedeutung »Leib« und damit Bewußtsein. Da Luckmann eine spezifische Form dieser Bedeutungsübertragung, nämlich die Übertragung der Bedeutung »Leib« als ursprünglichen Bezug eines transzendental gereinigten Bewußtseins zu allem Begegnenden versteht, spricht er von »universaler Projektion«. Ursprünglich erscheint alles Begegnende als »bewußt-belebt«. Hier liegt eine wichtige Differenz. Im Sinne der Argumentation des 1. Kapitels enthalte ich mich jeder Festlegung darauf, wie etwas ursprünglich ist, sondern beschränke mich darauf, Möglichkeiten offen zu halten, wobei ich davon ausgehe, daß es sich um in der Welt existierende Möglichkeiten handelt. Für Luckmann ist zunächst alles Begegnende mit Bewußtsein begabt, aber daß das der Fall ist, hängt von der Aktivität der Bewußtseinssphäre ab, die nach der transzendentalen Reduktion als von allem Empirischen gereinigt übrig bleibt. Ein Bewußtsein zu haben oder nicht, stößt einer Entität vermittels der Aktivität des transzendentalen Bewußtseins zu. In dem Moment, wo einer Entität die Bedeutung »Leib« entzogen wird, fällt sie aus dem Bereich, in dem eine Deutung erforderlich wird, heraus. Dieses transzendental gereinigte Bewußtsein kann mit der Vergabe der Bedeutung »Leib« – je nach sozio-historischen Bedingungen – entweder geizen oder großzügig verfahren. Wenn man auf eine transzendentale Reduktion verzichtet, bleibt nur eine Alternative, nämlich davon auszugehen, daß Entiäten in einer Begegnung in verschiedener Weise existieren können. Es ist eine Möglichkeit der Entiät selbst, in einer Begegnung entweder ein unbelebtes Ding, lebendig, bewußt oder sozial personal zu sein.

Diese Annahme führt zu einem weiteren Unterschied zu der Position Luckmanns: Er liegt darin, wie das empirisch nicht Faßbare situiert wird. Luckmann siedelt es in einer transzendentalen Bewußtseinssphäre an, die durch methodische Reinigungsprozeduren zugänglich ist. Von dort her – vom wahrnehmenden Subjekt her – wird der Möglichkeitsspielraum der Welt erschlossen und zugleich begrenzt durch die universalen formalen Strukturen des Bewußtseins. Dieses Bewußtsein überbrückt auch den Wechsel, den eine begegnende Entität durchmacht, wenn sie einmal als »innen« gedeutet wird und ein anderes Mal nicht. Wenn sie nicht als »innen« gedeutet wird, verliert die begegnende Entität jeden Bezug zu einem deutendem Verfahren, aber sie bleibt dem Bewußtsein gegeben und kann insofern später wieder als eine Entität mit Bewußtsein gedeutet werden. Das von mir vorgeschlagene Deutungsverfahren verzichtet dagegen auf eine von allem Empirischen gereinigte Bewußtseinssphäre als festen Bezugspunkt und siedelt das empirisch nicht Faßbare in der begegnenden Entität selbst an. Die empirisch beobachtbaren Sachverhalte geraten direkt in den Blick, und es geht darum, an ihnen das zu entdecken, was nicht direkt zugänglich ist, sondern einen indirekten deutenden Zugang erfordert. In dieser Perspektive erscheinen auch unbelebte Dinge als etwas, das im Erscheinen auf etwas bezogen ist, das selbst nicht erscheint: Auf einen Punkt außerhalb des wahrnehmenden und praktischen Zugriffs. Das methodisch Bedeutsame dieses Vorgehens ist es, den Bezug der erscheinenden, wahrgenommenen und bearbeiteten Welt auf ihr Anders-sein-können zu erhalten.

Im Rahmen einer derartigen Argumentation wird es unmöglich anzunehmen, daß die Bedeutung »Leib« übertragen wird. Stattdessen ist die methodisch leitende Annahme, daß es die Entität selbst ist, die in dieser oder jener Weise erscheint. Der Bezug auf etwas Nichterscheinendes wird auf diese Weise derart erweitert, daß er auch Dinge und unbewußt Lebendiges einschließt. Auch in diesen Fällen ist nur ein indirekter Zugang möglich, zumindest wird auch bei unbelebten Dingen der Bezug auf die fundierende Deutung erhalten. Das Ding selbst überbrückt den Wandel, der sich in der fundierenden Deutung vollzieht bzw. vollziehen kann und durch die festgelegt wird, welchen Stellenwert im Weiteren die kommunikative Deutung eines »innen« hat. Entsprechend gerät die Veränderung einer Deutung von bewußt/belebt oder Person zu einem unbelebten Ding auch nicht als Veränderung der Übertragung einer Bedeutung, d.h. als Einschränkung der universalen Projektion, in den Blick, sondern als eine Veränderung der entsprechenden Entität selbst. Zumindest eines der Gegenüber in der Begegnung verändert sich, weshalb die Komplexität der gesamten Beziehung eine Modifikation erfährt.

Durch diese Verschiebung wird an die Stelle der Zweiteilung »innen« (=kommunikatives Gegenüber) versus anderes (=kein kommunikatives Gegenüber) eine Vielzahl von Möglichkeiten gesetzt, wie das, was in einer Begegnung empirisch nicht faßbar ist, beschaffen sein kann. Ein »innen« zu sein – verstanden als ein kommunikatives Gegenüber –, ist eine Möglichkeit unter mehreren und: Auch unbelebte Dinge bleiben immer darauf bezogen, daß an ihnen etwas empirisch nicht direkt fixierbar ist, auch unbelebte Dinge bleiben darauf bezogen, daß an ihnen etwas nicht erscheinendes erdeutet werden muß und sei es nur der Sachverhalt, daß sie weder lebendig sind, noch als kommunikatives Gegenüber in Frage kommen.

2.2.3. Kritisch-reflexive Methode

Um den Ansatzpunkt einer Forschung zu bestimmen, der es um die Grenzen des Sozialen geht, sind also zwei »Fallen« zu vermeiden. Weder ist es möglich, rein im Sinne einer reflexiven Sozialforschung sich an das Verständnis anzuschließen, das von den beobachtbaren Akteuren festgelegt wurde, denn dazu müßte man schon wissen, wer als Akteur zu betrachten ist. Noch ist es sinnvoll, die eigene Beobachtung transzendental zu fundieren, um so einen absolut gültigen Bezugspunkt unabhängig von den Perspektiven der beobachtbaren Akteure zu erreichen, da in diesem Fall ein bestimmtes Verständnis vorgegeben wird, das auch durch die eigene Arbeit nicht mehr tangiert werden darf.

Im Rahmen der von mir verfolgten Fragestellung ist es unerläßlich, einen möglichst vollständigen Bruch mit der in der Soziologie gültigen Weltinterpretation, wonach nur lebende Menschen soziale Akteure sein können, zu vollziehen. Wenn die gegenstandsbezogene Gleichung – Soziales = menschliche Gesellschaft – als sichere Orientierung ausfällt, wird es unausweichlich, mit einer Setzung zu beginnen, durch die der Gegenstandsbereich kritisch eingegrenzt wird. Diese Funktion erfüllt das Theorem der doppelten Kontingenz. Ich habe im ersten Kapitel versucht zu zeigen, daß diese Setzung nicht beliebig ist, sondern in abstrakter Form das derzeit in der Soziologie gültige Kriterium für Sozialität formuliert.

Es geht jetzt darum, doppelte Kontingenz nicht nur als Theorem aufzufassen, sondern es als kritische Bestimmung des Sozialen zu begreifen, die die empirische Forschung einerseits anleitet, der aber andererseits zugemutet wird, sich in der empirischen Forschung bewähren zu müssen. Für die Soziologie eröffnet das die Möglichkeit, empirische Grundlagenforschung zu betreiben. In diesem Sinne beginne ich mit einer konstruktiven Bestimmung des Sozialen.

Ein beobachtbarer Sachverhalt soll dann als ein soziales Phänomen gelten, wenn er mit Bezug auf das Theorem der doppelten Kontingenz nachvollziehbar gedeutet werden kann.

Bei der Operationalisierung dieser Annahme für empirische Beobachtung stellt sich das nämliche Problem, das Luckmann für die Deutung formuliert hat. Es ist unmöglich, eine bestimmte sinnliche Qualität zu fixieren und zu sagen: wenn diese Qualität gegeben ist, ist das beobachtete Phänomen notwendig ein soziales. Die Feststellung, daß es sich um Sozialität handelt, basiert immer auf einer Deutung der sinnlichen Erscheinung. Anders läßt sich doppelte Kontingenz nicht operationalisieren. Insofern werde ich nie behaupten können, dieses und jedes Phänomen »ist« ein soziales Phänomen. Ich werde lediglich versuchen anzugeben, aufgrund welcher Indizien es mir evident erschien, diese Entitäten als soziale zu deuten und andere nicht.

Die konstruktive Annahme, daß Sozialität durch doppelte Kontingenz bestimmt ist, fungiert methodisch als ein Substitut formal-apriorischer Annahmen, hat aber nicht den gleichen Status. Ich beanspruche nicht, daß es sich um eine universale Struktur handelt. Im Gegenteil, ich halte es nicht für unwahrscheinlich, daß diese stark formalisierte Annahme im Prozeß der Forschung modifiziert werden muß. Es handelt sich also um eine generalisierte formale Aussage, die nur insofern gilt, als sie sich in der empirischen Forschung bewährt.

Bei der Anlage meiner eigenen Forschungspraxis habe ich es mir insofern einfach gemacht, als ich mich zunächst ebenfalls an menschliche Akteure gehalten und lediglich überprüft habe, ob und inwiefern ich z.B. die Interaktionen, die sich bei der Kontaktaufnahme mit dem Feld ergaben, im Sinne doppelter Kontingenz sinnvoll deuten konnte oder nicht. Der Test verlief – wie erwartet – positiv. Die Interaktionen mit Klinikdirektoren und Ärztinnen und Pflegepersonal ließen sich sehr schnell als soziale Interaktionen deuten. Sehr viel schwieriger wurde es im Umgang mit Intensivpatientinnen. Inwieweit die Begegnung mit ihnen als eine soziale Begegnung zu deuten ist, wird erst durch eine detaillierte Analyse der Begegnungen plausibel, in denen Intensivpatientinnen als Gegenüber existieren.

Wenn man allerdings erst einmal eine »Kernklasse« an sozialen Akteuren identifiziert hat, läßt sich der Zugang zu anderen Entitäten weitgehend indirekt gestalten. Jetzt lassen sich die Stärken einer reflexiven Soziologie voll ausspielen. Im Fortgang der Beobachtung wird es möglich, sich reflexiv an das von den sozialen Akteuren erzeugte Verständnis ihrer Welt anzuschließen. Wenn es sich nämlich um soziale Sachverhalte handelt, ist erwartbar, daß es Akteure geben wird, die ihrerseits Beschreibungen der Welt anfertigen, in der sie leben bzw. an deren Praktiken sich sehr viel über ihr Weltverständnis ablesen läßt. Es ist allerdings notwendig, die Maxime »Folge dem Akteur« (Latour 1987) zu erweitern. Denn es geht mir gerade um das Gegenüber des Akteurs, um die Wandlungen, die es durchmacht. Es geht darum den, die, das Andere des Akteurs zu beobachten und zwar so, daß es immer auch anders sein könnte. Bemerkenswerter Weise und zu meiner großen Überraschung scheinen die sicheren Akteure der Intensivstation (die »Kernklasse« der Akteure), selber diesem Prinzip zu folgen. Als Gegenüber der ärztlichen Praxis sind Patienten Personen, die sich etwa in bloße Dinge oder lebendige Körper verwandeln können, und es bereitet Ärztinnen kaum Schwierigkeiten, mit diesen Transformationen fertig zu werden. Aber auch wenn das so ist, scheint es mir sinnvoll, darauf hinzuweisen, daß ich es in meiner Beobachtung auf das Andersseinkönnen aller involvierten Entitäten abgesehen hatte. Bei dieser Regel handelt es sich um das Äquivalent des Symmetrieprinzips. In einer gegebenen Situation sind die Aktionsmöglichkeiten bzw. die Aktionspositionen einer Ratte und eines Wissenschaftlers, der mit ihr experimentiert, bzw. eines Komapatienten und eines Arztes sehr unterschiedlich. Es erscheint mir ausgesprochen unplausibel, hier von einer irgendwie gearteten Symmetrie auszugehen. Für eine sinnvolle Beobachtungsregel halte ich es dagegen, die Begegnung der Entitäten so zu beobachten, daß die Entitäten, so wie sie in der gegenwärtigen Situation erscheinen, auf den Ansatzpunkt für eine Veränderung der Aktionsmöglichkeiten und Aktionspositionen bezogen bleiben und so die Möglichkeit der Veränderung als in der Welt existierende Möglichkeit der beobachteten Entitäten erhalten bleibt.

Diese Ausführungen lassen sich vorläufig zu den folgenden methodischen Grundsätzen zusammenfassen, die den Unterschied zu den methodischen Annahmen von Callon und Latour deutlich akzentuieren.

1. Es ist unerläßlich, mit einer konstruktiven Festlegung von Sozialität zu beginnen. Dieser Festlegung kommt kein formalapriorischer Charakter zu. Es handelt sich eher um eine Setzung, die den Gegenstandsbereich kritisch begrenzt. Die Plausibilität der Begrenzung muß sich in der Deutung des Materials bewähren, d.h., ihre Gültigkeit steht im weiteren immer wieder zur Debatte. Statt von einem formalen Apriori könnte man von einem historischen Apriori der sozialwissenschaftlichen Forschung sprechen.
2. Erst ausgehend von einer solchen kritischen Bestimmung des Sozialen läßt sich initial eine Kernklasse von sozialen Akteuren festlegen.
3. Wenn dies gelungen ist, wird es möglich, den Praktiken und dem theoretischen Welt- und Selbstverständnis der Akteure zu folgen und zu untersuchen, ob es in der Welt dieser Akteure eine Differenz zwischen dem Bereich des Sozialen und anderem gibt. Wenn die Akteure selbst diesen Unterschied machen, wird es beobachtbar, unter welchen Bedingungen welche Entitäten in der Welt der initial als Akteur festgelegten Entitäten als Akteure gelten.

4. Das verallgemeinerte Symmetrieprinzip ist verzichtbar. Es wird durch eine Beobachtung ersetzt, in der die Möglichkeit aufrechterhalten wird, daß der/die/das andere des Akteurs immer auch anders sein kann. Alle beteiligten Entitäten können hinsichtlich ihrer Aktionsmöglichkeiten bzw. ihrer Aktionspositionen Transformationen unterliegen. Aus methodischen Gründen gilt: Keine Asymmetrie ist endgültig.

5. Im Fortgang der Untersuchung wird es immer wieder erforderlich zu überprüfen, ob sich neue Informationen hinsichtlich des Akteursstatus ergeben haben. Welche Bedingungen müssen gegeben sein, damit welche Entitäten in welchen Situationen welche Aktionspositionen innehaben können.

Inwieweit diese methodischen Überlegungen empirisch sensitiv sind (Knorr-Cetina 1991), werde ich im letzten Abschnitt dieses Kapitels versuchen zu zeigen, denn dann wird es darum gehen, die bisher noch recht allgemein gehaltene Darstellung konkret im Feld zu verankern.

2.3. Ou-topische Körper und der Konjunktiv des Wissens

Eine Analyse des Hirntodkonzepts und der Hirntoddiagnostik erfordert es, die historische Genese dieser Form der Todesfeststellung einzubeziehen. Wenn man dies tut, ergibt sich eine weitere Schwierigkeit. Der Hirntod ist nicht nur ein Konzept, das eigens für den Kontext der Intensivmedizin entwickelt wurde, sondern auch ein Konzept, an dessen Entwicklung zumindest zwei Wissenschaften maßgeblich beteiligt waren. Die Federführung hatte die naturwissenschaftlich orientierte Medizin inne, während die Rechtswissenschaft darauf achtete, inwiefern die Veränderung der medizinischen Praxis der Todesfeststellung mit rechtlichen Normen kollidiert bzw. ob im Recht Änderungen vorgenommen werden müssen, um das neue Todeskonzept und die damit zusammenhängenden Praktiken der Organtransplantation in das Rechtssystem zu integrieren. Erst nachdem die Integration des neuen Todeskonzepts in das Recht vollzogen worden war, konnte die Bedeutung, die der Rechtswissenschaft bei dessen Entwicklung zugekommen war, wieder in den Hintergrund treten. Aktuell erscheint das Hirntodkonzept als ein rein medizinischer Sachverhalt. Die Genese dieses Konzepts war allerdings eng mit einer Übersetzungsleistung zwischen den Wissensformen Recht und Medizin verbunden. Am Ende der fünfziger Jahre schien es sogar so, als hätte auch die Theologie ein entscheidendes Wort mitzureden. Letztlich war der Beitrag religiöser Autoritäten aber nicht grundsätzlich von Bedeutung (vgl. Kap. 3).

In jedem Fall war das Hirntodkonzept ein, um es in der modernen Wissenschaftssprache zu sagen, interdisziplinäres Konzept. Dies erforderte eine unentwegte Übersetzungsleistung zwischen den Wissenschaften bzw. zwischen den institutionalisierten Formen rechtlichen und medizinischen Wissens. Daraus ergibt sich ein Problem, das in den wenigsten Beiträgen, die eine Konzeptualisierung von Wissen zu leisten versuchen, bearbeitet werden kann. Es geht darum, wie buchstäblich ein- und derselbe Körper so grundverschieden sein kann, daß er zu einem integralen Bestandteil sowohl eines strafrechtlichen Tatbestandes als auch eines komplexen apparativ gestützten Meßverfahrens werden kann. Die Verschiedenheit des Körpers wäre relativ leicht zu begreifen, aber wie kann die Identität des Körpers aufrechterhalten werden? Wie wird die Identität des Körpers gewahrt, wenn er ein vollständig anderer wird? Um dieses Übersetzungsproblem zu bewältigen, möchte ich die bislang vorgetragenen methodischen Überlegungen in zwei Hinsichten weiterentwickeln. Der Sachverhalt, daß das Gegenüber der Begegnung selbst eine Veränderung durchmacht, soll stärker darauf bezogen werden, wie das Gegenüber dem praktischen, wahrnehmenden und wissenden Zugriff entzogen ist. Dies bezeichne ich als das ou-topische des Körpers. Dem entspricht korrelativ auf der Seite des Wissens von einem Körper bzw. einer beliebigen Entität, daß jedes Wissen immer vorläufig ist, es könnte immer auch anders sein und in anderen Kontexten wird es von dieser Entität auch ein anderes Wissen geben. Die Bedingung einer gelingenden Übersetzung wäre also der Konjunktiv des Wissens und das ou-topische des Gegenüber.

2.3.1. Ou-topische Körper

Der Terminus ou-topisch soll hier im Wortsinn verstanden werden: im Sinne eines ou topos, eines Nicht-Orts. Nicht-Ort meint sowohl eine Differenz zum sinnlich wahrgenommen Gegenstand als auch eine Differenz zu dem, was über einen Gegenstand gewußt werden kann, eine Differenz zu der Ordnung des Wissens, in der ein Gegenstand seinen festen Ort hat. Ou-topisch meint in generalisierter Form das, was ich bislang mit den Worten Dingkern, lebendiges Selbst, Person bezeichnet habe. In jedem Fall ist etwas gemeint, das nicht direkt Gegenstand eines Wissens sein kann, sondern für das es nur Hinweise, Indizien, gibt. Etwas, das erdeutet wird[16], ohne in einer Deutung vollständig fixiert werden zu können. Insofern eine endgültige Fixierung mißlingt, kann etwas Gegenstand qualitativ ganz anderer deutender Fixierungen werden. Die Transformation, der ein lebendiger Körper unterliegt, wenn er stirbt, betrifft den Körper selbst, d.h. eben auch die Weise, wie er in der Deutung gegeben ist. Insofern kann die Veränderung des Körpers ebenso wie dieser selbst zu einem ou-topischen Gegenstand des Wissens werden, den man in seinen Transformationen durch die Wissensformen verfolgen kann. Ou-topisch zu sein, ist die Bedingung für ein methodisches Vorgehen, das man in Anlehnung an Latour so formulieren könnte: Folge dem Gegenüber der wissenschaftlichen Praxis durch die Gesellschaft. Latour (1987) hatte seinem Buch »Science in action« den Untertitel gegeben »How to follow scientist and engineers through society« und dafür entsprechende methodologische Vorgehensweisen angegeben. In dieser Studie geht es um die Entsprechung auf der Seite der »Objekte«. Wie müssen »Objekte« beschaffen sein, damit man ihnen durch die Gesellschaft folgen kann? Zunächst sollte man die Rede von »Objekten« suspendieren und statt dessen von begegnenden Entitäten sprechen. Weiterhin ist es erforderlich, daß begegnende Entitäten als sie selbst übersetzbar sind in andere Wissensformen und so als sie selbst ganz andere werden können.

2.3.2. Der Konjunktiv des Wissens

Der ou-topische Charakter der begegnenden Entitäten hat auf der Seite des Wissens, das es über sie gibt, eine Entsprechung. Das Wissen existiert im Konjunktiv. Die Reflexion auf differenzierte Wissensbestände bzw. -formen suggeriert, es gäbe unterschiedliche, relativ in sich abgeschlossene Formen »situierten Wissens« (Haraway 1995) oder in sich geschlossene Funktionslogiken sozialer Systeme (Luhmann 1986, 1988, 1992). Um es in einer Metapher auszudrücken: Es ist, als hätte der Weltgeist einen Tatterich bekommen und die Schüs-

---

16 Diese Verwendung des Wortes ou-topisch ähnelt der Rede Derridas (1976) vom Zentrum, das sowohl innerhalb als auch außerhalb der Struktur sei. Insofern das Zentrum außerhalb, also abwesend sei, sei es ein Nicht-Ort, »worin sich ein unendlicher Austausch von Zeichen abspielt« (Derrida 1976: 424). Derrida beschränkt das ou-topische aber auf sprachlich vermittelte Sachverhalte. Mein Vorschlag geht dagegen dahin, auch sinnlich-materielle Phänomene einzubeziehen.

sel mit dem absoluten Wissen über die Welt verkleckert, weshalb es jetzt nicht mehr an einem Ort monopolisiert ist, sondern an vielen Orten existiert. Die Kleckse bleiben allerdings weitgehend gegeneinander abgeschottet und sind so immunisiert gegen die irritierende Möglichkeit, die Welt, von der das in ihnen formulierte Wissen handelt, könne auch anders sein.

Die These, daß das Wissen im Konjunktiv existiert, verabschiedet dagegen auch die Kleckervariante eines in sich geschlossenen und deshalb absoluten Wissens. Wenn ein situiertes oder systemrelatives Wissen so vollständig geschlossen wäre, daß die darin behandelten Gegenstände nicht mehr für ein anderes Wissen zugänglich sind, wäre es genaugenommen von außen noch nicht einmal möglich zu sagen, daß es sich um ein Wissen von etwas handelt. Denn es gäbe keine Differenz mehr zwischen dem Wissen und seinem Gegenstand. Ein derartiges Wissen wäre auch für eine empirisch-soziologische Analyse nicht mehr zugänglich. Wenn es tatsächlich in sich geschlossen wäre, würden sich die Sachverhalte, die im Kontext dieses Wissens existieren, einem Blick von außen vollständig entziehen. Jede Form von Übersetzung dieses Wissens müßte scheitern, da die Gegenstände dieses Wissens, nicht in Differenz zu ihm existieren könnten. Wenn allerdings die soziologische Analyse gelingt, muß es Ansatzpunkte für eine Übersetzung geben, und dies ist gleichbedeutend mit der Aussage, daß dieses Wissen eines ist, das sich auf Gegenstände bezieht, die selbst nicht darin aufgehen, wie sie in diesem Wissen existieren. Nur unter dieser Bedingung kann ein Sachverhalt überhaupt als ein Wissen von etwas beschrieben werden.

Die empirische Orientierung meiner Fragestellung führt auf ein weniger anspruchsvolles Problem: Es geht darum, ob und wie den beteiligten Akteuren ihr eigenes Wissen relativ geworden ist, weil sie in Rechnung stellen, daß es an anderen Orten, von eben dem Gegenstand, von dem sie ein Wissen erarbeiten, ein anderes Wissen existiert. Jede Todeskonzeption impliziert ein Subjekt, das sterben kann. Diese Implikation setzt das in einer medizinischen Todeskonzeption festgeschriebene praktische und theoretische Wissen über den Tod dieses Subjekts bereits in den Konjunktiv, denn die medizinischen Expertinnen wissen, daß sie dieses Subjekt mit Juristinnen und deren Wissensform in Kontakt bringt, ebenso wie mit Theologen und jenen, die in keiner dieser Wissensformen zuhause sind, sondern einfach den Tod eines Anverwandten, einer Freundin oder eines Gatten zu beklagen haben. Ein Wissen existiert dann im Konjunktiv, wenn es seinen Gegenstand nicht vollständig umschließt, wenn dieser im

Verhältnis zu ihm ou-topisch bleibt und wenn dieser Sachverhalt den Akteuren, die dieses Wissen erarbeiten, in irgendeiner Weise zugänglich ist, insofern sie dieses Wissen erarbeiten.

Unter dieser Prämisse ist es nur bis zu einem gewissen Grad möglich, daß sich die spezialisierten Wissensformen in sich einschließen und etwa nur das medizinische oder juristische Wissen gelten zu lassen. Falls das nämlich vollständig gelingen würde, wäre es für Juristen unmöglich, überhaupt noch begreifen zu können, wovon Mediziner sprechen. Wenn etwa eine Ärztin konstatiert, ein Stop der Hirndurchblutung hätte den Tod herbeigeführt, ist das medizinisch korrekt, aber für einen Juristen so lange unverständlich, wie er nicht weiß, wessen Tod herbeigeführt wurde. Erst wenn der Stop der Hirndurchblutung als Kriterium des Todes eines Subjekts aufgefaßt wird, dessen Tod strafrechtlich relevant ist, kann ein Jurist den beschriebenen Sachverhalt als Element eines Tatbestands begreifen und ihn so in eine für ihn relevante Form des Wissens übersetzen. Sei es als Mord oder Totschlag, wenn es um den Tod eines Menschen geht, oder als Sachbeschädigung, als die die Tötung eines Kaninchens rechtlich gewertet wird. Die Bedingung der Übersetzung auf seiten der Vertreter einer Wissensform besteht darin, das eigene Wissen über einen Körper nicht als letztgültig aufzufassen, sondern anzuerkennen, daß es andere mögliche Formen des Wissens über eine Entität gibt. Hierbei handelt es sich nicht um ein besonders ausgeprägtes Reflexionsvermögen, sondern schlicht darum, mit Entitäten umgehen zu müssen, die durch die gesellschaftlichen Wissensformen wandern. Von diesen kann es nur ein Wissen im Konjunktiv geben, oder ihre Wanderschaft müßte sofort beendet werden. Ob das ou-topische allerdings in der Tiefe einer Lache dessen, was einmal ein absolutes Wissen war, dauerhaft versinken kann, halte ich für fraglich. Letztlich handelt es sich aber um ein Problem, das nicht begrifflich, sondern nur empirisch zu bearbeiten ist. Mir kommt es nur darauf an, methodisch die Option für eine Beobachtung zu eröffnen, der es nicht entgeht, daß es von einem Gegenstand ein vielleicht bis zur Inkommensurabilität verschiedenartiges Wissen geben kann.

2.4. Verankerung der Methode im Gegenstand

Die Frage, wer dazu gehört, wer eine soziale Person ist und was nicht, ist für den Kontext dieser Arbeit reformuliert worden in die Fragen: wer lebt? wer stirbt? wer ist tot? In dieser Fassung sind die von mir formulierten Probleme der Grenzverschiebung explizit formulierte Problemstellungen innerhalb der medizinischen bzw. medizinethischen Diskussion. In gewisser Weise konvergiert die Frage dieser Untersuchung, wer eine soziale Person ist mit der in der neueren Entwicklung der Medizin entstandenen Frage danach, wer lebt und wer deshalb sterben und tot sein kann. Diese Fragestellung ist das Resultat einer reflexiven Wende in der Diskussion um den Hirntod. Um die heftigen Auseinandersetzungen um die Gültigkeit verschiedener Todeskonzepte handhabbar zu machen, sind innerhalb der medizinischen Diskussion begriffliche Instrumentarien entwickelt worden, die es ermöglichen sollen, verschiedene Todeskonzepte miteinander zu vergleichen, ohne von vornherein für eines von ihnen zu votieren.

Es ist nicht einfach, aus einer soziologischen Perspektive die innermedizinischen reflexiven Konzepte einzuordnen. In gewisser Weise sind sie einer sozialwissenschaftlichen Analyse äquivalent, denn es handelt sich um Konstruktionen zweiter Ordnung im Sinne Schütz, die ohne eine reflexive Distanzierung von den Konstruktionen erster Ordnung nicht möglich wären. Andererseits handelt es sich nicht um Konstruktionen zweiter Ordnung, die in einer sozialwissenschaftlichen Perspektive entwickelt worden sind. Eher handelt es sich um eine philosophische Reflexion, die den Zweck hat, eine Entscheidung für ein Todeskonzept zu erleichtern, indem auf einer Metaebene ein Vergleich erfolgt, bei dem spezifisch rationale Kriterien in Anschlag gebracht werden, etwa die logische Schlüssigkeit und Eindeutigkeit verschiedener Todes- bzw. Hirntodkonzepte.

Trotz des rationalistisch-normativen Interesses, dem die Reflexion der Hirntodkonzepte folgt, ist sie in gewisser Hinsicht ein für diese Untersuchung ergiebiger Bezugspunkt, denn sie bietet ein Modell, wie eine reflexive Ebene formuliert werden kann, die zugleich einen Bezug zu den materialen Praktiken und Prozeduren der medizinischen Diagnostik aufrechterhält. In der Auseinandersetzung mit den reflexiven Konzepten möchte ich in zwei Schritten vorgehen. Zunächst versuche ich zu zeigen, inwiefern der rationalistische Impetus die reflexive Begriffsbildung in eine Form bringt, die sie für eine direkte Übertragung in eine kritisch-reflexive soziologische Methode untauglich macht. In einem zweiten Schritt werde ich dann die medizinische reflexive Begriffsbildung umarbeiten. Schematisiert dargestellt finden sich die Ergebnisse der Umarbeitung im Abschnitt 2.5.

2.4.1. Das reflexive Potential der medizinischen Diskussion um den Hirntod: das Vier-Ebenen-Modell von Kurthen und Linke

Die Diskussion um das Hirntodkonzept hat in der medizinischen und medizinethischen Diskussion schon in den 80'er Jahren eine reflexive Wendung genommen. Seit dieser Zeit wurden zunehmend Stimmen laut, die nicht einfach für oder gegen das neue Hirntod- bzw. das Teilhirntodkonzept Stellung nahmen, sondern eine Metareflexion forderten und durchführten. Es ging nicht mehr einfach um die Frage der Todesfeststellung, sondern auch darum, Instrumente zu entwickeln, die einen rationalen Vergleich verschiedener Todeskonzepte ermöglichen sollten.[17] Das im Feld entwickelte Reflexionswissen weist allerdings einige charakteristische Begrenzungen auf, die es zunächst herauszuarbeiten gilt.

Die Neurochirurgen Linke und Kurthen haben für die Analyse und den Vergleich verschiedener Todeskonzeptionen folgende begriffliche Differenzierung vorgeschlagen:

»Die Attribution legt ein Subjekt des Todes fest (›wer oder was stirbt?‹). Die Definition liefert einen Begriff des Todes (›Was ist Tod?‹). Die Kriterien geben die Sachverhalte an, die den Eintritt des Todes markieren (›woran läßt sich der Tod erkennen?‹). Die Tests stellen die Verfahren dar, mit denen die Erfüllung der Kriterien demonstriert wird (›Wie läßt sich der Tod nachweisen?‹).« (Kurthen, Linke 1995: 83)

Dieses Modell geht insofern über andere reflexive Thematisierungen der Hirntodproblematik[18] hinaus, als hier auch das Subjekt des Todes als solches thematisiert und nicht als gegeben vorausgesetzt wird. Die Integration des Subjekts des Todes führt allerdings zu einer logischen Schwierigkeit in der Konzeption des Modells. Um diese herauszuarbeiten, ist es erforderlich, zunächst den immanenten Aufbau des von Linke und Kurthen selbst so bezeichneten »Vier-Ebenen-Modells« genauer zu untersuchen. Es ist so angelegt, daß die jeweils höhere Ebene die nächst tiefere bestimmt, bzw. umgekehrt, die jeweils tiefere Ebene ist nur relativ zur nächst höheren sinnvoll zu begreifen. D.h.:

---

17 Es ist einer der empfindlichen Mängel zumindest einiger anthropologischer bzw. soziologischer Arbeiten zum Hirntod bzw. zur Organtransplantation, daß sie das Reflexionsniveau der innermedizinischen Diskussion deutlich unterschreiten. Vgl. etwa Hogle (1999).

18 Es gibt eine ganze Reihe von Autoren, die versuchen, die Diskussion um das Hirntodkonzept reflexiv in den Blick zunehmen vgl. Bernat, Culver (1981), Bernat (1984), Veatch (1989), Korein (1978).

Es muß bekannt sein, um welches Subjekt des Todes es geht, um festlegen zu können, wie die Definition des Todes aussehen könnte. Nur wenn eine Definition vorliegt, können Kriterien formuliert werden und nur wenn bekannt ist, welche Todeskriterien es gibt, können sinnvoll Tests ausgearbeitet und durchgeführt werden, die nachweisen, daß die Kriterien vorliegen (vgl. Kurthen, Linke 1995: 83). Die Rationalität eines Hirntodkonzepts bemißt sich daran, inwiefern die Determination durch die nächsthöhere Ebene eindeutig gelingt.

Die sich daraus ergebenden logischen Probleme beschreiben Kurthen und Linke in einer Weise, die direkt der von mir intendierten Frage nach den Grenzen des Sozialen zu entsprechen scheint. Ausgehend von der Art der Determination (die nächst tiefere wird immer von der nächst-höheren Ebene determiniert) ergibt sich nämlich den Autoren zufolge

> »ein Schwachpunkt im Vier-Ebenen-Modell des Todeskonzepts. Wie wird entschieden, welche Subjekte überhaupt zugelassen werden? Der Attribution ist keine Ebene mehr übergeordnet, so daß ein Subjekt des Todes scheinbar willkürlich gewählt werden kann. Da Kriterien der Zulassung bestimmter Subjekte hier nicht vorrangig zu diskutieren sind, sollen im folgenden nur Subjekte besprochen werden, die vom primären Common-sense-Subjekt des Todes (dem ›Menschen‹) begrifflich nicht allzuweit entfernt sind. ›Der Mensch‹ allein genügt jedoch auch nicht, da der Begriff des Menschen nicht schon von selbst transparent ist. Es bedarf also weitergehender Spezifizierungen, etwa: der Mensch als Person, als bewußtes Wesen, als leib-seelische Gesamtheit etc.« (Kurthen, Linke 1995: 83 f.)

Der Bezug auf den Menschen wird von den Autoren – nicht nur in diesem Text – zwar nicht aufgegeben, aber innerhalb dieses Rahmens realisieren sie die Kontingenz der Grenzziehung zwischen Leben und Tod in einer auch für die Debatte um den Hirntod bemerkenswerten Weise. Kurthen und Linke gelingt es, sich soweit davon zu distanzieren, wer als das Subjekt des Todes festgelegt wird, daß sie die Notwendigkeit der Bestimmung dieses Subjekts als solche thematisieren können. Sie verzichten mithin darauf, die eigene Argumentation auf ein Subjekt des Todes festzulegen. Sondern verstehen ihre Überlegungen explizit als einen Beitrag zu einer reflexiven Debatte, in der verschiedene Todeskonzepte miteinander verglichen werden können.

Als Gütekriterium in diesem Vergleich gilt die eindeutige und sichere hierarchische Determination der Ebenen. Es sollte nur ein Subjekt des Todes geben, dem nur ein eindeutiger Begriff des Todes attribuiert werden kann, dem eindeutige Kriterien entsprechen, deren Vorliegen durch klar umrissene Tests nachgewiesen wird. Gemessen an diesen Gütekriterien einer rationalen Reflexion schneiden die aktuell gültigen Hirntodkonzepte allerdings nur mäßig ab. Auch das in der Praxis verwendete deutsche Hirntodkonzept und die darin festgelegten Formen der Todesfeststellung sind gemessen an den von Linke und Kurthen aufgestellten Maßstäben eher fragwürdig. Weder wird das Subjekt des Todes eindeutig fixiert, noch der Begriff des Todes eindeutig gefaßt. Und auch die praktisch angewandten Kriterien und Tests passen weder zu einem eindeutigen Subjekt bzw. Begriff des Todes. Auch ist es fragwürdig, ob die Tests überhaupt nachweisen können, daß die Kriterien vorliegen (vgl. Kurthen, Linke 1995: 85 ff.). Warum es sich trotzdem durchgesetzt hat, läßt sich mit Bezug auf dieses Modells nicht mehr verstehen. Seine Funktion besteht vielmehr darin, eine aufgeregte Debatte durch Rationalität zu beruhigen, nämlich durch die Besinnung auf Kriterien, die einen rationalen Konsens ermöglichen sollen. Dies verhindert es, das in der Medizin entwickelte reflexive begriffliche Instrumentarium einfach in eine soziologische Analyse zu übernehmen.

Trotz dieser Begrenzung bietet das »Vier-Ebenen-Modell« einen Ansatzpunkt für eine Übersetzung in das soziologische Wissen. Auf diese Weise wird es möglich, seinen normativ-rationalen Anspruch aufzugeben, ohne dabei die subtile Ebenendifferenzierung einzuebnen, die somit in deskriptiver Hinsicht fruchtbar gemacht werden kann. Denn gerade die Problematisierung der Entscheidung darüber, wer als Subjekt zugelassen ist, entspricht exakt dem Problem einer auf Soziologie orientierten reflexiven Anthropologie. Von hier aus sind Übersetzungsleistungen zwischen soziologischer und medizinischer Hermeneutik möglich. Diese Übersetzungsleistung entspricht dem Modus, den ich im 3. Abschnitt dieses Kapitels für die Übersetzungen zwischen Medizin und Recht angegeben habe. Denn das hierarchisch determinierte Modell, das alle Relationen eindeutig fixieren sollte, macht es gerade aufgrund der Realisierung einer eindeutigen und rationalen Strukturierung erforderlich, einen Punkt außerhalb der Determination anzunehmen. Dieses Problem wäre durch die Einführung einer 5., 6. oder 7. Ebene nicht zu lösen, denn wenn eindeutige hierarchische Beziehungen zwischen den Ebenen bestehen, die eine gültige rationale Kohärenz verbürgen, fällt notwendig eine Ebene heraus. Gerade das hierarchische Modell öffnet die Topographie fixierter Relationen (Begriff, Kriterium, Test) auf einen ou-topischen Bezugspunkt. Von diesem ou-topischen Bezugspunkt her werde ich im weiteren eine Übersetzung des medizinischen Konzepts in eine kritisch-reflexive soziologische Methode versuchen.

Das Motiv, dieses Modell nicht einfach als solches zum Gegenstand zu machen und etwa als Bestandteil des aktuellen medizinischen Diskurses um den Hirntod aufzufassen, ließe sich folgendermaßen beschreiben. Die vier Ebenen des Modells eröffnen die Möglichkeit, die beobachtbaren medizinischen Praktiken und die dabei verwendeten Konzepte differenziert zu beschreiben und auf die ausschließlich indirekt zugängliche Ebene des Subjekts zu beziehen. Um den deskriptiven Reichtum des Modells zu entfalten, ist es allerdings erforderlich, das Verhältnis der verschiedenen Ebenen zueinander erneut zu durchdenken.

2.4.2. Umarbeitung des Vier-Ebenen-Modells

Das Vier-Ebenen-Modell besteht aus gestuften Antwort auf vier Fragen:

1. Wer oder was stirbt? (Subjekt des Todes).

2. Was ist Tod? (Begriff des Todes)

3. Woran läßt sich der Tod erkennen? (Kriterium des Todes)

4. Wie läßt sich der Tod nachweisen? (Tests, die das Vorliegen des Kriteriums nachweisen)

Bei der Umarbeitung des Modells werde ich in zwei Schritten vorgehen. Zunächst werde ich versuchen, das Verhältnis der verschiedenen Ebenen zueinander zu enthierarchisieren, denn im Sinne eines auf zwingende logische Kohärenz angelegten Modells ist das Vier-Ebenen-Modell kaum tauglich als deskriptives Ordnungsschema. Ein wichtiges Ziel der Umarbeitung besteht darin, das Modell auch für die Interpretation der Routinepraktiken auf einer Intensivstation fruchtbar zu machen. Dies liegt insofern nahe, als die Todesfeststellung sich grundsätzlich nicht von anderen medizinischen Diagnostiken unterscheidet. Die Enthierarchisierung beinhaltet die Möglichkeit, die medizinischen Praktiken bzw. Alltagskonzepte für eine weitere soziologische Bearbeitung aufzubereiten. Auf dieser Grundlage werde ich den Ansatzpunkt für eine weitergehende soziologische Interpretation zu fixieren versuchen.

Enthierarchisierung des Vier-Ebenen-Modells

Die ersten beiden bzw. die erste Ebene nehmen eine Sonderstellung ein, denn das Subjekt fungiert in dem Modell als ou-topischer Bezugspunkt. Insofern ist die erste Ebene, die des Subjekts, den von mir vorgeschlagenen ou-topischen Bezugspunkten Ding, lebendiges Ding, Bewußtsein, soziale Person äquivalent. In Anbetracht dessen stellt sich die Frage, ob das Verhältnis zwischen den Ebenen 1 und 2 das Verhältnis zwischen der Ebene des Begriffs und der des Subjekts, im Sinne einer Attribution sinnvoll zu begreifen ist. Eine genauere Diskussion dieses Problems führt direkt zu den erkenntnistheoretischen Schwierigkeiten, die eine konstruktivistische Soziologie mit dem Tod hat. Es erscheint mir sinnvoll, diese zu skizzieren, um dann zur Diskussion des Modells zurückzukehren.

Eine akteurstheoretisch konstruktivistische Perspektive führt zu der Annahme, daß die Realität gilt, die von den Akteuren hergestellt wird. Demnach müßte gelten, alles könne zum Akteur werden, wenn einer Entität der Status, ein Akteur zu sein, zugeschrieben wird. Auf der Grundlage dieser Aussage entsteht allerdings ein Zirkel, der auf eine nicht gedeckte Vorannahme hinweist. Es mag sein, daß die Eigenschaft ein Akteur zu sein, allem möglichen zugeschrieben werden kann, etwa einer Briefmarke. Aber folgt daraus auch, daß die Fähigkeit des Zuschreibens ebenso nur auf Zuschreibungen basiert? Wenn das zutrifft, würde die Fähigkeit des Zuschreibens dadurch konstituiert werden, daß sie zugeschrieben wird. Daraus ergibt sich folgende Konsequenz: Zuschreibung setzt immer Entitäten voraus, die etwas zuschreiben und andere Entitäten, denen etwas zugeschrieben wird. Entweder wird nun die Kompetenz des Zuschreibens auf etwas anderes als Zuschreibung zurückgeführt, oder man muß plausibel machen, wie den zuschreibenden Entitäten das Zuschreiben zugeschrieben wurde. Das führt aber wiederum dazu, die Bedingungen angeben zu müssen, unter denen sich diese Zuschreibung ereignen konnte. Und so weiter ad infinitum. In der soziologischen Theorie wird das Problems dieses Regresses ad infinitum noch nicht einmal als Problem gesehen. Denn aller Zuschreibung zum Trotz wird unausgesprochen darauf rekurriert, daß »wir alle« schon wissen, wer ein Akteur ist. Die Anwendung einer soziologisch-verstehenden Methode setzt die Unterscheidung zwischen Akteuren und anderem voraus.

Das Modell von Kurthen und Linke ist mit einem vergleichbaren Problem geschlagen. Um dies aufzuzeigen, ist es zunächst erforderlich, eine implizite Annahme des Modells zu explizieren. Es wird gesetzt, daß »tot« nur sein kann, wer »stirbt«. Sterben zu können, heißt aber zu leben. Nur wer lebt, kann sterben und wenn er gestorben ist, tot sein. Das Subjekt des Todes ist also zugleich ein Subjekt des Lebens. Wenn das Subjekt des Todes durch Attribution festgelegt wird, muß dies gleichermaßen für das Subjekt des Lebens gelten. Das ist allerdings keine sinnvolle Annahme, und zwar aus folgendem Grund: Attribuieren zu können, ist eine Fähigkeit des bewußten personalen Lebens (Kurthen und Linke würden dies an die Funktionsfähigkeit des Großhirns binden). Jetzt ist die Frage, ob die Fähigkeit, attribuieren zu können, darauf zurückgeführt werden kann, daß einer Entität die Fähigkeit, attribuieren zu können, attribuiert wird. Wenn das der Fall ist, stellt sich die Frage, wer der Entität, die die Attributionsfähigkeit attribuiert, die Fähigkeit attribuiert, diese Attribution vornehmen zu können. Wenn diese Frage nur unter Rekurs auf »Attribution« beantwortet wird, führt dies in einen Regreß ad infinitum.

Eine Möglichkeit – ich vermute die einzige Möglichkeit –, den Regreß ad infinitum zu vermeiden, besteht darin, die Fähigkeit zu attribuieren als eine Fähigkeit der attribuierenden Entität aufzufassen, die nicht ihrerseits attribuiert wird. Wenn aber die Fähigkeit zu attribuieren, ein integraler Bestandteil des bewußten personalen Lebens ist, stellt sich darüber hinaus die Frage, ob nicht »zu leben« generell etwas ist, das den entsprechenden Entitäten zukommt. Zu leben wird nicht attribuiert, sondern es handelt sich um eine Eigenschaft, die den Entitäten, die leben, selbst zukommt. Wenn man dies verneint, ergibt sich der gleiche Zirkel wie bei der Attributionsfähigkeit. Die Begründung lautet folgendermaßen: Nicht alle lebendigen Entitäten können eine Attribution vornehmen, aber Entitäten, die eine Attribution vornehmen, müssen lebendig sein, um dies tun zu können. Wenn dieser Sachverhalt als Frage formuliert wird, ergibt sich folgender Satz: Hat eine Entität die Eigenschaft, »in einer Weise lebendig sein, daß sie attribuieren kann« nur, insofern sie ihr attribuiert wird? Wenn das der Fall ist, stellt sich die Frage nach der Lebendigkeit der Entität, die diese Attribution vornimmt usw. usf. ad infinitum.

Wenn aber »lebendig zu sein« nicht attribuiert werden kann, kann auch »zu sterben« oder »tot zu sein« nicht auf eine Attribution zurückgehen, denn lebendig zu sein, zu sterben und tot zu sein sind auf der gleichen logischen Ebene angesiedelt. Es wäre unplausibel, wollte man annehmen, daß eine Entität selbst lebt, aber, ob sie stirbt oder tot ist, auf eine Attribution zurückzuführen. Dies würde zu einer Todesauffassung führen, bei der eine Entität, die von sich aus lebt, dadurch sterben und tot sein würde, daß ihr dies zugeschrieben würde.

Kurz gesagt: Wenn man einen Regreß ad infinitum vermeiden möchte, muß man davon ausgehen, daß das Subjekt des Todes selbst lebt und stirbt und als Subjekt erloschen ist, wenn es tot ist. Diese Transformation kann nicht durch Attribution geklärt werden. Zu leben, zu sterben und schließlich tot zu sein, ist eine Veränderung des Subjekts selbst, das lebt, stirbt und schließlich tot ist. Daraus folgt: Das Verhältnis der Ebenen 1 und 2 kann nicht durch Attribution geklärt werden.

Die erste Veränderung des Modells besteht darin, das was als Begriff des Lebens/Todes gedacht war, im Sinne einer Seinsweise des Subjekts zu verstehen: Der Tod wird nicht attribuiert, sondern ist der Verlust bzw. die Zerstörung einer bestimmten Weise zu existieren. Wenn man den ou-topischen Charakter des Subjekts des Todes berücksichtigt, ergibt sich eine wichtige Erweiterung des Modells. Ein Ding zu sein, bzw. lebendig, bewußt oder als Person zu existieren, kann demnach entsprechend als eine Seinsweise des Gegenüber verstanden werden. Es handelt sich dabei um verschiedene Weisen, in denen eine Entität ein ou-topisches Gegenüber sein kann, d.h., Ding, lebendiger Körper, Bewußtsein und Personalität wären als Transformationen zu verstehen, die eine Entität als ou-topisches Gegenüber durchmachen kann. Daraus ergibt sich: Bewußtsein und Personalität können ebensowenig attribuiert werden wie Lebendigkeit. Ohne diese Verschiebung würde die konstruktive Annahme, doppelte Kontingenz als konstitutive Bedingung von Sozialität aufzufassen, nicht mehr funktionieren, denn doppelte Kontingenz setzt notwendig voraus, daß es real zwei Akteure gibt, die sich jeweils real als andere erfahren.

Daraus ergibt sich ein veränderter Aufbau des Modells. Die ersten beiden Ebenen werden zu einer zusammengefaßt. Das was auf dieser Ebene angesprochen ist, ist eine Antwort auf die Frage: Wie existiert eine Entität in einer Begegnung als ou-topisches Gegenüber? Sie läßt sich in zwei Teilfragen aufgliedern: Wer oder was existiert als Gegenüber in einer Begegnung? Wie komplex ist die Umweltbeziehung der Entität in der Beziehung? Die Antworten auf diese Frage beziehen sich auf die erste Ebene. Damit verschiebt sich die Frage danach, wie Subjekte des Todes durch Attribution festgelegt werden, hin zu der Frage nach den Bedingungen, die gegeben sein müssen, damit eine Entität in der Begegnung mit anderen Entitäten als ein lebendiges, bewußtes, personales Subjekt, existieren kann. Unter welchen Bedingungen hat eine Entität den Subjektstatus, der erforderlich ist, damit sie noch leben und erst zukünftig sterben kann, bzw. unter welchen

Bedingungen werden Begegnungen derart verändert, daß Entitäten nicht mehr lebendig, sondern tot sind. Dies gilt entsprechend für Bewußtsein und Personalität.

Wenn der Übergang vom Leben in den Tod eine Veränderung des Subjekts ist, die von bestimmten Bedingungen abhängt, ergeben sich neue Anforderungen daran, wie diese Ebene mit der zusammenhängt, die im Modell von Kurthen und Linke als dritte Ebene (Kriterium des Todes) auftaucht. Wenn die Überlegungen richtig sind, die ich im 1. Kapitel vorgestellt habe, wird die Weise ein Subjekt zu sein, in der Begegnung mit anderem determiniert. Demnach wäre es unplausibel anzunehmen, daß ein Subjekt allein überhaupt leben, sterben oder tot sein könnte, denn der Sachverhalt, daß es lebt, stirbt oder tot ist, ist identisch mit einer Transformation der Beziehung, in der die Entität existiert, die lebt, stirbt oder tot ist. An dieser Beziehungstransformation sind alle beteiligt, d.h. sowohl die Umwelt in einem weiteren Sinne, als auch, wenn es um die Todesfeststellung durch andere geht, diejenigen, die leben und den Tod feststellen. Der Sachverhalt »Person A ist gerade gestorben« beinhaltet eine Veränderung der Beziehung zwischen Person A und denjenigen, die den Tod von Person A feststellen. An der Herstellung des Sachverhalts sind alle beteiligt, sowohl diejenigen, die den Tod feststellen als auch Person A selbst, als die Person, die gerade gestorben und deshalb jetzt tot ist. Im Fall der Todesfeststellung findet nicht nur eine Veränderung der Beziehungskonstellation statt, sondern diese wird eindeutig lokalisiert: im Körper von Person A. Der Körper von Person A wird die Veränderung verursacht haben, denn er reagiert nicht mehr, an ihm sind die Zeichen des Lebens nicht mehr festzustellen usw. Die Eigenaktivität des Lebendigen war expressiv realisiert im Körper von Person A und umgekehrt konnte die physische Erscheinung des Körpers als etwas wahrgenommen werden, das bedeutet, Person A ist lebendig. Die Todesfeststellung beinhaltet, daß der spezifisch indirekte Zugang zur verkörperten Person A als unmöglich betrachtet wird, weshalb Person A in der Begegnung nicht mehr als ein lebendiges Gegenüber existieren kann.

Die Lokalisation der Beziehungstransformation in dem Körper einer der Beteiligten hängt vermutlich eng mit dem empirisch zu beobachtenden Sachverhalt zusammen, den man als Zwang zur Todesursache beschreiben könnte. Eine zentrale Herausforderung an eine Todeskonzeption scheint zu sein, Ursachen dafür angeben zu können, warum das Todeskriterium jetzt zutrifft, und warum es eben noch nicht zugetroffen hat. Die erklärende Funktion der Todeskonzeption wirkt wie ein Fixierungsmittel, sie erleichtert es, die Transformation der Begegnung in einer der beteiligten Entitäten zu lokalisieren, indem ein Geschehen in/an dieser Entität zur Ursache für die Veränderung wird.

Hinsichtlich der Beziehung der 1. Ebene (ou-topisches Gegenüber) zur Ebene des Todeskriteriums (3. Ebene bei Kurthen und Linke) ergibt sich folgendes. Es ist wenig plausibel, sie als einseitige Beziehungen im Sinne einer Determination zu verstehen. Die Ebene der Kriterien des Todes bzw. der Lebendigkeit bezieht sich auf die wahrnehmbare Gestalt, diese steht zum lebendigen Körper in einer zweiseitigen Relation: die wahrgenommene Gestalt bedeutet die Anwesenheit des lebendigen Subjekts und dies beinhaltet umgekehrt, daß das lebendige Subjekt »A« in der physischen Gestalt expressiv realisiert ist, d.h., es ist die wahrnehmbare Gestalt, an der das Leben erkannt wird. Wenn eine Veränderung der Beziehung zwischen »A« und anderen eintritt, etwa derart, daß die expressive Lebendigkeit nicht mehr indirekt zugänglich ist, wird diese Veränderung dann zu einer Todesfeststellung, wenn die Veränderung in der gestalthaften Erscheinung, die »A« ist, lokalisiert wird.

Die Modifikation, die das Verhältnis zur 2. Ebene erfährt, ist sozusagen zeichentheoretischer Natur. Die beiden Ebenen werden zueinander in ein Bedeutungsverhältnis gebracht. Wenn eine wahrnehmbare Gestalt auf ein »innen« verweist, bedeutet die Gestalt, daß ein nicht direkt zugängliches Subjekt anwesend ist. Umgekehrt existiert das Subjekt nur, insofern es in der wahrnehmbaren Gestalt realisiert ist, es handelt sich also um eine expressive Realisierung. Das lebendige Subjekt, das als solches nicht erscheint, zeigt sich in der Gestalt. Wie dieses zweiseitige Bedeutungsverhältnis im einzelnen beschaffen ist, läßt sich nicht im Vorhinein klären. Eher ist im Gegenteil an diese Annahme die Anforderung zu stellen, daß sie sich in der Interpretation der medizinischen Praktiken bewährt. Der Gewinn dieser Reformulierung liegt darin, die unmittelbar medizinischen Sachverhalte, die auf den Ebenen 3 und 4 des Modells von Kurthen und Linke ins Spiel kommen, in eine soziologische Interpretation übersetzen zu können.

Das Verhältnis zwischen der 3. und 4. Ebene (Kurthen und Linke) bzw. das Verhältnis der 2. zur 3. Ebene des von mir reformulierten Modells läßt sich am besten charakterisieren im Sinne der Beziehung einer gestalthaften Ganzheit zu den Elementen, aus denen sie aufgebaut ist. Um diese Aussage angemessen zu verstehen, ist es sinnvoll, zwischen der Produktion der gestalthaften Ganzheit und ihrer Wahrnehmung zu unterscheiden. Eine medizinische Diagnose hat wenig mit der Wahrnehmung einer Gestalt im Sinne der Gestaltpsychologie zu tun. Während bei einer Gestaltwahrnehmung spontan etwas zu einer Gestalt zusammengefaßt wird, werden bei einer medizinischen Diagnose ebenso wie bei der Hirntoddiagnostik zunächst eine Vielzahl diskreter Elemente erzeugt. Die Patientin als gestalthafter Körper wird systematisch zerlegt.

- Es werden Stücke der Gestalt ins Labor geschickt (Blut, Bronchialschleim) und die Laborergebnisse erhalten einen diagnostischen Wert.

- Die Gestalt wird in Form von bildhaften Darstellungen gleichsam vervielfältigt (Röntgenaufnahmen der Brust, der Durchblutung bestimmter Körperareale, Computertomogramm des Kopfes).

- Die Eigenaktivität des lebendigen Körpers wird in Kurven und Werten dargestellt (EKG-Kurve, EEG).

- Bestimmte Reaktionsweisen des Körpers werden standardisiert überprüft (Schmerzreize, Reflexe).

Die Aufzählung ließe sich beliebig erweitern.

Erst wenn genügend diskrete Elemente vorliegen, werden diese zur Einheit einer gültigen Diagnose zusammengefaßt, die den Zustand des Körpers des Patienten im Bett beschreibt. Dieses Vorgehen beinhaltet eine wechselseitige Determination zwischen den beiden Ebenen. Einerseits wird die Diagnose von unten (3. Ebene) aufgebaut, d.h., jedes neue diskrete Element, kann die Diagnose verändern. Aber andererseits wird die dritte Ebene von der zweiten determiniert, denn jede Untersuchung erfolgt mit einem Verdacht auf das Vorliegen eines bestimmten Syndroms und erhält seine diagnostische Relevanz durch diesen Bezug. Auch hier handelt es sich also nicht einfach um eine einseitige determinierende Relation. Eher werden die diskreten Elemente solange arrangiert, bis eine passende und brauchbare Konstellation erreicht ist. Die immer vorläufig fixierte Konstellation kann man wieder als gestalthafte Ganzheit beschreiben.

Es ist nicht ausgeschlossen, daß es auch einmal einen Fall von eindeutiger hierarchischer Determination zwischen den beiden Ebenen gibt, aber dieser Fall muß nicht als der allein gültige angesehen werden. Die Beziehung zwischen den Ebenen 2 und 3 zu dynamisieren, eröffnet für die soziologische Beobachtung eine fruchtbare Perspektive. Auf diese Weise wird der Blick dafür geschärft, wie Medizinerinnen in einer gegebenen Situation eine handlungsermöglichende Ordnung zustande bringen, die es ihnen erlaubt, therapeutisch schnell zu reagieren.

Eine graphische Darstellung des Modells, an dem ich mein interpretatives Vorgehen orientiert habe, findet sich im nächsten Abschnitt.

2.5. Die Interpretation der medizinischen Praxis

Das umgearbeitete Modell eröffnet die Möglichkeit, die materialen Analysen der Untersuchung in methodischer Hinsicht so aufzubauen, daß der Rekurs auf das ou-topische, d.h. auf einen Punkt, der in Differenz zu den disziplinären Bindungen ist, nicht verloren geht. Auf diese Weise gelingt es, eine Arbeit auf der Grenze der Disziplinen mit materialen Analysen zu verbinden. Der stete Bezug der materialen Analysen auf das ou-topische hält nämlich die kritisch-reflexive Distanz auch zur Herkunftsdisziplin dieser Studie, der Soziologie, aufrecht. Wenn die Patientin als ou-topisches Gegenüber der medizinischen Praktiken untersucht wird, ist dies letztlich kein spezifischer Gegenstand einer soziologischen Forschung, sondern es handelt sich um einen Blick von außerhalb in die jeweilige Wissenschaft hinein. Die Untersuchung arbeitet immer auch an der Grenze, von wo aus die Gegenstände einer Wissenschaft in diese hinein übersetzt werden. Hierbei handelt es sich um eine methodologische Ausarbeitung des zweistufigen Deutungsverfahrens, auf dessen Notwendigkeit die theoretische Erörterung der Grenzen des Sozialen geführt hatte. Um die Systematik des interpretativen Vorgehens zu verdeutlichen, möchte ich zunächst die Daten vorstellen und in einem zweiten Schritt herausarbeiten, wie die Daten in der Deutung geordnet wurden.

2.5.1. Beobachtungsorte und verwendete Daten

Der Umgang mit Patienten wurde in drei verschiedenen Settings untersucht.

1. Intensivstation. Da es mir um die Problematik des Hirntodes ging, habe ich solche Stationen gewählt, auf denen es wahrscheinlich ist, daß der Tod im Sinne eines irreversiblen Funktionsausfalls des Gehirns als praktisches Problem auftritt: Neurologie und Neuro-

chirurgie. Sowohl auf der neurologischen als auch auf der neurochirurgischen Intensivstation habe ich jeweils 2 Monate beobachtet. Ich war ca. 5 Tage in der Woche auf der Station. Die tägliche Beobachtungszeit schwankte zwischen 4 und 12 Stunden. An die Beobachtungszeit schloß sich fast täglich eine Reflexionszeit an, die der Durchsicht der Protokolle diente.

2. Neurologische Frührehabilitation. Nach der intensivmedizinischen Betreuung werden neurologisch schwerstgeschädigte Patientinnen auf einer Frührehabilitation weiterbehandelt. Auf diesen Stationen ist es nicht mehr die Frage, ob Patienten leben. Es geht vielmehr darum, ob sie bewußt auf ihre Umwelt reagieren und eventuell sogar kommunizieren. Der Beobachtungszeitraum war erheblich kürzer als der in der Intensivmedizin: 5 Tage mit einer täglichen Beobachtungszeit von durchschnittlich 8 Stunden.

3. Explantation. Um zu verstehen, was geschehen kann, wenn der Hirntod diagnostiziert wird, habe ich Transplantationskoordinatorinnen bei ihrer Arbeit beobachtet, sowie die Vorbereitung und Durchführung der Entnahme von Organen. Beobachtet habe ich zwei Organentnahmen: eine Nierenentnahme (Beobachtungszeit: 8 Stunden) und eine Multiorganentnahme (Beobachtungszeit: 16 Stunden).

Die direkten Beobachtungen werden ergänzt durch

- den Besuch von zwei medizinischen Fachtagungen zu den Themen Hirntoddiagnostik und Umgang mit Wachkomapatienten,

- offene Leitfadeninterviews, die ich mit Vertreterinnen folgender Berufe bzw. medizinischer Disziplinen geführt habe:
  – Neurologie
  – Anästhesie
  – innere Medizin
  – Transplantationschirurgie
  – Transplantationskoordination
  – Rehabilitationsmedizin
  – Rehabilitationstherapie
  – Krankenhausseelsorge

Insgesamt waren es 30 Interviews, wobei es sich zu zwei Dritteln um Ärztinnen handelte, die an der Durchführung entweder der Hirntoddiagnostik oder der Entnahme von Organen beteiligt sind. Die Interviews dauerten mit wenigen Ausnahmen gut eine Stunde.

- ein reflexives Interview: Nach Abschluß meines Feldaufenthaltes lernte ich eine Ethnologin kennen, die ebenfalls in einer der beiden Kliniken eine teilnehmende Beobachtung durchführte und dabei mit den kommunikativen Spuren meines Feldaufenthalts konfrontiert war. Das Interview mit ihr erlaubt eine genauere Einordnung meiner Position im Feld.

- Graue Literatur: Stationshandbücher, Formulare etc.

- offizielle Literatur: medizinische Lexika, Fachbücher, Zeitschriftenartikel.

Zusammenstellung der Daten bzw. Quellen
Die folgende Zusammenstellung listet sämtliche Daten auf: sowohl die Daten, die mit Bezug auf das methodisch kontrollierte Betreten des Feldes entstanden sind, als auch diejenigen, die sich aus der systematisierten Beobachtung des Alltags auf der Intensivstation und den damit in Zusammenhang stehenden schriftlichen Zeugnissen ergeben:

- *Vorgefundene Texte*:
  Medizinische Literatur,
  Archivalien,
  graue Literatur: Stationshandbücher, Protokollbögen, Datenblätter, Befundbögen

- *Interviews:*
  Transkriptionen,
  Protokolle

- *Beobachtungen:*
  Protokolle,
  selbst auf Band gesprochene Erinnerungen

- protokollierte Reflexionen (Memos)

- Protokolle meiner gefühlsmäßigen Reaktionen auf die Ereignisse im Feld

Erhebungszeitraum: 1997–1999

2.5.2. Interpretatives Vorgehen

In dieser summarischen Auflistung wird die Heterogenität der Daten, die das eigentliche Problem der Interpretation ausmachen, allerdings kaum noch sichtbar. Man muß sich vergegenwärtigen, daß es die Beobachtung mit einer Situation zu tun hat, in der die Visualisierung des Herzrhythmus, Bronchialschleim, verklausulierte Laborwerte auf einem Zettel, gesprochene Worte, das Wegziehen eines Beines, in das hineingekniffen wurde, ein Spritzenkolben, der sich mit Blut füllt, oder ein Stethoskop, das an die Beatmungsmaschine gehalten wird, gleichermaßen wichtige Ereignisse sind. Diese zumindest so aufeinander zu beziehen, daß sie überhaupt geordnet werden können, ist eines der Hauptprobleme der Interpretation.

Um der methodischen Forderung zu genügen, initial eine Kernklasse von Akteuren festzulegen, ist es sinnvoll ein einfaches Kriterium zu verwenden, anhand dessen sich entscheiden läßt, ob die beobachteten Sachverhalte als Lösung des Problems der doppelten Kontingenz gewertet werden können. In diesem Sinne habe ich Sprache als ein leicht nachvollziehbares Kriterium verwendet. Sprachliche Phänomene werte ich als Beleg dafür, daß diejenigen, die miteinander durch Sprache kommunizieren, also sprachlich auf sprachliche Äußerungen reagieren, in einer Beziehung zueinander stehen, die durch doppelte Kontingenz gekennzeichnet ist. Im Sinne der zweistufigen Deutung heißt dies: Sprachliche Phänomene werte ich als die Phänomene, die darauf hinweisen, daß in den Beziehungen der Entitäten, die untereinander Sprache verwenden, wechselseitige auf Erwartungs-Erwartungen basierende Deutungen vorkommen. Auf diese Weise ergibt sich schnell, daß die Beziehungen von Ärztinnen, nichtärztlichen Therapeuten und Schwestern untereinander soziale Beziehungen sind.[19]

Wenn dies geklärt ist und es darum geht, dem Gegenüber des Akteurs zu folgen, beginnen die Schwierigkeiten. Intensivpatienten, die

---

19 Mit der Orientierung an Sprache verwende ich ein in der Soziologie gängiges Kriterium, um eine Festlegung des eigenen Gegenstandsbereichs vorzunehmen. An diesem Punkt treffen sich so unterschiedlich Richtungen wie die Systemtheorie (Luhmann 1980–1995), die Ethnomethodologie (Garfinkel 1967) und der an Mead anschließende symbolische Interaktionismus (Mead 1967). Das besondere dieser Arbeit besteht darin, Sprache nur als ein leicht zu handhabendes Kriterium für eine initiale Klärung zu verwenden, letztlich aber auf ein spezifischeres Kriterium zu rekurrieren, das eine Erweiterung des Kreises der Akteure über die sprechenden Entitäten hinaus erlaubt.

künstlich beatmet werden, sprechen nicht, trotzdem wird sich herausstellen, daß sie mit den Ärzten in einer sozialen Beziehung stehen. Sprache kann nur als einfach zu handhabendes Kriterium dienen, anhand dessen leicht entschieden werden kann, wer initial als sozialer Akteur gelten soll. Auf dieser Grundlage wird es möglich, das Gegenüber der Akteure in den Blick zu nehmen und die Beziehung zu diesem hinsichtlich seiner Komplexität zu untersuchen. Im Fall von Arzt und Intensivpatientin kommen nun die genannten heterogenen Elemente vor. Wenn es darum geht, Phänomene wie Monitordarstellung der Herzaktivität, Wegziehen eines Beines oder ein plötzliches Schließen der Augen hinsichtlich ihrer Aussagekraft für die Gestaltung der Beziehung zwischen Arzt und Patient zu begreifen, zeigt sich die Fruchtbarkeit des Interpretationsmodells. In einem ersten Schritt werden die einzelnen Ereignisse auf die Ebenen des Modells bezogen. Wo können sie dort sinnvoll plaziert werden? Welche Möglichkeiten ergeben sich, eine Reihe von Phänomenen zu plausiblen Einheiten zusammenzufassen? Wie hängen z.B. der semantische Gehalt der Satzes, »Frau Kopf hat eine virale Enzephalitis«, ein Glasröhrchen mit Hirnflüssigkeit und der Sachverhalt, daß die Patientin reglos liegenbleibt, wenn ihr mit einer Spritzenkanüle in die Nasenscheidewand gestochen wird, miteinander zusammen? Um solche Fragen zu beantworten ist es sinnvoll, das Interpretationsmodell schematisch darzustellen (Abb. 1).

Der semantische Gehalt des Satzes, daß Frau Kopf eine virale Enzephalitis hat, wäre der 2. Ebene zuzuordnen. Er referiert auf einen komplexen Sachverhalt. Er enthält eine Aussage darüber, wie der Zustand der Patientin kausal bedingt ist: Sie hat einen Virus. Weiterhin enthält er eine Beschreibung dessen, wie der Zustand der Patientin ist und wie er sich voraussichtlich ändern wird, wenn sie medikamentös behandelt wird. Der semantische Gehalt des genannten Satzes bezieht sich also auf eine Konstellation verschiedener Elemente, die zu einer Einheit zusammengefaßt sind. Die einzelnen Elemente sind dabei nur dann sinnvolle Elemente, wenn sie ein Element dieser Konstellation sind. Das gleiche Element kann in einer anderen Konstellation auftauchen, dort aber eine andere Bedeutung haben.

Das Röhrchen mit Hirnflüssigkeit ist Bestandteil eines Tests, durch den festgestellt werden kann, ob der Nachweis eines Virus gelingt, der als Verursacher des Zustandes von Frau Kopf in Frage kommt. Dieser Nachweis gehört zu den diskreten Elementen, aus denen eine diagnostische Konstellierung wie »virale Enzephalitis« aufgebaut ist. Der Test wäre also auf der dritten Ebene einzuordnen. Auf

Der Patient als nichtexpressives Gegenüber – Die Konstellierung der Gestalt

ou-topischer Ansatzpunkt für die Übersetzung in andere Wissensformen
1. Ebene: ou-topisches Gegenüber
Der Patient als nichtexpressive übergestalthafte Ganzheit: (Zu)Ordnungseinheit

Übersetzungen in andere Wissensformen

Elemente werden zugeordnet zu

Gestalt bedeutet die Anwesenheit von

2. Ebene: konstellierte Gestalt:
Krankheitsbilder/
Syndrome/Syndromkonstellationen/
Kriterien des Todes
indirekt beobachtbar:
zusammenfassende/gestalthafte
Konstellierung der Wahrnehmungen und Tests zu einem Zustandsbild des Patientenkörpers

zugeordnete Elemente werden konstelliert zu

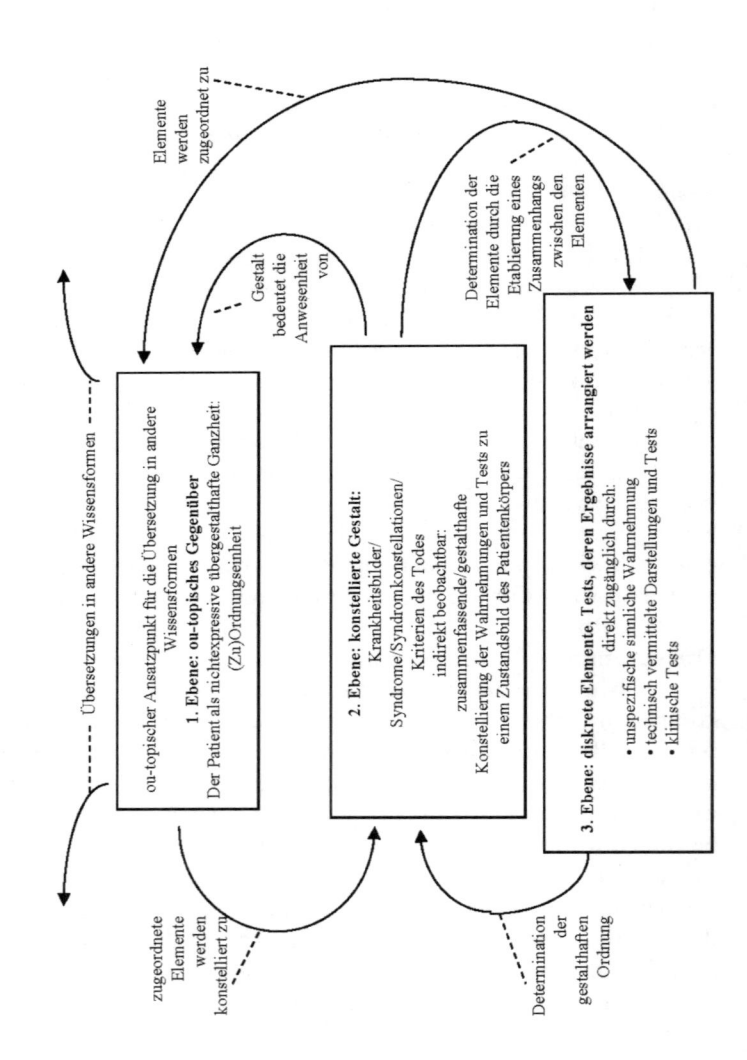

Determination der gestalthaften Ordnung

Determination der Elemente durch die Etablierung eines Zusammenhangs zwischen den Elementen

3. Ebene: diskrete Elemente, Tests, deren Ergebnisse arrangiert werden
direkt zugänglich durch:
- unspezifische sinnliche Wahrnehmung
- technisch vermittelte Darstellungen und Tests
- klinische Tests

Abbildung 1

der Ebene der diskreten Elemente kann vollständig Disparates auftauchen, z.B. ein Virusnachweis und das, was im medizinischen Jargon als Schmerzreaktion, d.h. als Reaktion auf einen Schmerzreiz, bezeichnet wird. Auf dieser Ebene ist angesiedelt, was direkt empirisch zugänglich und beobachtbar ist.

Der entscheidende Punkt ist, daß sich diese Studie nicht darauf beschränkt, wie Mediziner diskrete Elemente erzeugen und zu gestalthaften Ganzheiten arrangieren, sondern darüber hinaus eine weitere Form der Einheitsbildung in Rechnung stellt: Die ou-topische übergestalthafte Ganzheit, die in Differenz zur gestalthaften Konstellierung der Gestalt der Patientin ist. Von dieser Einheit her läßt sich der Patient als Gegenüber der ärztlichen Praxis verstehen, die einer Bestimmung durch die Praktiken der Darstellung und Tests und deren Konstellierung zu stimmigen Gestalten entzogen ist. Auf den Nachweis, daß die ärztliche Praxis ohne diese Form der Einheitsbildung unverständlich wäre, wird bei der Materialanalyse besondere Sorgfalt verwendet. Bei diesen Analysen wird das Modell automatisch einem Tauglichkeitstest ausgesetzt, nämlich dem, ob das Modell es ermöglicht, Beobachtungsdaten in einen plausiblen Zusammenhang zu bringen.

Darauf aufbauend wird die Art und Weise ein ou-topisches Gegenüber zu sein unterschieden. Dabei gilt das Augenmerk zum einen der Differenz zwischen dem Patienten als nichtexpressiven und als expressiven Gegenüber und zum anderen der Unterscheidung zwischen verschiedenen Weisen, ein expressives Gegenüber zu sein. Hierbei handelt es sich um eine systematische Ausarbeitung dessen, welche Komplexität die Deutungen der ersten Stufe des zweistufigen Deutungsverfahrens haben. Das Augenmerk gilt hier der Frage, wie die doppelte Bedeutungsrelation zwischen den Ebenen 1 und 2 beschaffen ist. D.h., es geht um die Frage, wie in der medizinischen Praxis diskrete Elemente zu komplexen Gestalten konstelliert werden und wie in der Begegnung mit der Patientin der Sachverhalt entsteht, daß in der so konstellierten Gestalt, die Lebendigkeit des Körpers, seine Reaktionsfähigkeit, sein Bewußtsein oder seine Personalität realisiert ist (Abb. 2).

Die Zweckmäßigkeit dieser Modelle stellte sich schon während der Beobachtung auf den beiden Intensivstationen heraus. Zu meiner großen Überraschung ließ sich das Vorgehen von Ärztinnen und der beobachtenden Soziologin in einer vergleichbaren Weise verstehen. Mediziner produzieren, sammeln und ordnen Beobachtungen, gruppieren sie zu größeren Einheiten und versuchen herauszubekommen,

Die Patientin als expressives Gegenüber – Die zweiseitige Bedeutungsbeziehung zwischen Gestalt und ou-topischem Gegenüber

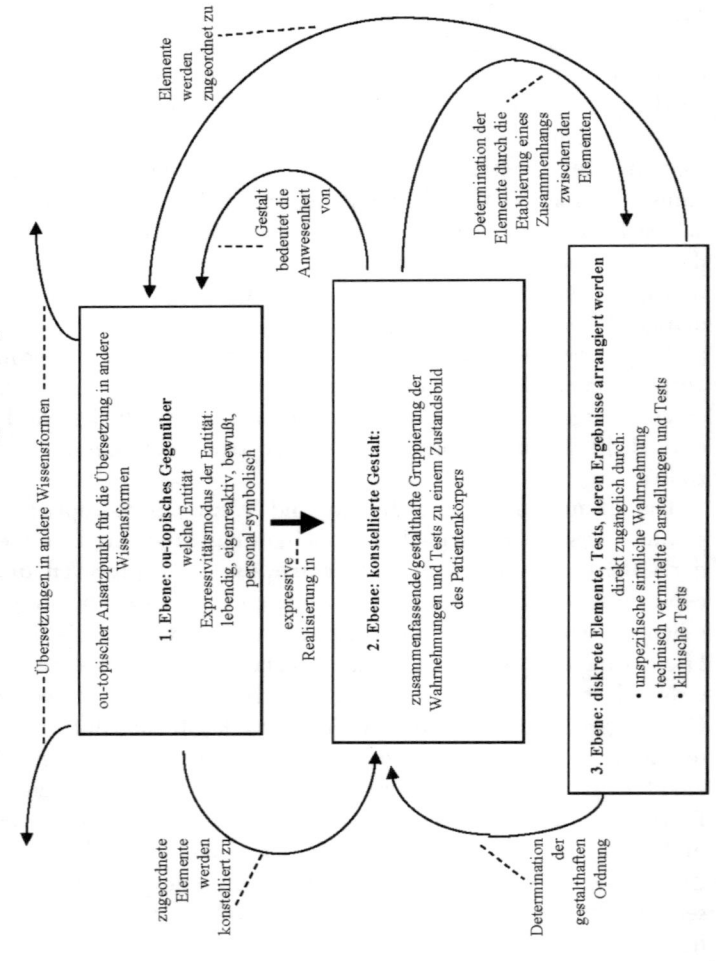

ou-topischer Ansatzpunkt für die Übersetzung in andere Wissensformen

1. Ebene: ou-topisches Gegenüber
welche Entität
Expressivitätsmodus der Entität:
lebendig, eigenreaktiv, bewußt,
personal-symbolisch

Übersetzungen in andere Wissensformen

Gestalt bedeutet die Anwesenheit von

Elemente werden zugeordnet zu

expressive Realisierung in

2. Ebene: konstellierte Gestalt:
zusammenfassende/gestalthafte Gruppierung der Wahrnehmungen und Tests zu einem Zustandsbild des Patientenkörpers

Determination der Elemente durch die Etablierung eines Zusammenhangs zwischen den Elementen

zugeordnete Elemente werden konstelliert zu

Determination der gestalthaften Ordnung

3. Ebene: diskrete Elemente, Tests, deren Ergebnisse arrangiert werden
direkt zugänglich durch:
• unspezifische sinnliche Wahrnehmung
• technisch vermittelte Darstellungen und Tests
• klinische Tests

Abbildung 2

ob sie den gruppierten Elementen entnehmen können, ob ein Patient lebt, wie er reagiert, ob er bei Bewußtsein ist. Als Soziologin sammle und ordne ich Beobachtungen und versuche die Elemente so zu gruppieren, daß sie eine plausible Aussage darüber erlauben, ob eine soziale Beziehung vorliegt. Die Konvergenz besteht aus der Sicht einer kritisch-reflexiven Analyse darin, daß sich auch in der ärztlichen Praxis eine Deutung findet, die der fundierenden Deutung äquivalent ist, durch die festgelegt wird, ob das Gegenüber als ein kommunikatives Gegenüber gewertet wird oder nicht. Der qualitative Unterschied zur medizinischen Hermeneutik besteht darin, daß eine kritisch-reflexive Beobachtung des Vollzugs der fundierenden Deutung ebenfalls die Begegnung in den Blick nimmt, in der diese sich ereignet. D.h., auch Begegnungen, in denen es keine Kommunikation gibt, werden als relevante Untersuchungseinheiten einbezogen: Die Ordnungs- und Deutungsaktivitäten der Ärztinnen werden in der Beziehung mit den Patienten situiert. Damit gerät in den Blick, wie eine Beziehung beschaffen sein muß, damit in ihr eine Entität als lebendige, bewußte oder soziale Entität existieren kann. Diese Justierung der Aufmerksamkeit erfordert einerseits eine Berücksichtigung der medizinischen Details, denn die Beziehung eines Arztes zu seiner Patientin besteht im wesentlichen darin, unter medizinischen Gesichtspunkten die Gestalt zu konstellieren und zu rekonstruieren, andererseits führt diese Lenkung des Blicks aber auch darauf, wie die medizinischen Details durch die Gestaltung der Beziehung zwischen Ärztin und bewußtlosem Patienten determiniert sind.

Eine derartige Beobachtung unterwirft das Theorem der doppelten Kontingenz insofern einer empirischen Überprüfung, als sie die Frage erlaubt, ob etwa auch im Rahmen des medizinischen Wissens bzw. medizinischer Praktiken Beziehungen bestehen können, deren Komplexität durch doppelte Kontingenz gekennzeichnet ist. Wenn das möglich wäre, müßte die Annahme, doppelte Kontingenz sei konstitutiv für das sozialwissenschaftliche Wissen, aufgegeben werden. Wenn auch in der Praxis einer sich naturwissenschaftlich verstehenden Medizin in der Beziehung zu den Objekten des Wissens doppelte Kontingenz vorkommen kann, wäre eine Unterscheidung von Wissens- und Praxisformen mit Bezug auf die Komplexität der diese Erkenntnis und Praxis ermöglichenden Beziehungen nicht mehr plausibel. Doppelte Kontingenz wäre nicht mehr das Charakteristische der Soziologie im Verhältnis zur Medizin. Umgekehrt wäre es ein empirischer Beleg des für die Soziologie konstitutiven Charakters der doppelten Kontingenz, wenn das medizinische Wissen und die medizinischen Praktiken ausgehend von doppelter Kontingenz nicht mehr begriffen werden könnten. Wenn sich doppelte Kontingenz als kritisch begrenzende Annahme bewährt, müßte die Untersuchung also an die epistemologische Grenze der Medizin führen, d.h. an den Punkt, an dem eine Übersetzung der medizinischen in soziologische Sachverhalte erfolgt.

Bei der historischen Rekonstruktion der Genese des Hirntodkonzepts versuche ich in methodischer Hinsicht vergleichbar vorzugehen. Als Material habe ich hauptsächlich Publikationen und in geringem Umfang Archivalien und Zeitzeugeninterviews verwendet. Die in den Texten beschriebenen Sachverhalte untersuche ich daraufhin, wie in der Debatte um den Hirntod die Patientin als ou-topisches Gegenüber in Anspruch genommen wird und wie die Gestalt eines Patienten konstelliert werden muß, um die Feststellung, in ihr sei das Leben nicht mehr expressiv realisiert, zu erlauben. Darüberhinaus ist das Problem der ou-topischen Übersetzung nicht nur in epistemologischer, sondern auch in praktischer Hinsicht relevant, nämlich als Übersetzung zwischen Rechtswissenschaft und Medizin (vgl. Abb. 3).

Die Sachverhalte, die innerhalb des juristischen und innerhalb des medizinischen Wissens existieren, sind so unterschiedlich, daß sie für die Akteure, die innerhalb einer Form des Wissens und Handelns, tätig sind, unmittelbar unverständlich wären. Wenn die Gegenstände jeweils vollständig darin aufgingen, wie sie im Recht oder in der Medizin existierten, wäre es unmöglich, daß rechtliche Normierungen für die Medizin in irgendeiner Weise von Belang wären bzw., daß umgekehrt Entwicklungen innerhalb des medizinischen Wissens und Handelns für die Praxis des Rechts von Bedeutung sein könnten. Eine Rekonstruktion der historischen Entwicklung des Hirntodkonzepts macht allerdings deutlich, daß das Gegenüber der ärztlichen Praxis immer schon in das Recht übersetzt ist. Um diese Übersetzungen zu verstehen, ist es erforderlich, herauszuarbeiten, wie in der Praxis des Rechts bzw. der Rechtswissenschaft einerseits und in der Praxis der Medizin ein ou-topischer Bezugspunkt in Anspruch genommen wird, von dem her sich die Übersetzungen in andere Formen des Wissens und Handelns begreifen lassen. Ein Mediziner stellt nicht den Tod einer Person fest, sondern den Tod eines lebendigen Körpers. Für eine Juristin ist der Tod eines lebendigen Körpers dagegen nur insofern relevant, als dieser Tod z.B. z.B. einen strafrechtlichen Tatbestand bildet. Die Möglichkeiten, wie ein Körper im Recht existieren kann, verweisen auf das Problem, ob der Körper rechtlich als Person mit einem freien Willen existieren kann oder nicht. Mit der »Person« wird in der juristischen Wissensform in vergleichbarer

DIE INTERPRETATION DER MEDIZINISCHEN PRAXIS 99

Ou-topos – Übersetzungen zwischen Medizin, Rechtswissenschaft und Soziologie

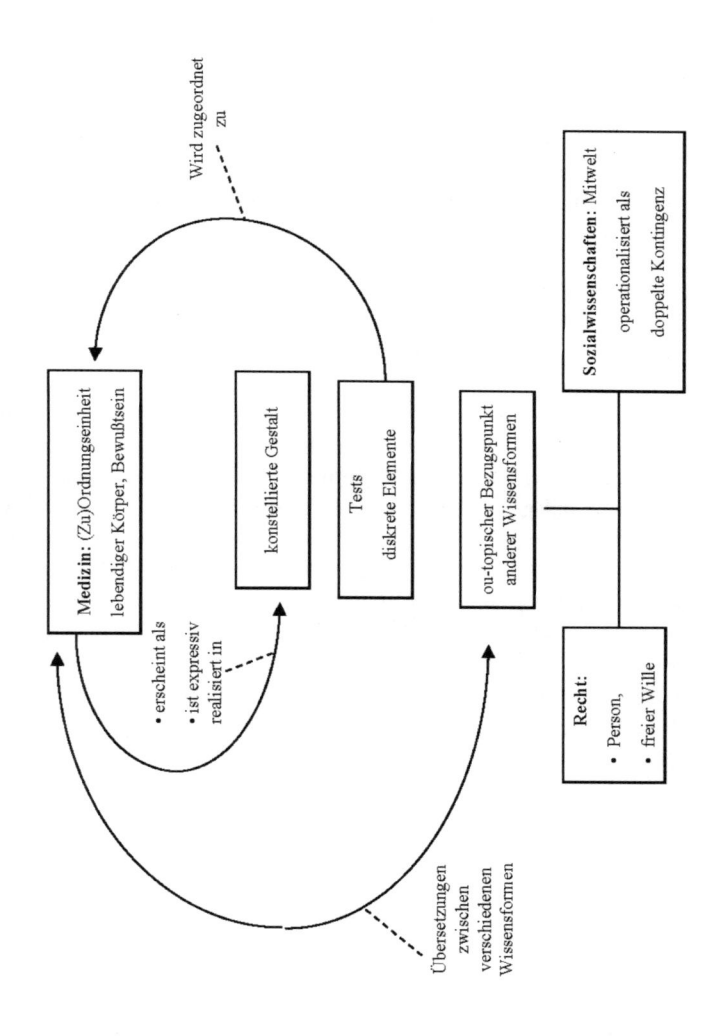

- Wird zugeordnet zu
- **Medizin:** (Zu)Ordnungseinheit lebendiger Körper, Bewußtsein
- erscheint als
- ist expressiv realisiert in
- konstellierte Gestalt
- Tests diskrete Elemente
- on-topischer Bezugspunkt anderer Wissensformen
- **Sozialwissenschaften:** Mitwelt operationalisiert als doppelte Kontingenz
- **Recht:**
  - Person,
  - freier Wille
- Übersetzungen zwischen verschiedenen Wissensformen

Abbildung 3

Weise ein ou-topischer Bezugspunkt in Anspruch genommen wie in der medizinischen Wissensform durch den Rekurs auf das »lebendige« des Körpers. Ein Körper, der im Recht als natürliche Person existiert, ist umgekehrt für das rein medizinische Wissen und Handeln nicht handhabbar, denn er kommt darin überhaupt nicht vor. Die Person muß wieder in einen lebendigen Körper rückübersetzt werden, damit das medizinische Wissen und Handeln sich auf diesen als einen für es konstitutiven ou-topischen Körper beziehen kann. Diese Übersetzungen bzw. dieses Übersetztsein der Gegenstände bildet einen wichtigen Schwerpunkte des dritten Kapitels.

Hinsichtlich der medizingeschichtlichen Darstellung ist es sinnvoll im Vorhinein auf eine Begrenzung hinzuweisen, die der Analyse durch das Material auferlegt ist. Es geht in den Publikationen primär um den Tod als einen zu diagnostizierenden Sachverhalt und weniger um die Todesfeststellung selbst. Im Mittelpunkt steht also, welche an der Gestalt beobachtbaren Vorkommnisse als Kriterien dafür gelten können, daß der Tod eingetreten ist, sowie die Frage, welche Beobachtungen und Tests durchgeführt worden sein müssen, um durch deren Anordnung das Vorliegen der geforderten gestalthaften Veränderungen empirisch zu belegen. Die publizierte Diskussion um den Hirntod macht nur sehr bedingt sichtbar, wie die Beziehung verändert sein muß, damit eine der beteiligten Entitäten nicht mehr im Modus eines expressiven ou-topischen Gegenüber existieren kann, sondern lediglich als Ordnungseinheit, also auf eine Weise, die sie prinzipiell nicht mehr von einem unbelebten Ding unterscheidet. Ein genaues Verständnis dieser Veränderung läßt sich erst vor dem Hintergrund einer genauen Analyse des Umgangs mit Intensivpatientinnen erreichen. Erst die Beobachtung der Praxis der Hirntoddiagnostik wird die Interpretationsprobleme, die bei der Deutung einer Gestalt des Patienten entstehen, vollständig in den Blick nehmen können.

2.5.3. Die kommunikative Situierung der Beobachtung im Feld

Die Beobachtung setzt die Anwesenheit der Beobachterin im Feld voraus. Der Weg dorthin und die Erschließung von Beobachtungsmöglichkeiten vor Ort gehört zu den schwierigsten Problemen teilnehmender Beobachtung. Die Beobachtung des alltäglichen Umgangs mit Intensivpatienten wird durch ein labiles Geflecht kommunikativer Beziehungen ermöglicht. Insofern gehört dessen Skizzierung in die Darstellung des methodischen Vorgehens.

Ein Krankenhaus und speziell eine Intensivstation darf nur von Befugten betreten werden. Eine gesunde Soziologin, die keinen Kranken besuchen möchte, gehört nicht zu diesem Personenkreis. Sie muß deshalb um Erlaubnis bitten. Erteilen kann die Erlaubnis nicht jeder, sondern nur die »Ärztliche Leitung« eines Krankenhauses. Auch wenn Ärzte in hierarchisch untergeordneten Positionen meinem Forschungsanliegen positiv gegenüber standen, konnten sie mir nur sehr bedingt weiterhelfen, und letztlich hat niemand einen Schritt getan, der nicht mit der jeweils höheren Ebene abgestimmt worden wäre.

Bei der Beobachtung auf den beiden Intensivstationen habe ich jeweils zunächst Kontakt mit der ärztlichen Leitung der Klinik aufgenommen. Von dort wurde ich an die Chefs der jeweiligen Abteilungen weitergereicht und von diesen an die für die jeweilige Intensivstation zuständigen Oberärzte. Die Regel, die mir mehr oder weniger explizit mit auf den Weg gegeben wurde, lautete: Angehörige der nächsttieferen Hierarchieebene werden sich nicht trauen, nein zu sagen, aber es würde von mir abhängen, wieviel ich tatsächlich mitbekommen würde. Weitere Hilfestellungen bei Problemen auf der Station hätte ich kaum zu erwarten, es wäre meine Aufgabe, mich dort zurechtzufinden. Auf jeder Stufe war es deshalb erforderlich, erneut die Beobachtungsmöglichkeiten kommunikativ abzusichern. Auf jeder Stufe war ich zu jeder Zeit mit den effektiven Einspruchsmöglichkeiten meiner »Objekte« konfrontiert.

Auf einer Intensivstation gibt es mehrere ineinander verschränkte Beobachtungsperspektiven und Beziehungskonstellationen, der sich die soziologische Beobachterin nicht entziehen kann.

- Die Beziehung zwischen Soziologin und Patientinnen: Bei komatösen oder narkotisierten Patienten bleibt es unklar, wer in wessen Umwelt wie vorkommt bzw. ob es überhaupt angemessen ist, davon zu sprechen, daß die Soziologin in der Umwelt von Patienten existiert, denn Intensivpatienten liegen oft reglos im Bett und reagieren nicht sichtbar auf die Gegenwart einer Soziologin, die nichts tut, außer im Zimmer zu stehen und gelegentlich etwas in eine Kladde einzutragen.

- Die Interaktionsbeziehung zwischen der Soziologin und Ärzten bzw. Schwestern: In dieser Beziehung findet eine wechselseitige Beobachtung statt, die unentwegt kommunikative Interpretationen einschließt.

- Die Beziehung zwischen Ärztinnen und Schwestern: Diese Beziehung beobachte ich, ohne mich direkt kommunikativ einzuschalten, dabei beobachte ich, wie sich Ärzte und Pfleger wechselseitig beobachten und einander kommunikativ deuten.

- Die Beziehung Pfleger/Patientin bzw. Arzt/Patient: Diese Beziehung beobachte ich, ohne mich direkt kommunikativ einzuschalten, daraufhin, inwiefern die Pfleger und Ärztinnen die Patienten nicht nur behandeln, therapieren und beobachten, sondern auch kommunikativ deuten und inwiefern Patientinnen ihrerseits Ärzte beobachten und kommunikativ deuten, bzw. inwiefern das Verhalten der Ärzte als Indiz dafür gewertet werden muß, daß die Ärztinnen das Verhalten/die Anwesenheit von Patientinnen als deutende Beobachtung der ärztlichen Aktivitäten erleben.

Zumindest wenn ich auf der Station anwesend bin, aktualisiert jede dieser Beziehungen auch die anderen Beziehungen. Wenn ich versuche die Patienten zu verstehen, bin ich darauf angewiesen, die Beziehung zwischen Patienten und medizinischen bzw. pflegerischen Personal zu beobachten. Bei der Beobachtung dieser Beziehung ist es aber immer präsent, wie die Beteiligten, also Patienten und Schwestern/Ärztinnen in der Beziehung zu mir existieren. D.h., die Beobachtung dieser Beziehung aktualisiert sowohl die Beziehung zu Ärzten/Pflegern, als auch die zu den Patienten. Um die beobachtete Beziehung zu verstehen, muß ich eine permanente Übersetzungsarbeit leisten, die vermittelt zwischen der Patientin, wie sie in der Beziehung zu mir existiert, und der Patientin, wie ich sie als Teil der Beziehung zwischen Ärztin und Patientin wahrnehmen kann.

Wenn ich die Arzt-Patient-Beziehung in den Blick nehme, stelle ich darüber hinaus fest, daß jeder Umgang mit einem Patienten nur funktioniert, insofern die von mir aktuell beobachtete Praxis eingebunden ist in eine arbeitsteilig vorgehende Medizin. Dies verweist auf die Beziehung zwischen Pflegern und Ärzten. Der Patient ist nicht das Gegenüber eines individuellen Arztes, sondern das Gegenüber eines Arztes, der seinerseits integraler Bestandteil eines arbeitsteilig organisierten Medizinbetriebes ist. Dies schließt notwendig verschiedene Perspektiven auf die jeweilige Situation ein. Für eine Röntgenassistentin sind andere Dinge wichtig als für einen Arzt, der auf der Station arbeitet. Ein Pfleger nimmt die Situation anders wahr als eine Ärztin, eine Krankengymnastin oder der Chef der Abteilung. Zwischen all diesen Gruppen des medizinischen Personals bzw. zwischen den einzelnen Akteuren bestehen kommunikative und zum Teil explizit konflikthafte Beziehungen.

Bei jeder Beobachtung einer Beziehung zwischen den Akteuren auf der Station muß ich schließlich in Rechnung stellen, daß meine eigene Beobachtung beobachtet wird. Dies aktualisiert die kommunikative Beziehung zu Pflegern und Ärztinnen. Dadurch entstand auch eine Art Sog, denn im Unterschied zu den Patientinnen, gibt es dort leicht erkennbare kommunikative Angebote. Dies führt allerdings nur sehr begrenzt dazu zu versuchen, »sich einzuleben«, denn wenn sich das primäre Interesse auf die Patienten, bzw. die Interaktion mit ihnen richtet, wird es schwierig, die Perspektive des Personals vollständig zu übernehmen. Gerade weil die Forschungsfrage der besonderen Stellung der Intensivpatientinnen gilt, kann ich mich letztlich nicht in eine relativ geschlossenen Sicht einpassen, die sich ergeben könnte, wenn man sich auf die Perspektive von Schwestern oder von Medizinern einer Disziplin oder von wachen kommunikativen Patientinnen einläßt. Ein arbeitsteiliger Umgang mit Intensivpatientinnen erzeugt in sich selbst so viel Fremdheit der verschiedenen Perspektiven gegeneinander, das es eine Analyse dieses Phänomens ausschließt, sich irgendwo i.S. eines »going native« einzuleben.

Trotz dieser bestehenden Fremdheit mußte ich mich, schon allein um des Ziels willen, die Beobachtung kommunikativ abzusichern, einpassen. Dabei mußte ich mir gut überlegen, wie ich mich bei einer Gruppe sporadisch heimisch mache, wenn ich es dadurch nicht verhindern möchte, meine Beobachtungsmöglichkeiten einzuschränken. Bei dem Versuch mich einzuleben, habe ich mich generell am Hierarchieprinzip orientiert. D.h., wichtig ist zunächst, sich an denen zu orientieren, die entscheidungsbefugt sind: den Ärzten. Dies lag auch insofern nahe, als es mir darum ging, ebenfalls die naturwissenschaftlichen Elemente des medizinischen Wissens zum Gegenstand zu machen. Am ehesten habe ich mich deshalb an den Normen orientiert, die von dieser Gruppe akzeptiert wurden. Für Ärztinnen gilt z.B.: Wer viel Zeit auf der Station verbringt, arbeitet viel und ist deshalb anerkannt. Schon nach wenigen Tagen fiel es mir schwer, mich diesem Prinzip zu entziehen. An diesem Punkt war für mich die Anerkennung der für die Ärzte gültigen Normen am deutlichsten.

Während die Anwesenheit vor Ort zumindest teilweise durch eine positive Orientierung an den normativen Erwartungen, die auf der Station vorherrschten, geprägt war, waren die Produktion der Daten und der weitere analytische Umgang mit den Daten in hohem Maße durch eine negative Orientierung an den mir entgegengebrachten normativen Erwartungen bestimmt. Es gibt seitens der Ärztinnen und der Schwestern eine starke Tendenz zu einer moralischen Selbstbeobachtung. Sie erwarten von sich selbst, die Patientinnen immer auch als ganze Person zu sehen, und stellen zugleich fest, daß ihr Umgang mit den Patienten davon abweicht. Wenn nun eine Soziologin den Umgang mit bewußtlosen Patienten zum Gegenstand macht, provoziert das die Unterstellung, ich würde die alltägliche Praxis in der gleichen Perspektive in den Blick nehmen. Eine Untersuchung, die sich darauf konzentriert hätte aufzudecken, welche Defizite es gibt, was den »menschlichen Umgang« mit Patientinnen betrifft, wäre die Arbeit gewesen, die Ärzte und Pfleger von mir erwartet hätten.

Darüber hinaus wird es von medizinischen Laien erwartet, speziell die Vorgänge auf einer Intensivstation schrecklich zu finden. Diese Erwartung kann geradezu in eine Hybris des Schreckens münden. Wie weit dies gehen kann, zeigt eine Situation, in der die Frage diskutiert wurde, ob die Kinder eines Patienten (3 und 11 Jahre) ihren Vater so sehen sollten, wie er auf der Station liegt. Der Oberarzt ist dagegen. Wenn die Kinder ihren Vater sähen, wie er auf der Station liegt, gäbe es »ein Engramm, das geht nicht wieder raus. Wenn man das löschen könnte.« Er verweist auf Untersuchungen an Kindern, die Konzentrationslager überlebt haben: »Das sind unauslöschliche Einprägungen.« Kinder seien den Eindrücken ausgeliefert, sie hätten keine Möglichkeit, sich durch Wissen davon zu distanzieren.

Kinder sind gewissermaßen die idealen Laien, denn sie wissen nichts von medizinischen Notwendigkeiten und können im Zweifelsfall auch nicht über die Notwendigkeit der Behandlung der Patienten belehrt werden. Insofern sind Kinder die idealen naiven moralisch-emotionalen Beobachter der Intensivmedizin. Von einem derartigen Beobachter wird erwartet, eine Intensivstation als den Ort des schrecklichen Bösen schlechthin wahrzunehmen. Der Vergleich mit einem Konzentrationslager ist sicher ein Extremfall, aber er stellt lediglich die gesteigerte Variante einer verbreiteten ethisch-emotionalen Selbstbeobachtung dar, die an die Fremdbeobachtung bestimmte Erwartungen richtet. Um diese bereitgestellten Erwartungslinien zu durchkreuzen, erschien es mir angemessen, ein möglichst nüchternes Protokoll anzufertigen: Wer sagt was zu wem? Wer tut was mit wem? Wer oder was reagiert wie und wann auf was?

3. Der Tod im Konjunktiv[1]

Um den historischen Ausgangspunkt der folgenden empirischen Untersuchung zu skizzieren, wäre es streng genommen erforderlich, zunächst zu klären, wie sich die Beschränkung des Kreises der sozialen Akteure auf lebende Menschen durchgesetzt hat. Eine systematische Rekonstruktion der Genese dieser Form der Grenzziehung würde allerdings den Rahmen der vorliegenden Arbeit sprengen, da abgesehen von einigen rechtshistorischen Vorarbeiten hierzu noch keine systematischen Studien vorliegen. Insgesamt hat die Feststellung von Thomas Luckmann, daß es sich hierbei noch immer um »ein ungelöstes Problem der Ideengeschichte, der historischen Soziologie und Wissenssoziologie« (Luckmann 1980: 86) handelt, nichts von ihrer Gültigkeit verloren.

Es erscheint mir jedoch aus zwei Gründen plausibel, den Anfang des Prozesses, der zur Durchsetzung der Form der Grenzziehung führte, die den Bereich des Sozialen anhand der Unterscheidung lebender Mensch/anderes festlegte, in der Zeit der Aufklärung, also im 18. Jahrhundert, zu vermuten. Denn zum einen betrat zu dieser Zeit »der Mensch« die Thematisierungsbühnen von Politik und Wissenschaft[2], und zum anderen ebbte zu dieser Zeit, das belegen wichtige rechtshistorische Studien, die Welle der Strafprozesse gegen Tiere, die im 13. Jahrhundert eingesetzt hatte, wieder ab, d.h., das Rechtssystem schränkte den Kreis möglicher schuldfähiger Akteure auf den Kreis der Menschen ein.[3] Ohne dies im einzelnen belegen zu können, vermute ich hier einen inneren Zusammenhang: Das Auftauchen des Menschen als »epistemologische Figur« deute ich im Sinne einer dis-

---

1 Eine ausführliche Rekonstruktion der Entwicklung des Hirntodkonzepts findet sich in »Unheimliche Sicherheiten« (Lindemann 2002). Insbesondere wird dort eine vergleichende Untersuchung der Entwicklung in den USA und Deutschland vorgenommen.
2 Vgl. hierzu Foucault (1971), mit Bezug auf das Geschlechterverhältnis vgl. Honegger (1991).
3 Vgl. hierzu Berkenhoff (1937). Der Aufsatz »Die reflexive Anthropologie des Zivilisationsprozesses« (Lindemann 2001) deutet die Entstehung der Tierstrafen als notwendigen integralen Bestandteil der Rationalisierung des Rechts, die im 12. Jahrhundert einsetzte, und entwickelt eine zivilisationstheoretische Deutung dieses Phänomens.

kursiven Vergewisserung der sich neu etablierenden Grenzen des Sozialen, deren Verfestigung eine Integration von Tieren in Strafprozesse verunmöglichte. Der Prozeß der Stabilisierung dieser Grenze ging mit einer weiteren Einschränkung einher: Nur lebende Menschen kommen als soziale Akteure in Betracht. Im Folgenden gehe ich von dieser historisch gewachsenen Voraussetzung aus. Die vorliegende Arbeit stellt etwas anderes in den Mittelpunkt.

In demokratischen Gesellschaften, in denen die Menschenrechte einschließlich des Rechts auf Leben durch den Staat garantiert werden, impliziert eine Veränderung der Todeskonzeption eine Verschiebung der Grenzen des Sozialen. Wenn nur lebende Menschen soziale Personen sind, handelt es sich um eine Grenzverschiebung, wenn ein vergleichbarer körperlicher Zustand zu einem Zeitpunkt bedeutet, dieser Mensch ist lebendig und zu einem späteren Zeitpunkt bedeutet, dieser Mensch ist tot. Die sukzessive Etablierung des Hirntodkonzepts ist eine Phase, in der eine derartige Grenzverschiebung stattgefunden hat.

Diese Themenbestimmung bringt die Studie in die Nähe zur sogenannten Thanatosoziologie. Allerdings ist der Schwerpunkt ein gänzlich anderer. Es geht nicht um Todesvorstellungen (vgl. etwa Hahn 1968), den Umgang mit Toten in Form von Trauerritualen (vgl. Schmied 1985) oder um Erfahrungen des eigenen Todes, wie etwa in der Analyse von Nahtoderfahrungen, sondern um die materiale Deutung: dieser Mensch ist tot. Ein derartig hart materialer Bezug ist der Thanatosoziologie fremd (vgl. etwa Feldman 1997; Feldmann, Fuchs-Heinritz 1997).

Um eine Grenzverschiebung, die auf einer veränderten Deutung physischer Körper basiert, angemessen begreifen zu können, ist es sinnvoll, zunächst die historische Ausgangsposition zu skizzieren, in der der Hirntod als eine sehr spezifische Form der Deutung von Körpern entstanden ist. Dabei erscheinen mir zwei Punkte von besonderer Bedeutung. Die Bedingung für das gehäufte Auftreten des Zustandes, der heute als Hirntod bezeichnet wird, waren die Erfolge der Reanimation und der sich etablierenden Intensivmedizin. Nur im Rahmen dieser technischen Bedingungen kann ein Körper in den Zustand geraten, der als »hirntot« bezeichnet wird. Wenn man dies berücksichtigt, drängt sich mit einer eigenartigen Evidenz auf, daß die Entwicklung der Hirntodkonzeption nicht eine Phase jahrhundertelanger Sicherheit der herz-kreislaufbezogenen Todesfeststellung beendete. Eher ist es andersherum: Durch die Erfolge der Reanimation und der Intensivmedizin wurden die Grenzen zwischen Leben und

Tod in hohem Maße unsicher, aufgrund dieser Unsicherheit wurde aber nicht etwa das Mißtrauen in die Medizin befördert, sondern eher ein Vertrauen, nicht vorzeitig für tot erklärt zu werden. Die Einführung des Hirntodkonzepts trifft also nicht auf eine Situation, in der eine jahrhundertealte Tradition gegolten hätte, die jetzt umgestürzt würde, eher wurde eine vertrauenerweckende Unsicherheit durch eine neue Sicherheit ersetzt. Das Hirntodkonzept war im Selbstverständnis der beteiligten Ärzte zunächst nicht mehr aber auch nicht weniger als die Annahme, daß den technischen Möglichkeiten der medizinischen Behandlung Grenzen gesetzt sind. Die Begrenzung der Behandlungsmöglichkeiten eröffnete zum erstenmal, seit in Europa die Grenzen des Sozialen anhand der Unterscheidung lebender Mensch-anderes gezogen wurden, die Möglichkeit, diese Grenze so festzulegen, daß auch Menschen, deren Herz noch schlägt, aus dem Bereich des Sozialen herausfallen. (3.1.)

Die neue Begrenzung der Behandlungsmöglichkeiten überkreuzte sich im Weiteren mit den Interessen der Transplantationsmedizin, die Anfang der sechziger Jahre wichtige technische Fortschritte gemacht hatte. Erst durch diese Liason entstand ein Zwang, die neue Begrenzung der Behandlungsmöglichkeiten definitiv im Sinne eines Todeskonzepts zu verstehen. Denn bei der Explantation von Organen muß zweifelsfrei feststehen, ob sie einem lebenden oder einem toten Körper entnommen werden. Das Anliegen der Transplantationsmedizin, Organe möglichst gut erhalten aus einem menschlichen Körper zu entnehmen, machte eine qualitativ neue Präzision in der Grenzziehung zwischen Lebenden und Toten erforderlich. Bis zur Etablierung des Hirntodkonzepts war es nur darum gegangen, eine falsch positive Diagnostik zu vermeiden. Auf keinen Fall sollten Menschen, die noch lebten, als Tote gedeutet werden. Dabei wurde eher großzügig in Kauf genommen, Verstorbene auch über den Todeseintritt hinaus noch zu den Lebenden zu zählen. Es lag im Interesse der Transplantationsmedizin, diese großzügige Fehlerquote zu minimieren. Es sollte also sowohl gewährleistet sein, daß keine falsch positive Diagnostik als auch, daß keine falsch negative Diagnostik vorkommt. Im Interesse der Versorgung mit Organen sollte sicher gestellt werden, daß nicht Tote, die eigentlich als Organspender in Frage kämen, zu den Lebenden gerechnet werden. Erst unter dieser neuen Voraussetzung wurde die alte Unsicherheit definitiv durch eine neue haarscharf grenzziehende Diagnose ersetzt. Dadurch entstand eine eher beunruhigende Sicherheit, denn es blieb weiterhin unmöglich, die Grenze zwischen Lebenden und Toten mit unumstößlicher Gewißheit festzulegen. Die Grenze zwischen Leben und Tod ist real, aber sie könnte immer auch anders verlaufen.

Die Entwicklungen, die zum heute gültigen Hirntodkonzept geführt haben, sind Versuche der Medizin, diesen Zwang zur Klarheit irgendwie zu bewältigen. Erst nachdem die Notwendigkeit einer präzisen Todesdiagnostik entstanden war, entstand auch der Zwang ein stimmiges Todeskonzept vorzulegen. Hier wird es ausführlich darum gehen, wie im Zusammenspiel von Recht und Medizin eine bestimmte gestalthafte Erscheinung fixiert wurde, die bedeutet: Das Subjekt des Lebens ist erloschen; der Patient existiert nur noch als ein unbelebtes ou-topisches Gegenüber. (3.2.)

3.1. Vertrauenerweckende Unsicherheit: Reanimation – Intensivmedizin

Wenn man den historischen Verlauf vom 18. Jahrhundert bis zur Gegenwart in den Blick nimmt, scheint eine Zeit der absoluten und von allen geteilten Sicherheit darüber, wann der Tod (von sozialen Personen, also Menschen) eingetreten ist, eher der Ausnahmefall gewesen zu sein. Der Medizinhistoriker Martin S. Pernick (1988) hält es für ein Novum, als in der Mitte des 19. Jahrhunderts eine ungefähr 100 Jahre dauernde Phase extremer Unsicherheit darüber, ab wann ein Mensch als tot zu betrachten ist[4], durch ein wachsendes Vertrauen in die Praktiken der Todesfeststellung durch professionelle Ärzte abgelöst wurde. Schon in den sechziger Jahren des 20. Jahrhunderts näherte sich die Zeit des Konsenses aber wieder dem Ende, das Vertrauen in die medizinische Profession wurde im Zusammenhang mit der Entwicklung der Hirntodkonzeption und den darauf aufbauenden erweiterten Möglichkeiten der Organentnahme wieder nachhaltig erschüttert (vgl. Pernick 1988: 43, 52–60).

Zwei Momente waren für die Entstehung und die Dauerhaftigkeit des Vertrauens in die ärztliche Kunst der Todesfeststellung von Bedeutung. Zum einen gab es technische Fortschritte bei der Feststellung von Lebenszeichen und zum anderen bildete sich um den Tod herum eine feste Allianz von Staat und Medizin. Die Unterscheidung der Toten von den Lebenden beinhaltet eine Deutung der körperli-

---

4 Diese Unsicherheit wurde nicht zuletzt durch die Erfolge der Reanimationspraktiken hervorgerufen. In dieser Zeit gab es eine von den medizinischen Experten gestützte Panik, vorzeitig beerdigt zu werden (vgl. Pernick 1988: 20 ff.).

chen Erscheinung eines Organismus. Bestimmte Erscheinungsformen menschlicher Körper galten in den letzen 300 Jahren relativ konstant als Zeichen des Todes wie einsetzende Verwesung, Leichenflecken und Leichenstarre. Aber wie verhält es sich mit einem menschlichen Körper, bei dem keine Atmung und kein Herzschlag mehr feststellbar ist, bei dem aber weder Leichenflecken noch Leichenstarre feststellbar sind und bei dem auch die Verwesung noch nicht eingesetzt hat? Gerade die im 18. und 19. Jahrhundert entwickelten Methoden der Wiederbelebung führten hier zu einer großen Unsicherheit. Dazu gehören vor allem die künstliche (noch nicht maschinell gestützte) Beatmung von Ertrunkenen und Erstickten und Formen der Herzmassage, um den Blutkreislauf wieder in Gang zu bringen. Parallel zu der Verbreitung dieser Techniken verbreitete sich die Sorge darum, lebendig begraben zu werden (vgl. Pernick 1988: 22 f.). Eine Beruhigung dieser panikartigen Sorge setzte erst in der zweiten Hälfte des 19. Jahrhunderts ein. Um diese Zeit erlangten die Medizinerinnen ein Monopol in der Todesfeststellung. Es wurde nach und nach in Kontinentaleuropa gesetzlich vorgeschrieben, daß ein Arzt jeden Toten in Augenschein genommen haben muß, bevor er den Totenschein ausstellt und die Toten mußten über einen längeren Zeitraum (12 Stunden in Italien und Frankreich, bis zu drei Tagen in Sachsen) aufgebahrt werden (vgl. Pernick 1988: 31, 35). Das Subjekt des Todes wurde mit diesem Vorgehen gesetzlich fixiert: Es war der sichtbare menschliche Körper, der daraufhin untersucht werden mußte, ob an ihm noch irgendein Hinweis, er könnte lebendig sein, entdeckt werden konnte. Die gesetzliche Absicherung dieses Expertenanspruchs bestätigte und verstärkte das öffentliche Vertrauen in die ärztliche Kunst.

Schon seit der ersten Hälfte des 20. Jahrhundert veränderte sich die Situation aber wieder. Grundsätzlich blieb das Vertrauen in die ärztliche Todesfeststellung seitens der medizinischen Laien erhalten, aber es resultierte weniger daraus, daß die Medizinerinnen wüßten, ab wann ein Mensch als tot zu betrachten sei, als vielmehr aus einem Vertrauen darauf, daß die medizinische Forschung eher auf Einschluß denn auf Ausschluß zielte. Pernick selbst zieht diesen Schluß nicht, aber seine Darstellung macht zweierlei deutlich: Einerseits wurde es im 20. Jahrhundert wieder fraglich und auch öffentlich diskutiert, welche Prozeduren eine sichere Todesfeststellung ermöglichten bzw. welche Zeichen als verbindlich für die Todesfeststellung gelten sollten, andererseits führten die Ergebnisse der medizinischen Forschung aber nicht dazu, den Kreis der möglicherweise Lebenden zu begrenzen, sondern eher dazu, ihn zu erweitern. Es wurde nach immer unscheinbareren Lebenszeichen in weitgehend als leblos erscheinenden Körpern gesucht.

Einen neuen Höhepunkt erreichte die Produktion von Unsicherheit in den 50er Jahren. Im Mittelpunkt standen einerseits die Entwicklung der Intensivmedizin, vor allem die Techniken der maschinell gestützten künstlichen Beatmung und der künstlichen Aufrechterhaltung des Blutkreislaufs und andererseits die Erfolge der Reanimationsforschung, der es gelang, im Experiment auch höhere Säugetiere nach allen Regeln der Kunst zu töten und vollständig wieder zu beleben (vgl. Negovskij 1959). Die neuen Techniken der Lebenserhaltung bzw. die Reanimationsforschung bildeten die unmittelbare Voraussetzung der Hirntodkonzeption, und zugleich stellte die Entwicklung der Hirntodkonzeption einen Scheidepunkt dar. Durch die Intensivmedizin und die Reanimationsforschung wurde die Unsicherheit hinsichtlich des Todeseintritts auf die Spitze getrieben. Erst die Etablierung der hirnbezogenen Todesfeststellung beendete die hoffnungsvolle Unsicherheit, den Tod technisch beherrschen zu können. Das Hirntodkonzept war zunächst ein Mittel, das es erlaubte, die Sinnlosigkeit einer weiteren Behandlung zu begründen, und es führte schließlich erneut zu der Vorstellung, den Tod definitiv feststellen zu können.

3.1.1. Das Problem der unendlichen Behandlung

In der klinischen Praxis stellte sich zunächst nicht das Problem, ein neues Todeskonzept zu entwickeln, sondern nur die Frage, unter welchen Bedingungen eine medizinische Intensivbehandlung fortgeführt werden sollte. Konkret lautete diese Frage: Wie lange ist es sinnvoll, die »Vitalfunktionen« bei bewußtlosen Patienten künstlich aufrechtzuerhalten. Unter Vitalfunktionen wurden im Wesentlichen Atmung und Herz-Kreislauf-Funktionen wie Blutdruck, Herzfrequenz, Körpertemperatur verstanden.

Damit sich das Problem des Lebens in dieser Weise stellen konnte, mußten zuvor die körpereigene Atmung, der körpereigene Herzschlag, Blutdruck und Körpertemperatur als jeweils eine isolierbare Funktion begriffen werden. Dies geschah relativ spät. Bis Anfang der 50er Jahre wurden diese Phänome als gültige Lebenszeichen gesehen, denen bestimmte Todeszeichen entsprachen: Herzstillstand, keine Atmung, Erkalten des Körpers. Wenn es nicht gelang, den Körper aus diesen Zuständen wieder herauszubekommen, indem er wieder selbst atmete und sein Herz wieder begann zu schlagen, mußte der Tod der Patientin diagnostiziert werden.

Den Prozeß der Transformation wichtiger Lebenszeichen in Vitalfunktionen hat Sebastian Schellong (1990) ausführlich beschrieben. Es bedurfte – so Schellong – einer massiven Rekonfiguration des ärztlichen Wissens, der ärztlichen Praxis und des organisatorischen Aufbaus von Krankenhäusern, um im medizinischen Diskurs die Position des Anästhesisten als sprechendes und handelndes Subjekt zu erzeugen. Mit der Entstehung der medizinischen Spezialdisziplin »Anästhesie« wurden aus den verschiedenen medizinischen Disziplinen das Wissen und die Praktiken zusammengeführt, die erforderlich waren, die körpereigene Atmung durch die gesteuerte maschinelle Beatmung zu ersetzen und im Notfall auch den körpereigenen Herzschlag zu substituieren, bzw. Herzschlag, Blutdruck und Körpertemperatur künstlich – durch Medikamente – zu steuern. Dies war auch die Voraussetzung, um im weiteren »Intensivstationen«, die Orte der intensivmedizinischen Praxis, als spezielle organisatorische Einheiten zu etablieren. Erst in dem Maße, wie es gelang, an diesen Orten die körpereigene Atmung, den körpereigenen Herzschlag und Blutdruck sowie die körpereigene Temperaturregelung dauerhaft künstlich zu ersetzen, wurden diese Phänomene zu Funktionen, die als solche beschrieben und denen bestimmte Grenzwerte des Funktionierens zugeordnet werden konnten.

Seitdem Lebenszeichen als Vitalfunktionen rekonzeptualisiert worden waren und Vitalfunktionen sich dadurch auszeichneten, apparativ ersetzbar oder zumindest steuerbar zu sein, ging es nur noch darum, die die Vitalfunktionen kennzeichnenden Normwerte aufrecht zu erhalten.[5] Der Blutdruck mußte eine bestimmte Höhe haben, der Sauerstoff- und Kohlendioxidgehalt des Blutes mußten in einem bestimmten Verhältnis zueinander stehen usw. Eine Entscheidung darüber, wo die Grenze zwischen Leben und Tod lag, konnte auf dieser Grundlage nicht mehr getroffen werden, denn Leben bezog sich immer auf das Leben eines Individuums. Diese Einheit wurde durch die Konzentration auf Vitalfunktionen unterschritten, da Atmung und Kreislauf als je verschiedene Vitalfunktionen aufgefaßt wurden, die unabhängig voneinander jeweils an ihren Normwerten orientiert wurden. Es gab also nur noch einzelne Funktionen und die entsprechenden Normwerte, aber nicht mehr das Leben eines Indivi-

---

5 Für das Folgende vgl. vor allem Schellong (1990: 142 ff.).

duums. Der intensivmedizinische Diskurs führte Schellong zufolge zu zwei Konsequenzen: Zum einen verlor die Intensivbehandlung, die die Aufrechterhaltung der Funktionswerte in den Mittelpunkt stellte, jeden Bezug auf das Subjekt des Todes – nämlich den lebendigen menschlichen Organismus[6], zum anderen konnte kein Kriterium mehr angegeben werden, um zwischen Leben und Tod zu unterscheiden.

Diese Schlußfolgerung von Schellong ist allerdings nur solange schlüssig, wie die Analyse der intensivmedizinischen Praxis und des in ihr wirksamen Wissens vollständig auf den intensivmedizinischen Diskurs – im Sinne Schellongs – beschränkt bleibt. Daß dies die Sachlage nicht vollständig trifft, wird deutlich, wenn man untersucht, wie die neuartige Situation für Anästhesisten zum Problem wurde.

Die wohl berühmteste Problematisierung dieser Art formulierte der Anästhesist Bruno Haid, als er sich an den »Heiligen Stuhl« wandte und am 24.2.1957 im Rahmen des 1. Internationalen Symposiums über »Anästhesie und menschliche Persönlichkeit« eine Antwort von Papst Pius XII auf folgende drei Fragen erhielt:

> »1. Ist der Anaesthesiologe nach Ansicht der Katholischen Kirche berechtigt bzw. verpflichtet, in jedem, auch nach ärztlichem Ermessen völlig hoffnungslosen Fall von tiefer Bewußtlosigkeit mit zentraler Atemlähmung, die nach früheren ärztlichen Erfahrungen in wenigen Minuten den Tod zur Folge haben würde, künstliche Atmung unter Zuhilfenahme moderner Apparate auszuführen, selbst gegen den Wunsch der Angehörigen des Patienten?
> 2. Darf oder soll der Anaesthesiologe, wenn der Zustand der tiefen Bewußtlosigkeit sich auch nach mehrtägiger Anwendung künstlicher Atmung nicht ändert, den Beatmungsapparat abschalten, noch ehe der Stillstand der Zirkulation eingetreten ist, diesen dadurch in wenigen Minuten herbeiführend?
> Wie hat er sich nach Auffassung der Kirche zu verhalten, wenn die Angehörigen des Patienten, selbst Katholiken, nach erfolgter Verabreichung der Heiligen Ölung dringend um die Beendigung des für sie unerträglichen Zustandes bitten? Ist die künstliche Atmung fortzusetzen, bis der terminale Herz-Kreislaufstillstand erfolgt, der im allgemeinen nicht zu erwarten ist, ehe sich Fäulnisgeruch und andere Zeichen von Verwesung eingestellt haben? Hat die Verabreichung der Letzten Ölung auch in diesem terminalen Zustand noch Gültigkeit?
> 3. Wann ist nach Anschauung der Kirche ein tief bewußtloser, zentral atemgelähmter Patient, dessen Leben bzw. Kreislauf nur durch künstliche Atmung aufrechterhalten bleibt, ohne daß auch nach Tagen eine

---

6 Dies entspricht der 1. Ebene des Drei-Ebenen-Modells, vgl. Kap. 2.

Wendung zum Besseren eintritt, de facto oder de jure für tot zu erklären? Ist der Tod bereits nach dem schweren Schädeltrauma eingetreten, das die tiefe Bewußtlosigkeit und die zentrale Atemlähmung verursachte, deren unmittelbar tödliche Folgen jedoch zunächst durch Ausführung moderner künstlicher Atmung hintangehalten werden konnten? Oder tritt der Tod nach bisheriger ärztlicher Definition erst ein, wenn bei fortgeführter künstlicher Atmung der terminale Herz-Kreislaufstillstand erfolgt ist?« (Haid 1958: 243)

Allein diese Fragen zeigen, daß die »Diagnose« von Schellong, der intensivmedizinische Diskurs habe die Ebene der Einheit des Individuums unterschritten, nur begrenzt zutrifft. Es blieb für Haid eine sinnvolle Frage, wann die Behandlung abgebrochen und wann der Tod des Individuums festgestellt werden kann. Auch wenn der intensivmedizinische Diskurs die Ebene des Subjekts unterschritt und weder das lebendige Subjekt noch den Sachverhalt des Lebens als solchen zum Gegenstand hatte, sondern nur die meßbaren Funktionen kannte, die aufrechterhalten werden müssen, damit ein Subjekt lebendig sein kann, blieb in der Praxis der Intensivmedizin der Bezug auf das lebendige Subjekt erhalten. Haid sprach vom Kranken bzw. dem Patienten, um dessen Leben es geht und dessen Tod festgestellt werden kann. Dies war die Ebene, an die der Papst in seiner Antwort anknüpfte, und von dort aus nahm er eine Übersetzung der ärztlichen Probleme in seine eigene Wissensform vor, in der es Sachverhalte und Probleme gibt, die mit dem medizinischen Wissen über Vitalfunktionen vollständig inkompatibel sind. Lebendig zu sein, wird im religiösen Wissen, das der Papst in Anschlag bringt, zu einem Problem des Verhältnisses von Leib und Seele: Sind sie endgültig getrennt oder nicht? (vgl. Pius XII zit. nach Haid 1958: 243) So etwas war – und ist – für das medizinische Wissen vollständig unfaßbar.

Aber trotz dieser unvergleichlichen Sachverhalte blieb ein gemeinsamer Bezugspunkt sowohl des religiösen als auch des medizinischen Wissens erhalten: das lebendige Subjekt. Die Übersetzungsleistung des Papstes und des Intensivmediziners nahmen ein Subjekt des Lebens und des Todes in Anspruch, das nicht vollständig in den jeweiligen Wissensformen (Religion, Medizin) aufgehen konnte. Nur als ein ou-topisches Subjekt, das in Differenz zu beiden Formationen des Wissens war, konnte der Kranke der Bezugspunkt zweier so unterschiedlicher Reden sein.

Gerade wenn man der Diagnose Schellongs für den Augenblick zustimmt, wonach innerhalb des intensivmedizinischen Diskurses die Frage nach der Grenze zwischen Leben und Tod nicht mehr als eine sinnvolle Frage verstanden werden konnte, wurde diese Frage allein schon durch den Versuch einer Übersetzung der medizinischen Probleme in das religiöse Wissen wieder virulent. Die Voraussetzung der Frage wird in der Antwort respektiert: In seiner Antwort erkannte der Papst die Gültigkeit verschiedener Wissensformen an. Woran die Intensivmediziner für ihre praktischen Zwecke ausreichend den Tod erkennen, ja sogar, was im Kontext ihres Wissens unter »Tod« zu verstehen sei, erachtete der Papst als eine Frage, die allein mit den Mitteln des medizinischen Wissens beantwortet werden konnte.[7]

Dann ging der Papst auf die Fragen im einzelnen ein, wobei er der Anlage der Fragen folgte. Damit akzentuierte die Antwort, daß es sich um unterschiedliche Problemlagen handelte, je nachdem ob eine Prognose (des Behandlungserfolges) oder eine Diagnose (des Todes) die Entscheidung über die Fortführung oder den Abbruch der künstlichen Beatmung begründete. Es wurde ausdrücklich als erlaubt angesehen, die Beatmung auch dann einzustellen, wenn der Tod noch nicht diagnostiziert worden war, die Prognose aber als hoffnungslos eingeschätzt wurde. Bei der Beantwortung der Frage der Diagnose formulierte Pius XII offensiv, daß die Elemente des religiösen Wissens, wie etwa die Trennung von Leib und Seele, für die Lösung des medizinischen Problems kaum nützlich wären (Pius XII zit. nach Haid 1958: 244).

Dabei brachte der Papst zwei Prinzipien in Anschlag: Im Zweifelsfall sollte die Diagnose immer eher so erfolgen, daß ein Mensch noch als lebend eingestuft wird. Weiterhin enthielten die päpstlichen Äußerungen zwar keine Antwort auf die Frage, wann der Mensch tot ist, aber sie boten eine Orientierung, wie diese Frage beantwortet werden könnte, indem sie nämlich daran erinnerten, auf welcher Ebene die Frage von Leben und Tod überhaupt sinnvoll zu stellen wäre. Danach ginge es nicht um das Leben einzelner Organe. Ein lebendiger menschlicher Körper wäre vielmehr dann tot, wenn die »lebenswichtigen Funktionen« des menschlichen Lebens sich nicht mehr »von sich aus ... bemerkbar machen«. Der Papst traf selbst keine Festlegung, welche Funktionen als lebenswichtig gewertet werden müßten. Er formulierte nur ein Subjekt des Lebens und des Todes, den lebendigen menschlichen Körper, dessen Leben im Unterschied zu den Organen sich von sich aus bemerkbar macht. Diese Formulierungen verstand der Pabst selbst als neutral gegenüber verschiedenen Wissensformen, denn es handelte sich seiner Meinung nach um

---

7 Vgl. Pius XII zit. nach Haid 1958: 243.

»Überlegungen allgemeiner Art«, die lediglich eine »Meinung« erlaubten. Ob diese Meinung, wenn sie für das medizinische Wissen spezifiziert würde, für die Ausarbeitung praktikabler Kriterien relevant sein würde, ließ der Papst offen.[8]
Hinsichtlich möglicher Kriterien war er so zurückhaltend, daß er weder positiv noch negativ zu demjenigen Stellung nahm, das ihm von Haid angeboten wurde. Dessen 3. Frage spielte auf das Hirn als Todeskriterium zwar an[9], aber dadurch ließ sich der »heilige Vater« nicht dazu verführen, selbst ein Kriterium vorzugeben.

3.1.2. Die neue Sicherheit: Kriterien des Behandlungsabbruchs und/oder des Todes

In der medizinischen Fachliteratur ging der Bezug auf eine mögliche Definition des Lebens bzw. des Todes wieder verloren, es blieb in den Beschreibungen der Praxis aber die Patientin als das Subjekt der Behandlung erhalten. Aufgrund dessen war immer auch die Lebendigkeit als ein Zustand, in dem ein Patient als Subjekt existieren kann, implizit mitgegeben, auch wenn in keinem medizinischen Text Wert darauf gelegt wurde, Lebendigkeit eigens zu definieren. Für den praktischen Umgang mit Patienten schien (und scheint) es weniger wichtig zu wissen, was Leben ist, als vielmehr das Kriterium festzulegen, anhand dessen zwischen Leben und Tod unterschieden werden sollte. Der Papst hatte dies aus Respekt vor der Verschiedenheit der Wissensformen offengelassen. In diese Lücke wurde im Laufe weniger Jahre relativ problemlos das Konzept des irreversiblen Funktionsverlusts des zentralen Nervensystems eingesetzt. Mit Bezug auf dieses Konzept gelang es in der Bundesrepublik Deutschland und in den USA den in der Intensivmedizin tätigen Ärzten 1963, die Zeit der Unsicherheit hinsichtlich der Grenze zwischen Leben und Tod zu beenden.[10]

---

8 Vgl. Pius XII zit. nach Haid 1958: 244.
9 »Ist der Tod bereits nach dem schweren Schädelhirntrauma eingetreten, das die tiefe Bewußtlosigkeit und die zentrale Atemlähmung verursachte, deren unmittelbar tödliche Folgen jedoch zunächst durch Ausführung moderner künstlicher Atmung hinangehalten werden konnten?« (Haid 1958: 234)
10 1963 erschienen in Deutschland und in den USA je ein einflußreicher Bericht über die Voraussetzungen für einen vollständigen Abbruch der Behandlung bei Intensivpatienten. Es handelte sich im Unterschied zu zuvor publizierten Arbeiten nicht mehr um die Darstellung des Behandlungsabbruchs bei einem einzelnen Patienten, sondern um Arbeiten, die auf der Grundlage einer Vielzahl von Fällen die

In gewisser Weise waren die mit der Intensivmedizin anfallenden Probleme jetzt gelöst. Unabhängig davon, wie der irreversible Funktionsausfall des zentralen Nervensystems nun gedeutet wurde – als Kriterium, das eine kurzfristig infauste Prognose belegt, oder als neues Todeskriterium –, war die Möglichkeit geschaffen, eine Behandlung einschließlich der künstlichen Beatmung abzubrechen. Wenn es auch weiterhin nur um den Abbruch einer Intensivbehandlung gegangen wäre, hätte es keiner weiteren Präzisierung bedurft. Auch für diese radikale Maßnahme hatten die involvierten Medizinerinnen eine ethische Exkulpation erreicht, als der Papst das entsprechende Vorgehen sanktionierte. Von juristischer Seite wurde diese Praxis in den fünfziger Jahren ebenfalls nicht problematisiert.

3.2. Der Zwang zur präzisen Bestimmung der Grenze

Diese Situation änderte sich 1963. In diesem Jahr fand die erste Begegnung zwischen Hirntodkonzept und Transplantationschirurgie statt. Diese Verbindung produzierte einen harten Zwang zur Klarheit. Denn jetzt ging es nicht mehr nur darum, ob eine voraussichtlich hoffnungslose Behandlung abgebrochen werden sollte oder nicht, sondern darum, ob einer Leiche oder einem hoffnungslos Kranken ein Organ entnommen würde. Der Zwang zur Klarheit geht in zwei Richtungen.
1. Da die Kranke eine Explantation nur schwer überleben konnte, war eine Situation entstanden, in der die Frage beantwortet werden mußte, ob Transplantationschirurgen einen todkranken Patienten durch ihre Aktivität endgültig zu Tode bringen, oder ob sie einer Lei-

---

Kriterien eines Behandlungsabbruchs festlegten. Es gab allerdings einen wichtigen Unterschied. Die US-Amerikaner Schwab, Potts und Bonazzi (1963) formulierten offensiv neue Tests zur Todesfeststellung, während der Aufsatz der Deutschen Tönnis und Frowein (1963) ausführlich die Behandlung von Patientinnen mit schweren Verletzungen des Kopfes und des Gehirns darlegte, und unter welchen Bedingungen die Behandlung bei einer infausten Prognose abgebrochen werden sollte. Dieser Unterschied wird schon im Titel manifest: »EEG as an aid in determining death in the presence of cardiac activity (ethical, legal and medical aspects)« (Schwab e.a. 1963) und »Wie lange ist Wiederbelebung bei schweren Hirnverletzungen möglich?« (Tönnis, Frowein 1963).
Eher vergleichbar mit der Intention von Schwab, Potts und Bonazzi war ein Vortrag, den der Gerichtsmediziner Spann im September 1963 hielt, in dem er vorschlug, den Organtod des Gehirns als gleichbedeutend mit dem Tod des Menschen anzusehen. Der Vortrag wurde 1966 publiziert unter dem Titel »Strafrechtliche Probleme an der Grenze von Leben und Tod« (Spann 1966).

che ein Organ entnehmen würden. Der Charakter des Hirntodes würde über den Charakter der Praxis der Transplantationsmedizin entscheiden.

2. Darüber hinaus änderten die Anforderungen an die Präzision der Todesfeststellung besonders die Präzision bei der Festlegung des Todeszeitpunktes. Bislang ging es in der Todesfeststellungspraxis der Ärzte darum zu verhindern, daß möglicherweise noch Lebende als tot eingestuft würden. Da die Transplantationsmedizin ein Interesse an möglichst frischen Organen hatte, kam der neuen Todesfeststellung auch die Aufgabe zu zu verhindern, daß möglicherweise Tote als lebendig eingestuft würden. Bis zur Überschneidung von Transplantationsmedizin und Todesfeststellung war es kein Problem, möglicherweise Tote für einen Übergangszeitraum noch zu den Lebenden zu zählen. Die Todesfeststellungspraxis war gewissermaßen permissiv inklusiv. Mit der Überschneidung von Transplantationsmedizin und Todesfeststellungspraxis wurde genau die Permissivität zum Problem: Die Todesfeststellungspraxis mußte kleinlich und haargenau die Grenze ziehen. Ausnahmslos alle Toten sollten jetzt als solche erkannt und nur noch Lebende durften als solche behandelt werden.

Der Zwang, über den Charakter des Hirntodes und damit über den Charakter der Transplantationschirurgie zu entscheiden, resultierte aus der konstitutiven Verklammerung mit anderen gesellschaftlichen Bereichen und Wissensformen, der die Medizin in dieser Frage nicht entkommen konnte. Unabhängig davon, ob innerhalb des medizinischen Wissens ein Subjekt des Todes bzw. das Subjekt des Lebens vorkommen konnte oder nicht[11], mußte die Medizin über ihr Subjekt des Todes bzw. des Lebens Auskunft geben, wenn dieses Subjekt auch ein Rechtssubjekt war, dessen Lebensrecht verfassungsmäßig garantiert war, und wenn es sich bei diesem Subjekt um ein alltäglich kommunizierendes Subjekt handelte, das z.B. Freunde und Verwandte hatte.

Da nur lebende Menschen ein garantiertes Existenzrecht haben, Verträge abschließen und Erbschaften hinterlassen können und da nur das Leben von Menschen durch das Strafrecht geschützt wird, und da schließlich nur ehemals lebende Menschen nach ihrem Tod über postmortale Persönlichkeitsrechte verfügen, die sich signifikant von den Rechten lebender Personen unterscheiden, bedurfte das Rechtssystem, um funktionieren zu können, eines lebenden Subjekts,

---

11 Im empirischen Teil wird sich zeigen, daß praktisch ohne diesen Bezug keine Diagnose gestellt und keine Behandlung durchgeführt werden könnte.

das sterben kann, und es bedurfte eines Anhaltspunktes dafür, ab wann das Subjekt des Lebens ein Subjekt des Todes geworden war. Soziale Personen sind auf eine vielfältige Weise in juristisch bedeutsame Praktiken involviert und werden auf vielfältige Weise ein Gegenstand juristischen Wissens und juristischer Praktiken. Wenn der Kreis der sozialen Personen auf lebende Menschen beschränkt ist, sind soziale Personen aber notwendigerweise auch biologische Wesen: Sie sind lebendig und können deshalb sterben. Es ist deshalb buchstäblich ein- und dasselbe Subjekt, das lebt, das Träger von Rechten und Pflichten ist, das stirbt und mit seinem Tode Rechte und Pflichten verliert und auf qualitativ andere Weise im Rahmen rechtlicher Handlungs- und Wissenszusammenhänge existiert. Insofern es dasselbe Subjekt ist, das leben und ein Recht auf Leben haben kann, muß es sowohl im Verhältnis zu den Wissensformen, in denen es als lebendiges Subjekt existiert, als auch im Verhältnis zu den Wissensformen, in denen es als Rechtssubjekt existiert, ou-topisch sein. Es darf nicht in einer der jeweiligen Formen des Wissens aufgehen, sonst könnte unmöglich das Problem auftauchen, daß das Rechtssystem etwas von der medizinischen Wissenschaft wissen müßte, um für sich selbst ein Verständnis darüber zu erlangen, wer oder was auf welche Weise im Kontext rechtlichen Wissens und Handelns existiert. Damit dieses Problem auftauchen kann, müssen in Bezug auf die Konfiguration des juridischen Wissens und Handelns[12] soziale Personen ebenso ou-topische Subjekte sein wie in Bezug auf das medizinische Wissen und Handeln. Beide Wissens- und Praxisformationen haben einen Referenzpunkt außerhalb ihrer und können deshalb – vermittelt

---

12 Es ist wahrscheinlich, daß das Subjekt als Gegenstand des juridischen Wissens und Handelns entsprechend der Vielfalt dieses Wissens (z.B. Öffentliches Recht, Zivil- und Strafrecht) zerfällt. Insofern würde der Bezug auf ein ou-topisches Subjekt schon erforderlich sein, um die verschiedenen Formen des juristischen Wissens aufeinander zu beziehen. Die Akteure eines Strafprozesses sind ganz andere als die Akteure eines Zivilprozesses, auch wenn es ein und dieselbe Person wäre, die in diesen beiden Konfigurationen des Rechts agieren sollte. Um die Wissens- und Praxisformen aufeinander zu beziehen, ist der Rekurs auf ein Subjekt erforderlich, das im Verhältnis zu den einzelnen Wissens- und Praxisformen ou-topisch ist. Dies würde dem entsprechen, daß ein Patient als Gegenüber der ärztlichen Praxis ganz anders existiert je nachdem, ob es um neurologisches, neurochirurgisches, kardiologisches, oder psychiatrisches Wissen und Handeln geht. Für das medizinische Wissen werde ich die Notwendigkeit des Bezuges auf ein ou-topisches Subjekt in den folgenden Kapiteln aufzeigen. Inwieweit es in dieser Frage Entsprechungen im Bereich des juridischen Wissens und Handelns gibt, würde eine entsprechende Studie im Rechtsbereich erfordern.

durch diesen ou-topischen Bezugspunkt – ihr Wissen und ihre Handlungen füreinander verständlich machen.

Diese Feststellung schließt weiterhin ein, daß das medizinische Wissen und Handeln, weil es auf einen ou-topischen Punkt außerhalb seiner bezogen ist, sozusagen von sich aus einen Verweis auf andere Wissens- und Praxisformen enthält. Die Frage nach dem Charakter des Hirntodkonzepts, also die Frage danach, ob der Hirntod mit dem Tod des Patienten identisch ist, oder ob der Hirntod lediglich die Feststellung erlaubt, die Patientin wird sterben, ohne jemals das Bewußtsein wieder erlangt zu haben, stößt nämlich die Intensivmedizin immer wieder auf das Problem des Subjekts des Lebens. Denn schon allein um sich die Möglichkeit zu erhalten, die Frage nach der Grenze zwischen Leben und Tod überhaupt noch als eine sinnvolle Frage verstehen zu können, können Intensivmediziner nicht auf ein Subjekt des Lebens bzw. des Sterbens und des Todes verzichten. Die Konfrontation mit dem Subjekt des Lebens führte den beteiligten Medizinerinnen deshalb auch vor Augen, in welchem Ausmaß ihr Wissen im Modus des Konjunktiv existiert. Es existiert nur durch den Bezug auf andere Wissensformen, und keine von ihnen kann einen Anspruch auf Letztgültigkeit erheben. Indem die beteiligten Ärztinnen das Gefühl für den Sinn der praktischen Bedeutung der Grenze zwischen Leben und Tod nicht verlieren, geraten sie vermittelt über das im Verhältnis zu ihrem Wissen und ihrer Praxis outopische Subjekt immer wieder in Kontakt mit anderen Formen des Wissens. Im Fall der Todesfeststellung eben vor allem mit juristischem Wissen und jener Wissens- und Praxisform, die in den medizinischen Texten unter der Sigle »Angehörige« thematisiert wird.

3.2.1. Tod und Organverwendung

Die Entnahme eines Organs beeinträchtigt die Lebensmöglichkeiten und die ästhetische Unversehrtheit des Körpers, dem die Organe entnommen werden. Im ungünstigsten Fall überlebt er die Entnahme nicht. Da das Leben von Menschen zumindest in den westlichen Demokratien verfassungsmäßig garantiert ist, scheidet die Möglichkeit aus, Menschen lebenswichtige Organe zu entnehmen. Unter rein medizinischen Gesichtspunkten wäre auch in den sechziger Jahren die Entnahme eines Organs von einem lebenden, biologisch Verwandten die beste Lösung gewesen. Wenn nur unter bestimmten Bedingungen auf dieses Verfahren zurückgegriffen wurde, hatte dies

Gründe, die außerhalb eines rein organmedizinischen Verständnisses lagen. Aufgrund der rechtlichen Restriktionen blieb nur die Möglichkeit, paarige Organe, wie die Niere, einem Körper zu entnehmen, der, insofern er ein Rechtssubjekt war[13], in die Entnahme eingewilligt hatte. In den fünfziger Jahren, als die Transplantationschirurgie noch im Experimentierstadium war, wurden darüber hinaus verschiedene andere Möglichkeiten genutzt, um möglichst frische, funktionsfähige Organe transplantieren zu können. Es wurden frischverstorbenen Menschen[14] Organe entnommen und solchen, denen aus therapeutischen Gründen eine Niere entnommen werden mußte.[15]

Bis ca. 1960 befand sich die Transplantation differenzierter Organe (Niere, Leber, Pankreas) noch im Experimentierstadium. Das Hauptproblem bestand darin, daß das implantierte Organ durch eine Immunreaktion des Empfängerkörpers zerstört wurde. Dieser als Abstoßungsreaktion bezeichnete Vorgang führte solange unausweichlich zum Tod des Empfängers, wie die Immunreaktion nicht unterdrückt werden konnte. Das Mittel der Wahl war zunächst hochdosierte Röntgenbestrahlung, die erfolgreich in Frankreich angewendet wurde (vgl. Hamburger 1991) und später die chemische Unterdrückung der Immunreaktion durch Medikamente.[16] Nachdem die entsprechenden Medikamente entwickelt worden waren, war die Möglichkeit eröffnet – zunächst die Nierentransplantation, als eine neue Therapieform für

---

13 Diese Formulierung ist etwas umständlich, eingängiger wäre es vermutlich, von einem Körper zu sprechen und von der Person, die ihn besitzt und deshalb als Eigentümer in die Entnahme einwilligen muß. Aber das ist begrifflich unsauber, denn der lebendige Körper selbst ist das Subjekt von Rechten. Strafrechtlich wird dies durch die Trennung von Eigentumsdelikten und Körperverletzung/Totschlag/Mord akzentuiert.

14 Der Tod wurde dabei gemäß Herz-Kreislaufbezogener Kriterien festgestellt. Daß in all den Staaten, in denen Transplantationschirurgie und Todesstrafe zeitlich parallel praktiziert wurden, nur in Frankreich Transplantationschirurgen den Justizbehörden vorstellig geworden waren, um geköpften Delinquenten Organe zu entnehmen (vgl. Küss 1991: 39), halte ich für ein erklärungsbedürftiges Phänomen. Zweifellos war die justitielle Tötungstechnik, das Guillotinieren, sozusagen transplantationsfreundlich, aber das kann nicht der einzige Grund gewesen sein, denn auch in Frankreich wurde dieses Vorgehen nur in den fünfziger Jahren angewendet und nicht mehr in den 60er Jahren, als sich die Transplantationschirurgie stürmisch zu entwickeln begann. Die Todesstrafe wurde aber erst seit den 70er Jahren nicht mehr ausgeführt und erst 1981 durch den Präsidenten, Francois Mitterand, abgeschafft.

15 In den vierziger Jahren erforderte die Therapie des Hydrocephalus die Entfernung einer Niere, diese konnte dann für eine Implantation in einen anderen Körper verwendet werden (vgl. Moore 1970: 55).

16 Vgl. Moore: 1970: 94 f.

das irreversible Nierenversagen auf breiter Front im klinischen Alltag durchzusetzen.

Erst jetzt entstand auf Seiten der Transplantationschirurgie ein größerer Bedarf an Organen, die möglichst frisch sein sollten. »Frisch« waren Organe, die möglichst kurz nicht durchblutet waren, denn nur dann war mit großer Wahrscheinlichkeit gesichert, daß sie möglichst schnell im Körper des Empfängers problemlos funktionierten. Ideal wäre also ein Toter, dessen Organe noch durchblutet sind oder nur wenige Minuten nicht durchblutet waren. Ideal wäre weiterhin eine Tote, deren Tod kalkuliert eintreten könnte, d.h., deren Tod möglichst umfassend auf die umfangreichen organisatorischen Vorbereitungen[17] der Transplantationschirurgen abgestimmt werden könnte. Hirntote Patienten würden diese Voraussetzungen auch dann noch gut erfüllen, wenn die Feststellung des Hirntodes im Sinne eines Kriteriums für einen Abbruch der Intensivbehandlung aufgefaßt würde. Die Beendigung der Behandlung könnte in diesem Fall auf die Organisation der Transplantation abgestimmt werden. Wenn die Beatmung beendet wird, müßte man nur noch warten, bis das Herz des Patienten aufhört zu schlagen, um dann – nach der herzbezogenen Todesfeststellung – sofort mit der Organentnahme zu beginnen. Dies war das Vorgehen bis zur Einführung des Hirntodkonzepts. Eine mögliche Variation dieser Entnahmetechnik bestand darin, nach der Feststellung des Todes das Herz wieder zum Schlagen zu bringen, um so die Durchblutung der Organe wieder sicher zu stellen. Auf diese Weise konnten – wenn es gelang – die Schäden, die durch die Nichtdurchblutung der Organe hervorgerufen worden waren, weiter minimiert werden (vgl. Starzl 1992: 149).

Hirntote Patienten wären gut zu handhabende Organspender, wenn der Hirntod im Sinne einer hoffnungslosen Prognose und damit als Kriterium des Behandlungsbruchs verstanden würde, denn der Zeitpunkt des Eintretens des Herzstillstandes konnte unter diesen Umständen durch die behandelnden Ärzte kontrolliert werden. Hirntote wären aber optimale Organspender, wenn sie tot wären, bevor ihr Herz aufhörte zu schlagen. Unter diesen Umständen könnten sie durchgängig beatmet werden, bis ihnen die entsprechenden Organe entnommen worden sind.

Es ist eine seltsame Ironie der Geschichte, daß von allen Beschreibungen der schweren Störungen bzw. Verletzungen des zentralen

---

17 Für eine Darstellung der umfangreichen organisatorischen Probleme, die bei einer Organtransplantation bewältigt werden müssen vgl. Feuerstein (1995).

Nervensystems, die Anfang der 60er Jahre im Umlauf waren, ausgerechnet diejenige von Mollarét und Goulon zum ersten Mal zur Grundlage der Entnahme von Organen aus einem Körper mit schlagendem Herzen gemacht wurde. Mollarét war nämlich einer der wenigen, die zu dieser Zeit sogar noch Skrupel hatten, die Intensivbehandlung abzubrechen, wenn das zentrale Nervensystem einer Patientin irreversibel geschädigt war. Diesen Zustand hatte er als »coma depassé« bezeichnet (vgl. Molarét, Goulon 1959; Molarét 1962). Es gibt keinen Hinweis darauf, daß Mollaret 1963, als das »coma depassé« zur Grundlage der Organentnahme aus einem Körper mit schlagendem Herzen gemacht wurde, schon seine Haltung geändert und das Abschalten der künstlichen Beatmung nicht mehr als »cäsarische Geste« verstanden hätte. 1963 wurde an der Universitäts-Klinik von Louvain (Belgien) – vermutlich weltweit zum ersten Mal – einem Patientenkörper mit schlagendem Herzen, dessen Tod nach den Kriterien festgestellt worden war, die Mollaret für das Vorliegen eines »coma depassé« angegeben hatte, Nieren entnommen und einem anderen eingepflanzt (vgl. Alexandre 1991: 340). Ein Jahr später, 1964, begann der Pariser Transplantationschirurg Jean Hamburger ebenfalls Hirntoten, deren Herz schlug, Nieren zu entnehmen. Damit hatte das in der Anästhesiologie, Neurologie und Neurochirurgie existierende Wissen um die schweren, irreversiblen Schädigungen des Gehirns von Patienten, deren Herz noch schlug, und die zumindest die Möglichkeit eröffneten, eine teure Intensivbehandlung abzubrechen und es vielleicht sogar erlaubten, den Tod bei schlagendem Herzen festzustellen, die Grenzen der disziplinären Arbeitsteilung in der Medizin übersprungen. Die ersten Transplantationschirurgen hatten ihre optimalen Toten gefunden.

Aus der Notwendigkeit, eine klare Grenzziehung zwischen Leben und Tod vorzunehmen, ergab sich allerdings nicht unbedingt zwingend ein Interesse von Transplantationschirurgen, die Körper hirntoter Patientinnen in jedem Fall als tot zu deuten. Welche Interessen Transplantationschirurginnen entwickeln konnten, hing vielmehr maßgeblich vom gesellschaftlichen Kontext ab. Auf einem Symposium der Ciba Foundation, das vom 9.-11. März 1966 stattfand (vgl. Wolstenholme 1966), votierte ein schwedischer Teilnehmer dafür, hirntote Patienten als lebend einzustufen. Er fürchtete, die Angehörigen eines Patienten könnten einer Organentnahme widersprechen, die der Patient aufgrund seiner zuvor gegebenen Zustimmung, ermöglicht hatte. Solange der Patient noch lebte, würde seine Zustimmung das stärkere Gewicht haben, während nach seinem Tod die

Ablehnung der Angehörigen entscheidend wäre. (vgl. Wolstenholme 1966: 155). Je nach Gesetzeslage und kulturellem Kontext stellte sich das Problem des Todes also anders.

Ein Verständnis der Entwicklung des Hirntodkonzepts muß stets den Zusammenhang von Recht und Medizin berücksichtigen. Mit Bezug auf diese Einsicht ergeben sich zwei zentrale Fragen: 1. Wie würden Juristinnen eine Veränderung der Todeskonzeption durch Ärztinnen aufnehmen? 2. Ist das Rechtssystem so beschaffen, daß Transplantationschirurgen den Hirntod als einen objektiven Glücksfall auffassen können, oder ist die Rechtslage eher so, daß die Organe möglicher Spender zugänglicher sind, wenn diese möglichst lange leben?

Die Beantwortung dieser Fragen ermöglicht ein Verständnis dessen, in welcher Weise die Transplantationschirurgie in Deutschland einen Zwang zur Klarstellung darüber förderte, ob Hirntote schon tot sind, oder ob ihr Nervensystem so geschädigt ist, daß aufgrund der hoffnungslosen Prognose die Behandlung eingestellt werden sollte.

Die wichtigste Frage, die im Zusammenhang von Todesfeststellung und Transplantationsmedizin geklärt werden mußte, war die, ob die Entnahme eines Organs aus einem Körper mit schlagendem Herzen juristisch als Totschlag oder gar als Mord gewertet werden würde. Um diese Frage zu klären, mußte eine Verständigung über das Eintreten des Todes erreicht werden. Wenn es sich um menschliches Leben handelt, ist dies unvermeidlich mit einer das Subjekt betreffenden juristischen Wertung verbunden. Wenn ein Mensch tot ist, kann eine Handlung, die an diesem Körper vollzogen wird, nicht mehr den Tatbestand des Mordes erfüllen.

Es war (und ist) unter deutschen Juristen unumstritten, daß die Feststellung des Todeszeitpunktes Aufgabe des Arztes ist.[18] Wenn

---

18 Vgl. hierzu zusammenfassend Hanack (1969: 507), Heinitz (1970: 19). Besonders Gewicht kommt in diesem Zusammenhang einer Stellungnahme des Bundesanwalts zu. Der damalige Amtsinhaber Kohlhaas anerkannte explizit dieses Recht und ist auch bereit, den Hirntod als neues Todeskriterium anzuerkennen. »Momentan kann man, wenn man schon die Sistierung von Atmung und Kreislauf nicht als ausreichend ansieht, weil die Reanimation ja gerade eine Voraussetzung für die Funktionsfähigkeit des zu übertragenden Organ ist, ohne die Feststellung der irreversiblen Sistierung der Gehirnfunktionen, die ihrerseits eine elektrographische Überprüfung voraussetzt, nicht zur Verpflanzung schreiten.« (Kohlhaas 1967: 2266) Dies ist aber nicht in dem Sinne zu verstehen, daß der Bundesanwalt davon ausgeht, damit ein endgültiges Todeskriterium zu haben, denn hinsichtlich der »Begriffsbestimmung des Todeseintritts« stellt er fest: »Fraglich ist aber, ob der Gesetzgeber das tun kann. Er hatte es bisher ja auch nicht getan, und so gut die medizinische Entwicklung über ein bestehendes Gesetz, das auf den Herzstillstand

unter Ärztinnen also ein Konsens möglich wäre, wann die juristische »Naturtatsache« (Larenz 1960: 176) Tod eingetreten ist, wäre das Problem für Juristinnen gelöst. Ob die »Naturtatsache« gegeben ist, wenn das Gehirn einen irreversiblen Funktionsverlust erlitten hat, lag (und liegt) ausschließlich im Kompetenzbereich von Medizinerinnen, d.h., es war Sache von Medizinern darüber zu befinden, ob sie bei der Organentnahme von Hirntoten an einer Lebenden oder einem Toten operieren. In Anbetracht dieser Sachlage war es also kaum zu erwarten, daß Ärztinnen, wenn sich erst einmal ein offizieller Konsens der Ärzteschaft über ein neues Todeskonzept gebildet hätte, eine Strafverfolgung zu befürchten haben würden.[19]

Die entscheidende Frage, um zu verstehen, welche Interessen Transplantationsmediziner in Deutschland bei einer Klärung der Todesproblematik entwickeln konnten, war aber eine andere: In welche rechtlichen Verhältnisse würde die Leiche geraten? Um nämlich ein Interesse entwickeln zu können, mußten Transplantationschirurginnen einigermaßen verläßlich wissen, ob – unter rechtlichen Gesichtspunkten – die Körper von Toten leichter für eine Organentnahme zugänglich wären als lebendige Körper. Ein Interesse von Transplantationschirurgen setzte ein Wissen darüber voraus, wer unter welchen Umständen was mit einer Leiche machen darf? Das Rechtssystem bestimmte also entscheidend, welche Kräfte sich innerhalb der Medizin entwickeln konnten, wenn die Frage entschieden werden mußte, ob ein Chirurg einem Lebenden oder einem Toten Organe entnahm, wenn er sie einem Hirntoten entnahm.

Im Unterschied zur französischen Situation erlaubte das deutsche Recht unter bestimmten Voraussetzungen die sogenannte Lebendspende, d.h. die Entnahme von Organen von einem Lebenden. Die Spenderin mußte rechtswirksam in die Entnahme eingewilligt haben, und ihr Leben durfte durch die Entnahme des Organs nicht unmittelbar gefährdet sein. Für die Entnahme von Nieren wäre damit

---

abgestellt gehabt hätte, hinweggegangen wäre, so könnte sie es in einigen Jahrzehnten mit einem Gesetz tun, das auf die Ausfälle der Hirnfunktion abstellt. Meines Erachtens kann gerade der Gesetzgeber den Todeseintritt nicht fixieren, sondern muß diese Feststellung dem Arzt überlassen.« (Kohlhaas 1967: 2266)

19 Mit Bezug auf die Organentnahme von einem Hirntoten, die 1969 in Bonn vorgenommen wurde, ging bei der Staatsanwaltschaft Bonn der Hinweis ein, der Spender sei noch nicht tot gewesen. Die Staatsanwaltschaft akzeptierte aber die Modalitäten der Todesfeststellung im Sinne der Hirntoddiagnostik (vgl. Murauer 1981: 91).

eine sichere Voraussetzung geschaffen.[20] Es handelt sich um ein paariges Organ, dessen Entnahme das Weiterleben des Spenders nicht ausschloß.[21] Da bis zum Ende der 60er Jahre einzig die Nierentransplantation mit vorweisbaren klinisch-therapeutischen Erfolgen aufwarten konnte (vgl. Largiadèr 1967; Zenker e.a. 1967; Zenker, Pichlmaier 1968), wäre es zumindest vorläufig möglich gewesen auch ohne eine neue Todeskonzeption die Transplantationschirurgie weiterzuführen.

In jedem Fall aber hätte der Verzicht auf eine neue Todeskonzeption bedeutet, auf die Weiterentwicklung der Transplantation von Lebern und Herzen zu verzichten.[22] Darüber hinaus eröffnete das deutsche Recht bzw. die staatsanwaltliche Praxis für die Transplantationschirurgie ausgesprochen attraktive Handlungsmöglichkeiten, wenn Patienten mit irreversiblem Funktionsverlust des Gehirns Tote wären. Dies hatte seinen Grund in der besonderen Position der Leiche im deutschen Recht.

Für die in der zweiten Hälfte der sechziger Jahre stattfindende Diskussion um den Umgang mit Leichen seitens der Transplantationsmedizin waren zwei Paragraphen des Strafgesetzbuches von besonderer Bedeutung: § 34 Rechtfertigender Notstand und § 168 Störung der Totenruhe.

Nach einer ausführlichen Diskussion verschiedener Rechtsauffassungen und der einschlägigen Rechtsprechung kam Korthals 1969 zu folgendem Schluß:

»Im Ergebnis zeigt sich, daß die ohne Einwilligung des Verstorbenen oder der Angehörigen zu Transplantationszwecken durchgeführte Organentnahme beim toten Spender in der Regel (jedenfalls in den heute diskutierten und praktizierten Fällen) straflos bleibt.« (Korthals: 1969: 138)

Mit Bezug auf die beiden genannten Strafrechtsbestimmungen kam dieses Ergebnis folgendermaßen zustande. Die Totenruhe gemäß § 168 konnte nicht stören, wer die Leiche berechtigt in seinem Ge-

---

20 Für Berichte über die Erfolge bei Transplantation von Nieren lebender Spender vgl. Brosig (1965).
21 Vgl. hierzu die ausführliche Diskussion bei Korthals (1969: 74 ff.).
22 In der Diskussion auf einem internationalen Symposium zur Organtransplantation (vgl. Wolstenholme (1966: 156–157)) wird deutlich, daß sich diejenigen, die vorerst eine Beschränkung auf die Nierentransplantation einhalten wollten, da einzig diese klinische Erfolge vorzuweisen hätte, eine Veränderung der Todesdefinition für verzichtbar hielten, während eine hirnbezogene Todesdefinition vor allem mit Blick auf die Transplantation anderer Organe, wie Herz und Leber, vertreten wird.

wahrsam hatte. Beim »Gewahrsam des Berechtigten« kam es auf den tatsächlichen Gewahrsam an, d.h., Gewahrsam übte derjenige aus, der berechtigterweise die tatsächliche Herrschaft über die Leiche ausübte. Das war im Falle eines toten Hirntoten, der künstlich beatmet wurde, der behandelnde Arzt bzw. der Leiter des Krankenhauses. Insofern verblieb im Fall einer Organentnahme das entnommene »Leichenteil« im Gewahrsam des Berechtigten, weshalb der Straftatbestand des § 168 nicht erfüllt werden konnte.

Falls den Angehörigen doch ein höher stehendes Totensorgerecht zuerkannt werden sollte, würde allerdings § 34 (Rechtfertigender Notstand) greifen, und die mögliche Strafbarkeit einer Organentnahme, ohne die Angehörigen darüber zu informieren, ausschließen (vgl. Gramer 1981: 16).

Die schwache Stellung der Angehörigen hing mit einer weiteren Eigenart der rechtlichen Verhältnisse zusammen, in denen sich eine Leiche befand: Sie war »keine fremde Sache«. Anders gesagt, eine Leiche konnte zwar eine Sache sein, aber sie war niemandes Eigentum.[23] Also könnten auch die Erben der Verstorbenen über den Leichnam nicht verfügen wie über andere Bestandteile des Erbes. Der damalige Bundesanwalt Kohlhaas zog daraus sogar den Schluß, daß aus diesem Grund auch der Verstorbene, als er noch gelebt hatte, über den Leichnam, der er einmal werden würde, nicht verfügen könnte (vgl. Kohlhaas 1968).

Insgesamt ergab sich also, daß die Organentnahme von Lebenden mit erheblichen Schwierigkeiten belastet war: Ohne das Leben des Spenders zu gefährden, konnte von den differenzierten funktionell wichtigen Organen nur die Niere entnommen werden. Für die Entnahme wurde weiterhin die Einwilligung der Spenderin als unerläßliche Voraussetzung angesehen.[24]

Ganz anders verhielt es sich dagegen, wenn das Organ aus einer Leiche entnommen wurde. Die Unterscheidung zwischen lebensnotwendigen Organen, die bei Lebenden nicht entnommen werden dürfen und den Organen, deren Entnahme mit dem Weiterleben vereinbar ist, entfällt bei Toten. In diesem Fall war nur die Todesfeststellung von Bedeutung, die von einem dafür kompetenten Arzt vorgenommen worden sein mußte. Nachdem dies erfolgt war, war der Arzt berechtigt, die in seinem Gewahrsam befindliche Leiche bzw. ih-

---

23 Für das Problem der Eigentumsfähigkeit der Leiche vgl. Kramer (1987: 70 ff.).
24 Vgl. hierzu die Diskussion der Einwilligungsproblematik bei Korthals (1969: 87 ff.), weiterführende Literatur dort.

re Teile dazu zu verwenden, das Leben eines Menschen zu retten. Das deutsche Rechtssystem gewährte also dem Arzt eines Krankenhauses einen großen Entscheidungsspielraum im Umgang mit Toten. Um diese Möglichkeiten im Sinne des Fortschritts der Transplantationsmedizin fruchtbar werden zu lassen, war es nur noch erforderlich, genauer zu untersuchen, ob Hirntote schon als Tote oder noch als Lebende zu deuten sind. Auf spezielle Regelungen im Sinne eines Organspendegesetzes, die in anderen Ländern früh erlassen wurden bzw. erlassen werden mußten[25], um Organtransplantationen überhaupt als therapeutisches Verfahren anwenden zu können, waren deutsche Transplantationschirurgen nicht angewiesen.

Es erscheint in hohen Maße plausibel, daß in Anbetracht der rechtlichen Situation Transplantationschirurgen ein großes Interesse an der Etablierung eines hirnbezogenen Todeskonzepts entwickelt haben. Das Hirntodkonzept, wenn es denn durchgesetzt werden könnte, würde im Rahmen des deutschen Rechtssystems zu einem objektiven Glücksfall für die Transplantationschirurgie werden. Die zeitgenössischen Publikationen machen dieses Interesse explizit zum Gegenstand: Ab 1967 gibt es kaum eine Publikation, die den Zusammenhang von Transplantationschirurgie und Hirntod nicht eigens thematisiert.[26]

---

25 Dies unterscheidet die deutsche Situation Mitte der 60er Jahre deutlich von der us-amerikanischen zu Anfang der 60er Jahre, als der »District of Columbia Tissue Bank Act« (zit nach Wolstenholme 1966: 234 ff.) verabschiedet wurde. Im angloamerikanischen Raum können die Angehörigen Eigentumsrechte an der Leiche geltend machen. Die sich daraus ergebenden Befugnisse gingen soweit, auch eigene Verfügungen der Verstorbenen wieder aufheben zu können.
26 Vgl. hierzu Gütgemann (1967: 337); Gütgemann, Vahlensieck. (1968 passim); Hanack (1969: 507); Käufer, Penin (1968: 683); Kohlhaas (1967); Liebhardt, Wuermeling (1968: 1664); Nissen (1967: 234); Spann, Liebhardt (1967 passim); Spann, Kugler, Liebhardt (1967: 2161); Vahlensieck, Gödde, Siedek, Paquet, Albrecht, Fritz, Wilbrandt, Neuhaus, Vorlaender (1968: 675). In dem Sammelband von Penin, Käufer (Hg.) (1969) wird auch die Frage des Zeitpunktes der Organentnahme immer wieder diskutiert, der Band geht auf ein Symposium zurück, auf das ich noch genauer eingehen werde; Wawersik (1968: 346 f.); Zenker, Pichlmaier, Erpenbeck, Bessirsky, Jabour, Edel, Gurland, Müller, Altmeyer, Dobbelstein, (1967: 616) weisen darauf hin, daß der Spender nachweislich tot sein sollte, vom Hirntod als Todeskriterium ist nicht die Rede; Zenker, Pichlmaier, (1968: 716) verweisen auf die Arbeit der Kommission der Deutschen Gesellschaft für Chirurgie, von der sie eine Festlegung erwarten, ob der Hirntod als Todeskriterium zu werten ist.

Nach der französischen medizinischen Akademie[27] beantwortete auch die 1967 eingesetzte Kommission der Deutschen Gesellschaft für Chirurgie die Frage, ob Hirntote Tote sind, positiv.[28] Wenige Monate später kam in den USA ein »Ad hoc Commitee der Harvarduniversität« zu einem vergleichbaren Ergebnis (vgl. Ad hoc Commitee 1968). Es hat vom ersten Zusammentreffen von Transplantationschirurgie und Hirntod 1963 nur 5 Jahre gedauert, bis der Hirntod als neues Todeskonzept etabliert worden war. Zumindest in einigen wichtigen Industrieländern war der Zwang zur Klarheit bewältigt worden. Es war allerdings noch nicht ganz klar, was jetzt eigentlich klar war. Auch wenn feststand, daß Patienten mit einem irreversiblen Funktionsausfall des zentralen Nervensystems Tote sind, war immer noch offen, was darunter genau zu verstehen ist.

3.2.2. Die Ursache als Phänomen: Die Genese der gegenwärtigen Hirntodkonzeption

Der »irreversible Funktionsverlust des zentralen Nervensystems« hat seit seinen ersten Beschreibungen in den fünfziger Jahren eine dramatische Geschichte erlebt. Zunächst war er nichts weiter als eine Erinnerung daran, daß Menschen trotz der Erfolge der Reanimationsmedizin und der experimentellen Reanimationsforschung sterblich waren. In den Händen von klinisch tätigen Medizinern, die knappe Ressourcen zu verwalten hatten, wurde Anfang der 60er Jahre aus dem Bezugspunkt für die unumgängliche Sterblichkeit ein Kriterium, das half, den Zeitpunkt zu bestimmen, ab dem gestorben werden muß. Die Prognose von Patientinnen mit einem irreversiblen Funktions-verlust des zentralen Nervensystems war so schlecht, daß die behandelnden Ärzte sich berechtigt fühlten, die Behandlung, einschließlich der künstlichen Beatmung abzubrechen.

Dabei war eine zweideutige Situation entstanden: Sind Menschen, deren zentrales Nervensystem irreversibel geschädigt ist, Tote oder sind sie so schwer krank, daß die Behandlung wegen der schlechten Prognose abgebrochen werden kann? Diese Zweideutigkeit wurde einzig von einigen us-amerikanischen Autoren vermieden: Schwab, Potts und Bonazzi (1963) hatten eindeutig ein neues Todeskriterium

---

27 Vgl. Allaines (1966: 249–250) Au nom de la Commission des Prélèvement d'organes.
28 Vgl. hierzu Wachsmuth (1967), Deutsche Gesellschaft für Chirurgie (1968).

formuliert. Dennoch kam es nicht in den USA, sondern in Europa zu den ersten Transfers des neuen Wissens über die Schwere der Hirnschädigungen in die sich zu diesem Zeitpunkt entwickelnde Transplantationschirurgie. Aufgrund des Interesses der Transplantationschirurgie an möglichst lebensfrischen Organen wurde es seit ca. 1963 notwendig, das bislang zweideutige Kriterium (Diagnose des Todes, Prognose des unvermeidlichen Todes) zu vereindeutigen.

Der Zwang zur Vereindeutigung resultierte daraus, daß das Subjekt des Lebens bzw. des Todes als ou-topisches Subjekt zugleich ein Rechtssubjekt war (und ist), denn die Modalitäten der Organentnahme von Lebenden und Toten unterliegen rechtlich völlig verschiedenen Restriktionen. Wie der Tod des ou-topischen Subjekts festgestellt wird, d.h. der Prozeß der Vereindeutigung selbst, ist aufgrund des seit dem Ende des 19. Jahrhunderts bestehenden staatlich geschützten Monopols der Todesfeststellung wiederum ein innermedizinischer Vorgang. Gemäß dieser Monopolstellung haben Repräsentanten der medizinischen Fachgesellschaften neue Todeskriterien und Tests zur Todesfeststellung formuliert. Mit Bezug auf die Interessen der Transplantationschirurgie mußten drei Fragen geklärt werden: 1. Welcher körperliche Zustand eines Patienten erlaubt die Feststellung, daß er tot ist, obwohl sein Herz noch schlägt? Dies ist die Frage nach dem genauen Kriterium des Todes. 2. Welche Tests erlauben es festzustellen, ob das Kriterium zutrifft oder nicht? 3. Wann findet die Transformation eines lebenden Menschen in einen toten Menschen statt?

Die übergeordnete Frage nach dem Subjekt des Todes bzw. des Lebens tauchte in der medizinischen Diskussion um den Hirntod kaum als solche auf. Die spezifische Veränderung der Existenz, die sich ereignet, wenn ein Subjekt stirbt, wurde nur am Rande gestreift.[29]

Wenn man die drei Fragen in der Perspektive der Subjektproblematik betrachtet, erscheint es sinnvoll, mit der dritten Frage zu beginnen. Sie lautet: Welcher physische Zustand zeigt an, daß die

---

29 Eine Ausnahme bildet in der deutschen Diskussion das von Altmann e.a. (1969) herausgegebene »Handbuch der allgemeinen Pathologie«, denn der erste Band enthält nicht nur einen allgemeinen Beitrag »Das Problem des Todes« (Kress 1969), sondern auch entsprechend einen Aufsatz von Portmann (1969) »Das Problem des Lebendigen«. Für die Festlegung des Hirntodes als Todeskriterium spielten solche Überlegungen aber kaum eine Rolle. Das gleiche gilt für die von Julius Korein in der amerikanischen Debatte vorgetragenen grundsätzlichen Überlegungen zum Hirntod (vgl. Korein 1978).

Transformation des Subjekts stattfindet? Denn nur wenn das bekannt ist, kann der physische Zustand in der Zeit fixiert und ein exakter Todeszeitpunkt angegeben werden. Die gesamte Debatte um den Hirntod legt folgende Antwort nahe: Es wird diesen Zeitpunkt geben, es hat diesen Zeitpunkt gegeben, aber es gibt diesen Zeitpunkt nicht. Anders gesagt, es gibt einen feststellbaren physischen Zustand des Subjekts, der anzeigt, daß die Transformation bevorsteht, ebenso gibt es einen feststellbaren physischen Zustand des Subjekts, der anzeigt, daß die Transformation stattgefunden hat, aber es gibt keinen feststellbaren physischen Zustand, der anzeigt, daß die Transformation gerade stattfindet. Der Todeszeitpunkt bleibt ungreifbar. Er ist ebensowenig wie das Subjekt raum-zeitlich fixierbar. Der Hirntod wird ausschließlich post-hoc festgestellt. Dies gilt für die ersten Formen der Hirntoddiagnostik und auch für die moderne Fassung des Hirntodkonzepts. An diesem Punkt unterscheiden sich die hirnbezogenen Formen der Todesfeststellung auch nicht von der an Herz und Kreislauf orientierten Form, den Tod zu diagnostizieren. Auch bei dieser ließ sich kein genauer Todeszeitpunkt festlegen.[30] Bei der hirnbezogenen Todesfeststellung führte das jedoch insofern zu einem Problem, als es bei dieser darum ging, den Tod möglichst frühzeitig, also möglichst zum Zeitpunkt des eintretenden Todes, festzustellen. Nur unter dieser Bedingung konnte nämlich der doppelten Präzision, die in der Hirntoddiagnostik notwendig wurde, entsprochen werden: keine Zurechnung von Lebenden zu den Toten, aber auch keine Zurechnung von Toten zu den Lebenden. Der zweiten Forderung kann man im Prinzip nur dann gerecht werden, wenn die Todesfeststellung und der Todeseintritt zusammenfallen.

Daß das Ziel, den physischen Zustand des Todeseintritts zu fixieren, auf jeden Fall verfehlt wurde, wird besonders deutlich in der Veröffentlichung des wissenschaftlichen Beirats der Bundesärztekammer »Kriterien des Hirntodes. Entscheidungshilfen zur Feststellung des Hirntodes« (Bundesärztekammer 1982: 52) formuliert: »Todeszeitpunkt: Da beim Hirntod der wirkliche Zeitpunkt des Eintritts des Todes nicht eindeutig feststellbar ist, wird der Zeitpunkt, zu welchem die endgültigen diagnostischen Feststellungen getroffen werden, dokumentiert.« In den Fortschreibungen der nächsten Jahre wurde dieselbe Formulierung verwendet (vgl. Bundesärztekammer 1986: 2946, 1991:B 2859). In der vorläufig letzten Fortschreibung

---

30 Vgl. hierzu die Analysen des Vorgehens der experimentellen Reanimatologie (Lindemann 2002).

der »Entscheidungshilfen« findet sich nur eine kleine Variation desselben Gedankens: »Todeszeitpunkt: Festgestellt wird nicht der Zeitpunkt des eintretenden, sondern der Zustand des bereits eingetretenen Todes. Als Todeszeit wird die Uhrzeit registriert, zu der die Diagnose und Dokumentation des Hirntodes abgeschlossen sind.« (Bundesärztekammer 1997: B 1038)[31]

Der Zeitpunkt der Transformation von einem lebendem zu einem toten Subjekt blieb unfaßbar. Diese Unbestimmtheit ist strukturell bedingt. In den folgenden Kapiteln wird genauer herausgearbeitet, wie auch ein rein medizinisch-wissenschaftlicher Umgang mit menschlichen Körpern diese implizit als ou-topische Gegenüber in Anspruch nimmt, d.h. als ein Gegenüber, das nicht vollständig mit feststellbaren Gegebenheiten identifiziert werden kann. Die Festlegung des genauen Todeszeitpunkts erforderte aber die Identifikation von wahrnehmbaren körperlichen Gegebenheiten und ou-topischem Gegenüber. Denn im definitiven Übergang vom Leben zum Tod findet eine qualitative Veränderung des ou-topischen Gegenüber statt. Wenn es gelänge, die physische Erscheinung des aktuell eintretenden Todes festzulegen, wäre zu diesem Zeitpunkt das ou-topische Gegenüber mit der physischen Erscheinung identisch. Die feststellbare Veränderung wäre identisch mit der Veränderung des ou-topischen Gegenüber und umgekehrt wäre das ou-topische Gegenüber in der Veränderung nicht mehr in Differenz zur wahrnehmbaren Gestalt. Wenn dennoch der Sachverhalt, daß eine Veränderung stattgefunden hat, an der physischen Erscheinung des Körpers festgemacht wird, beinhaltet das eine wertende Deutung. Ärzte müssen auf der Grundlage ihres Wissens, das den Patienten als ou-topisches Gegenüber gerade nicht umfaßt, etwas über dieses, nämlich über seinen Status als lebendiges oder totes Subjekt aussagen. Die explizite Berücksichtigung dieses Problems würde in die ärztliche Todesfeststellung eine unhintergehbare Unsicherheit einführen, denn es könnte immer auch eine andere gestalthafte Erscheinung eines Patientenkörpers zur Grundlage der wertenden Deutung gemacht werden: Diese Patientin

---

31 Andere offizielle Stellungnahmen sind in dieser Hinsicht weniger explizit, gehen aber indirekt auch davon aus, daß nicht der Zeitpunkt des eintretenden, sondern nur der des bereits eingetretenen Todes festgestellt werden kann. Dies ergibt sich aus der Logik der Irreversibilitätsannahme. Daß der Hirntod eingetreten ist, wird angenommen, wenn ein bestimmter physischer Zustand, der durch klinische und apparative Tests nachgewiesen werden kann, über einen bestimmten Zeitraum andauert. Wann im Verlauf des Sicherheitszeitraums der Tod eingetreten ist, bleibt offen. Vgl. Ad Hoc Committee 1968.

ist tot.[32] Das Wissen, daß eine bestimmte Gestalt bedeutet, dieser Patient ist tot, ist ein Wissen, das im Konjunktiv existiert.

In dem Maße, wie diese Unsicherheit ausgeklammert wurde, gelangen auf den Ebenen, die von den ersten beiden Fragen angesprochen sind, sichere Festlegungen. Die Gewißheit bezieht sich auf das Verhältnis von Kriterium des Todes und den Tests, die es erlauben nachzuweisen, daß das Kriterium zutrifft. Wenn man das Interpretationsmodell des zweiten Kapitels in Anschlag bringt, meint Kriterium des Todes die gestalthafte Erscheinung des Körpers, die bedeutet, daß dieser nicht mehr lebendig ist. Je nachdem wie die gestalthafte Erscheinung beschaffen ist, gibt es unterschiedliche Tests, aufgrund derer der Nachweis geführt werden kann, daß das Kriterium zutrifft. Der Nachweis irreversiblen Funktionsausfalls des zentralen Nervensystems wäre als ein Kriterium des Todes zu verstehen. Die Tests, die das Vorliegen des Kriteriums belegen sollten, waren die Ableitung eines EEG, das eine Null-Linie aufweisen sollte, das Auslösen verschiedener Reflexe und das Zufügen von Schmerz, d.h. das Setzen von Schmerzreizen.

Der Prozeß, in dem die auch heute noch gültige hirnbezogene Todesfeststellung durchgesetzt wurde, verlief in folgenden Schritten. Zunächst wurden die Anforderungen an die physische Erscheinung der hirntoten Toten so gestaltet, daß sie möglichst weitgehend der physischen Erscheinung von Herz-Kreislauf-Toten ähnelten. Die in Frankreich, Belgien und den USA bis 1968 formulierten Tests, die das Vorliegen des Hirntodkriteriums belegen sollten, waren so angelegt, daß sie noch nicht den Tod des Gehirns im engeren Sinne meinten, sondern den Tod des »gesamten zentralen Nervensystems«. Bei der völligen Areflexie mußte sich der Funktionsausfall auch auf das Rückenmark erstrecken. Die Toten waren vollständig reglos und reagierten auch auf stärkste Schmerzreize nicht mehr.[33] Auch in Deutschland folgten mehrere Mediziner dieser Auffassung (vgl. Spann e.a. 1967).

Solange die Hirntoddiagnostik sich an diesem Kriterium orientierte, konnte aber immer wieder ein kniffliges Problem auftreten. Hirntote Tote, die zunächst auch auf die stärksten Reize nicht mehr reflektorisch reagierten, konnten im weiteren Verlauf eine Verände-

---

32 Die Identifikation von feststellbarer Gestalt und ou-topischem Gegenüber bildet bei der Todesdiagnostik das zentrale Problem. Darauf wird im 6. Kapitel ausführlicher eingegangen.
33 Vgl. hierzu die Tests, die in folgenden Publikationen aufgeführt wurden: Ad hoc Commitee (1968), Schwab e.a. (1963), Alexandre (1966), Allaines (1966).

rung durchmachen. Nachdem der Tod diagnostiziert worden war, konnten nach einiger Zeit wieder Reflexe auftreten. Die hirntoten Toten wurden den Herz-Kreislauf-Toten wieder unähnlich. Diese Veränderungen traten besonders leicht und oft in einem Kontext auf, in dem Hirntoddiagnostik und Transplantationschirurgie zusammenspielten. Denn, solange diese Überschneidung nicht stattfand, wurde nach der Hirntoddiagnostik die künstliche Beatmung eingestellt, mit der Folge, daß der Patient auch nach herz-kreislauf-bezogenen Kriterien starb. Wenn dagegen eine Organentnahme geplant war, wurden die hirntoten Toten intensivmedizinisch weiterbehandelt. Einige von ihnen erlangten dabei auch die Fähigkeit wieder, sich reflektorisch zu regen. Die problematischen Veränderungen wurden also vorzugsweise in einem Kontext virulent, in dem die Hirntoten unbedingt tot sein sollten, sonst hätten nämlich die Transplantationschirurgen evtl. noch Lebenden Organe entnommen.[34]

Wenn die Hirntoddiagnostik weiterhin bei dem Kriterium des irreversiblen Funktionsverlusts des gesamten zentralen Nervensystems einschließlich des Rückenmarks geblieben wäre, hätte dies nicht nur für die Transplantationschirurgie zu einer schwierigen Situation geführt. Auch das gesamte Konzept des Hirntodes hätte damit auf der Kippe gestanden. Denn, wenn nach der abgeschlossenen Hirntoddiagnostik Patientinnen wieder eindeutige Lebenszeichen zeigten, konnte dies nur zwei Konsequenzen haben. Entweder waren die Patienten tatsächlich tot und lebten wieder oder aber sie waren nie wirklich tot gewesen. Die erste Alternative liegt außerhalb des medizinisch Denkmöglichen. Auch bei den Zweifelsfällen, bei denen eine Wiederbelebung nach eingetretenem Herzstillstand gelungen war, war nicht darauf geschlossen worden, daß diese Patienten tatsächlich schon tot gewesen wären. Solange ein todesähnlicher Zustand reversibel war, konnte eine Patientin nicht tot sein, sondern sie lebte lediglich auf einem minimalen Niveau (vgl. Negovskij 1959). Wenn man dieser Logik gefolgt wäre, hätte das Hirntodkriterium nicht länger ein Todeskriterium sein können, sondern nur noch ein Kriterium, das es erlaubt, eine hoffnungslose Prognose zu stellen.

Das Problem wurde gelöst, indem Kriterium und Tests neu aufeinander abgestimmt wurden. Dies erfolgte in einem indirekten Verfahren. Es wurde nicht ein bestimmter Zustand des Körpers als Krite-

---

34 Vgl. hierzu die Ausführungen des belgischen Neurologen Pillen und die daran anschließenden Diskussionen auf einem 1968 organisierten Symposium in Bonn (vgl. Penin/Käufer 1969: 92 ff.).

rium festgelegt, dessen Auftreten bedeutet, daß der Körper »tot« ist. Sondern: Es wurde ein Kriterium festgelegt, dessen Vorliegen besagt, daß der Tod notwendig eintreten wird. Die Tests bezogen sich nur auf dieses Kriterium, d.h. auf die notwendige Bedingung des Todeseintritts. Nicht der Todeseintritt, sondern seine Ursache wurde direkt empirisch untersucht. Der physische Zustand, der bedeutet, dieser Körper ist tot, wird damit nur indirekt benannt.

Es bestand ein Konsens, daß jedes Gewebe nur solange leben kann, wie es durchblutet wird. Wenn ein Organ über einen bestimmten Zeitraum hinaus nicht durchblutet wird, ist eine Wiederherstellung der Organfunktion, die mit dem Leben des Organs gleichgesetzt wurde, nicht mehr möglich, das Organ wird notwendigerweise sterben. Dieser Zusammenhang galt auch für das Gehirn (vgl. Schneider 1965). Für den Nachweis der Nichtdurchblutung des Gehirns gab es einen als sicher geltenden Test: die Röntgenkontrastdarstellung der Durchblutung durch eine Angiographie. Die Annahmen darüber, wie lange ein Gehirn nicht durchblutet sein mußte, schwankten zwischen 20–30 Minuten (vgl. Schneider 1965) und 3–5 Minuten (vgl. Zenker, Pichlmaier 1968). Nach Ablauf dieses Zeitraums war davon auszugehen, daß der Organtod des Gehirns sicher eintritt.

Um den Nachweis der Nichtdurchblutung des Gehirns wurden die weiteren Tests arrangiert. Es galten jetzt nur noch die klinischen Tests als Hinweis auf den Hirntod, die aus seiner Ursache, der Nichtdurchblutung des Gehirns, deduziert werden konnten. Nach Maßgabe dieser Deduktion waren die rückenmarksgesteuerten Bewegungen mit dem Tod vereinbar. Nur diejenigen Reflexe, die die Funktionsfähigkeit des Nervengewebes innerhalb der Schädelkapsel voraussetzen, kamen jetzt noch als Tests für den Nachweis in Betracht, daß ein Körper in dem Zustand ist, der dem Todeskriterium entspricht. Diese Strategie konnte sich in Deutschland besonders leicht durchsetzen, da sie durch die Studie von Tönnis und Frowein (1963) vorbereitet worden war, die die irreversible Schädigung des zentralen Nervensystems schon seit 1963 ausschließlich im Sinne des Organtods des Gehirns im engeren Sinn verstanden hatten. Dies erlaubte es zum ersten Mal, seit die Mediziner das Monopol zur Todesfeststellung erlangt hatten, nicht nur Körper mit schlagendem Herzen als tot zu deuten, sondern auch solche, die rucken und zukken.

In der Diskussion um die Angiographie herrschte von Anfang an eine Zweideutigkeit vor. Die Nichtdurchblutung des Gehirns wurde nämlich einerseits als Ursache für den Organtod des Gehirns gewertet und andererseits wurde die Ursache mit ihrer Wirkung identifiziert, d.h., die Nichtdurchblutung des Gehirns wurde ebenfalls als ein Phänomen verstanden, das auf den eingetretenen Hirntod hinweist. Diese Zweideutigkeit findet sich unkommentiert auch in der wichtigen Veröffentlichung von Tönnis und Frowein (1963). In einer früheren Publikation von Wertheimer e.a. (1960) war noch explizit angesprochen worden, daß die Ursache nicht mit ihrer Wirkung identifiziert werden könne. Die Angiographie wurde als vorletzter Test durchgeführt. Nachdem die Ursache des Hirntodes aufgewiesen war, sahen es die französischen Autoren noch als unerläßlich an zu belegen, daß die erwartete Wirkung auch tatsächlich eingetreten war.[35]

In der Identifikation des Nachweises der Ursache, nämlich der Nichtdurchblutung des Gehirns, mit der Wirkung, d.h. dem tatsächlich eingetretenen Hirntod, verschwand der deduktiv angelegte Konstruktionsprozeß, in dem das Hirntodkonzept erzeugt worden war. Die Identifikation der Ursache mit dem bewirkten Phänomen führte bei der Kommission der Deutschen Gesellschaft für Chirurgie sogar so weit, daß sie auch andere, nichtapparative, Formen des Nachweises der Nichtdurchblutung des Gehirns akzeptierte. Wenn das Herz nicht mehr schlug, konnte das Gehirn ebenfalls nicht mehr durchblutet werden. Aus diesem Grunde konnte der Herzstillstand nach Auffassung der Kommission mit dem Hirntod identifiziert werden.[36]

Die Festlegung der Nichtdurchblutung des Gehirns als dem entscheidenden Todeszeichen ermöglichte die konsistente Konstellierung weiterer Tests. Es wurden nur noch solche zugelassen, die auf den Nachweis des Funktionsausfalls von Nervengewebe innerhalb der Schädelkapsel abzielten. Auf diese Weise gelang es, eine stimmige gestalthafte Erscheinung festzulegen, deren Vorliegen bedeutet, dieser Körper ist tot. Die erste in dieser Hinsicht konsistente Hirntodkonzeption findet sich in der Veröffentlichung der Kommission der Deutschen Gesellschaft für Chirurgie (1968). Hier wurde erstmals

---

35 In der weiteren Debatte hat sich diese Zweideutigkeit zugunsten der Identifikation der Ursache mit der Wirkung allerdings verloren. Vgl. hierzu die Diskussion um die Angiographie in Krösl, Scherzer (1973). Auch in der medizinhistorischen Forschung wird die Differenz zwischen der Angiographie als Test, der das Eintreten der Ursache des Todes nachweist, und der Angiographie als Test, daß ein Todeskriterium zutrifft, nicht mit ausreichender Sorgfalt beachtet (vgl. Wiesemann 1998).
36 Dieses Vorgehen hat für die Transplantationschirurgie die Nebenwirkung, den Kreis potentieller Organspender zu erhöhen. Claudia Wiesemann (2001) hat in dieser Perspektive die Entstehung der Kriterien der Deutschen Gesellschaft für Chirurgie untersucht.

offiziell der Standard der modernen auch heute noch gültigen Hirntoddiagnostik formuliert. Erst im Verlauf der siebziger Jahre schwenkten die medizinischen Gesellschaften anderer Länder ebenfalls auf das neue Kriterium um.[37]

Der Rekurs auf die Hirndurchblutung führte nicht nur zur Formulierung einer stimmigen Hirntodkonzeption, sondern er glich auch in einer anderen Hinsicht einem Geniestreich. Die Verbildlichung der Durchblutung des Gehirns bot nämlich die Möglichkeit, die Grenze zwischen Lebenden und Toten wie eine verräumlichte Grenze aufzufassen. Es geht bildlich darstellbar ausschließlich um den Teil des zentralen Nervensystems, der sich innerhalb des Schädelknochens befindet. Die Bedeutung dieses Sachverhalts läßt sich mit Bezug auf eine Einsicht Simmels erfassen. Simmel (1983: 465 ff.) hatte darauf hingewiesen, daß soziale Grenzen sicherer sind, wenn sie sich auf etwas sinnlich Faßbares beziehen, etwa einen sichtbaren Anhaltspunkt in der Landschaft. In vergleichbarer Weise war eine apparativ dargestellte Nichtdurchblutung des Gehirns eine räumlich faßbare Grenze, die auch medizinische Laien überzeugen konnte.[38] Die apparative Darstellung der Nichtdurchblutung des Gehirns machte potentiell für jedermann sichtbar: Hier verläuft die entscheidende Grenze zwischen den Körpern, die in den Bereich des Sozialen gehören und den Körpern, bei denen das nicht der Fall ist. Es scheint, als hätte die Evidenz der sichtbar gemachten Grenze es ermöglicht festzulegen, ab wann frühestens aus dem ou-topischen Subjekt des Lebens ein ou-topisches Subjekt des Todes geworden ist.

---

37 Eine Rekonstruktion der amerikanischen Entwicklung findet sich in Lindemann (2002).
38 Die Möglichkeit, die Grenze zwischen Leben und Tod bildlich faßbar zu machen, sie also zeigen zu können, sahen die mit Hirntoddiagnostik betrauten Ärzte als eine große Überzeugungshilfe in der Diskussion mit möglichen Zweiflern. Vgl. hierzu die Redebeiträge in Penin, Käufer (1969: 124 f.). Diese Möglichkeit wurde auch in den USA geschätzt. »In fact, it has been so reliable in the last few years that we have not found it necessary / to do electroencephalography in most cases. The pictures from the test are very helpful; they can be shown to families and placed in the records.« (Goodman 1978: 213 f.) Diese Stellungnahme ist umso erstaunlicher, als amerikanische Ärztinnen die Angiographie in der Mehrzahl ablehnten (vgl. Molinari 1980: 18 f.; Smith, Walker 1973: 110; Silverman 1971: 1004).

3.3. Der Tod im Konjunktiv

Dieser knappe historische Abriß skizzierte in groben Zügen die Entwicklung zum modernen hirnbezogenen Todeskriterium. Dabei wurde eine Zeit der permissiven Inklusion, während derer es ausschließlich darum ging, auf keinen Fall Lebende zu den Toten zu rechnen, durch eine Praxis der trennscharfen Grenzziehung abgelöst, die ein zweifaches Ziel verfolgte: Auf keinen Fall sollten Lebende zu den Toten gerechnet werden, aber ebenso sollten auf keinen Fall Tote zu den Lebenden gezählt werden. Das letztere konnte von der Praxis der permissiven Grenzziehung durchaus vorübergehend in Kauf genommen werden. Denn das Ziel dieser Praxis war es, immer noch unscheinbarere Lebenszeichen zu entdecken. Die Notwendigkeit für diese Veränderung ergab sich aus dem Zusammenspiel von Recht und Transplantationsmedizin.

Bei der Analyse dieses Zusammenspiels habe ich mich darauf konzentriert, daß der Patient insofern ein ou-topisches Gegenüber der ärztlichen Praxis sein muß, als er als Subjekt des Lebens auch in andere Wissens- und Praxisformen übersetzt ist. Aufgrund dessen ließ sich begreifen, welche Dynamik die rechtliche Stellung der Patientinnen als Lebende und als Leiche innerhalb der Medizin entfalten konnte. Innerhalb des deutschen Rechts war es für die Transplantationschirurgie ein objektiver Glücksfall, daß die Hirntoten definitiv als Tote gedeutet wurden.

Die Festlegung des körperlichen Zustandes, der bedeutet, daß ein menschlicher Körper tot ist, erfolgte in einem pragmatischen Verfahren, bei dem die Frage, was unter Leben zu verstehen ist, überhaupt keine Rolle spielte. Es kam lediglich darauf an, das Kriterium des Todes und die Tests, die nachweisen, daß das Kriterium zutrifft, in ein stimmiges Verhältnis zueinander zu bringen. Auf diese Weise wurde ein historisch neues Todeskriterium etabliert: der Funktionsausfall des Teils des Nervensystems, der sich innerhalb des Schädelknochens befindet. Damit ist hinsichtlich der Grenzen des Sozialen die historische Voraussetzung skizziert, die die Grundlage für die gegenwärtig zu beobachtende intensivmedizinische Praxis darstellt.

Die Veränderlichkeit der Todeskriterien und die Notwendigkeit einer pragmatischen Festlegung sind ein deutlicher Hinweis darauf, daß es sich bei der Bestimmung einer Gestalt, die den eingetretenen Tod bedeutet, um eine wertende Deutung handelt. Da es die Medizin vermittelt über die Gestalt immer auch mit dem Patienten als Subjekt des Lebens und des Todes zu tun hat, kann sie weder die wertende Dimension ausklammern, noch kann sie den Patienten als ou-topisches Gegenüber mit einer bestimmten gestalthaften Erscheinung identifizieren.

Dies wurde besonders dadurch virulent, daß im Fall des Subjekts des Lebens bzw. des Todes das ou-topische Gegenüber durch verschiedene Wissens- und Praxisformen vagabundierte. Es war für die beteiligten Medizinerinnen selbstverständlich und für ihr Vorgehen folgenreich, daß ihnen die Deutung der Patientengestalt nicht allein überlassen war. Als ou-topisches Gegenüber existierte der Patient in der Medizin; zugleich war der Patient aber als lebendiger Körper, der sterben kann auch eine verkörperte Person, die ein Recht auf Leben und körperliche Unversehrtheit hat. Auf diese Weise wurden rechtliche Regelungen für das medizinische Hirntodkonzept bedeutsam. Das vagabundierende ou-topische Gegenüber der verschiedenen Wissensformen akzentuierte scharf, daß das Wissen über den Tod ein Wissen im Konjunktiv ist. Der Tod eines ou-topischen Gegenüber, der zugleich ein lebendiger Körper und ein Rechtssubjekt ist, muß als ein realer Sachverhalt verstanden werden, den es nur im Konjunktiv gibt.

4. DEM PATIENTENKÖRPER AUF DER SPUR I: DER PATIENT ALS NICHTEXPRESSIVE ORDNUNGSEINHEIT DER ÄRZTLICHEN PRAKTIKEN IN DER INTENSIVMEDIZIN

Eine Untersuchung des Umgangs mit Intensivpatienten, sowie der praktischen Durchführung der Hirntoddiagnostik fällt mit Bezug auf ihren empirischen Gegenstand in den Bereich der Medizinsoziologie. Es erscheint mir deshalb angemessen, die Studie in diesem Feld grob zu verorten. Im Anschluß daran werde ich mich der Analyse zuwenden, wie Patientinnen als Gegenüber der ärztlichen Praktiken existieren. In diesem Kapitel liegt der Schwerpunkt auf den Aktivitäten der Ärztinnen. Erst in den nächsten beiden Kapiteln wird die spezifische Eigenleistung bewußtloser Patienten genauer untersucht.

4.1. Über den medizinsoziologischen Nutzen der Frage nach den Grenzen des Sozialen

Im Anschluß an Robert Straus (1957) unterscheidet König (1958) eine Medizinsoziologie, die innerhalb der Medizin angewandt wird, von einer Medizinsoziologie, die die Medizin als solche zu einem Gegenstand der sozialwissenschaftlichen Forschung macht. Die erstere widmet sich etwa soziokulturellen Bedingungen von Erkrankungen oder Therapieerfolgen, während die zweitere das gesamte Ensemble medizinischer Praktiken und Diagnosen einschließlich der sozialen Organisation des Gesundheitswesens untersucht, ohne die Intention zu verfolgen, etwa eine soziologische Erklärung einer Erkrankung oder eines Therapieverlaufs in Konkurrenz zu einer organischen Erklärung zu setzen bzw. ein ergänzendes Verständnis zu einer organischen Erklärung zu formulieren.[1] Obwohl die vorliegende Arbeit eher einer Soziologie der Medizin zuzurechnen wäre, wäre diese Einordnung letztlich nicht stimmig, denn mein primäres Interesse gilt nicht

---

1 Für Beiträge zu einer Soziologie in der Medizin vgl. Gerhardt (1991c), Badura (1981) jeweils mit weiteren Literaturangaben. Als einen klassischen Beitrag zur Soziologie der Medizin vgl. Parsons (1958). Die doppelte Gegenstandsbestimmung der Soziologie in der Medizin und Soziologie der Medizin kommt auch in der Darstellung des Fachs »Medizinische Soziologie« (Kaupen-Haas 1997) gut zum Ausdruck. Für weitere Literaturhinweise verweise ich auf diese Arbeit.

der Medizin als einem besonderen abgrenzbaren Bereich, sondern den Grenzen des Sozialen. Die Medizin bzw. das Gesundheitswesen ist dabei nur insofern von Bedeutung, als sich an bestimmten Veränderungen innerhalb des medizinischen Wissens bzw. medizinischer Praktiken eine Veränderung der Grenzen des Sozialen ablesen läßt. Das Problem selbst ist ein grundlagentheoretisches, für das im Augenblick vor allem die Intensivmedizin einen besonders geeigneten empirischen Zugang bietet.[2] Das Ziel der Untersuchung ist also nicht ein Beitrag zur Soziologie der Medizin, sondern eine reflexive Analyse der Grenzen des Sozialen mit empirischen Mitteln. Wenn zusätzlich ein Beitrag zur Soziologie der Medizin entsteht, wäre das – medizinisch gesprochen – eine Nebenwirkung. Da – wie jeder Beipackzettel verrät – Nebenwirkungen sehr massiv sein können, ist es angebracht, auch diesbezüglich die Arbeit genauer zu verorten.

Wenn die Medizin als Ganzes zum Gegenstand einer soziologischen Untersuchung gemacht wird, stellt sich im Weiteren die Frage, welchen Phänomenen, die es innerhalb der Medizin zu beobachten gibt, sich eine soziologische Beobachtung sinnvollerweise zuwenden sollte. Diese Frage ist sehr unterschiedlich beantwortet worden. Eine Möglichkeit besteht darin, medizinische Phänomene in natürliche und soziale bzw. kulturelle zu unterteilen. Die natürlichen Phänomene wären dann von einer naturwissenschaftlichen Medizin zu untersuchen, während der Rest in den Kompetenzbereich der Medizinsoziologie fallen würde. Begrifflich wurde dies in der anglo-amerikanischen Diskussion mit der Unterscheidung zwischen »illness« bzw. »illness behavior« und »disease« (vgl. hierzu Atkinson 1995: 21–25) festgeschrieben.[3] Für »disease«, d.h. den harten Kern der z.B. physiologischen Tatsachen, erklärten sich Soziologen für unzuständig, weshalb in der Konsequenz auch die Tätigkeiten aus dem Fokus des soziologischen Interesses herausfielen, die um diesen harten Kern herum gruppiert waren: die naturwissenschaftliche Erforschung von Krankheiten, wie etwa die Laborforschung. Im Gegenzug zeich-

---

2 Die aktuelle Entwicklung der Medizin, die zunehmend Erkenntnisse der Molekularbiologie, Nanotechnologie und Gentechnologie integriert, wird die Bedeutung dieses Feldes als ein Gebiet, in dem sich grundlagentheoretische Fragen der Soziologie empirisch untersuchen lassen, wahrscheinlich noch dramatisch erhöhen.

3 Diese Unterscheidung entspricht einer professionellen Strategie, die Soziologinnen bis in die 80er Jahre hinein in den verschiedensten Bereichen verfolgt haben. Um gegen die Wissensansprüche der Naturwissenschaften, ein eigenes Forschungsfeld abzugrenzen, wurde z.B. auch in der Geschlechterforschung zwischen transplantation; in analoger Weise differenziert.

nete sich vor allem die Arzt-Patient-Interaktion[4], die organisatorische Dimension der Krankenversorgung[5] sowie der Umgang der Kranken mit ihrer Krankheit[6] (»illness behavior«) als zentrale Bereiche der medizinsoziologischen Forschung ab.[7]

[4] Die Arzt-Patient-Beziehung zum Ansatzpunkt machen etwa: Gerhardt (1991b), Glück, Matt, Weingarten (1983); Grote-Janz, Weingarten (1983), Schachtner (1999), Schmidt-Rost (1985), Schneider (1985), Wimmer, Pelikan (1985).

[5] Dazu wären etwa Studien zu rechnen, die die kollegiale Kontrolle von Ärzten untereinander (Freidson 1975) oder die Kostenentwicklung im Gesundheitswesen (vgl. Wanek 1994, mit weiterführenden Literaturangaben) zum Gegenstand machen. Ein Teil der Studien zur Organtransplantation schlägt ebenfalls diese Richtung ein. Vgl. Obermann (1998) »Some Politico-Economic Aspects of Organ Shortage in Transplantation Medicine«, Schmidt (1996) »Politik der Organverteilung«, Marshall, Thomasma, Daar (1996) »Marketing Human Organs: The Autonomy Paradox«, Schneiderman, Jecker (1996) »Should a Criminal receive a Heart Transplant? Medical Justice vs. Societal Justice«.

[6] Vgl. für eine neuere Publikation Gerhardt (1999), die die Bewältigung von Herzoperationen behandelt. Eine Variation auf das Thema des sozialen Umgangs mit »disease« wäre die Analyse des sozialen Umgangs mit neuen Techniken wie etwa der Reproduktionsmedizin (vgl. Beck-Gernsheim 1991).

[7] Die Einteilung zwischen solchen Arbeiten, die sich der Arzt-Patient-Beziehung untersuchen und dabei einen Kern des naturwissenschaftlichen Wissens unangetastet lassen und denen, die sich der Ärztin-Ärztin-Beziehung zuwenden und damit das gesamte Feld medizinischer Aktivitäten soziologisch in den Blick nehmen, geht nicht vollständig auf. Cicourel (1986) etwa behandelt einerseits die Ärztin-Patientin-Beziehung und untersucht aber gerade im Kontext dieser Begegnung, wie das objektive medizinische Wissen reproduziert wird. Und umgekehrt gibt es Studien, die sich den Arzt-Arzt-Beziehungen zuwenden, aber dennoch die Produktion und die Reproduktion des wissenschaftlichen Wissens von Ärztinnen nicht als solches in den Blick nehmen (vgl. Bosk 1979, Freidson 1975). Strauss e.a. (1985) untersuchen sowohl die Interaktion von Ärztinnen und Schwestern als auch die Interaktion zwischen Ärzten, Pflegern und Patienten, aber sie begrenzen den Gegenstandsbereich soziologischer Forschung so, daß ein Bestand an naturwissenschaftlichem Wissen, nämlich »disease« herausfällt. »In contrast, *trajectory* (Hervorhebung im Original, GL) is a term coined by the authors to refer not only to the physiological unfolding of a patient's disease but to the total *organization of work* (Hervorhebung im Original, GL) done over that course, plus the *impact* (Hervorhebung im Original, GL) on those involved with that work and its organization.« (Strauss e.a. 1985: 8).
Die ethnographisch-anthropologische Literatur, die bislang zum Themenkomplex der Organtransplantation entstanden ist, grenzt zwar nicht programmatisch einen Bereich des Sozialen von dem der Natur bzw. der Technik ab, in der Durchführung der Analyse werden allerdings die wissenschaftlich-technischen Dimensionen zugunsten einer Analyse von Normen und Wertvorstellungen zumeist ausgeklammert. Darüberhinaus wird die medizinische Arbeitsteilung in den Studien zumeist reproduziert. Vgl. etwa Feldman (1988), Hogle (1995, 1999), Lock (1989, 1995), Sharp (1995).
Ausführlich wird die medizinisch-technische Seite dagegen in der dezidiert transplantationskritischen Arbeit behandelt, die Baureithel und Bergmann (1999) vorgelegt haben. Das Interessante ihrer Studie besteht darin, die verschiedenen Tei-

Gegen diese Reduktion des sozialwissenschaftlichen Interesses plädiert Atkinson (1995) dafür, den Alltag der Produktion des naturwissenschaftlichen medizinischen Wissens selbst zu untersuchen. Auch das, was als kognitiver Kern der Medizin bezeichnet werden könnte, müßte in die sozialwissenschaftliche Untersuchung einbezogen werden.[8] Diese Interessenverschiebung führt in der Feldforschung zu einer Verschiebung des Beobachtungsfocus: Nicht mehr die Arzt-Patient-Interaktion, sondern die Ärztin-Ärztin-Interaktion wird zum Ansatzpunkt der soziologischen Analyse. Dies entspricht einer Übertragung der Perspektive der science studies auf den Bereich der Medizinsoziologie.[9] Der wesentliche Punkt besteht darin, prinzipiell jedes medizinische Wissen zum Gegenstand zu machen, d.h., auch das technisch-naturwissenschaftliche Wissen nicht auszuklammern.[10] Je mehr das geschieht, um so eher gerät allerdings der Patient aus dem Blickfeld. Er taucht nur noch auf als Objekt medizinischer Praktiken,

---

lungen der Arbeit zwischen behandelnden Intensivmedizinern, die den Hirntod diagnostizieren und den mit der Transplantation befaßten Akteuren wieder aufzuheben, indem sie das Prozedere der Transplantation von der Produktion des Spenders bis zur Implantation rekonstruieren.

Eher journalistisch, aber auf hohem sachlichen Niveau ist die ebenfalls transplantationskritische Arbeit von Fuchs (1996).

8 Diese Perspektivenverschiebung hatte zaghaft in den 60er Jahren begonnen und hat in sehr vielen Bereichen soziologischer bzw. historischer Forschung durchgeschlagen. Nach den Arbeiten von (Kuhn 1976) und den epistemologischen Studien Foucaults (1971, 1988) und teilweise im Anschluß an Fleck (1980 zuerst 1935) setzte sich in der Wissenssoziologie die Einsicht durch, auch den harten kognitiven Kern der Wissenschaft als einen soziologischen Gegenstand zu betrachten (vgl. Bloor 1984, 1991), darauf bauen Latour/Woolgar (1979) und Knorr Cetina (1991) auf. Knorr Cetina und vor allem Latour und im weiteren Callon (1986) führen die Neuerung des erweiterten Akteurskonzepts ein. Für eine genauere Beschreibung der Entwicklung dieser Perspektive aus der Tradition der Wissenssoziologie Mannheims (1970, 1985) vgl. Heintz (1993).

9 Einige medizinsoziologische Autorinnen stellen sich explizit in diese Tradition, wie etwa Anderson (1992), Berg (1995, 1997), Timmermans (1996), Timmermans, Berg (1997), Wagner (1998). In historischer Perspektive zum Teil im Anschluß an Foucault vgl. hierzu Sarasin, Tanner (1998).

10 Zussman (1992) nimmt gewissermaßen eine Sonderstellung ein. Er widmet sich zwar nicht direkt dem explizit medizinischen Wissen, er erklärt sich sogar definitiv als dafür unzuständig, zugleich untersucht er aber die Strategien, vermittels derer Ärztinnen eine Entscheidung zu einer ausschließlich medizinisch-wissenschaftlichen Entscheidung machen. Diese Strategien versteht er als einen Versuch, einen Bereich abzugrenzen, in dem das Selbstbestimmungsrecht von Patienten keine wesentliche Rolle mehr spielt und es ausschließlich auf die ärztliche Expertise ankommt. Wenn die Abgrenzung dieses Bereichs unangefochtener medizinischer Autorität ein Aushandlungspozess ist, wird das medizinische Expertenwissen zumindest indirekt thematisiert.

die den Körper ganz nach den Erfordernissen ihrer Erkenntnisprozeduren und therapeutischen Praktiken zerlegen und wieder zusammensetzen. Damit setzt sich eine Tendenz durch, die sich schon bei Autorinnen abzeichnete, die prinzipiell die Arzt-Patient-Beziehung in den Blick nahmen und den naturwissenschaftlichen Teil der Medizin ausklammerten. Strauss e.a. (1985) z.b. rechnen nämlich nur dann mit einer Patientin, die aktiv an der Arzt-Patient-Beziehung beteiligt ist und ebenfalls einen Teil der medizinischen Arbeit verrichtet, solange sie nicht komatös ist. Sowie ein Patient nichts mehr empfindet (vgl. Strauss e.a. 1985: 9), fällt er als Akteur aus. Dies gilt erst recht, wenn die Produktion des medizinischen Wissens in den Blick genommen wird. In diesem Fall geht es darum, wie der ärztliche Blick den Körper zerlegt (Foucault 1988)[11], wie die technisch-organisatorischen Bedingungen der Medizin beschaffen sind (Feuerstein 1975) oder eher empirisch beobachtend wie Blutwerte bestimmt werden (vgl. Atkinson 1995). In diesen Arbeiten wird ausschließlich die Interaktion zwischen Ärztinnen bzw. zwischen Schwestern und Ärzten oder Technikern und Ärztinnen bzw. der medizinische Diskurs untersucht.

Es scheint so, als stünde man vor der Wahl, entweder den Bezug zum Patienten als einem maßgeblichen Akteur aufrechtzuerhalten und dabei die Aspekte der ärztlichen Arbeit auszuklammern, die sich mit der Produktion harter naturwissenschaftlicher Fakten befassen, oder aber dies zum Gegenstand zu machen, dabei aber die Patientin aus den Augen zu verlieren. Diese Alternative soll hier vermieden werden. Es geht darum, die Zerstückelung des Patientenkörpers, seine Auflösung in der organisierten medizinischen Arbeitsteilung in den Blick zu nehmen, ohne dabei den Bezug zum Patienten als irgendwie gearteter Ganzheit, die aktiv am Geschehen beteiligt ist, zu »vergessen«. Was für Strauss und seine Mitarbeiter evident ist, daß es nämlich komatöse und empfindungslose Patienten gibt, die keine Akteure mehr sein können, wird sich als das prekäre Ergebnis eines komplexen Auslegungs- und Deutungsprozesses herausstellen. Es handelt sich um das Resultat einer praktischen Auseinandersetzung von Ärztinnen mit ihren Patientinnen, an der beide Seiten beteiligt sind. In diese praktische, den Patienten buchstäblich auch auseinanderlegende, Auseinandersetzung sind immer auch eine Vielzahl von Medizinern und Pflegern involviert, die in hohem Umfang Technik

---

11 Die Arbeiten von Foucault können neben den Arbeiten von Fleck (1980) als Klassiker eines Vorgehens gelten, das das medizinische Wissen insgesamt zum Gegenstand macht.

in ihre Auseinandersetzung mit dem Patientinnenkörper einbeziehen. Was für Atkinson aber eine bloße Zerstückelung des Patientenkörpers darstellt, die zum Zwecke der Produktion eines naturwissenschaftlichen Wissens erfolgt, wird sich als Phase in einem Prozeß erweisen, in dem der Patient nicht nur »zerstückelt«, sondern auch wieder »zusammengesetzt« werden muß, denn ohne den Bezug auf einen Körper als Einheit wären, so wird sich zeigen, alle analytisch zersetzenden Aktivitäten sinnlos.

Die Einnahme dieser Doppelperspektive ergibt sich zwingend aus meiner Fragestellung. Wenn im Zentrum der Aufmerksamkeit der Patient steht und wie er sich als Gegenüber der ärztlichen Praxis verändert, wird es unerläßlich, die Patientin auch dann noch im Blick zu behalten, wenn sie nach den Kriterien, die Strauss e.a. anlegen, schon längst »inert« (Strauss e.a. 1985: 9) geworden oder wenn sie in bildhafte Repräsentationen[12] aufgelöst worden ist. Die konsequente Fokussierung der Beobachtung auf den Patienten macht nämlich auch die Beiträge zur Gestaltung der Situation wahrnehmbar, die er in einem komatösen Zustand leistet. Und umgekehrt stellt sich heraus: Wenn die Patientin in den wissenschaftlichen Prozeduren zerstückelt und nach diagnostischer Wissenslust repräsentiert wird, ist es wichtig den Körperfragmenten zu folgen, bzw. auf sie zu warten. Die Geduld wird belohnt, die Teile kommen zurück. Das Blut, das den Adern entnommen wurde, verläßt zwar die Station, aber nach wenigen Stunden ist es wieder da: verwandelt in einen Blutwert, der als Blutwert eines Patientenkörpers fixiert werden können muß, d. h., er muß auf die Einheit eines Körpers bezogen werden können, der auf der Station in einem Bett liegt. Nur wenn diese Zuordnung gelingt, ist der Blutwert ein wissenschaftlich sinnvoller und therapeutisch brauchbarer Blutwert.

So erweist sich, daß gerade der spezifische Focus dieser Arbeit, der letztlich einer Orientierung an einem Grundlagenproblem der Soziologie geschuldet ist, eine spezifische Form von Aufmerksamkeit erfordert, die als Nebenwirkung eine Weiterführung der Medizinsoziologie zur Folge hat[13]: Eine systematische Zusammenführung der

---

12 Die Auflösung in bildhafte Repräsentationen kann auf sehr unterschiedliche Weise erfolgen, vgl. etwa die Strategien in der Molekularbiologie (Rheinberger 1997) oder die Visualisierung der Hirnaktivität (Hagner 1997).
13 Lediglich im Kontext der deutschen Medizinsoziologie gibt es Vorläufer dieser spezifischen Perspektive. Dabei wäre vor allem an die Arbeiten von Paul Ridder (1979, 1980) zu denken, der zumindest programmatisch fordert, den Zusammenhang der verschiedenen in der Medizin relevanten Wissensformen nicht aus den Augen zu verlieren. Bezeichnenderweise knüpft Ridder (1985) ebenfalls an die

Perspektive der Arzt-Patient-Interaktion mit der Perspektive der Ärztin-Ärztin-Interaktion, deren Analyse die naturwissenschaftliche Seite der Medizin ebenfalls zum Thema macht.

4.2. Ärzte und Pflegepersonal als Akteure: Die Behandlung der Patientinnen

Ein Krankenhaus ist eine Organisation. Es gibt zahlende Mitglieder (Patienten), nicht-zahlende Mitglieder (Ärzte in der Ausbildung, etwa Ärzte im Praktischen Jahr) und bezahlte Mitglieder (Ärzte, Pflegepersonal, Verwaltungspersonal). In medizinischer Hinsicht waren die beobachteten Organisationen in mehrere Abteilungen gegliedert wie etwa Neurologie, Nephrologie, Neurochirurgie, Innere Medizin usw. Die Abteilungen waren ihrerseits in mehrere Stationen aufgeteilt. Die materiell aufwendigen Intensivstationen werden manchmal nicht nur einer Abteilung zugerechnet, sondern es teilen sich mehrere Abteilungen die Betten einer interdisziplinären Intensivstation. In den von mir untersuchen Fällen handelte es sich um disziplinär gebundene Intensivstationen, d.h., es wurden jeweils nur neurologische oder neurochirurgische Intensivpatientinnen behandelt.

Die Beziehungen zwischen einer Patientin zur Organisation Krankenhaus lassen sich grob unterteilen in rechtliche und diagnostisch-therapeutische. Der direkte Umgang mit Patienten auf der Station ist medizinischer, d.h. diagnostisch-therapeutischer, Art. Die rechtlichen Beziehungen bilden eher die Bedingungen, die die medizinischen Beziehungen ermöglichen und limitieren. Diese Bedingungen sind zivilrechtlicher Art, insofern ein Behandlungsvertrag zwischen den Patienten und der Klinik besteht. Dieser Vertrag regelt die Behandlungspflichten der Ärzte und die Zahlungspflichten des Patienten. Weiter-

---

Problemstellung der philosphischen Anthropologie an, dies eröffnet ihm die Perspektive den Menschen als einen vermessenen und experimentell untersuchten Gegenstand zu sehen, ohne dabei aus den Augen zu verlieren, daß dieser Körper ebenfalls ein Leib ist, der sich subjektiv erfährt. Allerdings entgeht Ridder die spezifische Wendung, die zumindest bei Plessner angelegt ist: Die spezifische Subjektivität, mit der es Ärzte in der Interaktion zu tun haben, ist das Resultat einer Deutung und es darf nicht apriori vorausgesetzt werden, welche Entitäten in dieser Weise gedeutet werden und welche nicht. Die anthropozentrische Perspektive Ridders hindert ihn im weiteren, die Formen elementarer Aktivität zu sehen, mit denen Ärztinnen etwa bei bewußtlosen Patientinnen konfrontiert sind. In solchen Fällen kann Ridder nur noch eine vollständige Objektivierung von Patienten konstatieren.

hin ist das Strafrecht für die Gestaltung der Ärztin-Patientin-Beziehung relevant, Patienten dürfen nur im Rahmen des Heilauftrags verletzt werden, sie zu töten ist mit schweren Strafen belegt und wenn ihr Leben nicht gerettet werden kann und sie gestorben sind, müssen ihre Leichen respektvoll und mit Würde behandelt werden. Kurz: Als Personen bzw. als tote Körper, die einmal Personen waren, stehen Patientinnen unter dem besonderen Schutz des Strafrechts. Insofern das Persönlichkeitsrecht bzw. das Recht auf Leben von Patienten relevant ist, kommen zusätzlich Aspekte des öffentlichen Rechts ins Spiel. Es muß geklärt werden, wessen Zustimmung erforderlich ist, wenn ein Heileingriff am Körper eines Patienten vorgenomen werden soll. Kann der Patient selbst seine Zustimmung geben? Wenn das nicht der Fall ist: Wer ist befugt, die Meinung der Patientin an deren Stelle zu formulieren? Die Relevanz der öffentlich-rechtlichen Beziehungen kommt vor allem im Todesfall zum Tragen: Mit dem Tod ist die wesentliche Voraussetzung für die Zugehörigkeit in den Bereich des Sozialen nicht mehr gegeben. Dies muß an die Staatsorganisation (Standesämter) weitergemeldet werden: Der Verstorbene wird aus dem Mitgliedsregister der Staatsorganisation gestrichen. Als Leichnam ist ein Mensch vielleicht noch ein kulturelles Objekt, das mit Respekt behandelt werden sollte, aber nicht mehr ein Subjekt mit eigenen Rechten und Ansprüchen.

Nur solange sie lebt hat eine Patientin einen Anspruch auf Behandlung. Die wesentliche Aktivität eines Intensivpatienten besteht darin: zu leben. Dies ist sein elementarer und unerläßlicher Beitrag zum Geschehen auf der Intensivstation. Auf die darin enthaltene Eigenaktivität wird in den folgenden Kapiteln eingegangen, hier geht es zunächst um die Praktiken, die dazu dienen, den Patienten bei dieser Aufgabe zu unterstützen.

4.2.1. Orte der Beobachtung

Im Mittelpunkt meiner empirischen Studie stehen zwei Intensivstationen, eine neurologische und eine neurochirurgische. Zwischen den Patientinnen, die die Betten dieser Stationen bevölkern, gibt es viele Gemeinsamkeiten. Wenn sie beatmet werden, liegen sie zumeist reglos und stumm da, weil sie entweder narkotisiert oder komatös sind. Die Ähnlichkeit des Zustandes geht einher mit einer ähnlichen Art des Umgangs mit ihnen. Ich werde deshalb in meiner Darstellung allgemein Intensivpatienten beschreiben. Von dieser allgemeinen Beschreibung ausgehend werde ich, wenn es erforderlich ist, die Besonderheiten der jeweiligen Stationen charakterisieren. Die Variationen im Umgang mit den Patientinnen resultieren zum einen aus der Unterschiedlichkeit der medizinischen Disziplinen, zum anderen aber auch aus der Andersartigkeit der jeweiligen Arbeitsorganisation und der unterschiedlichen Größe der beiden Stationen.

Trotz aller Unterschiedlichkeit gibt es in einer weiteren Hinsicht eine wichtige Gemeinsamkeit: In beiden Fällen handelt es sich um Stationen an forschungsorientierten universitären Krankenhäusern. Für die Formen der Unterscheidung von Leben und Tod heißt das nicht zuletzt, daß ich die Beobachtungen an Orten durchgeführt habe, an denen das Konzept des Hirntodes gut eingeführt ist. Die Ärzte sind zumeist jung und kennen dieses Todeskonzept seit ihrem Studium gut. Eine weitere Besonderheit dieser Stationen besteht, darin, daß an ihnen Forschung betrieben wird. Zumindest einige der Ärztinnen verstehen sich selbst explizit auch als Wissenschaftler. Auf beiden Stationen wurde ich sporadisch mit Forschungsvorhaben und deren Durchführung vertraut.

Über die Intensivstationen hinaus bin ich dem Gegenüber der ärztlichen Praxis an zwei weitere Orte gefolgt: in die neurologische Frührehabilitation, in denen schwergeschädigte Patienten nach dem Aufenthalt auf einer Intensivstation falls erforderlich weiter therapiert werden und in die Operationssäle, in denen hirntoten Patienten die Organe entnommen werden, die bei der Heilung lebender Menschen Verwendung finden. Die Beschreibung des Umgangs mit Patientinnen auf der neurologischen Frührehabilitation wird in die allgemeine Darstellung des Umgangs mit Patienten integriert, denn prinzipiell ähnelt die Art und Weise, wie Patientinnen dort als Gegenüber der medizinischen Praxis existieren, der Art und Weise, wie sie sich bei weitgehend genesenen Intensivpatientinnen beobachten läßt. Der Umgang mit Patienten, denen Organe entnommen werden, setzt dagegen eine Zäsur voraus: Zuvor muß ihr Tod festgestellt worden sein. Aus diesem Grund wäre es angemessen, nach der Darstellung der Hirntoddiagnostik die Weiterverarbeitung einer Patientin zu einer Organspenderin und die Entnahme der Organe separat zu untersuchen. Darauf habe ich verzichtet, da es den Rahmen dieser Arbeit sprengen würde. Die erhobenen Daten werden in die hier vorgelegte Analyse nur insofern einbezogen, als sie eine Kontrastfolie bieten, vor der sich die Besonderheit des Umgangs mit Intensivpatienten besser untersuchen läßt.

4.2.2. Der nackte Körper als integraler Bestandteil einer biotechnischen Gestalt

Bei meinen ersten Gängen über die Intensivstation fällt mir die Nacktheit der Patienten auf. Einige von ihnen tragen zwar kittelartige Nachthemden, die vorne geschlossen und hinten offen sind, oft liegen Patientinnen aber ohne Bekleidung nur mit einem Laken bedeckt auf den Betten. Bei Männern bedeckt es immer Oberschenkel, Becken und Bauch, selten die Brust, die bei Frauen zumeist noch verhüllt ist. Wenn weibliche Patienten behandelt werden, kann das Laken allerdings leicht nach unten rutschen und es wird anschließend nicht in jedem Fall wieder über die Brust gezogen. Die nackten Körper werden von Seiten des Personals kaum explizit als sexuelle, sehr wohl aber als geschlechtliche Körper wahrgenommen. Die Vergeschlechtlichung zeigt sich z.b. daran, daß die geschlechtlich signifikanten Körperregionen (Genitalien und bei Frauen die Brust) vor allem wenn die Pflegeperson dem Gegengeschlecht angehört, mit besonderer Gleichgültigkeit gewaschen werden.

Die Nacktheit der Patientinnen ist in fast allen Situationen desexualisiert und wird vollständig darauf bezogen, daß die Körper praktisch zugriffsbereit daliegen sollten. Ein Intensivpatient muß nicht erst umständlich entkleidet werden, wenn es darum geht, ihn zu untersuchen. Der Patientenkörper ist primär in zwei Hinsichten relevant. Zum einen ist er ein Körper, an dem gearbeitet und zum anderen ein Körper, der laufend oder zumindest mehrmals täglich apparativ dargestellt wird. Es werden ununterbrochen Zeichen produziert, die seinen Zustand ausdrücken. Diese Zeichen können in zwei verschiedenen Perspektiven untersucht werden. Zum einen sind es Repräsentationen, die vom medizinischen Personal angefertigt werden, um mehr über den Körper im Bett zu wissen. Zum anderen handelt es sich aber in einigen Fällen um Repräsentationen, die ohne eine Eigenaktivität des Patientenkörpers nicht möglich wären. Die durch das Elektrokardiogram erzeugte Darstellung wäre ohne die Annahme, sie stelle den Herzrythmus des Patienten, d.h. dessen Eigenaktivität, dar, sinnlos.[14] Insoweit situativ die Eigenaktivität im Mittelpunkt steht,

---

14 Die These, daß die technische Darstellung in spezifischer Weise an die Eigenaktivität des Organismus gebunden ist, ist nicht gleichbedeutend mit der Aussage, die Eigenaktivität würde bloß abgebildet. Zweifellos hat der technische Darstellungsmechanismus eine Eigenlogik und ist insofern produktiv. Die These der Eigendarstellung zielt eher darauf, daß die auf dem Monitor sichtbaren Variationen der Herzfrequenzkurve in spezifischer Weise durch die Aktivität des Herzens beein-

werde ich nicht von Repräsentationen, sondern von Expressivität oder Eigendarstellung[15] des Patientinnenkörpers sprechen.

Als repräsentierter und expressiver Körper ist der Körper-im-Bett integraler Bestandteil einer biotechnischen Gestalt: Intensivpatientinnen sind in einer auffälligen Weise »verkabelt«. Es hat auf mich befremdlich und unheimlich gewirkt, in welchem Ausmaß Schläuche und Kabel in den Körper hinein (oder aus ihm heraus?) verlaufen. Einige von ihnen sind mit großen Spritzen verbunden. Andere Kabel verlaufen zu Druckmeßgeräten und von dort aus weiter zu einem Monitor. Wieder andere Kabel enden blind nach wenigen Zentimetern außerhalb des Körpers. Von oben nach unten kommen in den meisten Fällen folgende Kabel und Schläuche in Betracht.

- *Nase:* Aus der Nase kommt ein Schlauch, der im Körper bis zum Magen führt, die sogenannte Magensonde, durch diesen Schlauch wird ein Patient ernährt. Der Schlauch endet blind und ist mit einem Verschluß versehen, wie ihn aufblasbare Gummienten haben. Wenn der Patient mit Nahrung versorgt wird, wird der Verschluß aufgestöpselt.

- *Mund/Hals:* Im Mund steckt ein gebogener hohler biegsamer Plastikstab, der Tubus, durch den Luft in die Lungen des Patienten gepumpt und wieder abgesaugt wird. Ein dicker biegsamer Schlauch verbindet den Tubus mit dem Beatmungsgerät. Bei Patientinnen, die dauerhaft beatmet werden, wird die Verbindung zum Beatmungsgerät anders gelegt. In die Luftröhre wird in Höhe des Halsansatzes ein Schnitt gesetzt, durch den ein entsprechender Plastikschlauch eingesetzt wird.

- *Oberkörper/Hals:* Ungefähr knapp unterhalb des Schlüsselbeins führt ein sogenannter zentraler Zugang in eine Vene des Patienten. Der Schlauch wird bis in die Nähe des Herzens vorgeschoben. Um diesen Zugang zu legen, kann auch in eine Halsvene hineingestochen und der Schlauch entsprechend weit vorgeschoben werden. In einem derartigen »ZentralenVenenKatheter« (ZVK) liegen drei verschiedene dünnere Schläuche, »Lumen«, mit je eigenen Ver-

---

flußt sind, weshalb eine Veränderung der Herzfrequenzkurve regelmäßig eine Veränderung der Herzaktivität entspricht.

15 Ich vermeide bewußt das Wort »Selbstdarstellung«, denn nicht jeder Fall von Eigendarstellung ist derart komplex, daß es erforderlich wäre, ein Selbst anzunehmen, das sich darstellt.

schlüssen. Durch jedes Lumen können unterschiedliche Medikamente gegeben werden. Die Lumen verlaufen zu verschiedenen Perfusoren.[16] Eines ist allerdings für eine Druckmessung (zentraler Venendruck – ZVD) reserviert, es führt vom ZVK zu einem Meßgerät und von dort zu einem Monitor neben dem Bett.

- *Unterarm:* In einer Vene des Unterarms liegt ein »Zugang« mit nur einem Lumen, durch das Medikamente gegeben werden können. Wenn es gerade nicht gebraucht wird, endet es blind und ist mit einem Verschluß versehen. Bei Bedarf kann es dann wieder geöffnet werden, ohne daß ein neuer Zugang gelegt werden muß.

- *Unterarm/Fuß:* Eventuell auch an anderen Stellen liegt ein Zugang in einer Arterie, die mit einem Kabel mit dem Monitor verbunden ist. Dies dient der Messung des arteriellen Blutdrucks.

- *Harnröhrenausgang:* Darin steckt ein Katheter, durch den der Urin in einen Plastikbeutel abfließt, auf dem anhand von Maßstrichen abgelesen werden kann, wieviel aus dem Patientinnenkörper herausgelaufen ist.

- *Anus:* Darmrohr, liegt nicht dauerhaft.

Im Prinzip kann die Haut an jeder beliebigen Stelle des Körpers durchstochen werden, von der aus eine praktisch brauchbare Vene oder Arterie zu erreichen ist. Ich habe hier nur die beliebtesten »Steckplätze« aufgelistet.

Nicht alle Kabel, die am Körper ansetzen und zu Geräten führen, dringen in den Körper ein.

- Zumeist an der *Fingerkuppe* ist ein Clip befestigt, von dem ein Kabel direkt zu einem Monitor verläuft. Dies dient der Messung des Sauerstoffgehalts des Bluts.

- Eine wichtige Dauermessung ist die der Herzfrequenz. Dies erfolgt nicht über einen blutigen Zugang, sondern es werden drei Meßelektroden auf der *Brust* der Patientin angebracht, die drei Kabel laufen zusammen und werden dann über einen Adapter zum Monitor geführt.

---

16 Ein Perfusor ist eine große Spritze, die über einen Automatismus zugedrückt wird. Darüber wird dosiert eine gewisse Menge von in Flüssigkeit aufgelösten Medikamenten in den Körper gedrückt.

Bei neurochirurgischen Patienten[17] kann sich die Zahl der Kabel und Schläuche noch um folgende erhöhen:

- *Kopf:*
ExterneVentrikelDrainage (eVD). Ein Schlauch durch den Flüssigkeit aus dem Kopf abgeleitet wird.
Caminosonde: Durch eine Halterung, die in den Schädelknochen verschraubt ist, verläuft eine Sonde direkt ins Hirngewebe, sie verläuft zu einem Druckmeßgerät, das den Druck im Gehirn an der Stelle mißt, an der die Sonde liegt.
Es kann sein, daß an mehreren Stellen im Gehirn etwas gemessen werden soll, dann liegen entsprechend mehrere Sondenzugänge. Bei ausgedehnten Messungen – vor allem im Zusammenhang mit wissenschaftlichen Forschungen – können mehrere Sondenzugänge im Kopf eines Patienten verschraubt sein. Während meiner Beobachtungszeit lag das Maximum bei drei fest in den Schädelknochen eingeschraubten Halterungen, durch die insgesamt 4 Sonden ins Gehirn verliefen. Einige der Schrauben erinnern an die Flügelschrauben, mit denen die Räder an einem Fahrrad befestigt sind.
Drainage, durch die Wundflüssigkeit abgeleitet wird.

Sämtliche Zugänge, die in die Blutbahnen des Patienten führen, werden an der Haut festgenäht. Magensonde und Tubus werden mit einem Pflaster an ihrem Platz gehalten. Um das Bett herum stehen Ständer, Halterungen und technische Apparaturen, zu denen die Kabel und Schläuche führen. Kabel, über die Medikamente oder Nahrung in den Körper gelangen, enden entweder an einem »Perfusor« oder einem »Tropfbeutel«. Ein Perfusor ist eine große Spritze, die über einen Automatismus zugedrückt wird. Darüber wird dosiert eine gewisse Menge von in Flüssigkeit aufgelösten Medikamenten in den Körper gedrückt. Ein Tropfbeutel wird mit der Öffnung nach unten aufgehängt, sein Inhalt läuft einfach in den Patienten hinein. Weiterhin gibt es die Kabel, die zu Meßgeräten und von dort zu einem Monitor führen. Vermittels dieser Kabel und Meßinstrumente werden Aktivitäten des Körpers in quantifizierbare Daten übersetzt, deren Maßverhältnisse auf einem Monitor angezeigt werden.

---

17 Die Unterscheidung von neurochirurgischen Patientinnen entspricht nicht unbedingt einer Zuordnung zu der entprechenden Station. Auf der neurologischen Intensivstation lagen auch Patienten, die neurochirurgisch behandelt werden mußten. Für die Operation wurden sie sie in die Neurochirurgie verlegt und anschließend wieder übernommen.

Über Schläuche und Kabel ist der Patient im Wesentlichen mit vier physischen Objekten verbunden.

- Dem Beatmungsgerät, an dem auch dargestellt ist, wie die Beatmung verläuft.

- Den Perfusoren, die in Druckautomaten eingeklemmt sind.

- Den Infusionsbeuteln, die an einem Ständer hängen.

- Dem Monitor, der die Eigenaktivität des Körpers als sich stets verändernde Maßverhältnisse darstellt.

Wenn Intensivpatientinnen als Intensivpatientinnen und nicht etwa als sich selbst bewegende Körper die Station verlassen, müssen die Verbindungen zu den physischen Objekten neu geordnet werden. Der Beatmungsschlauch wird an ein mobiles Beatmungsgerät angeschlossen. Die unabdingbaren Meßwerte werden an mobile Meßgeräte und kleinere Displays angeschlossen. Die Druckautomaten werden aus ihrer Halterung herausgenommen und auf das Bett gelegt. Erst dann kann ein Patient auf seinem Bett von der Station gerollt werden. Als Intensivpatientin ist ein nackter menschlicher Körper vollständig integriert in ein technisches Arrangement.

Nur als gesamtes Arrangement sind Patienten ein Gegenüber des intensivmedizinischen Personals. Als Bestandteil des Arrangements haben Patientinnen technisch leicht zu handhabende Körperöffnungen, deren Anzahl sich ausschließlich nach den Erfordernissen der ärztlichen Behandlung richtet; sie können nach Belieben geöffnet und verschlossen werden.

Zumindest in einer Hinsicht wird bei Intensivpatienten immer eine Aktivität des eigenen Körpers ersetzt: Der Atemimpuls und die Bewegungen der Atemmuskulatur werden vom Beatmungsgerät substituiert.

Intensivpatienten sind biotechnische Gestalten. Und: Nur als biotechnische Gestalt sind Patientinnen ein Gegenüber der medizinischen Praxis. Folge dem Gegenüber des Akteurs heißt: Beobachte die biotechnische Gestalt! Wie wird sie hergestellt? Was wird mit ihr gemacht?

Ein menschlicher Körper verwandelt sich nicht einfach so in eine biotechnische Gestalt, es muß zumindest eine vage Diagnose und eine ungefähre Behandlungsoption vorliegen. Die initialen Entscheidungen, die einen Körper auf eine für Neurologie oder Neurochirurgie spezialisierte Intensivstation führen, habe ich nicht beobachtet. Ich werde damit einsetzen, die Bedingungen zu beschreiben, unter denen ein in eine biotechnische Gestalt verwandelter menschlicher Körper existiert. Im Anschluß daran wird untersucht, wie Ärztinnen die biotechnische Gestalt herstellen, behandeln, repräsentieren, einer Diagnose unterwerfen usw. Erst im nächsten Kapitel wird es darum gehen, wie in der biotechnischen Gestalt Lebendigkeit, Bewußtsein und Personalität expressiv realisiert sind. Die Worte »Patient« bzw. »Patientin« werden im weiteren neutral gebraucht, es kann sowohl auf eine biotechnische Gestalt als auch auf einen bloßen menschlichen Körper referieren. Das Wort Körper wird im weiteren reserviert für den menschlichen Körper, der aus der biotechnischen Gestalt wieder herausgelöst werden kann, um die Station zu verlassen. Dies sagt nichts über den Zustand des Körpers aus. Er kann – günstigstenfalls – geheilt, selbstgehend, die Station verlassen, oder – schlimmstenfalls – tot auf einem Krankenhausbett oder einer Bahre herausgerollt werden.

4.2.3. Sterilität und Lebenserhaltung

Sterilität gehört zu den zentralen Problemen, die auf einer Intensivstation kontinuierlich gelöst werden müssen. Der gesamte Aufbau und die Anordnung der Betten und Apparaturen hängt von den im Rahmen der Intensivmedizin als unerläßlich erachteten Sterilitätskautelen ab. Sterilität ist ein soziologisch nicht leicht zu handhabendes Problem, denn der Bezugspunkt für Sterilitätsregeln ist der Körper des Patienten, insofern er lebendig ist und nicht unmittelbar der Patient als Person. Die Bedeutung der Personalität kommt nur indirekt zum Tragen. Solange ein Patient lebt, steht er unter einem besonderen rechtlich-moralischen Schutz, den er kraft seines Status als soziale Person genießt. Die Tatsache seiner Lebendigkeit, bedeutet die Tatsache, daß hier eine Person liegt, auch wenn ein Intensivpatient aktuell reglos ist und sich keinesfalls so verhält, wie man es von einer Person in einer menschlichen Gesellschaft üblicherweise erwartet.[18]

---

18 Um Sterilität in einer soziologischen Perspektive überhaupt zugänglich machen zu können, hat Hirschauer (1992) vorgeschlagen, die Abgrenzung eines sterilen Bereichs bei einer Operation als Substitut des verletzten personalen Raums zu deuten. Diese Interpretation erscheint mir allerdings in Anbetracht der subtilen Ab-

Sterilität ist nur insofern von Belang, als ein Patient ein sich selbstregulierender Eigenbereich ist, der durch eine sicht- und tastbare Oberfläche von seiner Umgebung abgegrenzt und durch seine Oberfläche mit der Umgebung in Kontakt ist. Durch die begrenzende Oberfläche nimmt der Körper Stoffe aus seiner Umgebung auf und sondert Abfallstoffe ab. Sterilität wird u.a. dann zu einem besonderen Problem, wenn die begrenzende Oberfläche verletzt wird. Dies ist bei einer biotechnischen Gestalt in mehrfacher Hinsicht der Fall. Um den Körper in eine biotechnische Gestalt zu verwandeln, muß die Haut an mehreren Stellen durchstochen werden bzw. es werden unter Außerkraftsetzung sämtlicher Abwehrmöglichkeiten einer Patientin Schläuche in gewachsene Körperöffnungen (Mund, Nase, Harnröhre) geschoben. Dies bezweckt einerseits eine leichtere Zugänglichkeit des Körperinnern und andererseits wird im Gegenzug die elementare Abgrenzung des Körpers gegen seine Umgebung durch Sterilität unterstützt. Sterilität bestimmt deshalb, wie man eine Intensivstation betritt und sich einer biotechnischen Gestalt nähern kann und Sterilität bestimmt, wie eine biotechnische Gestalt hergestellt wird.

4.2.3.1. Die Ordnung der Keime

Ein Krankenhaus, das Intensivstationen und Operationssäle beherbergt, ist ein Ort abgestufter Sterilität. Einer der Orte höchster Reinheit ist die neurochirurgische Operation[19] und der der größten Unreinheit die Sammelstelle für den Müll. Dazwischen gibt es Abstufungen. Von den Bereichen, die direkt mit der Krankenversorgung zu

---

stufungen von Sterilität bzw. der Ordnung der Sterilitätskautelen wenig plausibel. Zum einen geht es nicht immer um den Schutz der Patientin, der mit besonderen Sterilitätskautelen begegnet wird, sondern gelegentlich auch um den Schutz des Personals vor dem Patienten, zum anderen werden manchmal vom Körper sehr weit entfernte Zugänge mit größerer Vorsicht behandelt als gewachsene Körperöffnungen. Es müßte etwa geklärt werden, warum es den personalen Raum weniger verletzt, wenn ein Schlauch ohne besondere Sterilitätskautelen in den Mund oder die Nase geschoben wird, während z.B. die Überprüfung der außerhalb des Körpers befindlichen Steckverbindungen eines Drainageschlauchs, der Flüssigkeit aus dem Körper eines Patienten leitet, nur unter Beachtung strenger Sterilitätsmaßnahmen durchgeführt wird.

19 Tönnis, der Begründer der Neurochirurgie in Deutschland, hat wiederholt hervorgehoben, daß die besonderen Anforderungen an die Sterilität ein Spezifikum neurochirurgischer Operationen darstellt (vgl. Zell 1997).

tun haben, gehören Intensivstationen zu denen mit hoher Sterilität. Wenn man von der Tür einer Intensivstation zu einem Bett, in dem eine Patientin liegt, gelangen möchte, muß man sich verschiedenen Prozeduren unterwerfen, die einen Doppelcharakter haben: Es handelt sich sowohl um die kommunikative Darstellung von Sterilität als auch um deren technisch-biologische Herstellung. Um eine Intensivstation zu betreten, muß man eine »Schleuse« passieren, einen abgetrennten Zwischenraum, von dem aus eine Tür in die Station und eine nach draußen führt.

Eine Intensivstation wird nicht betreten, man schleust sich ein bzw. aus. Ein Arzt erklärt mir das im Weiteren so. Wenn man reinkommt, könne man Keime an sich haben, um eine Übertragung zu verhindern/zu erschweren, müsse man einen Kittel anziehen, wenn man die Station mit normaler Kleidung betritt. »Das ist jedenfalls der Gedanke dabei« (Formulierung und Tonfall suggerieren eine gewisse Skepsis gegenüber der Wirksamkeit des Verfahrens.)
Diejenigen, die auf der Station arbeiten, und dabei die normale Funktionskleidung tragen, müssen sich, wenn sie die Station verlassen, in der Schleuse ebenfalls einen Kittel anziehen, um sich vor den Keimen, die es draußen gibt, zu schützen. Wenn sie die Station erneut betreten möchten, müssen sie wieder die Schleuse passieren, wobei der kontaminierte Kittel ausgezogen und in einen Stoffbeutel gestopft wird. Die Kittel werden nur einmal getragen, danach gewaschen und erneut bereit gestellt.

Die Schleuse funktioniert wie eine schützende Oberfläche, wer sie von außen passiert, wird mit einer sterilen Schicht überzogen und kann so die Innenwelt der Station betreten. Umgekehrt wölbt sich die Oberfläche schützend über die sterilen Angehörigen der Station, wenn sie das verschmutzte Außen betreten. Die skeptische Bemerkung des Arztes – »Das ist jedenfalls der Gedanke dabei« – suggeriert allerdings, es könnte eine Diskrepanz geben zwischen der durch das Kitteltragen ausgedrückten Intention und deren effektiver Umsetzung. Zumindest aber wird der Gedanke – nämlich die Notwendigkeit, sterile Bereiche von nichtsterilen effektiv zu trennen – kommunikativ durch die Kittel dargestellt. Die Notwendigkeit des Kitteltragens symbolisiert die Sterilität der Intensivstation.

Verkeimte Areale von nichtverkeimten zu trennen, ist aber nicht nur eine Angelegenheit der Unterscheidung zwischen den Bereichen innerhalb bzw. außerhalb der Intensivstation. Jeder Patient kann für jeden anderen eine Gefahr darstellen, weshalb ihre Körper strikt voneinander getrennt werden müssen. Alles, was mit dem Körper der einen Patientin in Berührung gekommen ist, könnte eine andere kontaminieren. Dies gilt vor allem für Substanzen aus dem Körperinneren eines Patienten. Alles, was mit diesem in Verbindung war, ist besonders gefährlich. Es wird sogar als Müll separat gesammelt.

S-Adelheid räumt Mülltüten auf. Ich frage, was die Aufschrift »B-Abfall« auf den roten Tüten bedeutet. Das ist verkeimter Abfall. Alles was vom Patienten kommt, oder mit dem Patienten in Berührung war, kommt in die rote Tüte: Blut, Urin, denn: »sind ja Keime drin«. Blaue Tüten gibt es für normalen Hausabfall. Im Schwesternzimmer gibt es durchsichtige Mülltüten im Abfalleimer.

Da die Gefährlichkeit der Patienten füreinander als sehr stark eingestuft wird, werden auch indirekte Kontakte als möglicherweise verunreinigend dargestellt.

Eine Schwester erklärt der Schwesternschülerin eine Regel der Sterilität:
Es dürfen nur Sachen auf dem Bett des Patienten liegen, die für den Patienten bestimmt sind. Die Desinfektionssprühflasche darf in einem Mehrbettzimmter nicht auf das Bett gelegt werden, da sie für alle Patienten verwendet wird.

Das Verbot, Körpersubstanzen der Patientinnen zu vermischen, nimmt damit eine Form an, die es verhindern soll, daß alles, was irgendwie mit einem Patienten physisch in Berührung war, nicht mehr mit einem anderem in Verbindung gebracht werden kann. Wie streng das Verbot eingehalten wird, wird durch eine Art Entfernungsindex reguliert: Je weiter die Substanzen vom Körperinneren entfernt sind, um so eher wird das Verbot lax gehandhabt.

Eine Sterilitätsregel, die S-Adelheid der Schwesternschülerin eingeschärft hatte, wird von den meisten Pflegern mißachtet. Sie besagt: Alles, was einmal auf dem Bett eines Patienten gelegen hat, darf nur noch für diesen Patienten verwendet werden oder es muß weggeworfen werden. Dies gilt z.B. für Flaschen mit Desinfektionsspray. Sowohl Ärzte als auch Pfleger lassen diese Flaschen auch in einem Mehrbettzimmer, wo sie für mehrere Patienten verwendet werden, auf dem Bett liegen.

Die Gefährlichkeit der Patientinnen füreinander kann so gesteigert sein, daß auch die geringste Vermengung mit großem Aufwand vermieden wird. Dies ist der Fall bei Patienten mit einem multiresistenten Krankenhauskeim.

Ich bin mit der Stationsärztin und einer Schwester im Zimmer von Herrn Stadt. Er ist isoliert, weil er einen besonders resistenten Krankenhauskeim hat. Das erfordert besondere Sterilitätsmaßnahmen. Der Patient liegt in einem der beiden Einzelzimmer, dessen Tür stets verschlossen ist. Die anderen Zimmertüren sind fast immer offen. Bevor man das Zimmer betritt, muß man sich umziehen. Über der normalen Funktionskleidung wird ein Besucherkittel getragen und zusätzlich trägt jeder auf dem Kopf eine Haube, einen Mundschutz und nichtsterile Handschuhe.

Der Besucherkittel wird kurz bevor man das Zimmer verläßt in einen Wäschesack neben der Tür gestopft. Haube und Mundschutz werden in einen Abfallsack (steht in jedem Zimmer) gesteckt.

Diese Vorsichtsmaßnahmen dienen nicht dem Schutz des Patienten, der in dem Einzelzimmer liegt, sondern den Patientinnen, die sonst auf der Station liegen. Nach Auskunft eines Arztes sei der Kontakt mit einem multiresistenten Keim nicht unbedingt gefährlich für einen Gesunden aber sehr wohl für die anderen Patienten, die auf der Station liegen.[20] Dezidiert dem Schutz des Patienten dienen die Sterilitätsmaßnahmen, die bei der Verwandlung des Körpers einer Patientin in eine biotechnische Gestalt zur Anwendung kommen.

4.2.3.2. »Anbasteln«: Die Herstellung der biotechnischen Gestalt

»Dann habe ich ihn angebastelt.« Mit diesen Worten beschrieb eine Ärztin den Vorgang der Verwandlung eines menschlichen Körpers in eine biotechnische Gestalt. Ein angebastelter Patient hat gewissermaßen technische Wurzeln geschlagen. Sein Körper ist auf der Station festgemacht und durch seine technischen Wurzeln wird die Aufnah-

---

20 Schließlich gibt es Keime, die nur für die behandelnden Ärzte bzw. Pfleger eine Gefahr darstellen.
»Eine Schwester ist bei einem Patienten in einem Einzelzimmer. Sie trägt Kittel, Handschuhe, Mundschutz mit Aufsatz aus durchsichtigem Plastik, der die Augen, Stirn und Schläfen bedeckt. Der Patient hat eine HIV-Infektion. Sie trägt keine Haube, wie bei Herrn Stadt üblich. sie erklärt mir auf Nachfrage, daß es nur darum geht, Blut/Blut-, Blut/Schleimhaut-, Schleimsekret/Schleimhaut-Kontakt zu vermeiden. Man schützt sich selbst. Bei Herrn Stadt sei es auch darum gegangen, die Umwelt vor dem multiresistenten Keim zu schützen, deshalb wurde zusätzlich eine Haube getragen. Auch Kittel werden bei HIV-Patienten nicht getragen. Die Schwester hat es jetzt trotzdem gemacht: ›War mir wohler so.‹«

me von Nährstoffen und Medikamenten sowie die Abgabe von Abfallstoffen geregelt. Weiterhin transferieren die technischen Verbindungen auf neue Art seine Lebensdarstellungen nach außen, sie substituieren Mimik, Gestik und sonstige Zeichen emotionaler und körperlicher Zustände. Wenn das Anbasteln ein Eindringen in den Körperinnenraum erforderlich macht, wird das Schleusenprinzip, das schon beim Betreten der Intensivstation zu beobachten war, miniaturisiert. Dies gilt vor allem, wenn die begrenzende Oberfläche des Körpers verletzt werden muß. Um die zu verletzende Stelle herum wird eine »Sterilitätsschleuse« errichtet, durch die nur Steriles in den Körper hinein gelangen soll. Sämtliche Gerätschaften, die zur Anwendung kommen, sind steril verpackt. Mit unsterilen Händen dürfen sie nur an der Außenseite der Verpackung berührt werden. Das räumliche Innere der Verpackung wird nach außen gestülpt und nur das nach außen gestülpte Innen darf in den Körper des Patienten hinein. Die Sterilitätsmaßnahmen erzeugen zeitlich begrenzt einen neutralen Raum, die Sterilitätsschleuse, durch die hindurch körperfremde Gegenstände in den Innenraum eines jeden beliebigen Patientenkörpers überführt werden können, ohne das Leben des Patienten zu gefährden. Der Aufwand, der bei der Erzeugung einer Sterilitätsschleuse betrieben wird, variiert beträchtlich. Er ist besonders hoch, wenn es um Zugänge in den Schädel geht und am geringsten, wenn z.B. ein Beatmungsschlauch, ein Tubus, in die Luftröhre geschoben wird.

Die Sterilitätsschleuse besteht aus sterilen Tüchern, die über den Körper des Patienten gelegt werden. Das Operationsgebiet wird zunächst desinfiziert und in einem zweiten Schritt durch mehrere sterile Tücher eingegrenzt. Wenn nur kleinere Einstiche erforderlich sind, werden Tücher verwendet, die in der Mitte ein Loch (gut 10 cm Durchmesser) haben. In den meisten Fällen sind es mehrere Tücher, die an einer Seite einen Klebestreifen haben, so daß sie aneinander geklebt werden können. Dadurch entsteht ein großflächiges steriles Areal. Da Steriles nur mit sterilen Händen berührt werden darf, beginnt die Errichtung der Schleuse mit einer Teilung der Hände. Der Arzt, der den Zugang legt, zieht sterile Handschuhe an. Ein anderer, zumeist ein Pfleger öffnet die Verpackung der Tücher, ohne das Innere der Verpackung zu berühren. Die sterilen Hände nehmen das Tuch heraus und bedecken damit den Körper um die Stelle herum, an der der Zugang gelegt werden soll. Auf diese Weise entsteht auch eine Ablagefläche für die verwendeten sterilen Gerätschaften.

Dieses Vorgehen findet sich bei der Errichtung jeder Sterilitätsschleuse. Unterschiedlich ist dagegen, wie umfangreich die Körperoberfläche der Ärztin steril sein muß, die den Zugang legt.
Legen einer Hirndrucksonde, N-Schnitzer operiert. Sterilität: Haube (verdeckt das Haar), Mundschutz (verdeckt Nase, Mund und Kinn), steriler Kittel, 2 Paar sterile Handschuhe übereinander. Auf meine Nachfrage erklärt er: Die Alternative wäre, vor dem Anziehen der Handschuhe die Hände gründlich zu desinfizieren. Es werden drei Abdecktücher verwendet, kein Lochtuch. Nachfrage bei N-Hiraz: Lochtuch wird verwendet, wenn die sterile Fläche um das Operationsgebiet nicht so groß zu sein braucht. Bei normalen Abdecktüchern entsteht immer ein großflächiges steriles Areal um das Operationsgebiet.

Bei einer Hirndrucksonde wird der Schädel aufgebohrt, die »dura mater«, eine harte Hauthülle, die das Gehirn umgibt, durchstoßen und eine Meßsonde in das Gehirngewebe geschoben.

Die nächst tieferen Sterilitätsanforderungen stellt das Legen eines »Zentralen-Venen-Katheters« (ZVK). Die Abstufung besteht darin, daß die Hände nicht doppelt steril gemacht werden. Es reicht aus, wenn sich der operierende Arzt sterile Handschuhe anzieht. Die Schläuche eines ZVK werden bis in die Nähe des Herzens vorgeschoben. Beim Legen eines peripheren Venenkatheters, d.h. eines solchen, der in eine Ader geschoben wird, die weiter vom Herzen weg gelegen ist, etwa am Arm, ist es erlaubt, die Sterilitätskautelen weiter abzusenken: Es kann auch auf die Haube, den Mundschutz und den Kittel verzichtet werden. Dasgleiche gilt, wenn ein Katheter in eine periphere Arterie gelegt wird. Wenn ein Tubus in die Luftröhre geschoben wird, die Voraussetzung für die künstliche Beatmung, sind kaum noch Sterilitätskautelen zu beachten. Es ist nicht erforderlich, eine Sterilitätsschleuse zu errichten und der Arzt, der die »Intubation« vornimmt, braucht auch nicht unbedingt sterile Handschuhe zu tragen. Stattdessen kann er auch nichtsterile Einmalhandschuhe verwenden.

Unter Beachtung dieser abgestuften Sterilitätsregeln wird ein Patient verkabelt, dadurch wird er in neuartiger Weise mit dauerhaften Körperöffnungen versehen, deren Kontrolle vollständig dem medizinischen Personal obliegt. Ob es auf Anhieb gelingt, einen Zugang zu legen, ist eine Frage der Geschicklichkeit. Könnern gelingt es oft beim ersten Mal, andere müssen längere Zeit in einem Patientenkörper herumstochern, bis sie die gewünschte Ader getroffen haben.[21]

---

21 Unter Umständen sind allerdings mehrere Versuche erforderlich, um die richtige Ader zu treffen und den Katheter darin zu verankern.

Ich komme ungefähr 9.15 in das Zimmer A-Bense legt gerade einen ZVK. Es werden mehrere grüne Einmaltücher über den Patienten gelegt. Der Oberkörper und der Kopf verschwinden darunter, es bleibt nur ein Dreieck frei am rechten Schlüsselbein. A-Bense war schon steril, als ich dazukam. Sie trägt einen Kittel, Mundschutz, sowie sterile Handschuhe und eine Haube. Da sie zwischendurch einen unsterilen Klebestreifen der Klebefläche der Tü-

> Nachdem N-Landmann einen ZVK gelegt hatte, soll bei der gleichen Patientin ein Arterienkatheter gelegt werden. N-Landmann ertastet die Arterie am Handgelenk. Um den Katheter zu legen, muß allerdings der Arm der Patientin fixiert, d.h. festgebunden, werden. Das kann der Arzt nicht selbst tun, da er dazu unsterile Dinge berühren müßte. Er kommentiert dies mit den Worten: »Höhöhö, ich bin steril, ich kann nichts machen.« Eine Schwester holt etwas, um die Hand festzubinden. Der Arzt sterilisiert die Fläche. Er nimmt ein OP-Abdecktuch in Empfang, legt es über den Unterarm bzw. das Handgelenk. Er sticht mit einer Spritze in das Handgelenk und tastet mit der Spritzenspitze unter der Haut nach der Ader. Zweimal sticht er in Erwartung der Arterie tiefer ins Fleisch, aber beide Male vergeblich. Während er mit der Kanüle nach der Arterie tastet, windet sich die Patientin mit dem Körper. Dies kommentiert der Arzt mit den Worten: »Jetzt stört es sie doch etwas.« Er zieht die Kanüle aus dem Fleisch der Patientin, tastet erneut von außen und sticht ein drittes Mal: Er trifft eine Ader, es sickert Blut aus der Spritzenkanüle, aber es ist unklar, ob es eine Arterie oder eine Vene getroffen hat. Er zieht etwas Blut in eine Spritze auf und gibt es weiter. Es soll auf der Station untersucht werden, ob es arterielles oder venöses Blut ist. Während das Blut untersucht wird, tritt ein anderes Problem auf. N-Landmann hatte einen Führungsdraht durch die Kanüle geschoben und stößt dabei auf einen Widerstand. Er ist ratlos und fragt einen Kollegen (N-Körner): »Was mache ich jetzt?« N-Körner fragt, ob N-Landmann es mit dem weichen oder unelastischen Ende des Führungsdrahtes versucht hat. N-Landmann: »Mit dem Weichen.« Der Kollege rät, es mit dem unelastischen Ende zu probieren. Kurz bevor das Ergebnis der Blutuntersuchung vorliegt, entscheidet sich N-Landmann, die Spritzenkanüle wieder rauszuziehen. Er bittet N-Körner, den Katheter zu legen. Außerdem müsse er in die Poliklinik. N-Ritter kommt in das Krankenzimmer. Er bietet sich an, den Arterienkatheter zu legen. Er macht sich steril: Haube, Handschuhe, Mundschutz. Auf den Kittel verzichtet er. N-Landmann hatte einen getragen, denn seine Sterilitätskautelen orientierten sich an den Erfordernissen, die gelten, als er vor dem Arterienkatheter den ZVK (ZentralenVenenKatheter) gelegt hatte. S-Monika hat in der Zwischenzeit auf der Haut zwei weitere mögliche Einstichstellen für einen Arterienkatheter ertastet. Die erste Einstichstelle war durch den vergeblichen Versuch sozusagen »verbraucht« worden. Einmal die Femoralarterie an der Innenseite des Schenkels und zum zweiten den anderen Unterarm. Sie würde die Femoralarterie nehmen, weil der Unterarm schon zu zerstochen ist. N-Ritter entscheidet sich für den Unterarm und errichtet dort eine Sterilitätsschleuse mit einem Lochtuch. Er sticht mit der Kanüle einer Spritze ins Fleisch des Unterarms und tastet mit der Kanüle nach der Arterie. N-Körner steht dabei, er rät ihm die Spritze wieder ein Stück weit rauszuziehen. N-Ritter macht es und plötzlich sickert stoßweise helles Blut aus der Kanüle. Beide Ärzte reagieren nahezu zeitgleich: »das ist eine Arterie.« N-Ritter schiebt einen Führungsdraht durch die Kanüle in die Ader und zieht die Kanüle heraus. Dann wird der Katheter über den Führungsdraht in die Arterie geschoben und der Führungsdraht herausgezogen. Der Katheter wird mit Verbandszeug festgeklebt und das Meßgerät für den Blutdruck angeschraubt.

cher angefaßt hat, wechselt sie die Handschuhe. S-Dorothea, die ihr ein steriles Abdecktuch hingehalten hatte, hält das Tuch derweil in der Luft, ohne es zu berühren. Sie hält der Ärztin die aufgerissene Verpackung hin, ohne den sterilen Inhalt zu berühren. Nach dem Handschuhwechsel legt A-Bense das sterile Tuch auf den Patienten. Sie packt die ihr angereichten sterilen Untensilien aus. Mit einer Spritze kann sie nichts anfangen und legt sie beiseite auf eine unsterile Oberfläche. Mit einer anderen Spritze sticht sie am Schlüsselbein in den Patienten. Sie trifft die Vene auf Anhieb, die Spritze füllt sich mit Blut. Danach schraubt sie den mit Blut gefüllten Kolben der Spritze von der Kanüle ab und schiebt durch die Kanüle den Führungsdraht in die Ader. Sie zieht die Kanüle aus der Ader und führt über den Führungsdraht den Katheter in die Ader ein. Die Schwester fragt, ob eine Röntgenaufnahme notwendig wäre, um zu kontrollieren, ob der Katheter richtig liegt. Die Ärztin erwidert (sinngemäß:) »Nein, wenn es eine Kurve gibt, die wir uns vorstellen können, wissen wir, daß er (ZVK) richtig liegt.« Mit einer NaCl-Lösung spült sie den Katheter und die Dreiwegehähnchen an, um sicherzustellen, daß sie nicht verstopft sind. Die Utensilien werden abgeräumt und die Stichwunde wird von der Schwester versorgt ... Nachdem der ZVK gelegt ist und A-Bense das Zimmer verlassen hat, schließt S-Dorothea das Meßgerät an den ZVK an. Sie blickt auf die Kurve, die jetzt auf dem Monitor erscheint und kommentiert (sinngemäß:) »Das ist schön.« Als A-Bense einige Zeit später wiederkommt, stellt sie zufrieden fest (sinngemäß:) »Das ist eine schöne ZVD-Kurve.«

»Nachdem die Sterilitätsschleuse für das Legen des ZVK aufgebaut ist, gibt N-Karl der Patientin eine Spritze für die örtliche Betäubung, dabei reagiert er sehr bedauernd, als die Patientin signalisiert, daß sie Schmerzen hat. Nach der Betäubung nimmt er eine leere Spritze und sticht senkrecht auf das Schlüsselbein zu. Parallel erklärt er N-Ritter, was er macht. Dann tastet er mit der Spritze vom Schlüsselbein nach unten, um die Vene zu treffen. Aufeinmal füllt sich die Spritze mit Blut. Er entfernt die Spritze von der Kanüle und führt einen Führungsdraht durch die Kanüle in die Ader. Nachdem er die Kanüle herausgezogen hatte, führt der Arzt über den Führungsdraht einen Venenkatheter mit drei Lumen[22] ein. Der Katheter wird an der Einstichstelle festgenäht.«

Die einzige Körperöffnung, bei der die Pflegeaktivitäten einen größeren Sterilitätsaufwand erfordern als die ärztlichen Tätigkeiten, ist der Zugang zur Luftröhre. Wenn ein Beatmungsschlauch, ein Tubus, in die Luftröhre geschoben wird, muß die intubierende Ärztin keine sterilen Handschuhe verwenden, aber wenn eine Schwester einen Schlauch durch den Tubus in die Luftröhre schiebt, um Schleim ab-

---

22 Ein ZVK besteht üblicherweise aus einem größeren Schlauch, in dem separat drei kleinere Schläuchlein, die Lumen, verlaufen. Es ist ein ähnliches Prinzip wie bei Elektrokabeln, in denen voneinander isoliert 3 einzelne Leitungen verlaufen.

zusaugen, verwendet sie immer sterile Handschuhe und beachtet das Innen-Außen-Prinzip der Sterilitätsschleuse, wenn sie den sterilen Einwegabsaugschlauch berührt, d.h., wenn die Verpackung geöffnet wird, wird der sterile Inhalt nur mit sterilen Händen, d.h. mit steril behandschuhten Händen, berührt.

Übergabe beim Pflegepersonal. P-Bernhard berichtet S-Adelheid über den Zustand der Patientin, Frau Jördens. »Sie muß oft abgesaugt werden, aber sie zeigt es auch (kurze Pause) an der Sättigung« (gemeint ist die Sauerstoffsättigung des Blutes). Aktuell wird auf dem Monitor ein Sauerstoffgehalt des Blutes von 80 angezeigt. Dieser Wert ist viel zu niedrig. P-Bernhard geht um das Bett, packt ein Paar sterile Handschuhe aus und bereitet einen Absaugschlauch vor, d.h., er reißt die Verpackung oben auf, ohne den Schlauch zu berühren, legt den Schlauch so, daß das herausstehende Ende des Schlauches mit nichts anderem in Berührung kommt und zieht sich die sterilen Handschuhe an. Er verbindet den Schlauch mit der Absaugvorrichtung. Dabei handelt es sich um die Verbindung mit einer Art zentralem Staubsauger, dessen Schläuche sich so verästeln, daß neben jedem Bett ein Schlauch endet, der Unterdruck zur Verfügung stellt. An jedem Einmalschlauch ist ein Hebel, der die Verbindung zum Unterdruck öffnet. Den Schleim der Atemwege absaugen ist wie »Staubsaugen« in der Luftröhre bzw. in der Lunge. Das Endstück des Unterdruckschlauchs liegt in einer sterilen Lösung. Nachdem die Verbindung hergestellt und das Absauglumen in die dafür vorgesehenen Öffnung am Tubus geschoben worden ist, öffnet P-Bernhard die Verbindung zum Unterdruck. Es fließt etwas luftig brodelnder Schleim durch das Lumen. Mit den Worten: »So, jetzt ist es schon vorbei«. zieht P-Bernhard das Lumen heraus, verschließt die Öffnung des Tubus und wirft das Einmallumen in den Müll.

Wenn ein Tubus in die Luftröhre geschoben wird, sind sterile Handschuhe dagegen nicht unbedingt erforderlich. Dies hängt damit zusammen, wie tief jeweils in den Körper eingedrungen wird. Der Tubus reicht nicht so weit in die inneren Atemwege hinein wie das Absauglumen, das durch den Tubus weiter in die Bronchien hinein geschoben wird. Unabhängig von den Sterilitätsvorschriften ist die Intubation als Voraussetzung einer dauerhaften künstlichen Beatmung aber die elementare Voraussetzung für die Praxis der Intensivmedizin. Denn hier geht es gerade darum, Patientinnen, deren körpereigener Atemimpuls ausgefallen oder stark geschwächt ist, über eine kritische Phase hinwegzuhelfen. Von den Patienten, die auf den beiden Stationen lagen, waren stets mehr als die Hälfte künstlich beatmet.

Eine der Schwierigkeiten bei der Intubation besteht darin, den Tubus in der Luftröhre zu platzieren und nicht in der dicht daneben gelegenen Speiseröhre. Wenn es gut geht, kann eine Intubation so verlaufen.

Nach der Übergabe wird Herr Later umintubiert, d.h., der alte Tubus wird entfernt und ein neuer in die Luftröhre geschoben. Ein Tubuswechsel kann z.b. aus hygienischen Gründen erforderlich werden. Die Neurochirurgin N-Klarmann führt die Intubation unter Aufsicht/Anleitung eines erfahrenen Anästhesisten A-Herzberg durch. Ich komme dazu, als die Vorbereitungen abgeschlossen sind. N-Klarmann fragt A-Herzberg wie weit der Führungsstab in den Tubus geschoben wird. Ein Tubus ist ein fester aber leicht zu verbiegender Schlauch aus Kunststoff. Um ihn in die Luftröhre einzuführen wird ein ebenfalls formbarer aber schwer zu verbiegender Stab in den Tubus geschoben. Der Tubus wird in eine Bumerangähnliche Form gebogen. A-Herzberg erinnert N-Klarmann daran, den Beatmungsbeutel parat zu haben. Eine Notfallmaßnahme. Wenn die Intubation sich verzögern sollte, kann der Patient in der Zwischenzeit mit einer Maske beatmet werden, dabei wird die Luft per Hand durch zusammendrücken und entfalten eines Beutels in die Lungen gedrückt. Die Schwester legt den Beutel aufs Bett. N-Herzberg: Du mußt ihn nicht aufs Bett legen, nur bereit haben. Schwester: Das ist mir lieber so, wenn er auf dem Bett liegt. N-Klarmann geht hinter das Bett bückt sich unter den »Leinen«, den Schläuchen, die vom Patientenkörper zu den Spritzen in den Druckautomaten, zum EKG Monitor usw. verlaufen. Sie stellt das Licht des »Laryngoskops« an, es flackert etwas. Das Laryngoskop dient dazu, Mund und Rachen während der Intubation dauerhaft in eine Position zu bringen, die es erlaubt, in die Luftröhre bis zum Kehlkopf hineinzusehen. Wegen des flackernden Lichts versichert sich N-Klarmann bei A-Herzberg (sinngemäß:) »Aber das wird wohl noch reichen.« Der Anästhesist macht keine Einwände. Die Neurochirurgin entfernt die Klebebändchen, mit denen der alte Tubus am Mund festgeklebt war und nimmt den Güdeltubus aus dem Mund. Ein Güdeltubus ist eine Art Beißschutz für den eigentlichen Tubus, der so dünn ist, daß ihn eine Patientin leicht durchbeißen könnte. Um den Güdeltubus abzulegen bittet N-Klarmann um eine Schale. Danach zieht sie den alten Tubus raus. Die Schwester hatte ihn vorher schon entblockt. Danach dringt sie mit dem Laryngoskop in den Mund ein. A-Herzberg kommentiert (sinngemäß:) »Ganz ruhig, Du hast 3 Minuten Zeit.« N-Klarmann schiebt den neuen Tubus unter Sicht in die Luftröhre, danach zieht sie den Führungsstab heraus. Das geht etwas schwer. A-Herzberg (sinngemäß:) »Ach hast Du ihn nicht eingeschmiert vorher?« Das Einschmieren hätte die Gleitfähigkeit des Stabs verbessert. Nachdem N-Klarmann den Führungsstab etwas ruckelnd aus dem Tubus herausgezogen hat, will sie den Patienten »bebeuteln«, d.h., sofort per Hand Luft in die Lungen drücken. Der Anästhesist rät (sinngemäß:) »Häng ihn doch gleich an die Maschine.« Daraufhin verbindet die Neurochirurgin den Tubus mit der Beatmungsmaschine. Zuvor hatte die Schwester den Tubus geblockt. Als die Verbindung zur Maschine hergestellt ist, hebt und senkt sich der Brustkorb wieder, ohne Beatmungsmaschine hatte der Patient reglos dagelegen. N-Klarmann gibt der

Schwester noch eine Anweisung, wie der Tubus befestigt werden soll und kriecht wieder hinter dem Bett hervor. Nach der Intubation wird die Brust des Patienten abgehört, um zu kontrollieren, ob beide Lungen gleichmäßig beatmet sind.

Nachdem ein Patient an die Beatmungsmaschine angeschlossen und mit neuen technischen Körperöffnungen versehen ist, ist er zu der biotechnischen Gestalt geworden, die ich eingangs beschrieben habe. Auf die detaillierte Schilderung wie eine Magensonde oder der Urinalkatheter gelegt wird, habe ich verzichtet. Ich hoffe, auch so verdeutlicht zu haben, in welchem Ausmaß eine biotechnische Gestalt das Resultat praktischer Tätigkeiten ist – ein Unikat, hergestellt in handwerklicher Kooperation. Das Ergebnis ist vor allem eines: praktisch. Nachdem ein Patient in eine biotechnische Gestalt verwandelt worden ist, ist er optimal auf die diagnostische, therapeutische und pflegerische Arbeit vorbereitet, die Intensivmediziner und Intensivschwestern an ihm verrichten werden. Die gelegten Zugänge werden mit einem Dreiwegehahn verschlossen, d.h., ganz nach Belieben können die Blutbahnen eines Patientin zugänglich gemacht werden. Die einfach wie ein Wasserhahn zu öffnenden und zu verschließenden Körperöffnungen dienen verschiedenen Zwecken. Statt einem Patienten in kurzen Abständen eine Spritze mit einem Medikament zu geben, wird die Medikamentenration für mehrere Stunden in eine Spritze aufgezogen, in einen Druckautomaten geklemmt und mit einem Schläuchlein verbunden, das in eine Vene hineinführt. Um der Patientin Blut oder Liquor[23] zu entnehmen, muß nicht immer aufwendig in sie hineingestochen werden. Es reicht einen Dreiwegehahn aufzudrehen und schon fließt die diagnostisch relevante Flüssigkeit aus der biotechnischen Gestalt. Um die Bedeutung dieser Arbeitserleichterung zu ermessen, muß man sich den auf einer Intensivstation herrschenden diagnostischen »Vampirismus«[24] vergegenwärtigen. Wenn mehrmals täglich Blut und evtl auch Liquor oder andere Hirnflüssigkeiten aus einer biotechnischen Gestalt entnommen werden, ist der praktische Wert eines einfach zu handhabenden Zugangs kaum zu überschätzen. Am günstigsten ist es, wenn immer ein Zugang mehr da ist, als aktuell gebraucht wird. Dies ermöglicht es, auch kurzfristig andere Medikamente durch diesen Zugang zu geben, ohne

---

23 Im Kontext meiner Arbeit meint Liquor die Flüssigkeit, die den Raum zwischen zwei Hautschichten ausfüllt, unter denen sich das Gehirn bzw. das Rückenmark befindet.
24 Ca. 100 ml oder mehr Blut einer Patientin wird pro Tag zur Produktion diagnostischer Werte verbraucht.

den Aufwand für einen Stich ins Patientenfleisch betreiben zu müssen. Zudem werden die Ärztinnen von den Arbeiten am Patientenkörper entlastet. Je umfassender nämlich ein Patient in eine biotechnische Gestalt verwandelt worden ist, um so eher können die Arbeiten von Pflegern verrichtet werden. Obwohl eine Schwester z. B. nicht in eine Arterie stechen darf, kann sie arterielles Blut entnehmen, wenn der Zugang zu einer Arterie einmal gelegt ist.

Die technischen Körperöffnungen sind vielleicht am ehesten mit leicht zu handhabenden Wunden zu vergleichen, denn anders als für den Umgang mit gewachsenen Öffnungen der körperlichen Gestalt (Mund, Ohren, Nase, Harnröhrenausgang) kommen beim Umgang mit den neuen Öffnungen der biotechnischen Gestalt, d.h. der Verschlüsse der »intravasalen Katheter«, Sterilitätsregeln zur Anwendung, die denen ähneln, die für die Behandlung von Wunden gelten. Bei einer gewachsenen Öffnung der körperlichen Gestalt kommt es darauf an, daß das, was in sie hineingeschoben wird, steril ist. Die Körperöffnung wird nicht eigens sterilisiert. Das Areal, in dem in den Körper hineingestochen werden soll, um einen Zugang, einen Katheter zu legen, wird dagegen sterilisiert. Ebenso wird die verwundete Stelle, in der der Katheter im Körper der Patientin liegt, wie eine offene Wunde versorgt, wobei die Hautoberfläche immer wieder eigens desinfiziert wird. In vergleichbarer Weise wird auch der Verschluß eines Katheters behandelt.

Während Herr Rempart gebettet wird, wechselt eine andere Schwester – ohne Ankündigung – einen Perfusor. Sie desinfiziert die Anschlüsse, bevor sie die Leine, die vom Perfusor ausgeht, mit dem Anschluß des Katheters verbindet.

Der Anschluß des Katheters wird von der Schwester genauso desinfiziert, wie sie es mit eine Wundoberfläche tun würde, d.h., die Öffnung des Katheters wird annähernd wie eine erweiterte Wundoberfläche behandelt. Dies belegt eindrücklich, wie die technischen Erweiterungen der körperlichen Gestalt, in der das Leben der Patientin realisiert ist, zu einem Bestandteil des Patientenkörpers geworden sind. Die zu sterilisierende Wundoberfläche befindet sich nicht nur direkt an der Haut der Patientin, sondern auch dort, wo der Katheterverschluß ist.

4.2.4. Die zwei Umgangsweisen

Der Körper von Patientinnen unterliegt zwei Umgangsweisen. Die eine löst ihn in die unterschiedlichen praktischen Zugangsweisen einer arbeitsteilig vorgehenden Medizin auf, die andere führt ihn wieder zusammen, indem sie ihn deutet. In der einen Perspektive gibt es soviele Körper, ja sogar Körperteile wie es medizinische Praktiken bzw. Disziplinen gibt. In der anderen Perspektive gibt es den Patienten als Zuordnungspunkt von Diagnosen und als lebendige Einheit, die erhalten werden muß. In der einen Perspektive wird der Körper zu einem Körper, den sich Ärztinnen durch die Arbeit aneignen, die sie in ihn investieren. Um den Sachverhalt pointiert zu beschreiben, ist es sinnvoll, einen Vergleich aus dem Recht heranziehen. Die arbeitsteilige Medizin verfährt mit dem Körper einerseits im Sinne des bürgerlichen Eigentumserwerbs und begegnet ihm andererseits quasi naturrechtlich.

Die den Körper auflösende Tendenz wirkt wie eine Anwendung von § 950 BGB:

»(Verarbeitung) (1) Wer durch Verarbeitung oder Umbildung eines oder mehrerer Stoffe eine neue bewegliche Sache herstellt, erwirbt das Eigentum an der neuen Sache, sofern nicht der Wert der Verarbeitung oder der Umbildung erheblich geringer ist als der Wert des Stoffes. Als Verarbeitung gilt auch das Schreiben, Zeichnen, Malen, Drucken, Gravieren oder eine ähnliche Bearbeitung der Oberfläche.

(2) Mit dem Erwerbe des Eigentums an der neuen Sache erlöschen die an dem Stoffe bestehenden Rechte.«

Um die Übertragung in den Bereich der Medizin präzise vorzunehmen, ist es erforderlich »Eigentum« durch »Besitz« zu ersetzen. Der Unterschied besteht darin, daß ein Besitz den Erwerb der »tatsächlichen Gewalt über die Sache« (§ 854 BGB) einschließt, was beim Eigentum nicht der Fall sein muß. Unter dieser Voraussetzung kennzeichnet die gesetzliche Bestimmung präzise eine Tendenz, die sich im Umgang von Ärzten und Schwestern mit den Körpern ihrer Patienten mehr oder weniger durchsetzt.[25] Ärzte und Schwestern verar-

---

25 Wie konsequent sich dieses von Eigentum auf Besitz hin modifizierte Prinzip in der deutschen Medizin durchgesetzt hatte, war schon daraus zu ersehen, daß es bei der Verfügungsgewalt über den Leichnam auf die tatsächliche Sachherrschaft ankam (vgl. Kapitel 3).

beiten den Patientenkörper zu einer biotechnischen Gestalt bzw. zu diagnostischen Werte und entsprechend dieser Verarbeitung wird der Körper als biotechnische Gestalt bzw. als diagnostischer Wert zu einem Resultat ihrer Arbeit, d.h. zu etwas, für das sie verantwortlich sind. Nach Maßgabe der Gültigkeit dieser Verantwortlichkeit ist der Patientenkörper ein Gegenstand, der denjenigen zugerechnet wird, die an ihm arbeiten. Ärztinnen und Schwestern üben die tatsächliche Gewalt über den Patientenkörper aus und insofern geht dieser in ihren Besitz über. Allerdings erwirbt niemand den Besitz am Körper als Ganzen, sondern immer nur an dem Teil, an dem er gearbeitet hat.

Die gegenläufige Tendenz, die Patientin als Einheit zu betrachten, ist dem medizinischen Umgang mit Körpern allerdings genauso inhärent. Um eine Diagnose zu erstellen, bzw. um festzustellen, ob ein Patient lebt, ob er bei Bewußtsein ist usw., müssen die diskreten Elemente wieder zu einer Einheit zusammengefügt werden. Diese Einheit ist der Patient selbst: Eine Entität, die keine Arbeit in ihren Körper investiert, sondern die ihre für andere erfahrbare Existenz in dem sicht- und tastbaren Körper realisiert. Daß dieser Körper eine selbständige Einheit ist und daß der Körper als Person ein Recht an sich selbst hat, basiert nicht auf Arbeit bzw. Verarbeitung, sondern ist quasi naturhaft vorausgesetzt.

Ich werde im weiteren so vorgehen, daß ich zunächst die Aneignung und Verarbeitung des Patientinnenkörpers, d.h. die Teilung des Körpers anhand der Teilung der Arbeit, skizziere. Dabei ist es wichtig, die immanente Grenze herauszuarbeiten, die der Teilung des Patientenkörpers gesetzt sind. In einem zweiten Schritt, sollen dann die einfachen Formen der Einheitsbildung beschrieben werden, die sich auf die Patientin als nicht-expressives ou-topisches Gegenüber beziehen. Erst im nächsten Kapitel wird es dann um die Formen der Einheitsbildung gehen, die sich ergeben, wenn die Patientin als ein expressives Gegenüber der ärztlichen bzw. pflegerischen Aktivitäten existiert.

Der Grundsatz Aneignung durch Arbeit hat sich im bürgerlichen Geschäftsleben nicht vollständig durchsetzen können. Für Fabrikarbeiter mußte diese Bestimmung z.B. abgeändert werden. Eine kapitalistische Wirtschaft könnte nicht funktionieren, wenn Arbeiterinnen gemäß der Bestimmungen des bürgerlichen Rechts Eigentum an ihren Produkten erwerben würden.

4.2.4.1. Die Teilung der Arbeit und die Teilung und Aneignung des Körpers

Wie in einen Patientenkörper Arbeit investiert wird, ist in Ansätzen schon deutlich geworden anhand der Beschreibung der Verwandlung des Patientenkörpers in eine biotechnische Gestalt. Dies soll jetzt unter dem Aspekt der Teilung der Arbeit und der dadurch bedingten Teilung des Patientenkörpers präzisiert werden. Meine Beobachtung der Arbeitsteilung war einerseits direkt, dies betraf die Vorgänge, die sich auf der Station abspielten, und andererseits indirekt, dies galt vor allem für die Teilung der Arbeit mit Labors, deren Expertise regelmäßig angefordert wurde. Die Beobachtung der Arbeitsteilung auf der Station schloß die Praxis von Ärztinnen verschiedener medizinischer Disziplininen (Anästhesie, Neurologie, Neurochirurgie, Traumatologie), von Pflegern, von Röntgen- und EEG-Assistentinnen und von Physiotherapeuten ein. Die indirekte Beobachtung der Arbeitsteilung beinhaltete einerseits, die Teile des Patienten zu protokollieren, die die Station verlassen (Blut, Schleim etc.) und umfaßte andererseits die Spuren, die die »Außenbeziehungen der Station« hinterlassen – dazu gehören die zu Ergebnissen verarbeiteten Körpersubstanzen und die Formulare, die verwendet werden, um Untersuchungen anzufordern bzw. um die Untersuchungen anderer Ärzte zu dokumentieren.

Auf der Station konnte ich folgende Formen der Arbeitsteilung beobachten.

- Pflege: Das Bettzeug der Patientin wird täglich gewechselt und der Patient wird gewaschen, gewindelt, eingecremt und evtl. mit ätherischen Ölen eingerieben.

Da sich Intensivpatientinnen nicht selbst im Bett drehen können, wird die Lage ihres Körpers mehrmals während einer Schicht variiert, sie werden »umgelagert«.

Die biotechnische Gestalt muß immer wieder stabilisiert werden: Die Lage des Tubus, der durch den Mund in die Luftröhre verläuft wird verändert: Er wird von der linken auf die rechte Seite verlegt und wieder mit Pflaster festgeklebt. Die Lage der Zugänge, die im Körper stecken, muß kontrolliert und die Einstichstellen müssen sauber gehalten werden.

Weiterhin obliegt den Pflegern die dauernde Versorgung und Überwachung der Kranken: Sie achten darauf, daß der Sauerstoffgehalt des Blutes hoch genug ist. Wenn die sogenannte Sauerstoffsättigung absinkt, saugen sie den Schleim aus den Atemwegen

ab. Sie führen die ärztlichen Anordnungen hinsichtlich der Medikation aus, d.h., Intensivpfleger wechseln die Perfusorspritzen und Tropfbeutel aus, wenn sie leer gelaufen sind und verabreichen Nahrung durch die Magensonde.
Zu den Überwachungsaktivitäten gehören: die dauernde Beobachtung der biotechnischen Gestalt auf Auffälligkeiten und die Wertung der akustischen Alarmsignale des Monitors als akuten Hinweis auf eine Gefährdung der Patientin oder als vernachlässigenswert, die Übertragung von Werten (wie Körpertemperatur und Blutdruck) vom Monitor in die Akte, die Aktualisierung der Flüssigkeitsbilanz (wieviel fließt in den Patientenkörper hinein und wieviel wieder heraus?), die Entnahme von Blut zum Zwecke der regelmäßigen Laboruntersuchungen, die stündliche Überprüfung der Pupillen auf eine Lichtreaktion.
Von allen Berufsgruppen sind die Schwestern am intensivsten mit der körperlichen Gestalt einer Patientin befaßt.

- Physiotherapie: Bei einem bewußtlosen Patienten besteht die Aufgabe einer Physiotherapeutin zumeist darin, ihn passiv durchzubewegen.

- Technischer Dienst: Dazu gehören Röntgen- und EEG-Assistenten. Bei Intensivpatienten wird routinemäßig kontrolliert, ob der Tubus richtig liegt, weshalb regelmäßige Röntgenaufnahmen des Brustraums erfolgen. Diese Aufnahmen werden auf der Station gemacht. Ebenfalls auf der Station wird das EEG abgeleitet, dies geschieht allerdings nicht regelmäßig bei allen Patientinnen sondern nur bei besonderen diagnostischen Fragestellungen.

- Ärztinnen: Ärzte untersuchen die Patienten einmal pro Schicht, wobei dem Schwerpunkt der Krankheit entsprechend die neurologische Untersuchung im Mittelpunkt steht. Da auf der neurochirurgischen Intensivstation auch die Ärzte in einem Dreischichtsystem arbeiten, wurden dort die Patientinnen drei Mal täglich untersucht. Im Mittelpunkt der ärztlichen Tätigkeit steht die Festlegung der einzelnen diagnostischen Prozeduren, die Erstellung einer Diagnose und die Auswahl einer therapeutischen Option.
Zur Festlegung der diagnostischen Prozeduren gehört es zu entscheiden, auf was hin das einem Patienten entnommene Blut im Labor untersucht werden soll und welche Körperflüssigkeiten bzw.

-substanzen (Blut, Hirn- bzw. Rückenmarksflüssigkeit, Bronchialschleim) der biotechnischen Gestalt wann und wie oft entnommen werden sollen, sowie die Entnahme anzuordnen oder sie im Fall von Hirn- bzw. Rückenmarksflüssigkeit oder Bronchialschleim selbst vorzunehmen. Darüberhinaus muß festgelegt werden, ob Bilder des Körperinneren angefertigt werden sollen, dazu zählen auf einer neurologischen bzw. neurochirurgischen Intensivstation vor allem die Computertomographie und die sogenannte Magnetresonanztomographie des Schädelinneren. Schließlich muß darüber befunden werden, ob die Kolleginnen anderer Disziplinen konsilarisch in die Behandlung einer Patientin einbezogen werden.

Die Arbeiten, die an einem Patienten ausgeführt werden müssen, sind so vielfältig, daß manchmal ein regelrechtes Gedränge an der biotechnischen Gestalt herrscht. Dies ereignet sich primär am Vormittag, denn dann sind alle Berufsgruppen am Patienten tätig und es muß koordiniert werden, wer, wann am Patienten arbeitet.

10.30: P-Friedrich und S-Bärbel kommen in das Zimmer von Frau Kopf. die Patientin wird abgesaugt und gebettet. N-Lindner kommt in das Zimmer und fragt, wie lang es noch dauern würde. Er bietet an, daß er auch mit der Untersuchung eines anderen Patienten beginnen könne.

Als die Physiotherapeutin die Patientin wieder zudeckt, fragt N-Ritter, ob sie jetzt fertig sei? Er hatte gewartet, um mit der ärztlichen Untersuchung zu beginnen. Die Physiotherapeutin bejaht. Noch bevor er aber beginnen kann, reklamiert S-Hilde, die ebenfalls im Zimmer ist, (sinngemäß:) »Aber erst muß ich noch mal.« Sie muß der Patientin ein Medikament per Infusion geben. N-Ritter bekundet, daß er selbstverständlich warten wird. Als aber klar ist, daß die Schwester so arbeitet, daß der Arzt einen ungehinderten Zugang zum Kopf der Patientin haben würde, beginnt er mit der Untersuchung der Reaktionen der Pupillen auf Lichteinfall.

Wenn eine Patientin auf die Station aufgenommen wird, können ähnliche Situationen entstehen.

Ungefähr um 22.20 eine Neuaufnahme: Herr Fink. Ich betrete das Zimmer als der Patient gerade auf dem Bett ins Zimmer gefahren wird. Es handelt sich um einen wachen Patienten, der auf Aufforderungen reagiert. Es bemühen sich insgesamt drei Neurochirurginnen und ein Pfleger um den Patienten. Eine Neurochirurgin, Frau Weller, wendet sich dem Patienten zu: »Herr

Fink, Sie sind hier auf der Intensivstation.« Nachdem der Patient angesprochen worden war, zeigt ihr Kollege, Herr Baller (diensthabender Neurochirurg), der auf der Station arbeitenden Neurochirurgin, N-Weller, die CT's. Es besteht im Moment keine Notwendigkeit für eine Operation. Nur bei einer Verschlechterung des klinischen Bildes sollte eine externe Ventrikeldrainage gelegt werden. Nachem sie die CT-Bilder im Flur angeschaut haben, gehen sie wieder ins Zimmer und wenden sich dem Patienten zu. Die Neurochirurgin steht rechts, und der Neurochirurg links neben dem Bett. N-Weller beginnt mit einer neurologischen Untersuchung. ... Während N-Weller am Kopfende mit dem Patienten beschäftigt ist, steht ein weiterer Neurochirurg, N-Weigand, ebenfalls am Bett und bereitet das Legen eines Zugangs in die Arterie vor: Es wird eine Art Windel unter den rechten Arm gelegt, der abgebunden wird. Mit den Vorbereitungn hatte er schon begonnen, während seine Kollegen die CT-Bilder angeschaut hatten. N-Weigand hatte seiner Kollegin signalisiert, sie könne sich die CT-Bilder in Ruhe anschauen, er würde derweil die Arterie legen. Damit fährt er fort, während der Patient untersucht wird. Er sticht leicht – ohne Ankündigung – in den Unterarm (Innenseite). Der Patient zuckt mit dem Arm. N-Weigand beruhigt ihn: »Nicht erschrecken, es piekt jetzt.« N-Weigand findet die Ader sofort. Nach Rücksprache mit N-Weller nimmt er Blut aus der Arterie ab. Parallel zu den Vorbereitungen für den Arterienkatheter wendet sich ein Pfleger an den Patienten: Herr Fink, ich stecke ihnen jetzt einen Schlauch mit Sauerstoff in die Nase, das killert ein bißchen und ist vielleicht unangenehm. Er nimmt einen dünnen grünen Schlauch, der wenige Zentimeter vor dem freien Ende mit einem kleinem Schaumstoffpfropf umschlossen ist. Der P-Maximilian schiebt den Schlauch soweit in die Nase, bis er den Pfropf, der als Halterung dient, in das Nasenloch drücken kann. Bei dieser Aktion windet sich der Patient etwas.

Bei dieser Aufnahme eines Patienten wird dessen Körper vierfach geteilt. Das Innere des Kopfes hängt, verarbeitet zu einer visuellen Repräsentation, im Flur der Station. Das Adersystem des Blutkreislaufs wird so präpariert, daß das Blut zu wichtigen »Vitalwerten« weiterverarbeitet werden kann. Zugleich muß festgestellt werden, wie wach und reaktionsfähig der Patient ist, dazu wird er angesprochen und ein wenig gepiesackt. Weiterhin muß dafür gesorgt werden, daß der Sauerstoffgehalt des Blutes nicht unter eine Normgrenze sinkt, weshalb der Pfleger dem Patienten einen Schlauch mit Sauerstoff in die Nase schiebt. Wenn man ausschließlich die Durchführung dieser Tätigkeiten in den Blick nimmt, ist der Patient als irgendwie geartete Einheit vollständig überflüssig. In all den Hinsichten, in denen der Patient bearbeitet wird, ist er austauschbar. Die Reaktionen bei der neurologischen Untersuchung müssen sinnvoll eingeordnet werden können. An welchem Patientenkörper sie sich vollziehen, scheint nicht so wichtig. Ob die Ader, in die gestochen wird, zu diesem oder zu jenem Patienten gehört, ist zunächst uninteressant. Von praktischem Interesse ist eher, ob sich die Ader leicht treffen läßt und ob der Anschluß an das Meßgerät problemlos abläuft. Unabhängig von diesem Geschehen sorgt sich der Pfleger um die Sauerstoffsättigung des Blutes und ergreift entsprechende Maßnahmen.

Wenn man Besitz im juristischen Sinne versteht, d.h., als Ausübung der tatsächlichen Gewalt über eine Sache, ist es keine Übertreibung zu sagen, ein Intensivpatient befindet sich im Besitz der behandelnden Ärzte. Der Zustand eines Intensivpatienten ist das Resultat bienenhafter Geschäftigkeit, die sich um ihn herum entfaltet und die sich um den Patienten als eine für sich bestehende Einheit nur insoweit sorgt, als er gelegentlich angesprochen wird. Aber die den Tätigkeiten immanente Logik kann auf die Patientin als Einheit verzichten. Der Körper des Patienten wird ausschließlich auf die Erfordernisse des arbeitsteilig funktionierenden Krankenhausbetriebes orientiert. Die Ärztin tut dieses mit dem Patientenkörper, der Pfleger braucht jenes, um effektiv an ihm arbeiten zu können. Als Apparatur seines Lebens ist ein Körper Angriffspunkt verschiedenartigster Zugriffe, die ihn auf je eigene Weise in Besitz nehmen.

In diesem Sinn sind auch Diagnosen nicht nur Angaben über den Zustand des lebendigen Körpers, sondern auch praktisch-technische Direktiven, wer auf diesen Körper zweckmäßigerweise wie zugreifen sollte. Eine »ICB« (IntraCerebraleBlutung) untersteht dem Zugriff der Neurochirurgen. Eine insuffiziente Niere wird von den Nephrologen behandelt. Die virale Encephalitis führt einen Patienten auf die neurologische Intensivstation. Usw. usf. Wenn auf der Neurochirurgischen Intensivstation der Ruf ertönt: »Die »ICB« ist da, sie wird gerade in Zimmer 7 geschoben.« besagt das, dieser Körper ist hier richtig, denn an ihm können wir die Arbeit verrichten, die hier verrichtet wird. Ein Nephroblastom wäre dagegen verkehrt und würde gar nicht aufgenommen. Ob da überhaupt etwas zu machen ist, müßten die Nephrologen entscheiden. Eine Diagnose ist eine dem Körper abgelesene Arbeitsanweisung, die ihn in die Hände der Ärztin führt, die legitimerweise von ihm Besitz ergreifen kann und sollte.

4.2.4.2. Die medizinimmanente Grenze der Teilung

Schellong, auf dessen Studie ich schon eingegangen bin, arbeitet vor allem die Tendenz der bürgerlichen Besitzaneignung heraus. Für ihn liegt das Charakteristische intensivmedizinischer Praktiken darin, den Patienten als lebendige Einheit aufzulösen und die Aufrechterhaltung von Normwerten in den Mittelpunkt zu stellen, die anzeigen, ob genügend Sauerstoff im Blut ist, bzw. ob der Herzrythmus normentsprechend ist. Deshalb könne es der immanenten Logik der Intensivmedizin folgend auch keine angemessene Möglichkeit mehr geben, überhaupt noch zwischen Leben und Tod zu unterscheiden. Die einzelnen Normwerte hätten nämlich von sich aus nichts mehr miteinander zu tun, sie sind funktional voneinander unabhängig und können deshalb jeweils für sich und unabhängig voneinander beeinflußt werden. Vitalfunktionen sind derart gegeneinander isoliert, daß sie jeweils künstlich unterbrochen, technisch substituiert und wieder hergestellt werden können. »Der Begriff der Vitalfunktion entwickelte sich im selben Diskurs und zur selben Zeit wie die Technik des künstlichen Atemstillstandes mit künstlicher Beatmung und die Technik des künstlichen Herzstillstandes mit extrakorporalem Kreislauf. ›Vitalfunktion‹ stand von Anfang an für Funktionen, von denen der Diskurs die Gewißheit besaß, daß sie ersetzbar sind. Sein Wissen über die Behandlung von Atemstillstand und Herzstillstand entwickelt er in dem Moment, in dem er lernte, diese Zustände künstlich zu erzeugen, künstlich zu überbrücken und wieder rückgängig zu machen. Die neue Gewißheit des Diskurses ist die funktionelle Identität zwischen dem, was im Natürlichen vorkommt, und dem, was im Künstlichen zu erzeugen ist.« (Schellong 1990: 141) Dieses Ergebnis der historischen Analyse des medizinischen Diskurses konvergiert mit der Beschreibung des Patientenkörpers als einer biotechnische Gestalt, deren Zweck darin besteht, den gewachsenen Körper so aufzubereiten, daß er technisch problemlos handhabbar wird. Auf diese Weise wird praktisch eine Gestalteinheit erzeugt, in der das unauflösbar zusammenfällt, was üblicherweise als »Natürliches« und »Künstliches« voneinander unterschieden wird. Es scheint mir allerdings fraglich zu sein, inwiefern die gegeneinander isolierten Vitalfunktionen ausschließlich mit Bezug auf die Zerstückelung des Patientenkörpers durch die medizinische Arbeitsteilung als Vitalfunktionen begriffen werden können. Es ist zweifellos richtig, daß sie jeweils für sich gesteuert, unterbrochen und wiederhergestellt werden können, aber ebenso bleiben Vitalfunktionen bezogen auf den Patientenkörper als übergestalthafte Einheit. Während Schellong – in historischer Perspektive – die Erzeugung separater Funktionswerte für Atmung, Herz und Kreislauf in den Blick gerät und damit die Auflösung der übergestalthaften Einheit des lebendigen Patientenkörpers in den Mittelpunkt rückt, stößt eine Beobachtung der ärztlichen Praxis auf die Vitalwerte eher dann, wenn es darum geht, wie übergestalthafte Einheiten gebildet werden. Eine Beobachtung der Intensivmedizin führt zu dem Ergebnis, daß eine Vereinseitigung der Forschungsperspektive auf die »bürgerliche Tendenz«, die Aneignung des Körpers durch Arbeit, ein Verständnis der alltäglichen medizinischen Praxis eher verhindert, denn ohne den Patientenkörper als übergestalthafte Ganzheit zu berücksichtigen, wäre Intensivmedizin faktisch unmöglich. Ein Funktionswert, etwa das Ergebnis einer Blutgasanalyse, muß einem Körper zugeordnet werden können, dem ebenfalls noch andere Werte zugeordnet werden können müssen, sonst könnte keine Diagnose stattfinden.

Um die Differenz zwischen einer Perspektive, der es um die historische Rekonstruktion einer isolierenden medizinischen Praxis geht, und einer Perspektive, die den alltäglichen Umgang mit Patienten untersucht, genauer herauszuarbeiten, ist es sinnvoll, sich zu vergegenwärtigen, wie sich das Problem der Diagnose und der damit zusammenhängenden Entscheidung für eine therapeutische Handlung jeweils stellt. Die Entscheidung des Arztes für eine künstliche Beatmung, die Indikation zur Intubation beschreibt Schellong (1990: 133) als einen »Vollzug sich selbst treffender Entscheidungen«. Darunter versteht er folgendes: Wenn die Blutgasanalyse, die den Kohlendioxidgehalt des Blutes feststellt, einen Wert anzeigt, der über 60 liegt, muß ein Patient notwendigerweise künstlich beatmet werden. »Das Bedeutsame des Vorganges liegt darin, daß er von selbst abläuft; es handelt sich um einen echten Mechanismus. Wenn auch der jeweilige Parameter und sein kritischer Wert wohlbegründet und vom Arzt einzusehen und zu begreifen sind, stellt die Indikation nicht mehr der Arzt. Vielmehr stellt sie sich selbst im Zusammenwirken von Parameter (homogenem Feld) und Funktionswert (kritischer Grenze). Die Aufgabe des Arztes ist: festzustellen, ob die Indikation gestellt ist.« (Schellong 1990: 133)

Dieser Automatismus oder ein vergleichbarer Sachverhalt scheint auf einer Intensivstation so nicht wirksam zu sein, jedenfalls habe ich ihn nicht beobachten können. Es war nie ein isolierter Funktionswert, der zu einem therapeutischem Eingreifen führte, sondern immer der Funktionswert einer Patientin. Diese Modifikation macht eine unausgesprochene Voraussetzung Schellongs deutlich. Sein Argument ist solange stichhaltig, wie es nicht zum Problem wird, wessen Funktionswert zu einer ärztlichen Aktion führt. Er scheint von einer direkten Begegnung zwischen Arzt und Patient auszugehen. Ein Arzt untersucht den Sauerstoffgehalt des Blutes eines vor ihm liegenden Patientenkörpers und schreitet unmittelbar, veranlaßt durch den Mechanismus der Indikation, zur Tat: Er intubiert den Patienten und schließt ihn an ein Beatmungsgerät an. In dieser gewissermaßen idealen Situation entsteht in der Tat kein Problem. Es gilt die Zuordnungsregel: ein Wert – ein Körper – eine Indikation. Wenn die Komplexität der Situation derart reduziert ist, ist es in der Tat nur ein erkenntnistheoretisches, aber kein praktisches Problem, ob der Wert, dessen Erzeugung ohne eine Auflösung der Gestalt des Körpers nicht gewonnen werden kann, der Gestalt unmittelbar oder nur über den Umweg einer übergestalthaften – nicht selbst erscheinenden Einheit – zugeordnet werden kann.

Das erkenntnistheoretische Problem wird aber in dem Maße ein praktisches, wie die Patienten und die Werte vervielfältigt werden. Wenn es nicht einen Patienten mit einem Wert und einer Indikation, sondern 6 oder mehr Patientinnen mit dutzenden von Werten und den verschiedensten Indikationen gibt, wird das erkenntnistheoretische Ordnungsproblem, welcher Wert welchem Patienten wie zugeordnet wird, zu einem drängenden praktischen Problem, zu dessen Lösung ein ausgefeiltes formalisiertes Kennzeichnungssystem entwickelt worden ist. Um etwa eine Blutgasanalyse vorzunehmen, d.h., den Kohlendioxidgehalt des Blutes genau festzulegen, muß einem Patienten, d.h. auf einer Intensivstation einer biotechnischen Gestalt, Blut entnommen werden. Dies muß in der Flüssigkeitsbilanz vermerkt werden, in der jede Flüssigkeitsausfuhr (entnommenes Blut, ausgeschiedener Urin, entnommener Liquor) und Flüssigkeitseinfuhr, d.h. die Menge aller irgendwie in die biotechnische Gestalt hineingelangenden Flüssigkeiten (in Flüssigkeit gelöste Medikamente, Sondennahrung usw.) gegeneinander aufgerechnet werden. Sodann muß das entnommene Blut das Krankenzimmer und vielleicht sogar die Station verlassen. Damit es auch unterwegs als das Blut von Patientin X erkennbar bleibt, wird das Röhrchen, in dem das Blut transportiert wird, mit einem Aufkleber versehen, auf dem codiert der Name des Patienten vermerkt ist. Ohne diesen Aufkleber würde das Blut, oder später der Funktionswert zuordnungslos und damit sinnlos werden: ein Blutwert ohne Patientenkörper, über den er etwas aussagt. Die hohe Bedeutung der Laborwerte für das Funktionieren der Intensivmedizin führt einerseits dazu, daß die biotechnische Gestalt in verwirrend viele Teile aufgelöst wird. Die Gestalteinheit wird bis zur Unkenntlichkeit zerstückelt. Wenn dennoch die Teile wieder ihren Weg zurück auf die Station finden, so verdanken sie das einem Marker, der eine sichere Zuordnung garantiert. Der Marker ist ein praktischer Hinweis auf die Patientin als eine übergestalthafte Ganzheit. Nur als eine solche können einer Patientin die Teile zugeordnet werden, denn als übergestalthafte Ganzheit ist die Patientin mit keinem der verschiedenen Teile als ganze identisch und gerade deshalb kann sie das Moment sein, durch das die verschiedenen Teile wieder zu einer Einheit zusammengeführt werden.

Ein Röhrchen voll Blut wird zu Angaben über:

- das Maßverhältnis von Sauerstoff/Kohlensäure

- den Gehalt von Natrium, Kalium

- Calziumgehalt

- den Gehalt anorganischer Phosphate

- den Gehalt von Magnesium

- Angabe über die Gerinnungszeit des Blutes

- usw. bis zu 40 Werte werden täglich aus dem Blut der Patienten gewonnen

Verwandelt in eine Zahlenangabe auf einem Blatt Papier kehrt das Blut nach seinem Laboraufenthalt zurück auf die Station bzw. in das Krankenzimmer. Es hat jetzt nichts mehr mit der biotechnischen Gestalt zu tun, der es entnommen wurde. Wäre der Patient identisch mit der biotechnischen Gestalt, die im Bett liegt, wäre es unmöglich ihm einen dieser Werte zuzuordnen. Ohne den codierten Namen des Patienten als Hinweis auf den Patienten als übergestalthafte Ganzheit wäre die ganze Prozedur nicht sinnvoll durchführbar. Eine schlichte Zahlengabe, mehr nicht – wo sollte sie hingehören? Nur vermittelt über den Patienten als eine übergestalthafte Ganzheit, von der es selbst kein positives Wissen gibt, die aber die Möglichkeit bietet, das positive Wissen bezogen auf einen Patienten zu arrangieren, können körperliche Gestalt, Blut und Wert miteinander verbunden werden.

Dasgleiche gilt für die Bilder des Kopfinneren, dem Computertomogramm des Kopfes, die in einem speziellen Untersuchungsraum angefertigt werden. Der Patient wird in den Untersuchungsraum gefahren, das Bild wird angefertigt. Die Patientin wird wieder auf die Station gefahren, das Bild wird entwickelt und ebenfalls auf die Station geschickt. Wie soll festgelegt werden, welches Bild das Innere welchen Patientenkopfs darstellt? Es dabei auf Gestaltähnlichkeit ankommen zu lassen, wäre ein ebenso unsicheres wie kostspieliges Verfahren. Dazu müßte man noch einmal mit der Patientin in den entsprechenden Untersuchungsraum fahren, noch ein Bild anfertigen und dann entscheiden, ob das entwickelte Bild dem aktuell aufgenommen Bild so weit ähnelt, daß es als Darstellung des Inneren dieses Kopfes gelten könnte. Selbst in den Fällen, wo es zweifelhaft war, welches Bild das Innere welchen Kopfes darstellt, wurde dieses Verfahren nicht angewendet. Auch in diesem Fall hilft ein Marker, der Name der Patienten in offener oder codierter Form. Ohne diesen Zusatz wäre auch das beste CT keine diagnostische Stütze.

Je arbeitsteiliger die Medizin vorgeht, je mehr sie den Patienten in Laborwerte auflöst, in Maßverhältnisse, die den Druck im Kopf, den Blutdruck, den zentralen Venendruck als Zahl darstellen und je mehr sie bildhafte Darstellungen der Topographie des Kopfinneren und visualisierende Darstellungen der bioelektrischen Aktivitäten des Gehirns im EEG sowie der des Herzens im EKG produziert, kurz je mehr sie den Patienten arbeitsteilig verarbeitet und darstellt, desto mehr braucht sie den Patienten als übergestalthafte Einheit. Wäre der Patient identisch mit einer dieser möglichen Erscheinungsformen seiner selbst, wäre nicht mehr plausibel, wie die anderen Erscheinungen ihm noch zugeordnet werden könnten. Dies gilt auch für den Patienten, der im Bett liegt, die sinnlich zugängliche biotechnische Gestalt. Auch sie wird in zahlreiche Angaben verwandelt: Reaktion auf standardisierte Schmerzreize, Reaktion auf standardisierten Lichteinfall ins Auge, Reaktion der Pupillen auf standardisierte Drehungen des Kopfes usw. Würde der Patient mit dieser gestalthaften Erscheinung identifiziert, wäre es unmöglich anzunehmen, daß der Zustand dieses Körpers auch in einer Zahl ausgedrückt werden könnte: »60«, d.h., der Kohlendioxidgehalt ist so hoch, daß er wohl vermutlich tot ist, wenn an ihm jetzt nicht irgendeine Regung wahrzunehmen ist, die auf eine eigenständige Atemaktivität hindeutet. Eine Diagnose wäre unmöglich ohne die Patientin als eine übergestalthafte Einheit, die es erlaubt, qualitativ so unterschiedliches zuzuordnen wie die Zahl 60 (Wert des Kohlendioxidgehalts im Blut dieses Patienten) und die sinnliche Erscheinung der Pupillen, deren Stellung sich bei einer Drehung des Kopfes nicht mehr verändert.

Die Praxis der Intensivmedizin setzt notwendig voraus, daß der Patient in Differenz zu der Gestalt bzw. zu dem Wert ist, als die bzw. als der er erscheint. Werte, klinische Erscheinung, Bilder oder Kurvendarstellungen sind Weisen, auf die ein Intensivpatient erscheinen kann, aber die Patientin ist mit keiner dieser Erscheinungen identisch, sie geht in keiner dieser Erscheinungen auf. Sie ist eine übergestalthafte Ganzheit, auf die die Gestalt im Bett, die Kurven auf dem Monitor, die Werte des Labors, die Bilder des CT, die EEG-Kurven usw. verweisen und umgekehrt ist es diese Einheit, insofern sie in Differenz zur physischen Gestalt ist, die die Wahrnehmung führt und die sie auf immer neue Werte, Bilder und gestalthafte Erscheinungen führen kann. Sie fungiert als ein ordnender Bezugspunkt der ärztlichen Wahrnehmung. Insofern erscheint es mir plausibel diese Form der Einheit als Ordnungseinheit bzw., wenn es um die ärztliche Praxis des Zuordnens geht, als Zuordnungseinheit zu bezeichnen. Da es sich um eine Einheit handelt, die nicht selbst erscheint und von der es auch kein positives Wissen gibt, ist es angemessen sie im beschriebenen Sinn als ou-topisch zu bezeichnen.

Die Patientin als ou-topische (Zu-)Ordnungseinheit bildet den Bezugspunkt für die wichtigste ärztliche Tätigkeit: Das Ordnen der produzierten Zeichen zu sinnvollen Ganzheiten, den Krankheitsbildern mit ihren mehr oder weniger erfolgversprechenden Behandlungsoptionen.

4.2.4.3. Die rekursive Konstellierung des »Patienten-im-Bett« und die Erhaltung seines Lebens

Ein Patient liegt im Krankenhaus, wenn er krank ist. Auf eine spezialisierte Intensivstation wird er nur verlegt, wenn die Erkrankung so weit spezifiziert ist, daß nur noch bestimmte ärztliche Handlungsoptionen in Betracht kommen. Die Minimalvoraussetzung ist, daß überhaupt noch eine den Zustand des Körpers verändernde Handlungsoption besteht. Auf einer spezialisierten Intensivstation eines Universitätsklinikums wird nicht auf den Tod gewartet. Hier wird gehandelt. Wenn der Zustand eines Körpers diesen Anforderungen nicht mehr entgegenkommt, wird er – zum Sterben – verlegt.

Bei der Visite faßt der Oberarzt die Strategie für die Behandlung von Frau Senf zusammen: Es ist nur noch eine Minimaltherapie möglich, deshalb soll sie so schnell wie möglich ins Katharinen-Krankenhaus zurückverlegt werden. Sie wurde überwiesen wegen des Verdachts auf eine SAB (Blutung im Kopfinneren) oder einen Infarkt. Beide Vermutungen haben sich als nicht stichhaltig herausgestellt. ... Ich frage den Oberarzt nach der Prognose für die Patientin. Er antwortet unwillig: »Hirntod«. Später frage ich einen anderen Arzt, warum sie noch verlegt wird, wenn sie ohnehin bald stirbt? Darauf antwortet er (sinngemäß:) »Wir können nichts mehr für sie tun und beatmet werden kann sie dort auch. Es ist vielleicht hart zu sagen, aber dazu ist ein peripheres Krankenhaus da.« Gemeint ist, einen sterbenden Patienten aufzunehmen, der auf der Intensivstation eines Universitätsklinikums liegt, wenn dort nichts mehr für ihn getan werden kann.

Die Verlegung erfolgte aus dem Katharinen-Krankenhaus nicht nur mit Bezug auf eine Diagnose, sondern auch mit Bezug auf eine Behandlungsoption. Eine SAB (Subarachnoidalblutung) oder ein Infarkt hätten auf der Intensivstation behandelt werden können. Die Untersuchungen, die auf der Station durchgeführt worden waren, haben zwar den verzweifelten Gesundheitszustand der Patientin bestätigt, aber nicht den Verdacht, noch wirksam eingreifen zu können. Also soll die Patientin verlegt werden. In diesem Fall kam die Entscheidung insofern zu spät, als die Patientin schon so krank war, daß sie noch vor der Verlegung verstarb.

Wenn es für eine Patientin keine Behandlungsoption mehr gibt, die eine Therapie auf einer spezialisierten Intensivstation erfordert, wird sie verlegt. Das betrifft nicht nur Patientinnen, deren Tod bevorsteht, sondern auch die, deren Zustand keine andere Behandlungsoption zuläßt, als zu warten. Dies gilt etwa für alle Patienten, die in einen Zustand geraten, in dem sie zwar selbständig atmen können, bei denen aber keine weitergehende Heilung mehr zu erwarten ist. Für eine neurologische Intensivstation sind sie zu gesund, aber das heißt nicht mehr, als daß sie jetzt auch außerhalb einer Intensivstation versorgt werden können.

Die Festlegung einer Behandlungsoption, die einen Aufenthalt auf der Station rechtfertigt, verläuft auf der neurologischen nach anderen Maßstäben als auf der neurochirurgischen Intensivstation, denn auf der Neurochirurgie geht es nicht nur darum, ob überhaupt noch etwas getan werden kann, sondern ausschließlich darum, ob ein operativer Eingriff in das Nervengewebe des Kopfes oder des Rückenmarks vorgenommen werden muß oder nicht. Sowie feststeht, daß ein derartiger Eingriff nicht angezeigt ist, wird ein Patient verlegt.

Bevor ich gehe, frage ich A-Herzberg, ob der neuaufgenomene Patient jetzt wieder verlegt wird? Seine Antwort lautete (sinngemäß:) »Ja, es gibt keine operativen Konsequenzen und seine Prognose war auch schlecht.«

Oberarzt Sitz entscheidet, daß der Patient verlegt werden soll, hier würde jetzt nichts mehr für ihn getan, die Krankheit müsse konservativ behandelt werden.

Jede Behandlung, die ohne eine Operation auskommt, wird nicht auf einer neurochirurgischen Intensivstation durchgeführt, für derartige konservative Behandlungen sind andere medizinischen Disziplinen zuständig. Umgekehrt gilt diese Einschränkung nicht. Auf der neurologischen Intensivstation habe ich mehrere Patienten gesehen, die zur Durchführung des operativen Eingriffs auf die neurochirurgische Station verlegt und dann wieder rückverlegt wurden.

Eine Verlegung setzt in jedem Fall voraus, daß zuvor geklärt worden ist, um was für eine Erkrankung es sich handelt und welche Behandlungsmöglichkeiten es für einen Patienten gibt. Eine Verlegung beinhaltet also in jedem Fall sowohl eine Diagnose als auch eine Prognose. »Prognose« und »Diagnose« sind unmittelbar medizinische Begrifflichkeiten, die auf bestimmte Aspekte des ärztlichen Handelns referieren.[26] Um die Bedeutung dieser Selbstbeschreibung der medizinischen Praxis zu verstehen, ist es sinnvoll, sie auf die entsprechenden Tätigkeiten zurückzubeziehen. Das Verhältnis von Diagnose und Prognose ließe sich dann so beschreiben. Es werden initial Zeichen produziert, geordnet und gedeutet. Dies ermöglicht eine vorläufige Aussage über den aktuellen Zustand des Patienten und – vielleicht auch – über die Ursache dieses Zustandes. Darauf aufbauend werden die kurz- und langfristigen Zukunftsaussichten abgewogen und eine Therapie festgelegt, die optimal auf den Zustand des Körpers einwirkt und günstigstenfalls eine Gesundung herbeiführt. Diese allgemeine Beschreibung ist allerdings insofern unvollständig, als sie suggeriert, die einzelnen Elemente »Diagnose«, »Prognose« und »Therapie« könnten sicher gegeneinander abgegrenzt und in eine eindeutige zeitliche Abfolge gebracht werden. Das ist praktisch nicht der Fall.

Manche Erkrankungen werden als so gravierend eingeschätzt, daß schon der bloße Verdacht ausreicht, um sofort mit einer Therapie zu

---

26 Die unterschiedliche Relevanz dieser Aspekte in der ärztlichen Praxis wird auch in der innermedizinischen, der medizinethischen bzw. medizintheoretischen Reflexion, immer wieder diskutiert. Wiesemann (1995) etwa kritisiert Autoren wie Wieland (1975) dafür, die Bedeutung der Diagnose zu überschätzen und die eigenständige Relevanz der Prognose für das ärztliche Handeln nicht zu sehen.

beginnen. Darüber hinaus können die Krankheitsursachen so vielfältig sein, daß es aussichtsreicher ist, mit einer möglichen Therapie zu beginnen, statt eine definitive Klärung abzuwarten. Die therapeutische Wirkung wird dann zum integralen Bestandteil der Diagnostik. Bei der Patientin wird die Krankheit vorgelegen haben (Diagnose), gegen die die Therapie geholfen hat. In der Praxis kommt darüber hinaus noch ein weiteres Moment zum Tragen: Kaum ein Patient verläßt eine neurologische bzw. neurochirurgische Intensivstation vollständig gesund. Eher handelt es sich um Patientinnen, die auch nach der erfolgreichen Behandlung einfach nur weniger krank sind und deshalb auf einer anderen Station bzw. in einem anderen Krankenhaus weiterbehandelt werden müssen. Um die Verlegung, d.h. die Weiterbehandlung, von Patienten möglichst komplikationslos abwickeln zu können, ist es für die auf Station arbeitenden Ärztinnen unerläßlich, zu den weiterbehandelnden Kolleginnen einen guten Kontakt zu pflegen.

Wenn es darum geht, die praktischen Fragen zu beantworten, wer, wann, warum, wie behandelt wird, werden unauflöslich drei Stränge miteinander verflochten:

1. das Produzieren und Ordnen von Zeichen,

2. die Verschränkung der zeitlichen Horizonte von Vergangenheit, Gegenwart und Zukunft,

3. die Situierung der Handlungen in einem politischen Feld, in dem die wissenschaftlichen und kollegialen Beziehungen zu anderen Ärzten und Krankenhäusern gepflegt werden.

Bezogen auf die biotechnische Gestalt lassen sich die Momente, die die Klärung der Fragen – »wer?«, »wann?«, »warum?«, »wie behandelt wird?« – erlauben, in korporale und extrakorporale Bedingungen von Diagnose, Behandlung und Prognose differenzieren. Bei meiner Darstellung werde ich bei der biotechnischen Gestalt, also den korporalen Bedingungen beginnen und mich von dort zu den extrakorporalen vorarbeiten.

4.2.4.3.1. Die korporalen Bedingungen der rekursiven Konstellierung des »Patienten-im-Bett«

Der Terminus rekursive Konstellierung bezeichnet ein mehrstufiges Verfahren: Zunächst wird die Gestalt der Patientin in eine Vielzahl von Zeichen aufgelöst, dadurch wird der Zusammenhang der Elemente soweit zerstört, daß es unmöglich wird, die Elemente direkt wieder zu einer Gestalt zusammenzusetzen. Deshalb werden die Zeichen in einem zweiten Schritt dem Patienten als übergestalthafter Ganzheit, d.h. als Ordnungseinheit, zugeordnet und so wieder zu einer gestalthaften Ganzheit zusammengefügt, dem Patienten im Bett mit einem bestimmten Krankheitsbild und bestimmten Behandlungsoptionen. Die Konstellierung des Patienten umfaßt sowohl die diagnostischen als auch die therapeutischen Prozeduren und die Prognose.

Die Praxis der rekursiven Konstellierung läßt sich mit Bezug auf das von mir entwickelte Deutungsmodell (s. Kap 2) verdeutlichen, es unterschiedet drei Ebenen.

- Ebene des ou-topischen Gegenüber: Patient als Ordnungseinheit, Patientin als lebendiges bzw. bewußtes Subjekt.

- Ebene der Gestalt als Ganzes: Der konstellierte Patient mit einem bestimmten Krankheitsbild, das gegeben ist, wenn die entsprechenden Kriterien erfüllt sind.

- Ebene der parzellierten Gestalt: die Produktion von Zeichen.

Die letztgenannte Ebene, die der parzellierten Gestalt, hatten Linke und Kurthen als die Ebene der Tests beschrieben, die das Vorliegen bestimmter Kriterien belegen sollen. Ich ziehe die allgemeinere Formulierung »Produktion von Zeichen« vor. Denn Tests im Sinne von Kurthen und Linke setzen bestimmte definierte Kriterien voraus. Im klinischen Alltag werden aber Zeichen im Übermaß produziert und sie werden erst rekursiv zu einer diagnostischen Einheit zusammengefaßt. Eine eindeutige hierarchische Determination im Sinne von Kurthen und Linke findet im klinischen Alltag nicht immer statt. Eher legt die Gestalt der Patientin bestimmte Verdachtsmomente nahe, von denen ausgehend Zeichen produziert werden, deren stimmige Konstellation den Verdacht erhärtet oder nicht. Wichtig ist für die These der Konstellierung der Umweg, der bei der Ordnung der Zeichen beschritten werden muß: Der Ansatzpunkt ist immer die Gestalt als Ganzes, von dort ausgehend werden Zeichen erzeugt, dies schließt fast immer eine Parzellierung bzw. Zerstückelung der Gestalt ein; die einzelnen Zeichen werden dem ou-topischen Bezugspunkt der übergestalthaften Einheit des Körpers zugeordnet und darüber zu einer Gestalt konstelliert.

Zeichen des Patienten?

Unter Zeichen verstehe ich, darin folge ich der Praxis von Ärzten und Schwestern, alles, was in irgendeiner Weise auf den Zustand eines Patienten hinweist. Dazu gehören die Ergebnisse der klinischen Untersuchungen ebenso wie die Ergebnisse der apparativen bzw. der Laboruntersuchungen. Da der Körper des Patienten zu einer biotechnischen Gestalt geworden ist, stellt sich in jedem Fall die Frage, ob es sich bei einem Phänomen um ein Zeichen für den Zustand des Patienten handelt oder um ein Phänomen, das von den Apparaten erzeugt worden ist. Im Umgang mit einer biotechnischen Gestalt gibt es stets den stumm mitlaufenden Verdacht: Handelt es sich um ein Artefakt?

A-Bense hört den Patienten mit dem Stethoskop ab. Dabei stößt sie auf ein Geräusch, das sie nicht einordnen kann. Sie hört ebenso wie die Brust auch den Beatmungsschlauch ab. Sie beginnt beim Beatmungsgerät, hört den Schlauch bis zu der Stelle ab, wo er in den Tubus mündet, der im Mund steckt. Ich frage sie, warum sie das gemacht hat. Antwort (sinngemäß:) »Ich habe Strömungsgeräusche gehört und wollte jetzt feststellen, ob das von der Maschine kommt, nicht daß wir das unseren Patienten einfach so (evtl. auch »fälschlicherweise«) anhängen.«

Wenn ein Patient künstlich beatmet wird, kann es schon bei den Geräuschen in der Lunge bzw. in den Atemwegen fraglich werden, wem sie zugeordnet werden sollten. In diesem Fall entschied sich die Ärztin dafür, das Geräusch dem Patienten »anzuhängen«.
Vergleichbare Probleme stellen sich, wenn es darum geht, ob der Sauerstoffgehalt im Blut ausreichend hoch ist.

Die Patientin ist sehr unruhig, außerdem kann die Sauerstoffsättigung nicht richtig abgelesen werden, bzw. sie ist sehr niedrig. Es ist nicht ganz klar, ob es an der Patientin liegt, oder ob das Meßgerät nicht richtig funktioniert. A-Bense kommentiert: »Es muß nicht immer am Patienten liegen.«

Ein anderes Problem besteht in der Stabilität des Verhältnisses zwischen Meßgerät und Körpervorgängen. Diese Beziehungen sind ausgesprochen störanfällig. Jede kleine Bewegung eines Patienten kann dazu führen, daß ein Wert unbrauchbar wird und nicht mehr als Indiz für den Patientenzustand gewertet werden kann. Gerade weil diese Werte aber unmittelbar als Ausdruck des Zustands der Patientin gedeutet werden, muß dann sofort entschieden werden, ob sie tatsächlich als Hinweis auf deren Zustand gewertet werden können.

Eine Ärztin und eine Schwester stehen an einer Seite des Betts am Kopfende und hantieren am Kopf der Patientin. Auf der anderen Seite steht eine andere Ärztin und bereitet den Arm vor, in den ein Zugang gelegt werden soll. Es ertönt ein Alarmton, der anzeigt, daß irgendein Wert nicht so ist, wie er sein sollte. In diesem Fall handelt es sich um die Herzfrequenz, die dramatisch abgerutscht ist. Im selben Augenblick ruft die Ärztin, die den Arm vorbereitet, laut und beruhigend, zugleich aber auch entschuldigend: »Das war ich ich! Alles artifiziell! Alles artifiziell!« Beim Hantieren am Arm hatte sie eines der Kabel, die zu den EKG-Elektroden führen so gezogen, daß die Elektroden verrutscht waren. In diesem Fall wurde die Anzeige der Herzfrequenz nicht als Ausdruck der Eigenaktivität, des Herzschlags, der Patientin gedeutet, sondern als Resultat des Handelns der Ärztin.

Um die Verbindungen zwischen den Vorkommnissen in der körperlichen Gestalt und den auf dem Monitor angezeigten Maßangaben stabil zu halten, darf nicht beliebig an der körperlichen Gestalt hantiert werden. Aber auch wenn das nicht der Fall ist, ist eine sichere Verbindung nicht gewährleistet. Es hängt auch davon ab, wie die Verbindung in den Patientenkörper hinein hergestellt worden ist.

Eine Schwester verbindet den Arm einer Patientin an der Stelle, an der die Agüle im Arm steckt. Zu dem Arzt der ebenfalls im Krankenzimmer ist, mault sie: »Die Agüle ist jetzt schon lageabhängig.« Das heißt, die Möglichkeit einer korrekten Messung hängt davon ab, in welcher Lage sich der Arm befindet und das, obwohl dieser Zugang gerade erst gelegt wurde. Kurz darauf betritt eine Ärztin den Raum, die die Schwester in vorwurfsvollen Ton anspricht: »Deine Agüle ist jetzt schon lageabhängig.«

Ein Katheter, durch den Meßfühler zur Blutdruckmessung hin die Ader geschoben wird, sollte so gelegt sein, daß es zumindest einen Tag lang möglich ist, den auf dem Monitor dargestellten Maßwerten zu vertrauen. Das ist im beschriebenen Fall nicht gegeben. Da solche Probleme leicht auftreten können, ist es bei der Blutdruckmessung Routine, darauf zu achten, wie der der Meßfühler im Körper steckt. Analog wird auch bei der Messung der Herzfrequenz berücksichtigt,

wie die Elektroden auf der Brust befestigt bzw., ob die Kabelverbindungen intakt sind.
 Der Mechanismus des Messens selbst nimmt in den meisten Fällen den Charakter einer »black box« im Sinne Latours an. Er funktioniert, ohne für beunruhigende Werte zu sorgen. Mit den Details der meßtechnischen Stabilisierung der Beziehung zwischen den Ereignissen in der körperlichen Gestalt und der Angabe bzw. der Kurvendarstellung auf dem Monitor waren die meisten der auf der Station arbeitenden Ärzte wenig vertraut. Ich habe nur in einem Fall beobachten können, wie ein Neurochirurg den Modus der Übertragung von den Geschehnissen am Meßfühler, der ins Gehirn geschoben wurde, und der Zahlenangabe auf dem Monitor selbst veränderte, bis er ihm angemessen erschien.
 Während bei den auf einem Monitor dargestellten Dauerableitungen der Herzaktivität, des Blutdrucks, des Hirndrucks, des zentralen Venendrucks und des Sauerstoffgehalts des Blutes, routinemäßig mit Artefakten gerechnet wird, also mit Darstellungen, die nicht dem Patienten zugerechnet werden sollten, habe ich derartige Problematisierungen bei Einmal-Visualisierungen wie etwa den CT-Bildern des Kopfinneren und den Röntgenaufnahmen der Brust nicht beobachten können. Es scheint, als würden sie als vertrauenswürdiger eingestuft. Auch bei den EEG-Darstellungen der im Hirn meßbaren elektrischen Spannungsvariationen, wurde der Verdacht auf Artefakte kaum mobilisiert. Zu Diskussionen kommt es bei den Verbildlichungen des Kopfes und des Brustraumes weniger, weil Artefakte vermutet werden, als vielmehr wegen der Deutungsprobleme, die die Schwarz-Weiß-Schattierungen aufwerfen. Ohne zu problematisieren, daß es ein Artefakt sein könnte, stellt sich nämlich immer wieder die Frage, was auf dem CT-Bild des Kopfinneren z.B. zu sehen ist. Bedeuten die Schatten, daß der Hirnstamm eingeklemmt ist, daß das Hirn geschwollen ist, daß eine Hirnblutung vorliegt? Darum kann es hitzige Diskussionen geben, besonders dann, wenn eine derartige Interpretation unmittelbare Handlungskonsequenzen nach sich ziehen müßte.

Während des Wartens frage ich Oberarzt-Hahn, ob er mir einen kleinen Vortrag halten könne über die verschiedenen Interpretationen von CT's. Ich führe das Beispiel einer Patientin an, deren CT-Bild in den letzten Tagen äußerst kontrovers diskutiert worden war.
Oberarzt-Hahn (sinngemäß:) »Das ist ein gutes Beispiel. Das ist eine Interpretation. Man kann im CT sehen, daß da mehr Blut ist. Aber ob das jetzt frisches Blut ist und wieviel, das müßte erst mit anderen Verfahren geklärt werden. Aber es hat in diesem Fall ohnehin keine Konsequenz.«

G.L.: »Gibt es Fälle, wo es eine Konsequenz hat?«
Oberarzt-Hahn (sinngemäß:) »Ja. Wenn sie eine Blutung haben, muß entschieden werden, ob es ausgeräumt werden soll, oder ob man warten soll, bis sich das von allein zurückgebildet hat. Jede Blutung bildet sich irgendwann von allein zurück. Das muß entschieden werden, egal von wem, dem Operateur, dem Chef, aber es muß entschieden werden.«

Solange es als sicher betrachtet wird, daß ein Phänomen kein Artefakt ist, es also dem Patienten als Zeichen seines Zustandes zugerechnet werden kann, wird der stets mitlaufende Zweifel nicht aktiviert. Die Zeichen werden dem Patienten zugeordnet und zu einer kohärenten Gestalt zusammengesetzt. Als kohärent konstellierte Gestalt besteht ein Patient aus einer stimmigen Symptomkonstellation (einem Syndrom), einer dazu passenden Krankheitsursache, einer nach gegenwärtigem Wissen optimal wirksamen Therapie (Medikation, Operation usw.) und einem erwartungsgemäßen Krankheitsverlauf.

Die Herstellung einer stimmigen Symptomkonstellation
Die initialen Festlegungen, um eine stimmige Symptomkonstellation zu erzeugen, haben schon stattgefunden, wenn ein Patient auf eine neurologische oder neurochirurgische Intensivstation eingeliefert wird. Es werden nur Patienten aufgenommen, deren Erscheinungsbild als Hinweis auf eine »neurologische Störung« gewertet werden kann. Und nur wenn diese »Störung« durch einen operativen Eingriff behandelt werden kann, sind Patienten für eine Aufnahme auf eine neurochirurgische Intensivstation qualifiziert. Auf dieser initialen Festlegung bauen die weiteren Untersuchungen auf, durch die die Diagnose präzisiert, eine Krankheitsursache fixiert und ein Therapievorschlag formuliert wird. Zu diesem Zweck werden mit großem Eifer und ohne Unterlaß Zeichen produziert, gesammelt und geordnet. Denn es geht nicht nur darum, einmal eine passende Ordnung herzustellen, sondern im Fortgang der Behandlung immer wieder zu überprüfen, ob alle im weiteren produzierten und gesammelten Zeichen weiterhin zu der anfänglich vorgeschlagenen Ordnung passen. In diesem Sinne werden die Ergebnisse der klinischen Untersuchung und die diversen apparativen Darstellungen (Bilder und Kurven), sowie die Ergebnisse der Laboruntersuchungen immer wieder aufeinander bezogen.

Prinzipiell kann alles zu einem Zeichen für den Zustand der Patientin werden. Auf die apparativ erzeugten Zeichen bin ich schon eingegangen, weshalb ich sie hier nur noch einmal zusammenfassend aufzähle. Über den Monitor neben dem Krankenbett flimmern unablässig mehrere Kurven und veränderliche Zahlenangaben, die die Aktivität des Herzens, den Blutdruck, den zentralen Venendruck, den Sauerstoffgehaltes des Blutes und den Druck im Gehirn darstellen, um nur die wichtigsten zu nennen.

Auch der Urin, der aus der biotechnischen Gestalt fließt, wird nicht einfach weggeworfen, sondern zuvor in einem Maßbehälter gesammelt und so in einen Wert für eine Flüssigkeitsbilanz verwandelt, dasgleiche gilt für das entnommene Blut. Es wird zwar für die Laboranalyse entnommen, aber zuvor muß seine Ausfuhr aus der biotechnischen Gestalt vermerkt werden. Die Vielfalt der Werte, in die das ausgeführte Blut verwandelt werden kann, habe ich schon angesprochen. Wenn der Verdacht auf eine Erkrankung der Atemwege besteht, kann aus der Lunge bzw. den Bronchien Schleim abgesaugt und ebenfalls einer Laboruntersuchung unterzogen werden.

Schließlich werden regelmäßig Röntgenbilder des Kopfinneren (CT) und der Lunge erzeugt. EEG-Ableitungen, die die bioelektrische Aktivität des Gehirns als Kurven darstellen, werden eher sporadisch produziert und noch seltener wird eine Röntgenkontrastdarstellung der Hirndurchblutung erstellt.

Wenn die Ergebnisse der Untersuchungen, die Bilder, Werte, Kurven und Berichte wieder ihren Weg auf die Station zurückgefunden haben, werden sie mit einer anderen Art von Zeichen zusammengeführt, nämlich denjenigen, die direkt an der biotechnischen Gestalt gewonnen werden, also den Ergebnissen der klinischen Untersuchungen. In der Neurologie und Neurochirurgie gehört dazu, daß mindestens einmal und je nach Schichtaufteilung auch mehrmals täglich der »neurologische Status« erhoben wird. An diesem Punkt unterschieden sich die beobachteten Stationen erheblich voneinander.

Bevor ich auf die Unterschiede eingehe, beschreibe ich zunächst die neurologischen Untersuchungen, die sowohl auf der neurologischen als auch auf der neurochirurgischen Intensivstation durchgeführt werden. Die weitaus häufigste Untersuchung ist die Überprüfung der Pupillenreaktion auf plötzlichen Lichteinfall: der Pupillen- oder Lichtreflex. Dazu wird dem Patienten mit einer schwenkbaren Lampe oder evtl. auch mit einer kleinen kugelschreibergroßen Taschenlampe kurz in die Augen geleuchtet, wobei überprüft wird, ob sich die Pupillen verengen. Diese Prozedur wird bei Intensivpatientinnen nicht nur im Rahmen der ärztlichen Untersuchung, sondern auch unabhängig davon von den Schwestern stündlich durchgeführt. Der Ausfall dieses Reflexes wird fast immer als ein alarmierendes Zeichen gewertet. Fast ausschließlich von Ärztinnen wird der »Kornealreflex« überprüft, dabei streicht ein Arzt mit einem Tupfer, einem Wattebausch oder etwas ähnlichem über die Hornhaut des Auges und achtet darauf, ob der Patient die Augen schließt.

Einige neurologische Untersuchungen sind kaum von den Methoden zu unterscheiden, mit denen man im alltäglichen Leben versuchen würde, jemanden aus dem Schlaf aufzuwecken. Die Patientinnen werden laut angesprochen, teils mit Namen, teils mit einer Begrüßungsformel wie »Guten Tag« oder »Hallo«, oder es wird mit derberen Mitteln versucht, sie aufzuwecken: kräftiges Reiben an der Schulter oder am Brustbein. Dabei geht es darum, ob die Patienten überhaupt reagieren, ob sie die Augen öffnen oder etwa mit Worten reagieren. Schließlich wird mit einem breiten Methodenarsenal überprüft, ob und wie ein Patient reagiert, wenn man ihm an verschiedenen Stellen des Körpers einen Schmerz zufügt, d.h., einen »Schmerzreiz setzt«. Neben der neurologischen Untersuchung gehört das Abhören des Brust- und Bauchraumes zur routinemäßigen klinischen Untersuchung.

Das Ergebnis einer derartigen Untersuchung wird in die Krankenakte eingetragen und sieht etwa so aus:

11.00 intubiert, beatmet, nicht kontaktfähig

öffnet nicht die Augen

Pupillen: re<li, e/mw, L(icht)R(eflexe) +/+, C(orneal)R(eflexe)?/Ø

Cor. Pulmo auskultativ oB

Abdomen weich, Ø Abwehrspannung, Peristaltik Ø

Extremitäten warm, Ödeme Ø

oder so:

9.45

Patient komatös, derzeitige Sedierung Dormicum/Fentanyl je 2 ml/h

Pupillen eng, =, L(icht)R(eflexe) +/+, C(orneal)R(eflexe) -/-, Ø H(usten)R(eflex)

Ø R(eaktion) auf S(chmerz)R(eize)

Pulmo: auskultatorisch beidseits belüftet, Sekretgeräusche re>li, spastische Geräusche bds.

In eine allgemeinverständliche Sprache übersetzt bedeuten diese Chiffren: In beiden Fällen reagierte der Patient nicht auf Ansprache. Im zweiten Beispiel war zusätzlich angegeben, wie der Patient narkotisiert war: Das eine Mittel, Dormicum, bewirkt eine Ausschaltung des Bewußtseins, das andere, Fentanyl, wirkt speziell gegen Schmerzempfindungen. Die Pupillen des zweiten Patienten waren eng und gleich groß und beim ersten unterschiedlich groß: rechts eng und links mittelweit. Bei beiden reagierten die Pupillen auf Lichteinfall, indem sie sich zusammenziehen. Ob der erste Patient das rechte Auge schloß als Reaktion auf die Berührung der Hornhaut mit einem Wattetupfer war für den untersuchenden Arzt fraglich, beim linken Auge war es nicht der Fall, ebenso wie beim zweiten Patienten, der weder das linke noch das rechte Auge schloß. Auf Schmerzreize haben beide nicht reagiert. Das Abhören des Brustraumes hat beim ersten kein berichtenswertes Ergebnis ergeben: »oB«, d.h. ohne Befund. Beim zweiten Patienten wurde das Ergebnis etwas präziser beschrieben: Die Beatmungsmaschine hat in beide Lungenflügel Luft gepreßt, die Geräusche deuteten aber darauf hin, daß die Atemwege verschleimt sind, die entsprechenden Geräusche waren auf der linken Seite deutlicher zu hören als auf der rechten. Schließlich gab der untersuchende Arzt des ersten Patienten noch eine allgemeine Beschreibung des Körpers: Die Bauchdecke ist weich, der Patient ist nicht angespannt oder verkrampft, aber nichts deutete auf eine Aktivität des Darms hin, die Haut der Arme und Beine fühlte sich warm an und auf dem Körper waren Schwellungen weder zu sehen noch zu ertasten. Nicht eigens erwähnt wurde in diesen Protokollen die Inspektion des Mundinneren (»Gaumensegel«).

Zusätzlich zu diesen Prozeduren wurden auf der neurologischen Intensivstation noch weitere Reflexe überprüft. Ein wichtiges Werkzeug ist dabei der »Reflexhammer«, der an Armen und Beinen an mehreren Stellen dazu verwendet wird, einen »Reflex auszulösen«. Weiterhin wird regelmäßig ein »pathologischer Reflex«, das sogenannte »Babinskizeichen« überprüft. Im Unterschied zu den zuvor genannten Reflexen wird beim »Babinski« gerade das Auftreten als Hinweis auf eine neuronale Schädigung gewertet. Praktisch wird dabei so vorgegangen: Mit einem Stab, z.B. dem Stiel des Reflexhammers, wird an der Unterseite des Fußes kräftig entlang gestrichen. Wenn der Patient den großen Zeh in Richtung Schienbein streckt und die anderen Zehen spreizt, wird dies als »Babinskizeichen« interpretiert. Diese zusätzlichen Untersuchungen werden in der Neurochirurgie zumeist als überflüssig betrachtet, da sie keine Konsequenz hinsichtlich eines operativen Eingriffs hätten, weshalb sie nicht regelmäßig durchgeführt werden. Eine ausführlichere Beschreibung neurologischer Untersuchungen erfolgt im nächsten Kapitel.

Untersuchung durch N-Siebert. Ich spreche sie danach auf die Unterschiede zwischen den Untersuchungen auf der neurochirurgischen und der neurologischen Intensivstation an. Mir war aufgefallen, daß sie auch mit dem Reflexhammer Arme und Beine durchgeklopft hatte.

N-Siebert (sinngemäß:) »Ja das machen die anderen nicht. Ich mache es auch nicht immer.«

Sie läßt es offen, ob man es tun sollte oder nicht, denn es hat keine direkten Konsequenzen. Ich spreche sie auch auf den Okulo-Cephalen-Reflex (OCR) an, der bei den Neurologen immer geprüft würde.

N-Siebert (sinngemäß:) »Warum soll ich das denn machen? Wenn einer eine Lichtreaktion hat, weiß ich Bescheid, daß er nicht hirntot ist und sonst hat es keine therapeutischen Konsequenzen. Das ist auch Beschäftigungstherapie, was die Neurologen da machen ... Da reiße ich doch nicht nicht immer an einem rum, wenn es sowieso keine Konsequenzen hat.«

Als die Ärztin die Ablehnung des OCR begründet, spielt sie auf den Test an, durch den der Reflex überprüft wird. Dabei wird der Kopf ruckartig nach links und nach rechts sowie nach vorn (zur Brust) und nach hinten gewendet und es wird darauf geachtet, ob und wie die Stellung der Pupillen sich dabei verändert.

Damit die gesammelten Ergebnisse der klinischen Untersuchungen, die CT-Bilder, die EEG-Ableitungen usw. zu Zeichen für den Zustand des Patienten werden können, müssen sie konstelliert werden, d.h., sie müssen so angeordnet werden, daß sie ein stimmiges Krankheitsbild ergeben und zugleich sollte eine Aussage über die Ursache des gegenwärtigen Zustandes möglich sein. Bei der Konstellierung werden aus der Vielzahl der Ergebnisse diejenigen ausgesucht, die zueinander passen. Solange die anderen nicht ihrerseits vage auf ein anderes Krankheitsbild hindeuten, können sie übergangen werden. Sie sind für den Augenblick nicht bedeutsam.

Die Grundvoraussetzung, um die einzelnen Daten zu einer Gestalt zu ordnen, besteht in der Differenz zwischen dem Patienten als Zuordnungseinheit und den einzelnen Ergebnissen. Eine Zahl, die bedeutet, wie hoch der Sauerstoffgehalt im Blut ist, wird dem Patienten ebenso zugeordnet wie das CT-Bild und das Ergebnis der Schmerzprüfung. Das verbindende dieser verschiedenen Weisen des Patienten zu erscheinen, ist nicht die sinnlich wahrnehmbare Gestalt, sondern der Patient als übergestalthafte Ganzheit, d.h. die Patientin, insofern sie in Differenz ist zu den verschiedenen Möglichkeiten, wahrgenommen zu werden. Unter den möglichen Erscheinungsformen einer Patientin behält die körperliche Gestalt des Patienten im Bett eine besondere Funktion inne. Es wird nämlich kein Zeichen in die Konstellierung aufgenommen, das nicht mit dieser Möglichkeit der Patientin zu erscheinen zu vereinbaren ist. Die Gestalt des Patienten im Bett ist sowohl eine mögliche Erscheinung des Patienten, als auch das Moment, zu dem die anderen Zeichen nicht dauerhaft in Widerspruch stehen dürfen.

Übergabe Herr Hessen. Es geht darum, ob er epileptische Anfälle hat, einen »fokalen Status«. Klinisch deutete die Erscheinung des Körpers darauf hin. Zur Kontrolle wurde ein EEG abgeleitet, das keine Indizien für einen fokalen Status ergab. Bei einer folgenden klinischen Untersuchung wurde das Erscheinungsbild des Körpers wieder im Sinne eines fokalen Status interpretiert. Ergebnis: Da es klinisch so aussieht, macht es nichts, wenn das EEG keine Bestätigung liefert.[27]

Allerdings lassen sich nicht alle apparativen Zeichen so leicht durch die Klinik relativieren.

Ich frage N-Siebert wegen möglicher Artefakte.

N-Siebert (sinngemäß:) »Ich gucke mir zuerst einmal die Klinik an, wenn einer munter im Bett liegt, und er hat eine Herzfrequenz von 55, dann weiß ich, daß etwas nicht stimmt. Etwas anderes ist es bei ICP-Werten (Hirndruckmessung). wenn die steigen, mache ich ein CT und wenn das völlig normal ist, ist es wahrscheinlich, daß es ein Artefakt ist.«

Sie hatte wortlos Blut abgenommen und geht zum BGA[28]-Gerät, als sie wiederkommt, frage ich sie, warum sie dem CT mehr vertraut als der ICP-Messung?

N-Siebert (sinngemäß:) »Da kann die Sonde falsch liegen, und im CT sehen Sie auch, wie die Sonde liegt. ... Man muß aber auch immer den Patienten anschauen, wenn der im Bett liegt und ist sonst stabil, und die ICP-Werte steigen auf 60, kann etwas nicht stimmen, aber auch das CT ist natürlich

---

27 Es ist hier wichtig zu unterscheiden. Das Ergebnis einer apparativen Untersuchung darf nicht dauerhaft in Widerspruch zu den Ergebnissen der klinischen Untersuchungen stehen, das schließt aber nicht aus, daß es Krankheitssymptome gibt, die nur durch eine apparative Untersuchung belegt werden können. In diesem Fall kann es keinen Widerspruch geben. Ein Beispiel wären etwa bestimmte Formen von epileptischen Anfällen, die nur über die Ableitung eines EEG nachgewiesen werden.
28 BGA ist ein Kürzel für »Blutgasanalyse«.

kein Allheilmittel. Ein CT sagt ihnen, ob es eine Schwellung des Hirngewebes ist, aber dann wissen Sie nicht, ob das ein Vasospasmus ist oder nicht. ... Sie können mit einem CT den Bewußtseinszustand eines Patienten nicht erklären. Es ist wichtig, daß sie den Patienten angucken und das ist natürlich das Problem in einer großen Klinik, da kennen alle die Bilder, aber keiner guckt den Patienten an.«

In dieser Beschreibung wird eine Hierarchie aufgestellt zwischen den Daten, die zu Zeichen für den Zustand des Patienten werden können. An erster Stelle steht die »Klinik«, d.h. die körperliche Gestalt des Patienten, die in dieser Beschreibung in Ansätzen wieder aus der biotechnischen Gestalt herausgelöst wird. Die dauerhaft als eine Kurve apparativ dargestellte Herzfrequenz wird mit dem Eindruck der körperlichen Gestalt abgeglichen und von dort aus relativiert. Einzig das CT-Bild kann mit der »Klinik« konkurrieren. Wenn der Druck im Schädel steigt, wird immer in Rechnung gestellt, daß eine potentiell lebensgefährliche Situation besteht. In dieser brenzligen Situation wird zuerst ein CT erstellt, und auf der Grundlage der Deutung des Bildes wird entschieden, welche Bedeutung der Erhöhung der Zahl zukommt, die den Hirndruck darstellt. Erst an zweiter Stelle wird die körperliche Gestalt miteinbezogen. Aber auch CT-Bilder müssen an die körperliche Gestalt der Patientin angedockt werden, sonst werden sie in ihrer Bedeutung relativiert. Entscheidend bleibt immer, was eine Ärztin mit ihren eigenen Augen sieht.

Bei der Oberarzt-Visite wurden die CT-Bilder des Kopfes einer älteren Frau besprochen. Einer der Ärzte sagt (sinngemäß:) »Als ich die gesehen habe, dachte ich, sie muß bewußtlos sein. Sie war aber wach.« Es wird im weiteren eine Erklärung für diese Diskrepanz gesucht und gefunden: »Bei älteren Leuten machen auch größere Masseverschiebungen nichts. Da ist viel Platz im Kopf.«

Daß die gesammelten Zeichen zueinander passen, beinhaltet auch eine zeitliche und logische Gliederung. Bezogen auf ihre Funktion in der Gesamtkonstellierung der Patientengestalt können Zeichen drei Funktionen haben: deskriptiv bieten Zeichen Hinweise auf den gegenwärtigen Zustand einer Patientin, kausal werden Zeichen im Sinne einer Verursachung gewertet und prognostisch werden sie verwendet, wenn sie als Hinweis auf den weiteren Verlauf der Erkrankung aufgefaßt werden. Sowohl bei der kausalen als auch der prognostischen Funktion, werden die gesammelten Zeichen zeitlich geordnet. Die Zeichen, die auf die Ursache hinweisen, verweisen immer auch auf einen vergangenen Vorgang, der den gegenwärtigen Zustand, d.h. das Auftreten der deskriptiven Zeichen, erklärt. Die Gesamtkonstellierung führt also zu einem Patientenkörper als einer zeitlich strukturierten Gestalt.

Die Verschränkung der zeitlichen Horizonte
Gemäß der praktisch wirksamen Erkenntnistheorie der auf der Intensivstation arbeitenden Ärzte stellt eine Diagnose fest, was der Fall ist. Der entsprechende Sachverhalt wird durch die diagnostischen Aktivitäten nicht erzeugt, sondern es wird konstatiert, daß er aktuell vorliegt und schon vorgelegen hat, bevor mit den diagnostischen Prozeduren begonnen wurde. Demnach werden aktuell diagnostisch relevante Zeichen produziert und gesammelt, sie werden einem Patienten zugeordnet und zu einer Zustandsgestalt angeordnet, die etwas über den Patientenkörper aussagt, bevor er in die Klinik gekommen war. Die Diagnostik funktioniert wesentlich nach der Logik des Futur II: Wenn eine Diagnose durchgeführt wird, wird an ihrem Ende nicht nur eine Aussage stehen, wie der Zustand des Patienten gemäß des Diagnoseergebnisses sein wird, sondern auch darüber, wie der Zustand des Patienten gewesen sein wird. Wenn die Diagnose fixiert ist, sagt sie nicht nur etwas darüber aus, wie es aktuell um den Patienten steht, sondern sie dehnt sich in die Vergangenheit aus.

Aktenabschrift der initialen Anamnese von Herrn Kärnten

Heute nachmittag ca. 16.00–16.30

beginnende Symptomatik mit

Schwindel (Nach Auskunft der Ärzte besonders typisch)

Übelkeit, Erbrechen

Okulomotorikstörungen

später Schluckstörungen

Somnolenz

Die klinischen Symptome wurden nicht eigens auf der Intensivstation erhoben, sondern schon in der Notaufnahme des Krankenhauses. Das klinische Bild ähnelte einer »Hirnstammsymptomatik«, d.h. es wurde eine Störung vermutet, die durch eine Schädigung des Hirnstamms hervorgerufen worden ist. Um diesen Verdacht zu erhärten wurde ein CT-Bild des Kopfinneren produziert. Die Darstellung des Kopfinneren bot aber keinen Hinweis auf eine zufriedenstellende Erklärung der klinischen Symptome. Daraufhin wurden weitere Untersuchungen durchgeführt - zunächst eine Magnetresonanztomographie (MRT) und danach eine Angiographie der das mit Blut versorgenden Adern. Das MRT ergibt:

MRT: Basilariskopf durchströmt
∅ Strömungsphänomene in der mittleren und dist. Basilaris

Die arteria basilaris ist nur teilweise mit Blut durchströmt. Dieses Ergebnis legte den Verdacht nahe, daß die klinische Symptomatik mit einer Störung der Blutversorgung des Gehirns zu tun haben könnte. Deshalb wurde eine Angiographie durchgeführt, an die zugleich auch eine mögliche Technik zur Beseitung der Krankheitsursache angeschlossen werden könnte. Falls das Problem darin bestehen sollte, daß eine Ader undurchlässig geworden ist, könnte dieser Verschluß sogleich beseitigt werden.

Ergebnis der Angiographie (21.00) beide Vertebrales ∅ durchströmt.

Die Röntgenkontrastdarstellung der das Gehirn versorgenden Blutgefäße ergibt, daß die beiden arteriae vertebralis genannten Adern nicht mit Blut durchströmt sind. Eine derartige Störung der Hirndurchblutung ergibt zusammengenommen mit den klinischen Zeichen eine stimmige Gestalt. Es besteht aus einer Ursache (gestörte Hirndurchblutung) und einer passenden Wirkung (klinische Symptome). Dabei wird ganz selbstverständlich davon ausgegangen, daß die durch das MRT bzw. die Angiographie erzeugten Bilder, also die Zeichen, die durch die zuletzt angewendeten diagnostischen Verfahren produziert wurden, einen Hinweis auf den Sachverhalt bieten, der zeitlich gesehen am Anfang gestanden hat: erst der Verschluß der Adern, dann die klinische »Hirnstammsymptomatik«, die zuerst festgestellt wurde.

An dieser Konstellierung der Patientengestalt richtete sich das therapeutische Vorgehen aus. Zunächst wurde versucht, den Verschluß der genannten Arterien wieder aufzulösen. Dies mißlang. Daraufhin entschieden sich behandelnden Ärzte dafür abzuwarten. Ihre Diagnose enthielt auch eine Prognose: Wenn die Diagnose richtig war, müßten sich im weiteren Infarkte in einigen Regionen des Hirnstamms, d.h. eine Zerstörung von Gewebe, ereignen, dies müßte durch weitere CT- bzw. MRT-Bilder des Kopfinneren belegt werden können. An der Richtigkeit der Prognose würde sich die Richtigkeit der Diagnose und der auf diese gestützten therapeutischen Maßnahmen entscheiden. D.h. die Diagnose ist ein kontinuierlich ablaufender Prozeß, bei dem man immer wieder mit überraschenden Wendungen rechnen muß. Das Prekäre dabei ist, daß auf diese Weise immer auch die Vergangenheit modifiziert werden kann. In diesem Fall hatten sich die behandelnden Ärzte dafür entschieden, nichts mehr zu versuchen und den Patienten sterben zu lassen. Eine Weiterführung der Diagnostik dient jetzt primär dazu, andere mögliche Todesursachen als die prognostizierten auszuschließen. In diesem Fall war eine Blutung im Gehirn oder eine Schwellung anderer Areale des Gehirns als eine mögliche andere Ursache ausgeschlossen worden. Eine derartige Diagnose hätte frühzeitig andere therapeutische Maßnahmen nahegelegt.

Das CT ist laut N-Landmann wichtig, damit der Grund des Sterbens, der Hirnstamminfarkt, der auf die Durchblutungsstörung folgen müßte, auch dokumentiert werden kann. N-Körner (sinngemäß:) »Wenn der Infarkt dokumentiert ist, tut man sich leichter, nichts zu tun«.

Das Ergebnis eines weiteren MRT[29] ergibt

beginnende Einklemmung am foramen magnum und
pontine Infarkte
Verschlechterung der Hirndurchblutung
Stammhirnschädigung ist nicht primär durch Einklemmung hervorgerufen worden.

Kommentar des Oberarztes (wörtlich:) »Wir haben keinen Scheiß gemacht.«

Die Bemerkung des Oberarztes bezieht sich auf die Möglichkeit, daß die Stammhirnschädigung auf eine andere Weise als durch die Durchblutungsstörung verursacht worden sein könnte, nämlich durch eine Schwellung anderer Partien des Gehirns. Dies hätte zu einer Ausdehnung dieser Regionen geführt und dabei den Hirnstamm in das Hinterhauptsloch der Schädelkapsel gedrückt. Wenn das eingetreten wäre, wäre die bisherige Diagnose fraglich geworden. Es hätte auf eine andere Ursache hin behandelt werden müssen. Bei einer Hirnblutung wäre es z.B. möglich gewesen, das Blut operativ zu entfernen. Bei einer Schwellung des Gehirns hätte man den Schädel-

---

29 Abkürzung für Magnet- oder Kernspinn-resonanztomographie. Dabei handelt es sich ebenfalls um ein Verfahren, daß das Kopfinnere bildlich darstellt.

knochen teilweise entfernen können. Die geschwollenen Areale des Gehirns hätten sich dann ausdehnen können, ohne andere Bereiche einzuquetschen. Wäre das die Diagnose gewesen, hätte die Prognose anders ausgesehen und die Therapie wäre anders verlaufen.

Jede diagnostische Festlegung impliziert eine Prognose, wie die weitere Entwicklung verlaufen wird, d.h., jede gegenwärtig Diagnostik ist ein Ansatzpunkt, von dem aus Vergangenheit und Zukunft aufeinander bezogen werden. Dabei sind Vergangenheit und Zukunft in gleicher Weise veränderlich. Eine Modifikation der diagnostischen Einsicht, verändert automatisch die Vergangenheit der Patientin, d.h. eine Rekonstellierung der Gestalt beinhaltet auch eine neue Vergangenheit, die der Patient ab jetzt gehabt haben wird. Im geschilderten Fall war es fraglich, ob es weiterhin so bleiben würde, daß der Patient primär an einem Verschluß der das Gehirn versorgenden Blutgefäße leiden würde oder an einer Hirnblutung oder an einer Schwellung. Je nach Verursachung der Krankheit würden sich auch die Aussichten für die Zukunft, d.h. die Prognosen, die sich aufgrund der neuen Einsicht in die Krankheit ergeben, verändern. In dem eben dargestellten Fall paßten auch die später produzierten diagnostischen Zeichen zur anfänglichen Konstellierung der Gestalt des Patienten. Aber gerade an der Erleichterung des Oberarztes – »Wir haben keinen Scheiß gemacht« – läßt sich ablesen, wie groß die verbleibende Unsicherheit war.

Oft passen die Zeichen schon inital nicht so gut zusammen.

Bei Frau Tewi besteht der Verdacht auf eine Lungenentzündung, denn beim Absaugen des Bronchialschleims wird ein eitriges übelriechendes Sekret zutage gefördert. Gegen eine Lungenentzündung spricht aber das Ergebnis der Auskultation, d.h. des Abhorchens des Brustraums, und die Röntgenaufnahmen des Brustraumes. Zur Absicherung des Verdachts wurde das Bronchialsekret ins Labor geschickt, um festzustellen, ob sich Krankheitserreger darin finden.

Dem Labornachweis des Erregers kommt die Funktion zu, über die Vergangenheit der Patientin zu entscheiden. Wenn sich ein Erreger findet, wird sie auch zuvor schon eine Lungenentzündung gehabt haben, wenn sich keiner findet, wird es vermutlich nicht der Fall gewesen sein.

Da die Konstellierung und Rekonstellierung der Zeichen zu einer räumlich ausgedehnten Gestalt immer eine mögliche Veränderung der konkreten Vergangenheit bzw. der konkret erwarteten Zukunft des Patienten einschließt, gleicht eine Diagnose in komplizierten Fällen einer Navigation in Raum und Zeit mit offenen Ausgang.

Visite/Herr Kerl: Bei ihm kann ein pathologischer Reflex, Babinskireflex, ausgelöst werden, dies spricht für die Schädigung eines bestimmten Hirnareals, der sogenannten Pyramidenbahn.

Eine Entzündung des Nervengewebes ist nicht ausgeschlossen, denn es finden sich Hinweise auf eine Entzündung bei der Untersuchung des Liquors: 30 Zellen (Leucozyten) im Liquor. Diese Untersuchung war schon in der Rettungsstelle des Krankenhauses gemacht worden, von wo der Patient auf die neurologische Intensivstation verlegt worden war. Bei der Untersuchung des Liquors, die auf der Station vorgenommen worden war, gab es keine Hinweise auf eine Entzündung.

Ein Arzt der Intensivstation hatte in der Rettungsstelle angerufen, wo die Untersuchung gemacht worden war, die die 30 Zellen angezeigt hatte, und fragt nach, ob die Analyse als zuverlässig betrachtet werden kann, denn die hauseigene Laboruntersuchung, die als zuverlässig gilt, hatte keine Entzündungszeichen gefunden. Das Ergebnis war 1 Zelle und nicht 30. Es bleibt zunächst offen, welches Ergebnis als richtig eingeschätzt werden soll.

Die Computertomographie des Kopfinneren ergibt ein Bild, das keinen Verdacht auf eine Hirnblutung begründet. Dies wird deshalb als Krankheitsursache ausgeschlossen.

Heute hatte der Patient eine Bradykardie (Verlangsamung der Herzfrequenz), warum ist unklar.

Das Kurvenbild des EEG deutet auf eine pathologische Veränderung der Hirnfunktionen hin. Die Störung verweist auf einen Ort im Gehirn: Ein »lokaler Herd« verursacht die Störung.

Es wird eine Vireninfektion des Gehirns (Herpesenzephalitis) erwogen, aber dazu paßt nicht, daß im CT nichts zu sehen ist.

Der Glucosegehalt des Blutes wird als mäßig hoch eingestuft. Andere Hinweise finden sich bei der Untersuchung des Blutes nicht: Der Sauerstoffgehalt des Blutes ist ausreichend hoch (Ausschluß einer Hypoxämie).

Ein Arzt erwägt eine Lebensmittelvergiftung, er fragt die Angehörigen, die gerade anwesend sind, was der Patient gegessen hat. Dies führt aber nicht weiter.

Eine bakterielle Entzündung wird erwogen, aber wieder verworfen, denn für eine bakterielle Meningitis müßte der Patient vom klinischen Erscheinungsbild her kränker sein, außerdem ist der Liquor klar und die Eiweißwerte, die bei einer Entzündung ansteigen, müßten noch weiter angestiegen sein, als sie es derzeit sind.

Für das weitere Vorgehen werden zwei Möglichkeiten ins Auge gefaßt: Eine Herpesencephalitis, obwohl man dies im CT sehen müßte, was nicht der Fall ist, und eine metabolisch-toxische Verursachung der Krankheit.

Zur Auflösung des Widerspruchs zwischen EEG und CT soll ein MRT gemacht werden. Zugleich sollen weitere Laboruntersuchungen klären, ob ein Hinweis auf eine metabolisch-toxische Ursache gefunden werden kann.

Bei diesem Patienten deuteten die klinischen Zeichen nicht auf eine unmittelbar lebensbedrohenden Zustand hin. Die Pupillen reagierten auf Licht und es gab keine schweren Lähmungserscheinungen. Von den klinischen Zeichen wurde im Wesentlichen nur ein »pathologischer Reflex«, der »Babinskireflex«, berücksichtigt. Ansonsten wurden hauptsächlich andere Zeichen arrangiert: EEG, CT, MRT, Laborbefunde. Anfänglich ergaben sie keinen stimmigen Zusammenhang. Erst nach und nach wurde die Möglichkeit einer viralen Infektion fallengelassen. Es summierten sich zuviele Zeichen, die nicht dazu paßten. Das im weiteren durchgeführte MRT ergab ebenfalls keinen Hinweis auf eine morphologische Schädigung, im Liqour wurde kein Hinweis auf Viren gefunden und, was als besonders gewichtig eingestuft wurde, keine Untersuchung produzierte Werte, die als Zeichen für eine Entzündung hätten gedeutet werden können. Da eine virale Entzündung also zu unwahrscheinlich war, wurden zunächst die erhöhten Zuckerwerte behandelt.

Die Diagnose lautet jetzt »metabolisch induziertes Psychosyndrom«.

Visite/Herr Kerl vorgestellt von N-Lindner. Zusammenfassendes Ergebnis: Die Senkung der Zuckerwerte verläuft parallel zur Verbeserung des Zustandes. Der Oberarzt kommentiert dies (sinngemäß:) »Das gibt uns auf jeden Fall recht.«

Mit der positiven Wirkung der Behandlung ist der Idealfall eingetreten: Dem Patienten geht es besser und die Konstellierung der Patientengestalt hat ihren Abschluß erreicht. Jetzt steht bis auf weiteres fest, daß der Patient von Anfang an unter einem metabolisch induzierten Psychosyndrom gelitten hatte. Der Erfolg der Medikation bzw. allgemeiner der Erfolg der Therapie klärt am überzeugendsten, um welche Krankheit es sich gehandelt hat.

Die medizinische Praxis kennt kein Primat von Diagnose, Prognose oder Therapie. Eher sind Diagnose, Prognose und Therapie als funktional aufeinander bezogene Momente der Konstellierung des Patienten als Gestalt im zeitlichen Verlauf zu verstehen. Wie die Konstellierung stimmig wird und die Zeithorizonte sinnvoll aufeinander bezogen werden, wird von Fall zu Fall zu entschieden. Da die Wirkung der Behandlung integraler Bestandteil der Konstellierung der Gestalt ist, kann der gesamte Prozeß der Diagnose auch von der Wirkung der Behandlung her aufgerollt werden, d.h., es werden verschiedene Therapien durchgeführt und wenn eine davon anschlägt, ist die Diagnose gelungen. Die Wirkung der Behandlung wird klären, welche Krankheit der Patient gehabt haben wird.

Im folgenden werde ich ein neurologisches Konsil vorstellen, das dezidiert vorschlägt, die Diagnose von der Medikamentenwirkung her aufzurollen. Die Medikation wird in einem solchen Fall »probatorisch« verabreicht.

N-Flieg berichtet über Frau Fürstner: Es soll ein neurologisches Konsil eingeholt werden. Mit einem Angehörigen habe sie sogar gesprochen. »'n richtigen Satz, das macht sie mit uns nicht.«

Abschrift des Konsilscheins:

... EEG: diffuse mittelschwere A V frontale Herde, vereinzelt steile Abläufe

Befund:
wache Patientin, grimmassierend, schmatzende Mundbewegungen, ... leicht ablenkbar (Händeklatschen, Blinkreflex zwar schwach aber doch auslösbar). Kein Blickkontakt. Mutistisch. Kurze Episode mit Sprache, (»Komme aus Niedersachsen, Hannover«). Kein Hinweis für psychotisches Erleben.

Beurteilung:
1. am ehesten Dämmerzustand bei Epilepsie
2. Durchgangssyndrom nach Meningeom-Op.

Prozedere:

1. Probatorisch: Rivatril
2. Haldol liquidum
3. Vit. B_1 in Tageshöchstdosis für 7 Tage
4. Labor: Ca^{++} BZ-Tagesprofil mit Werten um 0.00 und 5.00, T_3 T_4 TSH basal, BGA

Das Prozedere besagt, wenn Rivotril hilft, d.h., wenn die Patientin aus ihrem Dämmerzustand aufwacht, dann handelt es sich um eine Epilepsie. Im Weiteren müßte dann die Medikation noch genauer eingestellt werden. Wenn Rivotril nicht hilft, wird weiter mit Haldol behandelt. Vielleicht hilft es durch das Durchgangssyndrom.

Die Klärung durch die Therapie gelang. Eine Epilepsie konnte ausgeschlossen werden. Die Medikation bzw. die Behandlung dient also einerseits dem Patienten, dessen Zustand verändert werden soll und zugleich wird die Veränderung als diagnostisches Zeichen verwendet. Die Wirkung eines Medikaments steht damit auf einer Stufe mit den anderen Zeichen, die zu einer plausiblen Gestalt konstelliert werden. Ein Arzt formulierte dieses diagnostische Prinzip so: »Wer heilt, hat recht.« D.h., die heilende Wirkung der Behandlung gehört zu den diagnostisch wichtigsten Zeichen.

Da die Konstellierung der Patientengestalt sich zeitlich sowohl in die Vergangenheit als auch in die Zukunft ausdehnt, und weil zudem immer wieder neue Zeichen in die einmal erreichte Konstellation sinnvoll einbezogen werden können müssen, steht die Konstellierung im Verlauf des Behandlungsprozesses immer unter Vorbehalt. D.h.: Sie muß sich immer wieder hinsichtlich ihrer Stimmigkeit bewähren; dies schließt eine Inversion von Therapie und Diagnose ein. Ein solches Verfahren zeichnet sich durch zwei Eigenschaften aus: Es verunmöglicht eine abschließende Sicherheit und es ermöglicht, in unsicheren Situationen zu handeln. Es verunmöglicht eine abschließende Sicherheit, insofern jede Konstellierung vorläufig bleibt, jede Konstellierung enthält nämlich zum einen einen Vorgriff auf die Zukunft, von dem sich erst später herausstellen wird, ob er gerechtfertigt war und zum anderen gibt es schon aktuell immer mehr Zeichen als in der Konstellierung verarbeitet werden, d.h., bei einer überraschenden Wendung kann es immer geschehen, daß man etwas übersehen hat, was sich schon vorher andeutete. Beide Momente, die eine abschließende Sicherheit verhindern, verweisen auf die Differenz zwischen konstellierter Gestalt und der Patientin als ou-topischem Gegenüber, denn nur wenn die Patientin mit einer aktuell konstellierten Gestalt nicht identisch ist, kann sie zu einem in der Zeit überdauernden Ansatzpunkt für eine Veränderung der konstellierten Gestalt, für eine Rekonstellierung, werden. Und schließlich ist der Patient, insofern er eben nicht mit der konstellierten Gestalt identisch ist, die Bedingung dafür, daß einzelne Zeichen, die nicht in den aktuell konstellierten Gestaltzusammenhang passen, weiter mitgeführt werden können. Wenn auf diese Weise eine abschließende Sicherheit in der Diagnostik ausgeschlossen ist, heißt das aber nicht, daß die Behandlung einer Patientin verunmöglicht wird, denn das rekursive Verfahren der Konstellierung der Gestalt erlaubt es zu handeln, auch bevor alle verfügbaren Zeichen überzeugend angeordnet sind. Es reicht, wenn ein Minimum an Zeichen zu einer plausiblen Gestalt konstelliert werden kann, die eine situationsangemessene Handlungsoption bietet. Es handelt sich sozusagen um ein robustes Verfahren, das schnelles Handeln in unsicheren Situationen ermöglicht.

Wenn sich genügend Zeichen zu einer sinnvollen Einheit zusammenfügen lassen, kann eine Therapie beginnen, auch wenn die definitive Sicherheit fehlt.

Übergabe Frau Kopf: Das Fieber hat bislang keine gute Erklärung, deshalb soll weiter nach Viren gesucht werden. ... Es wird entschieden, die Patientin langsam aufwachen zu lassen. Das EEG zeigt zwar noch pathologische Aktivitäten, die aber nicht mehr als direkt epileptisch interpretiert werden. Der Modus der Beatmung der Patientin soll so geändert werden, daß sie langsam von der künstlichen Beatmung entwöhnt werden kann.

9.45: Oberarzt Hubert kommt auf die Station und schaut kurz in das Zimmer von Frau Kopf, bei der gerade das EEG abgebaut wird. Das EEG zeigt kein »burst-suppression-Muster«[30] mehr, sondern eine Normalisierung des Wellenverlaufs. Die Dosis des verwendeten Narkotikums ist vor zwei Tagen um die Hälfte reduziert worden, es soll jetzt weiter gesenkt werden. Vor zwei Tagen waren die Myoklonien (Muskelzuckungen am ganzen Körper) noch sehr stark, das ist zurückgegangen.

Das antivirale Medikament soll morgen abgesetzt werden. Es war zwar nie klar, gegen welchen Virus es eingesetzt war, aber nach 16 Tagen müßte es gewirkt haben. Insgesamt geht es der Patientin besser. Zusammenfassender Kommentar des Oberarztes (sinngemäß:) »Wir sind auf dem Wege der Besserung.«

Ich frage N-Landmann wegen des Zustands von Frau Kopf. Seine Antwort lautet (zusammenfassende Darstellung:) »Es waren bei ihr keine Viren nachweisbar, aber der klinische Zustand spricht für eine virale Enzephalitis. Daß aktuell keine Herpesviren nachgewiesen werden können, kann daran liegen, daß in der Zwischenzeit die antivirale Medikation gewirkt hat. Daß initial keine Viren nachgewiesen wurden, könne an der Seltenheit des Virus liegen. Die labortechnisch nachweisbaren Entzündungszeichen sind vorhanden, aber nicht so stark, wie es bei einer bakteriellen Infektion der Fall sein müßte. Zudem hat die Patientin hohes Fieber, dies ist ebenfalls ein Indiz für eine Entzündung. Daß die Entzündung durch eine Virusinfektion der Hirnhäute verursacht worden ist, liegt nahe, weil andere Ursachen für eine Enzündung ausgeschlossen wurden: keine massive Lungenentzündung, keine Entzündung im Darmbereich und in den Nasennebenhöhlen und im Urin auch kein Hinweis auf einen Erreger. Die virale Enzephalitis würde auch noch eine weitere Erklärung für das anhaltend hohe Fieber bieten. Denn obwohl die Viren durch das Medikament beseitigt seien, könne die Entzündung die Temperaturregulation des Gehirns geschädigt haben. Allerdings passen nicht alle Laborwerte zu der Diagnose einer viralen Enzephalitis.«

Visite/Frau Kopf: Es ist immer noch unklar, warum die Patientin so dauerhaft fiebert. Am Vormittag ist das Intrauterinpessar entfernt und ein Ab-

---

30 Es handelt sich um ein als pathologisch eingestuftes Wellenmuster im EEG.

strich gemacht worden. Dabei gab es keinen Hinweise auf Veränderungen, die das Fieber erklären können.
Oberarzt (sinngemäß:) »Gynäkologisch haben wir jetzt alles gemacht, da haben wir uns nichts vorzuwerfen.«
Eine Lungenenzündung ist auch ausgeschlossen. Oberarzt (sinngemäß:) »Es gibt zwar Staphilokokken, aber der der Staphilokokk macht keine keine Lungenentzündung, jedenfalls nicht auskultatorisch.«

Bei dieser Behandlung stellen sich massive Probleme. Es gelang den Ärzten nicht, die Vielfalt der produzierten Zeichen so zu einer Gestalt zusammenzufügen, daß alle Zeichen einen sinnvollen Platz darin erhalten. Unter den Möglichkeiten, die Zeichen zu konstellieren, bietet die »virale Enzephalitis« den Vorteil, auch die klinischen Zeichen zu integrieren und nur einige Laborwerte außer Acht lassen zu müssen. Dies bietet genug Sicherheit, um mit dieser Konstellierung der Gestalt des Patientenkörpers weiter zu arbeiten, d.h., die Behandlung fortzuführen. Zugleich wird aber die Labordiagnostik weiterverfolgt, um die Konstellierung abzuschließen. Ideal wäre es gewesen, wenn sich ein Virus hätte nachweisen lassen, denn dann hätte es einen Labornachweis für die vermutete Ursache der klinischen Symptome gegeben.

Diese Diagnostik könnte ein gutes Beispiel für die besondere Relevanz der klinischen Zeichen sein, allerdings muß bei dieser Deutung des Prozedere ein weiterer Umstand berücksichtigt werden: die Sorge um das Leben der Patientin. Eine virale Enzephalitis wird als eine so gefährliche Krankheit eingestuft, daß eine Behandlung unverzüglich begonnen werden sollte, sowie ein begründeter Verdacht besteht. Der Aktionismus im Interesse des Patienten beeinträchtigt allerdings die Sicherheit der Diagnostik. Es wird immer unklar bleiben, ob die Patientin einen Virus gehabt haben würde, denn die Möglichkeit der diagnostischen Sicherung durch einen Labornachweis ist durch die Therapie vielleicht beseitigt worden. In dieser Situation bleibt nur der Rückgriff auf die klinischen Zeichen. Trotz des fehlenden Nachweises eines Virus wird die Patientin aufgrund der klinischen Symptome und der im Labor aus ihrem Blut hergestellten Entzündungszeichen behandelt, wie es der Fall wäre, wenn ein Virus nachgewiesen worden wäre. Ein besseres Indiz für die besondere Bedeutung der an der körperlichen Gestalt gewonnen Zeichen bietet der Umgang mit der »Lungenentzündung«. Die Konstellierung »Lungenentzündung« hätte sich auf einen nachgewiesenen Erreger stützen können, aber die klinische Untersuchung, das Abhören, ergab keinen Hinweis auf eine Lungenentzündung. Dies wird als so gravierend eingestuft, daß diese

Möglichkeit, die Gestalt der Patientin zu konstellieren – obwohl es einen Erreger gibt –, nicht weiterverfolgt wurde. Diese Analyse der Konstellierung der Gestalt thematisiert das Problem der medizinischen Unsicherheit in einer neuen Weise. Fox (1957) hatte »medical uncertainty« mit Bezug auf das Verhältnis von Arzt und medizinischem Wissen charakterisiert. Das medizinische Wissen sei begrenzt, es gäbe zuviele Geschehnisse im Körper von Patienten, die durch das medizinische Wissen noch nicht erfaßt seien. Dennoch sei der Wissenscorpus so angewachsen, daß kein einzelner Arzt mehr beanspruchen könne, vollständig über es zu verfügen und schließlich sei es für einen Arzt in einer gegebenen Situation nicht sicher zu entscheiden, ob seine Unsicherheit der Begrenztheit des medizinischen Wissens oder seinen persönlichen Unwissen geschuldet ist. Die Patientin als Gegenüber der ärztlichen Praxis spielt in diesem Konzept keine Rolle. Die vorliegende Analyse setzt gerade an diesem Punkt an und versucht die Unsicherheit im medizinischen Handeln zu verstehen, indem der Patient als übergestalthafte ou-topische Ganzheit berücksichtigt wird. Insofern der Patient gegenüber dem medizinischen Wissen ou-topisch ist, ist er die Bedingung für die unabschließbare Vorläufigkeit einer Konstellierung von Zeichen. Zugleich liefert eine Analyse, die methodisch so angelegt ist, daß sie den Patienten als ou-topisches Gegenüber nicht aus dem Blick verliert, aber auch ein genaueres Verständnis der Methode, wie die situative Unsicherheit praktisch bewältigt wird: Durch eine rekursive Konstellierung der Zeichen zu einer vorläufigen eine Behandlungsoption einschließenden Gestalt, die in der Praxis des Produzierens und Arrangierens der Zeichen die Patientin als ou-topisches Gegenüber in Anspruch nimmt.

4.2.4.3.2. Die extrakorporalen Bedingungen der rekursiven Konstellierung des »Patienten-im-Bett« oder die kommunikative Inversion der Arzt-Patient-Beziehung

Die Produktion der Zeichen und das rekursive Ordnungsverfahren ist jedoch nicht nur dadurch bestimmt, wie die Zeichen am besten in einer Gestalt, die eine Behandlungsoption enthält, zusammenpassen, sondern auch davon, in welchen Beziehungen die beteiligten Ärztinnen zueinander stehen und wem gegenüber eine diagnostische oder therapeutische Entscheidung gerechtfertigt werden muß.

Die Möglichkeiten eine Patientin auf einer Intensivstation in einem Zustand zu erhalten, in dem es noch möglich ist, Zeichen zu produzieren, die in irgendeiner Weise darauf hindeuten, daß sie noch lebt, sind sehr effektiv. Wenn bei jedem Patienten jedes nur erdenkliche Mittel eingesetzt würde, um ihn am leben zu erhalten, würden intensivmedizinische Behandlungen in sehr vielen Fällen erheblich länger dauern. Gerade weil die Mittel zur Lebenserhaltung so wirksam sind, stirbt kaum ein Patient überraschend, sondern weil die behandelnden Ärzte entschieden haben, die Behandlung zu beenden, sie einzuschränken oder sie zumindest nicht mehr ausweiten. Dazu kommt, daß Patienten in vielfältiger Weise erkranken können, wenn sie auf einer Intensivstation liegen, weshalb immer wieder aufs neue entschieden werden muß, wie sie behandelt werden. Der Bezugspunkt für Behandlungsentscheidungen ist etwas, das ich als »Ethos der Kunstfertigkeit« bezeichne. Die Orientierung an diesem Ethos wird durch eine permanente hierarchisch strukturierte kollegiale Kontrolle aufrechterhalten. Dadurch ergeben sich faktisch zwei maßgebliche Orientierungen für Behandlungsentscheidungen: zum einen an den Patientinnen und ihren Angehörigen und zum anderen am ärztlichen und pflegerischen Personal der Station, der Abteilung, der anderen Stationen und Abteilungen des Krankenhauses bzw. anderer Krankenhäuser.

Die Orientierung an den Patientinnen bzw. an ihren Angehörigen beinhaltet, die Patientinnen als eigenständige Einheiten aufzufassen, in deren Interesse eine therapeutische oder diagnostische Maßnahme erfolgen sollte. Dies werde ich erst im nächsten Kapitel genauer untersuchen. Im Folgenden geht es zunächst um die Orientierung an der eigenen Profession, die sich ihrerseits noch einmal differenzieren läßt: Zum einen erfolgt sie nämlich im Rahmen eindeutig hierarchischer Unterstellungsverhältnisse und zum anderen im Rahmen einer Diplomatie unter Gleichen.

Das Verhalten, das aus der Orientierung am Ethos der Kunstfertigkeit resultiert, folgt einer doppelten Maxime: 1. Entscheide stets so, daß es für den Patienten am besten ist. 2. Entscheide so, daß Du Deine Entscheidung stets gegenüber den hierarchisch oder reputationsmäßig besser gestellten Kollegen gut begründen kannst, damit Dir Kritik oder ein heftiger Rüffel erspart bleibt bzw. entscheide so, daß Du mit Deinen Kolleginnen eine gute Beziehung entwickelst und pflegst. Das Wohl der Patientinnen wird also einerseits direkt gesichert, indem die Gestalt der Patientin passend konstelliert wird, und andererseits indirekt, nämlich in dem Maß, in dem Behandler ihre Entscheidungen so ausrichten, daß eine hierarchisch-kollegiale Kritik unwahrscheinlich wird bzw. so, daß in den Beziehungen mit Gleichgestellten gleiches mit gleichem vergolten wird.

Die Fixierung des Ethos der Kunstfertigkeit im Rahmen hierarchischer Unterstellungsverhältnisse

Die doppelte Orientierung verweist auf die latente kommunikative Inversion des Arzt-Patienten-Verhältnisses. Beziehungen zwischen Ärztinnen sollten der Behandlung der Patientinnen dienen, es kann aber geschehen, daß das Arzt-Patient-Verhältnis kommunikativ invertiert wird: In diesem Fall dienen die Patienten dazu, die kommunikativen Beziehungen der Ärzte untereinander zu stabilisieren. Auf die beiden Aspekte der kommunikativen Inversion hatte schon Bosk (1979) aufmerksam gemacht. Seine Studie untersucht, wie und unter welchen Bedingungen in der Medizin ein Verhalten als »Behandlungsfehler« definiert wird, welche Arten von Fehlern es gibt und wie sie geahndet werden? Die wichtigste Bedingung für die Definition eines Verhaltens als Fehler sind, so Bosk, hierarchische Unterstellungsverhältnisse. Wenn es sich um den Fehler eines anderen handelt und nicht um ein Selbsteingeständnis, kann nur das Verhalten von hierarchisch Tiefergestellten ein Fehler sein. Auf diese Weise werden die Regeln, durch die ein Verhalten als ein »Fehler« fixiert wird, zu Regeln, durch die ein hierarchisches »Autoritätssystem« (Bosk 1979: 27) konstituiert und auf Dauer gestellt wird. Um zwischen verschiedenen Arten von Fehlern zu unterscheiden, arbeitet Bosk mit einem Kontinuum, dessen Pole er als »technischer Fehler« und »moralischer Fehler« beschreibt. Mit Bezug auf dieses Kontinuum ordnet er Fehler danach, ob sie verzeihlich oder unverzeihlich sind und wie sie geahndet werden. Es ergibt sich, daß Fehler um so eher verzeihlich sind, als sie als »technische Fehler« eingestuft, und desto unverzeihlicher, je mehr sie als »moralische Fehler« qualifiziert werden (vgl. Bosk 1979: 173 ff.). Ein technischer Fehler sei eher ein verzeihlicher Fehler, weil er auf ein behebbares Unwissen auf Seiten des lernenden Untergebenen verweist. Die Anerkennung des Fehlers als Fehler durch den Untergebenen bestätige das Ethos der Kunstfertigkeit[31] und garantiere deshalb, daß er sich im weiteren an diesem Ethos ausrichtet. Die Norm, die bei der Feststellung eines Fehlers zur Anwendung komme, besagt, so das Ergebnis von Bosk, niemand könne immer alles richtig machen, aber jeder solle immer das situationsangemessen bestmögliche tun. Diese Norm formuliere keinen technischen, sondern einen moralischen Standard. Sie zu verletzen könne z.B. dadurch zum Ausdruck kommen, daß es ein Untergebener daran mangeln lasse, sich

---

31 Dieser Terminus stammt nicht von Bosk.

für seinen Vorgesetzten ausreichend verfügbar zu halten oder die Autorität seines Vorgesetzten anderweitig in Frage stelle. Auf diese Weise würde die effektive Tradierung des Ethos der Kunstfertigkeit in Frage gestellt, das in der medizinischen Ausbildung ausschließlich in hierarchisch strukturierten Verhältnissen angeeignet werden müsse. Ein derartiges Verhalten gefährde den Zusammenhalt der Profession, die sich um dieses Ethos gruppiert. Nur ein moralischer Fehler könne deshalb für die weitere Karriere eines Arztes »tödlich« sein (vgl. Bosk 1979: 177 ff.). Bosk hatte seine Studie in einem chirurgischen Lehrkrankenhaus durchgeführt und er begrenzt die Bedeutung hierarchischer Unterstellungsverhältnisse auf die Lehrsituation. Sowie ein Chirurg seine berufliche Selbständigkeit erlangt hat, würde er der hierarchischen Kontrolle entgehen, denn unter Gleichen würde kaum Kritik geübt.

Diese Befunde lassen sich vor dem Hintergrund meiner Beobachtungen zum Teil bestätigen. Vor allem, was die Bedeutung hierarchischer Unterstellungsverhältnisse für die Sicherung des Ethos der Kunstfertigkeit betrifft, stimmen meine Beobachtungen mit denen von Bosk überein. Die von Bosk beobachteten kleinen »Autoritätssysteme« fanden sich auch in meinem Beobachtungsfeld. Es handelt sich um die einzelnen Abteilungen, an deren Spitze ein Chef steht, dem mehrere Oberärzte unterstellt sind, denen die auf einer Station arbeitenden Ärzte unterstehen, bei denen ebenfalls eine Rangfolge zum Tragen kommt: Funktionsoberärztinnen (eine Sonderposition, die es nur auf der neurochirurgischen Intensivstation gab), ausgebildete Fachärztinnen, Assistenzärzte ohne abgeschlossene Facharztausbildung, Ärzte im Praktikum (AiP), Ärztinnen im Praktischen Jahr (PJ). Weiterhin bestätigen meine Beobachtungen die hohe Bedeutung von hierarchisch-kollegialer Kritik an Untergebenen, sie ist integraler Bestandteil des Stationsalltags. Diese Kritik dient zum einen den Patienten, insofern die Behandlung am Ethos der Kunstfertigkeit gemessen und bewertet wird. Zugleich stabilisiert die Kritik aber auch die hierarchischen Arbeitsbeziehungen. Nicht jeder kann jeden in gleicher Weise für eine Behandlung rügen.

Ein wichtiger Unterschied zu den Befunden von Bosk besteht darin, welche Bedeutung der Patientin zukommt, wenn es darum geht, in einem Autoritätssystem das Ethos der Kunstfertigkeit zu fixieren. Bosk hält den Bezug auf die Patienten für vollkommen vernachlässigenswert. »I do not take the point of view of the patient since the occurence of errror is usually concealed from him and since he does not enter the interactions which surround social control.

However lamentable the fact, the patient is an exogenous variable falling outside the system of social control.« (Bosk 1979: 24 f.) Empirisch bestätigen ließ sich in meiner Arbeit nur, daß Fehler vor der Patientin verheimlicht, aber nicht, daß die Patienten aus dem Vollzug der Kontrolle ausgeschlossen werden. In den von mir beobachten Fällen von Kritik an Untergebenen, waren die Patientinnen nämlich immer indirekt präsent: Es wird immer das Verhalten von Ärztinnen in konkreten Behandlungen einzelner Patientinnen kritisiert. Ohne diesen Bezug auf die Patientin wäre die Kritik sinnlos. Die Patienten werden nicht einfach aus dem Vollzug sozialer Kontrolle ausgeschlossen, sondern die therapeutische Beziehung zu einzelnen Patientinnen wird in die kommunikative Arzt-Arzt-Beziehung integriert und darüber zu einem Mittel, um diese hierarchisch auszugestalten, denn in der Kommunikation wird die Rangfolge bestätigt, in der einzig kritisiert werden darf: von oben nach unten.

Als ein besonders ausgeprägtes Beispiel von Kritik kann folgende Sequenz dienen.

Nachmittagsvisite in der Neurochirurgie. Zimmer 6. Herr Stumpf: Der Patient ist nach der Operation schlechter als vorher. Der Chef kritisiert das Vorgehen des Operateurs: »Bei soetwas fasse ich mich ans Hirn. Er hat einen inoperablen Tumor, der wird dann zur Hälfte entfernt. Nach der Operation kommt eine Schwellung. Jetzt hat er eine anoperierte Verschlechterung. Wie man so eine Operation machen kann. Da ›fasse ich mich ans Hirn.‹«

Derart vor aller Augen und Ohren abgekanzelt zu werden, ist eine ausgesprochen heftige Form, die Behandlung eines Untergebenen zu kritisieren.

Gelegentlich fallen Kritiken sogar so hart aus, daß sie noch im Nachhinein auch von den Unbeteiligten weiterverarbeitet werden.

Neurovisite: Dabei kommt es zum Gespräch über die Frühbesprechung bei der ein CT interpretiert wurde. »Aber der Chef hat da eine Blutung gesehen und der arme Schnabel mußte dran glauben.« Dabei wurde es von den anderen als ein akademischer Streit angesehen. Als entscheidendes Argument dafür, wie wenig praktische Konsequenzen die Diskussion gehabt hätte, wurde von einer Ärztin angeführt: »Sogar Hahn hat die Welt nicht mehr verstanden.«

Das CT-Bild diente in der Neurochirurgie dazu, nach einer Operation das Vorgehen des operierenden Arztes zu beurteilen. In diesem Fall wurde vom Chef der Abteilung die gesamte Konstellierung der

Zeichen in Frage gestellt. Der Tumor hätte eigentlich gar nicht operiert werden dürfen. Darüberhinaus hätte die Operation den Zustand noch verschlimmert. In Abwandlung der Maxime – Wer heilt, hat recht – scheint hier zu gelten: Wer nicht heilt, hat doppelt unrecht. Die vernichtende Kritik am Operateur wirkte solange nach, daß sie selbst von unbeteiligten Kollegen weiterbearbeitet werden mußte. Von allen wurde die Kritik als zu heftig eingestuft, da der CT-Befund nicht eindeutig genug gewesen sei. Wenn sogar Oberarzt Hahn, ein Vorgesetzter, der für seine deutliche, vom Stil her nicht immer gut zu verkraftende und penibel auf Details achtende Kritik bekannt ist, die CT-Interpretation und die darauf aufbauende Kritik nicht nachvollziehen konnte, war das nach Meinung der diskutierenden Ärztinnnen ein sicheres Indiz für eine übertrieben harte Kritik.[32]

OA-Visite, Frau Feldner: Gestern war klar, daß sie einen Schlaganfall hatte, der zu einer Durchblutungsstörung des Gehirns geführt hatte. Es sollte möglichst schnell ein CT gemacht werden, um aufgrund dessen Klarheit über die Diagnose und die weitere Therapie zu erlangen. Der auf der Station arbeitende Arzt hatte nach Ansicht des Oberarztes zu lange gewartet mit dem CT. Da müsse man Druck machen und nicht 1½ Stunden warten. Oberarzt (sinngemäß:) »Ich habe ihn deswegen heute morgen auch angepinkelt. So etwas geht nicht.« Jetzt hätte Frau Feldner einen richtig großen Mediainfarkt. Auf meine spätere Nachfrage antworter der Oberarzt (sinngemäß:) »Man kann Druck machen, wenn man ein CT braucht, und das geht hier im Notfall dann auch in einer ½ Stunde. Man kann das elegant machen oder etwas direkter, aber es geht.«

Der Vorwurf an den behandelnden Arzt besteht darin, sich von den Kollegen der diagnostischen Abteilung hinhalten haben zu lassen, statt die Sicherung der Diagnostik mit Nachdruck zu betreiben. Obwohl ihm die Ärzte der Neuroradiologischen Diagnostik nicht unterstellt waren, hätte er nach Ansicht des Oberarztes ein schnelleres Ergebnis erreichen können.

---

32 In dem geschilderten Fall handelte es sich um die Kritik, die bezogen auf das Kontinuum zwischen moralischen und technischen Fehlern eher auf der Seite der technischen Fehler einzuordnen wäre. In diese Kategorie gehörte jede Form von Kritik, die ich direkt beobachten konnte. Die moralische Kritik, die auch eine Wertung der gesamten Person hinsichtlicher ihrer Tauglichkeit für die medizinische Tätigkeit einschließt, scheint eher indirekt zu erfolgen und äußert sich darin, daß einige Ärzte einen schlechteren Stand unter ihren Kollegen und gegenüber dem Chef haben, ohne daß dies an einzelnen feherhaften Handlungen festgemacht würde. Da dieser Punkt aber nicht in den Focus meiner Studie gehörte, habe ich daraufhin auch nicht systematisch beobachtet und Material erhoben.

In einer weiteren Hinsicht bestätigt diese Studie die Ergebnisse der Arbeit von Bosk: Das Ethos der Kunstfertigkeit ist ein lokales in der Zeit veränderliches Gebilde, es gibt keinen allgemeinen Standard, der festlegt, welche Handlungen dagegen verstoßen und welche nicht. Die wichtigste Determinante für die Ausprägung des lokalen Ethos ist der lokale Chef. Durch seine Entscheidungen wird allererst festgelegt, ob und wie Zweifelsfälle überhaupt entstehen können, d.h., wo überhaupt ein Fehler gemacht werden kann.

Eher am Ende meines Aufenthaltes komme ich mit einer Ärztin ins Gespräch über meine Arbeit. ... Sie berichtet von dem Krankenhaus, in dem sie vorher gearbeitet hat. Als einen der Unterschiede beschreibt sie, »daß wir dort diese Dekompressionsoperationen nicht gemacht haben.« Sie fährt dann sinngemäß fort: »Die Leute sind dann eher gestorben. Ich bin mir auch noch nicht sicher, ob das sinnvoll ist. Evtl. überleben die Patienten auch nur eher in einem vegetativen Zustand. Aber das muß dann jeder selbst entscheiden.«

Auf der Station, auf der die Neurochirurgin zuvor gearbeitet hatte, wurde ein bestimmter Operationstyp nicht durchgeführt. Bei einer Dekompressionsoperation wird der Schädelknochen teilweise entfernt und das schwellende Gehirn hat Platz sich auszudehnen, ohne dabei zusätzlich geschädigt zu werden. Der strittige Punkt dabei ist, ob diese Art der Operation zu einer Heilung führt, oder eher dazu, daß die Patientinnen danach in einen vegetativen Zustand geraten. In jedem Fall handelt es sich bei der Entscheidung, ob eine Dekompressionsoperation durchgeführt werden soll oder nicht, fast immer um eine Entscheidung zwischen Leben und Tod, denn zumindest das Leben des Patienten kann oft gerettet werden. Die Zahl der Hirntoten wird deutlich gesenkt, wenn dieses Vorgehen zum Operationsrepertoire einer neurochirurgischen Abteilung gehört. Der ganze Problembereich war auf der Station, von der die Ärztin berichtete, gar nicht vorhanden. Das dort gültige Ethos der Kunstfertigkeit untersagte ein derartiges Vorgehen, weil es zu zweifelhaften Resultaten führen würde. Damit wurde die Frage, ob eine Dekompressionoperation durchgeführt werden soll, von Zweifelsfällen bereinigt. Im Einzelfall fiel sie zwangsläufig als Kriterium für eine Kritik aus. Die Möglichkeit von Dekompressionsoperationen führte umgekehrt auf der Station, auf der ich beobachtet habe, notwendig zu Zweifelsfällen, die prinzipiell Anlaß für eine Kritik werden konnten.

Auf die Station war vor einigen Tagen ein Mann mit einer schweren Schußverletzung eingeliefert worden. Er hatte versucht, sich selbst umzubringen, indem er sich von rechts nach links durch die Schläfe geschossen hatte. Es handelte sich um einen glatten Durchschuß von Schläfe zu Schläfe. Als Selbstmordtechnik ist ein derartiges Vorgehen nicht unbedingt geeignet, denn es trifft nur das Großhirn und läßt die lebenswichtigen Areale des Hirnstamms unbeschädigt. Der Tod tritt deshalb nicht direkt infolge der Schußverletzung ein, sondern aufgrund der Folgewirkungen der Schußverletzung. Die zerstören Hirnareale schwellen an und drücken in der Konsequenz den eigentlich unbeschädigten Hirnstamm in das Hinterhauptsloch. Erst dieser Vorgang ist nach medizinischem Wissen letztlich tödlich. Wenn Dekompressionsoperationen zum Repertoire gehören, kann es in einer derartigen Situation fraglich werden, ob ein derartiges Vorgehen angezeigt ist oder nicht. Der diensthabende Neurochirurg hatte sich in diesem Fall dagegen entschieden. Nicht alle anderen neurochirurgischen Oberärzte waren in diesem Fall einer Meinung. Da es sich um eine Schußverletzung handelte, war der entscheidende Oberarzt gezwungen, seine Entscheidung nicht nur gegenüber seinen Kollegen, sondern auch gegenüber Gerichtsmedizinern zu verteidigen, die die Station aufgesucht hatten und unter anderem erklärt haben wollten, warum keine Behandlung durchgeführt worden war.

Das ganze Problem hätte sich anders gestellt, wenn Dekompressionsoperationen nicht als eine sinnvolle Behandlungsoption betrachtet würden, denn dann wäre eine Begründung für den Einzelfall gar nicht erst erforderlich geworden. Soweit ich das beobachten konnte, wurde in diesem Fall die Entscheidung zur Nichtbehandlung, obwohl sie von einigen anders getroffen worden wäre, nicht als Fehler gewertet.

In vergleichbarer Weise gibt es neurochirurgische Abteilungen, in denen besonders schwere Formen von Blutungen im Schädel nicht operiert werden, was auf der von mir beobachteten Station ebenfalls getan wurde.

Visite: Frau Lehrer. Es gibt eine Diskussion darüber, ob sie aufgrund »ihrer pulmonalen Situation« operiert werden kann. Sie hat eine SAB V°.[33] Da die Oxygenierung, d.h. die Sauerstoffversorgung des Blutes, im Moment noch gut ist, gilt die Patientin als noch operabel. Da sich die Oxygenierung schnell verschlechtern kann, wird beschlossen, sie schnell zu operieren. A-Ganter hatte mir schon vor der Visite gesagt, daß es selten sei, daß eine Patientin mit einer derart schweren SAB überhaupt operiert würde. »In anderen Kliniken würde sie nicht operiert werden. Aber wir haben hier die Erfahrung gemacht, daß auch Patienten mit einer SAB V° wieder gut geworden sind.« Es sei aber insgesamt schon unentschieden, wie sinnvoll das ist.

---

33 SAB ist das Kürzel für Subarachnoidalblutung. Damit wird auf eine Form der Blutung im Kopfinneren referiert. SAB`s werden in 5 Schweregrade unterteilt. V° ist der schwerste Grad, also die schwerste Form einer derartigen Blutung.

Neben den grundsätzlichen Entscheidungen, welche Schädigungen des Gehirns überhaupt sinnvoll operativ behandelt werden können, gibt es auch hinsichtlich des medikamentösen Eingreifens lokal und zeitlich veränderliche Ausformungen dessen, was eine kunstgerechte Behandlung ist.

Übergabe: Zi. 9, Frau Körner. Das Kontroll-CT war positiv, die Patientin wurde auch wacher. Um 13.00 wurde sie extubiert, danach hat hat sie alle vier Extremitäten bewegt, aber nicht gesprochen. Pupillen sind isocor. Es geht im weiteren darum, ob eine Antibiose angesetzt werden soll, die Patientin hat eine Felsenbeinfraktur. Die HNO, Kieferchirurgen hatten eine Antiobiose befürwortet, aber der auf der Station arbeitende Oberarzt Schlot hat dagegen entschieden und gesagt, das würde nur gemacht, wenn sich eine Fistel gebildet habe. N-Markner: »Es wird von Haus zu Haus unterschiedlich gehandhabt. Ich war in einem Haus, da war es üblich.« A-Lundbrecht (sinngemäß:) »Ich würde mich da immer an die Anordnung der Kollegen halten.«

Behandlungsoptionen können bei derselben Diagnose nicht nur zwischen disziplinär gleichen Stationen an verschiedenen Kliniken variieren, sondern auch innerhalb einer Klinik von Station zu Station. In diesem Fall unterscheidet sich innerhalb der Klinik das Vorgehen von Hals-Nasen-Ohren-Ärzten und Kieferchirurgen von dem der neurochirurgischen Intensivstation. Die Bemerkung der neurochirurgischen Ärztin weist dagegen darauf hin, daß auch in den neurochirurgischen Intensivstationen anderer Krankenhäuser ein Vorgehen favorisiert würde, das eher dem der Kieferchirurgen der eigenen Klinik entspräche. Es scheint so, als müsse man in gewissen Grenzen immer wieder neu lernen, wie eine angemessene, d.h. eine nicht kritikwürdige Behandlung, aussieht.

Eine weitere Variationsmöglichkeit des Ethos der Kunstfertigkeit besteht in einer Veränderung in der Zeit, d.h., auf derselben Station werden Behandlungsformen zu unterschiedlichen Zeitpunkten verschieden gewertet.

Als ich in die Arztkanzel komme, ist Oberarzt Hahn gerade dabei N-Markner zu rüffeln. Sie hatte am Abend zuvor bei Herrn Kohl Trapanal gegeben, weil der ICP[34] auf 20–30 angestiegen war. Oberarzt Hahn: »Der Patient war drei Stunden auf der Station und da machen Sie Maximaltherapie. Das geht nicht!« N-Markner führt an, daß sie extra einen einen erfahrenen Kollegen (Anästhesie) gebeten hatte bei der Operation auf die Hirndrücke zu achten. Bei der Operation seien sie auf über 40 angestiegen. Oberarzt Hahn:

---

34 »ICP« ist die Abkürzung für IntraCerebralePressure, die englische Bezeichnung für Hirndruck.

»Der ist doch kein erfahrener Neuroanästhesist. Da können so viele Faktoren zusammenkommen: Wie ist der Patient gelagert? Wie ist die Anästhesie? und und« (dabei umfaßt er mit der rechten Hand den Daumen der linken für 1., den Zeigefinger für 2. usw.) ... Er fährt fort (sinngemäß:) »Nach der Op, die ich gemacht habe, das war die erste von 2 Ops, war der Druck unter 5 und wenn der Druck ansteigt, kann das nicht sein, weil das Hirn anschwillt, sondern nur weil es nachblutet. Deswegen können Sie nicht sofort mit Trapanal reingehen. Das ist gegen die Schwellung. Sie müssen ein CT machen und da kann man dann sehen, ob es blutet.« ... Die Zurechtweisung des Oberarztes erfolgt in einem direkten zackigen Tonfall, der keinen Widerspruch duldet. Nachdem Hahn gegangen ist, beschwichtigt N-Weller ihre Kollegin und bekundet Verständnis für ihr Verhalten. (sinngemäß:) »Er hat ja recht. Aber wenn es bei einen Patient ist, der so instabil ist, dann macht man etwas, wenn es die Frage ist, ob er stirbt, weil er oben einklemmt oder weil er unten verblutet, dann greift man auch leichter zum Trapanal.« Außerdem gäbe es auch Wellen auf der Station, was das Trapanal betrifft. Es gibt Zeiten, da wird es leicht eingesetzt und dann wieder nicht.

Der beschriebene Patient hatte sowohl eine schwere Operation im Kopfinneren als auch im Bauchraum über sich ergehen lassen müssen. Sein Zustand war in der Nacht extrem gefährdet, er hätte, wie es die von der Kritik nicht direkt betroffene Kollegin beschreibt, sterben können, weil er »unten« (Bauch) hätte verbluten können oder weil »oben« der Druck im Kopf lebensgefährlich ansteigt. In dieser Krisensituation hatte die kritisierte Ärztin während der Nacht ein Medikament eingesetzt, das helfen solllte, den Hirndruck zu mindern. Es ist ein schweres Narkotikum, das die gesamte Hirnfunktion außer Kraft setzen kann.[35] Diese Medikation deutet die kritisierte Ärztin im Nachhinein selber als eine Krisenreaktion: Es ist besser überhaupt etwas zu tun, als es zu riskieren, den Patienten sterben zu lassen. Der kritisierende Oberarzt macht auf sehr eindrückliche Weise klar, was er von einem derartigen Vorgehen hält: gar nichts. Denn zum einen würde es in der Situation nichts helfen und zum anderen hätte eine weiterführende Diagnostik (CT) eingeleitet werden müssen, auf deren Grundlage erst eine Entscheidung über ein sinnvolles therapeutisches Vorgehen hätte gefällt werden können. Jede Entschuldigung, die die Ärztin für ihr Verhalten anführt, wird weggewischt. Auch die kollegiale Absicherung bei ihrem anästhesistischen Kollegen sei kein Argument, denn der sei kein »erfahrener Neuroanästhesist«. Diese Szene belegt eindrücklich die Funktionsweise des Hierarchieprinzips. Eine derart deutliche Kritik, die keinen Widerspruch duldet, wäre an

---

35 Im Prinzip kann »Trapanal« einen Zustand bewirken, der von dem eines Hirntoten klinisch nicht mehr zu unterscheiden ist.

einem Vorgesetzten nahezu unmöglich und auch an hierarchisch Gleichgestellten ist sie so unwahrscheinlich, daß ich ein derartiges Vorkommnis während meines gesamten Feldaufenthaltes nicht habe beobachten können. Die Kritik von Vorgesetzten an hierarchisch tiefer Gestellten ist dagegen alltäglich, das geschilderte Beispiel zeichnet sich lediglich durch die besondere Schärfe der Kritik aus. Den Untergebenen bleibt in solchen Situationen nur übrig zu versuchen, ihre zürnenden Vorgesetzten nicht noch zusätzlich zu reizen.

Eine Bemerkung der nicht kritisierten Ärztin ist von besonderem Interesse. Ihrer Meinung nach hätte dasgleiche therapeutische Verhalten – die Trapanalgabe – zu einem anderen Zeitpunkt nicht unbedingt zu einer derart heftigen Kritik geführt, da es hinsichtlich der Anwendung dieses Medikaments Wellen gäbe. Eine weitergehende Begründung für die »Wellen« bei der Verwendung von Trapanal führt sie nicht an.

Die Variationsbreite der Möglichkeiten, sich Kritik einzuhandeln, muß also um einen weiteren Punkt bereichert werden. Nicht nur der Ort (welche Station in welchem Krankenhaus), sondern auch die Zeit sind wichtige Determinanten: Man sollte wissen, auf welcher Station in welchem Krankenhaus zu welcher Zeit wie behandelt wird. Der auf beiden Stationen übliche Ausspruch mit einer Entscheidung »auf der sicheren Seite« zu sein, faßt das Problem bündig zusammen. Auf der sicheren Seite ist, wer kritikfest entschieden hat.

Das lokal fixierte Ethos der Kunstfertigkeit bindet die Konstellierung der Patientengestalt, d.h. den funktionalen Zusammenhang von Diagnose, Prognose und Behandlungsoption, in die Verantwortung gegenüber hierarchisch Höhergestellten (einem Oberarzt oder evtl. dem Chef der Abteilung) ein. Die Eindeutigkeit der Kritikrichtung, nämlich von oben nach unten, legt es nahe, daß es nicht nur darum geht, die Behandlung festzulegen, sondern auch darum, die kommunikativ hergestellten hierarchischen Beziehungen der behandelnden Ärzte untereinander durch Kritik zu stabilisieren. Aufgrund dieser kommunikativen Inversion der Ärztin-Patientin-Beziehung wird die Behandlung der Patientinnen an Bedingungen orientiert, die außerhalb ihres Körpers liegen. In dem Maße, wie die Behandlung der Patienten von der kommunikativen Inversion der Arzt-Patient-Beziehung abhängig ist, sind die Beziehungen der Ärztinnen untereinander von den Patientinnen abhängig: Die Patienten und ihre Behandlung werden zu einem Medium, in dem die ärztlichen Hierarchien tradiert werden. In der steten Rede über die Behandlung der Patienten verständigen sich die beteiligten Mediziner darüber, wer gegenüber wem wie etwas sagen kann; wer sachlich relevantes Wissen vorträgt; wessen Beobachtungen bedeutsam sind usw.

Die diplomatische Regulation hierarchieferner Verhältnisse
Die These, daß die Ärztin-Patientin-Beziehung nicht aus dem Vollzug der sozialen Kontrolle ausgeschlossen ist, sondern in deren Vollzug lediglich kommunikativ invertiert wird, ermöglicht es auch verschiedene Formen der kommunikativen Inversion miteinander zu vergleichen und die subtileren Formen nichthierarchischer sozialer Kontrolle zu sehen. Außerhalb der direkten hierarchischen Kontrolle innerhalb eines Autoritätssystems mit einem Chef an der Spitze findet Bosk zufolge keine soziale Kontrolle statt. Das widerspricht meinen eigenen Beobachtungen in zwei Hinsichten.

- Wenn z.B. ein Patient von Ärzten zweier Abteilungen behandelt wird, sind diejenigen, die ihn direkt behandeln, in zwei verschiedene Autoritätssysteme integriert, denn zwischen den Chefs der Abteilungen, etwa denen der neurologischen, der allgemeinchirurgischen und der neurochirurgischen Abteilungen gibt es kein Unterstellungsverhältnis, sondern ein Verhältnis unter Gleichen. Dennoch ist es möglich, auch über die Grenzen der Abteilungen Kritik praktisch wirksam durchzusetzen. Dies gilt sogar dann, wenn die Abteilungen an verschiedenen Krankenhäusern angesiedelt sind. Die Kritik kann über den Umweg der Einschaltung des eigenen Chefs in das andere Autoritätssystem induziert werden.

- Ärztinnen, die in verschiedenen Autoritätssystemen tätig sind, verständigen sich durch den Umgang mit den Patienten untereinander darüber, wie es um ihre Beziehung bestellt ist. In solchen Fällen kann auf den Umweg über die Chefebene verzichtet werden.

Die Induktion der Kritik in ein anderes Autoritätssystem gelang sowohl den Ärztinnen der neurologischen als auch denen der neurochirurgischen Station. Unverzichtbar ist lediglich der Umweg über den Chef. Die Chefdiplomatie habe ich nicht direkt beobachten können, im Einzelfall muß aber der aktuelle Stand der Verhandlungen bzw. der aktuelle Stand der Beziehungen zumindest insofern an die tiefer gestellten Ebenen weitergeleitet werden, als daraus für die Arbeit auf der Station praktische Konsequenzen resultieren.

Morgendliche Übergabe N-Nistner an N-Sanders: Kurzes Gespräch über Herrn Nagel. Die CT's vor und nach der Drainage zeigen eine geringfügige Verschlechterung. Nistner (sinngemäß:) »Als der Chef die CT's gesehen hat,

hat er sich tierisch aufgeregt. Die haben auch den Liquor nicht untersucht, da ist Fafner fast im Viereck gesprungen. Der (Herr Nagel) hat da 4 Tage gelegen und die haben nichts gemacht. Fafner wollte dann den Namen des Neurochirurgen wissen und Larisch (Chef der Neurochirurgie) anrufen.« Ob er das tatsächlich getan hat, war für die beiden Neurologen nicht klar.

11.00 Der Neurochirurg, der Herrn Nagel behandelt hatte, kommt auf die Station und erklärt sein Verhalten. Ergebnis: Das aktuelle Problem ist die Grunderkrankung (Leukämie, Krebsgeschwulste im Körper) und weniger das Hygrom/Arachnoidalzyste. Deshalb war auch keine Wiederholung der Liquordrainage erfolgt. Allgemein herrscht die Erwartung vor, in spätestens 11 Monaten würde der Patient sterben. Sein Zustand ist allerdings so schlecht, daß auch das fraglich ist.

Ich habe nicht in Erfahrung bringen können, inwieweit die Tatsache, daß der Neurochirurg auf der neurologischen Intensivstation erschienen ist, auf eine Intervention des Chefs der Neurologie beim Chef der Neurochirurgie zurückzuführen war oder nicht. Aber allein die Tatsache, daß der verantwortliche Neurochirurg sich die Mühe gemacht hatte, die neurologische Intensivstation aufzusuchen, um sein Verhalten zu erklären, ist ein starkes Indiz dafür, daß es Gespräche auf der Chefebene gegeben hat.

In anderen Fällen ist die erfolgreiche Induktion der Kritik in ein anderes Autoritätssystem dagegen problemlos nachzuvollziehen.

Beiläufig erwähnt A-Bense im Gespräch mit einem Kollegen (sinngemäß:) »Regin (Chef der Neurochirurgie) hat mit Altbaum (Chef der Chirurgie) gesprochen, weil ein Chirurg sich geweigert hatte, nachts zu kommen, obwohl er bei dem Patienten eine Komplikation verursacht hatte.

Das erste Gespräch mit dem Braunschweiger Oberarzt habe ich nicht mitbekommen. Es hatte schon stattgefunden, bevor ich mit Oberarzt Hubert im Schwesternzimmer ca. 18.00 gesprochen habe. Als ich mit ihm sprach, war klar, daß der Braunschweiger Oberarzt (Neurochirurgie) die CT's suchen würde, die nicht mitgeschickt worden waren, um auf dieser Grundlage mit Oberarzt Hubert über die infauste Prognose bzw. die Rückverlegung in die Neurochirurgie zu sprechen. Der Oberarzt wartet jetzt auf den Anruf. Er kommt um ca. 19.20. In diesem Gespräch mit dem Oberarzt aus Braunschweig verweist Herr Hubert direkt auf die Meinung seines Chefs hin, daß man bei derartigen Krankheitsbildern schon dramatische Besserungen gesehen habe. Aber auch dies kann die Meinung seines Kollegen nicht ändern. Er weigert sich weiterhin, den Patienten wieder aufzunehmen und neurochirurgisch weiterzubehandeln. Daraufhin ruft Herr Hubert zum zweiten Mal bei seinem Chef an, der sich jetzt persönlich einschalten will. Noch in derselben Nacht erfolgte die Verlegung.«

Es handelte sich um einen Patienten, der von der neurochirurgischen Station in ein anderes Krankenhaus verlegt worden war. Nachdem sich sein Zustand dramatisch verschlechtert hatte, wurde er von dort auf die neurologische Intensivstation weiterverlegt. In diesem Fall hatte der verantwortliche Oberarzt zunächst mit seinem Chef telefoniert, um die Behandlungsoptionen abzuklären, die sich im Rahmen der Konstellierung der Patientengestalt abzeichneten. Das Ergebnis dieser Klärung war, den Patienten an die neurochirurgische Station der Klinik zurückzuverlegen, die den Patienten nach Ansicht des Oberarztes unzureichend behandelt hatte. Der Versuch, dies direkt im Gespräch mit dem zuständigen neurochirurgischen Oberarzt durchzusetzen schlug fehl, auch der autoritative Hinweis auf die Meinung seines Chefs ließ den neurochirurgischen Kollegen unbeeindruckt. Die Verlegung erfolgte, nachdem der Chef der Neurologie sich selbst eingeschaltet hatte.

Wenn es keine direkten hierarchischen Unterstellungsverhältnisse gibt, muß der Chef trotzdem nicht immer, sondern nur in Krisensituationen eingeschaltet werden. Zwischen den Abteilungen eines Krankenhauses und zwischen verschiedenen Kliniken gibt es etablierte Verhältnisse aufeinander abgestimmter Erwartungen. Sich gegenseitig mit dem Fachwissen der jeweiligen medizinischen Disziplin auszuhelfen gehört zu den normativ festgeschriebenen Erwartungen, die die Ärzte eines Krankenhauses aneinander haben. Sich dieser Erwartungshaltung einfach so zu entziehen, scheint unmöglich. Es gibt allerdings im Rahmen von Zeit- und Relevanzkalkülen durchaus Möglichkeiten für einzelne Ärzte sich gegenüber anderen einen gewissen Freiraum zu verschaffen. Wenn ein derartiges Verhalten allerdings als Verletzung der Erwartung, sich gegenseitig zu unterstützen erfahren wird, kann das zu einer kalkulierten Eskalation führen, deren Ziel darin besteht, die Gegenseite daran zu erinnern, daß auch sie in der Durchführung von Behandlungen von der Expertise anderer abhängig ist.

Neurovisite. Der Arzt einer anderen Station hatte sich nach Ansicht von Oberarzt Hahn bei einem Konsil übertrieben unkooperativ und eitel verhalten. Am Ende der Visite fragt Hahn: »Wer hat heute Dienst?« Der diensthabende Neurochirurg meldet sich. Der Oberarzt ermahnt ihn (sinngemäß:) »Wenn die fünf etwas will, kein Entgegenkommen zeigen.« Er schließt (wörtlich:), »da herrscht Verstimmung.«

Kein Entgegenkommen zu zeigen, heißt etwa, sich Zeit zu lassen im Falle einer Anfrage wegen einer konsiliarischen Expertise. Kein Ansinnen um eine Kooperation soll in irgendeiner Weise als dringend interpretiert werden. Eine gute Kooperation beinhaltet z.B., das Anliegen, einen Patienten aufzunehmen, entgegenkommend zu behandeln. Eine einfache Ablehnung ohne größeren Begründungsaufwand wird als Mitteilung von kooperationsunwilligkeit gedeutet.

Neurovisite. Herr Hübsch: Oberarzt Sitz (sinngemäß:) »Und was machen wir mit ihm?« Oberarzt Hahn (sinngemäß:) »Wir versuchen, ihn zu verkaufen.«

N-Flieg stellt die Schwierigkeiten dar, den Patienten in der Klinik zu verlegen.

Oberarzt Hahn faßt zusammen (sinngemäß:) »Die fünf nimmt ihn nicht. Das führt auch zu einer Verstimmung. Die acht kann ihn nicht nehmen.« Die Überlegungen führen vorerst zu keinem Ergebnis.

In diesem Fall wird die negative Reaktion auf das Ansinnen, einen Patienten aufzunehmen, je verschieden interpretiert. In einem Fall als nachvollziehbare Darstellung der begrenzten Handlungsmöglichkeiten und im anderen Fall als Mitteilung von Kooperationsunwilligkeit. Auf Handlungen, die derartig gedeutet werden können, folgt eine entsprechende Reaktion. Der Ausdruck »verkaufen«, eine metaphorische Redewiese für die Verlegung eines Patienten, akzentuiert deutlich, welche Bedeutung die Patientinnen haben, wenn es darum geht, die kommunikativen Beziehungen zwischen den Angehörigen verschiedener Autoritätssysteme zu gestalten. Die Beziehungen werden durch Patiententausch geregelt.

Gerade weil derartige Deutungen für die Akteure naheliegend sind, wird das eigene Verhalten entsprechend dieser Interpretationsmöglichkeit ausgerichtet.

Es war gerade ein neuer Patient auf der Station angekommen. Die Aufnahmeprozedur war noch nicht abgeschlossen, als ein Neurochirurg von der Aufnahme auf die Station kommt und nach einem freien Bett fragt, wegen einer Patientin aus der Parkklinik Eppendorf, 39 Jahre alt, ICB[36], Grandmal. Heute Nachmittag solle sie hierher verlegt werden. N-Flieg geht alle Betten durch und beschreibt die Situation: Es ist kein Bett frei. Ihr Kollege wendet ein: Der Chef der Neurologie von Eppendorf sei extra einmal dagewesen und hätte sich vorgestellt, ob wir nicht auch von dort Patienten aufnehmen könnten. Auf spätere Nachfrage bei N-Weller erfahre ich (sinngemäß:) »Da hätte es Kontakte auf höherer Ebene gegeben und eine Zusammenarbeit sei angeleiert worden. Jetzt wäre es blöd, wenn gleich die erste Patientin, die et-

---

36 IntraCerebelläreBlutung.

was für uns wäre, wenn wir da sagen würden, daß kein Bett frei ist. Deswegen hat er sich wohl auch so verpflichtet gefühlt. Wahrscheinlich ist es auch so, daß die im Gegenzug Patienten von uns aufnehmen.« Die einzige Möglichkeit besteht darin, den gerade eingetroffenen Patienten weiter zu verlegen. Er ist ohnehin falsch auf der Station. Das CT des Kopfes hatte keinen Hinweis auf eine hirnorganische Schädigung ergeben. Er hatte lediglich eine schwere Gehirnerschütterung. Man solle ihn sofort aufwachen lassen und extubieren. Der Arzt von der Aufnahme macht eine andere Station ausfindig, auf die der Patient verlegt werden kann.

Im Prinzip wäre es in diesem Fall möglich gewesen, die neue Patientin abzulehnen: Es gab kein freies Bett mehr auf der Station. Der Neurochirurg, der die Aufnahme betrieben hat, er war sozusagen für die Außenkontakte zuständig, verweist aber auf ein diplomatisches Problem, das sich aus einem derartigen Verhalten ergeben könnte. Diese Patientin nicht aufzunehmen, könnte der Chef der Neurologie aus Eppendorf als kommunikative Mitteilung deuten: Das Angebot der Zusammenarbeit ist nicht ernst gemeint. Um diesem Problem vorzubeugen, wird auf der Station ein freies Bett geschaffen, indem ein gerade aufgenommener Patient weiterverlegt wird. Gerade anfänglich scheinen Beziehungen sehr empfindlich zu sein, weshalb eine Substitution der gestisch-kommunikativen Mitteilung (die Aufnahme der Patientin) durch eine sprachliche Mitteilung (Entschuldigung wegen der Bettenlage) nicht erwogen wurde.

Entsprechend der stets mitlaufenden Möglichkeit, den Umgang mit Patienten im Sinne einer kommunikativen Mitteilung zu deuten, wird dieser gestaltet, d.h., es wird berücksichtigt, welche kommunikativen Bedeutungen der Umgang mit einem Patienten hat.

Visite (Anästhesie) Herr Müller Vorstellung durch A-Bense: Patient hat einen Reha-Platz, der aber nur bis Freitag freigehalten wird, danach wird er anderweitig vergeben. Er soll aber noch im Marien am Sprunggelenk operiert werden, denn »Bracke (Chef der Traumatologie) hat gesagt, das ist zu kompliziert, das können sie im Bernhard nicht machen.« Es ist aber fraglich, ob die Op noch vor Freitag gemacht werden kann. Darauf entspinnt sich eine Diskussion unter den Ärztinnen, wie weiter vorgegangen werden soll.

A-Herzberg (sinngemäß:) »Dann sagen wir eben, er wird am Freitag verlegt, ob mit oder ohne Op.«

OAA-Schlot (sinngemäß:) »Das gibt böses Blut.«

A-Bense (sinngemäß:) »Das kannst Du nicht machen. Bracke ist sonst immer sehr kooperativ (dies Wort hat sie nicht verwendet), warum sollen wir dann so mit ihm umgehen. Ich habe ihm auch gesagt, daß es dringlich ist.«

A-Herzberg wendet ein, daß nichts passieren würde, wenn man ihm nicht »die Pistole auf die Brust« setzten würde. Es sei wichtiger, daß der Patient den Reha-Platz behält, als daß er am Sprunggelenk operiert wird.

A-Bense (sinngemäß:) »Nun laß es uns doch erst einmal anders probieren, Bracke weiß daß es dringend ist. Und wenn es nicht funktioniert, können wir es immer noch so machen.«

Da ein Kollege aus dem selben Krankenhaus noch angemeldet hat, er müsse den Patienten vor der Verlegung operieren, muß einkalkuliert werden, daß das eigene Verhalten, die Organisation der Verlegung, immer auch eine kommunikative Mitteilung an den Kollegen ist. Ihm wird zu verstehen gegeben, für wie wichtig seine Arbeit gehalten wird. Um weiterhin eine gute Beziehung zu dem Chef der Traumatologie zu pflegen, wurde das Vorgehen explizit verworfen, die Interessen des Patienten, die sich aus der Konstellierung der Patientengestalt ergeben hatten, offensiv ohne Rücksicht auf die Beziehung zu den Kollegen der anderen Abteilung zu vertreten. Stattdessen wurden beide Ebenen gleichwertig behandelt. Das erwies sich in diesem Fall als erfolgreich. Das diplomatische Kalkül der Anästhesistin ging auf: Der Patient wurde rechtzeitig operiert und die gute Beziehung wurde nicht durch einen Affront gestört.

Gelegentlich kann die kommunikative Inversion des Arzt-Patient-Verhältnisses so weit gehen, daß sich der kommunikative Aspekt verselbständigt.

Visite (Neurochirurgie) Herr Golden wird verlegt. Er sollte ein CT bekommen, weil sich sein Zustand verschlechtert hatte. Heute geht es ihm – Ergebnis der klinischen Untersuchung – wieder besser, was ein CT eigentlich überflüssig machen würde. Er soll aber trotzdem ins CT. Oberarzt Hahn (sinngemäß): »Es gibt zwar keine harte klinische Indikation, aber wenn er verlegt wird, macht das einen besseren Eindruck.«

In diesem Fall wird ein CT gemacht, weil es der Pflege des Verhältnisses zu den Ärzten der Klinik dient, in die der Patient überwiesen wird. Falls trotz guter Beziehungen ein CT nicht gemacht werden kann, muß zumindest der gute Wille demonstriert werden, um Verstimmungen zu vermeiden.

Visite (Anästhesie) Frau Barth. Die Verlegung ist für heute 13.00 festgelegt worden. N-Klarmann hatte herausgefunden, daß es kein Kontroll-CT gibt. Sie ruft deswegen bei Oberarzt Hahn an. Der ordnet an, daß ein CT vor der Verlegung gemacht werden soll, da es gute Kontakte zum Klinikum Südwall gäbe. Die sollten gepflegt werden. Als der Patientin der Transport ins CT mitgeteilt wird, sagt sie, daß sie das CT nicht wolle. Darüberhinaus kommt ein Anruf, daß ein Not-CT gemacht werden müsse, weshalb der Transport und das CT für Frau Barth nicht eingehalten werden könne. N-Klarmann ruft bei Oberarzt Hahn an. Der rät zur Veränderung des Arztbriefes. Während die Visite in Zimmer 2 ist, kommt N-Klarmann und teilt das Ergebnis mit.

A-Bense (sinngemäß:) »Und hast Du gesagt, daß die Patientin die Untersuchung nicht will?«

N-Klarmann (sinngemäß:) »Das Problem halte ich für lösbar, aber wenn ein Nofall vorliegt, kann sie kein CT bekommen. Hahn hat gesagt, ich soll in den Verlegungsbrief reinschreiben, daß ein CT geplant war, es aber nicht durchgeführt werden konnte, weil ein Notfall dazwischen gekommen ist.«

Eine derartige Verschiebung wäre bei einem diagnostisch indizierten CT nicht gut möglich gewesen. Ein CT, das der Beziehungspflege dient, kann dagegen durch einen Zusatz im Arztbrief substituiert werden. Die entschuldigende Formulierung im Arztbrief erfüllt den gleichen Zweck wie das CT: In beiden Fällen handelt es sich um eine kommunikative Mitteilung an die Kollegen. Eine derartige Substitution setzt aber – wie gesagt – voraus, daß die Beziehungen etabliert und krisenresistent sind. Es ist nicht zu befürchten, daß die Ärztinnen des Klinikum Südwall die Substitution des CTs durch die verbale Mitteilung als Mitteilung von Kooperationsunwilligkeit deuten werden.

4.3. Die Behandlung der Patienten und ihre kommunikative Inversion

In den einleitenden Bemerkungen dieses Kapitels hatte ich den Anspruch formuliert, zwei in der Medizinsoziologie nebeneinander laufende Perspektiven systematisch miteinander zu verbinden, nämlich die Perspektive, die die Arzt-Patient-Beziehung in den Mittelpunkt rückt und die, die die Ärztin-Ärztin-Beziehung zu ihrem Gegenstand macht. Eine Verknüpfung dieser Perspektiven ist die Voraussetzung dafür, den Focus der Forschung so zu verändern, daß die Analyse des harten naturwissenschaftlichen Kerns des Fachs und die Analyse der Arzt-Patient-Beziehung ineinander integriert werden können. Um diesen Anspruch einzulösen, habe ich die Untersuchung mit Bezug auf das im zweiten Kapitel entwickelte Modell durchgeführt. Dies führt zu einer Interpretation der medizinischen Praktiken, in deren

Mittelpunkt die Einsicht steht, daß der Umgang mit den Patienten als eine praktische Deutung zu verstehen ist, bei der qualitativ und funktional unterschiedliche Weisen der Einheitsbildung voneinander unterschieden werden müssen: der Patient als Gestalteinheit und die Patientin als übergestalthafte ou-topische Einheit. Entsprechend folgte die Untersuchung der Verwandlung der Patientengestalt in eine biotechnische Gestalt und untersuchte, wie ausgehend von dieser diagnostisch relevante Zeichen produziert werden. Dies entspricht einer Perspektive, die die Zergliederung des Patienten gemäß der arbeitsteiligen Produktion des medizinischen Wissens in den Blick nimmt. Um aber zu verstehen, wie dieses Wissen ein wissenschaftlich sinnvolles und ein therapeutisch brauchbares Wissen sein kann, ist es erforderlich, über die Ebene der Gestalt hinausgehend die Patientin als ein ou-topisches Gegenüber der ärztlichen Praxis zu berücksichtigen. Auf diese Weise entsteht ein Verständnis davon, wie Diagnose, Therapie und Prognose funktional aufeinander bezogen sind. Diesen Zusammenhang bezeichne ich als Konstellierung der Zeichen zu einer stimmigen Gestalt. Zunächst wird die in eine biotechnische Gestalt verwandelte körperliche Gestalt des Patienten in eine Vielzahl disparater Zeichen aufgelöst. Um diese wieder zu einer Einheit zusammenzufügen, nimmt die ärztliche Praxis den Patienten als outopisches Gegenüber in Anspruch, das weder mit der Ausgangsgestalt noch mit den einzelnen produzierten Zeichen identisch ist. Eine stimmig konstellierte Gestalt ist eine zeitliche Verlaufsgestalt, d.h., sie enthält eine Vergangenheit, die Krankheitsursache, sowie eine Gegenwart, den aktuellen Zustand des Patienten, und eine Zukunft, eine Prognose darüber, wie sich die Krankheit nach Maßgabe des therapeutischen Eingreifens entwickeln wird. Da es sich um eine zeitliche Verlaufsgestalt handelt, ergibt sich eine weitere Komplikation: Die Konstellierung der Gestalt ist stets vorläufig. Es müssen nicht nur die aktuell produzierten Zeichen dazu passen, sondern auch die, die in Zukunft produziert werden. Wenn die Integration der Zeichen in die Gestalt nicht mehr überzeugend gelingt, ist stets mit einem Wandel der einmal konstellierten Gestalt zu rechnen. Die Möglichkeit dieses Wandels akzentuiert deutlich die Unverzichtbarkeit der Patientin als ou-topisches Gegenüber für die ärztliche Praxis. Denn nur, wenn der Patient nicht mit der konstellierten Gestalt identisch war, wird es derselbe Patient sein können, der später schon von Anfang an eine ganz andere Krankheit gehabt haben wird. Bei einer derartigen Veränderung der Konstellierung steht die gesamte Gestalt im zeitlichen Verlauf zur Disposition. Bei einer Veränderung verändert sich nicht nur die Zukunft, sondern auch die Vergangenheit samt der in ihr enthaltenen kausalen Faktoren: Aufgrund der neu produzierten Zeichen, wird der Patient eine andere Krankheit gehabt haben. Die Konstellierung der Patientengestalt ist eine Reise durch Vergangenheit und Zukunft mit offenem Ausgang.

Die Konstellierung der Gestalt ist eine Aktivität der Ärzte und zumindest in einem arbeitsteilig organisierten Krankenhaus wird sie nie von einzelnen Ärztinnen, sondern immer in einem kollektiven Zusammenhang ausgeführt. Dies führt dazu, daß die kommunikativen Beziehungen, die Ärzte als Akteure einer arbeitsteilig vorgehenden Medizin miteinander unterhalten, konstitutiv den praktischen Umgang mit Patientinnen bestimmen. Dabei wird die Beziehung zu den Patienten zu einem Mittel, um die Beziehungen der Ärztinnen untereinander zu klären und aufrechtzuerhalten. Die Arzt-Patient-Beziehung wird kommunikativ invertiert. Dies vollzieht sich auf zwei Weisen. Zum einen wird vermittels der Beziehungen zu den Patienten ein hierarchisches »Autoritätssystem« etabliert und stabilisiert; zum anderen werden vermittels der Beziehung und des Umgangs mit Patienten zwischen den Angehörigen verschiedener Autoritätssysteme diplomatische Beziehungen gepflegt. Die in einem Krankenhaus zu beobachtenden Autoritätssysteme sind eher klein, es handelt sich um die einzelnen Abteilungen, an deren Spitze ein Chef steht.

Das Autoritätssystem determiniert aufgrund der Hierarchie, wer die lokale Definitionsmacht über das Ethos der Kunstfertigkeit hat, durch das bestimmt wird, wie eine angemessene Behandlung aussehen sollte und es legt fest, wer gegenüber wem auf welche Weise durch Kritik das Ethos der Kunstfertigkeit geltend machen kann. Die lokale Definitionsmacht liegt an der Spitze des Autoritätssystems, d.h. beim Chef der Abteilung. Eine Kritik, die das Ethos der Kunstfertigkeit zur Geltung bringt, kann nur innerhalb eines Autoritätssystems und zwar von oben nach unten direkt und mit praktischen Konsequenzen durchgesetzt werden.

Um Kritik an Angehörigen eines anderen Autoritätssystems durchzusetzen, ist es unerläßlich, den Chef des Autoritätssystems einzuschalten, dem der Arzt angehört, dessen Behandlung eines Patienten nach Ansicht der Kritisierenden nicht dem Ethos der Kunstfertigkeit genügt.

Dies schließt diplomatische Beziehungen zwischen Angehörigen verschiedener Autoritätssysteme unterhalb der Chefebene aber nicht aus. Die Durchsetzung des Ethos der Kunstfertigkeit stützt sich in diesen Fällen auf eine Etikette, die das Verhalten unter Gleichen regelt und die wesentlich von stabilisierten normativen Erwartungen getragen wird. Innerhalb eines Krankenhauses bezieht sich die Etikette vor allem darauf, sich bei Anfragen um konsilarische Unterstützung und bei der Verlegung von Patienten kooperativ zu zeigen. Da es keine direkten Sanktionsmöglichkeiten zwischen Statusgleichen verschiedener Autoritätssysteme gibt, besteht die einzige Möglichkeit, einen Verstoß gegen das Ethos der Kunstfertigkeit zu ahnden, darin, auch in diesen zwischenärztlichen Beziehungen den Umgang mit den Patientinnen kommunikativ aufzuladen. Wer auf die Bitte um Unterstützung bei der Behandlung einer Patientin mit einem Verhalten antwortet, das als kommunikative Darstellung von Kooperationsunwilligkeit gedeutet wird, muß gewärtigen, daß auf eigene Anfragen ebenfalls mit einer kommunikativen Darstellung von Kooperationsunwilligkeit reagiert wird.

Eine Beobachtung der Beziehungen zwischen Autoritätssystemen, die an verschiedenen Krankenhäusern angesiedelt sind, läßt die kommunikative Inversion der Ärztin-Patientin-Beziehung besonders deutlich hervortreten. Wenn etwa Beziehungen zu einem Kooperationspartner erst entstehen, können zur Aufnahme angebotene Patienten auch dann nicht abgelehnt werden, wenn kein freies Bett zur Verfügung steht, denn dies könnte das Gegenüber als Darstellung von Kooperationsunwilligkeit deuten und die sich anbahnende Zusammenarbeit gefährden. Umgekehrt: Wenn eine Patientin verlegt wird, muß sie nach den Regeln des Ethos der Kunstfertigkeit zurechtgemacht werden, denn es wird antizipiert, daß die Art und Weise, wie ein Patient auf der Station des anderen Krankenhauses ankommt, von den dortigen Ärztinnen als Darstellung des aktuellen Standes der Beziehungen zwischen den Autoritätssystemen gedeutet wird.

Es ergibt sich: Wenn Ärzte nur in Kooperation miteinander Patientinnen behandeln können, wird die Pflege der kooperativen Beziehungen zum integralen Bestandteil der Versorgung von Patienten. Auf diese Weise wird die Beziehung zu den Patientinnen von einem kommunikativen Beziehungsgeflecht getragen, dessen Aufrechterhaltung einer sozialen Eigenlogik folgt.

5. Dem Patientenkörper auf der Spur II: Die Patientin als expressives Gegenüber der ärztlichen Praktiken in der Intensivmedizin und der neurologischen Frührehabilitation

Es scheint, als sei die Untersuchung in eine Sackgasse geraten und als sei die aufwendige methodische Absicherung vollkommen überflüssig gewesen, denn die diagnostischen und therapeutischen Aktivitäten der Ärztinnen ließen sich bislang beschreiben, ohne auf irgendwelche Aktivitäten von Patientinnen eingehen zu müssen. Eher erwies es sich umgekehrt als erforderlich, gegenüber den direkt auf die Patienten bezogenen Aktivitäten einen Bereich genuin sozialer Bezugnahme der Ärzte aufeinander zu berücksichtigen, wobei die Patientinnen zu einem Mittel wurden, um die Beziehungen der Ärzte untereinander zu pflegen. Es genügt allerdings, sich einen Sachverhalt ins Gedächtnis zu rufen, der aufgrund seiner Einfachheit und Selbstverständlichkeit allzu leicht der Aufmerksamkeit entgeht. Es werden nur lebendige Patienten behandelt, d.h., der elementare Beitrag von Patienten besteht darin zu leben. Dieser Beitrag der Patientinnen ist prinzipiell unverzichtbar und wird ihnen auch auf einer Intensivstation in keiner Weise abgenommen. Es wird zwar alles getan, um einen Patienten am Leben zu erhalten, aber das heißt nur, daß er mit technischen Mitteln darin unterstützt wird zu leben, und nicht, daß seine Lebendigkeit selbst durch eine künstliche Lebendigkeit ersetzt wird. Das gleiche gilt für das Bewußtsein einer Patientin. Es wird alles versucht, um eine Patientin wieder zu Bewußtsein zu bringen bzw. es ihr zu erhalten, aber ein Bewußtsein ihrer selbst bzw. ihrer Umgebung zu haben, muß immer als Eigenleistung der Patientin erkennbar sein. Ein Patient ist also nicht nur eine Ordnungs- bzw. Zuordnungseinheit für ärztliche Diagnosen und Therapien, sondern auch eine Einheit, die sich von sich aus zeigt, in deren äußerer Erscheinung eine Eigenaktivität expressiv realisiert ist.

Auf die Zeichen, die auf diese Eigenaktivität hinweisen, bzw. auf das Fehlen dieser Zeichen reagiert die medizinische Praxis. Alle Beschreibungen des letzten Kapitels haben eine künstliche Abstraktion vorgenommen, insofern sie die Aktivitäten der Ärztinnen als Aktivitäten darstellten, die nicht auf die expressiv realisierte Eigenaktivität des Patienten reagierten und von dorther ihren Sinn bezogen. Diese Abstraktion zurückzunehmen und die therapeutischen und diagnostischen Handlungen in den Interaktionszusammenhang mit der Eigenaktivität der Patientinnen einzuarbeiten, wird die Aufgabe dieses Kapitels sein.

Zunächst wird es darum gehen, wie die Eigenaktivität der Patientinnen im ärztlichen Wissen ihren Platz findet, um dann zu untersuchen, welche Bedeutung der expressiv realisierten Eigenaktivität in den oft technisch vermittelten Interaktionen zukommt, in denen diagnostiziert und therapiert wird.

5.1. Der ou-topische Charakter des Lebens und des Bewußtseins

»Ein Virus hat bereits eine Art von Leben, eine Amöbe, ein Baum, ein Hund, ein Mensch, sie alle leben. Die Physiologie versucht, die physikalischen und chemischen Faktoren aufzuklären, die für die Entstehung, die Entwicklung und den Erhalt dieses Lebens verantwortlich sind. Dabei ist die Frage, was vor sich geht, nur der Ausgangspunkt für die Frage, wie es passiert. So fragt ein Physiologe etwa: Wie gelangen Ionen durch die Zellmembran, und mit welchen Signalen kommunizieren Zellen miteinander? Wie überlebt ein Fisch im Süßwasser, wie einer im Salzwasser? ... Wie arbeiten unsere Nieren, unsere Muskeln, unsere Augen, ja sogar (und das fragt des Physiologen eigenes Gehirn!): Wie funktioniert unser Gehirn?« (Klinke/Silbernagl 1996: 2)

Bei diesem Zitat handelt es sich um den ersten Absatz der Einleitung zu einem Lehrbuch der Physiologie für Medizinstudentinnen. Dieses Lehrbuch unterscheidet sich lediglich insofern von anderen, als explizit und relativ ausführlich behandelt wird, wodurch sich Lebewesen von anderen Körpern unterscheiden, nämlich durch das »Leben«. Dieser Sachverhalt wird ansonsten einfach vorausgesetzt, während er hier als solcher thematisiert wird. Allerdings erfährt man ein ganzes Buch lang nichts darüber, um was es sich handelt, wenn davon die Rede ist, daß irgendetwas, ein Virus z.B., »eine Art Leben« hat. Es bleibt auch im Dunkeln, was diese Art Leben von anderen Arten des Lebens, etwa der eines Baums unterscheidet. Es ist den Autoren dieses Buches selbstverständlich, daß gelebt wird, aber um was es sich dabei handelt, bleibt offen. Die physischen Bedingungen des Lebens, wie etwa experimentell feststellbare Regelkreise, werden dagegen detailliert untersucht. Die gestalthaften Gegebenheiten, in denen Leben realisiert ist, sind der Gegenstand ausführlicher Forschungen. Lediglich der Sachverhalt, der als Lebendigkeit die lebendigen Körper von anderen unterscheidet, bleibt unbestimmt.

Gegenstand der physiologischen Forschung ist also nicht das Leben, sondern sind die Faktoren und das Zusammenspiel der Faktoren, in denen das Leben realisiert ist. Um aber diese Faktoren untersuchen zu können, muß man stillschweigend unterschieden haben zwischen dem, was lebt und dem, was nicht lebt. Die Unterscheidung selbst und die Bedingungen, unter denen sie getroffen wird, wird nicht mehr thematisch, wenn es nur noch darum geht, die Faktoren und deren Zusammenspiel zu untersuchen, die an lebenden Körpern feststellbar sind. Es geht der biologischen Medizin wie der Soziologie, sie bearbeitet ihr epistemologisches Schrebergärtchen, ohne einen Blick von außen auf ihre Arbeit zu riskieren. Die Bedingungen der Zuteilung des epistemologischen Raums bleiben außer Betracht. Ich möchte hier nicht den Versuch unternehmen, die historischen Bedingungen der Raumaufteilung in den Blick zu nehmen[1], sondern nur einen systematischen Gesichtspunkt hervorheben. Die Tatsache, daß Leben stillschweigend vorausgesetzt wird, verweist auf das Leben als etwas, das in Differenz zu dem ist, von dem etwas positiv gewußt werden kann. Ein positives Wissen gibt es z.B. davon, wie die Ionen durch eine Zellmembran gelangen können, aber damit ist nichts darüber gesagt, was Leben ist, sondern nur etwas über dessen materielle Bedingungen.

Anderen Lehrbüchern ist die epistemologische Relevanz der Unterscheidung unbelebt/belebt so selbstverständlich, daß sie sie noch nicht einmal eigens erwähnen. »Die Physiologie untersucht und beschreibt, wie Funktionen im Körper der Lebewesen ablaufen.« (Schubert 1993: 1) Daß Lebewesen Wesen sind, die sich in einer spezifischen Weise von den Entitäten, die den unbelebten Körpern zugerechnet werden, unterscheiden, wird hier noch nicht einmal als solche angesprochen, sondern von vornherein als bekannt vorausgesetzt. Auch in diesem Lehrbuch wird es nicht zu einer Frage, was ein Lebewesen zum Lebewesen macht, es geht auch hier ausschließlich darum, welche Funktionen gegeben sein müssen, damit das Leben realisiert ist.

Diese Interpretation des Charakters medizinischen Wissens hat eine Entsprechung in den historischen Analysen Canguilhems. Er sieht das Besondere der gegenwärtigen Wissenschaften vom Leben darin, gerade von der Lebendigkeit der Lebewesen abgesehen zu haben, um

---

1 Vgl. hierzu etwa Foucault (1971, 1988).

so zu einer wissenschaftlichen Forschung zu gelangen. Die Biologen konnten »das Leben erklären, indem sie es entvitalisierten.« (Canguilhem 1979: 153) Aber andererseits bedingte gerade der Bezug auf das Leben des einzelnen Patienten den besonderen epistemologischen Status der Medizin und ihre Einheit als Wissenschaft. Die medizinische Wissenschaft könne nämlich als »Summe« beschrieben werden, weil, so Canguilhem, »der Terminus Summe nicht allein die Vorstellung eines Additionsprodukts, sondern zugleich das Bild einer Einheit des Handelns induziert. Als eine solche Summe kann man Physik und Chemie nicht bezeichnen. Bei der Medizin kann man es deshalb, weil ihr Gegenstand, dessen fragende Anwesenheit sie per methodologischer Entscheidung vorübergehend aufhebt, gleichwohl ununterbrochen da ist, seit er menschliche Form angenommen hat, – nämlich die Form eines Individuums, das ein Leben lebt, über welches es weder als Schöpfer noch als Herr und Meister verfügt, und das sich, um leben zu können, gelegentlich an einen Vermittler wenden muß.« (Canguilhem 1989: 91 f.). Die historische Forschung Canguilhems kommt also zu einem Doppelbefund: Um in der Perspektive einer naturwissenschaftlich orientierten Medizin begriffen zu werden, muß das Leben entvitalisiert werden, d.h., das Leben als solches fällt aus der wissenschaftlichen Forschung heraus, und zugleich kann die Forschung den Bezug auf das Leben der Individuen nicht fahren lassen, jedenfalls dann nicht, wenn sie das Ziel beibehält, das Leben zu unterstützen. Was Canguilhem historisch als einen Doppelbefund formuliert, läßt sich mit Hilfe der These, das Leben sei im Verhältnis zum positiven medizinischen Wissen um die Gestalt des Körpers ou-topisch, systematisch zusammenführen: Die Differenz zwischen positivem Wissen von den materialen Bedingungen des Lebens und dem Leben, das aus der Forschung herausfällt und insofern im Verhältnis zum positiven Wissen ou-topisch ist, ist konstitutiv für das moderne Wissen vom Leben. Dies läßt sich in eine Richtung weiterentwickeln, die Foucault (1988) als ein wichtiges, wenn auch nicht ausgeführtes Anliegen Canguilhems beschrieben hat: das Bewußtsein vom Leben her zu begreifen. Dieses Anliegen wird in der vorliegenden Arbeit aufgenommen und erweitert, denn es geht nicht nur darum, das Bewußtsein vom Leben her zu begreifen, sondern auch die moderne Form der Sozialität als eine zu verstehen, die vom Leben her aufgebaut ist.

Die grundsätzliche Frage danach, ob ein Körper bewußt ist oder nicht, stellt sich in der medizinischen Forschung und Praxis im Fall der Diagnose eines vegetativen Status. Eine besonders umfangreiche

Diskussion gibt es um das sogenannte »apallische Syndrom« oder »persistent vegetative state«. Wenn es als irreversibel gilt, daß ein Patient in einem vegetativen Zustand ist, dann ist das gleichbedeutend mit der Aussage, dieser Patient wird in seinem ganzen Leben nie wieder zu Bewußtsein kommen. Was Bewußtsein ist, kann dabei weitgehend unbestimmt bleiben.

> »The vegetative state is a clinical condition of complete unawareness of the self and the environment ... the vegetative state can be diagnosed according to the following criteria: (1) no evidence of awareness of self or environment and an inability to interact with others; (2) no evidence of sustained, reproducible, purposeful, or voluntary behavioral responses to visual, auditory, tactile, or noxious stimuli; (3) no evidence of language comprehension or expression; (4) intermittent wakefulness manifested by the presence of sleep-wake cycles; (5) sufficiently preserved hypothalamic and brain-stem autonomic functions to permit survival with medical and nursing care; (6) bowel and bladder incontinence; and (7) variably preserved cranial-nerve reflexes (pupillary, oculocephalic, corneal, vestibulo-ocular, and gag), spinal reflexes.« (Multi-Society Task Force 1994: 1500)

Die von der »Multi-Society Task Force on PVS« vorgelegte Arbeit ist zur Zeit einer der autoritativen medizinischen Texte zum Problem der Diagnose und Behandlung von Patienten in einem vegetativen Zustand. In diesem Aufsatz wird Bewußtsein (awareness) in Anspruch genommen, ohne daß genauer geklärt werden müßte, was darunter verstanden werden soll. Es findet sich nur ein allgemeiner Hinweis auf William James. Statt einer begrifflichen Bestimmung, aus der Kriterien abgeleitet werden könnten, wird aber lediglich die anfängliche Aussage wieder holt: »The term »consciousness« was defined by William James in 1890 as awareness of the self and the environment.« (Multi-Society Task Force 1994: 1501) Dies wiederholt aber lediglich die definitorische Festlegung, wonach apallische Patienten kein Bewußtsein (awareness) ihrer selbst und ihrer Umgebung haben; durch den Rekurs auf James erfolgt keine genauere Bestimmung, sondern es wird lediglich eine Tautologie formuliert: awareness wird durch awareness definiert. Um was es sich handelt, bleibt unbekannt. Als einzige präzise Bestimmung bleibt, daß Bewußtsein als Eigenleistung des beobachteten Körpers verstanden wird.

Daß sich ein immanentes Problem ergibt, wenn es um das Bewußtsein des anderen geht, ist den Autoren einen deutlichen Hinweis wert:

»There is however, a biologic limitation to the certainty of this definition, since we can only infer the presence or absence of conscious experience in another person.« (Multi-Society Task Force 1994: 1501)

Die Autoren machen selber eine Unterscheidung zwischen den Zeichen, die darauf hinweisen, daß ein Patient bewußt ist, und dem Sachverhalt, daß es sich bei einem Körper um einen mit Bewußtsein begabten Körper handelt. Hier wird explizit die Differenz angesprochen zwischen einem Inneren, das prinzipiell nicht zugänglich ist – in diesem Fall das Bewußtsein – und andererseits der Gestalt, an der die Hinweise auf das Vorhandensein von Bewußtsein entdeckt werden müssen. Aussagen trifft der Text nur über das letztere. Er versucht darzulegen, welche Anordnung von Zeichen in welchem Zeitverlauf gegeben sein muß, damit die Feststellung zulässig ist: Dieser Körper wird mutmaßlich nie wieder die Zeichen produzieren, die als Hinweis auf Bewußtsein gelten können.

Das Bewußtsein bzw. das Leben eines Körpers als ou-topisch zu deuten, heißt nicht, an das medizinische Wissen einen ihm fremden Sachverhalt heranzutragen, sondern nur zu explizieren, womit Ärztinnen gewohnt sind, praktisch umzugehen. Nämlich damit, sich in einer Welt der Zeichen zu bewegen, die unter zwei Gesichtspunkten geordnet werden müssen: Wem können sie zugeordnet werden? Und: Welche der zugeordneten Zeichen können als Zeichen einer prinzipiell unzugänglichen Eigenaktivität gedeutet werden? Daß es sich hierbei um zwei Gesichtspunkte handelt, läßt sich verdeutlichen, wenn man sich das im zweiten Kapitel entwickelte Interpretationsmodell vergegenwärtigt. Ausgangspunkt ist die Differenzierung von drei Ebenen.

1. Ebene des ou-topischen Gegenüber: Patient als Ordnungseinheit, Patientin als lebendiges bzw. bewußtes Subjekt.

2. Ebene der Gestalt als Ganzes: Der konstellierte Patient mit einem bestimmten Krankheitsbild, das gegeben ist, wenn die entsprechenden Kriterien erfüllt sind.

3. Ebene der parzellierten Gestalt: Die Produktion der Zeichen.

Die Diagnose bezeichnet einen Weg von der zweiten Ebene über die dritte hin zur ersten Ebene und von dort zur zweiten zurück. Dies habe ich als rekursive Konstellierung der Gestalt beschrieben. Jedes diagnostische Verfahren geht diesen Weg. Die Gestaltganzheit wird parzelliert und die gestückelten Teile werden durch ihren Bezug auf eine übergestalthafte Ganzheit, der Patientin als Ordnungseinheit, wieder zu einer Gestaltganzheit zusammengefügt, der konstellierten Gestalt des Patienten, an der die weiteren therapeutischen und diagnostischen Handlungen der Ärzte ansetzen. Dabei existiert der Patient insofern als ou-topisches Gegenüber, als er als übergestalthafte Ordnungseinheit unerläßlich ist, an der sich die Aktivitäten der Ärzte orientieren. Wenn es darum geht, die Lebendigkeit bzw. das Bewußtsein der Patientin einzubeziehen, kommt folgende Komplikation hinzu: Die konstellierte Gestalt bedeutet die Anwesenheit der lebendigen Patientin, bzw. umgekehrt: In der Gestalt ist das Leben des Patienten expressiv realisiert. Diese Komplikation fällt erst weg, wenn die Patientin gestorben ist.

Wie Zeichen zugeordnet und dabei der Patient als Gestalteinheit erzeugt wird, habe ich im letzten Kapitel untersucht, jetzt geht es darum, wie die Zeichen als Zeichen der Eigenaktivität gedeutet werden.

Die technischen Oberflächen der Expressivität des Lebens

Um zu verstehen, welche Zeichen von Ärztinnen im Sinne einer expressiven Realisierung des Lebens gedeutet werden, ist es sinnvoll, sich den Sachverhalt zu vergegenwärtigen, den Plessner als »Doppelaspekt« des lebendigen Körpers beschrieben hat. Dieser ist einerseits eine materielle Gestalt, eine »Apparatur« (vgl. Plessner 1975: 190), und als solche ist das Lebendige einem handwerklichen bzw. technischen Eingriff prinzipiell zugänglich, aber andererseits ist der lebendige Körper nicht nur eine Apparatur, sondern eine »Apparatur des Lebens« (Plessner 1975: 190), d.h. eine Apparatur, in der die selbständige Existenz des Lebendigen realisiert ist, die gegenüber den technischen Eingriffen selbständig ist. Die Darstellungspraktiken der Mediziner setzen an der Gestalt des Körpers an und erzeugen Repräsentationen. Dadurch wird der Körper auf eine produktive Weise dargestellt, d.h., er wird auf eine Weise sichtbar gemacht, die es vorher noch nicht gab. Insofern erzeugen die technischen Prozeduren neuartige Gegenstände. Aber anderseits bieten die neuen technisch hergestellten Erscheinungsformen des Körpers auch der Eigenaktivität des Lebendigen neue expressive Oberflächen[2]: Die technische Dar-

---

2 Da die Entvitalisierung des Lebens integraler Bestandteil der Wissenschaftlichkeit der Wissenschaften vom Leben ist (vgl. Canguilhem 1979), gerät der Dop-

stellung eröffnet dem Leben neue Ausdrucksmöglichkeiten. Ich werde zunächst herausarbeiten, wie die Expressivität des Lebens technisch erweitert wird.

Für die These einer technischen Erweiterung der Expressivität des Lebens bietet die Praxis der Intensivmedizin eine Fülle von Belegen. Um die Analyse voranzubringen, ist es sinnvoll, erneut bei der biotechnischen Gestalt anzusetzen. Als integraler Bestandteil des technischen Arrangements verlieren Patientenkörper eine Vielzahl ihrer alten expressiven Möglichkeiten. Wenn ihnen ein Tubus durch den Mund in die Luftröhre geschoben worden ist, können sie nicht mehr sprechen. Bei komatösen oder tief narkotisierten Patientinnen sind zumeist auch die mimischen und gestischen Ausdrucksmöglichkeiten sehr eingeschränkt. Ein Lächeln z.B. habe ich bei keinem Patienten beobachten können, auch eigenständige Körperbewegungen sind selten. Intensivpatientinnen sind oft reduziert auf eine elementare Vitalexpressivität, sie drücken nichts anderes aus als die Tatsache, daß sie am Leben und wie sie am Leben sind. Um dies darzustellen, stehen ihnen aber weit über das alltägliche hinausgehende Möglichkeiten zur Verfügung.

Auf der Brust sind drei Klebeelektroden angebracht, auf die sich die elektrische Aktivität des Herzens überträgt. Die Veränderungen der Nerven- und Muskelfasern des Herzens werden durch technisch stabilisierte Verbindungen so weitergeleitet, daß den Ereignissen innerhalb des Brustkorbs ein spezifisches Kurvenbild entspricht. Die gestalthaften Veränderungen des Herzmuskels, der Rhythmus und die Frequenz der Kontraktionen, werden auf einem Monitor neben dem Patientenbett als eine Kurve dargestellt. Darstellung ist dabei nicht im Sinne einer Abbildung zu verstehen, sondern als ein »Spuren« (Rheinberger 1997) erzeugender technischer Vorgang, der erst zu einem unproblematischen Mechanismus stabilisiert werden mußte, bevor er in den klinischen Alltag integriert werden konnte. Wenn die Stabilisierung gelungen ist, bestehen zwischen den rhythmischen

---

pelaspekt (Plessner) von Dargestellt-Werden und der Expressivität der Eigendarstellung in der Wissenschaftsforschung zumeist aus dem Blick. Hier steht im Mittelpunkt, wie durch das Dargestellt-Werden z.T. neue Gegenstände erzeugt werden, d.h., um mit Foucault zu sprechen, die Produktivität der Wissenserzeugung. Eine Analyse der modernen Medizin muß aber – den Doppelbefund Canguilhems ausarbeitend – einen Schritt weiter gehen und die expressive Seite der technischen Darstellungen berücksichtigen. Empirische Analysen des Dargestellt-Werdens und wie im Dargestellt-Werden neue Objekte erzeugt werden, finden sich bei Rheinberger (1992c, 1993, 1999). Vgl. weiterhin Amann (1994), Knorr Cetina (1992).

Kontraktionen des Herzmuskels und dem sich stets verändernden Kurvenbild auf dem Monitor technische Beziehungen, die nicht durch eine dazwischen tretende Deutungsaktivität kompliziert werden. Aber das EKG ist nicht nur eine technische Repräsentation der Kontraktionen des Herzmuskels, sondern auch eine Technik, die dem Körper eine neue Oberfläche seiner Eigendarstellung bietet. Wenn nämlich die rhythmische Kontraktion des Herzmuskels ein Zeichen des Lebens ist, gilt dies entsprechend für die flimmernde Kurve auf dem Monitor. Die Expressivität des Lebens ist um eine technische Ausdrucksmöglichkeit bereichert. Das gleiche gilt für die Messung des Pulsierens des Bluts in den Adern. Es wird ein Katheter mit einem Meßfühler in eine Arterie geschoben und die periodischen Druckschwankungen werden kontinuierlich als Kurve auf dem Monitor dargestellt. Da das Pulsieren des Blutes ebenfalls als ein Lebenszeichen gilt, wird die Anzeige auf dem Monitor, die durch eine technisch stabilisierte Verbindung mit dem Geschehen in der Ader erzeugt wird, ebenso als Eigenleistung des Patientenkörpers gewertet.

Entsprechend konzentrieren Ärztinnen und Schwestern ihre Aufmerksamkeit oft auf die technisch vermittelten Darstellungen der Lebendigkeit, d.h., der Blick auf den Monitor ersetzt in vielen Fällen den Blick auf den Patienten. Da der Monitor aber zur expressiven Oberfläche der Lebendigkeit der Patienten geworden ist, ist diese Aufmerksamkeitsverschiebung nur bedingt mit einer Abkehr von der Patientin gleichzusetzen, eher handelt es sich um eine technisch vermittelte Hinwendung zu ihr. Der Vorteil der technisch erweiterten expressiven Oberfläche liegt in ihrer besseren Zugänglichkeit. Es reicht ein Blick auf den Monitor, um festzustellen, ob der Herzschlag oder der Blutdruck so sind, daß keine unmittelbare Gefahr für das Leben der Patientin besteht.

Dies wird in ethnographischen Studien über die Intensivmedizin übersehen, denn sie verwenden als tragende Unterscheidung die zwischen der körperlichen Gestalt, d.h. dem Patientenkörper im Bett, und der Technik, die an den Körper angeschlossen wird. Leben wird entsprechend mit dem Körper im Bett verbunden. Der spezifische Gegenstand der Medizin, der ou-topische lebendige Körper, gerät vollkommen aus dem Blick, denn Soziologen kennen nur zwei Sorten: Subjekte und vergesellschaftete materiale Objekte. Unabhängig davon, ob sie klassisch medizinsoziologisch arbeiten[3] oder wissen-

---

3 Vgl. Anspach (1993), Gerhardt (1999), Schachtner (1999), Zussman (1992), Strauss e.a. (1985).

schafts- bzw. techniksoziologisch inspiriert sind[4], stets sieht eine soziologische Interpretation nur die Differenz zwischen Personen und Objekten vor. Entweder werden Patientinnen als personale Subjekte interpretiert, was der Fall ist, wenn sie wach, bei Bewußtsein und kommunikationsfähig sind, oder sie sind Objekte der Medizin, mit denen etwas gemacht wird, die objektiviert und dargestellt werden usw. Die spezifische Eigenaktivität, die in der Expressivität des Lebens oder des Bewußtseins liegt, kann von Soziologinnen aufgrund ihrer begrifflichen Verkürzungen nicht mehr erfaßt werden.

In einer Weltkonzeption, in der es nur handelnde Subjekte und Objekte gibt, wird der technische Anschluß von Patientenkörpern an Apparaturen, die den Körper darstellen, lediglich als eine Entfremdung vom Patienten gedeutet. Es wird nur noch die eine Seite des Doppelaspekts untersucht: die Darstellung des Patientenkörpers durch die Praktiken der Ärzte. Daß die technischen Darstellungen Eigendarstellungen des lebendigen Körpers sein könnten, wird undenkbar.[5] Diese Interpretation wird bemerkenswerteweise auch gegen explizit anders lautende Berichte des Personals durchgehalten.

Als Beispiel möchte ich den interpretativen Umgang mit dem Bericht einer Intensivschwester vorstellen, die die expressive Zurückhaltung von Patienten auf einer Normalstation nicht erträgt:

»Also ich habe ja hier auf der Station richtig angefangen, und hab dann hier jahrelang gearbeitet. Und so vor drei Jahren wollte ich wegen dem immer schlimmeren Streß hier mal wieder auf eine Normalstation, also einfach Zimmer mit zwei drei Patienten drin, aber keine Monitore oder so. Und bei meinem ersten Nachtdienst da bin ich fast durchgedreht vor Angst, ich war da ganz normal, also alleine mit zehn Zimmern, und das waren ja auch ganz normale Fälle, keine so richtig schwerkranke oder instabile Leute wie bei uns hier. Also die schliefen da ganz ruhig alle, und höchstens hat mal einer geklingelt wegen einem Schlafmittel. Aber ich war so unsicher, was mit denen los ist, daß ich die ganze Nacht dauernd da die Türen aufgerissen habe und geschaut, ob die eigentlich noch atmen. Du bist hier einfach total an den Monitor gewöhnt, daß der die ganze Zeit eben läuft und piept, das gibt dir so ein Gefühl von Sicherheit, du könntest ja gar nichts machen ohne das. Aber da unten auf der Normalstation, da hast du das ja nicht, und ich hab das wirklich nicht mehr ausgehalten, gar nicht zu wissen, was die machen. Und dann hab ich mich schnell wieder hierauf versetzen lassen. Hier hab ich ja nur zwei Leute, und ich hab den Monitor und alles, und da weiß ich, alles

---

4 Vgl. Reiser (1987), Berg (1997a, b), Timmermans (1996), Timmermans/Berg (1997), Hirschauer (1992).
5 Vgl. hierzu etwa Grote-Janz/Weingarten (1983)

okay, und ich kann was anderes machen am Patienten. Aber dort war es so still, und die waren so weit weg, die Patienten, ohne daß ich die sehen konnte, daß ich immer dachte, die sind schon alle tot.« (Wagner 1998: 108)

Für den Ethnographen ist diese Passage nur ein Indiz dafür, wie sehr der Monitor schon in die alltägliche Pflegearbeit integriert ist. Der Monitor ist nicht mehr etwas Neues und damit Störendes, an das sich die Schwester erst gewöhnen müßte, sondern ein vertrautes Arbeitsrequisit. Dies unterscheidet ihn von der Computerisierung des ärztlichen und pflegerischen Handelns, dessen Einführung der Ethnograph untersucht (vgl. Wagner 1998: 108). Auch in dieser Studie tauchen Patientinnen nur als Objekte auf. Interessanterweise thematisiert die Schwester hier aber etwas anderes. Es geht in ihrer Schilderung einerseits um die technische Darstellung des Körpers und andererseits um die Expressivität des Lebens. Die Dauerableitung des EKG ist in einer Hinsicht das Resultat einer Aktivität von Ärztinnen: Sie mußten historisch den Darstellungsmechanismus entwickeln, aktuell müssen sie immer wieder die Elektroden anlegen und an den Monitor anschließen. Aber die über den Bildschirm flimmernde Kurve ist in einer anderen Hinsicht eben das Resultat der Aktivität des Patientenkörpers, insofern er lebt.

Die Schwester ist daran gewöhnt, wie leicht die Expressivität des Lebens auf der Intensivstation für die Pflegenden zugänglich ist. Im Alltag teilen wir uns ebenfalls unablässig mit, daß wir leben, indem wir uns bewegen und atmen. Die Körper fühlen sich warm an usw. Aber diese Signale sind eher dezent und sie stehen fast nie im Mittelpunkt einer kommunikativen Begegnung. Auf einer Intensivstation ist die Selbstverständlichkeit, daß das Gegenüber lebt, potentiell immer bedroht. Patienten werden deshalb hauptsächlich daraufhin betrachtet, ob sie überhaupt noch leben. Die technischen Erweiterungen der expressiven Oberflächen, auf denen die Zeichen auftauchen, die darauf hinweisen, daß in diesem Körper das Leben als aktueller Vollzug realisiert ist, führen im Resultat zu einer expressiven Enthemmung: Intensivpatientinnen produzieren ununterbrochen technisch gut sichtbar gemachte Lebenszeichen. Im Alltag ist die Expressivität des Lebens dezent und unaufdringlich – sozusagen ein beiläufiges Moment. Auf der Intensivstation wird sie ins Zentrum der expressiven Möglichkeiten gerückt.

Die Schwester scheint sich so an die Enthemmung der Vitalexpressivität von Intensivpatientinnen gewöhnt zu haben, daß sie Patientinnen nicht mehr ertragen kann, die hinsichtlich der Expressivität ihres Lebens mehr Zurückhaltung üben (dürfen!) – sie könnten tot sein. Die technischen Bedingungen der Intensivmedizin ermöglichen eine seltsame Symbiose. Das Personal wird in einen Zustand versetzt, der dem notorisch mißtrauisch Liebender ähnelt. Sie sind sofort verunsichert, wenn auch nur eine Sekunde die erwartete Liebes- bzw. Lebensbeteuerung ausbleibt.

5.2. Die Komplexität der Einheit und die Begegnung

Wenn man untersucht, wie Patienten als Gegenüber in einer Begegnung mit einem Arzt existieren, geht es um eine Differenzierung des Ou-topischen. Kommen Sie nur als Ordnungseinheit in Betracht, an der Diagnosen orientiert werden, oder auch als expressive Einheiten, die eine Eigendarstellung vollbringen? Um diese Differenzierungen zu präzisieren, sollen im weiteren jeweils die spezifischen Unterschiede herausgearbeitet werden, die sich ergeben, wenn ein Patient als Ordnungseinheit oder als lebender Patient bzw. wenn eine Patientin als lebendig oder als Bewußtsein in der Begegnung mit einer Ärztin existiert.

5.2.1. Ordnungseinheit – Expressivität des Lebens

Als Ordnungseinheit stellt ein Patient keine besonderen Anforderungen, aber insofern er ein lebendiger Patient ist, ist an der konstellierten Gestalt beobachtbar, ob sein Leben gefährdet ist oder nicht. Als Ordnungseinheit ist der Patient ein überzeitlicher Bezugspunkt für Diagnosen. Er ist ewig und prinzipiell könnten immer wieder neue Wissenschaftlerinnen- bzw. Ärztegenerationen an ihm Neues entdecken und zu immer neuen Gestalten konstellieren. Als Ordnungseinheit ist ein Patient ein ideales Gegenüber für handlungsentlastete Forschung, die alle Aktivitäten auf ihrer Seite hat und sich insofern optimal selbst kontrollieren kann. Ganz anders das Leben. Es ist eine Eigenaktivität, die erlöschen kann. Da das Leben in der physischen Gestalt realisiert ist, wird an der physischen Gestalt auch beobachtbar, ob das Leben gefährdet ist. Unter dieser Voraussetzung entsteht ein hoher Handlungsdruck, wenn die Lebendigkeit des lebenden Körpers erhalten werden soll. Aber auch der Handlungsdruck führt nicht dazu, das Reich der Bedeutungsrelationen zugunsten einer irgendwie gearteten Unmittelbarkeit verlassen zu können. Insofern die

Lebendigkeit des Patienten in der physischen Gestalt realisiert ist, bedeutet umgekehrt die aktuelle Erscheinung der Gestalt die Anwesenheit des Vollzugs des Lebens in ihr. Dementsprechend ist ein therapeutischer Eingriff, der unmittelbar das Leben erhält, nichts weiter als die Manipulation einer Zeichenkonstellation. Die Art und Weise, wie die Gestalt der Patientin erscheint, wird in einer Weise verändert, daß die Gestalt nicht mehr als Hinweis auf die Gefährdung des Lebens gedeutet werden muß.

Herr Gümüsdere: Es war eine Perfusionsspritze leergelaufen, deshalb mußte die Versorgung mit Katecholaminen[6] auf eine andere Perfusionsspritze umgestellt werden. Diese war auch schon an die Leinen angeschlossen, die zu einem Zugang in den Patientenkörper führten. Trotzdem führte der Wechsel der Perfusoren dazu, die kontinuierliche Versorgung kurz zu unterbrechen. Obwohl der Zeitraum minimal war, sackte der Blutdruck ab. Darauf ordnete N-Sander einen Bolus, eine kurzfristige Steigerung der Dosis, an. Sowohl N-Sander als auch S-Petra, die den Bolus gegeben hatte, blicken auf den Monitor. Der Blutdruck steigt. N-Sander (sinngemäß:) »Scheint ja was angekommen zu sein. (Zur Schwester:) »Vielleicht dasselbe noch mal.« Beide blicken gespannt knapp eine Minute auf den Monitor. Der Blutdruckwert ist auf einem höheren Niveau stabilisiert. Dieser Wert wird als ausreichend eingeschätzt, um das Weiterleben zu ermöglichen.

Herr Gümüsdere war ein schwerstkranker Patient, dem es kaum noch gelang, selbständig einen stabilen Kreislauf aufrechtzuerhalten. Ein stabiler Kreislauf gilt in jedem Fall als eine der unabdingbaren Voraussetzungen für die Aufrechterhaltung des Lebens. Darüber hinaus werden die Zeichen, die auf einen stabilen Kreislauf hinweisen, als expressive Realisierung gewertet, d.h., solange es körperliche Phänomene gibt, die als Anhaltspunkte für einen stabilen Kreislauf gelten, gelten diese Phänomene auch als Zeichen des aktuellen Vollzugs des Lebens. Ein Patient, der in eine biotechnische Gestalt verwandelt wurde, verfügt über technische Oberflächen, auf denen die Zeichen erscheinen. Diesen Oberflächen wenden sich der Arzt und die Schwester zu, um die Wirkung des therapeutischen Eingriffs zu beobachten. Dieser besteht in einer Manipulation von Zeichen. Eine schlechte Blutdruckkurve, d.h., eine solche, die einen Blutdruck darstellt, der dauerhaft nicht als Realisierung des Lebens würde gedeutet werden könnte, wird durch den Eingriff in eine Blutdruckkurve verändert, die als Zeichen des dauerhaften Vollzugs des Lebens interpretiert

---

6 »Katecholamine« sind ein Sammelbegriff für mehrere Medikamente, die dazu dienen, den Blutdruck zu steigern: Dopamin, Arterenol etc.

werden kann. Der therapeutische Eingriff gelingt, die Blutdruckkurve ist verändert, der Patient lebt weiter – zumindest für die nächsten Stunden.

Das gleiche Problem kann sich auch bei der Herzfrequenz stellen:

S-Petra wendet sich an N-Landmann, die Herzfrequenz von Herrn Gümüsdere sei zu niedrig. N-Landmann, der gerade den Transport eines gefährdeten Patienten in den Untersuchungsraum für das CT begleitet hatte, sagt (sinngemäß:) »Gott-sei-dank habe ich gerade Atropin dabei.« (wegen Herrn Lehnert, dessen Herzfrequenz hätte zu niedrig werden können.) Er geht in das Krankenzimmer, wo Herr Gümüsdere liegt und verabreicht ihm das Atropin, durch einen der gelegten Zugänge. Die Wirkung des Medikaments wird am Monitor überprüft: Die Herzfrequenz steigt wieder auf ein Niveau, das nicht mehr im Sinne einer akuten Gefährdung des Lebens des Patienten gewertet wird.

Die Herzfrequenz wird wie der Blutdruck unablässig auf dem Bildschirm des EKG-Monitors visualisiert. Ob das Leben eines Patienten gefährdet ist oder nicht, d.h., ob es unmittelbar einen Anlaß gibt, die vitalexpressiven Zeichen zu manipulieren, wird mit Blick auf die technisch erweiterten Oberflächen der Expressivität des Lebens entschieden.

Die Werte, in denen dargestellt ist, daß aktuell der Vollzug der Eigenaktivität des Lebens gegeben ist, sollten weder zu niedrig noch zu hoch sein.

Während der Bronchoskopie wendet sich eine Schwester an N-Nistner.
S-Viola (sinngemäß:): »Bei Frau Mantschke sind jetzt die Drücke (gemeint ist der arterielle Blutdruck) seit einiger Zeit um 200. Soll ich ihr noch Ebrantil geben?«
N-Nistner (sinngemäß:) »Was bekommt sie denn?«
S-Viola (sinngemäß:): »10 die Stunde.«
N-Nistner (sinngemäß:) »Dann erhöhen Sie auf 15 und geben ihr einen Bolus von 5.«

es dauert ca. 3–4 Minuten bis die »Drücke« ausreichend gesunken sind.

Oberarzt-Visite. Herr Kärnten: Es wird beschlossen, ihn nicht aufwachen lassen. Seine Medikation wird folgendermaßen festgelegt: Fentanyl, Dormicum, Heparin, Calium (Stabilisierung des Herzrhythmus) aber kein Manitol, (senkt Hirndruck). Es wird vermutet, daß er an steigendem Hirndruck sterben wird. Manitol würde das nur hinauszögern. Als S-Monika später (es stehen alle bei einem anderen Patienten) berichtet, daß Herr Kärnten mit dem Druck bei über 200 sei, wird zusätzlich Ebrantil verordnet, der Blutdruck soll auf einen Wert von ca. 140–160 gesenkt werden. Ich frage später N-Ritter, warum Herr Kärnten überhaupt noch Medikamente erhält, wenn es doch nur darum geht, daß er stirbt. Ich frage den Arzt im Aufsichtszimmer, weil ich es vermeiden möchte, in Gegenwart des Patienten über ihn zu sprechen. N-Ritter geht mit mir in das Einzelzimmer von Herrn Kärnten und erläutert mir (sinngemäß:) »Hoher Druck führt zu Streß, er würde schwitzen und es wäre unangenehm für ihn. Das soll ihm erspart werden. Calium ist gegen die Herzrhythmusstörungen, weil man ihn ja nicht einfach so sterben lassen möchte.«

Weder bei Frau Mantschke noch bei Herrn Kärnten hängt der therapeutische Eingriff direkt mit einer Diagnose zusammen, die hohen Drücke gehören in keinem der Fälle zu der Symptomkonstellation, die zur Behandlung auf der Intensivstation geführt haben, d.h., die hohen Drücke gehören nicht zu der Konstellierung der Patientengestalt, die zu den für die Intensivstation spezifischen Handlungsoptionen geführt hat. Bei den Drücken bzw. der Herzfrequenz handelt es sich um elementare vitale Zeichen, d.h. um die Parameter, die anzeigen, ob aktuell der Vollzug des Lebens gefährdet ist oder nicht. Entsprechend gehört die Manipulation dieser Zeichen zu den elementaren therapeutischen Aufgaben der Intensivmediziner.

Die Manipulation der Zeichen kann mit verschiedenen Mitteln versucht werden.

Zimmer 12, Herr Gewandner: 10.30 S-Marina kommt wieder rein. Sie hängt wortlos etwas an den Tropf und wechselt die Perfusionsspritze mit Dormicum.
Ich frage sie: »Die Sedierung wird runtergestellt bei ihm?«
S-Marina (sinngemäß:) »Ja, aber er macht ja nichts, er geht ja nur mit dem ICP[7] hoch.«

Der Blutdruck des Patienten fällt ab. S-Marina verstellt die Bettposition: Die Beine liegen höher und der Kopf auch. Dabei guckt sie auf den Monitor und ab und zu auch auf den Patienten. Ich frage sie auf was sie schaut.
S-Marina (sinngemäß:) »Blutdruck. Ich sehe, daß der Blutdruck abfällt.«
Sie gibt ihm einen Dopaminbolus. Der Blutdruck zeigt höhere Werte an.

Die Schwester versucht zunächst eine nicht-medikamentöse Lösung des Blutdruckproblems: Sie lagert die Beine anders. Erst als das nichts hilft, greift sie zur medikamentösen Unterstützung. Unter Umständen müssen mehrere Methoden gleichzeitig angewendet werden.

---

7 ICP steht für »intracranial pressure«, damit ist der Druck innerhalb des Schädelknochens gemeint.

Neben der Medikation ist das Hochheben der Beine ein Mittel, um den Blutdruck zu heben. A-Wilhelm steht immer wieder für mehrere Minuten am Fußende des Betts und hebt die Beine der Patientin hoch. Das ist anstrengend, denn die Beine müssen so hoch gehoben werden, daß die Füße der Patientin in Schulter bzw. Kopfhöhe des Arztes sind. Derweil starrt der Arzt auf den Monitor, um die Wirkung seiner Aktivität zu beurteilen. Die Katecholamine (blutdrucksteigernde Medikamente) sollen bei der Patientin nicht weiter erhöht werden, weil dann die Herzfrequenz ebenfalls ansteigen würde. Das soll vermieden werden.

In diesem Fall erhielt die Patientin zunächst Katecholamine. Um die Dosen nicht noch weiter erhöhen zu müssen, wird zusätzlich eine mechanische Metthode angewendet: das Anheben der Beine.

Die Manipulation von Herzfrequenz- und Blutdruckkurve ist insofern von der Manipulation anderer Zeichen verschieden, als Herzfrequenz und Blutdruck direkt als Zeichen des Vollzugs des Lebens gedeutet werden, d.h., wenn ein Patient dauerhaft keine Herzfrequenzkurve mehr produziert, ist er tot. Die therapeutischen Maßnahmen einzustellen, die der Manipulation der vitalexpressiven Zeichen dienen, kann deshalb innerhalb weniger Stunden zum Tod des Patienten führen.

Übergabe. Herr Eisenbart: Der Patient ist um 11.08 verstorben. Um 8.00 war die Behandlung mit kreislaufstützenden Mitteln eingestellt worden.

Eine Maximaltherapie wäre möglich gewesen. Sie hätte ihm vielleicht auch das Leben gerettet, aber der wahrscheinliche Ausgang wäre ein vegetativer Status gewesen. Deswegen war die Therapie eingestellt worden.

Am Beispiel der Manipulation der vitalexpressiven Zeichen zeigt sich deutlich, in welch hohem Ausmaß intensivmedizinische Entscheidungen Entscheidungen über Leben und Tod sind. Auf einer Intensivstation tritt der Tod fast nie überraschend ein, sondern aufgrund von vorhergehenden therapeutischen Festlegungen. Trotz der effektiven Eingriffsmöglichkeiten in die Apparatur, in der die Lebendigkeit des Körpers realisiert ist, hängt deren Wirkung aber immer auch davon ab, daß der Körper der Behandlung entgegenkommt. D.h., die Behandlung funktioniert nur, solange der Körper lebt. Wenn die Möglichkeiten des Körpers für diese Eigenleistung erschöpft sind, wirkt auch die Therapie nicht mehr.

ca. 10.00 ich bekomme mit, daß Herr Kärnten gestorben ist. Ich stehe am Bett von Frau Senf. N-Ritter überträgt gerade Werte in das Kurvenformular. Ich frage ihn, wer den Tod von Herrn Kärnten mitbekommen habe. Der

Arzt antwortet: »Wir alle.« Ich reagiere etwas erstaunt. Darauf erklärt er mir: »Das sieht man doch am Monitor.« Ich frage eine Schwester, die sich im Zimmer des Toten aufhält, sie war auch im Zimmer, während der Patient starb.
Schwester (sinngemäß:) »Wir versuchen eigentlich immer, daß jemand dabei ist, daß niemand allein ist.«
(Zusammenfassung des Berichts der Schwester von mir:) Es hätte sich so gegen 8.45 angedeutet, daß der Patient sterben würde, um 9.25 sei es dann soweit gewesen, sie hätten nichts mehr machen können. Die Angehörigen seien verständigt worden, kamen aber zu spät. Es sei nicht mehr möglich gewesen, ihn solange am Leben zu erhalten. Sie weist mich darauf hin, daß nach 2 Stunden eine zweite Untersuchung gemacht würde.

Herr Kärnten hatte ebenfalls kreislaufunterstützende Mittel erhalten, die den Blutdruck und die Herzfrequenz unterstützten. Um die Aussage der Schwester zu verstehen, muß man sich vergegenwärtigen, daß es Praxis auf der Station ist, den Tod möglichst so eintreten zu lassen, daß die Angehörigen ans Krankenbett kommen können, bevor der Patient gestorben ist. Dies gilt besonders dann, wenn ein Patient und seine Angehörigen die Achtung des Personals haben, was bei Herrn Kärnten der Fall war. Trotz der therapeutischen Bemühungen gelang es aber nicht, den Patienten noch so lange am Leben zu erhalten, bis die Angehörigen auf der Station angekommen waren. Die zweite Besonderheit der Station war, daß sich, zumindest wenn ein beliebter Patient stirbt, alle die gerade nicht etwas dringendes zu tun haben, im Schwesternzimmer versammeln, um das Erlöschen der Herzfrequenz, die unablässig auf dem zentralen Überwachungsmonitor im Schwesternzimmer dargestellt wird, zu verfolgen. Weil die Eigenaktivität des Lebens aufgrund der technischen Erweiterungen der biotechnischen Gestalt an nahezu jeden beliebigen Ort übertragen werden kann, kann jeder an allen diesen Orten am Erlöschen des Lebens eines Intensivpatienten teilnehmen. Obwohl ich zu diesem Zeitpunkt schon mit einigen Spezifika der Intensivmedizin vertraut bin und einer derartigen Versammlung im Schwesternzimmer auch schon beigewohnt habe, war ich immer noch überrascht über die Selbstverständlichkeit, mit der die neuen technischen Oberflächen als unmittelbarer Ausdruck des Lebens eines Patienten gewertet werden, denn nur unter dieser Voraussetzung macht die Aussage des Arztes Sinn, daß »wir alle« den Tod des Patienten miterlebt haben.

Die direkte medikamentöse Manipulation der vitalexpressiven Zeichen deutet auf eine sehr elementare Form der Einheitsbildung hin. Die Patientin existiert hier als ein abgegrenzter selbstorganisierter Eigenbereich. In diesen Eigenbereich werden Stoffe hineinbefördert, die vom lebendigen Körper gemäß relativ überschaubarer Wirkungsketten verarbeitet werden. Entsprechend wird in die Stoffwechselprozesse, in denen die Lebendigkeit des Körpers realisiert ist, eingegriffen. Ein Medikament bewirkt dies, das andere jenes. Die Effekte können im Fall der Medikamente, die unmittelbar die Expressivität des Lebens betreffen, direkt beobachtet werden. Der Erfolg des Eingriffs wird an einer Veränderung der technisch vermittelten Darstellung der Eigenaktivität des Körpers abgelesen. Es werden Medikamente und Flüssigkeiten in den Körper hineingeschleust und dieser produziert eine Veränderung von Herzfrequenz und Blutdruck. Es liegt aber nicht allein in der Macht der Ärzte, diese Veränderungen von außen durch einfache mechanische oder biochemische Eingriffe zu bewirken. Ihre Macht kann sich nur solange entfalten, wie der Körper ihren Eingriffen entgegenkommt: Er muß sich helfen lassen. Nur solange im Körper das Leben realisiert ist, können Mediziner eingreifen. Wenn der Körper als abgegrenzter selbstorganisierter Eigenbereich zusammenbricht, wird der Eingriff wirkungslos: Die Manipulation der vitalexpressiven Zeichen gelingt nicht mehr. Mit der Beendigung der expressiven Darstellung erlischt das Leben. Das Leben selbst, das in dem Körper expressiv realisiert war, braucht nicht thematisch zu werden. Nie haben sich die beobachteten Mediziner Gedanken über das Leben gemacht. Das würde sie vermutlich nur davon abhalten, dessen expressive Realisierung aufrechtzuerhalten, d.h., die vitalexpressiven Zeichen erfolgreich zu manipulieren. Die Manipulation zielt aber nur auf die Apparatur, in der das Leben realisiert ist. Das Leben des lebendigen Körpers bleibt gegenüber dem praktischen Wissen ou-topisch; das heißt aber nicht, daß der lebendige ou-topische Körper für die medizinische Praxis irrelevant wäre, denn diese ist darauf angewiesen, daß der lebendige Körper den ärztlichen Praktiken entgegenkommt und sich dabei helfen läßt, sich als abgegrenzter selbstorganisierter Eigenbereich, d.h. als Leben, aufrechtzuerhalten.

Es gibt auf dieser Ebene eine spezifische Beziehungskonstellation: die technisch ermöglichte Symbiose. Ich hatte bei der Interpretation der Interviewpassage aus der Studie von Wagner (1998: 108) schon angedeutet, wie stark das Personal einer Intensivstation auf die expressive Enthemmung ihrer Patienten angewiesen ist. Dezenz oder Zurückhaltung hinsichtlich ihrer vitalexpressiven Zeichen dürfen Intensivpatientinnen nicht üben. Dem entspricht auf der Seite des Personals ein verinnerlichtes Verlangen nach Nähe zu den Patienten.

Vor 19.00 kommt S-Solveig in Zi. 2. Sie fragt mich, ob ich gerade mitbekommen habe, was Philipp (A-Herzberg) gesagt hat? Es ging um die Frage, ob die Schwester, die den Patienten pflegt, nicht beim Angehörigengespräch über die Organentnahme dabei sein sollte. A-Herzberg ist dafür. S-Solveig (sinngemäß:) »Aber wie soll ich das denn machen? Wenn ich zwei Patienten habe, wo ich darauf achten muß, daß bei Herrn Golden nichts passiert und bei ihr, daß der Kreislauf stabil bleibt. Wenn ich mich für eine ½ Stunde ins Ärztezimmer zurückziehe, habe ich keine zentrale Überwachung mehr. Das ist ja so, wie wenn ich von der Station gehe. Ich dachte auch, daß es nur ein kurzes Gespräch wird, wo die Angehörigen nur noch sagen, ob sie einer Organspende zustimmen. Ich dacht doch nicht, daß das ½ Stunde dauert.«

Intensivpatienten können im wahrsten Sinne des Wortes in kürzester Zeit nicht mehr da sein. Wenn sich die Schwester ½ Stunde vom Patienten abwendet, kann er gestorben sein, und sie findet bei ihrer Rückkehr einen Toten vor. Diejenigen, die mit Intensivpatientinnen zu tun haben, sind gewissermaßen ständig von einem Verlust bedroht, weshalb sie kaum wagen, sich von den Patienten zu entfernen. Zugleich beschreibt die Schwester die besondere Bedeutung der technisch erweiterten Ausdrucksmöglichkeiten. Die »zentrale Überwachung« spielt auf den Monitor im Schwesternzimmer an, auf dem die Herzfrequenz einer jeden Patientin dargestellt ist. Da die Symbiose technisch ermöglicht ist, bezieht sie sich primär auf eine technisch vermittelte Nähe zum Patienten. Die direkte Nähe zum Patientenbett müssen Schwestern nur bedingt suchen, nämlich insofern die technischen Oberflächen Artefakte enthalten können und insofern ein manipulierender Eingriff in die Expressivität des Lebens auch technisch nur durch Aktivitäten erreicht werden kann, die direkt am Patientenbett erfolgen.

Die technisch ermöglichte Symbiose ist eine Konstellation, die vor allem die Beziehung zwischen Pflegern und Patienten kennzeichnet, denn die Schwestern sind gleichsam für die Dauerwahrnehmung der Patientinnen zuständig. Ärztinnen sind eher größere Intervalle erlaubt. Sie können auch sicher sein, im Falle einer akuten Gefährdung des Lebens von den Pflegern benachrichtigt zu werden.

Beatmung
Eine besondere Facette der technisch ermöglichten Symbiose zeigt sich bei den Problemen der Beatmung. Die Durchführung der Beatmung nimmt eine Mittelstellung ein zwischen der Expressivität des Lebens und der Expressivität des eigenständig reagierenden Körpers.

Das wesentliche Ziel der Beatmung ist es, so viel Sauerstoff in das Blut zu befördern, wie erforderlich ist, um den Zellstoffwechsel aufrechtzuerhalten. Zu diesem Zweck werden mehrmals täglich die Blutgaswerte überprüft, die Auskunft darüber geben, wie das Verhältnis von Sauerstoff und Kohlendioxid, einem Abfallprodukt des Zellstoffwechsels, ist. Es gibt verschiedene Möglichkeiten, die Blutgaswerte auf einem für die Fortführung des Lebens erforderlichen Niveau zu halten. Der Unterschied besteht darin, wie stark körperexterne Apparaturen die Funktionen der spezialisierten gewachsenen Apparaturen des Lebens ersetzen. Ein nichtbeatmeter Patient atmet in einem eigenen Rhythmus, d.h., er befördert in einem eigenen Rhythmus Luft in die Lungen, von denen aus Sauerstoff in das Blut weitergegeben und Kohlendioxid vom Blut an die Ausatemluft abgegeben wird. Die erste Substition besteht darin, den Eigenrhythmus des Körpers auszuschalten und sauerstoffhaltige Luft vermittels eines Beatmungsgeräts in die Lungen der Patientin hineinzupressen. Dabei wird der Austausch von Sauerstoff und Kohlendioxid der Eigenaktivität der Patientin überlassen. Eine radikale Substitution der körpereigenen Apparaturen des Lebens findet dagegen statt, wenn dieser Austausch vollzogen wird, während das Blut durch eine externe Apparatur hindurchfließt, in der sich der sogenannte Gasaustausch (Sauerstoff und Kohlendioxid) vollzieht. Die radikale Substitution findet auch in der Intensivmedizin nur in Ausnahmefällen statt. Während meines Beobachtungszeitraums ist der Fall nicht vorgekommen. Eine neurochirurgische bzw. neurologische Intensivstation wäre auch der falsche Ort, wenn derartige Probleme im Mittelpunkt des Interesses stünden. In diesem Fall wäre eine anästhesiologische Intensivstation der Ort der Wahl gewesen.

Die Ausschaltung des Eigenrhythmus des Körpers war auf den beobachteten Intensivstationen bei weit über der Hälfte der Patienten die Regel. Eine Patientin, die nicht mehr beatmet werden muß, kann in den meisten Fällen in kurzer Zeit von der Intensivstation verlegt werden. Wer selbständig atmen kann, ist zu gesund für eine Intensivstation. Obwohl der Eigenrhythmus des Atems also als zu unzuverlässig erachtet wird, um die Versorgung des Körperstoffwechsels mit Sauerstoff zu gewährleisten, ist er doch bei den meisten Patientinnen so ausgeprägt, daß er den Rhythmus der Beatmungsmaschine stört. So sehr der Patient unterstützt wird hinsichtlich der Expressivität des Lebens, so sehr wird er kontrolliert, wenn seine Eigenaktivität die Hilfestellungen derjenigen gefährdet, die sich auf eine technische Symbiose mit ihm eingelassen haben. Diese Kontrolle ist eines der

Hauptziele der »Sedierung«. Fast alle Intensivpatientinnen stehen unter dem Einfluß von narkotisierenden Medikamenten, die das Bewußtsein ausschalten, den Schmerz stillen (Analgesie) und Bewegungen verunmöglichen (Muskelrelaxation). Die drei narkotisierenden Wirkungen werden jeweils durch ein spezifisch wirkendes Medikament hervorgerufen.

Die Worte, in denen im Klinikalltag über die Sedierung gesprochen wird, sind beinahe selbsterklärend und nur bedingt metaphorisch zu verstehen: Der Patient wird »platt gemacht« oder »abgeschossen«. Diese Terminologie ist insofern metaphorisch, als sie auf einen Tötungsakt referiert. In einer anderen Hinsicht sind sie schlicht deskriptiv: Durch die Narkotisierung wird die Expressivität mehr oder weniger auf die Expressivität des Lebens eingeschränkt. Die Expressivität der Patientin wird in der Tat »platt«, denn alle komplexeren Formen werden ausgeschaltet. Ein narkotisierter Patient existiert aktuell nicht als ein Bewußtsein, das ist faktisch ausgelöscht, d.h. »abgeschossen«, und er existiert nur in einem höchst eingeschränkten Maß als eigenständig reagierender Körper. Wer sich zuviel regt, muß noch gründlicher abgeschossen werden.

Frau Kopf. Untersuchung durch N-Flügel. Die Patientin hat eine besonders wirksame Barbituratnarkose. Nach der Untersuchung, bei der die meisten Reflexprüfungen negativ ausgefallen sind, kommentiert der Arzt (sinngemäß:) »Also das schießt sie richtig ab.«

Beim gemeinsamen Frühstück wird über die Komplikationen bei Frau Senf geredet.
Oberarzt Hubert (sinngemäß:) »Schießt die doch endlich so ab, daß sie nicht mehr gegenatmet.«

Während die Metapher des »Abschießens« relativ allgemein verwendet wird, wird »Plattmachen« zumindest von einigen Ärztinnen als ein zu grober Ausdruck abgelehnt. Daß ich diesen Terminus nur wenige Male gehört habe, führe ich darauf zurück, daß sich einer Kritik aussetzen kann, wer ihn verwendet.

Übergabe. P-Hartmut kommt in die Arztkanzel, in der die Übergabe regelmäßig stattfindet.
P-Hartmut (sinngemäß:) »Herr Zager atmet beschissen, er atmet dauernd dazwischen und ... (er führt noch einen weiteren Punkt an, den ich vergessen habe). Können wir den nicht mal richtig platt machen?«
A-Bense (sinngemäß:) »Platt machen wir hier keinen.« (sie wendet sich an ihren Kollegen A-Herzberg:) »Wer ist das denn? Ein Hilfspfleger?«

A-Herzberg (sinngemäß:) »Einer der erfahrensten Intensivpfleger.«
A-Bense (sinngemäß:) »Dafür hat er aber eine merkwürdige Sprache am Leib und er hat auch nicht gesehen, daß es keine Zwischenatmung sein kann.« Darauf diskutieren die Ärztinnen eine Veränderung des Beatmungsmodus für Herrn Zager. Der Patient wird gerade von der künstlichen Beatmung ent- und daran gewöhnt, wieder allein zu atmen. Dieser Prozeß sieht mehrere Zwischenstufen vor, die dem Patienten sukzessiv mehr Möglichkeiten geben, sich selbst daran zu beteiligen, Luft in die Lungen zu befördern. Die Einstellungen sind so kompliziert, daß A-Bense, eine sehr erfahrene Anästhesistin, selbst die Beatmungseinstellungen bei Herrn Zager verändert. Sie verläßt, nachdem sich die Ärzte über das Vorgehen verständigt haben, die Arztkanzel.

Der Ausdruck »plattmachen« wird von allen sofort als eine Bitte um eine gründlichere Narkotisierung verstanden. Nur vor diesem Hintergrund wird die doppelte Kritik verständlich, die sich der Pfleger einhandelt. Zum einen wird seine Ausdrucksweise von der Anästhesistin als zu grob beanstandet und zum anderen wird der Behandlungsvorschlag des Pflegers von der Ärztin als Hinweis auf seine Unwissenheit hinsichtlich der besonderen Beatmungssituation des Patienten gewertet. Es erhebt zwar keiner der anwesenden Ärztinnen Einspruch gegen die Kritik, aber es wundert sich auch niemand darüber, was der Pfleger wohl gemeint haben könnte, wenn er anregt, die Beatmungssituation zu verbessern, indem der Patient richtig plattgemacht wird.

Das symbiotische Verhältnis zwischen Personal und Patientinnen beinhaltet eine weitgehende Reduktion der Expressivität auf die Expressivität des Lebens. Alle Eigenaktivitäten von Patientinnen, die darüber hinausgehen, könnten die Therapie stören. Patienten, die außerhalb der technisch ermöglichten Symbiose existieren können, werden als zu gesund von der Intensivstation verlegt.

5.2.2. Expressivität des Lebens – Expressivität des eigenständig (re)agierenden Körpers

Auf der Ebene elementarer Lebendigkeit, die direkt die materielle Beschaffenheit der Gestalt betrifft, in der das Leben realisiert ist, würde ich auch sämtliche unmittelbar den Stoffwechsel betreffenden Prozesse einordnen, d.h. z.B. auch die Funktion von Niere und Leber. Die Diagnose und Behandlung der schweren Erkrankungen dieser Organe habe ich allerdings nicht beobachtet, sie erfolgt auf anders spezialisierten Intensivstationen. Um das spezifische einer neurologischen bzw. neurochirurgischen Intensivstation zu verstehen, ist es erforderlich, die Ärztin-Patientin-Beziehung zu untersuchen, insofern die Umweltbeziehung des Patienten eine höhere Komplexität annimmt.

Bislang wurde gemäß des vorgeschlagenen Modells zwischen dem Körper als lebendiger Einheit und dem Körper als Leib mit Bewußtsein unterschieden. Um die Praxis auf einer Intensivstation zu untersuchen, erweist es sich allerdings als erforderlich, eine weitere Differenzierung einzuführen: die Expressivität des eigenständig reagierenden Körpers. Um diese Art, ein Gegenüber der ärztlichen Praxis zu sein, einzuordnen, ist es sinnvoll sie in dreifacher Hinsicht abzugrenzen: von der Expressivität des Lebens, der Expressivität des leiblichen Bewußtseins und auch von der Todesfeststellung. Wenn ein Körper als eigenständig reagierender Körper existiert, ist er von einem nur lebendigen Körper insofern unterschieden, als er nicht nur seinen materialen Aufbau eigenständig reproduziert und modifiziert, indem fremde Substanzen in seine Stoffwechselprozesse eingeschleust werden, sondern auch darauf reagiert, wenn etwas an ihn herangetragen wird. In der medizinischen Fachterminologie wird dies als reflektorische Reaktion auf Reize bezeichnet. Von Expressivität des eigenständig reagierenden Körpers spreche ich also dann, wenn Ärzte die Aktionsweisen eines Patientenkörpers als eigenständige reflektorische Reaktion des Körpers deuten. Eine reflektorische Reaktion schließt nicht ein, daß ein Körper in irgendeiner Form seine Umgebung oder sich selbst merkt. Insofern ist die Expressivität des eigenständig reagierenden Körpers von der spezifischen Expressivität unterschieden, die als Hinweis auf Bewußtsein gewertet wird. Andererseits bezeichnet Expressivität des eigenständig reagierenden Körpers aber auch etwas anderes als einfach nur reflektorische Reaktionen, denn reflektorische Reaktionen können auch bei Körpern vorkommen, die gestorben sind. Dabei spielt es keine Rolle, ob ihr Tod nach den Prinzipien der Hirntoddiagnostik oder nach denen der herz-kreislauf-bezogenen Diagnostik festgestellt wurde. In beiden Fällen können reflektorische Reaktionen vorkommen, ohne daß die medizinische Deutung noch einen lebendigen Körper vorfindet, der noch eigenständig reagieren könnte. Deshalb halte ich es für sinnvoll, in diesen Fällen von Reaktionen zu sprechen, die sich am Körper vollziehen. Auf das letztere Problem werde ich im Abschnitt über die Todesfeststellung ausführlich zu sprechen kommen, denn dann geht es explizit darum, zu unterscheiden zwischen reflektorischen Reaktionen, die sich am toten Körper vollziehen und die deshalb nicht mehr als Eigenreaktionen des Körpers gewertet werden können und den Reaktionen, die als eigene Reaktionen des Körpers gedeutet werden.

Um die Analyse weiterzuführen ist es hilfreich, an eine semantische Doppeldeutigkeit des Wortes »Patient« zu erinnern. In »Überwachen und Strafen« beschreibt Foucault (1979) die Prozeduren der Wahrheitsfindung durch systematische Folter. »Die Folter ist nicht die entfesselte Tortur der modernen Verhöre. Sie ist zwar grausam, aber nicht maßlos. Es handelt sich um eine geregelte Praxis, die ein genau definiertes Verfahren darstellt. Augenblicke, Dauer, Instrumente, Länge der Seile, Schwere der Gewichte, Zahl der Keile, Eingriffe des verhörenden Beamten – all das ist in den einzelnen Gewohnheitsrechten kodifiziert. Die Folter ist eine Gerichtsprozedur mit strengen Spielregeln, die über die Inquisitionstechniken hinaus an die alten Prüfungen in Anklageverfahren anknüpft: Unschuldsproben, Kampfgerichte, Gottesurteile. Zwischen dem Richter, der die Folter anordnet, und dem gefolterten Verdächtigen, wird gewissermaßen noch ein Zweikampf ausgetragen. Der »Patient« (wie der Gemarterte heißt) wird einer Reihe von Proben unterworfen, deren Strenge abgestuft ist.« (Foucault 1979: 53 f.)

Die Differenz zwischen der systematischen und deshalb kalkulierbaren Folter und einer systematischen neurologischen Untersuchung liegt weder in den angewendeten Praktiken noch in der Systematik der Durchführung, denn eine neurologische Untersuchung besteht in nichts anderem, als regelmäßig höchst unangenehme Dinge mit jemandem anzustellen. Die Differenz zwischen Folter und neurologischer Untersuchung besteht eher darin, wie der Patient als Gegenüber existiert. Der Patient auf der Folter, so wie Foucault seine Situation beschreibt, hat eindeutig einen personalen Status, die neurologische Patientin nicht. Entsprechend bekommt das »Geständnis« auch einen ganz anderen Charakter. Der Zweikampf zwischen Richter und gemartertem Patient besteht darin, die Leidensfähigkeit des einen gegen die Macht des anderen zu setzen, Schmerzen zuzufügen. Da die Folter des Ancient Regime nach Foucault systematisch ist, kann sie vom Verdächtigten kalkuliert werden. Er kann gemäß der Schwere der Anklage erwarten, wie schwer die Folter ausfallen wird und kalkulieren, ob er sie ertragen wird. Umgekehrt muß der Richter mit dem Kalkül des Verdächtigten rechnen und seine Anklage entsprechend formulieren. Meines Erachtens übertreibt Foucault die Handlungsmöglichkeiten der Angeklagten stark, denn der Richter hat einen großen Spielraum bei der Gestaltung der Anklage, womit er sich die Möglichkeit offen hält, auch stärkere Marterwerkzeuge anzuwenden, als es der initiale Verdacht nahegelegt hätte. Aber auch wenn die Waffen sehr ungleich sind, bleibt es aber doch insofern ein Zweikampf, als beide Parteien mit einem Kalkül der Erwartungen auf der Gegenseite rechnen und dieses in das eigene Kalkül einbeziehen müssen. Das ist beim Verhältnis zwischen Ärztin und Intensivpatientin nicht der Fall.

Ein komatöser Intensivpatient wird regelmäßig und systematisch auf das Unangenehmste gepiesackt, aber kein Arzt geht davon aus, daß der Patient seine Reaktionen kalkulieren könnte. Nur wenn die Einheit, die als Gegenüber der neurologischen Diagnostik existiert, zwar eigenständig aber direkt auf das reagiert, was an sie herangebracht wird, ist das ärztliche Vorgehen sinnvoll. Die Inquisition des Körpers hinsichtlich seiner Lebendigkeit und seines Bewußtseins würde sich verunmöglichen, wenn dem Patienten ein Kalkül zugestanden würde, wie es bei der gerichtlichen Inquisition der Person der Fall war. Entsprechend erhält das »Geständnis« eine ganz andere Bedeutung. Wenn der Patient auf der Folter gesteht, hat er sein Leben verloren. Wenn dagegen die Intensivpatientin ihre Lebendigkeit bzw. ihre Fähigkeit zu eigenständigen reflektorischen Reaktionen »gesteht«, ist dies die elementare Bedingung für ihr Weiterleben. Das Geständnis bestätigt das Leben.

Am häufigsten wird die Reaktion der Pupillen auf Lichteinfall überprüft. Dazu wird der Patientin plötzlich in die Augen geleuchtet. Wenn sich die Pupillen zusammenziehen, ist der Test positiv ausgefallen: Die Pupillen sind »lichtreagibel«. Die Häufigkeit, mit der die Untersuchung durchgeführt wird, nähert sie fast den unmittelbar vitalexpressiven Zeichen an. Die »Lichtreaktion« wird – wie gesagt – stündlich, höchstens im Abstand von zwei Stunden kontrolliert, d.h., einmal in der Stunde werden der Patientin die Augen geöffnet und es wird kurz hineingeleuchtet. Dabei werden Form und Größe der Pupillen untersucht und es wird festgestellt, ob sie auf Lichteinfall reagieren. Bei der Form wird gemäß einer Zweiteilung unterschieden: rund/entrundet.

Erster Tag: Ich mache einen kleinen Rundgang durch die Station. In einem Zimmer sind S-Barbara, A-Anders, PJ-Sibs. Die beiden Ärzte horchen den Unterleib des Patienten nach Peristaltik ab. S-Barbara hatte zu einem früheren Zeitpunkt etwas gehört, was die beiden Ärztinnen nicht bestätigen können. A-Anders: »Aber worauf wir uns doch einigen können ist, daß es kaum Peristaltik gibt.« Danach untersuchen er und PJ-Sibs die Augen. Zuerst leuchtet A-Anders in die Augen, die er mit Daumen und einem Finger öffnet. Die Pupillen seien entrundet und eng und würden auf Licht reagieren.

PJ-Sibs untersucht die Augen ebenfalls. Sie sagt, daß sie nicht sehen könne, daß die Pupillen entrundet seien. Ich stehe dabei. A-Anders sagt zu mir, »Kommen Sie doch auf die Seite.« (die Seite wo er steht) er tritt etwas zurück. PJ-Sibs leuchtet knapp neben die Augen. A-Anders sagt, daß die Pupillen keinen Kreis bilden würden, sondern ein Oval. Als PJ-Sibs hineinleuchtet kann ich erkennen, daß die linke Pupille (ich stehe auf der linken Seite des Patienten) eine ovale Form hat. Ich sage das. PJ-Sibs sagt, daß sie jetzt ebenfalls auf die andere Seite kommen würde, von hier (die rechte Seite des Patienten) könne sie das nicht sehen. Während der ganzen Zeit wird kein Wort an den Patienten gerichtet.

Neurologische Untersuchung bei Frau Lehrer. ... N-Klarmann (sinngemäß:) »Ich leuchte Ihnen mal in die Augen.« Sie öffnet die Augen und leuchtet mit einer schwenkbaren Lampe kurz in die Pupillen. Danach streicht sie mit einem Wattetupfer über die Hornhaut. Die Patientin schließt die Augen. Daran schließt sich die Überprüfung der Schmerzreaktion an.

Untersuchung von Herrn Hübsch durch N-Flieg:
Die Ärztin ... öffnet ihm die Augen und leuchtet hinein, da die Lichtreaktion nicht sofort zu sehen ist, schattet sie das Auge mit der Hand etwas ab und leuchtet erneut hinein. Die Pupillen verändern sich nicht, also keine Lichtreaktion. Danach fährt die Ärztin mit einem Mullkompresse über die Hornhaut, andeutungsweise schließt der Patient die Augen, also leichter Cornealreflex.

Eine ausführliche neurologische Untersuchung gestaltet sich etwa so:

17.30 Übergabe an N-Karl. Oberarzt kommt später dazu. Bei der Durchsicht der CT-Bilder von Herrn Tipke am Ende der Visite berichtet N-Ritter, daß der Patient weite lichtstarre Pupillen habe. Mit Bezug auf die CT's sagt der Oberarzt (sinngemäß:) »Der Mann ist im Bulbärhirnsyndrom. Wenn wir nichts machen, stirbt er, wenn er nicht schon tot ist.« Er verläßt die Station mit den CT-Bildern, um einen Kollegen aufzusuchen, der bei der Deutung von CT-Bildern besonders versiert ist. N-Ritter und N-Karl untersuchen zu zweit den neuaufgenommen Patienten. Zunächst die Reaktion der Pupillen auf Lichteinfall. Beide sind der Meinung, daß sich die Pupillen verengen. Danach wird der Lidschlußreflex (Cornealreflex) überprüft. Dazu wird das Augenlid mit der einen Hand nach oben geschoben, in der anderen Hand hält der Arzt ein Stück sterile Mullbinde und streicht damit über die Hornhaut. Jeder führt den Test auf der Seite aus, auf der er steht. Beide Ärzte stellen eine leichte Reaktion fest. Danach wird der Kopf ruckartig, während die Augen offen gehalten werden, zur einen und dann zur anderen Seite gedreht bzw. nach hinten und auf die Brust gedrückt, die Pupillen sollten dabei einen kurzen Augenblick zurückbleiben und nur mit einer minimalen Zeitverzögerung der Bewegung folgen (Oculozephaler Reflex). Bei diesem Patienten war die Pupillenreaktion nicht so, wie es für einen Gesunden zu erwarten wäre. Im Anschluß daran nehmen sie den »Eiswassertest« vor. Sie spritzen kaltes Wasser in das Ohr und beobachten die Reaktion der Pupillen. Wenn die Auslösung des Reflexes gelingt, müßten sich die Pupillen von der Seite wegbewegen, von der das kalte Wasser gespritzt wird. N-Karl stellt keine Pupillenreaktion fest. N-Ritter versucht es auf seiner Seite und schafft es, den Reflex auszulösen. Darauf probiert es N-Karl noch einmal, es ist eine leichte Reaktion sichtbar. N-Karl zieht einen Gummihandschuh an und kneift den Patienten in die Nasenscheidewand (Schmerzprüfung). Der Patient bewegt leicht den Kopf und verändert die Gesichtszüge etwas. N-Karl: »Na, das ist doch ein bißchen.« Danach überprüfen sie die Muskelreflexe an Armen und Beinen mit dem Reflexhammer. Jeder Reflex wird von jedem der untersuchenden Ärzte und zum Teil mehrfach überprüft. N-Karl verläßt das Krankenzimmer, um den Aufnahmebogen auszufüllen. Die Untersuchung erfolgt unter Druck. Der Oberarzt kommt ins Zimmer, er überprüft ebenfalls noch einmal die Lichtreaktion und den Cornealreflex. Dafür nimmt er eine Mullbinde. Erst rutscht er nur leicht über die Hornhaut und kommentiert zu sich selbst: »Nein, das war nicht richtig« und berührt beim zweiten Versuch die Hornhaut kräftiger, der Patient reagiert leicht mit einem Lidschluß. Danach arbeitet er mit dem Reflexhammer Arme und Beine durch.

Hierbei handelt es sich um eine gründlich durchgeführte systematische Untersuchung eines bewußtlosen Patienten. Die Deutung, wonach die körperlichen Veränderungen Reaktionen des Körpers auf die Aktivitäten der Ärzte sind, orientiert sich primär an der Zeit. Eine Reaktion erfolgt regelmäßig zeitlich unmittelbar im Anschluß an die Handlung des Arztes. Spätere Änderungen des Körpers werden nicht mehr als Reaktionen gewertet. Im Rahmen einer kommunikativen Beziehung können sich Körper, wenn sie antworten, mit ihren expressiven Gesten Zeit lassen. Im Rahmen einer neurologischen Untersuchung muß die Eigenaktivität des Körpers sofort im Anschluß erfolgen, sonst wird sie zwar im Sinne einer eigenständigen Aktion aber nicht mehr im Sinne einer eigenständigen Reaktion interpretiert. Die Expressivität des eigenständig reagierenden Körpers ist insofern von der Expressivität des Lebens unterschieden, als es sich eindeutig um eine Reaktion handeln muß. Die entsprechende Veränderung des Körpers darf nicht unabhängig von der Aktion des Arztes erfolgen, sondern muß immer als Reaktion auf die Aktion einer Ärztin bezogen werden können.

Die Möglichkeit, expressiv Zurückhaltung zu üben, sind auch in diesem Fall strikt begrenzt. Sie sind definitiv beschränkt durch die wohlumrissenen Aktionen seitens der Untersuchenden. Die Enthemmung der Expressivität zielt nicht auf eine dauernde Darstellung der Eigenaktivität, sondern auf eine unmittelbare Antwort auf die inquisitorischen Bemühungen der Untersucher. Auch die geringste

Möglichkeit einer Selbsthemmung bei der Antwort muß ausgeschlossen sein, damit die Untersuchung funktioniert. Die Expressivität des eigenständig reagierenden Körpers ist lediglich insofern von innen her gesteuert, als die Reaktionsweisen auf einen äußeren Reiz durch den lebendigen Körper vorgegeben sind. Aber wann die Reaktion erfolgt, soll vollkommen einer Außensteuerung unterliegen: Die reflektorische Antwort wird »ausgelöst«, d.h., die Initiative muß von Außen kommen.

5.2.3. Expressivität des eigenständig reagierenden Körpers – Expressivität des leiblichen Bewußtseins

Eine strenge Abgrenzung zwischen der Expressivität des eigenständig reagierenden Körpers und der Expressivität des leiblichen Bewußtseins ist schwer vorzunehmen. Medizinisch gesehen handelt es sich um die punktgenaue Abgrenzung eines vorübergehenden oder permanenten vegetetativen Zustandes von minimalen Formen von Bewußtsein. Es zählt zu den strittigen medizinischen Fragen, inwieweit dies überhaupt gelingen kann. Ob die strikte Unterscheidung zwischen minimalen Formen von Bewußtsein und einem zumindest aktuell erloschenen Bewußtsein, also einem vegetativen Zustand, überhaupt als eine sinnvolle und klinisch handhabbare Differenzierung betrachtet wird, hängt davon ab, ob in einem lokalen Autoritätssystem die Notwendigkeit einer strikten Abgrenzung der beiden Zustände als ein unerläßliches Element in das Ethos der Kunstfertigkeit integriert ist oder nicht. Um zwischen Patientinnen, die bei Bewußtsein, und solchen, die in einem vegetativen Zustand sind, zu unterscheiden, wird im klinischen Alltag die Reaktion auf Schmerzreize als Kriterium verwendet. Der diagnostische Vorzug der Schmerzreaktion besteht in einer zweifachen Einfachheit.

- Die Indizien sind von den Untersuchenden einfach zu entdecken.

- Die Indizien sind Hinweise auf einfachste Formen von Bewußtsein, d.h., die Tests sind sensibel genug, um auch extrem einfache Formen von Bewußtsein aufzuspüren.

Schmerzreaktionen haben nur einen diagnostischen Nachteil, es ist nicht immer einfach, die einfach zu bemerkenden Reaktionen zu deuten. Um herauszuarbeiten wie die Deutung erfolgt, d.h., wie im klinischen Alltag Indizien für einfache Formen von Bewußtsein aufgespürt werden, orientiere ich die Darstellung entsprechend der klinischen Präferenz für Schmerzreaktionen als Unterscheidungskriterium am Leitfaden des Schmerzes.

Die Reaktionen auf Schmerzreize haben für Ärzte eine ausgesprochen große Variationsbreite, die von reflektorisch gedeuteten Verhaltensweisen des Patientenkörpers bis zu eindeutigen Hinweisen für Bewußtsein reicht. Ich werde mich langsam vortasten von den Reaktionen, die noch im Sinne einer Expressivität des eigenständig reagierenden Körpers verstanden, hin zu den Reaktionen, die als Hinweis auf Bewußtsein gewertet werden. Das spezifische der letzteren liegt in der Lockerung des Zusammenhangs zwischen der Aktion des Arztes und der Reaktion des befragten Körpers. Ein Körper wird dann im Sinne eines leiblichen Bewußtseins gedeutet, wenn die Veränderungen der Gestalt, die auf den Schmerzreiz folgen, nicht nur die Deutung zulassen, der Patient würde eigenständig reagieren, sondern darüber hinausgehend die Interpretation nahe legen, der Körper habe seine Reaktion auch eigenständig gestaltet.

Die Lockerung der technisch ermöglichten Symbiose als Bedingung einer sinnvollen Deutung von Schmerzreaktionen

Schmerzreaktionen unterscheiden sich in praktischer Hinsicht von den wichtigsten Formen der Expressivität des eigenständig reagierenden Körpers. Dazu zählen die Lichtreaktion sowie der Corneal- und Hustenreflex. Schmerzreaktionen werden nämlich massiv durch die auf einer Intensivstation üblichen Formen der Narkose beeinflußt, wohingegen die elementaren Formen der Expressivität des eigenständig reagierenden Körpers immer erhalten bleiben sollten. Nur in Fällen sehr tiefer Narkosen mit Barbituraten, die z.B. bei der Therapie epileptischer Anfälle eingesetzt werden, wird die Expressivität des Körpers so weit abgeflacht, daß solche Patientinnen kaum noch von Hirntoten zu unterscheiden sind.

Eine neurologische Untersuchung, der es um mehr zu tun ist, als einen Patienten daraufhin zu untersuchen, wie es um die Expressivität des eigenständig reagierenden Körpers steht, muß also die Tiefe der Narkose in Rechnung stellen. Wenn es um eine genauere Beurteilung der Patientin geht, können die therapeutischen und diagnostischen Anliegen der Intensivmediziner in Widerspruch zueinander geraten. Die diagnostische Beurteilung erfordert, die technisch ermöglichte Symbiose aufzulösen, während die Therapie am besten funktioniert, wenn die Patientin in die technisch-symbiotische Beziehung integriert bleibt. Eine optimale therapeutische Aufrechterhaltung der Expressivität des Lebens setzt – wie beschrieben – eine Abflachung der expressiven Möglichkeiten durch die Narkose voraus. Deren Ziel besteht zum einen in der technisch-medikamentösen Kontrolle, wodurch eine Störung der therapeutischen Aktivitäten der Ärztinnen durch zuviel Eigenaktivität seitens der Patientin vermieden wird, und zum anderen darin zu verhindern, daß der Patient unter den therapeutischen Aktivitäten und den Schmerzen seiner Krankheit leidet. Je intensiver ein Patient in die technisch ermöglichte Symbiose integriert ist, desto eher ist er tief sediert, und desto eher stellt sich die Frage, welchen Aussagewert seine Reaktionen überhaupt noch haben. Im Zweifelsfall gilt nur die Reaktion des nichtsedierten Patienten, d.h. die Reaktion des Patienten, dessen Expressivität nicht künstlich abgeflacht ist.

Nachdem die Untersuchung abgeschlossen ist, frage ich den Arzt, ob der Patient auf Schmerzreize reagiert habe. Ich hatte keine Reaktion erkennen können.
N-Weigand (sinngemäß:) »Doch ganz schwach.«
Er geht zum Patienten, kneift ihn in den rechten Oberarm, zeigt dabei auf eine Partie des Oberarms und kommentiert (sinngemäß:) »Da gab es ganz kleine Muskelzuckungen.«
Nach diesem Hinweis kann ich auch eine Reaktion bemerken.

Der untersuchte Patient war tief sediert, d. h., er steht unter dem Einfluß von narkotisierenden und schmerzstillenden Medikamenten. In einer derartigen Situation hat eine Reaktion auf Schmerzreize nur einen begrenzten Informationswert. Dies zeigt sich daran, daß die beschriebene Reaktion in der Darstellung des Untersuchungsergebnisses noch nicht einmal auftaucht.

Herr Eisenbart. Untersuchung durch N-Weigand. Ergebnis:
13.40
Patient intubiert, sediert
Pup li>re, LR li Ø re träge, HR+,
vor tiefer Sedierung auf Schmerzreiz + spontan Bewegung re Hand und Arm, ICP 20–29 Hg.

Das diagnostisch entscheidende ist nicht die Schmerzreaktion unter der Sedierung, sondern die Schmerzreaktion, solange der Patient noch nicht in die Kontrollen der technischen Symbiose integriert ist. Eine sedierte Patientin muß man »aufwachen lassen«, bzw. man darf sie nicht zu tief sedieren, wenn es darum geht festzustellen, welche Komplexität ihre expressiven Reaktionen haben.

Übergabe. Herr Tipke. N-Körner stellt die Situation dar. (zusammenfassende Darstellung:) Oberarzt Hubert hatte eigentlich eine tiefe Sedierung angeordnet. Der betreuende Arzt hatte das nicht gemacht, um den Patienten klinisch beurteilen zu können. Der Patient ist so sediert, daß er somnolent ist. Er ist erweckbar auf Ansprache. So ist es möglich, eine durch Hirndruck verursachte Verschlechterung der Vigilanz (Wachheit) zu bemerken.

Einen Patienten aufwachen zu lassen, kann sowohl mit den therapeutischen als auch mit den fürsorglichen Anliegen kollidieren.

Übergabe. Herr Dietrich. Nachdem der Zustand des Patienten erörtert worden ist, wird beschlossen, ihn prinzipiell wach werden zu lassen, aber A-Lundbrecht hatte ihn wegen der Beatmung weiter mit Propofol sediert. Trotz der Sedierung sind Lichtreaktion und Cornealreflex sowie der Hustenreflex auslösbar.
Ein Arzt stellt fest (sinngemäß:) »Wenn man ihn kneift, steigt er mit dem Blutdruck an, aber eine genaue Schmerzreaktion ist nicht ganz klar.«
Zusammenfassende Stellungnahme der darstellenden Ärztin (sinngemäß:) »Weil wir noch nicht extubieren können, wollen wir ein Kontroll-CT haben, weil wir ihn nicht beurteilen können.«

Die Behandlung des Patienten ist prinzipiell soweit gediehen, daß er wieder aufwachen könnte. Dagegen spricht lediglich, daß die Stoffwechselprozesse, in denen das Leben realisiert ist, gefährdet werden könnten, wenn der Patient zu schnell von der künstlichen Beatmung abgesetzt würde. Da ein wacher Patient es nur vorübergehend reglos ertragen würde, wenn ihm ein Tubus durch den Mund in die Luftröhre gesteckt ist, bleibt Herr Dietrich vorerst nicht nur intubiert, sondern auch sediert. Dies schränkt allerdings die Möglichkeiten ein zu beurteilen, wie erfolgreich die Operation war. Anhand seiner Reaktionen läßt es sich kaum mit Sicherheit feststellen. Deshalb soll ein Bild seines Kopfinneren angefertigt werden, ein CT. Auf dieser Grundlage kann eingeschätzt werden, ob es grobanatomisch sichtbare Veränderungen gegeben hat, die eine weitere Operation oder andere spezielle Eingriffe erforderlich machen. Im weiteren Verlauf des Nachmittags und Frühabends wird es jedoch fraglich, ob ein CT-Termin für den Patienten zu bekommen ist. Aufgrund dessen wird das Vorgehen am Abend geändert.

ca. 21.50. Herr Dietrich. Untersuchung durch N-Weller.
N-Weller sieht in die Akte. Als ich in das Zimmer komme, wendet sie sich gerade dem Patienten zu.

N-Weller: »Herr Dietrich! Herr Dietrich!«
Dabei reibt sie kräftig drückend auf dem Brustbein des Patienten. Der reagiert nicht.
N-Weller (sinngemäß:) »Ich leuchte Ihnen mal in die Augen.«

Sie öffnet die Augen des Patienten und schwenkt eine Lampe so, daß der Strahl plötzlich direkt in die Augen des Patienten fällt. Danach überprüft sie den Cornealreflex wortlos. Dazu streicht sie mit einem Mulltupfer über die Hornhaut des Patienten und wartet auf den Lidschluß. Danach überprüft sie die Schmerzreaktion, indem sie mit einem Bleistift in das Nagelbett eines Fingers der rechten und linken Hand kneift und mit der bloßen Hand in die Innenseite der Oberschenkel. Auf die Schmerzreize reagiert der Patient mit einem Strecken der jeweiligen Glieder. Nur bei der linken Hand streckt er den rechten Arm.
N-Weller stellt daraufhin die Sedierung aus, um den Patienten aufwachen zu lassen und ihn beurteilen zu können. Das nicht zuletzt deswegen, weil ein CT-Termin gerade schlecht zu bekommen ist. So wisse man gar nicht, wie es um ihn steht.
S-Marina, die für Herrn Dietrich zuständig ist, kommt ins Zimmer. N-Weller teilt ihr mit, daß sie die Sedierung gerade ausgestellt habe und verläßt das Krankenzimmer. S-Marina ist über die Entscheidung der Ärztin wenig erfreut. Der andere Patient, für den sie zu sorgen hat, ist sehr unruhig, er versucht aufzustehen und sich den Blasenkatheter zu ziehen, obwohl er fixiert ist.
S-Marina knurrt unwillig im Rausgehen (sinngemäß:) »Um halb zehn den Blasenkatheter ausstellen.« (Durch eine spätere Nachfrage läßt sich leicht klären, daß sie die Sedierung gemeint hatte.)

Später, um 21.55, telefoniert N-Weller erneut, um einen CT-Termin zu bekommen. Jetzt hat sie Erfolg. Es ist gerade etwas frei, weil ein Kinderarzt zu einem Kind keinen Zugang schafft. Frage ans CT: Intracerebrale Blutung – postoperativer Verlauf. Die Sedierung wird wieder angestellt.

Später kommt eine Ärztin mit den CT-Bildern von Herrn Dietrich auf die Station. Sie sehen »gut« aus.
N-Weller (sinngemäß:) Da mache ich dann die Sedierung wieder aus. Soll er aufwachen.

In dem beständigen Hin und Her, ob Herr Dietrich weiterhin narkotisiert werden soll, kommen die verschiedenen Interessen und Intentionen zum Ausdruck. Die Schwester möchte einen leicht zu handhabenden Patienten, da der zweite ihr für die Nacht zugeteilte Patient schon schwierig genug ist. Sie ist diejenige, die zuerst mit den Mühen konfrontiert sein würde, die ein Patient bereitet, der aus der technisch ermöglichten Symbiose zumindest teilweise entlassen wird. Der Ärztin kommt es zunächst darauf an, einen genaueren Eindruck davon zu bekommen, wie es um den Zustand des Patienten nach der Operation bestellt ist. Um überhaupt einen Einblick zu erhalten, sind das CT und die Untersuchung des nicht-sedierten Patienten alternative Möglichkeiten. Wenn das CT sich nicht verwirklichen läßt, muß der Patient genug expressiven Freiraum erhalten, sonst kann die Ärztin seine Reaktionen nicht diagnostisch werten. Nachdem aber das »gute« CT-Bild darauf hoffen läßt, der Patient könne schon schneller an das eigenständige Atmen gewöhnt werden als zunächst gedacht, wird die Sedierung definitiv ausgestellt. Dies erfolgt nicht mehr aus unmittelbar diagnostischen Erwägungen, sondern um den Patienten möglichst schnell aus der technischen Symbiose zu entlassen. Je schneller der Patient aufwacht, um so eher kann er allein atmen, abschließend beurteilt und von der Station entlassen werden.

Die Entscheidung gegen eine Beendigung der Sedierung kann aber auch fürsorgliche Gründe haben.

Abendvisite. Herr Schubart.
Oberarzt Hubert (sinngemäß:) »Und wirkt noch das Propofol?«
N-Körner (sinngemäß:) »Nein, das ist raus. Er bekommt jetzt Fentanyl.«
Oberarzt Hubert (sinngemäß:) »Also er fentanylt jetzt vor sich hin.«
Herr Schubart verzieht das Gesicht zu einer Schmerzgrimasse.
Oberarzt Hubert (sinngemäß:) »Da gehen wir mit dem Fentanyl etwas hoch.«
N-Körner erhöht die Dosis des über einen Perfusor laufenden Medikaments.
S-Adelheit (sinngemäß:) »Soll ich Ihnen von Frau Nistner (Ärztin) sagen, daß das Fentanyl runtergestellt werden soll, damit er aufwacht.«
N-Körner (sinngemäß:) »Aber nicht wenn er Schmerzen hat.«
S-Adelheit (sinngemäß:) »Soll ich Sie stündlich dran erinnern.«
Oberarzt Hubert (sinngemäß:) »Und ich erinnere Dich daran, daß Herr Schubart keine Schmerzen leiden soll.«

Der Zeitpunkt, an dem die Sedierung eines Patienten beendet wird, hängt also von einem Kalkül ab, in das Vermutungen über den Schmerz, den ein Patient leidet, ebenso einfließen, wie das Interesse an einer gründlichen diagnostischen Absicherung der weiteren Behandlung und der Fortführung der Therapie, bei der eine überschießende Eigenaktivität der Patientin nur stören würde.

Schmerzreiz

Nachdem die Bedingungen geklärt sind, unter denen eine Schmerzreaktion als Hinweis auf die Eigenständigkeit der Patientin gewertet wird, soll es nun um die Schmerzprüfung selbst gehen. Im Alltagsverständnis umfaßt der semantische Gehalt von »Schmerz« in jedem Fall, daß diejenige, die Schmerzen hat, diese auch empfindet. Dieser Aspekt wird in den klinischen Untersuchungen zumeist ausgelassen. Es geht lediglich darum, ob und wie ein Patient auf einen Reiz, der als Schmerzreiz klassifiziert wird, reagiert. Schmerzreiz und Schmerzreaktion werden zunächst in ein äußerliches Verhältnis zueinander gesetzt. Der Patient als empfindendes Subjekt wird terminologisch mit Stillschweigen behandelt. Es zählt nur, welche Reaktion eine Patientin zeigt und wie diese gedeutet werden kann. Das begegnende Gegenüber der ärztlichen Praxis bleibt eine ungreifbare Leerstelle, die nie direkt, sondern nur indirekt, d.h. durch eine Deutung, zugänglich wird.

Da es um die Reaktion des Körpers geht, ist es zunächst sinnvoll zu klären, auf was er reagiert: den Schmerzreiz. Dabei kommt ein Kalkül zum Tragen, das primär zwei Erwägungen folgt: Wie hoch muß der Kraftaufwand sein? Wo soll der Schmerzreiz gesetzt werden?

In jedem Fall sollte der Kraftaufwand hoch genug sein, um eine unmittelbare Reaktion seitens der Patientin zu provozieren.

Herr Rempart. Untersuchung durch PJ-Flügel. Der Arzt kneift mithilfe eines Kugelschreibers in das Nagelbett der Zehennägel. Herr Rempart zieht seine Füße leicht weg. Der Arzt erklärt mir (sinngemäß:) »Man muß schon richtig weh tun. Bei leichteren Schmerzen reagiert er nicht.«

Die Auswahl des Ortes erfolgt ebenfalls unter dem Gesichtspunkt der Effektivität.

Eine Ärztin im praktischen Jahr, PJ-Sibs, fragt A-Anders, einen älteren Anästhesisten, wie er bei der Schmerzreizprüfung vorgehen würde.
PJ-Sibs (sinngemäß:) »Einige machen es am Sternum (Brustbein).« Die PJ-Sibs macht eine Faust, drückt die Knochen der ersten Fingerglieder auf das Brustbein des Patienten und schrubbt über das Brustbein.
A-Anders stellt fest, daß das nicht reichen würde, »Du mußt ihn schon mehr ärgern.« Er erwähnt als andere Methode das Kneifen in den Oberarm. Das sei »sehr effektiv«. Wenn die Patienten längere Zeit hier lägen, dann würden sie immer solche Oberarme bekommen. Durch die gestischen Untermalung wird klar, daß es leicht geschwollene Oberarme sind mit blauen Flecken. »Weil es immer an denselben Stellen gemacht wird.«

S-Barbara erwähnt eine andere Methode: »Es gibt welche, die würden mit dem Kugelschreiber hier kneifen.« Dabei zeigt sie auf die Stelle unterhalb des Fingernagels.
A-Anders (sinngemäß:) »Das ist wirklich fies«.
Er geht dann zum Patienten und preßt reibend die Fingerknochen der Faust auf das Brustbein. A-Anders kommentiert sein Vorgehen (sinngemäß:) »Er reagiert jetzt nicht. Es könne aber sein, daß er mit der Herzfrequenz hochgeht. Das macht er jetzt vermutlich auch.« Dabei blickt er zum Monitor. Er stellt aber keine Veränderung der Herzfrequenz fest.

Hier werden drei Regionen des Körpers diskutiert, an denen ein Schmerzreiz gesetzt werden kann. In der Höhe des Brustbeins kräftig reiben, in das Fleisch an der Schulter bzw. am Oberarm mit den bloßen Händen hineinkneifen oder die Patientin mit einem Kugelschreiber in das Nagelbett kneifen. Dabei ermahnt der erfahrenere Kollege die angehende Ärztin, beim Kraftaufwand nicht zu zurückhaltend zu sein. Ein vierter möglicher Angriffspunkt für einen Schmerzreiz wird von einer anderen Ärztin vorgeschlagen. Der Schmerznerv der Wahl sollte ihrer Meinung nach der Trigeminusnerv sein.

11.30. P-Maximilian betritt das Zimmer, kurz darauf N-Klarmann. N-Klarmann steht am Kopfende. Sie reibt mit der Hand auf dem Brustbein des Patienten (sinngemäß:) »Herr Kiefer, machen Sie mal die Augen auf!« Der Patient reagiert nicht. Anschließend leuchtet die Ärztin wortlos in die Augen des Patienten. Danach drückt sie mit dem Daumen kräftig auf die rechte Augenbraue ca. 1,5 cm neben der Nase.
P-Maximilian kommentiert dies mit den Worten (sinngemäß:) Sehen Sie, da macht es schon jemand.

Als er in einem Gespräch kurz vorher begründet hatte, warum er die Schmerzreaktion nicht überprüft, hatte er angeführt, daß die Ärzte das sowieso schon machen würden. Darauf bezieht sich die Äußerung.

N-Klarmann sieht sich irritiert kurz um. Als sie zur Akte geht, um das Ergebnis einzutragen, frage ich sie, was der Druck auf die Augenbrauen bedeuten würde. Das sei ein Schmerzreiz gewesen. Hier auf der Station würden die Kollegen hier kneifen (dabei zeigt sie auf den Oberarm und den Bereich der vorderen Schulter). »Das ist aber nicht korrekt, denn dabei löst man auch spinale Reaktionen aus und weiß nicht, was zerebral los ist.« Deshalb sei es korrekt, die Schmerzreaktion zu überprüfen, indem man dort drückt, wo der Trigeminusnerv austritt, das sei eigentlich der stärkste mögliche Schmerzreiz. Und: Das würde auch etwas über den zerebralen Zustand aussagen. In Würzburg haben das alle Kollegen so gemacht und sie fände das auch korrekt.

Zu einem späteren Zeitpunkt stellt N-Klarmann den Verlauf des Nervs dar.

Die Ärztin erklärt mir weiter, wie der Nerv verläuft (sinngemäß:) »1. Ast des Trigeminus«, dabei zeigt sie auf Stirn und Augen. Dann auf das Gesicht in Höhe der Nase, das sei der 2. Ast des Trigeminus und das Gesicht in Höhe des Mundes der dritte Ast.

Ich frage, ob im Verhältnis zu dem, was sie gemacht hätte, nur noch der Stich in die Nasenscheidewand ein stärkerer Reiz sei.

N-Klarmann (sinngemäß:) »Nein, das ist gleich.«

Ich antworte (sinngemäß:) »Ich dachte, weil das bei der Hirntoddiagnostik gemacht wird und da würde man zu besonders drastischen Mitteln greifen.«

N-Klarmann (sinngemäß:) »Ich mache es auch da nicht (bei der Hirntoddiagnostik, GL). Auch wenn man es bei sich selber ausprobiert, ist es kein Unterschied.«

Ein PJ-ler führt ein weiteres Kriterium an, um sich zwischen den verschiedenen Methoden der Schmerzprüfung zu entscheiden: Eleganz.

Herr Schlein. Untersuchung durch PJ-Lennon:
... Nachdem er das Ergebnis der Untersuchung eingetragen hat, frage ich ihn, wie er die Schmerzreaktion überprüft. Er kneift mit einem Gegenstand ins Nagelbett. Dann fügt er hinzu, daß es noch andere Möglichkeiten gäbe. Andere würden in den Oberarm kneifen oder auf das Brustbein drücken. Ich frage ihn, warum er auf den Fingernagel kneift.
PJ-Lennon (sinngemäß:) »Ich finde das eleganter, aber ich bin noch unerfahren und bin noch nicht so sicher. Wenn ich so keine Reaktion bekomme, mache ich noch etwas anderes.«

Das Kriterium der Eleganz entspricht in gewisser Hinsicht den ästhetischen Bedenken, die einige Ärzte gegenüber dem Kneifen in Oberarm und Schulter anführen. Alle erleben dies als eine Entstellung der Patienten. In jedem Fall wird die Eleganz aber der Effektivität zweifelsfrei untergeordnet. Das Wichtigste ist, den Schmerzreiz so drastisch zu gestalten, daß eine ausbleibende Reaktion als sicherer Hinweis auf eine neurologische Schädigung gewertet werden kann. Der Test wird so angelegt, daß der Arzt unterstellen können muß, der Patient könne seine Reaktion auf den Schmerzreiz nicht kontrollieren. Es liegt also nicht am Patienten, wann er reagiert, vielmehr wird der Zeitpunkt der Reaktion durch den Arzt festgelegt. Dies erleichtert die diagnostische Handhabbarkeit des Tests.

Schmerzreaktion

Obwohl die Reaktion von der Ärztin initiiert wird, ist es die Patientin, die eigenständig reagieren muß. Dafür stehen ihr als expressive Oberflächen zum einen, die auch im Alltag verwendeten zur Verfügung, nämlich Mimik und Gestik, und zum anderen technische Erweiterungen: die Monitoranzeige von Blutdruck und Herzfrequenz, EEG-Kurve und die Anzeige des Hirndrucks.

Herr Eisenbart. Untersuchung durch A-Bense. Die Ärztin leuchtet dem Patienten wortlos in die Augen. Sie kneift mithilfe einer Schere unterhalb eines der Fingernägel (rechte und linke Hand) und unterhalb eines Zehennagels am rechten und linken Fuß. Sie drückt die stumpfe Außenseite der Schere ins Nagelbett. Der Patient reagiert weder gestisch noch mimisch. Die Ärztin blickt erst auf den Körper im Bett, dann auf den Monitor, auf dessen Anzeige erscheint eine Erhöhung des Blutdruckwerts.

Frau Kopf. Untersuchung durch N-Sander. ca. 8.30:
Zuerst laute Ansprache: Frau Kopf! (mehrmals) und lautes Klatschen. Patientin reagiert nicht.
Der Arzt leuchtet wortlos in die Augen der Patientin. Er gibt die Pupillenreaktion und -weite an P-Friedrich weiter, der es in den Schwesternbogen einträgt. Schon vor der Untersuchung hatte er einen dicken Faden von einem Wattetupfer herausgezupft, damit streicht er über die Hornhaut. Ich bemerke keine Reaktion der Augenlider.
N-Sander (sinngemäß:) Jetzt muß ich Sie mal kneifen.
Er kneift mithilfe des metallenen Teils des Stils seines Reflexhammers in das Nagelbett eines Fingernagels der linken und rechten Hand. Das gleiche bei den Füßen. Die Patientin reagiert nicht, auch nicht mit dem Blutdruck oder der Herzfrequenz.
Danach Abhören und Bauchabtasten, aber kein Reflexeschlagen.

Legen einer Hirndrucksonde, N-Schnitzer operiert. S-Susanne ruft A-Bense wegen der Sedierung. Die Ärztin spritzt das Medikament durch einen Zugang am Arm. Der Patient erhält anschließend einen Stich mit einer Spritzenkanüle auf den Kopf. Er reagiert weder durch eine Körperbewegung, noch verändert sich die Blutdruckanzeige auf dem Monitor. Die Sedierung reicht aus. Die Operation beginnt.

Frau Bein. 14.00 EEG-Ableitung. Auf dem Kopf sind Klebeelektroden festgemacht, durch die elektrische Aktivitäten im Kopfinneren gemessen werden. Die Messung wird als Kurvenverlauf dargestellt, der fortlaufend auf Endlospapier aufgezeichnet wird. A-Ganter kommt in das Zimmer, der Arzt stellt sich neben die EEG-Assistentin, hebt weit ausholend die Hände und fragt: »Soll ich?« Sie signalisiert ihm gestisch ihre Zustimmung. Er klatscht mehrmals laut in die Hände. Sie notiert auf dem Endlospapier: »Akustischer

Reiz«. Der Arzt fragt neugierig: »Und?« Die EEG-Assistentin bestätigt ihm, daß es eine Reaktion auf dem EEG gegeben hätte. ... Darauf klatscht auch sie noch mehrmals in Abständen in die Hände und notiert das jeweils auf dem Bogen. Ich frage sie, ob die Patientin etwas mitbekommen würde.
EEG-Assistentin (sinngemäß:) »Doch sie merkt schon was. Es gibt einen Grundrhythmus und der sollte unterbrochen werden, wenn man einen Reiz setzt. Also so weit weg ist sie nicht.«
Ich frage sie, warum sie mehrmals geklatscht habe.
EEG-Assistentin (sinngemäß:) »Beim ersten oder 2. Mal kann es ein Irrtum oder ein Zufall sein. Deshalb muß man es mehrmals machen.«

Danach kommen die Schmerzreize. Sie sticht mit einem Zahnstocher in die Wange, vermerkt das auf dem Endlospapier, aber es ist keine deutliche Veränderung des Kurvenverlaufs festzustellen. Danach sticht sie in die Nasenscheidewand, vermerkt das auf dem Papier und kneift abschließend mithilfe eines Kugelschreibers in das Nagelbett von Zehen- und Fingernägeln.
Sie stellt resigniert fest (sinngemäß:) »Das scheint ihr alles nichts auszumachen.«

Obwohl die Patientin vielleicht »nicht so weit weg« ist, ist sie sicher nicht bei Bewußtsein, solange sie so ruhig daliegt und all das mit sich tun läßt, ohne sich zu rühren und (das ist wörtlich zu nehmen:) ohne mit der Wimper zu zucken. In einem anderen Fall habe ich die Instruktionen, die eine erfahrenen EEG-Assistentin einer jüngeren Kollegin gegeben hat, beobachten können. Es handelt sich definitiv um die EEG-Ableitung bei komatösen, also bewußtlosen Patientinnen.

Frau Kopf. EEG-Ableitung. Die Ableitung erfolgt durch eine erfahrene Assistentin, die das weitere Vorgehen ihrer noch unerfahrenen Begleiterin erklärt. Bei komatösen Patienten erfolgt erst ein Anruf, das wird auf dem Endlospapier vermerkt. Dann wird geschaut, ob sich Veränderungen im Kurvenverlauf ergeben. Dann ein akustischer Reiz. Sie schlägt zur Demonstration mit einer Schere auf eine Metallschüssel. Das wird ebenfalls vermerkt und überprüft, ob sich der Kurvenverlauf verändert. Das gleiche Vorgehen beim Schmerzreiz: Zuerst am Schlüsselbein, dann an den Zehen. Die Technik beim Schmerzreiz: Kneifen mit einer stumpfen Klemmschere.

Schon die einleitende Bemerkung, wonach es sich um die Ableitung eines EEG bei komatösen Patientinnen handelt, macht klar, daß das EEG in solchen Fällen nicht direkt als Indiz für Bewußtsein gewertet wird.[8] Von noch geringerer Bedeutung ist die Relevanz vegetativer

---

8 Insgesamt kommt dem EEG bei der Diagnose Bewußtsein nur in Ausnahmefällen eine hohe Bedeutung zu. Dies betrifft vor allem Patienten im Locked-in Syndrom. Siehe Fn. 11.

Reaktionen, d.h. die Veränderung von Blutdruck und Herzschlag als Reaktion auf einen Schmerzreiz.

Als Ergebnis der Untersuchung notiert die Ärztin:
9.30.
Patient seit 8.00 ohne Analgosedierung
Pupillen li>re, LR?, CR bds, HR pos
auf Schmerzreiz ⌀ Reaktion, nur RR ↑
Pulmo seitengleich belüftet, VA, insp (es folgt ein unleserliches Wort)
Abdomen weich
⌀ Peristaltik, Extr bds. warm, ⌀ Ödeme

Das Kürzel RR steht für Blutdruck[9] und der Pfeil nach oben steht für Steigerung des Blutdrucks, diese wird zwar als eine Reaktion auf den Schmerzreiz gedeutet, aber nicht als eine vollwertige Reaktion. Zu diesen werden primär mimische oder gestische Reaktionen gerechnet. Wenn ein Patient als reaktionsfähig gilt, sind ausschließlich apparativ vermittelte Reaktionen auf Schmerzreize kein ausreichender Beleg dafür, daß er bei Bewußtsein ist. Es sind zwar Reaktionen auf Schmerzreize, aber es handelt sich nicht um Reaktionen, die als Hinweis auf Bewußtsein gewertet werden. Um überhaupt in Betracht zu ziehen, eine Patientin sei bei Bewußtsein, muß diese mit ihrer körperlichen Gestalt eine Reaktion zeigen. Aber auch gestische und/oder mimische Reaktionen gelten nicht immer als ein Hinweis auf Bewußtsein, d.h. darauf, daß die Patientin auf einen Schmerzreiz nicht nur reflektorisch reagiert, sondern auch einen Schmerz spürt.

Bevor ich darauf komme, wie die Reaktionen der körperlichen Gestalt gewertet werden, ist es sinnvoll, darauf einzugehen, wie die Expressivität des eigenständig reagierenden Körpers subtil auf die Patientin als ein ou-topisches Gegenüber verweist und darüber die Gewißheit untergräbt, wonach eine Patientin, wenn sie auf einen Schmerzreiz nicht reagiert, nichts spürt. Die ausschließliche Konzentration auf die Entsprechung von Schmerzreiz und Schmerzreaktion macht das Gegenüber zu einer Leerstelle, d.h., trotz aller diagnostischen Feinheiten, bleibt es genaugenommen ungewiß, ob ein Patient als Gegenüber der ärztlichen Praktiken etwas empfindet. Beobachtbar sind nur die Reaktionen, auf die sich das positive neurologische Wis-

---

9 Das Kürzel steht genaugenommen für Riva-Rocci, der Name eines Arztes, der eine spezielle Methode der Blutdruckmessung entwickelt hat. Nach Auskunft der Schwester, die ich in der Abwesenheit der Ärztin darauf angesprochen hatte, wird das Kürzel von einigen Ärztinnen generell für Blutdruck verwendet.

sen gründet. Dieses sichere Wissen wird in der Praxis aber immer umspielt von der Unsicherheit der Deutung, d.h. von der Ungewißheit, die aufgrund der doppelseitigen Bedeutungsbeziehung zwischen konstellierter Gestalt und dem Patienten als ou-topischem Gegenüber in die Begegnung zwischen Ärztin und Patientin eingelassen ist.

9.45. Frau Senf. Eben wurde die Entscheidung gefällt, alle Medikamente einschließlich der Sedierung abzusetzen. Die Patientin soll nur noch beatmet werden und Flüssigkeit erhalten. Es entsteht dabei eine kurze Diskussion, ob auch die Sedierung abgesetzt werden soll.
N-Flügel (sinngemäß:) »Man weiß einfach nicht, was sie empfindet.« Obwohl es unwahrscheinlich sei, daß die Patientin etwas empfindet, hält er es aus ethischen Gründen für sinnvoll, die Sedierung nicht abzusetzen.
N-Sander argumentiert in die gleiche Richtung. Aber die anderen beiden Ärzte sind dagegen. Schließlich relativiert auch N-Sander seine Position (sinngemäß:) »Man will sehen, ob sie noch Streßreaktionen zeigt.«
Es bleibt beim Absetzen aller Medikamente.
Bei der Oberarztvisite wird die Entscheidung revidiert.

Visite Frau Senf.
Oberarzt Hubert (sinngemäß:) (ironischer Tonfall) »Da laufen aber wenig Perfusoren.«
N-Nistner (sinngemäß:) »Wir haben alles abgesetzt.«
Oberarzt Hubert mit Blick auf das Anordnungsblatt (sinngemäß:) »Das ist aber noch inkonsistent.«
Damit die Patientin nicht mehr »gegen die Beatmung schnauft«, soll sie »M« erhalten. Dabei flüstert der Oberarzt so leise, daß weder ich noch N-Ritter verstehen, was er gesagt hat. Der Oberarzt wird deutlicher: »Morphin«. Dazu erhält die Patientin Flüssigkeit.
N-Flügel fragt N-Nistner danach (sinngemäß:) »Also ich gebe MSI (Morphin), damit der Atemimpuls unterdrückt wird, aber das könnte ich auch mit einem anderen Mittel erreichen. Ist es dann, weil Morphin gleichzeitig gegen Schmerzen ist?«
N-Nistner (unwillig): »Ja.«
Ich interpretiere die unwillige Reaktion so, daß die Ärztin indirekt einen Rüffel einstecken mußte. Sie hatte sich am morgen dafür stark gemacht, auch die Sedierung zu beenden und jetzt wird ihre Entscheidung rückgängig gemacht.

Es galt aufgrund der neurologischen Untersuchungen als extrem unwahrscheinlich, daß die Patientin noch etwas merkt, sie reagierte auch auf heftige Schmerzreize nicht mehr. An diesem Punkt der Diagnostik angekommen, müßte es eigentlich eine große diagnostische Sicherheit geben. Statt dessen wird es fraglich, ob die Entsprechung von Schmerzreiz und Schmerzreaktion tatsächlich als sicheres Indiz dafür gewertet werden kann, daß die Patientin nichts spürt. Der Oberarzt besteht darauf, die Behandlung so anzulegen, daß der Patientin in jedem Fall Schmerzen erspart werden, auch wenn es nach neurologischem Wissen unwahrscheinlich ist, daß sie sie spüren würde. In derartigen Anordnungen zeigt sich, wie die Unsicherheit, ob die Patientin mit der den Ärzten zugänglichen expressiven Realisierung identisch ist, als praktisches Problem gesehen und bearbeitet wird.

Ein Arzt, mit dem ich über mein Forschungsvorhaben gesprochen hatte, brachte die in solchen Problematisierungen zum Ausdruck kommende Deutungsunsicherheit von sich aus in Zusammenhang mit meiner Forschungsfrage, die ich ihm am Tag zuvor erläutert hatte.

Ich bin beim Aufschreiben. N-Landmann fragt mich nach meinen Eindrücken. Ich reagiere eher diffus. Er fährt dann fort, daß sein Vorgehen bei der Diagnostik, die er eben abgeschlossen hatte, vielleicht wichtig für mein Konzept »Person« sei. Er hatte einem Patienten, dessen Diagnose »vegetativer Zustand« lautete, für eine Gastroskopie, eine schmerzhafte und »relativ invasive Diagnostik«, Dormicum gegeben, ein kurz wirksames Benzodiazepin. Obwohl der Patient es wahrscheinlich nicht mitbekommen würde, hätte er ihm etwas gegeben, wie bei jemand, der etwas mitbekommen hätte.
N-Landmann (sinngemäß:) »Ich habe ihm etwas gegeben, obwohl er ohne wahrscheinlich genausoviel mitbekommen hätte.«
Das heißt, vermutlich hätte er auch ohne Medikament nichts gemerkt.

In diesen Fällen hatte die Deutungsunsicherheit, die sich daraus ergibt, daß die Patientin nur indirekt über die erscheinende Gestalt zugänglich ist, praktische Konsequenzen. Aber auch wenn derartige Rücksichtnahmen nicht zur Debatte stehen, kann es schwierig sein, die Patientin als ein durch das neurologische Wissen nicht positivierbares Gegenüber, das etwas erfahren und empfinden könnte, konsequent auszublenden.

Übergabe. Frau Lever. Die Behandlung wird radikal begrenzt. Zusammenfassender Kommentar einer Ärztin (sinngemäß:) »Sie muß spontan atmen und wenn sie das nicht tut, nehmen wir das so hin.«
Es wird im weiteren erwogen, ob die Patientin in einem Locked-in-Syndrom sein könnte. Aber das wird wieder verworfen.
N-Rostner (sinngemäß:) »Sie bewegt sich ja. Wenn Du ihr die Augen aufmachst, nimmt sie keinen Kontakt auf. Bei einem Locked-in hätte die Patientin eine schlaffe Tetraparese haben müssen.«
A-Herzberg (sinngemäß:) »Aber wir wissen nicht, ob sie akustisch noch etwas mitbekommt.«

N-Rostner (sinngemäß:) »Aber es gibt keine neurologische Untersuchung, die das feststellt.«

A-Herzberg (sinngemäß:) »Nein, ich meine ja auch nicht, daß das eine Konsequenz für die Behandlung hat, nur daß man im Zimmer der Patientin nicht darüber spricht, daß die Therapie abgebrochen wird und daß man sie sterben läßt.«

In diesem Fall geht es um eine grundsätzliche Behandlungsbegrenzung, die auch die Fortführung der künstlichen Beatmung ausschließt, falls es der Patientin nicht selbst gelingen sollte, genügend Luft in die Lungen hineinzubefördern. Diagnose und Prognose der Patientin sind sehr schlecht, sie ist in einem vegetativen Zustand, d.h., sie gilt als nicht bei Bewußtsein und es gibt vor dem Hintergrund ihrer Erkrankung auch keine Aussicht darauf, daß sich dies noch einmal verändern würde. Trotzdem wird in dieser Diskussion ein diffuses Unbehagen an der diagnostischen Sicherheit deutlich, die die Patientin als Ganzes damit identifiziert, wie sie expressiv zugänglich ist. Gemessen daran, würde die Erscheinung der Patientin im Sinne der Expressivität des eigenständig reagierenden Körpers verstanden werden können. Die Patientin ist sogar wach, sie hat die Augen auf, kann sich bewegen und zeigt auch einfache Schmerzreaktionen. Allerdings gibt es für die diskutierenden Ärztinnen keinen sicheren Beleg dafür, daß die Patientin bei Bewußtsein ist. Keinen Kontakt aufzunehmen, heißt die Augen offen zu haben, ohne den Blick in irgendeiner Weise auf das Gegenüber zu richten. Die Diskussion der Möglichkeit, die Patientin könnte in einem Locked-in-Syndrom sein, aktualisiert eine andere Möglichkeit. Unter Locked-in-Syndrom wird ein Zustand verstanden, bei dem Patientinnen zwar ein Bewußtsein ihrer selbst und ihrer Umgebung haben, aber kopfabwärts gelähmt sind. Unter Umständen können sie nur noch die Augenlider bzw. die Pupillen bewegen. In einem solchen Fall wäre der Patient als merkendes bzw. sich selbst spürendes Selbst zwar vorhanden, aber dies könnte zumindest durch einige der üblichen neurologischen Diagnoseverfahren nicht mehr nachgewiesen werden. In dem Maße, wie die Patientin mit ihren expressiven Möglichkeiten identifiziert wird, könnte sie deshalb durch diese diagnostischen Verfahren nicht mehr erfaßt werden. In der Debatte wird zwar sofort geklärt, daß die klassische Symptomatik eines Locked-in-Syndroms bei dieser Patientin nicht gegeben ist, aber das räumt den Zweifel des einen Arztes nicht aus. Ohne eine Konsequenz für die Behandlung angeben zu können, bleibt er dabei, die Patientin könne unter Umständen nicht mit der expressiven Darstellung, die einzig einer neurologischen Untersuchung zugänglich ist, identisch sein. Sowie die Möglichkeit aufscheint, die Patientin könne ein Gegenüber sein, das nicht mit einem Untersuchungsergebnis identifiziert werden kann, wird es unsicher, ob sie tatsächlich nichts bewußt merkt. Es bleibt ein vager Verdacht. Da keine Klärung in Aussicht ist, wird der Punkt wieder ad acta gelegt. Die Beunruhigung durch das ou-topische Gegenüber verliert sich wieder – bis auf weiteres.

Expressivität des leiblichen Bewußtseins

Die eben geschilderten Beunruhigungen durch das ou-topische Gegenüber rührt von der Anerkennung eines Nichtwissens. Es basiert auf einer Differenz zwischen der Erscheinung des Patienten und dem Patienten als lebendigem bzw. bewußtem Gegenüber. Die Anerkennung dieser Differenz kann in der klinischen Arbeit massiv zu einem Problem werden, wenn es definitiv um das Problem des Bewußtseins geht. Schon der eingangs vorgestellte Aufsatz der »Multi-Society Task Force on PVS (1994)« hatte dezent auf dieses Problem aufmerksam gemacht. Das Kürzel »PVS« steht für »persistent vegetative state« und referiert auf einen Zustand, für den im deutschsprachigen Raum neben dem Anglizismus auch die älteren Bezeichnungen »apallisches Syndrom« und »Wachkoma« verwendet werden. Der semantische Gehalt dieser Termini ist gleich: Es wird auf eine neurologische Störung referiert, bei der die betroffenen Patientinnen zwar wach sind, aber weder sich selbst noch ihre Umwelt merken. Wach heißt in neurologischer Hinsicht lediglich, daß die Patienten die Augen offen haben. Ob sie bei Bewußtsein sind, ist damit nicht entschieden. Wenn es darum geht festzulegen, ob der Zustand eines Patienten mit dem Terminus »apallisches Syndrom« richtig beschrieben ist, muß also als entscheidende Frage geklärt werden, ob die äußere Erscheinung einer Patientin darauf hinweist, daß sie bei Bewußtsein ist. Bei dieser Klärung findet die Abgrenzung zwischen der Expressivität des eigenständig reagierenden Körpers und der Expressivität des leiblichen Bewußtseins statt.

Bei der Beobachtung der ärztlichen Praxis war es für mich selbst immer wieder überraschend, wie deutlich es den beteiligten Ärztinnen ist, daß sie Deutungen vornehmen.

Zunächst entwickelt sich eine Diskussion zwischen N-Flügel und N-Landmann. N-Flügel liest im Arztzimmer gerade etwas über Schmerzreize

bzw. deren Weiterleitung über den Thalamus. Es entwickelt sich ein Gespräch zwischen ihm und seinem Kollegen über die Frage, ab wann man davon sprechen könne, daß jemand einen Schmerz empfindet. N-Landmann verweist auf die drei Funktionen der Anästhesie: Einschlafen lassen, Analgesie (Schmerzbekämpfung), Muskelrelaxation (Hemmung der Bewegungsfähigkeit). Dann führt er aus, daß Schmerz nicht mit Schmerzempfindung gleichzusetzen sei. Wenn ein Anästhesist merkt, daß ein Patient bei der Operation mit der Herzfrequenz hochgeht oder sich verkrampft, ist das ein Zeichen für physiologischen Streß, dann wisse er, es würde etwas mit der Anästhesie nicht stimmen, weshalb er die Dosis erhöhen müsse.
... N-Flügel überträgt das auf das Apallikerproblem ...

Nachdem die Diskussion zwischen den Ärzten abgeebbt ist, entwickelt sich ein Gespräch zwischen N-Flügel und mir. Dabei geht es zunächst um den Unterschied zwischen Schmerz als physiologischem Ereignis und Schmerzempfindung. Bei Apallikern sei es so, daß sie keine Kognition, kein Bewußtsein mehr haben, also könnten sie auch keinen Schmerz empfinden. Wenn sie auf Schmerzreize reagieren, sei das ein physiologischer Vorgang, der nichts mit Kognition zu tun hat.
Ich bin mir nicht mehr sicher, ob auf meine Nachfrage oder spontan, jedenfalls kommt N-Flügel dahin zu sagen, daß vollkommen unklar sei, was Kognition bzw. Bewußtsein eigentlich sei. Das wisse niemand. Als für ihn gültigen Autoritätsbeweis führt er an, daß selbst der Professor Linke aus Bonn nichts dazu sagen würde. Das hatte mir N-Flügel schon einmal vor ein paar Tagen spontan als Problem vorgetragen, daß niemand wisse, was Bewußtsein ist.

In der Diskussion fährt er fort, ob ich denn eine Definition von Bewußtsein kennen würde, er würde jedenfalls keine kennen. In der Zwischenzeit hatte N-Landmann das Arztzimmer verlassen und N-Sander war hereingekommen und mischt sich in das Gespräch ein: Es gäbe natürlich Definitionen von Bewußtsein, nur keine medizinischen.
Darauf antwortet N-Flügel (sinngemäß:) »Ja aber was nützen mir Definitionen, wenn ich nicht sagen kann, dort sitzt das Bewußtsein. Wenn das und das im Gehirn da ist und funktioniert, dann ist Bewußtsein da. So etwas wäre gut.«
Er wendet sich dann an mich, ob ich eine Definition von Bewußtsein kennen würde?
Ich antworte (sinngemäß:) »Mehrere. Das Ausgangsproblem ist: Es geht um das Bewußtsein des Anderen und nicht um Selbstbewußtsein. Das Bewußtsein des anderen Ich ist unzugänglich, man hat es nur mit Zeichen zu tun.«
N-Flügel versteht das in dem Sinn, daß man nicht weiß, was Bewußtsein ist.

Schon im vorherigen Verlauf des Gesprächs hatte N-Flügel festgestellt (sinngemäß:) »Es ist im Endeffekt ein kommunikatives Problem. Denn es geht nicht um Kognition, sondern darum, daß der Patient mir zeigt, daß er kognitiv ist, daß er reagiert auf meine Reize, egal wie, ob er sich bewegt, ob mit dem Blutdruck oder der Herzfrequenz. Das muß er reproduzierbar zeigen.«

Entsprechend dieser Feststellung interpretiert N-Flügel meine Aussage (sinngemäß:) »Das ist doch dasselbe, was ich gesagt habe.«
Er fährt fort: Obwohl man nicht wisse, was Bewußtsein sei, würden sie in dem Apalliker-Projekt versuchen, reproduzierbare und meßbare Daten zu erheben, anhand derer sich entscheiden läßt, ob jemand noch kognitiv ist.
N-Flügel (sinngemäß:) »Das klingt zwar merkwürdig, daß man etwas messen möchte und nicht genau weiß, was es ist, aber das passiert in der Medizin öfter.«

Dieses Gespräch zeigt eine eigenartige Dynamik. Zunächst geht es um die Differenz zwischen Schmerz als physiologischem Streß und der Schmerzempfindung. Diese in der Anästhesie geläufige Unterscheidung ist ein weiteres Indiz für die Triftigkeit der Unterscheidung zwischen der Expressivität des eigenständig reagierenden Körpers und der Expressivität des Lebens, die ich vorgenommen habe. N-Flügel überträgt die Überlegungen seines Kollegen direkt auf das Problem der Diagnose von Bewußtsein. Dabei zeigt sich eine erstaunlich Konvergenz zwischen der Forschungsfrage des Arztes und meinem eigenen Anliegen. Auch dem Arzt geht es darum, die Schwierigkeiten zu bewältigen, die sich daraus ergeben, daß der andere bzw. das Bewußtsein des anderen immer nur indirekt zugänglich ist. Dabei artikuliert er ein deutliches Problembewußtsein, indem er die Differenz zwischen dem Patienten und dem, was dieser zeigt, stark macht. Er ist selbst der Meinung, daß die medizinische Diagnostik nicht das Bewußtsein bzw. die Kognition des Patienten selbst zum Gegenstand hat, sondern nur das, was für sie direkt zugänglich ist, nämlich das was die Patientin zeigt. Die Lösung der Probleme wird dann, darin unterscheiden sich große Teile der Soziologie nicht von der Medizin, durch eine Verschiebung erreicht. Die Ungewißheit darüber, was gemessen wird, wird kompensiert durch die Genauigkeit der Meßverfahren.[10] Diese Kompensation tendiert dazu, die Differenz zwischen der direkt zugänglichen Expressivität und der nur indirekt zu erdeutenden Einheit, dem leiblichen Bewußtsein selbst, die der Arzt eben noch stark gemacht hatte, in ihrer Bedeutung wieder zurückzunehmen. Das ungreifbar ou-topische des Gegenüber wird wieder eingeebnet in die beobachtbare, standardisierbare und damit auch meßbare Reaktion.

Diese explizit vorgenommene Verschiebung ist auch der Stand der avancierten medizinischen Bewußtseinsforschung. Die gleiche Konsequenz, die der Neurologe in der Diskussion gezogen hat, wurde

---

10 Für eine in der Soziologie klassisch gewordene Thematisierung des Problems vgl. Cicourel (1974).

auch vom Autorenkollektiv der Multi-Society Task Force on PVS (1994) favorisiert. Unter der Überschrift »diagnostic factors and the limits of certainty« formulieren sie einen grundsätzlichen Zweifel, der ebenfalls durch Verschiebung bewältigt wird.

> »There is however, a biologic limitation to the certainty of this definition, since we can only infer the presence or absence of conscious experience in another person. A false positive diagnosis of a persistent vegetative state could occur if it was concluded that a person lacked awareness when, in fact, he or she was aware. Such an error might occur if a patient in a locked-in state (i.e., conscious yet unable to communicate because of severe paralysis) was wrongly judged unaware. Thus, it is theoretically possible that a patient who appears to be in a persistent vegetative state retains awareness but shows no evidence of it. In the practice of neurology, this possibility is sufficiently rare that it does not interfere with a clinical diagnosis carefully established by experts.« (Multi-Society Task Force 1994: 1501)

Die Autoren sehen sich in der Lage, einen unauflösbaren Zweifel praktisch klein zu arbeiten. Sie können grundsätzlich die Möglichkeit nicht ausschließen, daß ihnen das Bewußtsein der untersuchten Person entgeht, und dennoch bleibt ihnen nichts anderes, als noch mehr positives Wissen zu sammeln, um ihre Unsicherheit zu begrenzen. Primär schöpfen die Autorinnen ihr Wissen aus drei Quellen: dem beobachtbaren Verhalten der Patientinnen, den apparativen Untersuchungen der Stoffwechselprozesse des Gehirns sowie neuropathologischen Studien an den Gehirnen von verstorbenen apallischen Patienten (vgl. Multi-Society Task Force 1994: 1501 f.). Es handelt sich aber in jedem Fall um ein Wissen, das auf einer anderen Ebene angesiedelt ist als der Zweifel an der Sicherheit der Diagnose. Der Zweifel basiert auf der Annahme, es könne Formen von Bewußtsein ohne eine expressive Realisierung geben, d.h. Formen von Bewußtsein, die nicht oder zumindest nicht durch eine der gegenwärtig bekannten neurologischen Untersuchungsmethoden nachgewiesen werden können. Unter dieser Voraussetzung ist es eine merkwürdige Verschiebung, wenn der Zweifel durch den Verweis auf die gegenwärtig praktizierten Untersuchungsmethoden ausgeräumt werden soll. Auch wenn die Ungreifbarkeit des ou-topischen bewußten Subjekts anerkannt wird, gibt es für die Autoren keine andere Konsequenz, als sich in der relativen Sicherheit der neurologischen Diagnostik einzurichten.[11]

---

11 Das Problem wird allerdings auch in der klinischen Diagnostik wieder relevant, wenn es um ein sogenanntes Total-Locked-in Syndrom (TLIS) geht. Es handelt

Zu den Verhaltensweisen, die als Hinweis auf Bewußtsein gewertet werden, zählen gezielte Bewegungen als Reaktionen auf einen Schmerzreiz. Dabei ist es allerdings fraglich, was unter einer gezielten Bewegung zu verstehen ist. Einige betrachten eine Schmerzreaktion als Hinweis auf Bewußtsein, wenn der Patient die Gliedmaßen gezielt wegzieht, an denen der Schmerzreiz gesetzt wurde. Andere sind anspruchsvoller und deuten eine Schmerzreaktion erst dann als Hinweis auf Bewußtsein, wenn die Bewegung der Patientin den Schluß nahe legt, sie würde versuchen, die Schmerzquelle abzuwehren. Dazu müssen zumindest noch andere Gliedmaßen in die Reaktion auf den Schmerzreiz integriert werden.

Oberarztvisite mit einem Hintergrund-Oberarzt, der nicht regelmäßig auf der Station ist. Frau Jördens liegt in einem Einzelzimmer. Die Visite geht nicht in das Zimmer. Die Patientin wird von draußen besprochen. Begrüßung etc. fällt aus.
Hintergrund-Oberarzt (sinngemäß:) »Sie hat alle Zeichen dafür, apallisch zu sein: Sie ist nicht kognitiv, sie ist sprechunfähig, nichtresponsiv. Anfangs gab es Hinweise, daß sie nicht apallisch ist. Auf Schmerzreize reagierte sie manchmal mit Massenbewegungen. Manchmal aber auch mit gezieltem Wegziehen.« Das letztere wäre für den Hintergrund-Oberarzt ein Zeichen dafür, daß die Patientin nicht apallisch ist.

Für diesen Arzt reicht es aus, wenn eine Patientin auf einen Schmerzreiz reagiert, indem sie die gereizten Gliedmaßen gezielt wegzieht. Mit dieser Auffassung steht er zwar nicht allein, aber sie ist nicht Konsens.

Kurzes Gespräch mit N-Ritter.
Er hatte im Arztbrief zur Verlegung von Frau Jördens diese nicht als apallisch bezeichnet. Das hatte mich gewundert, da sie von anderen Ärzten für apallisch gehalten wurde. Auf meine Nachfrage führt er zwei Gründe an:
N-Ritter (sinngemäß:) »1. Frau Jördens reagiert auf Schmerzreize mit gezieltem Wegziehen. Das sei eine Beteiligung von afferenten und efferenten Ner-

---

sich dabei um Patienten, die vollkommen bewegungsunfähig sind, d.h., es sind nicht nur die Gliedmaßen gelähmt, sondern auch Bewegungen des Kopfes, der Augenlider und der Augen sind den betreffenden Patienten unmöglich (vgl. hierzu Kurthen, Moskopp, Linke, Reuter 1991; Bauer, Gerstenbrand, Rumpl 1979). In diesen Extremfällen kann die Frage, ob die Patienten bei Bewußtsein sind, nur mit Bezug auf apparative Untersuchungen der Gehirnfunktion entschieden werden und bleibt deshalb offen, da der gegenwärtige Stand der Neurowissenschaft es nicht erlaubt, allein aufgrund apparativer Untersuchungen Aussagen darüber zu treffen, ob das Gegenüber bei Bewußtsein ist (vgl. Kurthen, Moskopp, Linke, Reuter 1991).

venbahnen. Die Umschaltung findet oberhalb des Spinalis statt. Vielleicht sind sogar kortikale Bahne beteiligt. Die Vermittlung erfolgt nicht einfach nur reflektorisch. 2. Sie grimassiert bei Schmerzreizen im Trigeminusbereich, dabei sind ebenfalls afferente und efferente Bahnen beteiligt. Die Umschaltung erfolgt im Stammhirn. Beides fällt aus der Definition apallisch heraus.«
G.L.: »Deutet das jetzt auf Kognition hin?«
N-Ritter (sinngemäß:) »Kognition ist unsicher, aber es könnte sein.«
G.L.: »Deutet es darauf hin, daß sie den Schmerz spürt.«
N-Ritter: »Ja.«
Diese Auskunft war für mich irritierend. Ich frage N-Flügel und N-Landmann, die kurz darauf ins Ärztezimmer kommen – N-Ritter hatte in der Zwischenzeit den Raum verlassen – und erhalte hinsichtlich der Schmerzreaktion eine andere Auskunft: Spüren des Schmerzes wäre eine einfache Form von Bewußtsein/Kognition, das wäre nur gegeben, wenn die Reizquelle gezielt weggeschoben wird, oder wenn der Patient eine Hand zum Schmerzort hinbewegt.

Der zuerst befragte Arzt begründet seine diagnostische Entscheidung zweifach. Zum einen mit Bezug auf die Topographie des Gehirns und zum anderen unter Rekurs auf die Komplexität der Reaktion, die nicht einfach nur als reflektorische Reaktion beschrieben werden könne. Die Inanspruchnahme der Topographie ist insofern verwirrend, als dabei Reaktionen angeführt werden, die definitiv als Ausschlußkriterium für das sogenannte Hirntodsyndrom gewertet werden. Ein Schmerzreiz im Trigeminusbereich ist integraler Bestandteil der Hirntoddiagnostik und eine Reaktion auf diesen Reiz schließt einen Hirntod aus, denn das Stammhirn muß für die Umschaltung der afferenten Bahn, der Weiterleitung des ankommenden Reizes, zur efferenten Bahn, der Umschaltung auf die Nervenbahnen, die zum Muskel und damit zu einer Bewegung führt, intakt sein. Aber ein intaktes Stammhirn gehört nach allgemeinem neurologischen Wissensfundus zwar zum Leben, ist aber nicht die Voraussetzung für das Vorhandensein von Bewußtsein. Das gleiche gilt für den Verweis auf die »oberhalb des Spinalis«, also oberhalb des Rückenmarks, stattfindende Umschaltung, die nach Auffassung des Arztes das neuronale Substrat des gezielten Wegziehens ist. An der Grenze von Rückenmark und den unteren Bereichen des Gehirns verläuft die historisch gezogene Grenze zwischen Leben und Tod im Kontext der Hirntoddiagnostik (vgl. Kapitel 3). Der Glaube an die Sicherheit dieser Grenze wurde maßgeblich unterstützt durch die apparative Darstellung des Durchblutungsstops, der am anatomischen Substrat eine Grenze sichtbar machte – bis hierhin und nicht weiter reicht die Durchblutung. Die Grenze zwischen Bewußtsein und vegetativem Zustand wird bislang jedoch ohne Rekurs auf das neuronale Substrat gezogen. Es gibt lediglich Hinweise darauf, daß bei apallischen Patienten der Stoffwechsel im Gehirn geringer ist und denen von Patientinnen in tiefer Narkose ähnelt (vgl. Multi-Society Task Force 1994: 1502). Das Argument des Arztes zieht Hirntod und vegetativen Zustand zusammen, breitet das Bewußtsein im gesamten Gehirn aus und kann daher die gleiche elaborierte Sicherheit in Anspruch nehmen, die in den Augen von Neurologen die Hirntoddiagnostik hat. Nach dieser Auffassung wäre eine bewußte Schmerzempfindung dann gegeben, wenn Nerven oberhalb des Rückenmarks an der Reizweiterleitung und an der Umschaltung der Nervenbahnen zum Muskel beteiligt sind. Worin der Sinn dieser Verschiebung liegt, ist schwer zu sagen. Faktisch entgeht der Arzt mit dieser Feststellung jedenfalls der Zumutung, einem Menschen, der deutlich darauf reagiert, wenn ihm ein Schmerz zugefügt wird, abzusprechen, diesen Schmerz auch zu empfinden. Einem Laien fällt dies schon schwer, wenn ein Patient sich windet oder mimisch reagiert. Bei gezieltem Wegziehen stellt sich offensichtlich auch bei einigen Ärzten die Anmutung ein, der Patient würde den Schmerz empfinden. Andere sind allerdings noch anspruchsvoller: Nur eine wenigstens angedeutete Abwehr der »Reizquelle« wird als Hinweis auf ein Empfinden des Schmerzes gedeutet.

Diese unterschiedlichen Anforderungen daran, ob eine Schmerzreaktion als Hinweis auf Bewußtsein gewertet werden kann, ließen sich alle innerhalb eines Autoritätssystems beobachten. Dies ist insofern erstaunlich, als innerhalb dieses Autoritätssystems durch den Chef der Abteilung festgelegt war, daß nur eine gezielte Abwehrbewegung zu den Indizien, die auf Bewußtsein hinweisen, zu rechnen sind.[12]

---

12 Ich habe den Chef der Abteilung nicht selbst daraufhin befragt, werte aber die folgenden Indizien als sicheren Beleg für diese Annahme. Die Stationsärztin hatte mir die offiziell auf der Station verwendete Einteilung so vorgestellt:
Wach: Patient hat spontan die Augen auf.
Somnolenz: Patient schläft, er ist aber durch Ansprechen erweckbar.
Sopor: Patient schläft, er ist aber erweckbar durch sehr lautes Ansprechen, taktile Reize oder leichte Schmerzreize.
Koma: Patient ist nicht erweckbar, d.h., er öffnet die Augen nicht. Das Koma wird in vier Tiefegrade unterteilt.
I. Reaktion auf Schmerzreiz: gezielt wegziehen.
II. Reaktion auf Schmerzreiz: ungerichtete Bewegungen oder Grimmassieren.
III. Reaktion auf Schmerzreiz: Beuge- und Strecksynergismen.
IV. Reaktion auf Schmerzreiz: keine Reaktion.
Das gezielte Wegziehen als Schmerzreaktion wird hier sogar zu den Reaktionen gerechnet, die auch ein komatöser Patient zeigen könnte. Dies ist Bestandteil einer

Trotzdem zählt eine derartige Interpretation nicht zu den Elementen des Ethos der Kunstfertigkeit, die durch massive Kritik geltend gemacht werden.

Unabhängig von der diagnostisch unterschiedlichen Wertung des gezielten Wegziehens und des gezielten Abwehrens erscheint mir folgendes bedeutsam: Beide Reaktionen weisen auf den Ort hin, an dem der Schmerzreiz gesetzt wird. Es handelt sich um eine Reaktion, die am eigenen Körper den Ort zeigt, wo es weh tut. Darüber hinaus zeigen die gezielten Reaktionen auch eine Beziehung des Körpers zur Außenwelt. Wenn das entsprechende Körperteil weggezogen wird, zeigt die Bewegung, wovon sie weggeht. Wenn eine Abwehrreaktion oder eine Bewegung der Hand zum Schmerzort erfolgt, zeigt der reagierende Körper auf das, woher der Schmerzreiz kommt. Dieses Zeigen wird als Indiz gewertet, daß der Gepeinigte an sich selbst spürt, wo es schmerzt. D.h., die sichtbare Reaktion der körperlichen Gestalt zeigt auf das unzeigbare Innen, auf den Schmerz des begegnenden Gegenüber. Die sichtbare Schmerzreaktion verweist somit auf eine elementare Verbindung zwischen einem Selbst, das sich merkt, und einem wahrgenommenen Außen, auf welches das Selbst reagiert.

Diese Deutung der Reaktion, die ich so von keinem Arzt gehört habe, bezieht die Einschätzung, ob die Schmerzreaktion als Indiz für Bewußtsein gewertet werden kann, auf die autoritative Definition des vegetativen Status zurück, die von der Multi-Society Task Force (1994) formuliert worden war. Bemerkenswerterweise unterscheidet sich das neurologische Wissen um Bewußtsein damit nur unwesentlich vom praktischen Alltagswissen: Wem ein Schmerz zugefügt wird, der zuckt zurück und flüchtet oder er wehrt sich. Genau das erwarten Ärztinnen von ihren Patientinnen.[13]

Der Test der Schmerzreaktion ist nur einer unter mehreren, wenn es darum geht zu diagnostizieren, ob ein Patient bei Bewußtsein ist.

---

quasi-offiziellen Einteilung, die auf einer Station nicht gegen die Spitze des Autoritätssystems, den Chef, durchgehalten werden könnte.

Das zweite Indiz dafür, daß der Chef der Abteilung dahin tendiert, höhere Anforderungen an die Schmerzreaktionen zu stellen, die als Hinweis auf Bewußtsein gewertet werden können, ist die Haltung eines Arztes, der mit ihm in einem Forschungsprojekt zusammenarbeitet, in dem es explizit um die Frage geht, wie eine punktgenaue Abgrenzung apallischer Patientinnen erfolgen kann. Dieser Arzt vertrat auch die Auffassung, nur eine gezielte Abwehrreaktion könne als Hinweis auf Bewußtsein gewertet werden.

13 Es wäre eine interessante Frage, wie eine neurologische Diagnostik aussähe, würde sie in einer Kultur stattfinden, in der das stoische Ertragen von Schmerz zu den höchsten Werten zählte.

Die anderen Tests haben insofern eine vergleichbare Qualität, als sie überprüfen, inwiefern die Patientin nicht nur eine momentane reflexhafte Verbindung zur Umwelt hat, sondern eine, die über einen minimalen Zeitraum aufrechterhalten wird. Es geht auch hier darum, daß die Reaktion nach außen zeigt, d.h. auf die Verbindung zur Außenwelt, und nach innen, nämlich darauf, daß die Verbindung durch den Körper selbst gestaltet wird. In der klinischen Diagnostik sind dabei die Fähigkeit, einem Gegenstand mit den Augen zu folgen, die Hinwendung zu einem Reiz und – seltener – das Habituieren von Bedeutung.

Einem Gegenstand, der vor dem Gesicht bewegt wird, mit den Augen zu folgen, gilt nicht als eine reflektorische Reaktion, d.h., sie wird nicht gedeutet gemäß der Expressivität des eigenständig reagierenden Körpers. Wenn eine Patientin derart einem Gegenstand folgt, zeigt sie mit dieser Reaktion, daß sie über einen gewissen Zeitraum selbständig einen visuellen Kontakt aufrechterhält und daß sie diese Beziehung zur Außenwelt als Subjekt selbst gestaltet.

Herr Kurze. Untersuchung durch N-Schnitzer, N-Klarmann und einen anderen Arzt.
Der mir unbekannte Arzt geht ans Krankenbett und spricht den Patienten mehrmals laut an: »Herr Kurze!« Der Patient reagiert nicht. Er führt den Finger vor den offenen Augen mehrmals langsam von rechts nach links und retour. Der Patient folgt dem Finger nicht mit den Augen.
Der Arzt fragt N-Klarmann (sinngemäß:) »Macht er denn etwas bei Schmerz?«
Er kneift in den rechten Oberarm des Patienten, der reagiert nicht.
Danach drückt N-Klarmann auf die rechte und die linke Augenbraue in der Nähe der Nasenwurzel. Der Patient verzieht das Gesicht.
N-Schnitzer: »Er grimassiert.«
Danach kneifen die beiden Ärzte noch in den linken Oberarm und in den Unterschenkel des rechten und linken Beines. Der Patient reagiert nicht.
Der mir unbekannte Arzt konstatiert: »Der ist apallisch.«

Der Patient reagiert auf einen Schmerzreiz »nur« mimisch und er zeigt nicht durch die Bewegungen der Pupillen, daß er den Finger des Arztes wahrnimmt. Dies legt vorläufig den Schluß nahe, daß er apallisch, also nicht bei Bewußtsein, ist.

Da es sich bei bewußten Reaktionen um solche handelt, die von der Patientin selbst gestaltet werden, kann es sein, daß ein Arzt sich genauer überlegt, wie er die Aufmerksamkeit des Patienten gewinnen kann.

Untersuchung durch N-Flügel
Der Arzt führt ein Plüschtier, grau mit roter Zipfelmütze, vor dem Gesicht des Patienten hin und her in einem Abstand, der es wahrscheinlich macht, daß er es gut erkennen kann. Der Patient reagiert nicht. Er hatte zuvor mehrere Wochen in einem Heim gelegen.
N-Flügel (sinngemäß:) »Wenn man so lange in einem Heim war, dann müßte man eigentlich nach Reizen geradezu gierig sein. Wenn das nicht der Fall ist, ist es wahrscheinlich, daß man nichts mehr wahrnimmt.«
Außerdem hat der Patient große Pupillen, von denen eine entrundet ist, das wäre ebenfalls ein Indiz dafür, daß der Patient nichts wahrnimmt.

Die zusätzliche Erklärung unterstreicht die Differenz zwischen der Expressivität des eigenständig reagierenden Körpers und der Expressivität des leiblichen Bewußtseins. Ein Reflex, der nicht auslösbar ist, verweist einfach auf eine Nervenschädigung. Wenn dagegen Bewußtsein im Spiel ist, können auch Mutmaßungen ins Spiel kommen, wem oder was der Patient wohl seine Aufmerksamkeit widmen könnte und warum nicht. Es geht nicht mehr nur um eine Außensteuerung, sondern es wird die Möglichkeit in Rechnung gestellt, der Patient könne seine Aktionen selbst hemmen oder forcieren. Auf diese Möglichkeit versucht der Arzt sich einzustellen, indem er die Untersuchung mit einem auffälligen Gegenstand durchführt.

Die Hinwendung zu einem Reiz besteht darin, daß in der Nähe der Patientin ein akustischer Reiz erzeugt wird, um zu sehen, ob sie sich in irgendeiner Weise in die Richtung wendet, aus der der Reiz kommt. Dies erfolgt meist, indem der Arzt, der neben der Patientin steht, in die Hände klatscht, wobei er, um sicher zu gehen, auch die Position im Raum verändert, damit der Reiz aus verschiedenen Richtungen kommt. Die Reaktion der Patientin wird daraufhin beobachtet, ob sie sich in irgendeiner Weise, sei es durch eine Bewegung der Augen oder eine Drehung des Kopfes, dem Reiz zuwendet. Auch dieses diagnostische Verfahren läßt sich als ein Versuch verstehen, dem Patienten eine Reaktion zu entlocken, die darauf hinweist, er würde eigenständig über einen gewissen Zeitraum eine Verbindung zur Außenwelt aufrechterhalten und diese selbst gestalten. Er hört und wendet sich in die Richtung, aus der er etwas gehört hat. Sofern es um die Expressivität des eigenständig reagierenden Körpers geht, erfolgt die Reaktion ohne Kontrolle durch das Subjekt. Bei all den Reaktionen, die im Sinne der Expressivität des leiblichen Bewußtseins gedeutet werden, lassen sich dagegen die Reaktionen als Hinweis auf eine selbst gestaltet Eigenaktivität begreifen. Bewußte Reaktionen müssen nicht immer gleich aussehen, sondern es wird dem Selbst ein Spielraum zugestanden, d.h., als bewußtes Selbst hat der Patient die Möglichkeit, seine Reaktion zu variieren. Es ist unerheblich, ob er sich einem Reiz zuwendet, indem er nur die Pupillen bewegt oder indem er den Kopf dreht oder indem er eine Bewegung mit dem ganzen Körper macht, die deutlich wie ein Versuch aussieht, sich auf den Reiz zu richten. Entsprechendes gilt bei der Schmerzreaktion. Eine Hand zum Schmerzort zu bewegen und eine gezielte Abwehrbewegung auszuführen, werden als sinnentsprechende Reaktionen behandelt. Wichtig ist lediglich, daß sie als vom Selbst kontrollierte Reaktionen verstanden werden können, die sich von bloßen Reflexreaktionen unterscheiden lassen.[14]

---

14 Am Bett von Herrn Stadt. N-Nistner erklärt mir, daß es strittig sei, ob der Patient noch etwas von seiner Umgebung merken würde. Sie ist der Meinung, das sei nicht der Fall. Sie führt mir vor, daß es zwar einen unspezifischen Greifreflex gäbe. Dazu berührt sie die Innenfläche einer Hand, die Finger des Patienten schließen sich um die Hand der Ärztin. Bei dieser Reaktion würde es sich aber nicht um eine bewußte Reaktion handeln.
Ein anderer Arzt versucht am nächsten Tag, N-Nistner davon zu überzeugen, daß Herr Stadt doch bewußt reagiert.
Am Bett von Herrn Stadt. N-Landmann hatte mit der Untersuchung schon begonnen, das habe ich verpaßt. Ich gehe mit N-Nistner in den Raum. Es ist etwas schwierig, da ein Ständer mit zwei Perfusoren direkt neben der Tür steht und beim Türöffnen muß man sich an den Kabeln vorbeizwängen. Ich befürchte eine Verbindung abzureißen, kann es aber erfolgreich vermeiden. N-Nistner kommt nach mir in den Raum. Während oder kurz nachdem N-Nistner den Brustraum abhorcht, versucht N-Landmann Herrn Stadt wach zu machen.
Er wendet sich an N-Nistner, ob sie nicht sehen möchte, daß Herr Stadt reagiert, wenn man ihn erschreckt. Der Patient würde die Augen schließen, wenn man ihn mit der Hand mit nach vorn gespreizten Fingern ruckartig auf die Augen zufährt. Herr Stadt reagiert allerdings nicht in der gewünschten Weise.
… N-Nistner (sinngemäß:) »Das war doch schon vorher schon mal im Gespräch gewesen und es war so, daß es mit dem einen Auge besser gehen soll als mit dem anderen.« Sie hält es in jedem Fall für eine reflektorische Reaktion. Für die unterschiedliche Reaktion der Augen gibt sie noch eine genauere Begründung, die ich nicht nachvollzogen habe.
N-Landmann (sinngemäß:) »Ich sehe schon ich kann Dich damit nicht beeindrucken.«
Die Reaktion auf Drohgebärden spielt im klinischen Alltag keine besonders große Rolle. Direkt beobachten konnte ich sie nur gelegentlich auf der neurologischen Intensivstation, auf der neurochirurgischen Station gehörte sie nicht zum diagnostischen Repertoire.

5.2.4. Das Paradox der diagnostischen Kontrolle und therapeutischen Entfaltung der Gestaltungsmöglichkeiten des bewußten Selbst

Im Mittelpunkt der therapeutischen Anstrengungen der Intensivmedizin steht das Leben und die Aufrechterhaltung des Patienten als eigenständig reagierender Einheit. Die Beziehungen, die sich dabei zwischen Patientin und Ärztin ergeben, sind in hohem Maße durch Kontrolle gekennzeichnet. Die Expressivität des Lebens wird beinahe im direkten biochemischen Durchgriff gesteuert und die diagnostischen und therapeutischen Bemühungen, die dem Patienten als eigenständig reagierender Einheit gelten, lassen ihm auch nur insofern einen Spielraum, als er eigenständig reagieren können soll, wobei die Art der Beziehung zwischen Reiz und Reaktion so direkt ist, daß der Patientin selbst keine Hemmungsmöglichkeit bleibt. Als biotechnische Gestalt erreichen Patientinnen nur sehr rudimentäre Formen von Bewußtsein und ihre äußere Erscheinung wird zumeist im Sinne der Expressivität des eigenständig reagierenden Körpers gedeutet. Sowie Patientinnen soweit gesundet sind, daß sie aus der technisch ermöglichten symbiotischen Beziehung mit dem Personal entlassen werden können, sind sie zu gesund, um noch weiter auf der Intensivstation zu bleiben.

Dem Bewußtsein des Patienten als Möglichkeit, seine Umweltbeziehung selbst zu gestalten, wird auf einer Intensivstation überwiegend ein diagnostisches, aber kein therapeutisches Interesse entgegengebracht. Dies ist der grundsätzliche Unterschied zur neurologischen Frührehabilitation, die den Schwerpunkt auf die Entfaltung der Gestaltungsmöglichkeit der reagierenden Einheit legt. Im Kontrast läßt sich deutlich herausarbeiten, daß eine Entität in einer Beziehung über einen Freiraum verfügen können muß, um die eigene Expressivität so zu gestalten, daß sie als Hinweis auf Bewußtsein gewertet werden kann.

Diagnostische Kontrolle der Gestaltungsmöglichkeiten des bewußten Selbst

Die konkrete Durchführung der Diagnose Bewußtsein ist in sich selbst widersprüchlich, denn einerseits ist eine nicht reflektorische Beziehung zur Umgebung gekennzeichnet durch einen Reaktionsspielraum der Einheit, aber andererseits besteht auch die Diagnose »Bewußtsein« darin, Reize und Reaktionen in Beziehung zueinander zu setzen. Es muß klar sein, welche Reaktion auf welchen Reiz erfolgt, und dieser Sachverhalt muß so beschaffen sein, daß auf einen standardisierten Reiz eine Reaktion erfolgt, die ihrem Sinn nach reproduzierbar ist. Ihrem Sinn nach reproduzierbar meint folgendes. Die Hinwendung zum Reiz kann durch eine Bewegung der Augäpfel oder durch eine Drehung des Kopfes erfolgen oder durch die Andeutung einer Bemühung der Patientin, sich dem Reiz zu zuwenden. Es sind also nicht exakt die gleichen Reaktionen, aber es sind Reaktionen, die in jedem Fall sinnentsprechend als Hinwendung verstanden und die deshalb als Hinweis auf Bewußtsein gedeutet werden können. Aufgrund des Erfordernisses der Reproduzierbarkeit wird das Gegenüber einer Kontrolle unterworfen und erst dann als bewußtes Selbst gesehen, wenn es strengen Regularien entsprochen hat. Dazu gehört vor allem, daß die reagierende Einheit auf einen standardisierten Reiz gegenüber verschiedenen Untersuchern in verschiedenen Situationen eine sinnentsprechende Reaktion zeigt.

In Anbetracht der hohen Anforderungen an die Standardisierung des Reizes und der Reaktion erweist es sich als ausgesprochen schwierig, ein Bewußtsein nur gegenüber einem Arzt zu haben. Eine Einheit, die sich nur einem Gegenüber so verläßlich verhält, riskiert es, nicht als ein bewußtes Selbst eingestuft zu werden.

Gespräch im Schwesternzimmer
N-Flügel berichtet von einer Patientin, die mutmaßlich apallisch ist.
N-Flügel (sinngemäß:) »Sie ist nicht apallisch. Bei wiederholten Reizen wendet sie sich der Reizquelle zu. Das ist minimale Kognition. Das ist reproduzierbar.«
Darauf Oberarzt Hubert: »Sicher!?«
N-Flügel: »Eher vage.«
Oberarzt Hubert (sinngemäß:) »Na, laß mal den Fafner ran.«
(Tonfall und Gestik der Äußerung des Oberarztes drücken aus, daß die Annahme des jüngeren Arztes, die Patientin würde reproduzierbar reagieren, sich bei der strengen Prüfung durch Fafner, den Chef der Abteilung, nicht bestätigen würde.)

Bei den wiederholten Reizen, von denen hier die Rede ist, handelt es sich darum, daß an mehreren Orten um den Patienten herum geklatscht wurde. Wie genau die Hinwendung erfolgte, ist nicht ganz klar, es könnte sich um Blickwendung oder um eine Bewegung des Kopfes gehandelt haben. Wichtig ist, daß die gleiche Reaktion oder eine vergleichbare Reaktion von der Patientin reproduziert wird, wenn sie von anderen und vor allem, wenn sie von hierarchisch höher gestellten untersucht wird. Als Beleg für die Wirkung hierarchischkollegialer Kontrolle der Stationsarbeit ist diese Sequenz allerdings nur bedingt tauglich, denn die geschilderte Untersuchung fand im Rahmen eines Forschungsprojekts statt. Die untersuchte Patientin lag nicht auf einer Intensivstation.

Das Problem der Reproduzierbarkeit stellt sich auch, wenn es um das Befolgen verbaler Aufforderungen geht.

Frau Graten. Untersuchung durch N-Rostner:
N-Rostner weckt die Patientin auf und gibt ihr die rechte Hand.
N-Rostner (sinngemäß:) »Drücken Sie mal meine Hand.«
Die Patientin drückt die Hand der Ärztin. Die ist darob überrascht, da die Patientin als komatös gilt. Zudem waren gestern die SSEP's[15] nicht ableitbar.
N-Rostner fordert die Patientin erneut auf, jetzt mit mehr Nachdruck (sinngemäß:) »Drücken Sie noch mal meine Hand – ganz kräftig.« Die Patientin drückt erneut die Hand der Ärztin.
N-Rostner wendet sich an Oberarzt Schlot, der ebenfalls im Zimmer ist (sinngemäß:) »Es ist reproduzierbar.«
Die Ärzte können es aber in Anbetracht der allgemeinen Einschätzung der Patientin nicht recht glauben.
N-Rostner fordert die Patientin ein drittes Mal auf (für mein Gefühl klingt in der Stimme so etwas wie eine Entschuldigung mit, wegen der wiederholten Aufforderung). Es dauert etwas, aber die Patientin drückt ihr wieder die Hand. N-Rostner und Oberarzt Schlot sind sich aber immer noch unschlüssig, ob es nicht doch einfach Zufall war.
N-Rostner zum vierten Mal (sinngemäß:) »Drücken Sie mir mal die Hand.«
Die Patientin reagiert nicht mehr. Oberarzt Schlot tritt ebenfalls an das Bett, er stellt sich neben den Kopf der Patientin.
Er spricht laut und kräftig in Richtung des Ohrs (sinngemäß:) »Drücken Sie mal die Hand, Frau Graten!«
Die Patientin streckt den rechten Arm, aber sie drückt die Hand nicht mehr.
Oberarzt Schlot (sinngemäß:) »Jetzt hat sie sich vielleicht erschrocken.«
Bei der nachmittäglichen Visite wird die Patientin von N-Rostner als komatös vorgestellt. Es sei aber nicht klar, wie tief das Koma ist. Es sei nicht sicher, ob die Patientin Aufforderungen befolgt.

Bei der morgendlichen Visite des nächsten Tages wird die Patientin so vorgestellt.

---

15 Somato-sensibel evozierte Potentiale: Dabei handelt es sich um eine Untersuchung, die die elektrischen Erregungen im Gehirn mißt, wenn bei einer Patientin ein Nerv des Armes oder Beines mit einem kurzen elektrischen Strom gereizt wird. Wenn die Potentiale im Gehirn nicht mehr abgeleitet werden können, gilt dies als ein Hinweis auf eine schwere neurologische Störung.

Visite. Frau Graten.
Darstellung durch N-Rostner. (sinngemäß:) »Es waren keine AEP's und SSEP's darstellbar, aber das ist nicht glaubhaft. Die Patientin bewegt den rechten Arm und es wird immer wieder berichtet, daß sie reproduzierbar auf Aufforderung die Hand bewegt – auch bei mir. Aber es ist nicht sicher, ob das nicht vielleicht doch Zufall ist.«

Nur mit Blick auf die zuerst beschriebene Begegnung könnte diese Patientin vielleicht als bewußt eingestuft werden, denn sie hat zumindest dreimal nacheinander eine verbale Aufforderung befolgt. Trotzdem bleibt die Ärztin mißtrauisch, denn sie weiß, sie wird ihre Einschätzung gegenüber anderen Kollegen vertreten müssen. Im Zweifelsfall muß die Patientin diesen Sachverhalt bei der Visite, d.h. vor einem größeren Publikum von mehreren Ärzten, demonstrieren können. Ein Patient ist also nur dann bei Bewußtsein, wenn es ihm gleichgültig ist, wem gegenüber er sich als bewußtes Selbst zeigt. In der Reaktion wird dem Selbst zwar ein minimaler Gestaltungsspielraum zugebilligt, aber es darf kein übermäßiger Gebrauch davon gemacht werden. Die Limitierung des Aktionsspielraums der Patientin wird erreicht durch den Bezug der Ärzte zueinander. Nur wenn eine Ärztin glauben kann, daß die Patientin nicht nur ihr, sondern auch allen anderen Kollegen die gleiche Reaktion zeigen wird, wird die Ärztin die Reaktion der Patientin als Hinweis auf Bewußtsein deuten.

Um das Funktionieren der hierarchisch kollegialen Kontrolle, d.h. die Sicherung des lokalen Ethos der Kunstfertigkeit zu verstehen, ist es sinnvoll zu unterscheiden, worauf sich die Kontrolle direkt richtet und was sie dadurch indirekt erfaßt. <u>Direkt</u> bezieht sich die Kontrolle auf die Auswahl der Reaktionen, die als Hinweis auf Bewußtsein verstanden werden und darauf, ob die Reaktionen von der Patientin reproduziert werden können. Es scheint so als würden Schmerzreaktionen nicht zu den Reaktionen gehören, die im Mittelpunkt der hierarchisch-kollegialen Kontrolle stehen, sondern solche Reaktionen, die deutlicher auf eine Wahrnehmung der Außenwelt hinweisen. Die Kontrollen haben aber nicht nur einen direkten Gegenstand. Wenn eine Patientin die Reaktionen zeigt, die als Hinweis auf Bewußtsein gelten, wird in der Kontrolle der direkt sichtbaren Reaktionen zugleich kontrolliert, ob diese als Hinweis auf den nur <u>indirekt</u> zugänglichen Sachverhalt Bewußtsein gewertet werden müssen. Die Diagnose Bewußtsein unterscheidet sich von anderen Diagnosen dadurch, worauf sich die kollegiale Kontrolle richtet. Diagnosen beziehen sich auf die Konstellierung der Gestalt. Der Patient als Einheit kommt dabei nur zum tragen, insofern ihm etwas zugeordnet wird. Die Ordnungseinheit bleibt als ou-topischer Bezugspunkt des Arrangements der diskreten Elemente, aus denen sich die Diagnose zusammensetzt, außerhalb der Kontrolle. Wenn nun auch die Frage, ob ein Patient bei Bewußtsein ist, unter kollegialer Kontrolle geklärt wird, wird diese auf das ou-topische ausgedehnt. Um zu verstehen, wie die kollegiale Kontrolle ausgedehnt wird, ist es erforderlich, eine Unterscheidung einzuführen. Es wird nämlich nicht der Sachverhalt, <u>daß</u> die Patientin als ein ou-topisches Gegenüber existiert, zum Gegenstand der kollegialen Kontrolle gemacht, sondern der Sachverhalt, <u>wie</u> ein Patient als ou-topisches Gegenüber existiert, wird unter kollegialer Kontrolle geklärt. Insofern der Patient ein leibliches Bewußtsein ist, ist er nicht mit den sichtbaren Reaktionen identisch, sondern er ist das, was die sichtbaren Reaktionen gestaltet und das worauf die sichtbaren Reaktionen verweisen. Die Art und Weise, wie der Patient expressiv in der körperlichen Gestalt bzw. der biotechnischen Gestalt realisiert ist, wird durch die kollegiale Kontrolle festgelegt. Anders gesagt, durch die wechselseitige kollegiale Kontrolle von Ärztinnen werden die Möglichkeiten eines Patienten bestimmt, in der Beziehung mit Ärzten als Bewußtsein zu existieren. Nicht nur die gestalthaften Eigenschaften, sondern auch der Modus, in dem eine Einheit in einer Beziehung als ou-topisches Gegenüber existiert, wird durch das in das lokale Autoritätssystem integrierte Beziehungsgeflecht, das Ärzte sowohl untereinander als auch mit den Patientinnen verbindet, determiniert.[16]

---

16 Eine allgemein als bewußtlos eingestufte Patientin hat deshalb nur dann eine Chance ausschließlich in einer Beziehung als ein bewußtes Gegenüber zu existieren, wenn die kollegialen Kontrollen außer Kraft gesetzt sind, oder wenn ein Akteur des medizinischen Personals sich diesen Kontrollen entzieht. Eine gravierende Diskrepanz in der Einschätzung konnte ich in einem Fall beobachten. Eine Physiotherapeutin schätzte einen Patienten als bewußt und kooperativ ein, der von den Ärzten der Station als bewußtlos diagnostiziert worden war.
Herr Stadt. Ich frage die Physiotherapeutin, wie sie den Zustand von Herrn Stadt einschätzt. Physiotherapeutin (zusammenfassende Darstellung:) »Er reagiert auf Schmerz und er reagiert auch mit den Augen, wenn er sich ärgert, das merkt man deutlich. Ein Blickkontakt ist mit ihm möglich.« Auf die Frage, ob Herr Stadt auf Aufforderungen reagiert, antwortet sie, daß er bei der Therapie kooperativ sei, daß er mitmachen würde. Ich spreche sie auch darauf an, ob sie eine Reaktion auf Erschrecken feststellen könne. Aber das würde sie nicht machen, sondern nur die Ärzte.
Diese Beschreibung der therapeutischen Begegnung mit dem Patienten wertet seine Reaktionen eindeutig als Hinweis auf eine Einheit, die sich selbst und ihre Umwelt merkt. Schon allein die Deutung, der Patient könne sich ärgern, schließt ein, daß er sich selbst merken muß. In die ärztliche Sprache ließe sich wahrscheinlich aber nur der Blickkontakt übersetzen, denn dieser schließt ein, daß sich der

Bei dem Problem der Diagnose »Bewußtsein« wird eine qualitative Veränderung der Beziehung zwischen medizinischer Praxis und Patient offensichtlich. Gegenüber einem bewußten Patienten muß ein Arzt in Rechnung stellen, in der Umwelt der Patientinnen vorzukommen, er kann wahrgenommen werden. Diese Veränderung aktualisiert eine Paradoxie, die sich bei der Todesfeststellung wiederholen wird. Als eine Einheit, die die Umwelt und sich selbst merkt, existiert ein Patient in der Beziehung zu einem Arzt nur, insofern er durch das Beziehungsgeflecht der Ärztinnen untereinander und durch die Beziehung einer Ärztin zum Patienten gehalten wird, aber zugleich ist es die Patientin selbst, die sich als ein Bewußtsein zeigt und entsprechend eine bewußte Beziehung zu ihrer Umwelt unterhält. Die Existenz der eigenständig gestaltete Umweltbeziehung wird durch die Mediziner bedingt und sie muß zugleich unabhängig von ihnen bestehen. Das ist das Paradox der hierarchisch-kollegial kontrollierten Diagnose Bewußtsein.

Insgesamt legen es meine Beobachtungen allerdings nahe, daß die hierarchisch kollegiale Kontrolle der Diagnose Bewußtsein nicht so streng ist. Dies hängt allerdings weniger mit der eben beschriebenen Paradoxie zusammen, als vielmehr mit der Irrelevanz der Diagnose Bewußtsein für die therapeutische Praxis der Intensivmedizin. Für die Behandlung auf einer Intensivstation sind Patienten schon dann zu gesund sind, wenn sie selbständig atmen können. Ist das der Fall, können sie von der Intensivstation verlegt werden. Eine definitive Klärung der Frage, ob eine Patientin bei Bewußtsein ist, oder ob sie es jemals wieder erlangen kann, wird letztlich erst im weiteren Verlauf der nicht-intensivmedizinischen Behandlung bedeutungsvoll. Wenn aber die diagnostische Festlegung, ob eine Patientin bei Bewußtsein ist, ohne praktische Bedeutung ist, verliert sich der ständige Anlaß, um durch alltäglich wiederholte Kritik an den diagnostischen Entscheidungen untergeordneter Ärzte ein einheitliches Ethos der Kunstfertigkeit durchzusetzen. Auf diese Weise entsteht ein Freiraum. Das lokale Ethos der Kunstfertigkeit kann uneindeutig werden, ohne daß dies sofort Einfluß auf die Behandlung von Patientinnen haben würde. Erst im weiteren Verlauf wird sich dann im Rahmen rehabi-

---

Patient auf etwas richtet, es »fixiert« und eine Feinabstimmung in der Blickinteraktion leistet, die sinngemäß dem entspricht, was eine Ärztin als »mit-den-Augenfolgen« beschreiben könnte. Dies wäre ein eindeutiger Hinweis auf Bewußtsein. Wenn man der Darstellung glaubt, würde derselbe Patient, der in der diagnostischen Interaktion mit den Ärzten bewußtlos ist, in der Interaktion mit der Physiotherapeutin als Bewußtsein existieren.

litativer Maßnahmen definitiv das Problem stellen, ob eine Patientin bei Bewußtsein ist, bzw. unter welchen Bedingungen sie es wieder erlangen kann. Die einzige Entscheidung, die in dieser Hinsicht auf der Intensivstation selbst gefällt wird, ist die, in welche neurologische Frührehabilitationseinrichtung ein Patient unmittelbar im Anschluß an seine Existenz als Intensivpatient verlegt wird.

In der neurologischen Frührehabilitation stellt sich das Problem des Bewußtseins allerdings in einer anderen Perspektive. Es geht nicht mehr nur um die diagnostische Kontrolle, sondern auch die therapeutische Entfaltung des Bewußtseins. Die Patientin wird geradezu umworben, sich als Bewußtsein zu zeigen.

Die therapeutische Entfaltung der Gestaltungsmöglichkeiten des bewußten Selbst in der Frührehabilitation

Die Praxis der Frührehabilitation läuft auf eine Entfaltung der Paradoxie der Diagnose Bewußtsein hinaus. Zum einen tritt nämlich die Determination der Einheit durch die Beziehung, in der sie existiert, auch in der neurologischen Frührehabilitation zutage – auch hier im Kontext der Diagnostik. Zum anderen erfordert es aber die Praxis der Rehabilitation, die Festlegung zurückzunehmen. Die Patientin wird als eine Einheit anerkannt, die die Möglichkeit hat, sich einen Gestaltungsspielraum zu eröffnen und sich als bewußtes Selbst zu zeigen. Wenn das Bewußtsein, d.h. das Ausfüllen eines Gestaltungsspielraums in der Beziehung zur Umwelt, nicht nur Gegenstand der Diagnostik, sondern auch Therapieziel ist, schließt das ein, die Beziehung so zu gestalten, daß die Patientin von vornherein einen Gestaltungsspielraum hat. Allerdings wird die therapeutische Bemühung immer wieder durch die diagnostische Festlegung begrenzt. Dies funktioniert wie ein Schutz, um in der Therapie die Unwägbarkeiten zu handhaben, die sich ergeben, wenn das Gegenüber als ein ou-topisches Gegenüber, das sich aktiv auf die Umwelt bezieht, behandelt wird. Die Behandlung erfolgt wie ein Vertrauensvorschuß, der die Patientin dazu bewegen soll, sich als das zu zeigen, als was sie schon behandelt wird – als ein bewußtes Selbst.

Es scheint so, als gäbe es in Rehabilitation eine Tendenz, eine absolute Grenzziehung zu vermeiden. Die definitive Festlegung, ob eine Patientin bei Bewußtsein ist, bzw. ob sie es je wieder erreichen wird, wird vermieden. In dem Interview, das ich mit dem Leiter einer neurologischen Rehabilitationsabteilung geführt habe, führt er aus, warum er die feinsinnigen Abgrenzungen zwischen Reaktionen, die auf Bewußtsein hinweisen und solchen, bei denen das nicht der Fall ist, für praktisch nicht handhabbar hält.

IP: Also das finde ich eine willkürlich gesetzte Grenze und auch, ich finde es auch willkürlich zu sagen, das ist kognitiv und das ist nicht mehr kognitiv. Wenn ich kneife und der macht so (stellt gestisch Grimmassieren und Massebewegungen dar) und wenn ich kneife und der macht so (simuliert mit einer Hand die kneifende Hand und versucht sie mit der anderen wegzudrükken), x.x. das ist die Grenze zwischen apallisch und nicht apallisch, wenn einer eine gezielte Abwehr macht, der gilt als nicht apallisch, einer der nur so macht und grimassiert, der gilt als apallisch. Jemand der im Raum umherguckt ohne, und jemand kommt rein, der reagiert da nicht drauf, der wird ein bißchen unruhiger. Es kann noch apallisch sein. Der, der dann zufällig mal, wenn die Tür aufgeht, mal einfach so vermehrt macht (bewegt den Kopf unbeholfen in Richtung Tür), ist nicht mehr apallisch und diese Nuancen, die können meiner Meinung nach, nicht einen echten Unterschied bilden, zumal sie im klinischen Verlauf ineinander übergehen. Der eine, der genau beobachtet, merkt schon, ach der hat, der guckt, wenn ich reinkomme, macht er so ein bißchen die Aufmerksamkeit in die Richtung, der andere hat es noch nicht gemerkt, der andere merkt es drei Monate später: tatsächlich der richtet so ein bißchen Aufmerksamkeit hin in die Richtung, wo was passiert. Und zwischen diesen klinischen beobachtbaren Nuancen, kann ich nicht sagen, das macht Menschsein und Nicht-Menschsein aus.

Diese Ablehnung einer klaren Grenze zwischen bewußten und nicht-bewußten Reaktionen ist die initiale Voraussetzung dafür, einen Patienten in der Beziehung als ein bewußtes, sich selbst und die Umgebung merkendes Wesen erwarten zu können. Die Rehabilitation setzt in einem offenen Kontinuum an und arbeitet sich von dort aus kontrolliert vor.

Während sich in der Praxis der Intensivmedizin die hierarchisch kollegiale Kontrolle hinsichtlich der Frage, ob ein Patient bei Bewußtsein ist, eher auf die Diagnose beschränkte und deshalb tendenziell lax gehandhabt wird, bezieht sich in der Frührehabilitation die Kontrolle nicht nur auf diagnostische Festlegungen, sondern auch auf die Anlage der Therapie. D.h., das Paradox von Entfaltung und Kontrolle des Bewußtseins ist konstitutiv in das Arrangement der therapeutischen Situation eingelassen.

Als ich am ersten Tag bei einer Therapiesitzung teilnehme, erklärt mir T-Ferber das besondere der Therapiesituation:
T-Ferber (sinngemäß:) »Es gibt selektive Reize, das unterscheidet die Thera-

piesituation von der Alltagssituation, wo man nicht genau weiß, auf was der Patient eigentlich reagiert, ob er fixiert oder nicht.«

Diese Beschreibung ist gleichsam eine praktische Ausarbeitung der allgemeinen Zielsetzung, die im hauseigenen »Leitfaden zur sensorischen Stimulation« formuliert wird.

»Der Patient soll dazu gebracht werden, irgendeine körperliche Reaktion zu zeigen, die mit dem dargebotenen Reiz in Verbindung gebracht werden kann (z.B. Muskelanspannung). Davon ausgehend, daß beim noch komatösen und/oder apallischen Patienten die Integration der verschiedenen Sinnesmodalitäten noch nicht wieder gewährleistet ist, werden die einzelnen Sinne gezielt stimuliert. Am Ende der sensorischen Stimulationstherapie soll die sensorische Integration wieder erreicht sein.«

Diese Formulierung hebt zum einen die Gestaltungsmöglichkeit der Reaktion durch das Selbst hervor. Es geht nicht um eine reflektorische Reaktion, sondern um eine eigenständig gestaltete Reaktion, zu der der Patient veranlaßt werden soll. Um in Anbetracht dessen die Kontrollmöglichkeiten der Therapeuten aufrechtzuerhalten, erscheint es diesen als angemessen, eine Situation herzustellen, in der sie überblicken können, auf was die Patientinnen reagieren. Dies ergibt sich aus der obigen allgemeinen Beschreibung der Therapiesituation. Ein zweites Prinzip ergibt sich aus der Formulierung der allgemeinen Zielsetzung: ausgehend von der Verschiedenheit der Sinne eine integrierte Gesamtwahrnehmung zu erreichen. Dazu müssen zuvor die einzelnen Sinne jeweils für sich geweckt werden, um als Medium der Umweltbeziehung und schließlich als Bestandteil einer integrierten Gesamtwahrnehmung der Außenwelt fungieren zu können. Um die Sinne derart separat ansprechen zu können, ist es ebenfalls sinnvoll zu kontrollieren, welchen »Reizen« die Patientin ausgesetzt ist.

Die einfachste Form, einen Patienten zu einer Reaktion zu bewegen, besteht darin, ihn »wach« bzw. »wacher« zu machen. Es geht dabei primär nicht um eine konkrete Reaktion, die als Indiz für Bewußtsein gewertet werden könnte, sondern nur um eine allgemeine Veränderung des Zustands der Patientin, die es ihr erleichtern soll, eine Reaktion zu zeigen. Der Terminus technicus für dieses Vorgehen lautet »vestibuläre Stimulation«. Es handelt sich um die therapeutische Ausarbeitung eines im Alltag bekannten Phänomens: Bewegung macht wach. Der Leitfaden formuliert es so:

»Jede Bewegung im Raum erregt die Rezeptoren des Vestibularapparates und stellt mithin eine vestibuläre Stimulation dar.«

Der Vestibularapparat ist ein Teil des inneren Ohrs und gilt als das »Gleichgewichtsorgan« des Körpers. Die Patientinnen werden in einem Rollstuhl gefahren, in einer Schaukel geschaukelt und gedreht, und kleine Kinder werden auch im Arm getragen, gewiegt und gedreht. Das Wachmachen, das auf der Intensivstation lediglich in diagnostischer Absicht erfolgte, wenn der Patient z.B. laut angesprochen wird, wird in der Frührehabilitation durch therapeutischen Einsatz verstärkt.

Die anderen therapeutischen Bemühungen beziehen sich darauf, die Patientin unter Beachtung ihres eigenen Tempos mit visuellen, akustischen, haptischen und olfaktorischen Reizen zu konfrontieren und die eigenen Reaktionsmöglichkeiten daran zu entwickeln. Da ich die Reaktion auf visuelle und akustische Reize schon bei der Diagnostik behandelt habe, möchte ich die Darstellung des Charakters der Frührehabilitation an einem anderen Beispiel vornehmen. Apallische Patienten müssen sich erst wieder daran gewöhnen, daß etwas in ihren Mund kommt und sie es schlucken können. Nach einer langen Zeit künstlicher Ernährung[17] lernen apallische Patientinnen eine elementare Koordinationsleistung wieder neu: trinken, kauen und schlucken.

Die Übungen werden so gestaltet, daß der Patient immer auch die Möglichkeit bleibt, sich ablehnend zu verhalten, d.h., durch abwehrende Gesten oder einen Ja/Nein-Code zu signalisieren, was sie möchte und was eher nicht. Eine der wichtigsten Voraussetzungen für eine erfolgreiche Therapie liegt in der Fähigkeit der Therapeutin, sich an das Tempo der Patientin anzupassen. Die Therapie entspricht in gewisser Weise meinem eigenen intuitiven Eindruck, wonach bei komatösen und apallischen Patienten alles unendlich verlangsamt geschieht.

T-Braver erzählt Vera, einem 13jährigen Mädchen, zunächst, daß sie hier einen Brei mit Bananengeschmack habe. Vera hat die Augen etwas offen, wirkt aber insgesamt auf mich nicht besonders wach. T-Braver fragt sie, ob sie etwas möchte. Vera zeigt keine für mich interpretierbare Reaktion, ich glaube, auch die Therapeutin kann die Reaktion der Patientin nicht recht deuten. T-Braver zu mir (sinngemäß:) »Wenn sie so müde ist, ist das einerseits gut,

---

17 Künstliche Ernährung erfolgt entweder parenteral, d.h., unter Umgehung von Magen und Darm werden die Nährstoffe direkt in das Blut geführt, oder enteral, dabei wird unter Umgehung von Mund und Speiseröhre die Nahrung in flüssiger Form durch eine Sonde direkt in den Magen befördert.

der Unterkiefer ist locker, aber es ist eben auch schlecht, weil dann weniger Aktivität da ist und sie nicht schluckt.«

Ich versuche auch oft, auf die Zungenspitze zu drücken, dann schluckt sie leichter. Die Zunge geht nach oben und die Nahrung rutscht nach hinten.«

Weitere Unterstützungen wären, den Kehlkopf anzuheben, das würde auch manchmal ein Schlucken auslösen.

Die Therapeutin führt viermal einen Löffel von der Größe eines Plastikeierlöffels mit Brei in Veras Mund, die den Brei auch hinunterschluckt. Es dauert pro Löffel ungefähr 10 Sekunden, bis Vera den Brei geschluckt hat.

T-Braver zu mir (sinngemäß:) »Was auch wichtig ist, viel Zeit lassen. Oft läßt man auch zu wenig Zeit.« Es hat insgesamt 5 Minuten gedauert, bis Vera die vier Löffel Bananenbrei geschluckt hat. Danach schläft sie ein und schnarcht etwas. T-Braver guckt nach, ob noch Brei im Mund ist, was der Fall ist.

T-Braver zu Vera (sinngemäß:) »Kannst du nochmal versuchen zu schlucken!? Da ist noch was im Mund.«

Danach hebt sie den Kehlkopf der Patientin etwas an. Die Therapeutin kommentiert dies mit den Worten (sinngemäß:) »Das hilft bei ihr manchmal.« Sie erklärt mir danach den Wirkmechanismus.

T-Braver zu mir (sinngemäß:) »Wenn man den Kehlkopf anhebt, ist das auch ein Druck gegen den Zungengrund, das hilft beim Schlucken.«

Danach nimmt die Therapeutin Veras Hand, wobei sie mir erklärt:

T-Braver (sinngemäß:) »Wenn man die Hand berührt, wird auch manchmal ein Schlucken ausgelöst bei ihr. Das ist ganz verschieden.«

Nach dem Schluckenlernen reinigt sie den Mundinnenraum mit einem Wattestäbchen, damit kein Brei im Mund bleibt, an dem sich Vera hinterher vielleicht verschlucken könnte.

T-Braver (sinngemäß:) »Mensch, da ist ja gar nichts mehr. Hast Du alles geschluckt. Sag bloß! Das ist ja klasse!«

Die Therapie beginnt mit dem Angebot, das Angebotene abzulehnen. Schon initial wird bei der Patientin nicht nur für eine Eigenaktivität geworben, sondern auch darum, ihre Umweltbeziehung eigenständig zu gestalten. Es geht nicht einfach um eine Eigenaktivität der Patientin – die müßte sie auch auf der Intensivstation vollbringen, insofern sie lebt, bzw. insofern sie reflektorisch auf Reize reagiert –, sondern darum, dem Ausdruck zu verleihen, wonach ihr gerade ist. Um das tun zu können, muß sich die Patientin als lebendige Einheit selbst spüren können. In diesem Fall reagiert die Patientin nicht offensichtlich auf das Angebot, aber die Möglichkeit dazu wird insofern in die Durchführung der Therapie eingelassen, als diese erst beginnt, nachdem die Patientin das Angebot nicht abgelehnt hat. Im weiteren bemüht sich die Therapeutin, sich an das Tempo der Patientin anzupassen. Die Patientin lernt im Selbstversuch und mit Hilfe der Therapeutin, wie eine kleine Menge Brei so durch den Mund befördert wird, daß sie hinten am Gaumen ankommt und wie sie dann geschluckt wird. Aus der Bemerkung, wie wichtig es ist, der Patientin genügend Zeit zu lassen, schließe ich, daß es auch für eine Therapeutin nicht immer einfach ist zu begreifen, was daran so schwierig sein soll, etwas herunterzuschlucken. Die Geschwindigkeit zu forcieren, würde nichts nützen, es würde für die Patientin nur die Gefahr erhöhen, sich zu verschlucken. Also wartet die Therapeutin ab, ob die Patientin schluckt und bemüht sich lediglich darum, ihr einfache praktische »Tips« zu geben. Wenn sie auf die Zungenspitze drückt, geht die Zunge nach oben, dadurch rutscht der Brei leichter nach hinten. Vielleicht wird die Patientin diese Bewegungsabfolge irgendwann einmal selbst initiieren. Der gefährliche Punkt: Wenn der Brei am Gaumen angekommen ist, muß er geschluckt werden, oder er gerät in die Luftröhre. Es folgt der nächste praktische »Tip«, wenn die Therapeutin versucht, das Schlucken auszulösen. Es handelt sich dabei zwar auch um die Auslösung eines Reflexes, aber das Wesentliche ist das Angebot, eine Koordination herzustellen. Wenn Vera das Essen im Munde merkt, soll sie es lernen, eigenständig zu schlucken. Das Auslösen des Schluckens ist eher eine Erinnerung daran, was jetzt zu tun ist. Und immer gilt es, alles zu vermeiden, was die Patientin verschrecken oder überfordern könnte. Im Gegenteil: Jede für einen Gesunden unscheinbare Kleinigkeit ist eine begeistert lobende Erwähnung wert.

Einen ähnlichen Charakter haben auch die anderen Therapieformen. Die Musiktherapie z.B. versucht, den Patienten durch Lieder, in denen der Name des Patienten vorkommt, durch Klänge und dem Vorlesen von Geschichten dazu zu bewegen, sich für andere merkbar der Außenwelt zuzuwenden. Einen anderen Charakter hat lediglich die Therapie der Krankengymnasten, denen die Aufgabe zufällt, die z.T. bizarren Körperhaltungen von apallischen Patientinnen zu verändern. Die Körper werden buchstäblich wieder in Form gebogen und gestreckt. Das ist eine aufwendige und für die Patienten oft schmerzhafte Prozedur. Winkelgrad für Winkelgrad werden die gebeugten Ellenbogen und Knie auf das Idealmaß von 180°, also einem gestreckten Winkel, gerade gebogen, ebenso die Handgelenke. Die Füße sind dagegen gestreckt und müssen umgekehrt wieder in eine Form gebogen werden, die es möglich macht, auf den Fußsohlen zu stehen.

T-Schlotzinger sitzt neben Marcus, einem 18jährigen Patienten, auf dem Schaukelbrett und versucht, den gebeugten rechten Arm zu strecken.
T-Schlotzinger zu Marcus (sinngemäß:) »Wenn es zuviel ist, mußt Du den Kopf wegdrehen.«
Während die Therapeutin versucht, den Arm zu strecken, wendet Marcus den Kopf zur Seite. T-Schlotzinger hört auf und beginnt nach einer kurzen Unterbrechung erneut. Dies wiederholt sich noch einmal. Ein anderer Therapeut, Herr Ferber, kommt in den Therapieraum.
T-Schlotzinger zu Marcus (sinngemäß:) »Guck mal, wer da kommt. Dreh mal den Kopf nach rechts.«
Marcus dreht den Kopf nach rechts und sieht den hereinkommenden Therapeuten.«
T-Ferber: »Guten Tag, Marcus.
T-Schlotzinger wechselt die Seite und beginnt das linke Handgelenk zu strecken. T-Ferber streckt derweil das linke Bein.

11.40. T-Schlotzinger beginnt Marcus zu schaukeln. Vorher sagt sie zu ihm (sinngemäß:) »Ich lege mal deinen Kopf gerade hin.« Der Kopf von Marcus war leicht zur Seite geneigt, sie verändert die Kopfhaltung. Marcus guckt an die Decke.
T-Ferber wechselt die Seite und beginnt, das rechte Bein zu strecken. Er kündigt das an.
T-Ferber (sinngemäß:) »Marcus, nicht erschrecken. Es passiert nichts. Ich gehe nur auf die andere Seite.«
Nachdem er sich auf das schaukelnde Brett hingesetzt hatte, kündigt er an:
T-Ferber (sinngemäß:) »Ich greife Dir jetzt mal in die Muskulatur.«
11.45. Beenden des Schaukelns. T-Schlotzinger geht auf die rechte Seite und versucht, das Handgelenk zu strecken. Ca. 5 Minuten später holt T-Ferber einen Winkelmesser. Er kündigt das an: »Ich messe jetzt.« Wobei ich nicht recht einschätzen kann, wem er es eigentlich sagt. Er mißt einen Winkel von 150° bei den Beinen. Und kommentiert (sinngemäß:) »Deine Beine sind schon fast gerade.«
T-Ferber versucht, die Beine noch weiter zu strecken. Aber Marcus wird unruhig und atmet heftiger.
T-Schlotzinger (sinngemäß:) »Wir hören auf, Marcus, ist gut. Wir machen nicht weiter.«

An der Durchführung der Therapie läßt sich im Kontrast zur zuvor beschriebenen Therapiesitzung herausarbeiten, worin deren Besonderheit liegt. Die Krankengymnastik ist die Form von Therapie, die am ehesten der Behandlung auf der Intensivstation ähnelt. Im Unterschied zur logopädischen Schlucklerntherapie richtet sie sich nicht an den Patienten als ein eigenständig die Umweltbeziehung gestaltendes Wesen, sondern biegt ihn wie einen mechanisch zu handhabenden Gegenstand. Daß der Patienten ein bewußtes, schmerzempfindendes Wesen ist, wird zwar respektiert, aber es stört letztlich eher, denn wenn es zu sehr schmerzt, muß die Therapie beendet oder zumindest unterbrochen werden. Die therapeutische Arbeit hat nicht das Ziel, um Reaktionen zu werben, die auf Bewußtsein hinweisen, sondern sie wird durch den Respekt vor dem Bewußtsein, der Schmerzempfindung, limitiert. Den Bemühungen, die in einer Haltung erstarrte Muskulatur zu lösen, geht es nur vermittelt um das Bewußtsein. Denn nur eine einigermaßen gelockerte Muskulatur würde es dem Patienten überhaupt ermöglichen, sich eigenständig zu bewegen und damit deutlich zu zeigen, daß er bei Bewußtsein ist.

Eine Schwester beschreibt den Zustand einer Patientin so:

Stationsbesprechung: Über Sarah.
S-Ulrike hätte erzählt, daß Sarah gelacht hätte, wenn jemand etwas Witziges erzählt hätte. Die Reaktion sei auch adäquat gewesen. Es sei aber so, (sinngemäß:) »Die kommt einfach nicht durch ihre Motorik, die ist wie eingemauert in ihrer Spannung (evtl. sagt sie auch Spastik).«

Zu lachen, wenn jemand etwas Witziges erzählt, gilt der Schwester als ein Hinweis auf ein gewisses Sprachverständnis. Wenn der Bewußtseinszustand der Patientin trotzdem nicht so eingeschätzt würde, läge das eher daran, daß sie wegen ihrer verkrampften Muskulatur keine oder wenige Reaktionen zeigen könne. Demnach sei sie zwar bewußt, aber sie könne es nicht zeigen. Wenn die Krankengymnastik die Spannungen lockert, gibt sie einer Patientin die Gewalt über den eigenen Leib zurück, was es dieser erleichtert, sich als bewußtes Selbst in sichtbaren Reaktionen zu präsentieren.

Wenn man Bewußtsein versteht als Möglichkeit, sich selbst und die Umwelt so zu merken, daß andere an der äußeren Erscheinung des Körpers sehen können, daß sich das Selbst merkt, lassen sich auch ausgedrückte Gefühle als Hinweis auf Bewußtsein verstehen. Ein Körper, der für andere sichtbar eigene Gefühle ausdrückt, ist ein bewußtes leibliches Selbst, d.h., dieser Körper existiert in der Beziehung mit anderen als ein bewußtes leibliches Selbst. Dies markiert einen weiteren auffälligen Unterschied im Umgang mit Patientinnen in der neurologischen Frührehabilitation[18] und bewußtlosen Patienten auf einer Intensivstation. In der Praxis der Rehabilitation wird das

---

18 Dabei handelt es sich um apallische Patienten, bei denen sich die Schädigung erst minimal zurückgebildet hat, und solche, bei denen schon deutliche Besserungen zu erkennen sind.

Paradox der kontrollierten Feststellung von Bewußtsein zur Seite der Betonung einer eigenständig vom Patienten gestalteten Umweltbeziehung aufgelöst. Wie sich ein Patient zeigt, wird als Gestaltung des Angebots, sich als ein bewußtes Selbst zu zeigen, gedeutet. Entsprechend wird die körperliche Erscheinung auch als ein auf die Situation reagierender Gefühlsausdruck gedeutet. Bei bewußtlosen Patientinnen dagegen werden auch Reaktionen, die alltäglich sogar als starke Gefühlsregungen interpretiert werden, eher als schlicht reflektorische Reaktionen, d.h. im Sinne der Expressivität des eigenständig reagierenden Körpers, aufgefaßt. Dies führt zu der bemerkenswerten Konsequenz, daß Intensivpatienten nicht weinen können. Wenn ihnen Tränen in die Augen treten, handelt es sich lediglich um die Sekretion von Tränenflüssigkeit. Ich habe es nie beobachten können, daß den Tränen einer Intensivpatientin ein affektiver Ausdruckswert beigemessen würde.

Die Reaktion eines Patienten als »Weinen« zu deuten, scheint dagegen naheliegend, wenn es um Patientinnen geht, die in der Beziehung als ein bewußtes Selbst existieren.

T-Ferber holt Vera für eine Therapiesitzung ab. Dazu muß sie in den Rollstuhl gesetzt werden. Der Therapeut spricht Vera an und erzählt ihr, daß er gehört habe, daß sie gar nicht gut drauf sei. Nach meiner Wahrnehmung lächelt/lacht Vera zweimal. Das erste Mal interpretiert T-Ferber als Ausdruck von Ärger und Unzufriedenheit, was er entsprechend freundlich beruhigend kommentiert. Ich bin überrascht, weil ich den gleichen Ausdruck für ein Lächeln gehalten hatte. Als der Therapeut die Patientin aufsetzt, weint sie. Er setzt sich neben sie und tröstet sie. (sinngemäß:) »Was weinst Du denn?« Die Patientin beruhigt sich wieder. Darauf folgt eine Gebärde von ihr, die auf mich wirkt, als würde sie ein Lallen kauen.
T-Ferber (sinngemäß:) »Warum schimpfst Du denn so?«
Das wiederholt sich 2 oder 3 mal.

Die Reaktion dergleichen Patientin wird bei der Teambesprechung von einer anderen Therapeutin ebenfalls als »weinen« beschrieben.

Teambesprechung. Vera.
Eine Schwester teilt die Beobachtung einer Kollegin mit:
Als sie Vera erzählt habe, daß sie wieder nach Hause kommt, hätte sie gelacht und einen zufriedenen Gesichtsausdruck gehabt. Dann habe sie ihr gesagt, daß es nicht gleich ginge, sie müsse erst noch einige Zeit in der Klinik bleiben. Da hätte Vera geweint.

Eine Therapeutin berichtet ein weiteres Beispiel.

T-Schlosser (Zusammenfassung) Bei einer Therapie sei jemand reingekommen. Vera habe darauf angefangen zu weinen. Erst als die andere Person wieder hinausgegangen wäre, hätte sie mit dem Weinen aufgehört. Sie habe Vera daraufhin gefragt, ob sie das so gestört habe und hätte den Eindruck gehabt, daß sie das total genervt hätte.

A-Nebeln wirft an einer anderen Stelle die Frage auf, ob das Weinen, wenn Vera etwas nicht paßt, zu unterscheiden sei davon, wie sie weint, wenn sie Schmerzen habe. T-Schlosser (sinngemäß:) »Das ist klar auseinanderzuhalten. Wenn Vera Schmerzen hat, ist es dieses ganz hohe Weinen.«

Diese Interaktionen bzw. Beschreibungen von Interaktionen belegen eindrücklich, wie ein Gefühlsausdruck ins Spiel kommt, sowie initial der Schritt gemacht wurde, eine Patientin als ein bewußtes Selbst zu behandeln. Diejenigen, die mit der Patientin besonders gut bekannt sind, sind zu sehr differenzierten Interpretationen der visuellen und lautlichen Gebärden in der Lage. Während bei einem Intensivpatienten der Veränderung der Mimik als Reaktion auf Schmerzreize, das »Grimassieren« oder ein etwaiger Tränenfluß, kein affektiver Ausdruckswert zukommt, mutiert die Expressivität des Gegenüber der medizinischen Praxis zu einem Gefühlsausdruck, sowie eine Patientin in einer Beziehung existiert, in der sie als bewußtes Selbst erwartet wird. Aus einer Einheit, die eigenständig reagiert, ohne sich zu merken, wird eine Einheit, die sowohl sich als auch anderes merkt und die zeigt, wie sie sich in der Beziehung zu ihrer Umgebung fühlt.

Das Paradox, das sich bei der Interpretation eines Gegenüber als eines bewußten Selbst ergibt, besteht in der kontrollierten Festlegung dessen, was nicht festgelegt werden kann.

- Um ein Bewußtsein sein zu können, muß eine Einheit sich von sich her so zeigen, d.h., sie muß es selbst sein, die sich so zeigt, daß ihre Erscheinung als Erscheinung von Bewußtsein gewertet wird. Insofern ist die es die Einheit selbst, die bedingt, ob sie in einer Beziehung als ein bewußtes Gegenüber existiert.

- Aber ob eine Einheit in einer Begegnung als Bewußtsein existieren kann, ist ebenso durch die Begegnung determiniert, denn um als Bewußtsein existieren zu können, muß die Einheit in der Begegnung einen Freiraum zugestanden bekommen. Wenn das nicht der Fall ist, wird es ihr unmöglich, in der Begegnung als ein Bewußtsein zu existieren.

- Die Begegnung zwischen Arzt/Therapeut und Patient ist eingebettet in ein lokales Autoritätssystem, durch das das lokale Ethos der Kunstfertigkeit determiniert wird, insofern gehört nicht nur die direkte Begegnung zwischen Ärztin/Therapeutin und Patientin, sondern auch das lokale Autoritätssystem zu den Bedingungen, die festlegen, ob eine Patientin als ein Bewußtsein existieren kann.

Es wird hier mit Bedacht davon gesprochen, daß es darum geht, ob der Patient als ein Bewußtsein existiert oder nicht. Es geht nicht lediglich darum, ob er als ein Bewußtsein erscheint. Der Sachverhalt des Erscheinens ist nämlich schon konstitutiv in die Existenz des outopischen Gegenüber eingelassen. Die erscheinende Gestalt wird einer Deutung unterzogen. In dieser Deutung wird entschieden, ob etwas in der Weise eines lebendigen Körpers, eines eigenständig reagierenden Körpers oder eines leiblichen Bewußtseins ein selbständiges ou-topisches Gegenüber ist. Die Frage, was ein Patient ist, wenn er außerhalb einer Begegnung existiert, läßt sich empirisch nicht beantworten. Die Beantwortung dieser Frage erforderte den Überstieg zur metaphysischen Spekulation.

Empirisch läßt sich nur ein Paradox feststellen: Daß eine Entität ein selbständiges Gegenüber ist, ist nur zugänglich, insofern diese in einer Begegnung existiert, in der sie wahrgenommen werden kann. Die Art und Weise wie eine Entität ein selbständiges ou-topisches Gegenüber ist, das sich von sich her zeigt, wird durch das Beziehungsgeflecht determiniert, in dem die Begegnung stattfindet, in der die Entität als ein Bewußtsein existiert.

Die Relevanz dieses Paradoxes tritt noch deutlicher zutage, wenn es darum geht, ob die sinnliche Erscheinung einer Patientin als symbolische Expressivität gedeutet werden sollte.

5.3. Symbolische Expressivität und personales Selbst

Mit dem Übergang von der Expressivität des leiblichen Bewußtseins zur symbolischen Expressivität ist zugleich der Punkt erreicht, an dem epistemologisch der genuine Zuständigkeitsbereich der Sozialwissenschaften beginnt. Es ist nicht ohne innere Folgerichtigkeit, daß der Übergang zur symbolischen Expressivität zugleich eine absolute Grenze der diagnostischen Methoden in der Medizin darstellt. Dies soll anhand eines kleinen Disputs zwischen zwei Ärzten über die Deutung des »Habituierens« präzisiert werden.

Unter »Habituieren« wird ein elementarer Gewöhnungsvorgang verstanden. Der Patient wird durch irgendeine Aktion überrascht, etwa indem auf seiner Stirn mit den Fingern ein kurzes Stakkato getrommelt wird. Die auf Bewußtsein verweisende Reaktion vollzieht sich so: Auf das erste Trommeln erfolgt eine Veränderung von Mimik und/oder Gestik, die aus einer Laienperspektive wie erschrecken wirkt. Das Trommeln wird in kurzen Zeitabständen mehrmals wiederholt, wenn sich der Patient zunehmend weniger »erschreckt«, wird dies als Gewöhnung an die Aktion des Arztes gedeutet, die Patientin »habituiert«. Wer immer wieder wie beim ersten Mal reagiert, »habituiert« nicht. Der Test, ob ein Patient habituiert oder nicht, ist Bestandteil der erweiterten Diagnostik, wenn es um das Problem des Bewußtsein geht. Der Hinweischarakter des Tests auf das Vorhandensein von Bewußtsein ergibt sich daraus, daß die Reaktion der Patientin als selbstgestaltete Reaktion auf einen Reiz interpretiert werden kann. Nur wenn einem Gegenüber ein Spielraum bei der Gestaltung der Reaktion eingeräumt wird, kann nämlich auch eine Nichtreaktion als Hinweis auf die Aktivität des Subjekts gewertet werden.

Das Habituieren ist kein Bestandteil der täglichen klinischen Untersuchung, sondern wird nur in seltenen Fällen getestet. Zudem ist der Test, ob jemand habituiert, die einzige neurologische Untersuchung, bei der ich beobachten konnte, daß ihre Aussagekraft von einem Arzt offen angezweifelt wurde.

Herr Tipke. Untersuchung durch N-Flügel und N-Karl.
Es geht darum, ob er habituiert. N-Karl klopft mit einen Finger auf die Stelle zwischen den Augenbrauen. Der Patient schließt und öffnet ruckartig die Lider. N-Karl wiederholt seine Aktion, die Reaktion des Patienten wird nicht schwächer. Beide sind der Meinung, daß er nicht habituiert, denn dann würde der Patient zunehmend schwächer oder gar nicht mehr reagieren. Er hätte sich an die anfänglich überraschende Aktion gewöhnt. Nach der Untersuchung fragt N-Karl seinen Kollegen, ob er das schon einmal bei Gesunden ausprobiert hätte, die nicht wissen, wie sie reagieren sollen. Seiner Erfahrung nach würden die auch nicht habituieren. N-Flügel besteht auf dem diagnostischen Wert des Habituierens. (Die Bemerkung des Arztes spielt darauf an, daß Studierende der Medizin wechselseitig aneinander die verschiedenen neurologischen Tests durchführen, um sie zu erlernen. Wenn man allerdings auch bei medizinischen Laien üben würde, würden die sich seiner Erfahrung nach bei diesem Test anders verhalten als die angehenden Experten.)

Unabhängig davon, wie stichhaltig der despektierliche Kommentar des ärztlichen Kollegen hinsichtlich der Verwendbarkeit des Habituierens letztlich ist, verweist er auf die Grenzen des Gestaltungsspielraum, den ein Arzt seinen Patienten einräumen kann, wenn er ihre Reaktionen diagnostisch verwerten möchte. Wenn die Reaktion auf einen Gewöhnungseffekt hinweist, ist dies ein Indiz für eine dauernde

Wahrnehmungsbeziehung zur Umwelt, in der die Gleichheit der Reize erfaßt wird, weshalb die anfängliche Schreckreaktion ausfallen bzw. schwächer werden kann. Gerade die Möglichkeit, eine Nichtreaktion als positives Indiz für die Gestaltungsmacht der reagierenden Einheit zu nehmen, akzentuiert deutlich den Unterschied zu reflektorischen Reaktionen. Ein bewußtes Selbst kann gerade dadurch expressiv realisiert sein, daß es sichtbar nicht reagiert. Diese Unabhängigkeit des Selbst gegenüber dem untersuchenden Arzt gefährdet aber noch nicht die Möglichkeit der Untersuchung und Diagnose. Problematisch wäre dagegen der Fall, den N-Karl unterstellt: Das Habituieren erfolgt nicht einfach als Reaktion auf die Reizfolge, sondern als Reaktion auf eine Antizipation der Erwartungen des Untersuchers. In diesem Fall reagiert die untersuchte Einheit nicht einfach im Sinne eines bewußten Selbst, sondern sie nimmt Abstand von sich als bewußt reagierender Einheit und stellt sich als bewußt reagierendes Selbst dar.

Die unterschiedlichen Wertung des Habituierens erfolgt ausschließlich durch eine Modifikation der Beziehungskomplexität, in der die Untersuchung erfolgt. Während die Deutung, die das Habituieren im Sinne einer bewußten Reaktion versteht, unterstellt, die Habituierende würde die Reizfolge wahrnehmen und darauf reagieren, unterstellt die despektierliche Deutung des Kollegen, nur diejenigen würden habituieren, die erwarten, daß von ihnen als bewußten Subjekten erwartet wird zu habituieren. In diesem Fall situiert sich der Habituierende als ein Subjekt, von dem etwas erwartet wird, in der Beziehung zu einem anderen Subjekt, das etwas von ihm erwartet. Das untersuchte Selbst nimmt nicht nur seine Umgebung so wahr, daß in dieser ein anderes Selbst existiert, das etwas fordert, sondern es erlebt sich selbst als ein Selbst in einer Beziehung, in der etwas von ihm erwartet wird.

Damit würde der Patient von sich aus die gleiche Komplexität in die Beziehung einbringen, die die untersuchenden Ärzte für sich monopolisieren. Die medizinische Praxis könnte nicht funktionieren, wenn Ärztinnen keine soziale Personen wären. Denn zu den konstitutiven Elementen des beobachteten ärztlichen Handelns gehört, die Kontrolle der Handlungen durch das im lokalen Autoritätssystem festgelegt Ethos der Kunstfertigkeit, d.h., daß der Arzt sich als ein Selbst mit einer kontrollierten Handlungsweise, die er gegenüber anderen rechtfertigen kann, in der Beziehung zum Patienten gegenwärtig ist; andernfalls könnte er gar nicht so differenziert an die Patientin herantreten und sich für seine Handlungen verantwortlich fühlen. Die Effektivität der diagnostischen und therapeutischen Praktiken würde sofort ausgehebelt, wenn ein Arzt davon ausgehen würde, der Patient würde eine vergleichbar komplexe Umweltbeziehung aufrechterhalten. An die Stelle der Diagnose würde die Abstimmung von Erwartungs-Erwartungen treten. Ärztin und Patientin erwarten wechselseitig voneinander, daß sie voneinander etwas erwarten, z.b. die Darstellung der Diagnose Bewußtsein. In diesem Sinne wäre es ein soziales Fehlverhalten, nicht zu habituieren. Je nach Beschaffenheit der Beziehungskomplexität gibt es also zwei Möglichkeiten, das Habituieren zu verstehen: Entweder als Hinweis auf das Vorhandensein bzw. Nichtvorhandensein von Bewußtsein oder aber als unangemessenes Verhalten.

Die Deutung als soziales Fehlverhalten situiert das Habituieren in einer Beziehung, die durch doppelte Kontingenz gekennzeichnet ist. Das Habituieren wird dabei zu einer symbolischen Geste, zu einem vermittelnden Glied zwischen Arzt und Patient. Als symbolische Geste würde das Habituieren ausgeführt, um für den Untersucher verständlich Bewußtsein darzustellen. Nicht zu habituieren würde dann auf einer Unkenntnis des Symbolvorrats beruhen und nicht etwa auf der Unfähigkeit, eine für einen längeren Zeitraum andauernde Beziehung zur Umwelt aufrecht zu erhalten. Wer nicht habituiert, ist nicht etwa nicht bei Bewußtsein, sondern ein Rüpel, der sich weigert, sich in der sozialen Situation, in der es um die Diagnose von Bewußtsein geht, angemessen zu betragen.

Dieser elementare Symbolbegriff ähnelt dem von Mead insofern, als die Möglichkeit einer symbolvermittelten Beziehung ausgehend von der sinnlichen Beziehung eines Organismus zur Umwelt entwickelt wird. Allerdings besteht auch ein wichtiger Unterschied: Die sozialtheoretische Annahme setzt nicht in gleicher Weise wie Mead eine weitgehende Homogenität der Beteiligten voraus.

»Für einen Mechanismus wie den oben beschriebenen ist es notwendig, zunächst irgendeinen Reiz im Sozialverhalten der Mitglieder einer artgleichen Gruppe zu finden, der in dem Individuum, von dem der Reiz ausgeht, die gleiche Reaktion auslöst, die er in den anderen hervorruft. Darüber hinaus müssen die Individuen der Gruppe so gleichartig strukturiert sein, daß der Reiz die gleiche Eigenschaft für das eine wie für das andere Individuum hat. Einen solchen Typ eines sozialen Reizes finden wir in der menschlichen Gesellschaft in der Lautgebärde. Mit dem Begriff >Gebärde< meine ich denjenigen Teil der Handlung oder Haltung eines sozial handelnden Individuums, der als Reiz für ein anderes Individuum dient, seinen Teil der Gesamthandlung auszuführen.« (Mead 1987a: 321)
»Wo eine von einem Individuum geäußerte Lautgebärde bei einem

anderen Individuum zu einer Reaktion führt, können wir von ihr als einen Symbol dieser Handlung sprechen; wenn sie in dem, der sie äußert, die Tendenz zu der gleichen Reaktion hervorruft, sprechen wir von einem signifikanten Symbol.« (Mead 1987a: 323)

Das Definiens eines signifikanten Symbols besteht für Mead also darin, daß zwei Individuen in gleicher Weise auf einen Reiz reagieren bzw. reagieren könnten. Dies setzt eine gleichartige organische Beschaffenheit und einen gleichartigen Weltbezug der Kommunikanten voraus. Wer nicht ist wie ich, den kann ich nicht verstehen, denn das Verstehen des signifikanten Symbols setzt prinzipiell eine Reaktionsgleichheit der Beteiligten voraus.[19] Hier liegt die Differenz zu Mead. In der hier vorgetragenen Konzeption besteht der zentrale Punkt darin, daß die Kommunikanten jeweils in ihrer eigenen Umweltbeziehung vorkommen: Alter erfährt Ego und realisiert dabei, daß Ego ihn wahrnimmt und auf ihn bezogen handelt, und umgekehrt erfährt Ego Alter als jemanden, der auf Ego bezogen wahrnimmt und handelt. Ob das Verhalten von Ego und Alter einschließt, daß sie jeweils identisch auf das reagieren, was die andere als Reiz erlebt, d.h., inwiefern eine Reaktionsgleichheit der beiden Kommunikantinnen gegeben ist, kann offen bleiben. Es kann der Fall sein, aber es muß nicht so sein. Symbolische Gesten können damit auch ein Mittel zur Verständigung zwischen einander vollkommen Fremden werden, d.h., Kommunikation wird nicht an die – nur biologisch zu verstehende – Artgleichheit gebunden.[20]

---

19 Wenn dieser Gedanke bis zur letzten Konsequenz zu Ende geführt wird, mündet er bei einer Konzeption, die den Zugang zum anderen Ich im Sinne eines Analogieschlusses konzipiert (Vgl. etwa Vielmetter 1998: 96). Eine derartige Konzeption gibt leichtfertig eine der wichtigsten sozialtheoretischen Neuerungen des 20. Jahrhunderts auf, die in einer Kritik des Analogieschlußarguments besteht. Daß das andere Ich nicht qua Ähnlichkeit mit dem agierenden Ich gedacht werden kann, hatte schon Scheler (1973: 232 ff.) herausgearbeitet. Nach ihm wurde diese Denkfigur immer wieder erprobt und verfeinert vgl. etwa Schütz (1973: 176).
20 Obwohl eine Verständigung wahrscheinlich leichter zu erreichen ist, je ähnlicher die Kommunikanten einander sind, halte ich es für hochproblematisch, dies zu hoch zu bewerten und die Möglichkeit von symbolvermittelter Kommunikation unter Ungleichen auszuschließen. Denn dadurch geht in theoretischer Hinsicht die Pointe verloren, die in der Möglichkeit zur Distanzierung von der organischleiblichen Existenz liegt, in empirischer Hinsicht wird der Blick auf andere Formen komplexer Sozialität verstellt und in ethisch-politischer Hinsicht ergeben sich zwei elementare Probleme. Wenn Artgleichheit die Bedingung für Kommunikation ist, stellt sich automatisch das Problem, wie artgleich Artgleiche sein müssen. Spätestens im heraufziehenden Zeitalter der Gentechnologie werden hier Probleme auftreten. Zum anderen wird es durch die Forderung nach Artgleichheit ver-

Die Differenz zwischen symbolischer Expressivität und der Expressivität des leiblichen Bewußtseins ließe sich allgemein so formulieren:

- Expressivität des leiblichen Bewußtseins: Das Selbst reagiert auf einen Reiz und gestaltet die Reaktion auf den Reiz selbständig. Bei komplexen Formen von Bewußtsein, die etwa durch das Habituieren angezeigt werden, spielen Erwartungen eine Rolle. Nach dem anfänglichen Erschrecken, erwartet das Selbst bei der Reizwiederholung, daß – wie bei der ersten Reizerfahrung – nichts weiter passiert. Es gewöhnt sich an den Reiz und erschrickt nicht mehr.

- Symbolische Expressivität: Die Reaktion des Selbst enthält einen Hinweis darauf, daß es erwartet, daß etwas von ihm erwartet wird. Das Selbst reagiert nicht spontan auf den Reiz, sondern auf die Erwartung des Gegenüber. Bei Gesten, die in dieser Weise auf Erwartungs-Erwartungen verweisen, handelt es sich um symbolische Expressivität. Ob eine Geste ein Symbol sein kann, wird insgesamt nicht an eine allgemeine Voraussetzung gebunden – wie etwa Reaktionsgleichheit. Statt dessen wird die Frage nach dem Symbolcharakter einer Geste als eine empirisch zu bearbeitende Frage verstanden: Welche beobachtbaren Bedingungen müssen erfüllt sein, damit eine Geste als Symbol angesehen werden kann?

Eine Beziehungskomplexität, in der symbolische Expressivität möglich wird, wird in der klinischen Praxis erreicht, wenn es um die Etablierung eines Ja/Nein-Codes geht.

Wenn es gelungen ist, die Probleme des Eintritts in die symbolische Expressivität herauszuarbeiten, werde ich im nächsten Schritt eine für die ärztliche Diagnostik überlebensnotwendige Reduktion darstellen. Zum Zwecke der Diagnostik muß die symbolische Expressivität wieder auf das Niveau der Expressivität des leiblichen Bewußtseins reduziert werden.

5.3.1. Der Ja/Nein-Code – eine expressive Leistung des personalen Selbst

Ein Ja/Nein-Code erfordert, daß die Patientin eine Frage als an sie gerichtete Frage erfährt, auf die die fragende Person eine Antwort erhalten möchte. Folglich ist das geäußerte »Ja« bzw. das »Nein« nicht

---

unmöglich, es überhaupt für denkbar zu halten, daß es nicht von Menschen ausgehende aber dennoch symbolische Expressivität geben könnte.

einfach nur eine Reaktion, sondern eine Reaktion, die für die Fragenden wahrnehmbar ihre Erwartung, eine Antwort zu bekommen, miteinbezieht. Die Etablierung eines Ja/Nein-Codes beinhaltet eine kontrollierte Einführung symbolischer Expressivität und enthält damit eine ähnliche Paradoxie wie die Diagnose Bewußtsein. Wenn eine durch doppelte Kontingenz charakterisierte Beziehungskomplexität als gegeben angenommen wird, entsteht immer auch die Möglichkeit zu schweigen. In dem Maße, wie Ego und Alter durch Erwartungs-Erwartungen aufeinander bezogen sind, ist es nicht ausgeschlossen, daß Alter keine sichtbaren Veränderungen zeigt und gerade das die sichtbare an den Erwartungen von Ego ausgerichtete Reaktion ist. Das Fehlen einer Gebärde wird in diesem Fall als zu deutende symbolische Geste gewertet. Die Analyse der Etablierung eines Ja/Nein-Codes zeigt, wie diese Möglichkeit, sich zu verrätseln, systematisch verunmöglicht wird, indem eine wahrnehmbare Reaktion gefordert wird, die zeigt, daß die Antwort nicht nur eine selbst gestaltete Reaktion auf einen Reiz, sondern die Antwort auf eine Frage ist und insofern die Erwartung des Fragenden enthält. In der Antwort muß eindeutig gezeigt werden, daß die Antwortende nicht einfach nur ein bewußtes Selbst ist, das jemand anderen als sein Gegenüber erlebt, sondern daß sich das Selbst als Selbst in der Beziehung mit einem anderen Selbst erlebt, von dem es erwartet, daß das andere Selbst etwas von ihm erwartet. Ein Selbst, das mit einem anderen Selbst in einer derartigen Beziehung steht, bezeichne ich im Unterschied zum bewußten Selbst als personales Selbst oder als Person bzw. als soziale Person. Wenn die reagierende Gebärde die Erwartungen, die das Gegenüber an das Selbst heranträgt, als integralen Bestandteil enthält, kann das personale Selbst sich in der Antwort sowohl positiv als auch negativ positionieren. Es kann einzelne Erwartungen durch ein »Nein« enttäuschen. Wichtig ist nur, daß es der elementaren Erwartung, es würde auf die Erwartung des Gegenüber reagieren, entspricht. An diesem Punkt setzt die kollegiale Kontrolle der Deutung von Reaktionen an, die im Sinne eines Ja/Nein-Codes als symbolische Gesten verstanden werden sollen.

Bevor ich auf die kollegiale Kontrolle eingehe, soll dargestellt werden, wie schwierig es sein kann, eine Reaktion in einem Ja/Nein-Code zu verorten.

Hellen. Ergotherapie, vestibuläre Stimulation durch T-Ferber
… Der Therapeut versucht der Patientin den Augencode für Ja/Nein zu verdeutlichen. Er bittet sie die Augen zu schließen, wenn sie ihn verstehen würde.

Hellen schließt spontan etwas den Mund.
T-Ferber macht es ihr vor, indem er selbst die Augen schließt. Dann schließt er mit der Hand die Augen der Patientin und erklärt dazu: »Guck, so.«

Die Reaktion von Hellen verdeutlicht, wie unerläßlich eine konsistente Geste ist, damit sich der Therapeut sicher sein kann, daß die Patientin ihre Antworten in einem symbolischen Code verortet. Solange nicht klar ist, ob sie die Erwartung des Therapeuten realisiert hat, expressiv zwischen ja und nein unterscheiden zu sollen, scheint es für den Therapeuten unmöglich zu sein, ihre unsichere Reaktion im Sinne eines Schweigens zu interpretieren, das ein Verstehen der Aufforderung nicht ausschließen würde. Die Tatsache, daß ein Schweigen ausgeschlossen wird, deute ich so: Nur wenn die Patientin sich bereits expressiv im symbolischen Code verortet hätte, ergäbe sich in der Begegnung mit dem Therapeuten für sie der Freiraum, nicht zu antworten. Erst muß durch die Praxis des Ja/Nein-Code gesichert sein, daß die Beziehung die für symbolische Expressivität unerläßliche Komplexität erreicht hat, bevor Hellen aktuell als ein schweigendes personales Selbst existieren kann.

Aber auch wenn das Problem in Ansätzen gelöst ist, wird eine Verständigung über ja und nein nicht sofort erreicht.

Marcus. Musiktherapie durch T-Schlosser. Ich werde dem Patienten von der Therapeutin vorgestellt. Die Therapiesitzung beginnt mit einem Begrüßungslied. Schon vor dem Beginn des Liedes hatte sich der Gesichtsausdruck verändert. Marcus wirkt nicht mehr ängstlich, sondern konzentriert. Während des Liedes runzelt er die Stirn und richtet die Augen an die Decke, als würde er dort etwas sehen.
T-Schlosser (sinngemäß:) »Hat Dir das Lied gefallen?«
Marcus schließt die Augen.
T-Schlosser: »Ja.«
Nach dem Lied werden dem Patienten zwei Möglichkeiten zur Auswahl vorgestellt. Er kann eine CD hören und bekommt dazu eine Phantasiereise erzählt oder er kann mit Baßstäben arbeiten.

Beides wird dem Patienten vor Augen geführt und beschrieben. Der Patient reagiert auf beide Angebote mit einem Blinzeln (Augenschluß bedeutet »Ja«). Die Therapeutin stellt ihm noch einmal, und jetzt etwas eindringlicher, beide Möglichkeiten vor. Er reagiert wieder annähernd gleich. Sie hat aber den Eindruck, daß er eher zur CD tendiert. Sie stellt ihm nocheinmal das Buch vor und fragt ob er das wolle?
Marcus blinzelt.

Marcus gelingt es mehrmals während der Sitzung zu verdeutlichen, daß er eine Wortfolge als an ihn gerichtete Frage verstanden hat und entsprechend zu antworten. Unversehens wird allerdings ein neues Problem in die Interaktion eingeführt. Es geht nicht nur darum zu entscheiden, ob ihm etwas gefallen hat oder ob er etwas tun möchte, sondern auch darum, zwischen zwei Alternativen zu wählen, von denen die eine abgelehnt werden muß. Das ist unter ausschließlicher Verwendung eines Ja/Nein-Codes schwierig, denn wenn ihm beide Alternativen zusagen, wird eine Gewichtung der beiden »Ja« erforderlich. Hier bleibt der Therapeutin nichts anderes, als aktuell eine Entscheidung zu treffen und sich zu vergewissern, daß sie nicht gerade das auswählt, was der Patient nicht möchte.

Demselben Patienten gelingt die Einordnung von Reaktionen in den Ja/Nein-Code dagegen sehr gut, wenn es um das unmittelbare leibliche Befinden geht.

Marcus. Krankengymnastik. Vestibuläre Stimulation durch T-Schlotzinger.
... Marcus liegt auf der Schaukel. Er kneift die Augen zu.
T-Schlotzinger (sinngemäß:) »Blendet das?«
Die Therapeutin schaltet ein weniger grelles Licht ein.
T-Schlotzinger (sinngemäß:) »Besser so?«
Marcus zieht die Augenbrauen hoch. Das interpretiert sie als »ja«.
Danach setzt sie sich auf das Schaukelbrett und beginnt damit, die dauerhaft gebeugten Arme des Patienten zu strecken.
T-Schlotzinger (sinngemäß:) »Wenn es zuviel ist, mußt Du den Kopf wegdrehen.«
Während der Behandlung dreht Marcus zweimal den Kopf weg, woraufhin die Therapeutin von seinen Armen abläßt, etwas wartet und dann wieder damit beginnt, die Arme zu strecken.

Hier geht es nicht um eine Entscheidung zwischen zwei Angeboten, sondern darum, dem eigenen Sich-selbst-spüren sprachlich Ausdruck zu verleihen. Hier ermöglicht es der Code dem Patienten zu signalisieren, daß er sich selbst merkt, ohne daß ihm dafür eigens ein so heftiger Schmerz zugefügt werden müßte, daß eine mimische oder gestische Reaktion wahrscheinlich wird. Durch den Ja/Nein-Code existiert der Patient als personales Selbst und kann als solches über sich, wie er sich in der Beziehung zum Therapeuten erlebt, Auskunft geben. Damit wird der Patient auch in differenzierterer Weise als ein Selbst erkennbar, das sich spürt und seine Umgebung erkennt.

Hellen. Musiktherapie durch T-Schlosser
Sie legt der Patientin eine Klangschale auf den linken Arm.
T-Schlosser (sinngemäß:) »hast Du was gemerkt?«
Hellen schließt die Augen als Zeichen für »ja«.

Sowie es möglich ist, daß die Patientin sich selbst thematisieren kann, kann die Heftigkeit der Reize dramatisch abgesenkt werden. Es muß dem Patienten nicht mehr ein deutlicher Schmerzreiz zugefügt werden, der ihn unmittelbar zu einer mimisch-gestischen Reaktion veranlassen wird. In expressiver Hinsicht wird es einem personalen Selbst möglich, das unmittelbar leiblich-expressive Geständnis, etwas zu empfinden, durch eine symbolische Geste zu substituieren.

Ein Therapeut beschreibt in einem Interview die Relevanz der symbolischen Expressivität, damit eine Patientin dem Sachverhalt Ausdruck verleihen kann, daß sie sich als ein Selbst in der Beziehung zu ihrer Umwelt erlebt. Erst wenn das gegeben ist, könne man sicher sein, welche Qualität die Wahrnehmung hat.

IP: Das Problem ist halt schon, daß es schon viel Interpretationssache ist. X Letztendlich kann man ja nicht sagen, was sieht oder was hört der Patient. An bestimmten Dingen kann man schon messen, ob bestimmte Reize ankommen, also z.B. am EEG. Wenn man da bestimmte Lichtreize setzt und akustische Reize, dann sieht man schon im EEG ob Reize ankommen. Aber letztendlich hat das keine Aussage auf die Qualität der Verarbeitung.
GL: also wie es beim Patienten ankommt, das weiß man auch dann nicht.
IP: genau. Das weiß man auch dann nicht. X Also das kann man erst später dann sagen, wenn ein Patient wirklich eine adäquate Rückmeldung gibt über einen Ja/Nein-Code kann man davon ausgehen, daß der Patient jetzt einen Reiz wahrnimmt. X Vorher ist es einfach Interpretationssache. X Ich meine, wenn ein Patient fixiert und er hat keine Rückmeldungsmöglichkeit, dann weiß man auf jeden Fall, er kann den Gegenstand (zögert) vorsichtig ausgedrückt, erkennen, sage ich jetzt mal, oder sehen, sagen wir, sehen, ja, X und sucht ihn oder fixiert ihn, aber ob er dann letztendlich den Gegenstand er‐ kennt als den Gegenstand oder das Bild z.B., daß ist noch einmal eine ganz andere Leistung vom Gehirn, das Erkennen.

Erst wenn eine Patientin auf elementare Weise als ein personales Selbst existiert und über sich selbst Auskunft geben kann, d.h. über sich als ein Selbst, das seine Umwelt erlebt, wird es für diesen Therapeuten zu einer Gewißheit, welche Qualität das Erleben des Patienten hat. Diese Gewißheit kann nur entstehen, wenn die Beziehung zwischen Therapeut und Patient die Komplexität doppelter Kontingenz erreicht hat.

Die Feststellung der Veränderung von der Expressivität des leiblichen Bewußtseins hin zur symbolischen Expressivität, d.h. die Feststellung, daß eine Patientin ihre Reaktionen in einem einfachen symbolischen System verorten kann und damit als personales Selbst existiert, unterliegt ebenfalls einer kollegialen Kontrolle. Die Ausübung dieser Kontrollen ist mit den gleichen Paradoxien konfrontiert, die schon bei der Diagnose Bewußtsein auftraten, denn auch in diesem Fall geht es nicht nur um eine Konstellierung der Gestalt, sondern darum festzulegen, wie sich eine ou-topische Einheit von sich her auf die Umgebung bezieht. Das Problem des Nicht-Wissens hatte der eben zitierte Therapeut schon angedeutet. Es ist solange nicht klar, ob und wie ein Patient die Umwelt, sich selbst und sich selbst gegenüber der Umwelt bzw. sich selbst als ein Selbst gegenüber einem anderen Selbst erlebt, bis er sich im Modus symbolischer Expressivität als ein personales Selbst zeigt, das auf die an es gerichteten Erwartungen reagiert.

Für die Deutung der Expressivität einer Einheit, von der es fraglich ist, ob sie sich als ein personales Selbst gegenüber einem anderen personalen Selbst erleben kann, gelten drei elementare Maximen:

1. Die Maxime des zeitlichen Zusammenhangs: Die Reaktion der fragwürdigen Einheit ist nur dann eine Antwort, wenn sie zeitlich dicht auf die Frage folgt.

2. Die Maxime der Allgemeinheit: Die Reaktion der fragwürdigen Einheit ist nur dann eine Antwort, wenn möglichst gegenüber mehreren oder allen Beobachtern eine Reaktion in dichtem zeitlichen Abstand auf die Frage folgt, wobei die Geste, die als Symbol dient möglichst wenig variiert werden sollte.

3. Die Maxime der Angemessenheit: Die Reaktion der fragwürdigen Einheit ist nur dann eine Antwort, wenn der Fragende die Antwort als sinnvolle Antwort auf seine Frage verstehen kann.

Durch kollegiale Kontrolle wird erreicht, daß alle, die mit der Entscheidung betraut sind, ob ein Verhalten im Sinne eines Ja/Nein-Code zu werten ist, sich an diesen Deutungsmaximen orientieren. Schon die Wahrnehmung der ersten Indizien für eine Situierung von Reaktionen in einem symbolischen Ja/Nein-Code wird kollegial kontrolliert. Für die beobachtete Einheit haben diese Maximen den Charakter von Regeln, die eingehalten werden müssen: Nur dessen Verhalten wird im Sinne symbolischer Expressivität gedeutet, wer strikt diesen Regeln folgt. Ausführlich diskutiert wird dies auf der Teambesprechung, die allwöchentlich stattfindet und an der jeweils eine Therapeutin der verschiedenen Disziplinen (Musiktherapie, Logopädie, Krankengymnastik, Ergotherapie), eine Schwester als Vertreterin der Pflege und die auf der Station arbeitenden Ärzte teilnehmen.

Die Einschätzung, ob ein Ja/Nein-Code befolgt wird, kann im Laufe der Zeit sehr schwanken.

Fallbesprechungsprotokolle Vera
Protokoll 1: In ruhigen Phasen beantwortet Vera einfache Fragen meist adäquat mit Augenschluß für ja, in Erregungsphasen ist dies jedoch deutlich eingeschränkt bis aufgehoben.
Protokoll 2: Teilweise adäquater Ja/Nein-Code über Augenschluß mit Besserungs-/Festigungstendenz. Über Kontrollfragen soll eine weitere Festigung erreicht werden.
Protokoll 3: Vera ist in den letzten Wochen deutlich ruhiger geworden, schreit weniger, würde dafür vermehrt teilweise auch adäquat lächeln. Ja/Nein-Code nach Angaben der Mutter bei ihr zu ca. 80% nachvollziehbar.
Protokoll 4: Bisher kein adäquater Ja/Nein-Code nachweisbar, zeitweise Augenschluß für »Ja« beobachtet.

Die Patientin war ca. ein halbes Jahr auf der Frührehabilitation. Während dieser Zeit wurde vier mal in der Teambesprechung ausführlich über sie gesprochen. Die letzte Besprechung fand kurz vor ihrer Verlegung nach Hause statt. Ob sie bei ihren Reaktionen auf Fragen einem Ja/Nein-Code folgt, war während der gesamten Zeit strittig. Initial hatten die beteiligten Therapeutinnen Veras Verhalten als disziplinierte Verwendung des Codes gedeutet. Die Einschränkung, die das Protokoll macht, weist auf eine temporäre Verletzung der Regel der Allgemeinheit hin. Vera gerät manchmal in »Erregungsphasen«, dann ist es ihr unmöglich, das eigene Verhalten bei der Reaktion auf Fragen so gleichmäßig zu präsentieren, wie es für die Darstellung eines Ja/Nein-Code der Fall sein muß. Wenn an sie eine Frage gerichtet wird, muß sie ihre Bewegungen kontrollieren: Im dichten zeitlichen Abstand zur Frage muß sie die Augen schließen. Wenn sie in einem Zustand erhöhter körperlicher Anspannung ist, gelingt ihr das nicht. 6 Wochen später zur Zeit des 2. Protokolls werden andere Einschränkungen geltend gemacht. Wieder wird der Ja/Nein-Code als zumindest in Ansätzen gegeben anerkannt, aber es ist fraglich, ob die Antworten als sinnvolle Antworten auf die jeweilige Frage gelten können. Vera verletzt die Regel der Angemessenheit. Wiederum 6 Wochen später scheint ein Durchbruch erreicht zu sein. Die Mutter gibt zu Protokoll, sie könne sich mit ihrer Tochter schon relativ sicher über einen Ja/Nein-Code verständigen. Diese Einschätzung hat sie auch zur Zeit der letzten Teambesprechung – ungefähr 2 Monate später – nicht geändert. Das Protokoll vermerkt bei der 3. Besprechung keinen Einspruch seitens der Therapeutinnen bzw. der Ärzte oder der Schwestern. Das vierte Protokoll enthält allerdings keine Bestätigung der positiven Einschätzung der Mutter. Es scheint eher die Ausnahme zu sein, daß Vera einem Ja/Nein-Code folgt. Sie verletzt weiterhin die Regeln der Allgemeinheit und der Angemessenheit. Zugleich ergibt diese Abfolge einen Hinweis darauf, wie die Glaubwürdigkeit von Deutungen eingeschränkt werden kann. Was in der vierten Sitzung als Verletzung der Regel durch Vera beschrieben wird, desavouiert gleichzeitig die Kompetenz ihrer Mutter, denn sie befolgt bei ihrer Deutung keine der genannten Maximen. Obwohl die Therapeuten ihr in der Zwischenzeit mitgeteilt haben, daß sie nicht dauerhaft einen konsistenten Ja/Nein-Code bei Vera beobachten konnten, hält sie an ihrer Deutung fest. Dies zeigt die Wirkungsweise der kollegialen Kontrolle: Wer daran festhält, einen Ja/Nein-Code beobachten zu können, obwohl die anderen dies in der Begegnung mit dem Patienten nicht nachvollziehen können, bringt sich um den Ruf einer verläßlichen Beobachterin bzw. Interpretin der Verhaltensweisen eines Patienten. Diejenigen, die auf der Station arbeiten, vermeiden es, sich dauerhaft gegen die Deutung zu stellen, die von allen übrigen Kollegen formuliert wird.

Während der Beobachtungszeit habe ich mit vier Therapeutinnen über das Problem des Ja/Nein-Code gesprochen. Erst in diesen Gesprächen ergaben sich Hinweise auf die Regel des zeitlichen Zusammenhanges.

GL: Also zumindest bei Vera, würden Sie sagen, so wie sie das erfahren, daß es mit dem Ja/Nein-Code nicht hinhaut?
IP: Nein. Es ist schwierig, das in Worte zu fassen teilweise. Also bei der Vera ist es so. Wenn es ein Ja war, dann kam es, also das muß man auch bedenken, dann kam es verzögert. Also da muß man wirklich drei, vier bis fünf Sekunden warten. X Und bei ihr, also ich hab keine, also ganz ganz selten und das war so vor vielleicht zwei Monaten war es mal, wenn sie ganz fit und wach war, also von der Vigilanz und also auch von der Tonuslage her entspannt war, in einer ruhigen Situation, dann hat sie es ab und zu gemacht X, daß sie dann die Augen zu gemacht hat. Aber bei ihr konnte ich in der letzten Zeit keinen Ja/Nein-Code mehr abrufen.
GL: Also weil es zu undeutlich war oder verzögert war?
IP: Das war erstens zu verzögert und teilweise kam dann gar nichts oder es war auch nicht adäquat auf die Frage hin.
GL: Und vor zwei Monaten war das besser?
IP: Ja, aber das war nie so, daß es über mehrere Tage oder mehrere Stunden. Das war in einzelnen Situationen. Das haben Sie ja selber gehört in der Runde ... das war vereinzelt mal und das kann genauso gut n Zufall gewesen sein X Das man dann sagt, daß es wirklich adäquat ist bei einem Patienten, das muß man dann wirklich über mehrere Tage und Wochen beobachten und wenn es mehrere dann wirklich sagen: der Ja/Nein-Code ist wirklich adäquat.

Die Antwort rückt das Problem des zeitlichen Rhythmus in den Mittelpunkt. 3–5 Sekunden erscheinen dem Therapeuten als eine lange Zeit, wenn es darum geht, auf die Antwort von jemandem zu warten, bei dem es ungewiß ist, ob er seine Bewegungen an den Symbolen eines Ja/Nein-Code orientiert. Es kommt nicht auf die Sekunde an, aber irgendwann während eines Zeitraums, der sinnvollerweise in Sekunden und nicht in Minuten bemessen werden können sollte, muß eine Reaktion erfolgt sein, oder die elementare Zuordnung der Reaktion zur Frage gelingt nicht mehr. Alle Reaktionen, die noch später erfolgen, werden erst gar nicht darauf hin beobachtet, ob sie als angemessene Reaktionen bewertet werden können oder nicht. Nur wenn die Regel des zeitlichen Zusammenhangs beachtet worden ist, ist die Bedingung dafür gegeben, die Regel der Allgemeinheit und die der Angemessenheit überhaupt anwenden zu können. Der zweite zeitliche Faktor, den der Therapeut ins Spiel bringt, ist die Regelmäßigkeit in der Verwendung der symbolischen Geste. Das Augenschließen gilt nur dann als Symbol, wenn es regelmäßig in dichtem zeitlichen Abstand zur Frage gezeigt wird. Die Regelmäßigkeit leitet über zur zweiten Maxime. Die Gültigkeit des Ja/Nein-Code muß von mehreren bestätigt werden und er sollte zumindestens zunehmend vereinheitlicht werden.

IP: Ein Ja/Nein-Code spricht sich schnell rum bei allen Therapeuten. Es ist dann immer noch die Frage, welcher Ja/Nein-Code sich dann etabliert. Das ist dann immer sehr unterschiedlich, weil dann sagt die Pflege, er macht es so und so oder sie macht es so und so und dann sagt jemand von den Therapeuten, nee ich hab gedacht, der geht so und so und dann kann es sein, daß wir auch erst einmal unterschiedliche Codes anwenden in der Anfangszeit. das wird dann meistens in der Teambesprechung geklärt. Da wird das dann erzählt und dann geht die Diskussion los, nee ich habe das doch anders gesehen und dann sagt man, ok wir müssen uns natürlich einigen, wir können nicht drei verschiedene Sachen dem Patienten anbieten. Das kann ja kein Mensch koordinieren. Und dann geht es eigentlich relativ schnell. Wenn es irgend jemand feststellt, da gibt es ne Möglichkeit, er kann ganz bewußt es steuern irgend ne Reaktion, dann geht es vielleicht – weiß nicht – ne Woche oder so, dann ist es eigentlich geklärt für alle. Oder wir hängen dann einen Zettel übers Bett, ja bedeutet dies, nein bedeutet dies.

Damit Bewegungen als Gesten in einen Ja/Nein-Code integriert werden und damit als allgemeingültige symbolische Gesten gedeutet werden können, müssen sie als Antworten auf Fragen verstanden werden können, d.h., sie dürfen regelmäßig nur im zeitlichen Zusammenhang mit der Frage auftreten.

IP: Am Anfang sah es so aus, als würde sie ihre Augen schließen, um ja zu sagen und mit der Zeit habe ich festgestellt, daß sie das recht oft macht, daß die Augen recht lang langsam auch zugehen und wieder aufgehen. Also vielleicht auch ein verzögertes Blinzeln oder irgend so etwas. Also das kommt dann immer wieder. Es kommt auch wenn man gar nichts frägt, kommt dann diese Reaktion. Also ich hab dann für mich irgendwie gedacht, nee, das ist nicht eindeutig und auch auf die Gegenprobe und so, das stimmt alles nicht zusammen. Und mit dem Hinschauen kann ich sagen, daß sie den Kopf hinwendet zu einer akustischen Reizquelle und kurzzeitig versucht hinzuschauen, aber das wirklich nur ganz kurz. Daß sie schon wirklich den Kopf hinwendet, das haben wir ein paar mal ganz deutlich gesehen, auch wenn es jetzt mehr unten war oder mehr oben, das sie versucht mit dem Kopf da in die richtige Höhe zu gehen, aber die Blickwendung ist nur ganz kurz, sie kann nicht lange dabeibleiben.

Die Therapeutin beschreibt hier eine Abkehr von der anfänglichen Deutung des Augenschließens. Zunächst war sie geneigt, es als »ja« zu werten. Aber da sie die Geste an der Patientin auch außerhalb des zeitlichen Zusammenhangs mit einer Frage oft beobachten konnte, wurde es fraglich, ob das Augenschließen tatsächlich noch als Antwort gewertet werden konnte. In der Folge wurde das Augenschließen einer weiteren strengeren Prüfung unterzogen und es ergab sich unter der Voraussetzung, daß es »ja« bedeutet, nicht regelmäßig eine für die Therapeutin plausible Antwort. Daß sie nicht weiter darauf bestand, es mit einer sinnvollen symbolischen Geste zu tun zu haben, deutet auf die Wirksamkeit der Deutungsmaxime der Allgemeinheit und der der Angemessenheit hin.

Die einfachste Möglichkeit, in der Deutung der Maxime der Angemessenheit zu folgen, besteht darin, anzunehmen, Therapeut und Patient würden auf einen Reiz in gleicher Weise reagieren. Adäquat reagiert ein Patient also dann, wenn er so reagiert, wie es der Therapeut tun würde.

IP: Meistens ist es ja bei der Pflege beim Waschen oder wenn man direkt am Patienten was arbeitet, wenn es um Schmerz geht oder um Wohlbefinden, dann sind die Reaktionen meistens adäquat oder nicht adäquat. Das ist noch einmal ein Unterschied, wenn ich irgendetwas Visuelles mache und abfrage, das ist ein Unterschied, wenn ich direkt am Körper arbeite. Wenn es darum geht, ja findest Du das schön, wenn ich dieses oder jenes mache oder tut das weh. Also meistens ist es ja adäquat, wenn ich n Schmerz, also denk, es könnt ihr wehtun und frag dann nach, und es tut dann auch weh, und sie sagt dann »ja«. Ich denk, das ist vielleicht so ein Zugang zum Patienten, wo man ziemlich sicher dann sagen kann. Obwohl ich jetzt nicht davon ausgehe, daß ich dem Patienten jetzt bewußt n Schmerzreiz setze. Es gibt halt immer wieder in der Therapie Situationen, wo es Schmerz gibt, also gerade wenn ich jetzt n Muskel dehne oder so, dann gehen wir zwar nicht über die Schmerzgrenze drüber hinweg, aber man muß viel mehr an die Schmerzgrenze drangehen. Das ist wie wenn man Sport treibt. Man dehnt irgend ne Muskulatur. Das ist ein bestimmter Schmerzreiz, wo man dann schon aushalten kann, aber das ist schon n Schmerz.

Der Therapeut spricht hier, auch nach eigener Einschätzung, den einfachsten Fall an. Schon in der Musiktherapie, wenn einer Patientin mehrere Möglichkeiten vorgestellt werden, zwischen denen er sich entscheiden kann, können allerdings Probleme entstehen, die sich durch die Gleichheit der Reaktion nicht mehr klären lassen. Eine Therapeutin beschreibt die dabei auftretenden Probleme an einem Beispiel. Ihre Schilderung enthält zugleich einen Hinweis darauf, daß die drei Maximen der Deutung bzw. aus der Patientinnenperspektive die drei elementaren Regeln einen variablen Zusammenhang bilden.

IP: Also da habe ich es über seinen Ja/Nein-Code schon rausgekriegt. Er war zwar etwas uneinig weil er ja alles irgendwie einsetzt. Er hat verschiedene Ja-Codes, die er aber selber einsetzt. Die geben wir ihm ja nicht vor. Sondern er macht entweder den Augenschluß oder er zieht dann so die Augenbrauen hoch, deutet mit dem Mund dann so n A, Macht den Mund dann so auf. Und es war, habe ich ja noch mal nachgefragt, weil ich mir nicht sicher war und dann ging der Kopf wieder, was eigentlich nein heißt bei ihm und dann war für mich. Also ich war mir nicht besonders sicher, aber die deutlichste Reaktion war für mich bei der Phantasiereise X Und dann dachte ich okay, das scheint es wohl zu sein. So im Nachhinein dachte ich dann, es wäre wahrscheinlich beides okay gewesen, also wenn ich das andere auch gemacht hätte, wäre es wahrscheinlich auch okay gewesen. Also er hat, glaube ich, nicht so ganz eines abgelehnt, also er wußte vielleicht selber nicht, was ihm jetzt besser tut und worauf er Lust hat. …. Aber ich dachte dann die deutlichere Reaktion war dann für mich schon bei der Phantasiereise. Aber es könnte auch falsch sein. Das ist ja das. Man meint dann immer es war die deutlichere Reaktion, aber ich habe es auch schon erlebt, daß ich mir eingebildet habe, es war ein »Ja« und es war gar kein »Ja« und die Reaktion kriege ich dann aber prompt. Also wenn es was Falsches ist, dann kommt irgendeine Reaktion schon vom Patienten. Das ist meistenteils vegetativ oder körperlich ist das dann schon sehr deutlich zu sehen, wenn er sich verkrampft oder so. Und ich habe dann auch den Eindruck gehabt, es war dann für ihn ok.

Bei der Klärung der uneindeutigen Situation treten massive Schwierigkeiten auf. Die Therapeutin hatte dem Patienten angeboten, sich zu entscheiden zwischen einer Phantasiereise und einem Musikstück. Anfänglich hatte er bei beiden Alternativen mit »ja« geantwortet. Dabei wurde die Deutung schwierig, weil der Patient verschiedene Gesten in den symbolischen Code integriert. Um zu einer Klärung zu gelangen, hatte die Therapeutin ihm erneut beide Alternativen vorgestellt, jetzt schien es so, als hätte er bei einer Möglichkeit mit »nein« geantwortet, aber für eindeutig geklärt, hielt die Therapeutin ihre Frage immer noch nicht. Diese Unsicherheiten bei der Codeverwendung konnten auch nicht dadurch aufgefangen werden, daß die Therapeutin versucht, sich selbst vorstellen kann, was jetzt schöner wäre. Das Kriterium der Adäquatheit, das der zuvor zitierte Therapeut angeführt hatte, versagt. Dennoch gelingt es, das Schlingern durch den Code zu einem Ergebnis zu bringen, das ihr angemessen erscheint. Die Unsicherheit in der Codeverwendung wird durch Tempo gelöst. Zum einen werden auch die variablen Gesten für »ja« und »nein« immer als Antwort auf die Frage aufgefaßt, sie folgten ausreichend schnell auf die Frage. Ich hatte die beschriebene Therapiesitzung selbst beobachtet, der zeitliche Abstand betrug maximal 1–2 Sekunden. Zum anderen rechnet sie mit einer schnellen Reaktion, falls sie bei der Interpretation des Ja/Nein-Code einen Fehler gemacht haben sollte.

Es deutet sich damit ein innerer Zusammenhang zwischen den drei Maximen an: Wenn die Reaktion schnell genug erfolgt, wird sie so stark als Antwort auf die Frage verstanden, daß eine Verletzung der Maxime der Allgemeinheit eher erlaubt ist, d.h. auch eine uneindeutige Verwendung der Gesten gefährdet ihren symbolischen Charakter nicht, sie werden weiterhin als Symbol der Bejahung bzw. der Verneinung von der Fragenden anerkannt. Für den Patienten gilt umgekehrt: Die optimale Befolgung der Regel des zeitlichen Zusammenhangs heilt eine Verletzung der Regel der Allgemeinheit. Den umgekehrten Fall habe ich nicht beobachten können, halte ihn aber für wahrscheinlich: Je mehr Zeit seit der Frage verstrichen ist, um so eher wird nur noch eine Geste, die als Element des Kodes bekannt ist, als Antwort auf die Frage gedeutet. Die strenge Befolgung der Regel der Allgemeinheit könnte, das ist meine Vermutung, einen Verstoß gegen die Regel des zeitlichen Zusammenhangs heilen.

Weiterhin gibt die Beschreibung einen Hinweis darauf, wie die Adäquatheit der Codeverwendung herausgearbeitet werden kann: durch Metakommunikation. Auch dabei spielt der zeitliche Rhythmus eine entscheidende Rolle. Nachdem die Therapeutin die Gesten des Ja/Nein-Codes gedeutet und den weiteren Verlauf der Therapiesitzung von ihrer Deutung abhängig gemacht hat, kann sich das Problem der Metakommunikation stellen, wenn die Expressivität des

Patienten als »prompte« Reaktion auf das Angebot der Therapeutin gedeutet wird. Es entsteht in Ansätzen eine reflexive Thematisierung des kommunikativen Geschehens. Ob es sich tatsächlich um eine Metakommunikation handelt oder nicht, hängt von der Komplexität der Beziehung ab, die in der Deutung vorausgesetzt wird. Wenn die Therapeutin die Zeichen des Unbehagens, das sich im weiteren einstellt, als direkte Reaktion auf ihr Angebot wertet, handelt es sich maximal um eine bewußt gestaltete Reaktion des Patienten. Diese Deutung funktioniert nur, wenn die Beziehung aktuell nicht die Komplexität doppelter Kontingenz erreicht. Wenn die Therapeutin dagegen den körperlichen Ausdruck des Befindens als Protest gegen ihre Interpretation des Ja/Nein-Codes, d.h. als Kommentar zu ihrer Deutung, interpretiert, würde es sich um Metakommunikation handeln. Diese Interpretation setzt notwendig doppelte Kontingenz voraus, denn sie funktioniert nur, wenn die Beteiligten wechselseitig auf die Erwartungen des Gegenüber reagieren, d.h., wenn in der Begegnung beide als ein personales Selbst existieren. Die Struktur der Beziehung ist konstitutiv für die Deutung, und wie die Struktur der Beziehung aufgefaßt werden kann, hängt maßgeblich vom Reaktionsrhythmus der Beteiligten ab. Je dichter die Reaktion des Patienten auf die interpretierende Aktion der Therapeutin folgt, um so eher stellt sich überhaupt die Frage der Metakommunikation.

Je stärker die Verkettung der aufeinander folgenden Verhaltensweisen und Deutungen den Charakter von Metakommunikation annimmt, um so eher wird die Klärung der Adäquatheit des Ja/Nein-Codes davon entlastet, daß Therapeutin und Patientin in gleicher Weise auf einen Reiz reagieren. Die Beteiligten können sich im Fortgang der Interaktionen darüber verständigen, was gemeint war. Daraus ergibt sich die Mutmaßung: Je konsistenter die Codeverwendung und je vergleichbarer der zeitliche Rhythmus, um so eher kann auf die Homogenität des sich selbst Erlebens verzichtet werden.

Obwohl die Deutungsmaximen bzw. die ungeschriebenen Regeln der kommunikativen Partizipation sehr variabel sind und sich wechselseitig stützen können, bleiben apallische Patientinnen bzw. Patienten in einem frühen Remissionsstadium[21] fremdartige und outopische Subjekte.

---

21 Als Remissionsstadien werden Phasen bezeichnet, in denen sich die neurologische Schädigung wieder zurückbildet und die Patienten wieder dahin kommen, sich problemlos in alltägliche Kommunikationen einzugliedern.

GL: Was ja dann auch heißt mit einer dauernden Unsicherheit zurecht zu kommen?
IP: Mhm, ja. Es ist schon so ein Unsicherheitsfaktor dabei. Und man muß auch einen Mittelweg finden, nicht zuviel hineinzuinterpretieren, was jetzt ich so meine, das ist das eine und das andere ist, einfach auch genau hinzuschauen und hm auch sich selber auch versuchen, zurückzunehmen und erst einmal nur einfach beobachten, was so kommt. Es hat viel auch mit beobachten zu tun, daß man einfach auch mal da sitzt und gar nichts macht und einfach mal den Patienten beobachtet. Da schwankt man so dazwischen und es ist oft so, daß wenn so im Alltagsstreß, -hektik hineingeht in das Zimmer. Dann macht man irgendwie ganz schnell was, weil man hat nicht mehr viel Zeit und guckt ständig auf die Uhr und dann denke ich, ich habe jetzt etwas übergestülpt. Oder habe dem Patienten gar nicht die Chance gelassen zu reagieren, ... Weil man einfach vom eigenen Zeitgefühl ausgeht und das ist ja recht schnell. Unser Zeitgefühl, das geht immer alles recht rasch und man reagiert ganz schnell und zack. Und das geht bei den Patienten überhaupt nicht. Die brauchen für eine Reaktion manchmal 10mal solange wie wir. Und dann kann es auch sein, daß eine Reaktion auf die Musik fünf Minuten später kommt, nur habe ich vielleicht nicht die Geduld 5 Minuten zu warten oder auch die Muße dazu oder man kann es schlecht aushalten, mal nichts zu tun. Es könnte ja sein, daß jemand von draußen reinkuckt und sieht aha: sitzt einfach nur so da. Das Zeitgefühl ist bei den Patienten ganz ganz anders, die Zeit. Das geht alles denke ich viel viel langsamer.

Die Therapeutin deutet eine beunruhigende Möglichkeit an. Wenn der Rhythmus, in dem die Patienten reagieren, unbekannt ist, wird es uneindeutig, welche wahrnehmbare Veränderung des Patientenköpers als Reaktion gewertet werden kann. Es reicht schon die Annahme, die Präzision des Reaktionsrhythmus könne nicht in Sekunden, sondern nur in Minuten bestimmt werden. Schon diese geringfügige Veränderung würde dafür ausreichen, die bewußten Reaktionen beinahe vollständig unsichtbar zu machen. Ein Reaktionsrhythmus dessen Präzision nur in Stunden festgelegt werden könnte, wäre nach den Maßstäben der auch in der Therapie gültigen sekundengenauen Abstimmung des Bewußtseins mit seiner Umwelt bzw. der sekundengenauen Abstimmung der symbolischen Expressivität absolut unentdeckbar. Alle Bewegungen und Verhaltensweisen, die nicht in das Sekundentempo integriert sind, müssen als beliebig gedeutet werden, sie haben wenig oder gar nichts mit den Ereignissen der Umwelt zu tun.

Zu den Faktoren, die es verhindern, sich interaktiv in ein deutlich niedrigeres Tempo einzupassen, gehört maßgeblich der sozial kontrollierte Eigenrhythmus der Therapeutinnen:

IP: Nur habe ich vielleicht nicht die Geduld 5 Minuten zu warten oder auch die Muße dazu oder man kann es schlecht aushalten, mal nichts zu tun. Es könnte ja sein, daß jemand von draußen reinkuckt und sieht aha: sitzt einfach nur so da.

Daß es schwer auszuhalten ist, deutet auf den Eigenrhythmus hin und der Verweis auf den Blick von außen aktualisiert eine soziale Kontrolle. Vor Kollegen muß man sich als jemand darstellen, der zu tun hat. Daß hier von Seiten des therapeutischen Personals überhaupt ein Problem gesehen werden kann, setzt notwendig eine Beziehungskomplexität voraus, in der dem Gegenüber ein zeitlicher Freiraum eingeräumt wird. Ohne diesen könnten die unterschiedlichen Rhythmen von Therapeutin und Patientin gar nicht zu einem Problem werden. In der neurologischen Diagnostik, die sich auf den Körper als eigenständig reagierende Einheit konzentriert, werden die Reize so gesetzt, daß eine unmittelbare Reaktion erwartet wird. Der zeitliche Freiraum beträgt weniger als 1 Sekunde. Dieser zeitliche Spielraum wird bei der neurologischen Diagnose von Bewußtsein nur unwesentlich erhöht. Einer der wichtigen Unterschiede zwischen klinischer neurologischer Diagnostik und therapeutisch orientierter neurologischer Frührehabilitation besteht also in der Erweiterung des zeitlichen Spielraums.

Allerdings erfolgt die Erweiterung nicht beliebig. Um elementare Formen symbolischer Expressivität zu entwickeln, ist es zwar erforderlich, sich auf das Tempo und die Bewegungsmöglichkeiten der Patientinnen einzulassen, aber zugleich wird kollegial kontrolliert, daß die symbolische Expressivität nicht zu einem idiosynkratischen Kommunikationsmodus wird, zu einer Geheimsprache etwa zwischen Mutter und Kind, die von niemand anders mehr nachvollzogen werden kann. Um als bewußtes Selbst, das seine Umgebung und sich selbst merkt, oder als personales Selbst, das sich in einer Beziehung zu anderen realisiert und deshalb erwartet, daß an es Erwartungen gerichtet werden, erkannt zu werden, muß sich das Selbst an das Wahrnehmungstempo bzw. an das kommunikative Tempo anpassen. Die Kontrolle der Mindestgeschwindigkeit begrenzt den Freiraum, der dem bewußten bzw. dem personalen Selbst im Rahmen der Expressivität des leiblichen Bewußtseins bzw. der symbolischen Expressivität zugestanden werden muß. Als personales Selbst, das über sich Auskunft geben und »nein« sagen kann, erreicht ein Selbst ein Maximum an Freiheit in der Gestaltung der Umwelt- bzw. der Interaktionsbeziehung. Diesen Freiraum kann es sich aber nur dann erschließen, wenn es den Anforderungen genügt, die an die Mindestgeschwindigkeit der Reaktionen und die Mindestkonsistenz der Codeverwendung gestellt werden. Die Unbestimmbarkeit des ou-topischen wird nach

Maßgabe effektiver kollegialer Kontrollen in die Interaktion integriert. Der Widerspruch zwischen diagnostischer Kontrolle und therapeutischer Entfaltung der eigenständigen Gestaltung der Reaktion auf einen Reiz, die Paradoxie des Bewußtseins, wiederholt sich im Kontext der symbolischen Expressivität als Paradox der Person.

5.3.2. Symbolische Expressivität im Dienste der Diagnostik: das Befolgen sprachlicher Aufforderungen und die symbolische Orientierung

Symbolische Expressivität, d.h. symbolvermittelte Kommunikation, setzt voraus, daß die Beziehung zwischen medizinischem, pflegerischem oder therapeutischem Personal und der Patientin aktuell die Komplexität doppelter Kontingenz erreicht. Als ich die Differenz zwischen der Expressivität des leiblichen Bewußtseins und symbolischer Expressivität am Beispiel des Streits um das Habituieren herausgearbeitet habe, ergab sich auch, daß im Rahmen einer Beziehung, die aktuell durch doppelte Kontingenz gekennzeichnet ist, eine Diagnose unmöglich wird. Hier trifft man auf eine harte epistemologische Grenze des medizinischen Erkennens. Die Praxis der medizinischen Erkenntnis reagiert darauf mit durchschlagender Konsequenz. Eine grundsätzliche Eigenart des Umgangs mit Patienten besteht nämlich darin, die Patientin zwar als personales Selbst in Anspruch zu nehmen, sie aber wie ein bewußtes Selbst zu behandeln, d.h., unter Beibehaltung symbolvermittelter Kommunikation wird der Interaktion ein Komplexitätsniveau aufgezwungen, das einer Begegnung mit einem ausschließlich bewußten Selbst entspricht. Nur beiläufig erreicht die Interaktion ein höheres Komplexitätsniveau und es steht jederzeit in der Macht des Arztes es wieder zu verlassen. Der Sinn der Reduktion von Beziehungskomplexität liegt in der Ermöglichung von Diagnosen. Therapeuten und Schwestern, in deren Kompetenzbereich wichtige Diagnosen nicht hineinfallen, sind von der Anlage ihrer Tätigkeiten her eher damit konfrontiert, sich mit der Patientin in einer Beziehung zu finden, in der doppelte Kontingenz aktualisiert ist.

Als es um die Diagnose Bewußtsein ging, hatte ich auch die Befolgung verbaler Aufforderungen als diagnostisches Verfahren beschrieben (s.o.). Dies könnte insofern als problematisch gewertet werden, als die Verwendung von Sprache doch symbolische Expressivität und damit doppelte Kontingenz impliziert. Es ist in der Tat ein Grenzfall, den ich aber im Sinne größtmöglicher Einfachheit interpretiert habe. Wenn nur einer der Beteiligten, in diesem Fall der Arzt, Sprache verwendet und die Aktivität des Patienten sich darauf beschränkt, die Aufforderung zu befolgen, erfordert ein Verständnis der Sequenz nicht unbedingt, das in der diagnostischen Beziehung doppelte Kontingenz aktualisiert wird. Die Reaktion wurde vom Arzt nicht als reflektorisch gedeutet, sondern als eine vom Patienten selbst gestaltete Reaktion gewertet. Um symbolische Expressivität müßte es sich erst dann handeln, wenn der Patient nicht auf die Worte und die sie begleitenden Gesten, sondern auf die Erwartung des Arztes eine Antwort zu bekommen reagiert und wenn dies für andere plausibel in die Antwort eingelassen ist. In der Materialanalyse läßt sich dies am besten herausarbeiten. Dabei stütze ich mich wieder auf die Beobachtung des Umgangs mit Intensivpatienten.

Es gibt in der Intensivmedizin Untersuchungen, die typischerweise sprachliche Wendungen enthalten, ohne daß ein Verständnis der Begegnung es erforderlich machen würde, davon auszugehen, sie sei aktuell durch doppelte Kontingenz gekennzeichnet. Die meist verwendeten sprachlichen Formen sind Begrüßungen, direktes Ansprechen und Aufforderungen.

Frau Barth. Untersuchung durch N-Rostner.
N-Rostner (sinngemäß:) »Frau Barth! Frau Barth! Machen Sie mal die Augen auf.«
Die Patientin reagiert nicht. Die Ärztin nimmt die rechte Hand der Patientin in ihre Hand, wie man es bei einem Handschlag macht.
N-Rostner (sinngemäß:) »Frau Barth, drücken Sie mir mal die Hand.«
Die Patientin reagiert nicht.
N-Rostner (sinngemäß:) »Frau Barth, drücken Sie mir mal die rechte Hand.«
Die Patientin reagiert nicht.
Dasgleiche mit der linken Hand und gleichem Erfolg.

Der Test verläuft negativ, d.h., das Ergebnis liefert keinen Hinweis darauf, daß die Patientin bei Bewußtsein sein könnte. Aber auch wenn der Test ein positives Ergebnis gehabt hätte, wäre es fraglich, ob es sich um symbolvermittelte Kommunikation handeln würde. Das Drücken der Hände wird durch die Geste der Ärztin nahe gelegt, das Befolgen der Aufforderung hätte dann eher den Charakter einer bewußten Reaktion auf einen Reiz. Sogar das kann aber schon fraglich werden, denn gelegentlich wird es schwierig, das Zudrücken der Hand durch den Patienten von einer reflektorischen Reaktion zu unterscheiden.

Wenn der Patient positiv auf die Ansprache reagiert, ist das nicht der Beginn einer kommunikativen Sequenz, sondern eben ein positiv verlaufener Test.

Herr Kurze. Untersuchung durch N-Klarmann.
Sie reibt dem Patienten, der die Augen halb offen hat, auf dem Brustbein herum und spricht ihn laut an.
N-Klarmann: »Herr Kurze! Herr Kurze!«
Der Patient reagiert nicht sofort.
Die Ärztin nimmt eine Hand in ihre Hand und fordert ihn auf (sinngemäß:) »Drücken Sie mir mal die Hand.«
Ich kann nicht erkennen, ob der Patient die Hand drückt, aber er beginnt jetzt die Augen etwas weiter aufzumachen.
N-Klarmann (mit etwas Aufregung in der Stimme) (sinngemäß:) »Versuchen Sie mal die Augen ganz weit aufzumachen.«
Der Patient öffnet die Augen noch weiter.
Die Ärztin leuchtet ihm in die Augen zur Überprüfung der Lichtreaktion.
Die Überprüfung des Kornealreflexes und der Schmerzreaktion fallen aus.

In diesem Fall verläuft zumindest ein Test teilweise positiv. Der Patient wacht deutlich auf und er befolgt die Aufforderung, seine Augen zu öffnen. Falls er damit die Erwartung verbunden haben sollte, er wäre als kommunikatives Gegenüber angesprochen worden, an dessen Erwartungen sich die Ärztin orientieren würde, wäre er sofort eines besseren belehrt worden. Der Modus der symbolischen Expressivität wird zurückgenommen, sowie er sich als bewußtes Selbst, das auf die an es herangetragenen Reize reagiert, gezeigt hat. Bei Herrn Kurze war die Narkotisierung beendet worden und es war die Frage, ob und wie er wieder aufwachen würde. Die Ärztin erwartete deshalb das Ergebnis ihres Tests durchaus mit Spannung, die sich dezent in ihrer Stimme ausdrückte. Es war kein Desinteresse am Patienten, sie wandte sich ihm sehr aufmerksam zu, aber ohne überhaupt in Erwägung zu ziehen, der Patient könne seinerseits Erwartungen entwickeln, auf die sie reagieren müßte, wenn sie ihn anspricht. Unter diesen Bedingungen wird zwar Sprache als Mittel der Diagnostik verwendet, aber es handelt sich nicht um symbolische Expressivität. Dies würde voraussetzen, daß in der Begegnung für die Beteiligten mindestens zwei füreinander als personales Selbst existieren. Auch wenn für eine Beobachterin nur eine der Beteiligten zugänglich wäre, müßte die Verwendung des sprachlichen Ausdrucks so erfolgen, daß er sich erkennbar an das Gegenüber als Person richtet, d.h. an das Gegenüber als ein Selbst, von dem erwartet wird, daß es Erwartungen an die Sprachverwenderin hat. Am Verhalten der Ärztin war nicht erkennbar, daß sie sich in dieser Weise an den Patienten wandte. Es ist beobachtbar, daß sie Lautgebärden benutzte, die in anderen Kontexten als Symbole in einer symbolvermittelten Kommunikation fungieren, und es ist nicht auszuschließen, daß die Lautgebärden in der diagnostischen Interaktion mit dem Patienten für sie selbst Symbolcharakter haben, aber dies wurde expressiv nicht deutlich. Die Ärztin verwendet Worte und deutet die Reaktionen des Patienten ausschließlich im Sinne einer Expressivität des eigenständig reagierenden Körpers oder einer Expressivität des leiblichen Bewußtseins. Ein derartiger Umgang mit Lautgebärden ist der Regelfall in der neurologischen Diagnostik.

Eindeutig um symbolische Expressivität handelt es sich dagegen, wenn eine Patientin angesprochen wird und darauf mit Worten oder mit einem Ja/Nein-Code reagiert. Auch in diesen Fällen bricht der fragende Arzt die Kommunikation zwar fast immer sofort ab, wenn der diagnostische Zweck erfüllt ist, aber er muß sich zumindest minimal auf eine symbolvermittelte Kommunikation einlassen, um zu einem diagnostischen Ergebnis zu kommen. Allerdings wird auch in Situationen, in denen komplizierte sprachliche Kommunikationen stattfinden, systematisch ausgeblendet, daß ein Patient Erwartungen hinsichtlich der Erwartungen der fragenden Ärzte hegen könnte. Es scheint als sei das personale Selbst eine absolut unüberschreitbare Erkenntnisgrenze der medizinischen Diagnostik.

Visite. Herr Müller. Dabei regt der Chef, Professor Regin, folgenden diagnostischen Dialog mit dem Patienten an. Der Dialog ist im Nachhinein sinngemäß protokolliert.
Arzt: »Was haben Sie denn heute gegessen?«
Patient: »Ich habe es ausfallen lassen, nur ein bißchen Obst zu mir genommen.«
... (ein oder zwei Wechsel vergessen)
Arzt: »Die Tage werden auch immer länger.«
Patient: »Ach, naja, da drüben (er deutet mit einer Geste auf das Haus gegenüber) brennt immer Licht bis nach Mitternacht.«
(Es folgt eine Bemerkung eines anderen Arztes, die ich nicht mehr erinnere)
Arzt: »Und sehen Sie denn auch die Flugzeuge hier?«
Patient: (vorsichtig und zögernd, als würde er nach einer Möglichkeit suchen, nichts falsches zu sagen) »Eigentlich nicht. Ich habe eigentlich nur ein Flugzeug gesehen.«
Arzt: »Sie müssen aufpassen, hier ist direkt die Einflugschneise des Flughafens.«
Die Visite verläßt das Zimmer. Prof. Regin, der den Dialog geführt hatte, sagt fast heftig zu seinen umstehenden Kollegen: (sinngemäß:) »Der ist total desorientiert. Wenn ich reingehe, könnte ich ihn in 5 Minuten davon überzeugen, daß er zu einer Hochzeit eingeladen ist.«

Das Ergebnis des diagnostischen Gesprächs ist, der Patient sei vollkommen desorientiert und würde allem zustimmen, was der Arzt sagen würde. Die elementare Voraussetzung der Schlußfolgerung des diagnostizierenden Mediziners besteht darin, ein Kalkül der Erwartungen seitens des Patienten prinzipiell für ausgeschlossen zu halten. Das ist insofern in sich widersprüchlich, als das diagnostische Prozedere explizit einschließt, daß der Patient mit den Erwartungen des Arztes rechnet. Um die Lautgebärden des Arztes als an ihn gerichtete Fragen zu verstehen, muß der Patient die Erwartung des Arztes antizipieren, eine Antwort zu erhalten. Auf die Erwartung kann der Patient prinzipiell auf zweierlei Weise reagieren: Er kann sie enttäuschen oder ihr entsprechen. Wenn er das letztere vorzieht, könnte er sie auch in ein Kalkül der Erwartungen einbeziehen. Er könnte sich etwa fragen, was der Arzt wohl genau erwartet und wie er dem so entsprechen kann, daß er sich als möglichst gesund darstellt. Ein derartiges Kalkül auf seiten des Patienten wird von dem fragenden Arzt überhaupt nicht in Erwägung gezogen. Während der Arzt für sich in Anspruch nimmt, mit seinen Fragen einen Zweck zu verfolgen, muß dies für den Patienten ausgeschlossen werden. Sowie es denkbar wird, auch der Patient könne weitergehende und differenzierte Erwartungen des fragenden Arztes antizipieren und seine Antworten daran ausrichten, würde die diagnostische Schlußfolgerung verunmöglicht.

Eine Analyse, die die Sequenz ausgehend von doppelter Kontingenz untersucht, kann es dagegen nicht initial ausschließen, daß beide Parteien in der Interaktion einem Erwartungskalkül folgen. Die Reaktion des Patienten bietet durchaus Indizien, die auf ein derartiges Kalkül hinweisen. Dazu müßte etwa die vorsichtig-zögernde Antwort gerechnet werden, mit der der Patient auf die Frage nach den Flugzeugen reagiert. Es liegt nahe, daß er die Frage als Prüfungsfrage interpretiert, aber sich nicht darüber im Klaren ist, auf was hin er geprüft werden soll. Im Rahmen einer neurologischen Diagnostik könnten z.B. zwei Dinge abgefragt werden: Entweder soll geprüft werden ob er im Bett liegt, ohne etwas von seiner Umwelt mitzubekommen oder aber, ob er Dinge sieht, die man vom Bett aus gar nicht sehen kann. Wenn er sich nicht sicher ist, welche Darstellung als Darstellung von Gesundheit gelten wird, wäre es eine sinnvolle Strategie, sich langsam bei der Beantwortung vorzutasten. Dementsprechend würde der Patient nicht einfach die Frage beantworten, sondern er würde sich in der Antwort an dem erwarteten Zweck der Frage orientieren. Wenn nicht mehr ausgeschlossen ist, ob der Patient sich fragt, was der Arzt wohl von ihm wollen würde, würde die Antwort nicht mehr etwas über den Patienten aussagen, sondern nur noch etwas darüber, wie erfolgreich der Patient die Erwartungen des Arztes antizipieren konnte. Bei einer falschen Antwort ginge es nicht nur um den Patienten, sondern es könnte auch zur Debatte stehen, ob der Arzt seine Erwartungen klar genug artikuliert hat.

Doppelte Kontingenz würde beinhalten, daß der Arzt sich als ein personales Selbst gegenüber dem Patienten als personalem Selbst, das Erwartungen an das Arzt-Selbst hat und das die Erwartungen des Arztes kalkulierend antizipiert, erleben würde. An die Stelle einer Diagnose träte für den Arzt die Frage, ob der Patient die ärztlichen Erwartungen angemessen antizipiert und ob er sie erfüllt oder enttäuscht. Derartige Komplikationen werden systematisch und erfolgreich vermieden. Obwohl das diagnostische Prozedere nur unter der Voraussetzung von Erwartungs-Erwartungen funktioniert, muß der Arzt die symbolvermittelte Kommunikation sofort wieder auf das Niveau der Begegnung mit einem bewußten Selbst drücken, das zu einem Kalkül der Erwartungen nicht in der Lage ist, sonst wäre eine Diagnose unmöglich. Darin liegt der Sinn der Beendigung der Interaktionssequenz: Nachdem der Patient zugegeben hat, ein Flugzeug gesehen zu haben, ist die Sachlage für den Arzt geklärt. Er bricht das Gespräch ab, die Visite verläßt den Raum.

Am häufigsten wird symbolische Expressivität in die neurologische Diagnostik integriert, wenn es um Fragen der Befindlichkeit und Probleme der symbolischen Orientierung geht. Bei Fragen der Befindlichkeit geht es darum, ob eine Patientin merkt, wenn sie an einem Körperteil (Gesicht, Arm usw.) berührt wird. Darauf bin ich schon eingegangen. Symbolische Orientierung bezieht sich auf die Selbstverortung der Person in einem symbolisch strukturierten Wissensraum. Die Patientin wird z.B. gefragt, ob sie weiß, wie sie heißt, ob sie sich an die Ärztin erinnern könne, ob sie weiß, daß sie in einem Krankenhaus liegt und wenn ja in welchem usw. usf.

Visite mit einem Hintergrund-Oberarzt.
N-Nistner stellt die Patientinnen vor. Der Oberarzt betreibt einen hohen kommunikativen Aufwand. Die beiden wachen Patientinnen begrüßt er und er verabschiedet sich auch, als die Visite ein Bett weiter geht.
Die Patientin, die im Bett am Fenster liegt, mischt sich selbst in das Gespräch ein. Der Oberarzt wendet sich an Sie mit einigen diagnostischen Fragen.
Der Oberarzt fragt die Patientin, ob sie N-Nistner kennen würde (sinngemäß:) »Na, schauen Sie ganz genau hin, kennen Sie die nette junge Frau hier?«

Patientin reagiert ratlos (sinngemäß:) »Das kann ich nicht genau sagen.«
Oberarzt (sinngemäß:) »Wissen Sie welchen Monat wir haben?«
Patientin (sinngemäß:) »Juni.«
Oberarzt (sinngemäß:) »Wer ist der Bundespräsident?«
Patientin (sinngemäß:) »Helmut Kohl.«
Bei der Antwort auf die Monatsfrage ist N-Nistner, die die Patientin tagsüber betreut hatte, sichtlich enttäuscht. Der Oberarzt rettet die Situation mit der Bemerkung (sinngemäß:) »Na, das stimmt ja fast.« (Die Interaktion fand in der ersten Julihälfte statt.)

Anhand dieser Sequenz läßt sich verdeutlichen, wo die Grenze zwischen symbolvermittelter Kommunikation und der diagnostischen Funktionalisierung symbolischer Expressivität liegt. Die Interaktion ähnelt in hohem Maß einer gewöhnlichen Kommunikation. Der Arzt begrüßt die Patientin nicht nur, er verabschiedet sich auch. Daß ein Patient bei der Visite begrüßt wird, geschieht höchstens bei der Hälfte aller Begegnungen zwischen Ärzten und Patienten während einer Visite. Sich zu verabschieden, ist eine ärztliche Praxis, die seltenst zu beobachten ist. Die diagnostische Fragen sind in diesem Fall in einen ausgesprochen offenen, kommunikativen Umgang eingebettet. Aber um die Fragen diagnostisch verwertbar zu machen, müssen die Antworten in der gleichen Weise von einer Beziehungskomplexität her gedeutet werden, die unterhalb der der doppelten Kontingenz liegt. Daß dies ein kaum problematisierter Vorgang ist, ist daran erkennbar, daß kein Gedanke auf etwaige kommunikative Komplikationen verwendet wird. Es muß z.B. ausgeschlossen sein, daß die Patientin ihrerseits den Arzt prüfen würde, indem sie ihm bewußt eine falsche Antwort gibt, um z.B. sein politisches Wissen zu testen oder einfach nur um herauszufinden, wann er wohl unzufrieden werden wird, wenn sie falsche Antworten gibt. Es gibt überhaupt keine kommunikationstechnischen Diskussionen darüber, wie solche Schwierigkeiten bewältigt werden könnten. Gerade das Fehlen derartiger Sicherungen werte ich als Indiz dafür, daß die Antworten zwar im Modus symbolischer Expressivität hervorgelockt werden, die diagnostische Deutung jedoch eine Beziehungskomplexität in Anspruch nimmt, die unterhalb derjenigen liegt, die durch doppelte Kontingenz gekennzeichnet ist.

Die aufwendige kommunikative Rahmung der diagnostischen Verwendung symbolischer Expressivität ist ein beiherspielendes Moment und fällt denn auch in der Regel aus.

Herr Schubart. Übergabe/Visite
N-Landmann stellt den Patienten vor (zusammenfassende Darstellung:)

Nachdem die internistische Situation dargestellt worden war, fährt N-Landmann fort, der Patient sei orientiert und er reagiert auch auf einfache Aufforderungen. N-Karl, der während der Nacht Dienst haben wird, sagt, daß er den Patienten kennen würde.
N-Karl fragt etwas flapsig prüfend (sinngemäß:) »Also was ist denn bei euch orientiert?«
Er wendet sich dem Patienten zu und fragt ihn (sinngemäß:) »Herr Schubart, wo sind Sie denn? Wissen Sie wo Sie sind?«
Da der Patient nicht antwortet, bietet ihm N-Karl mehrere Möglichkeiten an.
»In der Kirche?«
Der Patient schüttelt den Kopf.
»In der Schule?«
Der Patient schüttelt den Kopf.
»Im Krankenhaus?«
Der Patient schüttelt den Kopf.
N-Karl versucht es mit einer zweiten Dreierkombination, aber der Patient reagiert auch in diesem Fall jedes Mal mit Kopfschütteln.
N-Karl kommentiert (sinngemäß:) »Aha, das ist also bei Euch orientiert.«
N-Landmann versucht seine Einschätzung zu retten (sinngemäß:) »Aber er befolgt einfache Aufforderungen.«
N-Karl wendet sich an den Patienten (sinngemäß:) »Können Sie mal den Kopf heben, Herr Schubart?«
Der Patient rührt sich nicht.
N-Karl (sinngemäß:) »Heben Sie mal den Kopf?«
Der Patient reagiert wieder nicht.
Die Visite wechselt zum nächsten Patienten.

In dieser Interaktion wird vollkommen ausgeblendet, warum ein Patient auf die Idee kommen sollte, diese oder ähnliche Fragen angemessen zu beantworten. Es kommt mehrmals täglich ein Arzt vorbei und stellt solche oder ähnliche Fragen. Vielleicht macht sich der Patient einen Jux und beantwortet sie mal so und mal so. Vielleicht kann er den Arzt nicht gut leiden, der anfänglich seine Einschätzung vorgetragen hat und möchte ihn in Verlegenheit bringen. Solche Deutungen, die ein Kalkül der Erwartungen auf Seiten des Patienten annehmen, müssen grundsätzlich ausgeschlossen werden. Sie sind das Denkunmögliche in der neurologischen Diagnostik. Im Zweifelsfall ermahnen sich Intensivmediziner gegenseitig, diese Barriere aufrecht zu erhalten.

Nachdem ich mehrere Wochen auf der neurologischen Intensivstation beobachtet hatte, wurde ich gebeten, einen Vortrag über meine Beobachtungen zu halten. Zu diesem Zeitpunkt hatte ich schon wichtige Elemente meiner Interpretation entwickelt, dazu gehörte u.a. die These, wonach eine Patientin in der Beziehung zum medizinischen Personal als eine unterschiedlich komplexe Einheit existiert, die nur über die Ordnung und Deutung von Zeichen zugänglich ist. Um die Eigenaktivität der Patientin zu beschreiben, verwendete ich die Formel: »Der Patient ist ein verantwortlicher Produzent von Zeichen.« Am nächsten Tag übernahm einer der jüngeren Ärzte diese Formel, um das Verhalten eines Patienten zu beschreiben, der mehrmals einen Alarm auslöste, bei dem aber alles in Ordnung war, wenn der Arzt am Bett auftauchte. Er hatte die Alarmmeldungen auch nicht auf Meßartefakte zurückführen können.

N-Flügel etwas entnervt zu einem Kollegen (sinngemäß:) »Das macht der absichtlich. Herr Schubart ist ein verantwortlicher Produzent von Zeichen.«
N-Körner in einem freundlich herablassenden Tonfall (sinngemäß:) »Bernd, Du übertreibst.«
Es bleibt bei einer ausschließlich medizinischen Deutung des Zwischenfalls.

Die Formel – »der Patient ist ein verantwortlicher Produzent von Zeichen« – wurde von einigen Ärzten im Sinne personale Verantwortlichkeit interpretiert. Dies beinhaltet, die Zeichenproduktion des Patienten auch auf die Antizipation von Erwartungen zu beziehen. Wenn Herr Schubart Alarmmeldungen auslöst in der Erwartung, daß ein Arzt erwarten würde, es sei etwas nicht in Ordnung und aus diesem Grund ans Krankenbett eilte, wäre die Arzt-Patient-Beziehung durch doppelte Kontingenz charakterisiert. Dies ist das einzige Mal, daß ich den Hauch eines Zweifels an der Reduktion der Beziehungskomplexität beobachten konnte. Er wurde ausgelöst durch die Möglichkeit, die Beziehung zum Patienten auch anders denken zu können, nämlich im Sinne doppelter Kontingenz. Aber die Möglichkeit wird sofort wieder ausgeblendet. Selbst beobachtet habe ich einen Fall, bei dem das Verhalten des Patienten zumindest den Verdacht nahe legen könnte, er würde auf Erwartungen des Arztes reagieren, indem er seine Wachheit vor dem untersuchenden Arzt verbirgt.

Herr Schubart. Untersuchung durch N-Flügel.
Zu Beginn der Untersuchung spricht N-Flügel den Patienten laut an und fordert ihn auf, die Augen zu öffnen.
N-Flügel (sinngemäß:) »Herr Schubart! Machen Sie mal die Augen auf!« Der Patient reagiert nicht.
Danach öffnet der Arzt dem Patienten die Augen, um die Reaktion der Pupillen auf Lichteinfall, den Kornealreflex und den Okulocephalen Reflex zu prüfen.
Bei Schmerzreizen zieht der Patient die Gliedmaßen nicht weg, sondern reagiert mimisch. Dieser Schmerzausdruck wird als »grimassieren« bezeichnet.

Als der Arzt mit dem Reflexhammer unter der Fußsohle langstreicht, bewegt der Patient das Bein. Eine Reaktion, die als Wegziehen interpretiert werden kann. Als N-Flügel das registriert kann er sich keinen Reim darauf machen.
Als der Arzt am Fußende des Betts steht, öffnet Herr Schubart die Augen einen Spalt weit. Ich mache N-Flügel darauf aufmerksam, daß der Patient die Augen geöffnet hat.
Als der Arzt sich vom Fußende des Betts wieder dem Kopfseite nähert, um die Arme und Hände des Patienten zu bewegen, schließt der Patient die Augen wieder. Als der Arzt das gleiche mit den Beinen und Füßen macht, reagiert der Patient mit einem mimischen Ausdruck, der auf mich »unwillig« wirkt und er öffnet erneut die Augen. Der Arzt geht wieder zum Kopfende, derweil macht der Patient die Augen wieder zu.
Am Ende der Untersuchung frage ich den Arzt etwas zu den Reflexen und ob Reflexreaktionen etwas zu tun hätten mit der Einschätzung, ob ein Patient komatös ist.
N-Flügel (sinngemäß:) »Nein, Koma ist eine Vigilanzstörung, die Reflexe sagen bloß etwas aus, ob die Nervenbahnen vom Hirn zum Muskel noch in Ordnung sind.« Danach geht er nochmal zurück zur Krankenakte und korrigiert seine Einschätzung von Koma zu Sopor.
Abschließend kommentiert er (sinngemäß:) »Die Pupillenreflexe sind in Ordnung, aber er fixiert nicht.«

Wenn man bei der Deutung dieser Begegnung voraussetzt, daß die Komplexität der Beziehung durch doppelte Kontingenz charakterisiert sei, enthält das Verhalten des Patienten einige Indizien dafür, daß der Patient seine Wachheit verbirgt. Er öffnet die Augen nur, wenn der Arzt es nicht sehen kann und auf keinen Fall auf Aufforderung. Daß gerade dieser Patient so reagiert, wäre in mehrfacher Hinsicht stimmig. Herr Schubart hatte mittlerweile gut zwei Monate Erfahrungen in der neurologischen Intensivmedizin gesammelt, er könnte also durchaus gelernt haben, worauf es ankommt. Er ist zu einer vollständigen Passivität verurteilt und muß den ganzen Tag etwas mit sich geschehen lassen. Genügend Motive, sich einen Rest personaler Selbstbestimmung zu bewahren, bietet die Situation eines Intensivpatienten in jedem Fall. Ich will nicht behaupten, daß diese Interpretation zutrifft, wichtig ist mir nur, daß man mit einer derartigen Deutung notwendig das Feld der neurologischen Diagnostik verläßt. Das Unbestimmte, das ou-topische, das konstitutiv in die neurologische Diagnostik bzw. neurologische und neurochirurgische Therapie eingeht, ist die Patientin als lebendiger oder als eigenständig reagierender Körper bzw. als Bewußtsein. Das medizinische Wissen ist auf die Patientin als ou-topisches Gegenüber nur bezogen, insofern der Patient im ou-topischen nicht in ein personales Selbst übersetzt wird.

Rückbezogen auf das Problem der Integration der symbolischen Expressivität in die Diagnostik heißt das folgendes: Der systematisch entscheidende Punkt ist der, daß die Beziehungskomplexität, die die unbedingte Voraussetzung für symbolische Expressivität bildet, stets auf die diagnostischen Erfordernisse reduziert werden können muß. Nur wenn die beteiligten Ärzte das Kalkül der Erwartungen beherrschen können, indem sie es ausblenden, können sie erfolgreich die symbolische Expressivität zu einem Mittel der Diagnostik machen. Gelänge das nicht, würde das medizinische Wissen seinen Charakter verändern, es wäre nicht länger nur ein Wissen um die Prozesse im Körper der Patientin, sondern ebenso ein Wissen darum, wie sich Ärztinnen und Patientinnen füreinander im Rahmen von Diagnose und Therapie darstellen. Deshalb darf ein Patient um der Konsistenz und Eindeutigkeit des medizinischen Wissens willen in der diagnostischen und therapeutischen Beziehung nicht als ein personales Selbst den ou-topischen Bezugspunkt des Wissens der verschiedenen medizinischen Disziplinen bilden. Diese Variation in der Bezogenheit auf das ou-topische würde das medizinische Wissen zerstören bzw. das medizinische Wissen würde in ein qualitativ anderes Feld des Wissens übersetzt werden.

5.4. Die Vertretbarkeit der Person und die Unvertretbarkeit des Lebens/Bewußtsein

Für eine Untersuchung epistemologischer Grenzziehungen ist die medizinische Praxis ausgesprochen fruchtbar, denn der Patient existiert auf sehr verschiedenartige als Gegenüber dieser Praxis. Die Bedingung der Therapie ist das personale Selbst, es werden nur Personen in einem Krankenhaus behandelt, aber die epistomologische Bedingung des medizinischen Wissens und der medizinischen Praktiken ist nicht die Person, sondern der Körper als Ordnungseinheit und der lebendige, der eigenständig reagierende bzw. der bewußte Körper. Daraus resultiert ein chronischer Konflikt und ein steter Zwang zur Übersetzung, denn ohne eine Übersetzung der verschiedenen ou-topischen Bezugspunkte des Wissens ineinander könnte die medizinische Praxis nicht funktionieren.

Was es zu begreifen gilt, ist dies: Es ist buchstäblich ein- und derselbe Körper, der auf derart verschiedene Weise ein Gegenüber der medizinischen Praxis ist und er wird als ein- und derselbe Körper immer ein anderer, je nachdem wie er in der Beziehung existiert. Anästhesisten, die auf die Manipulation der Expressivität des Lebens spezialisiert sind, haben es mit dem Körper nur zu tun, insofern für sie die Gestalt als Angriffspunkt von Techniken dient, die den Körper als lebendigen sich selbst organisierten Eigenbereich aufrechterhalten. Neurologinnen sehen eine Patientin als eigenständig reagierenden Körper und entwickeln mit Bezug darauf auch ein unterschiedliches positives Wissen von der Gestalt der Patientin, wenn sie Reiz und Reaktion miteinander verbinden und bloße reflektorische von bewußten Bewegungen unterscheiden. Die Untersuchung folgte den Übersetzungen bis zu dem Punkt, an dem das medizinische Wissen an eine unüberschreitbare epistemologische Grenze stieß und die Analyse der symbolischen Expressivität eine ou-topische Übersetzung in das Feld des Sozialen notwendig machte.

Die Praktiken, die Ärzte anwenden, um zu verhindern, daß ihnen ein Patient in die doppelte Kontingenz und damit in eine Beziehungskomplexität ausweicht, die für ein anderes epistemologisches Feld konstitutiv ist, haben eine direkte Entsprechung in den traurigen Abschiedsworten, die Soziologinnen den Patienten hinterherrufen, wenn diese in das epistemologische Feld der Medizin übersetzt werden. Stellvertretend für viele stellt Robert Zussman fest:»In intensive care the patient vanishes.« (Zussman 1992: 43) Der Soziologe betritt die Intensivstation und schon ist der Patient verschwunden: Er wird als Gegenüber in einen Körper übersetzt, den nur noch das medizinische Wissen erfassen kann. Dabei gerät den Soziologen aus dem Blick, daß es derselbe Körper ist, den sie als personales Selbst kennen, der so verschieden sein kann, daß er auch als Ordnungseinheit der Diagnose oder als lebendiger Körper existieren kann. Medizinisches und soziologisches Wissen unterscheiden sich allerdings in einem wichtigen Punkt:

Soziologen können sich auf ein im wahrsten Sinne des Wortes hausbackenes Verständnis ihres Forschungsgegenstandes beschränken. Sie sehen den Patient nur, solange er als personales Selbst existiert und beschränken sich ansonsten auf die sprachlich vermittelten Interaktionen der Ärzte untereinander, die sprachlich vermittelten Interaktionen zwischen Ärztinnen und Schwestern und die sprachlich vermittelten Interaktionen mit den Angehörigen. Hier sind sie in einem Feld, das einfach erkennbar durch doppelte Kontingenz konstituiert wird. In diesem Feld untersuchen sie die Gültigkeit von Normen und Werten, die Erzeugung situationsangemessenen Wissens und die Aushandlung von Behandlungsentscheidungen.

Da das medizinische Wissen auf eine Praxis bezogen ist, in der sich immer auch ethische Probleme stellen, enthält es einen chronischen Konflikt, der sich aus den Bedingungen der medizinischen Behandlung ergibt. Patientinnen werden nur behandelt, weil sie soziale Personen sind, aber sie werden nicht als solche behandelt. Die Art und Weise, wie das praktische medizinische Wissen auf das ou-topische bezogen ist, ist damit in sich differenzierter als es beim soziologischen Wissen der Fall ist. Um die Unvermeidlichkeit des Konflikts und die Unausweichlichkeit von Übersetzungen, die sich aufgrund der Struktur des praktischen medizinischen Wissens ergeben, genauer herauszuarbeiten, ist es sinnvoll sich zu vergegenwärtigen, wie der lebendige menschliche Körper in die symbolische Expressivität integriert ist. Bei genauerem Hinsehen verschwindet die Person nämlich weniger, als die Medizinsoziologie bislang geglaubt hat.

Das für diesen Kontext strukturell wichtigste Element symbolischer Expressivität habe ich schon bei der Analyse des Ja/Nein-Codes beschrieben. Das Symbol substituiert die unmittelbare leibgebundene Expressivität. Das, was das Symbol darstellt, braucht nicht mehr leiblich expressiv ausgedrückt zu werden. Dies ermöglicht eine komplexe Verbindung der verschiedenen Expressivitätsmodi. Der lebendige Körper und die Person können in ein Bedeutungsverhältnis zueinander geraten: Wenn ein wahrnehmbarer menschlicher Körper als ein lebender Körper gedeutet wird, bedeutet der als lebendig gedeutete Körper das Personsein des Körpers. Dieses Bedeutungsverhältnis besteht nicht von sich aus, sondern muß hergestellt werden. Dies erfolgt im vorliegenden Fall durch das Recht.

Es ist seit 1894 ständige Rechtsprechung deutscher Gerichte, daß ein ärztliche Heileingriff grundsätzlich den Tatbestand der Körperverletzung erfüllt (vgl. Eisenbart 1998: 48). Nicht rechtswidrig ist die ärztliche Handlung unter der Voraussetzung des Vorliegens eines sogenannten Rechtfertigungsgrundes. Als ein solcher kommt im Falle der medizinischen Praxis die Einwilligung der Patientin in Betracht. Wenn das Leben des menschlichen Körpers unmittelbar bedroht ist und es weder eine Möglichkeit gibt, die Einwilligung der Person einzuholen, noch eine Möglichkeit gegeben ist, den Willen des Patienten anderweitig in Erfahrung zu bringen, gilt die Einwilligung der Person für den Heileingriff als mutmaßlich erteilt (vgl. Eisenbart 1998: 59 f.). Aufgrund seines spezifischen Übersetztseins in das praktische rechtswissenschaftliche Wissen, nimmt der in seinem Leben bedrohte menschliche Körper für einen Mediziner die Form eines differenzierten kommunikativen Symbols an, er wird zu einer Aussage der Person, deren semantischer Gehalt sich folgendermaßen übersetzen läßt: »Ich will, daß mir geholfen wird – ich will, wenn es nötig ist, medizinisch behandelt werden.« Daß es sich um ein Symbol mit einem spezifisch normativen semantischen Gehalt handelt, zeigt sich auch daran, daß dieser durch weitere Aussagen der Person modifiziert werden kann. Etwa durch die Aussagen, die ein Stellvertreter der Ärztin übermittelt, oder durch ein sogenanntes Patiententestament. Im Resultat wird auf diese Weise die Expressivität des Lebens zu einem integralen Element der symbolischen Expressivität. Deshalb und nur deshalb dauert seine personale Existenz, solange ein Mensch lebt. Die Personalität des Körpers mit all ihren juristischen und ethischen Implikationen, ist damit nicht mehr an den aktuellen Aufweis symbolischer Expressivität gebunden, sondern überdauert auch Zeiten, in denen der Körper nicht auf diese Weise existiert.[22]

Setzt man dies voraus, stellt es keine Reduktion auf einen außersozialen Sachverhalt dar, wenn ein menschlicher Körper von einem Mediziner ausschließlich als ein lebendiger Körper behandelt wird und die Ärztin sich um nichts weiter sorgt als um die Aufrechterhaltung des Lebens. Ein menschlicher Körper ist nämlich nicht nur insofern in einer sozialen Beziehung, als er in differenzierten sozialen Bindungen existiert, etwa als Tochter, Mutter, Vater Arbeitskollegin, Untergebener, Parteimitglied oder als Angehöriger der Staatsorganisation usw., sondern auch insofern, als der in seinem Leben gefährdete menschliche Körper zu einem Symbol werden kann, durch das die Person etwas mitteilt. Für Medizinerinnen ist die angemessene Deutung dieser Mitteilung in besonders akzentuierter Weise normativ vorgeschrieben. Innerhalb des praktischen medizinischen Wissens wird dieser Sachverhalt unter dem Stichwort »Vitalindikation« verhandelt.

Unter Vitalindikation wird ein Eingriff verstanden, der in einer Situation unerläßlich ist, um das Leben eines menschlichen Körpers

---

22 Es gab und gibt in der juristischen Literatur starke Stimmen, die diesen in der Rechtsprechung fixierten Bedeutungszusammenhang auflösen wollen. Sie halten es für verfehlt, einen ärztlichen Heileingriff tatbestandsmäßig mit einer Körperverletzung auf eine Stufe zu stellen. Mit dieser Modifikation erlischt aber auch die Notwendigkeit der Einwilligung des Patienten. Dieser könnte viel mehr ausschließlich nach medizinischen Gesichtspunkten behandelt werden. Damit würde der lebendige Körper ausschließlich zu einem Objekt der Biomedizin, die dann nicht mehr im gleichen Ausmaß wie bislang mit dessen Personalität konfrontiert wäre. Für das praktische medizinische Wissen wäre dies eindeutig eine Entkomplexierung, denn das Übersetztsein des Körpers in das praktische rechtswissenschaftliche Wissen könnte weitgehend entfallen.

zu retten. Der normative Charakter des semantischen Gehalts des Symbols »in seinem Leben gefährdeter menschlicher Körper« wird daran deutlich, daß die »vitale Indikation« auch als »absolute Indikation« bezeichnet wird (vgl. Pschyrembel: 779). Der semantische Gehalt des Symbols enthält eine absolut geltende Norm, die die Ärztin ohne weiteres Nachfragen zu einer Aktion verpflichtet. Es sei denn, sie kann mit hoher Gewißheit damit rechnen, daß ihr Eingriff erfolglos ist. Da jede Unterlassung unter einem hohen Begründungszwang steht, unterbleibt sie im Zweifelsfall, d.h., der Arzt folgt der Norm. Deren akute Wirksamkeit läßt sich optimal nicht direkt auf der Intensivstation beobachten, sondern eher anhand der Praxis von Notärzten.

Der geradezu politisch-normative Gehalt des kommunikativen Symbols »in seinem Leben gefährdeter menschlicher Körper« läßt sich auch daran ablesen, daß es kaum eine überzeugendere und wirksame Realisierung von demokratischer, d.h. auch politischer, Gleichheit gibt als die Gleichheit der Menschen vor den elementaren lebensrettenden Maßnahmen, d.h. der Gleichheit vor der Vitalindikation. Da Medizinsoziologen dem menschlichen Körper nur noch ein trauriges »Lebewohl« nachrufen, wenn er in das praktische medizinische Wissen übersetzt wird, entgeht ihnen dieses komplexe Bedeutungsverhältnis zwischen lebendigem Körper und Person nahezu vollständig.[23]

---

23 Timmermans (1996) übersieht die Integration der Expressivität des Lebens in die symbolische Expressivität vollständig und entwickelt auf der Grundlage dieser Nachlässigkeit ein medizinkritisches Argument, wenn er der mit Wiederbelebungsmaßnahmen befaßten Notfallmedizin, vorwirft, sie würde die soziale Identität der Patientinnen ausklammern. Dabei übersieht er vollständig, daß der eine Wiederbelebungsmaßnahme durchführende Notfallmediziner die symbolische Expressivität des gefährdeten menschlichen Körpers versteht und nur aufgrund dieses Symbolverstehens handelt. Notfallmedizinerinnen retten nämlich nicht wahllos Leben, sondern nur menschliches Leben. Ein noch so qualvoll verreckender Hund wird keinen Notfallarzt hinter dem Ofen hervorlocken. Die praktische Schlußfolgerung, die Timmermans aus seiner Analyse entwickelt, ist ebenso rührend naiv wie politisch brisant. Er möchte nämlich den von ihm diagnostizierten Mangel an Sozialität ausgleichen, indem soziale Bezugspersonen in den Vollzug der lebensrettenden Maßnahmen integriert werden. Welchen Nutzen es direkt für die Rettung des Lebens hat, wenn ein Freund die Hand hält, derweil ein Notarzt eine Herzmassage oder eine künstliche Beatmung durchführt, vermag ich nicht zu beurteilen. In jedem Fall birgt die Aktualisierung differenzierter Beziehungsgeflechte die Möglichkeit, daß die Behandlung selbst von diesen Beziehungen beeinflußt wird, d.h., daß das Kriterium sozialer Wertigkeit in die Behandlung einfließt. Davon ist die Notfall- und Intensivmedizin zur Zeit, gerade wegen ihrer rüde anmutenden Abstraktion von allem, was über den Tatbestand der Repräsentation des Personalen durch das Leben hinausgeht, eher entfernt.

Auf einer Intensivstation stellt sich das Problem der Vertretbarkeit des personalen Selbst in etwas anderer Weise. Wenn das Prinzip der Vertretbarkeit einmal eingeführt ist, dehnt es sich immer weiter aus, d.h., das personale Selbst kann in vielfacher Weise vertreten werden: durch den lebendigen Körper der Person, durch eine schriftlich fixierte Willensäußerung der Person, durch die Angehörigen der Person, die die Ärztinnen darüber in Kenntnis setzen, welche Behandlung im Sinne der Person wäre.

Der chronische Konflikt der Bedingungen der medizinischen Behandlung, läßt sich jetzt so formulieren: Weil der lebendige menschliche Körper das personale Selbst vertritt, ist der Arzt in seiner Behandlung immer mit der Person konfrontiert, die aber aufgrund der epistemologischen Grenze seines Wissens nicht nur ein unbestimmter ou-topischer Bezugspunkt, sondern ein sein medizinisch-therapeutisches Wissen absolut störender ou-topischer Bezugspunkt bleiben wird. Durch die Übersetzung seines Gegenüber in diesen für das Recht gültigen aber für das medizinische Wissen unverträglichen ou-topischen Bezugspunkt werden in der Behandlung die rechtlichen und ethischen Sicherungen aktualisiert, durch die in einer demokratischen Gesellschaft das Leben von Personen geschützt ist. Obwohl er nie die Person behandelt, sondern immer nur den lebendigen Körper und seine Reflexe oder maximal den bewußten Organismus, muß ein Arzt immer mit der Patientin als einer Person umgehen. Die moralische Selbstbeobachtung der ärztlichen Praxis und die Erwartung, daß andere die ärztliche Praxis moralisch beobachten, ist ein deutlicher Hinweis auf den Konflikt, in den Ärztinnen geraten, wenn sie eine Einheit nur deswegen behandeln, weil sie eine Person ist, aber sie nie direkt als Person behandeln können, sondern meist nur als lebendigen Körper.

Auch wenn er nicht sieht, wie der lebendige Körper das personale Selbst vertritt, gelingt es Zussman dagegen, die politischen Implikationen dieses Repräsentationszusammenhanges in den Blick zu bekommen: »The physicians in intensive care are not - and do not imagine themselves - as priests or cops, as ministers of the soul or guardians of decency. If anything, they are rather more like repairmen. If, in some circumstances, many of medicine's critics find such an image cold and impersonal, they must also recognize that it is, in other circumstances, egalitarian and even liberating.« (Zussman 1992: 42) In ethischer Hinsicht unterscheidet die Intensivmedizin nur zwischen gefährdeten lebenden menschlichen Körpern, die als Symbol eines Hilfeersuchens gedeutet werden und anderem. Die lebenden menschlichen Körper werden nicht weiter differenziert. Wenn Timmermans dies anstrebt, sollte er Soziologe genug sein, um zu wissen, daß er die Kategorien sozialer Wertung in die Behandlung des Lebens einführen möchte.

5.4.1. Die Vertretung der Person durch den lebendigen Körper

Um herauszuarbeiten, ob und wie im alltäglichen Umgang mit Intensivpatientinnen der lebendige Körper die Person vertritt, ist es sinnvoll, sich daran zu orientieren, wann sich Ärzte und Schwestern während der Behandlung einer Patientin dieser sprachlich zuwenden, d.h., wann wird der Patient angesprochen und welche therapeutischen, diagnostischen und pflegerischen Handlungen werden verbal angekündigt oder während ihrer Ausführung für die Patientin beschrieben oder erklärt. Es sind vier Momente, die dabei von Bedeutung sind.

1. Die Art der Berührung der biotechnischen Gestalt. Nur Handlungen, die die körperliche Gestalt oder direkt an ihr endende Öffnungen berühren, werden angekündigt oder beschrieben.

2. Der berufliche Status und die Art des professionellen Umgangs mit dem Patienten. Schwestern sprechen mehr mit der Patientin als Ärzte.

3. Der Grad an Wachheit bzw. Bewußtheit. An wache, bewußte Patientinnen wird eher das Wort gerichtet als an bewußtlose nicht reagierende.

4. Die Anzahl der Mitglieder des medizinischen und pflegerischen Personals, die gleichzeitig an einer Patientin arbeiten. Wenn es mehr als zwei sind, ziehen Ärztinnen und Pfleger den Kontakt untereinander dem Kontakt mit Patientinnen vor.

Am wichtigsten ist der erste Faktor: Ein Patient wird eher dann angesprochen, wenn die Handlungen des Personals die körperliche Gestalt des Patienten berühren. Manipulationen an den peripheren Elementen der biotechnischen Gestalt werden nicht durch Worte begleitet. Wenn eine neue Perfusorspritze in einen Druckautomaten geklemmt und gegen die leergelaufene ausgetauscht wird, geschieht dies stets wortlos. Wenn Einstellungen an den apparativen Messungen bzw. am Monitor vorgenommen werden, wird dies einem Patienten ebenfalls nie mitgeteilt, obwohl dies von entscheidender Bedeutung für die Gestaltung seiner expressiven Möglichkeiten ist. Veränderte Alarmeinstellungen verändern z.B. die Möglichkeiten der Patientin einem diffusen Unbehagen, das in einer Veränderung der Herzfrequenz realisiert ist, für das Personal überall merkbar Ausdruck zu verleihen. Daß direkte Berührungen der körperlichen Gestalt mitgeteilt werden, gehört dagegen zum lokal anerkannten Ethos der Kunstfertigkeit.

Gespräch mit N-Flieg.
Die Ärztin ist neu auf der Station. Sie erzählt mir, daß sie den Umgang mit bewußtlosen Patienten erst lernen mußte. Auch wenn sie bewußtlos sind, so hätten sie doch eine Beziehung zu ihrer Umgebung. Anfangs hätte sie Patienten einfach so untersucht, ohne etwas zu sagen.
(sinngemäß:) »Da haben mich die Kollegen darauf aufmerksam gemacht, daß man das so nicht macht, sondern daß man mit ihnen spricht.«

Eine ausführlich mit Worten begleitete Behandlung einer Patientin gestaltet sich etwa so.

Frau Barth. N-Rostner entfernt eine Wundhöhlendrainage, durch die Wundflüssigkeit abläuft.
ca. 10.55 N-Rostner (sinngemäß:) »Frau Barth, ich drehe ihren Kopf mal zur Seite.«
Die Ärztin dreht den Kopf zur rechten Seite und legt zwei Tücher neben den Kopf, die sie auch etwas unter den Kopf schiebt. Das obere Tuch, auf dem der Kopf zu liegen kommt, ist ein waschbares steriles Tuch, das sie einem Metallkasten entnimmt, in dem auch Nadel und Faden sind. Nachdem der Kopf gelagert ist, kündigt die Ärztin eine weitere Handlung an.
N-Rostner (sinngemäß:) »Frau Barth! Ich mache Ihnen die Pflaster ab. Es ziept jetzt.«
Sie entfernt das Pflaster.
N-Rostner (sinngemäß:) »Jetzt tut es weh.«
Sie zieht den Drainageschlauch aus der Kopfwunde.
N-Rostner (sinngemäß:) »Jetzt piekt es noch zwei Mal.«
Mit zwei Stichen vernäht die Ärztin den Teil der Wunde, in dem der Schlauch gesteckt hatte.
N-Rostner (sinngemäß:) »Jetzt wird es kalt und es brennt ein bißchen.«
Sie sprüht ein Desinfektionsspray auf die gesamte vernähte Wunde, die ungefähr 15 cm lang ist.
Danach klebt die Ärztin ohne Ankündigung Pflaster auf die Wunde. Sie nimmt den Schlauch und den Sammelbehälter am Ende des Schlauchs und legt ihn zu Seite. Danach packt sie die Tücher und den anderen Abfall (Nadel, Faden, Einpackmaterial für sterile Mullbinden etc.) weg.
N-Rostner (sinngemäß:) »Ich drehe Ihren Kopf wieder in die Mitte (evtl. auch: wieder gerade).« Danach untersucht sie die Patientin. Bei der Untersuchung reagiert die Patientin weder auf Ansprache, noch auf eine Aufforderung.

11.35 Bei dergleichen Patientin wurde seit ca. 5 Minuten häufiger ein Alarmton am Atemgerät ausgelöst. A-Wilhelm kommt in das Zimmer und stellt das Alarmsignal aus.
11.38 Ein längerer Alarm.
1140 A-Wilhelm kommt wieder in das Zimmer, stellt den Alarm aus und verändert kommentarlos die Einstellungen am Beatmungsgerät.

Beide ärztlichen Aktivitäten beeinflussen direkt den körperlichen Zustand. Die Neurochirurgin entfernt einen Wundverband, zieht einen Drainageschlauch aus der Wunde und verbindet diese erneut. Dabei berührt sie die körperliche Gestalt der Patientin direkt und kündigt in einer allgemein verständlichen Sprache an, was sie tut, bzw. welche Sensationen der Patientin evtl. bevorstehen (es tut weh, es brennt, es wird kalt etc.). Die medizinisch relevante Information – ich ziehe den Drainageschlauch, der in ihrer Kopfwunde steckt – gibt sie der Patientin nicht. Diese Information würde auch den gesamten Sachverhalt als solchen beschreiben. In der Darstellung für die Patientin wird die Handlung in eine unzusammenhängende Kette von Handlungen und mutmaßlichen Empfindungen aufgelöst, denen eines gemeinsam ist: Sie sind direkt darauf bezogen, was am Patientinnenkörper geschieht.

Der Anästhesist wirkt mit dem Resultat seiner Handlung ebenfalls direkt auf den Körper ein. Am Beatmungsgerät wird eingestellt, wie hoch der Druck ist, mit dem Luft in die Lungen der Patientin gedrückt wird, wieviel Sauerstoff der Luft beigemischt ist und wieviel Luft auf einmal in die Lungen gedrückt wird, wie oft dieser Vorgang in der Minute wiederholt wird und ob die Maschine so eingestellt ist, daß ihr Automatismus durch eine Eigenaktivität der Patientin ausgelöst werden muß oder nicht. All diese Parameter wirken direkt auf die Patientin ein, aber um sie einzustellen, muß der Körper der Patientin nicht berührt werden, also wird diese Aktivität des Arztes nicht angekündigt. Im Zweifelsfall ist es ausschließlich die körperliche Gestalt der Patientin und nicht die biotechnische Gestalt insgesamt, die die Person vertritt. Dies gilt sowohl für die pflegerischen wie für die ärztlichen Zugriffe auf den Patienten.

Das einzige Element der Behandlung, das eine Differenzierung dieser Regelmäßigkeit erforderlich macht, ist das Blutabnehmen. Es wird immer angekündigt, wenn für die Blutabnahme eigens in den Patientenkörper gestochen werden muß, oft wird der Patient aber auch davon in Kenntnis gesetzt, wenn das Blut aus einem gelegten Zugang entnommen wird. In diesem Fall wird auf den Patienten als biotechnische Gestalt zugegriffen. Obwohl Ärzte eher mit Worten knausern, kommt es gelegentlich vor, daß sie eine derartige Blutentnahme eigens ankündigen.

A-Lund nimmt Blut für die Blutgasanalyse über einen Zugang ab. Das kündigt sie an:
(sinngemäß:) »Frau Malert, ich nehme Ihnen Blut ab.«

Das geschieht allerdings sehr selten. Während des gesamten Feldaufenthalts habe ich es nicht mehr als 2 oder 3 Mal beobachten können, daß ein Arzt ein Wort darauf verwendet, einem Patienten zu beschreiben oder anzukündigen, daß er aus einem gelegten Zugang Blut entnimmt. Dies unterscheidet sich deutlich von der Praxis der Schwestern. Ich habe es nicht eigens ausgezählt, schätze aber, daß es in ungefähr der Hälfte der Fälle angekündigt wird, wenn eine Schwester einer Patientin Blut durch einen Zugang entnimmt. Die Zugänge, die dabei benutzt werden, befinden sich sehr dicht an der gewachsenen Gestalt, sie sind kaum mehr als einige Zentimeter entfernt.

Generell wird im Rahmen der Pflegeaktivitäten in sehr viel größeren Umfang die gewachsene Gestalt berührt. Der regelmäßige ärztliche Kontakt mit der gewachsenen Gestalt ist darauf beschränkt, sie einmal pro Schicht zu untersuchen, demgegenüber werden die Patienten von den Schwestern gewaschen und sie werden umgelagert, d.h., die Liegeposition der reglosen Patientinnen wird mindestens einmal pro Schicht oder öfter verändert. Darüber hinaus ist es Aufgabe der Pfleger darauf zu achten, daß die Atemwege frei sind. Falls sie verschleimt sein sollten, muß der Schleim abgesaugt werden. Schließlich kontrollieren die Schwestern stündlich die Reaktion der Augen auf Licht. Die Pfleger sind also nahezu ununterbrochen direkt am Bett und häufig mit der körperlichen Gestalt des Patienten beschäftigt. Wenn nun Pfleger sehr viel mehr das Wort an Patienten richten, ist dies ein starkes Indiz dafür, daß die gewachsene Gestalt des lebendigen Körpers das personale Selbst vertritt. Durch die Art ihrer Arbeit wären die Schwestern demnach sehr viel stärker mit der Person der Patientin konfrontiert als Ärztinnen. Als ich mein Forschungsvorhaben einer Ärztin darstellte und es mit den Worten beschrieb »Umgang mit bewußtlosen Patienten«, war sie erstaunt, daß ich mich nicht auf die Tätigkeiten der Schwestern sondern die der Ärzte konzentrieren wollte. Ihr Kommentar lautete:

»Wir machen doch nichts mit den Patienten, wir kneifen die doch nur.«

Da der lebendige Körper die Person dauerhaft vertritt, zumindest insofern als das Personsein die Bedingung der Behandlung ist, besteht auch im Umgang von Ärzten mit Patienten immer die Möglichkeit von abrupten Transformationen der Beziehungskomplexität. Diese sind meistens von den Handlungsbedürfnissen der Ärzte diktiert. Gelegentlich kann es praktisch sein, eine Patientin als Person anzusprechen, nämlich dann, wenn ihre aktive Mithilfe die ärztliche

Handlung erleichtern würde. »Machen Sie mal den Mund auf bzw. Machen Sie mal die Augen auf« ist eine Bitte bzw. Aufforderung, die als ernst gemeintes Nachsuchen um Unterstützung und nicht in diagnostischer Absicht an den Patienten herangetragen wird. Wenn er der Bitte nicht nachkommt, ist das nächst praktische Mittel, den Mund oder die Augen einfach durch mechanischen Druck zu öffnen oder im Falle des Mundes ein Muskelrelaxans zu spritzen.

Ich sitze in der Arztkanzel und protokolliere. Aus einem Zimmer neben der Arztkanzel, in das ich aber nicht hineinsehen kann, höre ich eine Ärztin.
N-Flieg (sinngemäß:) »Frau Cart, machen Sie mal die Augen auf!«
Die Ärztin wiederholt ihre Aufforderung und schließt an:
N-Flieg (sinngemäß:) »Ich mache mal ihre Augen auf und leuchte Ihnen mal in die Augen.«

Wenn ein Arzt im Rahmen der Untersuchung eine Patientin darum bittet, ihre Augen zu öffnen, hat das sowohl einen diagnostischen Zweck als auch den, sie um Hilfe für eine weitere Untersuchung zu bitten. Je eher die diagnostische Komponente der Aufforderung, die Augen zu öffnen, wegfällt, z.B. bei einem sedierten Patienten, um so eher verzichtet ein Arzt auf die Bitte, der Patient möge die Augen öffnen, bevor er in diese hinein leuchtet.

Herr Eisenbart. Untersuchung durch PJ-Schmetter. Patient ist sediert.
Das Abhören erfolgt wortlos, das Überprüfen der Lichtreaktion (∅) und des Kornealreflexes (CR +/+) ebenfalls. Wortloses Abtasten der Extremitäten.

Wenn ein Patient gebeten wird, den Mund zu öffnen, hat das eindeutig unterstützenden Charakter, denn die Angabe, ob er auf Aufforderung den Mund öffnet, wird zumeist nicht diagnostisch verwertet.

Untersuchung durch N-Landmann.
Der Arzt überprüft die Lichtreaktion und den Kornealreflex wortlos und kündigt auch das Abklopfen bzw. Abhören der Brust nicht an, auch nicht das Schlagen der Reflexe an Armen und Beinen. Um in den Mund hineinzusehen, muß er den Mund öffnen. Es gelingt ihm nicht sofort den physischen Widerstand des Patienten zu überwinden. Er besorgt sich einen Holzspatel, und versucht den Mund aufzuhebeln. Schließlich wendet er sich an den Patienten.
N-Landmann (sinngemäß:) »Machen Sie mal den Mund auf, damit ich da reingucken kann.«
Der Mund des Patienten läßt sich jetzt öffnen.

Frau Kopf. Untersuchung durch N-Ritter.
Die Überprüfung der Lichtreaktion erfolgt wortlos, ebenso die Überprüfung des Kornealreflexes und des Okulo-zephalen Reflexes (Drehung des Kopfes mit Beachtung der Pupillenstellung). Dabei fragt mich der Arzt, wie mein Wochenende gewesen sei, und ich erzähle etwas von meinen Freizeitaktivitäten.
Um die Stellung des Gaumensegels zu untersuchen, versucht er mit einem Holzspatel den Mund zu öffnen. Das geht schwer.
N-Ritter zur Patientin (sinngemäß:) »Machen Sie mal den Mund auf.«
Die Patientin reagiert nicht. Daraufhin zieht der Arzt den Beißschutz aus dem Mund und drückt den Mund mit dem Holzspatel soweit auf und die Zunge herunter, daß er das Gaumensegel sehen kann.
Um die Schmerzreaktion zu überprüfen piekt er mit einem abgebrochenen hölzernen Wattetupfer kurz in die Nasenscheidewand. Die Patientin reagiert nicht. Später kneift er mit dem Stiel des Reflexhammers in das Nagelbett der Zehennägel.
Als er versucht die motorischen Reflexe an Armen und Beinen auszulösen, verfinstert sich seine Miene, es ist kein Reflex auszulösen. Bis zum Beginn dieser Reflexprüfung hatten wir über das Wochenende geredet, dann erstirbt das Gespräch.

Diese beiden Untersuchungen sind paradigmatisch für die Bedingungen, unter denen ein Arzt sich regelmäßig an die Patientin als personales Selbst wendet. Es gehört zwar zu den anerkannten aber leicht zu vernachlässigenden Elementen des lokalen Ethos der Kunstfertigkeit, mit einer bewußtlosen Patientin während einer Untersuchung zu sprechen. Wenn ein Arzt allerdings bei seiner Tätigkeit auf einen physischen Widerstand stößt, verändert sich die Lage. Zunächst versucht er diesen zu überwinden. Wenn sich das aber als zu aufwendig herausstellt, wendet er sich mit der Bitte um Mitarbeit an den Patienten, falls dieser nicht darauf eingeht, wird der Widerstand mechanisch überwunden. Es scheint, als würde der physische Widerstand wie eine Erinnerung daran wirken, daß man mit einer Patientin nicht einfach so hantieren sollte. Ansonsten ist es eher eine Sache des persönlichen Stils und der »Tagesform«, ob ein Patient von einem Arzt angesprochen wird oder nicht.

Obwohl nur die Berührung der gewachsenen Gestalt und nicht die Berührung der technischen Elemente Ärztinnen und Pfleger aktuell mit der Person konfrontieren kann, können die technischen expressiven Oberflächen doch im Sinne symbolischer Expressivität wirksam werden.

Oberarztvisite
Die Visite geht in eines der Einzelzimmer. Der Patient liegt auf der Seite, der Hintern und das untere Teil des Rückgrats liegen frei. Diese Lage ist eine

Vorbereitung für eine Liquorpunktion, bei der durch eine biegsame Hohlnadel Rückenmarksflüssigkeit entnommen wird. Als die Visite in das Zimmer kommt, beginnen einige Ärzte über den Patienten zu witzeln. Der Patient klopft unruhig mit einer Hand auf die Matratze, er ist irgendwie aufgeregt, dann defäciertiert er. Es ist sozusagen ein großer flüssiger Pups. Einer der Ärzte sieht auf den Monitor, von dem aus ein Alarmton ertönt. Mit Blick auf den Monitor sagt dieser Arzt (sinngemäß:) »Siehst du, jetzt regt er sich auf. Jetzt müssen wir aufhören.« Gemeint war die Witzelei, die Ärzte hören tatsächlich auf und verlassen kurz darauf das Zimmer.

Späße über Patienten in deren Anwesenheit habe ich kaum mehr als zwei- oder dreimal beobachten können. Es handelt sich um ein eher vernachlässigenswertes Phänomen. Interessant ist dieser Fall aber deshalb, weil es dem Patienten gelingt, durch einen hohen vegetativen Einsatz, eine Steigerung der Herzfrequenz über die Alarmgrenze, eine differenzierte kommunikative Stellungnahme zum Verhalten der Ärzte abzugeben. In der Interpretation des Arztes wird deutlich, daß sich der Patient als Person aktuell geltend gemacht hat. Die Aussage des Arztes »jetzt regt er sich auf, jetzt müssen wir aufhören« erfolgt mit Blick auf den Monitor. Daraus schließe ich, daß er die Steigerung der Herzfrequenz sinnhaft auf die vorhergehende Witzelei über den Patienten bezieht und sie als kommunikative Äußerung versteht. Deren Interpretation legt einen normativen Bezug fest. Zumindest, wenn sich ein Patient darüber aufregt, wenn wir uns über ihn lustig machen, müssen wir damit aufhören. Der normative Bezug scheint sehr evident zu sein, denn er wurde von einem jungen Arzt geäußert, der in der Hierarchie eher unten steht und an der Witzelei hatte sich auch der anwesende Oberarzt beteiligt. Sich über Patienten in deren Anwesenheit nicht lustig zu machen, gehört offenbar zu den Elementen des Ethos der Kunstfertigkeit, die so selbstevident gelten, daß sie sogar von unten nach oben erfolgreich geltend gemacht werden können.

Wenn mehrere wache Personen im Zimmer sind und an ihm arbeiten, wird ein Patient oft einfach übergangen. Die Kommunikation mit einer wachen Person ist sehr viel attraktiver als die Ansprache einer Person, deren Personalität aktuell nur durch die Tatsache ihrer Lebendigkeit symbolisiert ist, die sich aber nicht differenzierter in einer Kommunikation engagieren kann.

IP: Man versucht den Patient als Mensch zu akzeptieren, ... seinen eigenen Willen zu akzeptieren. Mit der Zeit gewöhnt man sich Dinge an, die nicht gut sind, den Patienten einfach so zu packen und hinzusetzen, ohne ihn anzusprechen. Wenn man zu zweit ist, führt man evtl. auch ein Gespräch mit dem anderen Therapeuten. Da muß ich mich zurückrufen, um den Patienten anzusprechen. Das Problem ist, wenn nichts zurückkommt.

Das ist die Schilderung der Probleme eines Therapeuten, der in der neurologischen Frührehabilitation tätig ist. Selbst in einem institutionellen Kontext, der darauf angelegt ist, um das Bewußtsein eines Patienten zu werben und in dem Patientinnen behandelt werden, die im Vergleich zu Intensivpatienten wach und reaktionsfähig sind, fallen die Reaktionen so schwach aus, daß es für den Therapeuten persönlich sehr unbefriedigend bleibt, weshalb er sich dazu zwingen muß, nicht häufiger auf die Kommunikation mit einer wachen bewußten Kollegin auszuweichen. In sehr viel stärkerem Maße gilt dies für die Intensivmedizin. Was der Therapeut als bedenkliche Ausnahme beschreibt, ist auf einer Intensivstation ein häufiges Vorkommnis und zwar auch bei Schwestern und Physiotherapeutinnen, die wenn sie allein mit einem Patienten arbeiten, diesen fast immer ansprechen.

Frau Kopf Physiotherapie.
Die Therapeutin beginnt mit einer Massage des Bauches, derweil unterhält sie sich mit dem dabeistehenden Arzt. Danach bewegt sie die Arme und Beine der Patientin. Als sie fertig ist, sagt sie (sinngemäß:) »So jetzt werden wir sie/Sie wieder einkuscheln.«
Ich kann der Betonung nicht entnehmen, ob sie diese Worte an die Patientin richtet und damit ankündigt, daß sie sie wieder bequem betten wird oder ob sie die Aktion für den Arzt oder mich beschreibt.

Frau Kopf. Umbetten.
die Patientin wird von zwei Schwestern gebettet, dabei defäciert sie vollkommen flüssig. Die behandschuhten Hände der Schwestern sind beschmiert. S-Hilde holt ein Darmrohr und schiebt es der Patientin in den Hintern. Es fließt ein bißchen etwas heraus in einen Beutel, der am Ende des Rohrs befestigt wird. Es müssen ein neues Laken und neue Windelauflagen, die über das Laken gelegt werden, geholt werden. Während des Bettens wird die Patientin nicht angesprochen, die Schwestern unterhalten sich miteinander.

Während es beim Umgang der Schwestern mit Patientinnen eher auffällig ist, wenn sie diese überhaupt nicht ansprechen, ist dies bei einer Visite regelmäßig der Fall. Der Patient wird zwar angesprochen, aber dies erfolgt ausschließlich in diagnostischer Absicht, d.h., um zu überprüfen, ob die Patientin erweckbar ist, oder wie konsistent ihre Rede ist. Auf diesen Sonderfall von symbolischer Expressivität im Dienste der Diagnostik bin ich schon eingegangen.

Neben der Verwendung von Sprache ist die Antizipation möglicher Schamgefühle der Patientin ein weiteres Indiz für die Aktualisierung des personalen Selbst im Stationsalltag. Hierbei handelt es sich um eine eindeutig vergeschlechtlichte Form von Personalität. Nur bei Frauen wird davon ausgegangen, daß es ihnen unangenehm wäre, gut sichtbar nackt auf dem Bett zu liegen, und ich habe es nur bei weiblichen Pflegekräften beobachten können, daß sie Schamgefühle antizipieren.

Frau Kopf. Visite.
Die Visite steht schon seit einiger Zeit im Zimmer. S-Gerburg drängt darauf, daß die Ärzte das Zimmer verlassen. Auf Nachfrage des Oberarztes erwidert sie, daß sie endlich anfangen möchte, die Patientin zu waschen.
Ich spreche im Laufe des Tages eine andere Schwester darauf an.
S-Andrea (sinngemäß:) »Na, das ist doch klar. Das ist eine junge Frau und das muß ja nun nicht sein, wenn da 6 Männer drumrumstehen. Es ist eigentlich immer so, daß wir drauf achten, wenn wir am Patienten manipulieren, daß dann nicht Visite ist. Das ist ja auch dem Patienten unangenehm.«
Ich sage ihr, daß ich mir das so gedacht hätte, ich hätte es aber sicher wissen wollen.
S-Andrea im Rausgehen aus dem Zimmer (sinngemäß:) »Ja, das ist wegen des Schamgefühls.« (Das Wort »Schamgefühl« wird von der Schwester verwendet.)

Die Annahme, es könnte der Patientin nicht recht sein, wenn sie von den männlichen Ärzten nackt gesehen wird, beinhaltet, daß sie sich selbst als in der Beziehung zu den Ärzten erlebt. Sie erfährt sich, insofern sie von den Ärzten wahrgenommen wird. Diese Komplexität der Beziehung zwischen der Gestalt einer bewußtlosen Patientin und den visitierenden männlichen Ärzten entspricht der der doppelten Kontingenz. Unabhängig davon, ob die Patientin sich aktuell so erleben kann oder nicht, wirkt die vergeschlechtlichte Gestalt wie eine Aktualisierung dieser Beziehungskomplexität. Die weiblich vergeschlechtlichte sichtbare gewachsene Gestalt bedeutet die Anwesenheit einer Person, die sich schämen könnte, wenn sie erlebte, so gesehen zu werden. Diese Form der Personalisierung habe ich bei männlich vergeschlechtlichten Gestalten nicht beobachten können. Im Umgang mit weiblichen Patientinnen – vor allem den jüngeren – achteten dagegen die Schwestern (gemeint sind jetzt ausschließlich die weiblichen Pflegekräfte) zwar nicht immer aber doch auffällig oft auf das Schamgefühl der Patientinnen. Für Ärztinnen – beiderlei Geschlechts – scheinen diese Probleme nicht zu existieren. Dies ist ein weiteres Hinweis auf das, was ich als chronischen Konflikt beschrieben habe: Ärzte behandeln Patienten, weil sie Personen sind, aber sie behandeln sie nicht als Personen. Wer es um der Konsistenz des eigenen diagnostischen und therapeutischen Wissens willen vermeiden muß, mit der Patientin als Gegenüber in eine Beziehung doppelter Kontingenz zu geraten, für den wird es schwer, Schamgefühle auf der Seite der Patientin zu antizipieren. Damit entfällt die Möglichkeit zu dieser besonderen vergeschlechtlichten Personalisierung.

5.4.2. Die Vertretung der Person durch Angehörige und vergangene Willensbekundungen

Im klinischen Alltag wird das personale Selbst in praktisch höchst bedeutsamer Weise durch den lebendigen Körpers vertreten, denn dies ist die Bedingung einer Krankenhausbehandlung, die in vielfacher Weise rechtlich geregelt ist. Nur als Person ist die Patientin ein zivilrechtlicher Vertragspartner und nur als Person steht ihr Leben unter dem Schutz des Strafrechts. Darüber hinaus wird im praktischen Umgang mit dem Patienten dessen Personalität durch die körperliche Gestalt des lebendigen Körpers vertreten, insofern die direkten Manipulationen der Gestalt, Ärztinnen und Pfleger dazu motivieren, die Patientin anzusprechen oder sie zu bitten, die ärztlichen und pflegerischen Handlungen zu erleichtern. Nur bei anhand ihrer Gestalt als weiblich klassifizierten Patienten läßt sich eine weitere Form der Vertretung des personalen Selbst beobachten, die über das Schamgefühl verläuft. Diese im klinischen Alltag relevanten Formen der Vertretung der Person spielen in der veröffentlichten Diskussion um personale Rechte von Patientinnen kaum eine Rolle. In der bioethischen Diskussion findet eine andere im klinischen Alltag eher marginale Form der Vertretung der Person Beachtung: Die Verfügungen, die ein Patient vor seiner Bewußtlosigkeit getroffen hat und das Mitspracherecht der Angehörigen, die die Sicht der bewußtlosen Person vertreten sollen, wenn es um Behandlungsentscheidungen geht.

Zussman (1992) und Anspach (1997) haben diese Formen der Vertretung des personalen Selbst untersucht. Ihre Untersuchungen kreisen um eine soziologische Analyse dessen, was in der bioethischen Diskussion als »informierte Einwilligung« (»informed consent«) beschrieben wird. Damit ist folgendes gemeint: Die bewußte Patientin oder im Falle eines bewußtlosen Patienten sein Vertreter wird vom Arzt über die verschiedenen Behandlungsmöglichkeiten aufgeklärt und entscheidet auf dieser Grundlage selbst über die medizinische Behandlung. Ein personales Selbst hat die Möglichkeit, die eigene Behandlung auch dann noch mitzugestalten, wenn es aktuell bewußtlos ist, indem es ein sogenanntes Patiententestament anfertigt, in dem festgelegt ist, wie es im Fall einer schweren mit dem Tod endenden und das Bewußtsein beeinträchtigenden Erkrankung behandelt werden möchte.[24] Hinsichtlich der Bedeutung der nichtärztlichen Akteure im Entscheidungsprozeß kommt Zussman zu dem Schluß: »intensive care physicians treat informed consent as little more than a formality.« (Zussman 1992: 85) Der entscheidende Punkt ist für Zussman nicht, daß Mediziner die Meinung der Angehörigen bzw. einer schriftlichen Fixierung des Patientenwillens für irrelevant hielten. Es gäbe vielmehr eine hohe Konvergenz der Erwartungen zwischen Ärztinnen, Patienten und dessen Angehörigen, daß Wertentscheidungen von der Patientin bzw. ihren Angehörigen getroffen werden sollen. Schwierig sei einzig, so Zussman, wo der Bereich der Wertentscheidungen beginnt und wo der technisch-naturwissenschaftliche Bereich endet. Faktisch würde diese Grenze maßgeblich von Medizinern gezogen werden. Solange das der Fall ist, sei es für Ärztinnen kein Problem das Selbstbestimmungsrecht von Patienten anzuerkennen, denn sie können weiterhin alle Entscheidungen, die sie für relevant halten, ohne Mitwirkung der Patientin treffen, weil es sich eben um genuin medizinische Entscheidungen handelt.

Zu diesem Ergebnis stehen meine Beobachtungen insofern in Widerspruch, als Zussman die elementare Vertretung der Person durch den lebendigen Körper nicht beachtet. Auch ein Notfalleingriff, wie die Vitalindikation, erfolgt nicht einfach nur unter biologisch-naturwissenschaftlichen Gesichtspunkten, sondern setzt eine ethische und rechtliche Wertung des Körpers voraus, dessen Leben gefährdet ist. Dasgleiche gilt für die Fortführung oder die Beendigung der intensivmedizinischen Behandlung eines bewußtlosen Patienten. Gerade wenn Ärzte sich darauf zurückziehen, sie würden ausschließlich nach medizinischen Gesichtspunkten entscheiden, haben sie immer schon eine Übersetzungsleistung vollbracht. Der in seinem Leben gefährdete menschliche Körper ist als personaler Körper gedeutet worden, dessen Leben erhalten werden muß. Die Frage ist also nicht die, wie die Grenze zwischen den epistemologischen Bereichen von Bio-Medizin einerseits und Recht, Sozialwissenschaften und Ethik

---

24 Einen Überblick über die verschiedenen Möglichkeiten, die eigene Behandlung mitzugestalten, wenn man bewußtlos ist, bietet die Arbeit von Eisenbart (1998).

andererseits gezogen wird, denn diese Grenze muß in der medizinischen Behandlung wegen des chronischen Konflikts zwischen den symbolisch-normativen Bedingungen einer medizinischen Behandlung und ihrer faktischen Durchführung ohnehin immer überschritten werden. Statt dessen stellt sich eine andere Frage: Wieviel Differenzierung verträgt der semantische Gehalt des Symbols »lebendiger menschlicher Körper«. Um diese Probleme zu verstehen, ist es unerläßlich das Verhältnis von Person und lebendigem Körper genauer zu untersuchen. Ich möchte dies anhand zweier Entscheidungsprozesse tun, in denen über eine Behandlungsbegrenzung befunden wurde.

Die Entscheidung, ob eine Behandlungsbegrenzung bzw. ein Behandlungsabbruch erfolgt, wird fast nie von einem Arzt allein getroffen, sondern immer im Rahmen kollegialen Abwägens zumindest während der Oberarztvisite oder auch mit konsilarisch hinzugezogenen Ärztinnen.

Ich frage Oberarzt Hubert, was dafür spräche, bei Herrn Kärnten etwas zu tun, also intensiv weiter zu behandeln. Er antwortet (sinngemäß:) »Wenn er die Qualität erreicht, die er hier schon einmal gehabt hat: Hemiparese, Schluckstörung, aber sonst bei Bewußtsein wäre, würde es den Einsatz lohnen. Es ist schwer zu entscheiden. Man weiß nicht, was der Patient will. Die Ehefrau sagt zwar, daß sie den Eindruck habe, daß er es nicht wollen würde. Aber das ist alles nicht sicher. Jetzt ist eine Akutsituation. Man weiß weder, wie die Ehefrau noch wie der Patient entscheiden würden, wenn der Endzustand erreicht ist: Wäre der Patient im Locked-in-Syndrom, würde er sich dann nicht doch dafür entscheiden und die Ehefrau auch. Der Ausgang einer Trepanation ist unsicher. Und es ist unsicher, wie die Angehörigen nach der Behandlung den Endzustand einschätzen würden.« Wenn der Oberarzt es sich persönlich überlegen würde: Es ist mein Vater, dann würde er keine weitere Behandlung durchführen lassen. Aber es bliebe eine schwere Entscheidung. »Als Ärzte sind wir ausgebildet zu behandeln, etwas zu machen. Die Entscheidung nichts zu tun, ist immer schwer. Wenn der Patient schon komatös gekommen wäre, wäre es leichter. Oder wenn er eine Tetraplegie entwickelt hätte, aber so ist es ein Grenzfall.«

Bei diesem Patienten geht es darum, ob er intensiv weiter behandelt werden soll, was ihm auf jeden Fall das Leben erhalten würde, oder ob die Behandlung nicht ausgeweitet werden soll, was vermutlich, den Tod des Patienten zur Folge haben würde. Das Problem ist die Unsicherheit des Behandlungsergebnisses. Zur Debatte steht die Durchführung einer Trepanation oder aber im bildkräftigen Klinikjargon: eine Entdeckelung, d.h., es wird ein Teil des Schädelknochens entfernt. Dadurch wäre gewährleistet, daß das anschwellende

Gehirn Raum hat, sich auszubreiten, ohne unter Umständen lebenswichtige Areale des Gehirns, den Hirnstamm, in das Hinterhauptsloch zu quetschen und dabei irreversibel zu schädigen. Im günstigsten Fall wären die Gliedmaßen einer Seite schwach gelähmt (Hemiparese) und der Patient könnte nicht mehr schlucken, ansonsten wäre er aber bei Bewußtsein. Im ungünstigsten Fall würde er in ein Locked-in-Syndrom geraten, d.h., er wäre fast vollständig gelähmt und könnte evtl. nur noch die Augenlider und die Augäpfel bewegen und wäre ansonsten bei Bewußtsein. Es ist also die Frage, ob dieses nicht unwahrscheinliche Ergebnis im Sinne des Patienten sein kann, eines siebzigjährigen Mannes, der sich auf Grund seines Alters wahrscheinlich auch nicht mehr gut von der Operation erholen würde.

Die Frage der Behandlung stellt sich grundsätzlich nur vor dem Hintergrund, daß der lebendige Körper das personale Selbst bedeutet. Auf dieser Grundlage ergeben sich Differenzierungsmöglichkeiten, die gegeneinander abzuwägen, wegen des Zeitfaktors sehr schwierig ist. Dabei kommt das Problem der Vertretbarkeit des Selbst massiv zum Tragen. Entscheidungen können an mehreren Zeitpunkten getroffen und deshalb auch immer wieder revidiert werden. In diesem Fall lag kein »Patiententestament« vor. Der Patient war ohne Vorabfestlegung, wie in einem derartigen Krankheitsfall verfahren werden soll, in das Krankenhaus gekommen. Hätte er eine solche Vorabfestlegung getroffen, hätte sich wie ich aus anderen Gesprächen mit Ärztinnen weiß, in der »Akutsituation« die Frage gestellt, ob er jetzt noch der Meinung sein würde, die er sich gebildet hat, als er gesund und im Vollbesitz seiner Kräfte war. Dies Problem stellt sich im vorliegenden Fall nicht. Hier ergibt sich ein anderes Zeitproblem, das wie eine Verschiebung des eben genannten wirkt. Der Patient wird aktuell aus medizinischer Sicht nicht mehr als entscheidungsfähig eingestuft. Es käme also darauf an, wie seine nächsten Angehörigen, in diesem Fall die Ehefrau, entscheiden würden. Sie ist gegen die Behandlung, und sie ist der Ansicht, ihr Mann, so wie sie ihn aktuell versteht und aus Erfahrung kennt, würde der gleichen Meinung sein. Dagegen setzt bei dem Mediziner die Erwägung ein: Jetzt entscheidet sie vielleicht gegen eine Behandlung, aber wie würde sie jetzt entschieden haben, wenn sie faktisch mit der Situation konfrontiert wäre, daß ihr Mann in einem Locked-in-Syndrom ist. Würde sie dann nicht vielleicht doch anders entschieden haben wollen, d.h., wäre sie nicht vielleicht froh, ihren Mann wenigstens in dieser Weise noch als lebenden Lebenspartner zu haben und wäre das nicht auch die Einschätzung des Patienten, d.h., wäre dieser nicht froh, noch am Leben zu sein, auch wenn er so schwer behindert ist? Die entscheidungsbefugte Vertreterin des personalen Selbst entscheidet auf der Grundlage einer gegenwärtigen Antizipation der Zukunft, die sie faktisch unmöglich kennen kann. Dies wirft die Frage auf, wie sie entscheiden würde, wenn sie die Zukunft tatsächlich kennengelernt hätte, die sie jetzt nur antizipieren kann? Das merkwürdige Ergebnis dieser Überlegungen ist eine Steigerung von Unsicherheit: Obwohl die Ehefrau eine verhältnismäßig klare Aussage getroffen hatte, nämlich daß ihr Mann die Behandlung nicht wollen würde, bringt ihre Entscheidung bzw. ihre Deutung der Entscheidung ihres Mannes vor allem ins Spiel, wie veränderlich die Gültigkeit dieser Entscheidungen ist, denn sie verfügt nicht über die Informationen, die sie haben müßte, um wirklich sicher entscheiden zu können – sie kennt die Zukunft nicht. Da es prinzipiell unsicher bleibt, wie sie entscheiden würde, wenn sie die Zukunft kennen würde, kann keine ihrer Entscheidungen zu mehr Sicherheit führen. In Anbetracht einer Situation, die weder medizinisch (das Behandlungsergebnis ist unsicher) noch durch die Einbeziehung der Angehörigen oder einer Vorabentscheidung des Patienten (die Dauerhaftigkeit und Verläßlichkeit dieser Entscheidungen ist unsicher) zu klären ist, wechselt der Arzt abrupt die Ebene des Nachdenkens. Er verläßt die Ebene allgemeinen Abwägens und überträgt das Problem in die Sphäre persönlicher Überlegung: Was würde ich tun, wenn es mein Vater wäre? Erst hier kommt er zu einem festen Schluß. Er würde die Behandlung nicht fortsetzen.

Die definitive Entscheidung darüber, ob und wie die Behandlung dieses Patienten fortgesetzt wird, fällt allerdings erst im Rahmen eines neurochirurgischen Konsils, denn die Therapie, um die es geht, ist neurochirurgischer Art.

Nachdem der Neurochirurg gekommen ist, schaut er sich zunächst mit N-Fuchs, die MRT-, Angiographie- und CT-Bilder an. Der neurologische Oberarzt kommt dazu. Sie sprechen die Bilder gemeinsam durch. Oberarzt Hubert begründet die Entscheidung, erst jetzt eine Op (Trepanation und Legen einer EVD) zu erwägen mit dem relativ guten klinischen Zustand und daß natürlich die ganzen Abwägungsprobleme ja/nein auch schon vorher bestanden hätten. Schließlich sagt der Neurochirurg, daß er den Patienten übernehmen würde. Oberarzt Hubert signalisiert seine Skepsis und fragt, was denn herauskommen könne. Er fragt sich laut (sinngemäß:) »Was würde ich tun, wenn es mein Vater wäre?« Darauf herrscht ein kurzes Schweigen. Der Neurochirurg reagiert (sinngemäß:) »Sie würden nichts mehr machen?« Oberarzt Hubert mit bedeckter Stimme (sinngemäß:) »Nein, aber ich könnte die andere Seite gut verstehen. Wenn Sie der Meinung sind, daß man etwas machen sollte, würde ich mich nicht in den Weg stellen.« Der Neurochirurg sagt, daß es gute Gründe gäbe, in diesem Fall nichts zu machen. Oberarzt Hubert wirft noch das Alter des Patienten ein. Wenn er 20 wäre, und nicht schon 70, wäre es auch noch anders, dann könnte man von einer anderen Regenerationsfähigkeit ausgehen. Für einen Eingriff spricht nach Ansicht des Neurologen, die Art der Durchblutungsstörung des Gehirns. Es sei zwar ein wichtiges Blutgefäß verschlossen, aber es hätte sich eine kompensatorische Form der Blutversorgung entwickelt, die er so beschreibt (sinngemäß:) »Die retrograde Versorgung der nicht direkt durchbluteten Gefäße über transversale Blutbahnen muß eigentlich gut ausgebildet sein, sonst hätte der Verschluß der linken Vertebralis schon zu mehr Komplikationen führen müssen.« Gegen eine OP spräche allerdings (sinngemäß:) »Durch den Eingriff werden/können die noch vorhandenen Gefäße auch noch in Mitleidenschaft gezogen werden und das, wo beim Patienten (erhöhter Blutzucker und Hypertonie) die Gefäße ohnehin schon sklerotisch sind.«

Schließlich sagt der Neurochirurg, er könne das nicht allein entscheiden, er würde seinen Chef anrufen. Der neurologische Oberarzt kommentiert dies, indem er feststellt, das sei eine Situation, wo man die Entscheidung gern seinem Chef überlassen würde, aber sein Chef sei in Urlaub. Nach Rücksprache mit seinem Chef (Dauer ca. 20 Minuten am Telefon) ist auch der konsilarisch hinzugezogene Neurochirurg der Meinung, es sei besser, nichts mehr zu machen.

Auch in dem konsilarischen Gespräch gibt die Tatsache, daß der Oberarzt bei der Behandlungsentscheidung zu einer Sicherheit gekommen ist, indem er sie in den Binnenhorizont seines persönlichen Lebens übertragen hat, die entscheidende Wende. Eine ausschließlich medizinische Entscheidung gibt es nicht, denn sie listet Wahrscheinlichkeiten auf, die wertend gewichtet werden müssen. Auch Ärzte können nicht nach ausschließlich medizinischen Gesichtspunkten entscheiden, da die Zukunft allen verschlossen ist. Niemand wird den Patienten so sehen, wie er nach der Operation ist, bevor sie stattgefunden hat. Aber genau das müßte der Fall sein, um eine sichere Entscheidung zu treffen. Der Neurochirurg tendiert zunächst dazu, den Patienten zu übernehmen, d.h., eine Trepanation durchzuführen. Darauf reagiert der Neurologe zurückhaltend und stellt die Überlegung hinsichtlich seines Vaters vor. Dies erfüllt kommunikativ die Funktion zu sagen, »ich würde die Behandlung abbrechen«, ohne dies explizit auszusprechen. Der Neurochirurg deutet die Äußerung entsprechend. Es entsteht, die merkwürdige Situation, daß niemand vorgeschlagen hat, die Behandlung abzubrechen. Diese Möglichkeit ist in die Kommunikation hineingerutscht, ohne daß sie einem der Entscheidungsträger direkt zugerechnet werden könnte. Es wird erneut abgewogen. Schließlich weicht der Neurochirurg auf das Hierarchieprinzip aus, um das Unwägbare des Falles in einer Entscheidung zu fixieren. Das Telefongespräch mit seinem Chef habe ich allerdings nicht beobachten können.

An der Entscheidung sind drei Ärzte beteiligt. Um die Entscheidung zu fällen, mobilisieren sie einerseits medizinisches Wissen und andererseits ihren persönlichen Lebenshorizont, um zu einer Entscheidung darüber zu gelangen, ob die Behandlung sinnvoll ist. Der ganze Abwägungsprozeß ist nichts anderes als eine vorsichtige Relativierung des normativen semantischen Gehalts des gefährdeten menschlichen Körpers. Da die beteiligten Mediziner, diese Entscheidung nicht allein vornehmen können, sondern sie – wie jede Behandlungsentscheidung – gegenüber Kollegen begründen müssen, unterliegt die Relativierung einer hierarchisch kollegialen Kontrolle im Rahmen des lokalen Autoritätssystems. Die größten Begründungszwänge entstehen, wenn sie nichts tun. Dies widerspricht am ehesten dem Ethos der Kunstfertigkeit, das der neurologische Oberarzt mit den Worten zusammenfaßt: »Als Ärzte sind wir ausgebildet zu behandeln, etwas zu machen. Die Entscheidung nichts zu tun, ist immer schwer.« D.h.: Für einen Arzt gilt der normative Gehalt des gefährdeten menschlichen Körpers zunächst uneingeschränkt. Dies kann es ausgesprochen schwer machen, offensiv dafür einzutreten, nicht zu behandeln. Im Zweifelsfall muß der Vorschlag so gemacht werden, als wäre er nicht gemacht worden.

Die Meinung der Ehefrau, die die mutmaßliche Entscheidung des Patienten vertreten hatte, nämlich die Behandlung zu begrenzen, spielt bei der Entscheidungsfindung keine Rolle, obwohl diese letztlich zum gleichen Ergebnis kommt.

Ich frage N-Fuchs, warum die Angehörigen nicht entscheiden könnten. Rechtlich liege, so Fuchs, die Entscheidung beim Arzt. Sie muß unvoreingenommen gefällt werden und es muß die Kompetenz da sein. Beides sei bei den Angehörigen nicht gegeben. Außerdem wäre es eine zu große Belastung. Wenn der Patient tot ist, ist das nicht rückgängig zu machen. Er ist tot. Für die Angehörigen wäre das zu schwer zu verkraften. Wenn die Angehörigen die Entscheidung getroffen hätten, müßten sie ein ganzes Leben lang damit fertig werden. Auch wenn sie es hinterher bereuen, bleibt der Patient tot. Diese Last könne man den Angehörigen nicht zumuten. Oberarzt Hubert gibt eine ähnliche Begründung, allerdings nicht ganz so ausführlich. Die Entscheidung der Angehörigen wird zwar miteinbezogen, aber letztlich entscheidet der Arzt. Für beide ist ganz klar, daß es so ist und daß es richtig so ist.

Die Angehörigen werden aus zwei Gründen aus der Entscheidung ausgeschlossen. Zum einen hätten sie nicht die nötige Kompetenz, um zu entscheiden und zum anderen wären sie emotional mit der Entscheidung überfordert, da ihnen zugemutet würde, über Leben und Tod eines Angehörigen zu befinden. Ein derartiger Ausschluß der Angehörigen aus der Entscheidungsfindung hat eine wichtige Konsequenz: Das personale Selbst wird nicht durch diejenigen vertreten, die den Patienten kannten, sondern durch ihm vollständig unbekannte Ärzte, die es unter Umständen nur im Zustand der Bewußtlosigkeit, also vertreten durch seinen lebendigen Körper, kennen. Wenn es der Sinn der Beteiligung der Angehörigen wäre, den Willen der einzelnen Patientin auszulegen, wäre die Praxis zumindest widersinnig. Wenn aber auch beim Problem der Beteiligung der Angehörigen im Vordergrund stünde, den normativen semantischen Gehalt des kommunikativen Symbols »in seinem Leben gefährdeter menschlicher Körper« nur so kontrolliert wie möglich einzuschränken, dann wäre diese Art der Beteiligung der Angehörigen an medizinischen Entscheidungen durchaus sinnvoll. Im Unterschied zu Angehörigen befinden sich Ärzte unter kollegialer Kontrolle, wenn sie ihre Entscheidungen treffen. Inwiefern eine vergleichbare Kontrolle gesichert ist, wenn Angehörige an diesen Entscheidungen beteiligt sind, scheint das Problem zu sein. Es ginge demnach nicht darum, medizinische Behandlungsentscheidungen von Wertentscheidungen abzugrenzen, sondern um die Sicherung einer Wertentscheidung, die Laien nicht überlassen werden sollte. Ärzte verstehen sich als diejenigen, die professionell damit betraut sind zu kontrollieren, ob und in welchem Ausmaß der normative semantische Gehalt des Symbols »in seinem Leben gefährdeter menschlicher Körper« relativiert werden kann. Sie achten darauf, daß die Allgemeingültigkeit des semantischen Gehalts nicht unkontrolliert durch Idiosynkrasien beeinträchtigt wird.

5.5. Das Leben der Person: Über das Verhältnis von medizinischem und soziologischem Wissen

Die verschiedenen Stränge, die in diesem Kapitel behandelt und ineinander verflochten wurden, lassen sich folgendermaßen charakterisieren.

- Wissen wird als praktisches Wissen behandelt, das konstitutiv ein ou-topisches Gegenüber in Anspruch nimmt, d.h., das medizinische Wissen läßt sich nicht in ein positives Wissen auflösen, sondern es bleibt stets auf einen Punkt bezogen, der zum positiven Wissen in Differenz ist.

- Dies ermöglichte ein Verständnis der ou-topischen Übersetzungen bzw. des praktischen ou-topischen Übersetztseins dessen, was als Gegenüber des praktischen Wissens existiert.

- Eine Entfaltung dessen, wie das Gegenüber im Verhältnis zum positiven Wissen ou-topisch ist, führt auf die Unterscheidung verschiedener Modi der Expressivität des ou-topischen Gegenüber.

- Schließlich führte die Untersuchung auf ein Paradox, denn die Art und Weise, wie das Gegenüber im Verhältnis zum praktischen Wissen ou-topisch, also selbständig ist, ist determiniert durch das Beziehungsgeflecht, in dem diejenigen existieren, die das Gegenüber behandeln.

Initial versicherte sich die Untersuchung ihres maßgeblichen Bezugspunkts, nämlich der Annahme, daß auch das medizinische Wissen vom lebendigen bzw. bewußten Körper Leben und Bewußtsein als ou-topischen Bezugspunkt in Anspruch nimmt. Dabei handelt es sich nie um Leben oder Bewußtsein im Allgemeinen, sondern stets um das Leben, insofern es in einzelnen Körpern realisiert ist. Die Inanspruchnahme eines ou-topischen Bezugspunkt sichert die Möglichkeiten der Übersetzung. Das medizinische ist für das soziologische Wissen nicht vollkommen hermetisch, sondern es konvergiert mit diesem darin, einen ou-topischen Bezugspunkt konstitutiv in Anspruch zu nehmen. Die sich daraus ergebenden praktischen Konvergenzen, ja sogar die konvergierenden theoretischen Annahmen gehören zu den überraschenden Befunden, die sich in der von mir vorgeschlagenen Perspektive ergeben.

Die Untersuchung folgte den vielfältigen Möglichkeiten, in denen eine Patientin ein ou-topisches expressives Gegenüber der ärztlichen Praxis sein kann. Die Systematik der Darstellung orientierte sich an der Komplexität der Arzt-Patient-Beziehung bzw. daran, wie die Patientin in dieser Beziehung als ein expressives Gegenüber existiert. Es ließen sich vier verschiedene Expressivitätsmodi voneinander abgrenzen:

- die Expressivität des Lebens,
- die Expressivität des eigenständig reagierenden Körpers,
- die Expressivität des leiblichen Bewußtseins,
- die symbolische Expressivität.

Entsprechend dem im zweiten Kapitel formulierten methodischen Vorschlag, riskierte es die Analyse, dem Patienten als Gegenüber der medizinischen Praxis auch dann auf den Fersen zu bleiben, als er vollständig in das praktische medizinische Wissen übersetzt war und nur noch als lebendiger, als eigenständig reagierender oder als bewußter Körper existierte. Die Analyse faßte dies stets als Übersetzung dessen auf, was in der Soziologie als soziale Person den ou-topischen Bezugspunkt des Wissens bildet. Auf diese Weise gelang es, in der Analyse des empirischen Materials aufzuweisen, wie der menschliche Körper sowohl als Gegenstand soziologischen als auch als Gegenstand medizinischen und rechtswissenschaftlichen Wissens in einer Perspektive betrachtet werden kann, ohne die differentia specifica übergehen zu müssen.

Die verschiedenen Wissensformen zeichnen sich dadurch aus, daß sie konstitutiv in je unterschiedlicher Weise ein ou-topisches Gegenüber des praktischen Wissens in Anspruch nehmen müssen. Für das medizinische Wissen wurde dies anhand der Analyse von Begegnungen zwischen Ärzten und Patienten bis zu dem Punkt entfaltet, an dem das praktische medizinische Wissen auf eine epistemologische Grenze stößt. Dies ist der Fall, wenn die Beziehung zwischen Arzt und Patient die Komplexität doppelter Kontingenz annimmt, d.h., wenn die Patientin in der Begegnung als soziale Person existiert. Wenn das ou-topische Gegenüber der medizinischen Praktiken in eine derartige Beziehung übersetzt wird, verändert sich die Möglichkeit, etwas zu wissen, in einer Weise, die von einer naturwissenschaftlich orientierten Medizin nicht mehr verarbeitet werden kann. Dies ist zugleich ein materialer Beleg dafür, wie tragfähig doppelte Kontingenz als konstitutive Annahme für die Sozial- bzw. Gesellschaftswissenschaften ist. Es gelingt, mit ihrer Hilfe eine wirksame epistemologische Grenze zu fixieren.

Der systematische Vergleich der verschiedenen Modi der Expressivität führte zu der Einsicht, daß das praktische medizinische Wissen mit einem chronischen Konflikt geschlagen ist. Ein Patient wird nur behandelt, weil er ein personales Selbst ist, aber kann nicht als ein personales Selbst behandelt werden, da dies das medizinische Wissen nicht verarbeiten könnte. Zugleich ist die ärztliche Praxis aber permanent mit der Patientin als einem personalen Selbst konfrontiert, denn die verschiedenen Expressivitätsmodi können untereinander in einem nicht wechselseitigen Bedeutungsverhältnis stehen. Die Expressivität des Lebens kann situativ die Anwesenheit des personalen Selbst bedeuten. Der Sachverhalt, daß ein Körper als lebendiger menschlicher Körper gedeutet wird, bedeutet zugleich, daß dieser Körper ein personales Selbst ist. D.h., der lebendige menschliche Körper ist direkt in die symbolische Expressivität integriert. Dies ermöglicht ein genaueres Verständnis dessen, welchen Sinn es hat, daß sich Mediziner dagegen verwahren, Laien in Behandlungsentscheidungen einzubeziehen. Auch in prekären Situationen, in denen es keine eindeutigen medizinischen Kriterien gibt, gibt es eine Tendenz Angehörige aus dem Entscheidungsprozeß auszuschließen. Es erscheint wenig plausibel, dies auf die Abgrenzung eines besonderen Wissensbereichs zurückzuführen, den Laien nicht durchschauen können. Statt dessen geht es um die Wahrung des semantischen Gehalts eines für die ärztliche Praxis absolut verbindlichen kommunikativen Symbols: der wahrnehmbar »in seinem Leben gefährdete menschliche Körper« bedeutet, daß ein personales Selbst um eine ärztliche Hilfeleistung bittet und die Erlaubnis dazu erteilt. Auf dieses Ersuchen in angemessener Weise zu reagieren, stellt für einen Arzt eine absolute moralische Verpflichtung dar. Dieser kommt er nach, indem er sofort mit der ihm zur Verfügung stehenden technischen Präzision die entsprechenden lebensrettenden Maßnahmen einleitet. Gerade in der Reduktion auf das unmittelbar technisch Lebensrettende ist die kommunikative Beziehung realisiert. Diese besondere Verschränkung der Expressivitätsmodi wird erst sichtbar, wenn ihre systematischen Differenzen präzisiert sind, denn nur vor diesem Hintergrund läßt sich klären, wie die Expressivitätsmodi einander vertreten können.

Die schrittweise Entfaltung der materialen Darstellung, die systematisch die Steigerung der Komplexität in der Arzt-Patient-Beziehung nachvollzog, machte auf zweierlei aufmerksam: zum einen auf den zunehmenden Freiraum, den das Gegenüber expressiv ausfüllt, und zum auf eine Paradoxie, die in der Ärztin-Patientin-Beziehung virulent ist.

Im Modus der Expressivität des Lebens existiert ein ou-topisches Gegenüber auch dann noch, wenn seine Aktionen im Rahmen einer technisch ermöglichten Symbiose weitgehend beherrscht werden. Um zu überprüfen, inwieweit die Reaktionen eines Patienten im Sinne der Expressivität des eigenständig reagierenden Körpers gedeutet werden können, muß die Kontrolle, der der Körper innerhalb der technisch ermöglichten Symbiose unterworfen ist, soweit gelockert werden, daß er wenigstens unmittelbar reflektorisch reagieren kann. Wenn es darum geht, ob ein lebendiger Körper ein mit Bewußtsein begabter Körper ist, muß der Freiraum, der ihm in der Begegnung zugestanden wird, noch mehr erweitert werden. Dies gilt in noch stärkerem Maße, wenn es zum Problem wird, ob er seine Reaktionen in den Modus symbolischer Expressivität integrieren kann. Dabei kommt als zentrales Kontrollmoment der zeitliche Rhythmus der einander begegnenden Einheiten zum Tragen. Ein Gegenüber darf sich in seinen Reaktionen nicht zu lange durch Nichtreaktionen bzw. durch Schweigen verrätseln, sondern muß sich den Anforderungen an einen angemessenen zeitlichen Reaktionsrhythmus unterwerfen.

Die Kontrollen des ou-topischen Gegenüber verweisen auf ein Paradox. Ein expressives Gegenüber ist die Patientin nur, insofern sie selbständig ist und sich von sich her zeigt. Sie muß selbst leben, selbst reagieren oder selbst bei Bewußtsein sein. Obwohl dies der Fall ist, werden die Möglichkeiten eines Patienten in der Beziehung als ein ou-topisches Gegenüber zu existieren durch das Beziehungsgeflecht strukturiert, in das die Ärztinnen aufgrund der lokalen hierarchisch-kollegialen Kontrolle integriert sind. Auf diese Weise entsteht ein Verhältnis zirkulärer Voraussetzungen. Um ein Gegenüber der medizinischen Praxis zu sein, muß der Patient als eine selbständige expressive Entität existieren, aber ob und wie der Patient ein selbständiges expressives Gegenüber ist, wird durch die ärztlichen Praktiken determiniert, die ihrerseits konstitutiv auf den Patienten als ein selbständiges Gegenüber angewiesen sind, usw. im Kreis herum. Diesen Sachverhalt habe ich mit Bezug auf die Diagnose von Bewußtsein material entfaltet und als Paradox des Bewußtseins bezeichnet. Dies ließ sich und – an diesem Punkt wird die Analyse genuin für die Soziologie von Bedeutung –, ebenso im Kontext der Kontrollen nachweisen, die den Eintritt in die symbolische Expressivität regulieren. Einerseins muß die Umweltbeziehung einer Entität eine bestimmte Komplexität haben, damit diese mit einer anderen in einer Beziehung doppelter Kontingenz existieren kann, aber andererseits wird die Komplexität der Umweltbeziehung der beteiligten Entitäten durch die Beziehung determiniert. Dies habe ich entsprechend als Paradox der Person bezeichnet.

Im nächsten Kapitel, wenn es um die Todesfeststellung geht, wird sich am Material erweisen, daß es ebenso ein Paradox des Lebens ist.

6. DEM PATIENTENKÖRPER AUF DER SPUR III: DAS ERLÖSCHEN DER PATIENTIN ALS EXPRESSIVES GEGENÜBER – DIE FESTSTELLUNG DES HIRNTODES

Es scheint eine Trivialität zu sein, aber um das weitere zu verstehen, ist es doch wichtig, sie einschließlich ihrer seltsamen Implikationen auszusprechen. Jeweils ein lebendiger Körper vertritt ein personales Selbst. Umgekehrt kann das Leben des Körpers nicht durch die Person vertreten werden. Das Leben ist unvertretbar und darüber hinaus, tangiert die Tatsache, daß die Person durch einen lebendigen menschlichen Körper vertreten wird, sämtliche anderen Möglichkeiten, die Person zu vertreten. Die Möglichkeiten des personalen Selbst zu einer effektiven kommunikativen Mitteilung erlöschen zwar nicht vollständig, wenn das Leben des Körpers, das die Person vertritt, beendet ist, aber die anderen Formen der Vertretung der Person werden nachhaltig beeinträchtigt, wenn ihre elementare Vertretung durch den lebendigen Körper nicht mehr gegeben ist. Abgesehen von Sonderfällen wie testamentarischen Verfügungen oder dem Urheberrecht ist es z.B. für verstorbene Personen kaum möglich, in juristischen Verfahren vertreten zu werden.[1] Andere Formen der Partizipation am gesellschaftlichen Leben sind ohnehin ausgeschlossen.[2] Da auch die Sonderfälle möglicher Vertretungen von Personen, die nicht in lebendigen menschlichen Körper symbolisiert sind, zumindest indirekt auf dieses Symbol verweisen, insofern z.B. nur solche Personen in rechtlichen Verfahren vertreten werden können, die zuvor in einem lebendigen menschlichen Körper symbolisiert waren, ist es möglich eine allgemeine Aussage zu formulieren: Der lebendige menschliche Körper ist das materielle Symbol der Person und ohne dieses kann das personale Selbst nicht oder nur in rudimentärer Form existieren. Die Existenz des personalen Selbst erlischt, wenn das Leben des menschlichen Körpers, der es vertreten kann, beendet ist. Nur

---

1 Vgl. hierzu die Studie von Müller (1996) über die Rechtsstellung von Verstorbenen im bundesdeutschen Recht der Gegenwart.
2 Dies gilt unbeschadet individuell-idiosynkratischer Kommunikationen mit Verstorbenen. Aber an diesem Punkt unterscheidet sich ein totes personales Selbst nur unwesentlich z.B. von einem Hund, der von seinem Besitzer auch als kommunikatives Gegenüber betrachtet werden kann, ohne generalisiert im Status einer sozialen Person gehalten zu werden.

aufgrund dieser exklusiven Symbolisierung ist die Feststellung des Todes zugleich ein Ausschluß aus dem Bereich des Gesellschaftlichen und deshalb muß die Todesfeststellung mit der Sorgfalt betrieben werden, mit der sie betrieben wird.[3] Im folgenden wird es um eine Sonderform der Todesfeststellung gehen, nämlich um die, die den Organtod des Gehirns als entscheidendes Todeskriterium ansieht.

Dieses Todeskriterium wird nur unter den Bedingungen der Intensivmedizin in Anwendung gebracht. Wenn der Organtod des Gehirns als Todeskriterium gilt, wird der Tod nach einem festgelegten Schema diagnostiziert, d.h., die Todesfeststellung ähnelt einer besonders sorgfältig standardisierten diagnostischen Konstellierung der Gestalt eines Patienten. Lediglich die Verschränkung der zeitlichen Horizonte weicht von dem Vorgehen ab, das ich im 4. Kapitel beschrieben habe. Die Patientin wird aber nicht nur als nichtexpressive outopische Ordnungseinheit in Anspruch genommen, sondern die konstellierte Gestalt wird daraufhin gedeutet, ob sie noch als expressive Realisierung des Lebens gewertet werden kann. Der doppelte Bezug auf den Patienten als ou-topische Einheit, nämlich als nichtexpressive Ordnungseinheit und als lebendige Einheit, die in der Gestalt expressiv realisiert ist, führt zu Problemen, die denen der Deutung des Gegenüber als Bewußtsein bzw. als personales Selbst entsprechen. Dies hängt damit zusammen, welche Formen der Einheitsbildung wie aufeinander bezogen werden. Mit Bezug auf die Unterscheidung zwischen expressiver und nichtexpressiver ou-topischer Einheit und unter Einbeziehung der drei Ebenen des Interpretationsmodells läßt sich das Problem folgendermaßen präzisieren.

1. Die Konstellierung der Tests zu einer stimmigen Gestalt (die zweite und dritte Ebene des Drei-Ebenen-Modells): Hier stellt sich die Frage, welche Elemente (Tests) können stimmig zu der Gestalt »Hirntodsyndrom« konstelliert werden. Diese Frage wurde im dritten Kapitel in historischer Perspektive behandelt. Trotz der er-

---

3 Diese Ausführungen beschreiben das Verhältnis von lebendigem Körper und Person in der Bundesrepublik Deutschland, d.h., in einer modernen westlichen Gesellschaft. Eine normative Stellungnahme über ein angemessenes Todesverständnis ist nicht das Ziel dieser Arbeit. Damit unterscheidet sie sich von den meisten Beiträgen zur Hirntoddebatte, die das Ziel verfolgen, ein bestimmtes Todesverständnis festzuschreiben. Einen gesellschaftstheoretisch inspirierten Beitrag – aber ebenfalls mit normativem Impetus – formuliert Manzei (2000). Sie entwickelt in Anlehnung an Adorno, Horkheimer und Foucault einen Begriff des Todes, von dem aus sie die in der Hirntoddiskussion formulierten Konzepte kritisiert. In diskursanalytischer Perspektive vgl. Schneider (1999a)

reichten Fixierung des Hirntods als Todeskriterium scheint aber eine endgültige Klärung immer noch nicht erreicht zu sein, jedenfalls herrscht unter Neurologen noch kein vollständiger Konsens hinsichtlich der Tests, die in die Hirntoddiagnostik einbezogen werden sollten. Derartige Meinungsverschiedenheiten sind bei diagnostischen Konstellierungen der Gestalt generell keine Seltenheit.

2. Die doppelsinnige Bedeutungsbeziehung zwischen konstellierter Gestalt und lebendiger Einheit (erste und zweite Ebene des Drei-Ebenen-Modells): Bei der Todesfeststellung geht es darum, ob eine konstellierte Gestalt fixiert werden kann, die mit Sicherheit bedeutet, daß in ihr das Leben des Körpers nicht mehr expressiv realisiert ist. Auch in dieser Hinsicht erweist sich der historisch erreichte Konsens insofern als brüchig, als es Ärzten ausgesprochen schwer zu fallen scheint, Todeszeichen, die nicht zum Hirntodkriterium passen, für irrelevant zu halten. In der klinischen Praxis wird es auf subtile Weise immer wieder zum Problem, welche gestalthafte Erscheinung das Erloschensein des menschlichen Lebens bedeutet.

Hinsichtlich des ersten Problems braucht der Patient nicht als expressives Gegenüber berücksichtigt zu werden, er ist lediglich insofern als ou-topisches Gegenüber von Bedeutung, als an ihm immer wieder neues entdeckt, d.h., insofern die Gestalt immer wieder neu konstelliert werden kann. Da die Gestalt in immer wieder neuer Weise zerlegt und zusammengesetzt werden kann, können immer wieder Meinungsverschiedenheiten auftreten, welche Tests sinnvollerweise in die Konstellierung der Gestalt einer Patientin im Hirntodsyndrom einbezogen werden sollten. Dieser wissenschaftliche Streit ist insofern ein Problem, als die konstellierte Gestalt bedeutet, daß in ihr die Eigenaktivität des lebendigen ou-topischen Gegenüber expressiv realisiert ist bzw. daß diese Eigenaktivität erloschen ist. Wenn die Diagnose den Expressivitätsmodus der gedeuteten Einheit berührt, entstehen unauflösbare Paradoxien, denn ob eine Entität als selbständige lebendige Entität in einer Beziehung existiert, hängt dann von den diagnostischen Aktivitäten der beteiligten Ärzte ab. Durch die Deutung wird festgelegt, ob eine von der Deutung unabhängige expressive Eigenaktivität existiert. Dieses Problem, das sich schon bei der Diagnose »Bewußtsein« und der Integration des bewußten Körpers in die aktuelle Praxis symbolischer Expressivität ergeben hatte, wiederholt sich bei der Todesfeststellung in verschärfter Form, denn die Deutung eines Körpers als lebendig vertritt letztinstanzlich die Anwesenheit der

Person. Wenn das, was die Person vertritt, erloschen ist, ist zugleich die Person definitiv und endgültig erloschen. Ab jetzt untersteht auch die elementare Existenz des Organismus nicht mehr dem Schutz des Rechts. Die Konsequenzen der Deutung sind also sehr viel gravierender als die der bisher beschriebenen Interpretationen des Körpers.

Bei meiner Darstellung werde ich mit den Schwierigkeiten beginnen, die sich bei der Konstellierung der Gestalt ergeben können (6.1.). Der zentrale Unterschied zur gewöhnlichen Diagnostik besteht in den besonderen zeitlichen Strukturen der Diagnose »hirntot«. Darauf werde ich gesondert eingehen (6.2.). Abschließend geht es um die Interpretation, durch die geklärt wird, ob die Gestalt eines Patienten noch im Sinne einer expressiven Realisierung des Lebens verstanden werden kann oder nicht und welche Kriterien und Tests dafür wie von Bedeutung sind (6.3.).

6.1 Das Hirntodsyndrom: die diagnostische Konstellierung der Gestalt

Die Hirntoddiagnostik unterscheidet sich von der sonst auf den beobachteten Stationen üblichen klinischen neurologischen Diagnostik zunächst dadurch, daß sie sich auf die sogenannten Hirnstammreflexe konzentriert. Diese Beschränkung war das wichtigste Ereignis in der jungen Geschichte des Hirntodkonzepts. Erst nachdem der semantische Gehalt des Terminus zentrales Nervensystem auf den innerhalb der Schädelkapsel befindlichen Teil des zentralen Nervensystems reduziert worden war, waren Tests und Todeskriterium stimmig aufeinander bezogen. An den Anforderungen an die Tests und ihre Konstellierung zu einer stimmigen Gestalt hat sich bis heute im Prinzip wenig geändert. Die Bundesärztekammer (1982) hat 1982 Empfehlungen formuliert, wie bei der Todesfeststellung, die sich des Hirntodkriteriums bedient, vorgegangen werden sollte. Im Mittelpunkt standen und stehen immer noch die Überprüfung der Hirnstammreflexe. Diese Empfehlungen wurden in den folgenden Jahren mehrfach durch »Fortschreibungen« ergänzt (Bundesärztekammer 1986, 1991, 1993, 1997), wobei sich die jeweiligen Änderungen nur darauf bezogen, welche apparativen Zusatzuntersuchungen als verläßliche Untersuchungen einzustufen sind. Die Zusatzuntersuchungen haben den Zweck die sogenannte Schwebezeit zu verkürzen, die dem Nachweis der Irreversibilität des Funktionsausfalls des Gehirns dient.

Damit die Ergebnisse der klinischen Untersuchung gültig sind, muß bekannt sein, um welche Art Hirnschädigung es sich handelt. In den von mir beobachteten Fällen waren es immer sogenannte »supratentorielle« Hirnschädigungen. Das ist der einfachste und auch der häufigste Fall in der Hirntoddiagnostik. Im Rahmen einer primär supratentoriellen Hirnschädigung können nämlich wichtige diagnostische Fragen aufgrund der Ätiologie als geklärt betrachtet werden. Direkt geprüft wird durch die klinische Untersuchung nur die Funktion des Hirnstamms. Der Nachweis des Ausfalls der Hirnstammreflexe soll aber indirekt auch als Nachweis der irreversiblen Schädigung des Großhirns gelten. Dies gilt dann als gegeben, wenn die folgenden ätiologischen Annahmen zutreffen. Die Schädigung betrifft primär nur die als Großhirn bezeichneten Areale, d.h. die Areale, die oberhalb des Tentoriumsschlitzes liegen (supratentoriell). Die Schädigung schließt einen sogenannten raumfordernden Vorgang ein. Entweder fließt Blut aus einer geplatzten Ader in die Schädelkapsel oder das Großhirn schwillt auf Grund einer Schädigung an. Wenn sich das Gehirn ausdehnt oder durch in die Schädelkapsel einsickerndes Blut zur Seite gedrückt wird, werden die unterhalb des Großhirns gelegenen Teile des Hirns in die einzige Öffnung der Schädelkapsel, das Hinterhauptsloch hineingequetscht, dabei eingeklemmt und zerstört. Wenn unter dieser Voraussetzung ein Nachweis der Schädigung des Hirnstamms erbracht ist, gilt die Schlußfolgerung: Wenn der Nachweis des Funktionsausfalls des Hirnstamms erbracht ist, ist dies der indirekte Nachweis der Schädigung des Großhirns.

Wenn die Voraussetzungen für eine aussagekräftige Hirntoddiagnostik gegeben sind, wird der Körper auf die klinischen Zeichen des Hirntodes hin untersucht. Dazu gehören nach den Kriterien die der Bundesärztekammer die folgenden:

- Koma,

- Pupillengröße mindestens mittelweit,

- keine Reaktion der Pupillen auf Licht,

- erloschener Okulo-zephaler Reflex (Puppenkopfphänomen),

- erloschener Korneal-Reflex,

- Keine Schmerzreaktion bei einer Reizung des Trigeminusnervs,

- erloschener Pharyngeal-/Tracheal-Reflex (Husten-/Würgereflex),

- keine Spontanatmung.

Um festzustellen, ob diese Zeichen vorliegen, wird in der Praxis so vorgegangen.

Oberarzt Schlot und N-Siebert stehen beide am Kopfende des Betts. Der Oberarzt öffnet die Augen des Patienten und leuchtet hinein. Die Neurochirurgin kommentiert das (sinngemäß:) »Ich glaube, meine ist heller.«
Sie leuchtet mit einer kleinen Lampe, die aussieht wie ein Kugelschreiber in die Augen des Patienten. N-Siebert (sinngemäß:) »Da regt sich nichts mehr.« (Test der Augen auf Lichtreaktion. Die Größe der Pupillen wird stillschweigend festgestellt.)
Danach streicht einer der beiden über die Hornhaut der Augen (Kornealreflex). Der Patient reagiert nicht mit einem Lidschluß. Die Neurochirurgin kommentiert das entsprechend, der anästhesistische Oberarzt stimmt ihr zu.
Als sie sich daran machen, den Okulo-zephalen Reflex zu überprüfen, fällt ihnen ein, daß einige der Schwesternschülerinnen bei der Hirntoddiagnostik dabei sein wollten. Eine Schwester wird losgeschickt, um die Schwesternschülerinnen zu holen. Nachdem sie gekommen waren, verwandelt sich die Hirntoddiagnostik in eine Lehrvorführung. Die Ärztinnen wiederholen die Überprüfung des Okulo-zephalen Reflexes: Der Oberarzt hält die Augen des Patienten offen und dreht den Kopf ruckartig nach rechts und nach links. Er kommentiert das für die anwesenden Schwesternschülerinnen.
Oberarzt Schlot (sinngemäß:) »Sie sehen, die Augen bewegen sich nicht. Normalerweise würden die Augen zurückbleiben, wenn man den Kopf dreht. Es ist wie bei einer Puppe, die Augen gehen einfach mit.«
Die Neurochirurgin nimmt eine Spritzenkanüle und kommentiert (sinngemäß:) »Jetzt kommt der berühmte Stich.« Dabei gibt sie gestisch zu erkennen, wie unangenehm es ihr ist, diesen Teil der Untersuchung durchzuführen. Der Oberarzt entfernt die Decke vom Oberkörper des Patienten mit den Worten (sinngemäß:) »Sonst können wir nicht feststellen, ob er reagiert.« Das ist von der Lautstärke her eher zu sich und zu seiner ärztlichen Kollegin gesprochen als zu den anderen. N-Siebert (sinngemäß:) »Man sticht durchs Septum der Nase. Dabei würde einer sonst unter der Decke rotieren.« Während sie das sagt, sticht sie durch die Nasenscheidewand. Die Nadel kommt auf der anderen Seite wieder heraus. Sie verläuft unterhalb der beiden Nasenflügel durch die Nasenscheidewand. Der Patient reagiert nicht. Beim Test der Schmerzreaktion schauen sie nur auf die im Bett liegende Gestalt des Patienten. Andere Ärztinnen sehen dabei auch noch auf den Monitor.

Danach bittet Oberarzt Schlot eine Schwesternschülerin, ihm einen Holzspatel zu geben. Mit diesem dringt er tiefer in den Rachenraum ein, wobei er die Zunge nach unten drückt. Sein Kommentar (sinngemäß:) »Jeder normale Mensch würde husten, wenn ich das mache.« Seine Kollegin ergänzt (sinn-

gemäß:) »Wir können auch noch einmal absaugen.« Sie nimmt einen Einmalschlauch und schiebt ihn weit in den Tubus, ohne dabei sterile Handschuhe zu benutzen. Sie saugt ab. Der Patient zeigt keine Reaktion. Beide Ärztinnen stellen fest (sinngemäß:) »Also jetzt müßte etwas kommen.« Die letzten beiden Aktivitäten galten der Überprüfung des Pharyngeal- bzw. des Tracheal-Reflexes, d.h. des Würge- und des Hustenreflexes.
Abschließend machen sie den Apnoetest, um zu sehen, ob der Atemantrieb erloschen ist. Die Verbindung zwischen Tubus und Beatmungsmaschine wird getrennt – »diskonnektiert« – und zugleich ein kleiner Schlauch in den Tubus gesteckt, durch den Sauerstoff in die Lungen gelangt. Das Prinzip des Apnoetests basiert auf der Annahme, daß die Zunahme an Kohlendioxid den Atemantrieb auslöst. Kohlendioxid wird bei der normalen Atmung und auch bei künstlichen Beatmung über die Ausatemluft aus den Lungen hinausbefördert. Wenn bei einem Patienten nicht mehr künstlich Luft in die Lungen gepreßt wird, müßte er selbst einatmen, damit Luft in die Lungen gelangt, über die das Kohlendioxid aus dem Körper heraus befördert werden kann. Wenn das nicht geschieht, steigt nach einiger Zeit der Kohlendioxidgehalt im Blut. Spätestens wenn der durch die Blutgasanalyse festgestellte Maßwert 60 überschritten ist, sollte eine sichtbare Atembewegung einsetzen. Sollte das nicht der Fall sein, gilt der Atemantrieb als erloschen. Nachdem der Patient von der Beatmungsmaschine abgehängt worden ist, muß einige Zeit gewartet werden, bevor Blut für die Blutgasanalyse abgenommen werden kann. Alle blicken auf den Brustkorb und den Bauch des Patienten. Am Bauch ist eine ganz leichte rhythmische Bewegung zu sehen. N-Siebert wendet sich an mich (sinngemäß:) »Was starren Sie so?« Ich antworte (sinngemäß:) »Bewegt er sich da nicht?« Oberarzt Schlot stellt fest (sinngemäß:) »Das ist im Rhythmus des Herzschlages, das ist keine Atembewegung, sondern vom Herzschlag ausgelöst.«

Ungefähr nach 7 Minuten nimmt Oberarzt Schlot zum ersten Mal Blut ab. N-Siebert moniert (sinngemäß:) »Das ist noch drei Minuten zu früh, dann muß man nur nochmal laufen.« Die Laboreinrichtung für die Blutgasanalyse befindet sich zwar direkt auf der Station – aber an der anderen Ecke. Es sind gut 20 Meter Weg dorthin. Trotz ihrer Bedenken geht sie mit dem Röhrchen voll Blut zum Analysegerät. Nach wenigen Minuten kommt sie zurück. Der Wert hat noch nicht die erforderliche Höhe erreicht. N-Siebert (sinngemäß:) »Ich habs ja gesagt.« Sie nimmt jetzt erneut Blut ab und wiederholt die Laboruntersuchung. Jetzt ist der Maßwert höher als 60. Der Oberarzt stellt daraufhin die Verbindung zum Beatmungsgerät wieder her. Die erste Hirntoddiagnostik ist positiv verlaufen. In 12 Stunden würde die nächste stattfinden. Bis dahin befindet sich der Patient in der Schwebezeit.

In diesem Fall war es für die beteiligten Ärzte eindeutig, daß keine Atembewegung vorlag. Es kann aber sein, daß die Abgrenzung zwischen den Bewegungen der Bauchschlagader und den Atembewegungen Schwierigkeiten bereitet.
Nachdem die Verbindung zwischen Tubus und Beatmungsmaschine getrennt worden ist, blicken die beiden Ärzte auf den Brustkorb und den

Bauch des Patienten. Oberarzt Schlot (sinngemäß) »Wie soll man das werten?« Sein Kollege hockt sich hin, so daß er mit den Augen auf der Höhe des Bauches des Patienten ist. Er steht wieder auf, seiner Meinung nach sind es Bewegungen der »Atemhilfsmuskulatur«.

Diese Untersuchungen entsprechen dem von der Bundesärztekammer empfohlenen Schema. Bei den von mir beobachteten Hirntoddiagnostiken haben aber alle Ärzte noch zusätzliche Tests durchgeführt. Wie die Erweiterungen ausfallen, hängt einerseits mit dem lokal gültigen Ethos der Kunstfertigkeit zusammen, andererseits scheint es aber auch allgemeiner mit den medizinischen Subdisziplinen zusammenzuhängen. Neurologen tendieren dazu, die Hirnstammreflexe noch eingehender zu untersuchen, während Anästhesisten und Neurochirurginnen eher Wert darauf legen, es durch zusätzliche Untersuchungen auszuschließen, daß der Zustand der Patientin nicht durch Stoffwechselprozesse verursacht worden sein kann, weshalb sie die chemische Zusammensetzung des Blutes genauer als vorgeschrieben untersuchen.

Um eine neurologische Spezialität scheint es sich beim okulovestibulären Reflex zu handeln, der durch den schon beschriebenen Eiswassertest geprüft wird, bei dem der Patientin kaltes Wasser in das Ohr gespritzt wird, um zu sehen, wie die Augen reagieren. In einem Interview wird die Besonderheit dieses Tests beschrieben.

IP: Und wenn Sie jetzt mal diese von der Bundesärztekammer aufgeschriebenen Reflexe nehmen und sie lokalisieren (x), dann haben Sie immer über bestimmte Ebenen Verschaltungen ... dieser Vestibulo-okuläre-Reflex, der verschaltet über eine ziemlich lange Strecke innerhalb des Hirnstammes (x) und geht bis nach ziemlich kaudal runter über die Vestibulariskerne und deshalb lieb ich diesem Reflex, weil er für mich ... nochmal zu den anderen, die mach ich ja alle auch mit, aber diese Verschaltung untereinander mir zeigt und ausführt ... (Die Verschaltung) der verschiedenen Hirnnervenkerne miteinander (x), ja über das Längsbündel.

Diese Passage entstammt einem Interview mit einem in der Hirntoddiagnostik erfahrenen Neurologen. Für ihn sind die Festlegungen der Bundesärztekammer nicht einfach eine Abfolge von Reflexen, sondern sie repräsentieren neuronale Verschaltungen zwischen den Hirnnervernkernen des Hirnstamms. Die Tests überprüfen in der Topographie des Stammhirns immer weiter unten gelegene Nervenkerne auf ihre Funktionsfähigkeit. Das Besondere des vestibulookulären Reflexes, weshalb der Neurologe ihn »liebt«, liegt darin, daß bei dessen Prüfung eine Vielzahl von Verschaltungen von oben nach unten, über das »Längsbündel«, einbezogen werden.

Zusätzlich wird von einigen bei der klinischen Diagnostik der »Atropintest« durchgeführt. Dem Patienten wird das Medikament Atropin injiziert und darauf geachtet, ob die Herzfrequenz ansteigt. Ist das nicht der Fall, ist auch dies ein Baustein für eine positive Hirntoddiagnostik. Die Bedeutung dieses Tests wird allerdings auch von denen, die ihn durchführen, zunehmend als gering eingeschätzt.

Eine weitere Variation des Vorschlags der Bundesärztekammer besteht darin, die apparativen Untersuchungen in die zweizeitige klinische Diagnostik zu integrieren, statt sie zur Abkürzung der Schwebezeit zu verwenden. Das EEG oder andere elektrophysiologische Verfahren können gemäß den Empfehlungen der Bundesärztekammer dazu dienen, die Schwebezeit abzukürzen. Es wird also zunächst eine klinische Diagnostik durchgeführt, an die sich eine Schwebezeit von mindestens 12 Stunden anschließt, bevor die zweite klinische Hirntoddiagnostik erfolgt. Dieser Zeitraum kann durch die Anwendung einer apparativen Untersuchung abgekürzt werden. Statt zu warten, wird eine derartige Untersuchung durchgeführt, die die Diagnostik endgültig beschließt. Wenn diese Untersuchungen ebenfalls im Sinne des Hirntodes gedeutet werden können, braucht den Vorschriften der Bundesärztekammer zufolge keine Schwebezeit eingehalten zu werden. Einige Neurologen führen aber die apparativen Untersuchungen, vor allem das EEG, zusätzlich zur zweizeitigen klinischen Diagnostik durch.[4]

Es scheint allerdings, als würde es einen Punkt geben, an dem die Vielzahl der Untersuchungen, die Eindeutigkeit des Ergebnisses gefährdet. Schon hinsichtlich des klinischen Erscheinungsbildes können so viele Aspekte berücksichtigt werden, daß eine eindeutige Konstellierung der Tests nur noch schwer zu erreichen ist bzw. nur um den Preis, das Hirntodkriterium wieder in die Nähe einer herzkreislaufbezogenen Todesfeststellung zu bringen. Ein Neurologe, der Hirntoddiagnostiken bei Patienten durchführt, die auf einer vorwiegend von Anästhesisten betreuten interdisziplinären Intensivstation liegen, schildert die Situation so.

---

4 Daß apparative Verfahren zur Verkürzung der Schwebezeit eingesetzt wurden, konnte ich nur auf der neurologischen Intensivstation beobachten. Dort wurde die sogenannte Dopplersonographie verwendet, um nach der klinischen Hirntoddiagnostik den Nachweis der Nichtdurchblutung des Gehirns zu führen. Auf der neurochirurgischen Intensivstation wurde der Hirntod ausschließlich anhand der klinischen Untersuchung festgestellt.

Interviewprotokoll: Die Intensivmediziner möchten von den Neurologen die Sicherheit zu einem möglichst frühen Zeitpunkt. »Wir sollten uns aber nicht drängeln lassen, jedenfalls nicht über Gebühr.«

Von hier aus kommt er zu dem Problem, daß es eigentlich besser wäre, so lange zu warten, bis alle autonomen Regulationszentren in der medulla oblongata (der Teil des Hirnstamms, an dem dieser in das Rückenmark übergeht) ausgefallen sind. Aber das provoziert, daß Organe geschädigt werden, denn in der medulla oblongata wird auch der Kreislauf reguliert.

Eigentlich wäre es gut zu warten, bis der Blutdruck und Körpertemperatur durch ihr Verhalten erkennen lassen, daß die autonomen Regulationszentren ausfallen. »Man kann warten, bis es auch hierfür Anzeichen gibt.« Als Beispiel führt er den Tag-Nacht-Rhythmus der Körpertemperatur an. »Rein von der Definition her müßten wir den Tod der gesamten medulla oblongata fordern. Wenn das strikt durchgeführt würde, würde das den Transplantationserfolg gefährden.«

Um sicher zu sein müßte man warten, bis alle autonomen Regulationszentren (Temperatur, Kreislauf) ausgefallen sind. »Das ist der weichste Punkt der Hirntoddiagnostik. Beim Mittelhirn und der Brücke können wir ganz gute Aussagen machen. Sie können auch bei den autonomen Regulationszentren sicher sein, aber dann haben die Organe irgendwann mal gelitten.« (Er lacht etwas verkrampft.) Das sei ein Abstecken von Grauzonen »und es gibt Grauzonen.« Als Neurologe könne er sich dann sagen: Selbst wenn noch Teile der medulla oblongata funktionierten, gäbe es kein funktionierendes Gehirn mehr. Entscheidend sei der Apnoetest. Er wurde eingeführt, um die Funktion der medulla oblongata zu überprüfen. Es sei aber theoretisch denkbar, daß das Atemzentrum geschädigt ist, aber die anderen Zentren weiterhin intakt seien. Es gäbe unter Neurologen immer wieder die Debatte, ob es nicht möglich sei, daß einzelne Kerne geschädigt sein könnten, z.B. das Atemzentrum, aber der Rest noch intakt sei. Das sei theoretisch möglich, aber diese Annahme sei nicht von praktischer Bedeutung. Dann führt er aber den Fall eines jungen Mannes an:

Er sei an einer unbekannten Todesursache verstorben. Er hatte ein positives EEG bis zum Schluß. Erst die Aufarbeitung des Gehirns in der Pathologie hätte ergeben, daß Teilbereiche der medulla durch eine Encephalitis geschädigt gewesen waren. Sonst hätte man nichts gefunden. »Es ist in der Medizin nichts 100%-ig ausgeschlossen.«

Es waren in diesem Fall also durch eine Encephalitis einzelne wohlumschriebene Zentren geschädigt, das hätte zum Tod geführt.

Die medulla oblongata ist der Teil des Hirnstamms, an dem dieser in das Rückenmark übergeht. Mein Interviewpartner wirft die Frage auf, inwiefern es nicht erforderlich sein müßte, möglichst detailliert den Funktionsausfall der einzelnen Teile dieser neuronalen Strukturen nachzuweisen, denn es sei prinzipiell nicht ausgeschlossen, daß die Hirntoddiagnostik nicht alle neuronalen Strukturen hinsichtlich ihrer Funktionsfähigkeit überprüft. Als mögliche Erweiterung schlägt er z.B. vor, einen Test einzuführen, der die Steuerung von Blutdruck und Temperatur berücksichtigt. Es bleibt offen, ob es nicht noch weitere Tests geben könnte, die jeweils gesondert – jetzt noch nicht berücksichtigte – Funktionsausfälle in den Blick nehmen. Diese peniblen Überlegungen radikalisieren die kausalanalytische Begründung des Hirntodkonzepts, denn es wird nicht nur gefordert, den Nachweis zu führen, daß die Ursache des Hirntodes gegeben ist, sondern auch das Eintreten der Wirkungen soll durch Tests nachgewiesen werden.

Eine derart systematisch betriebene Hirntoddiagnostik könnte die Anforderungen an die durchzuführenden Tests allerdings bis zu deren praktischer Unbrauchbarkeit treiben. Als ich in den weiteren Interviews das Problem des separaten Ausfalls der Funktionskerne in der medulla oblongata ansprach, waren die Reaktionen unterschiedlich. Ein möglicher Umgang mit dem Problem ist, es auszuklammern, weil es keine Möglichkeiten gäbe, den Funktionsausfall durch Tests zu belegen.

IP: ... Sie meinen also, daß im Grunde das Atemzentrum noch intakt ist, während alle reaktiven Zentren ausgeschaltet sind?

G.L.: Nein, umgekehrt: Das Atemzentrum wird überprüft

IP: Ja. Daß also zum Beispiel Blutdruckregulation noch, ja?

G.L.: Ja, ja

IP: Ich wüßte auch nicht, wie man das nachweisen sollte. Da hätte man große Probleme, das im Grund auch technisch nachzuweisen (x.x), daß ein solches Zentrum noch intakt ist. (x.x) Das entzieht sich ja im Grunde den meßbaren Regelkreisen ... Und gerade diese Patienten bieten ja häufig Blutdruckschwankungen, die jetzt nicht unbedingt nur zentral bedingt sind. (x.x) Und von daher halte ich es für theoretisch nicht unmöglich, sage ich mal vorsichtig, aber im Grunde nicht für, für meßbar und nachweisbar. (x.x) Es sind mir solche Fälle nicht bekannt, ich wüßte auch nicht, wie man das nachweisen sollte. (x.x) ... Das ist das, was ich dazu sagen kann.

Weil es nicht meßbar ist, hält es dieser Neurologe für angemessen, die Frage aus der Praxis der Hirntoddiagnostik auszuklammern. Die möglichen Tests und ihre Konstellierung zu einem einheitlichen gestalthaften Zustandsbild des Patienten regulieren sich wechselseitig. Ausgehend vom Kriterium, dem Sollzustand des Hirntodsyndroms, werden Tests entwickelt, es kommen aber nur solche Zustände des Patienten in Betracht, die auch tatsächlich durch Tests zu belegen sind. Das, was unter Hirntod als Todeskriterium verstanden werden soll, wird durch die technischen Möglichkeiten der Tests bestimmt. Also determinieren die Tests und ihre Praktikabilität, was unter Hirntod verstanden werden kann, obwohl umgekehrt die Tests aus dem zuvor bestimmten Kriterium abgeleitet worden sein sollten. Dennoch wird nicht durch die technischen Möglichkeiten also von der Ebene der Tests her determiniert, was unter Hirntod zu verstehen ist, denn nicht die einzelnen Tests sind aussagekräftig, sondern die sich ergebende Gesamtkonstellation, die aus den einzelnen Tests und den geklärten Krankheitsursachen besteht. Erst als Bestandteil einer derartigen Konstellierung erhalten die einzelnen Tests ihre Aussagekraft. Bezogen auf die Ebenen des Interpretationsmodells ließe sich der Sachverhalt so formulieren: Das Kriterium (Ebene 2) bestimmt die Tests (Ebene 3) und umgekehrt bestimmen die praktischen Möglichkeiten, Tests zu konstruieren (Ebene 3), was in die Gesamtkonstellation der Zeichen (Ebene 2) aufgenommen werden kann und was nicht. Aufgrund der wechselseitigen Bestimmung von Kriterium (Gestaltebene) und Test (3. Ebene der diskreten Elemente) kommt es zu der eigenartigen Situation, daß eine Veränderung des Blutdruck- und Temperaturverhaltens zwar als Indiz des eingetretenen Hirntodes gewertet werden kann[5], denn die funktionale Bedeutung des Hirngewebes für die Regulation von Blutdruck und Temperatur ist bekannt, aber es gibt trotzdem keine Tests, die diesen Funktionsausfall systematisch nachweisen und dies wird auch nicht für erforderlich gehalten.

Einer meiner Interviewpartner äußerte definitiv die Befürchtung, eine verfeinerte Diagnostik könne das Ergebnis zunehmend uneindeutig machen.

IP: Ich denke, wenn ich 'ne komplexe, 'nen komplexen Ausfall des Großhirns habe, (x.x) ne, und wesentliche Funktionen des Hirnstammes, ne, mag es sein, daß ich mit zunehmender Technisierung irgendwann entdecke, daß in irgendeinem Rest minimalen Teilbereich, der so minimal ist, daß ich ihn erst mit, mit subtilster Technik mal erfassen werde (x.x) irgendwo, eh, was weiß ich ... 'n Spürchen Restfunktion da ist, daß aber letztlich für das Überleben nicht relevant ist (x.x), ne. Natürlich kann ich eh, eh 'ne Zelleninsel finden, ne, die. Ja schon, aber dies ist nicht relevant, denke ich.. Aber das hat, das hat ja jetzt nichts, wie soll ich sagen, wenn man so will, ein Theoreti-

---

5 Vgl. hierzu Schlake, Roosen (o.J.: 68) mit weiterführender Literatur.

sieren oder ein Philosophieren (x.x) ... persönlicher Art (x.x), ne? ... Halte ich persönlich nicht für, nicht für relevant für die Diagnose des Hirntodes.

Je höher die Anforderungen an die Exaktheit der Diagnostik sind, um so eher, so die Befürchtung, könnte die Eindeutigkeit des Ergebnisses Schaden nehmen. Dies ist keineswegs aus der Luft gegriffen. Schon eine kombinierte Anwendung der gegenwärtigen Diagnoseverfahren kann zu widersprüchlichen Ergebnissen führen. Eine Göttinger Arbeitsgruppe hatte bei zwei Patienten neben der positiven klinischen Hirntoddiagnostik jeweils mehrere apparative Untersuchungen angewendet: Neben dem EEG die Dopplersonographie und die digitale Substraktionsangiographie (DSA) – beides Verfahren zur Darstellung der Hirndurchblutung. In keinem der beiden Fälle waren die Untersuchungsergebnisse eindeutig, weshalb die Autoren zu dem Schluß kommen:

»Beide Kasuistiken zeigten, daß, obwohl in der klinischen Untersuchung alle Kriterien des Hirntods erfüllt waren, im EEG und in der DSA noch eine zerebrale Restaktivität, bzw. eine Restperfusion, vorübergehend nachzuweisen war. Unseres Erachtens müßten deshalb die entsprechenden Empfehlungen des wissenschaftlichen Beirates der Deutschen Ärztekammer dahingehend überdacht werden, daß zur eindeutigen Feststellung des Hirntodes eindeutige Ergebnisse in möglichst vielen apparativen Untersuchungen vorliegen sollten.« (Lassek, e.a. 1998)

Diese knappen Bemerkungen deuten auf das gespannte Verhältnis von Medizin als klinischer Praxis und Medizin als Wissenschaft hin. Die Verschiedenheit zwischen diesen läßt sich mit Bezug auf die Inanspruchnahme des ou-topischen plausibel machen. In der ärztlichen Praxis geht es nicht nur um eine stimmige Konstellierung der Gestalt, sondern auch darum, ausgehend von der Gestalt eine Aussage darüber zu machen, wie das Gegenüber als ou-topische Einheit existiert. Eine derartige Aussage enthält eine wertende Deutung (s.u.), denn es muß festgelegt werden, ob in der Gestalt die Lebendigkeit des Gegenüber expressiv realisiert ist. Dieses Problem wird in dem Vorschlag der Arbeitsgruppe ausgeklammert. Hier taucht das ou-topische Gegenüber nur auf, insofern die Nichtidentität von Gestalt und ou-topischem Gegenüber als Ansatzpunkt für immer neue Forschungen und Rekonstellierungen erhalten bleibt. Denn nur aufgrund dieser Differenz entsteht die Offenheit, die notwendig ist, um systematisch die Frage anzuregen, was von dieser Gestalt noch unbekannt sein könnte. Dabei wird das ou-topische Gegenüber nur als Zuordnungseinheit in Anspruch genommen, und aus dem Hirntod wird ein wissenschaftliches Forschungsproblem. Dies verhindert aber geradezu, die Hirntoddiagnostik zu einem alltagstauglichen Verfahren zu machen, denn dazu muß entschieden sein, welche Tests eindeutig belegen, daß das Hirntodkriterium erfüllt ist. Diese Sicherheit ist aber im Rahmen einer ausschließlich auf empirische Belege zielenden wissenschaftlichen Forschung nur schwer zu erreichen. Gerade unter der Voraussetzung, daß das Hirntodkriterium in dieser Weise begründet sein soll, entstehen beinahe zwangsläufig immer wieder Streitpunkte, bei denen die Frage im Mittelpunkt steht, ob die vorliegenden Tests überhaupt den Funktionsausfall des gesamten innerhalb der Schädelkapsel befindlichen zentralen Nervensystems nachweisen können.[6] Faktisch werden zwar immer mehr apparative Tests in die alltägliche Praxis der Hirntoddiagnostik eingeführt, aber dies dient nicht dem Ziel einer kumulativen Anwendung von Tests und einer zunehmend feineren Diagnostik, die widersprüchliche Ergebnisse aufspürt und weiter problematisiert.

Um das Prozedere der Diagnostik, die den Hirntod belegt, definitiv zu beschließen, d.h., eine unendliche Problematisierung zu vermeiden, gab und gibt es verschiedene Möglichkeiten. Wenn man sich darauf beschränkt, ausschließlich das Verhältnis von Kriterium und Tests in den Blick zu nehmen, ist die Annahme eines absolut gültigen Tests das Mittel der Wahl. Dies ist das in der Geschichte der Hirntoddiagnostik erprobte Verfahren. Ausgehend von der Annahme, daß die Nichtdurchblutung des Gehirns die notwendige und zureichende Bedingung des Eintretens des Hirntodes ist, fungierte die angiographischen Darstellung der Nichtdurchblutung des Gehirns als absolut gültiger Beleg des Hirntodes.[7] Um diesen Beweis herum wurden die Tests konstruiert, die für die Hirntoddiagnostik in Frage kommen. Die Funktion des Konsensbildners hat die Angiographie noch heute.

---

6 Vgl. hierzu etwa die Diskussion zwischen Link/Gramm (1995a, b) und Klein (1995a, b), die um die Frage der zentralen Steuerung der Hormonregulation kreist. Stapenhorst (1996, 1999: 20–38) kommt insgesamt zu dem Schluß, daß das Hirntodkriterium gemessen an den Anforderungen, die an einen empirischen Nachweis gestellt werden müssen, nicht als wissenschaftlich begründet betrachtet werden kann. Vgl. zu dieser Frage auch Spittler (1995).

7 Diese Argumentation integriert die Todesfeststellung in ein Kausalschema, wodurch diese an der Sicherheit des Kausalannahme partizipiert. Der Nachweis der Nichtdurchblutung des Gehirns ist streng genommen nicht identisch mit dem Hirntod, sondern formuliert die Bedingung, unter der der Hirntod sicher eintreten wird. Es hat einige Zeit gedauert, bis der Nachweis der Bedingung des Eintretens des Todes als Nachweis des Phänomens verstanden wurde, dessen Eintreten er bewirken sollte: des Hirntodes. Vgl. hierzu im Detail Lindemann (2002).

Auch der zitierte Neurologe, der die Möglichkeit eines separaten Ausfalls der autonomen Regulationszentren erwogen hatte, hielt daran fest, daß das Gehirn als abgestorben zu gelten hat, wenn es über einen ausreichend langen Zeitraum nicht durchblutet war und dies angiographisch belegt ist.

Interviewprotokoll: Ich hatte ihn gefragt, warum er eigentlich sicher sei, daß diese Methoden tatsächlich den Tod nachweisen. Daraufhin führt er den angiographischen Nachweis der Nichtdurchblutung des Gehirns an. Das Gehirn sei ein sehr empfindliches Gewebe. Wenn es nachgewiesen ist, daß es länger als 6–7 Minuten nicht durchblutet ist, muß man davon ausgehen, daß der Tod eingetreten ist.

Aufgrund dieser Sicherheit ist die Angiographie geeignet, in einem Zweifelsfall endgültige Sicherheit zu schaffen. Dies betrifft sowohl wissenschaftliche Zweifelsfälle, wie die Frage, welcher Test den separaten Ausfall der zentralen Regulationsmechanismen belegen könnte, als auch klinische Zweifelsfälle bei denen es unklar ist, ob an einer Patientin die klinischen Zeichen des Hirntodes nur deshalb beobachtet werden können, weil sie unter dem Einfluß von Drogen steht.

IP: Es ist gerade in der operativen Medizin ja häufig so, ehm, daß die Patienten zum Zeitpunkt des Eintritts des Hirntodes (x.x) unter der Wirkung sedierender Substanzen stehen (x.x), beispielsweise, so daß sich von daher die klinische Feststellung des Hirntodes ausschließt. (x.x) Dann können Sie aufgrund der Untersuchung den Verdacht auf Hirntod, den äußerst begründeten Verdacht auf Hirntod natürlich, äußern. Eh, wenn sie aber diesen Verdacht, eh, objektivieren oder beweisen wollen, ehm, dann müssen Sie letztendlich zu technischen Verfahren greifen.

GL: Das wäre dann in diesem Fall bei Ihnen?

IP: In diesem Falle ist dies bei uns die zerebrale Panangiographie (x.x), die Angiographie der vier das Gehirn versorgenden Gefäße. Und wenn dort ein Durchblutungsstop festgestellt wird im Abstand von ... einer zweimaligen Untersuchung, mit einem Abstand von 15 bis 20 Minuten, (x.x) dann ist der pathophysi, dann ist das der Beweis für den Hirntod, ehm, weil ... ... ohne Sauerstoff kein Leben. Und ein Gehirn, das 20 Minuten keinen Sauerstoff bekommen hat, ist mit Sicherheit tot.

Die Angiographie bietet den Vorteil eines »Beweises«. Sie integriert den Test in ein Kausalschema und kommt von dort zu einer endgültigen Gewißheit. Auf diese Weise wird die Forderung nach einer weiteren Forschung überflüssig. Die Publikation der oben zitierten Göttinger Arbeitsgruppe vermeidet dagegen die Privilegierung einzelner Tests und kommt so zu dem Ergebnis, möglichst viele apparative Untersuchungen vorzunehmen, statt die Resultate der angiographischen Darstellung der Hirndurchblutung bzw. des Fehlens der Hirndurchblutung als letztgültigen Beweis zu betrachten. Wenn dies dagegen akzeptiert wird, kann es am ou-topischen Gegenüber vielleicht noch vieles zu entdecken geben, das noch unbekannt ist, aber dies wird nicht mehr die Sicherheit der Todesfeststellung berühren.

Wer dagegen auf die Privilegierung der Angiographie durch ihre Integration in ein Kausalschema verzichtet, hat entschieden größere Mühe, das Problem unterschiedlicher Testergebnisse zu verarbeiten. Die dabei entwickelten Überlegungen wiederholen einen anderen Aspekt der Geschichte der Hirntoddiagnostik. Als es noch darum ging, das Hirntodkriterium überhaupt als Todeskriterium zu etablieren, kamen dabei auch extrakorporale Momente zum Tragen. Nicht nur die wissenschaftliche Begründbarkeit, sondern auch die problemlose Anwendbarkeit in der alltäglichen ärztlichen Praxis und die Interessen der Transplantationsmedizin wurden in der amerikanischen Hirntodforschung explizit berücksichtigt.[8] Die Interessen der Transplantationsmedizin kommen auch zum Tragen, wenn es um das Problem des detaillierten Nachweises bzw. der Integration widersprüchlicher Ergebnisse geht. Die Frage, welche Tests sich schlüssig aus dem Kriterium ableiten lassen bzw. aus welchen Tests die definitive Konstellierung der Gestalt des hirntoten Patienten zusammengesetzt werden sollte, wird von einigen Interviewpartnern mit der engen Kopplung von Transplantationsmedizin und Hirntod beantwortet.

Nachdem ich das Problem des separaten Ausfalls der autonomen Regulationszentren dargestellt hatte und die damit zusammenhängende Vermutung eines zuvor interviewten Neurologen, daß er von den behandelnden Anästhesisten deshalb zu einer schnellen Entscheidung gedrängt würde, weil sonst die zu transplantierenden Organe geschädigt werden würden, regiert der befragte Neurologe spontan mit Zustimmung.

G.L: auch die Blutdruckregulation geht ja über den Hirnstamm ... auch die Temperaturregulation und wenn man sozusagen so lange wartet, bis man sicher auf der sicheren Seite ist, ... daß die Nervenzentren des Hirnstamm äh ausgefallen sind, läuft man Gefahr, daß Organe geschädigt werden, also das

---

8 Vgl. hierzu Lindemann (2002). Berücksichtigt wurden die Interessen der Transplantationsmedizin auch, wenn dies nicht offiziell vermerkt wurde. Vgl. hierzu Mita (1997), Wiesemann (2000).

ist ähm auch das Problem, daß ... das den Erfolg für die, für ne mögliche Transplantation dann gefährden würden.

IP: Jaja. Ich denk ganz einfach, wenn Sie also warten und warten und warten. Und dann den

G.L: Er hat nur gesagt nur so lange warten, bis man auf der sicheren Seite ist

IP: Ja, die sichere Seite, die <u>ganz</u> sichere Seite ist beispielsweise, wenn der Patient dann also, wenn die Kreislaufregulation <u>völlig</u> heruntergeht(x)(x). Es bahnt sich ja oft schon an. Ich sagte(x) es eingangs: ich werde ja in der Regel erst dann geholt(x), wenn, sagen wir mal, der Anästhesist jetzt irgendwie merkt(x), daß ... im Zustandsbild dieses Patienten irgendwas dramatisch verändert(x) — Es kündigt sich ja an(x). Der Patient ist, wird ja beatmet(x), ja. Es kündigt sich damit an, daß plötzlich ein ein erheblicher Blutdruckabfall(x) stattfindet(x), ja. Oder die Körpertemperatur(x), die bis dahin noch 39 Grad(x) betrug also jetzt(x) plötzlich so peu a peu langsam(x) runtergeht(x). Da deutet sich ja schon dieser diese schwere zerebrale(x) Funktionsstörung(x) mit an, oder der Funktionsverlust(x) zerebraler Regulationssysteme(x). Und das ist ja erst der Zeitpunkt, wo ich geholt werde, und wenn <u>dann</u> natürlich wenn man jetzt weiterwartet, wenn sich wenn man erst wartet, ... bis der Betreffende sich sozusagen zu einem poikolothermen(x) Wesen verwandelt hat(x), der also von nur von der Umgebu-(x), seine Temperaturregulation(x)(x) völlig aufgehoben(x) ist, der seine Körperwärme(x) aus der Umgebung bezieht, können Sie Transplantationsmedizin vergessen. Also wenn ich total(x) ganz ganz(x) hundertprozentig sicher sein will(x), ja ..2, also wirklich sozusagen also ein Problem nach dem nächsten aufbaue(x), und Skrupel und Zweifel(x) in mir hege, ... dann ist keine Transplantationme- medizin dann kann(x) ich eigent als nächstes kann ich ja ..1 vielleicht sollte ich noch warten, bis die ersten Totenflecken da sind(x). Die Leichenstarre.

Für diesen Neurologen verwischt sich der Unterschied zwischen hirnbezogenem und herz-kreislaufbezogenem Todeskriterium, wenn aus dem Hirntodkriterium Tests abgeleitet werden, die die Temperatur- und Blutdruckregulation einbeziehen würden. Denn das wahrnehmbare Verhalten des Patienten, seine meßbare Temperatur und sein meßbarer Blutdruck, bieten keinen sicheren Anhalt dafür, welche Veränderung jetzt genau dem Ausfall der autonomen Regulationszentren des Hirnstamms zugerechnet werden kann. Ein Test, der auf das Temperatur- und Blutdruckverhalten abstellt, würde also unter Umständen mehr überprüfen als zum Beleg des Hirntodes notwendig wäre. In jedem Fall würde die Einschränkung des Todeskriteriums auf die innerhalb des Schädels befindlichen Teile des zentralen Nervensystems wieder aufgehoben.[9] Eine zu weit gehende Verfeinerung

---

9 Vgl. ebenfalls Jørgensen (1973).

der Diagnostik könnte das Hirntodkriterium wieder aushebeln. Diese Schwierigkeiten können wie gesagt nur dann auftreten, wenn die verläßliche Darstellung der Nichtdurchblutung des Gehirns als maßgeblicher Bezugspunkt der Hirntoddiagnostik aufgegeben wird.

Diese Analyse des Verhältnisses von Tests und konstellierter Gestalt bestätigt zunächst das Ergebnis des 4. Kapitels: Das ou-topische wird bei dieser Konstellierung im Sinne eines nicht-expressiven Gegenüber in Anspruch genommen. Zur Durchführung der Tests wird die Gestalteinheit aufgelöst: Das Blut wird im Labor untersucht, die Ergebnisse liegen als Maßwerte auf einem Blatt Papier vor; das EEG ist ein Kurvenbild auf Endlospapier; die klinische Untersuchung setzt direkt am Patienten im Bett an usw. usf. Um den Tod einer Patientin festzustellen, müssen die Ergebnisse der verschiedenen Tests aufeinander bezogen und zu der stimmigen Gestalt der Patientin im Hirntodsyndrom konstelliert werden. Die dabei wirksame Differenz zwischen Gestalt und ou-topischem Gegenüber kann als fortdauernder Anreiz zu immer weiteren Untersuchungen wirken, die die Eindeutigkeit des Gesamtergebnisses eher gefährden als stützen. Bei einer lebenden Patientin sind derartige Veränderungen der Konstellierung nicht ungewöhnlich. Im Fall einer Hirntoddiagnostik ist es allerdings problematisch die Konstellierung so zu gestalten, daß ein endgültiger Abschluß der Diagnose nicht möglich ist. Dadurch entsteht nämlich die Gefahr, die Anforderungen daran, wie die stimmige Gestalt eines hirntoten Patienten konstelliert sein sollte, von einem möglicherweise endlosen Regreß der Forschung abhängig zu machen. Dieser Gefahr wird auf drei verschiedene Weisen begegnet.

- Durch die Privilegierung eines Tests, der in eine unumstößliche Kausalannahme integriert wird und so zum absoluten Bezugspunkt avanciert.

- Durch die praktischen Bedingungen der Diagnostik. In die stimmige Konstellierung werden nur Phänomene integriert, die durch Tests eindeutig belegt werden können.

- Durch die Berücksichtigung der Interessen der Transplantationsmedizin, die einer allzu peniblen Diagnostik vorbeugt.

In jedem Fall wird verhindert, daß die Hirntoddiagnostik sich unendlich ausdehnt. Es gibt einen Abschluß, der sich von allen anderen Diagnostiken durch seine Endgültigkeit unterscheidet. Jede andere Diagnostik kann mit Konsequenzen für die Patientin revidiert werden. Die Hirntoddiagnostik, die den Tod eines Patienten feststellt, ist endgültig.

6.2. Die Fixierung des Todeszeitpunkts im Kontext des lokalen Ethos der Kunstfertigkeit: die zeitlichen Strukturen der Diagnose »hirntot«

Grundsätzlich ähnelt die Hirntoddiagnostik den in der Medizin üblicherweise angewandten diagnostischen Verfahren. Die Gestalt der Patientin wird in diskrete Elemente (die Untersuchungen, die die Ursache der Hirnschädigung belegen sowie die Untersuchungen, die andere Ursachen für den Zustand des Patienten ausschließen und schließlich die einzelnen Tests der Hirntoddiagnostik) zerstückelt. Die diskreten Elemente werden im Rekurs auf den Patienten als Ordnungseinheit zu einer stimmigen Gestalt konstelliert. Bei den Diagnosen an lebenden Patienten und bei diagnostischen Konstellierungen, die die Patientin ausschließlich als Ordnungseinheit in Anspruch nehmen, wird die Konstellierung der Gestalt begleitet von einer Verschränkung der zeitlichen Horizonte. Ein diagnostiziertes Syndrom bzw. eine diagnostizierte Krankheit besteht nicht erst, wenn die Diagnostik – zumindest vorläufig – abgeschlossen wird, sondern sie dehnt sich zeitlich in die Vergangenheit aus. Wenn bekannt ist, was ein Patient hat, wird er diese Krankheit auch schon gehabt haben, bevor er den diagnostischen Prozeduren unterworfen worden ist. Dies findet bei der Hirntoddiagnostik nicht statt. Wessen Tod in Deutschland anhand des Hirntodkriteriums festgestellt wurde, der ist erst tot, wenn diese Feststellung gemäß des von der Bundesärztekammer festgelegten Protokolls vollzogen und das Protokoll unterschrieben wurde.

Der Tod ist erst dann eingetreten, wenn die Gestalt der Patientin konstelliert und das Ergebnis dokumentiert ist. Das Eingetretensein des Todes und das Wahrgenommenwerden des Todes sind identisch. Im Fall der Feststellung des Hirntodes gilt: »esse est percipi«.[10]

---

[10] »Todeszeitpunkt: Da beim Hirntod der wirkliche Zeitpunkt des Eintritts des Todes nicht eindeutig feststellbar ist, wird der Zeitpunkt, zu welchem die endgültigen diagnostischen Feststellungen getroffen werden, dokumentiert.« (Bundesärztekammer 1982: 52) In den Fortschreibungen der nächsten Jahre wurde dieselbe Formulierung verwendet (vgl. Bundesärztekammer 1986: 2946, 1991: B 2859). 1997 wird Formulierung geringfügig variiert: »Todeszeitpunkt: Festgestellt wird nicht der Zeitpunkt des eintretenden, sondern der Zustand des bereits eingetrete-

Wenn der Zeitpunkt der Feststellung den Zeitpunkt des eingetretenen Todes markiert, wird dieser in hohem Maße von den extrakorporalen Bedingungen der Wahrnehmung des eingetretenen Todes abhängig. Wie jedes spezialisierte diagnostische Verfahren erfordert die Hirntoddiagnostik besonders ausgebildete und erfahrene Ärztinnen. Während aber bei den anderen diagnostischen Verfahren die Existenz des diagnostizierten Sachverhalts nicht von der Verfügbarkeit der Experten abhängt, weil sich der diagnostizierte Sachverhalt nach Abschluß der Diagnose in die Vergangenheit ausbreiten kann, hängt im Falle des Hirntods die Existenz des diagnostizierten Sachverhalts, nämlich das Eintreten des Todes, von der Verfügbarkeit der Experten ab. Darüber hinaus ist der Todeseintritt im Fall des Hirntodkriteriums durch das in einem lokalen Autoritätssystem fixierte Ethos der Kunstfertigkeit abhängig. Es variiert von Autoritätssystem zu Autoritätssystem wann und unter welchen Voraussetzungen es für opportun erachtet wird, das besondere Prozedere der Hirntoddiagnostik durchzuführen.

Um die Sensitivität des Todeseintritts gegenüber extrakorporalen Vorkommnissen zu verdeutlichen, ist es sinnvoll sich die Regularien der Hirntoddiagnostik noch einmal zu vergegenwärtigen. Prinzipiell kann die Hirntoddiagnostik auf zwei verschiedene Weise durchgeführt werden, entweder mit oder ohne apparative Unterstützung. Eine Hirntoddiagnostik ohne apparative Unterstützung erfolgt »zweizeitig«. Damit ist folgendes gemeint: Zu Zeitpunkt 1 wird die klinische Untersuchung durchgeführt. Wenn alle Tests, die das Vorliegen des Hirntods bestätigen, erfüllt sind, wird die Untersuchung frühestens nach zwölf Stunden wiederholt. Nur wenn die zweite das gleiche Ergebnis wie die erste Untersuchung hat, ist die Irreversibilität des Funktionsausfalls des Gehirns erwiesen. Die zwölf Stunden, die zwischen den Untersuchungen verstrichen sein müssen, werden als Schwebezeit bezeichnet; innerhalb derer ist es wahrscheinlich, aber nicht sicher, daß der betreffende Patient hirntot ist. Der Zeitpunkt des Todes ist erst dann eingetreten, wenn die Schwebezeit verstrichen ist, d.h., wenn die zweite Diagnostik abgeschlossen ist.

Die zweite Form der Hirntoddiagnostik erfolgt mit apparativer Unterstützung, diese zielt vor allem darauf ab, die Schwebezeit abzu-

---

nen Todes. Als Todeszeit wird die Uhrzeit registriert, zu der die Diagnose und Dokumentation des Hirntodes abgeschlossen sind.« (Bundesärztekammer 1997: B 1038) kürzen. Auch wenn eine apparative Untersuchung vorgenommen wird, ist der Zeitpunkt des Todes immer der Zeitpunkt der letzten Untersuchung. Wenn die Schwebezeit durch eine apparative Untersuchung abgekürzt worden ist, handelt es sich beim Zeitpunkt der letzten apparativen Untersuchung um den Zeitpunkt des Todeseintritts.[11]

Da der Zustand des eingetretenen Hirntodes nur von besonders qualifizierten Teilen des medizinischen Personals festgestellt werden kann, wird seine Wahrnehmung vom Vorhandensein dieses Personals bzw. der benötigten Hilfsmittel abhängig. Die erste Hirntoddiagnostik findet etwa Freitags um 13.00 Uhr statt. Auf Grund von Personalmangel sind am Wochenende keine apparativen Untersuchungen möglich (es kann z.B. weder ein EEG noch eine zerebrale Angiographie gemacht werden); vielleicht ist auch einfach nur ein Apparat defekt. Wenn außerdem wegen der anfallenden Arbeit nie ausreichend lange zwei Ärzte auf der Station sind (eine Hirntoddiagnostik muß immer von zwei Ärztinnen durchgeführt werden), kann die zweite Hirntoddiagnostik erst am Montag durchgeführt werden. In diesem Fall kann der Zustand des Hirntodes erst am Montag festgestellt werden, d.h., die Patientin wird erst am Montag versterben. Wäre die zweite Untersuchung in der Nacht von Freitag auf Samstag erfolgt, hätte der Tod vielleicht schon dann eingetreten sein können und wenn eine apparative Untersuchungsmethode zur Verfügung gestanden hätte, wäre der Tod evtl. schon am Freitag Nachmittag eingetreten. Schließlich bleibt noch als weitere Möglichkeit, daß der Patient von sich aus stirbt. In diesem Fall wird sein Tod unabhängig von den Wahrnehmungsexperten und den organisatorischen Problemen der Klinik. Diese Probleme, d.h. die Knappheit von Personal und Apparaten, werde ich nicht eigens durch Material belegen. Darin unterscheidet sich die Organisation Krankenhaus nicht von anderen Organisationen. Wichtig ist nur, sich die Konsequenz zu vergegenwärtigen: Im Zweifelsfall gehört die Urlaubsplanung einer EEG-Assistentin zu den Faktoren, die den Zeitpunkt des Todeseintritts bedingen.

Auf zwei Verschärfungen des Einflusses extrakorporaler Bedingungen des Eintretens des Todes ist es allerdings sinnvoll hinzuweisen.

---

11 Die Bundesärztekammer hatte zuerst 1982 Empfehlungen publiziert, wie die Hirntoddiagnostik durchzuführen sei. In den Folgejahren sind diese Empfehlungen fortgeschrieben worden. Die Veränderungen beziehen sich vor allem darauf, neue apparative Verfahren zuzulassen, die eine Verkürzung der Schwebezeit ermöglichen.

Zum einen kann es sein, daß in einem lokalen Autoritätssystem das Hirntodkonzept unterstützt wird, während es gemäß des Ethos der Kunstfertigkeit eines benachbarten Autoritätssystems als problematisch erscheint. Für den Todeszeitpunkt ist dies dann von Bedeutung, wenn z.B. der Chef der Neurologie das Hirntodkonzept nicht voll unterstützt, denn einige der apparativen Zusatzuntersuchungen, die die Schwebezeit helfen sollen zu verkürzen, werden von Neurologen durchgeführt. Dazu gehört an besonders prominenter Stelle das EEG. Eine Interviewpartnerin beschreibt eine entsprechend praktisch wirksame Politik.

IP: Ich denke, das ist was anderes, weil es gibt ja noch einen Chef der Neurologie und der Neurologiechef, von dem wird auch berichtet, daß er eben halt ähm Organspenden nicht befürwortet. Und äh dieses EEG, was geschrieben wird (x), das mußte, ähm also wenn Organspenden (x) zum Beispiel am Wochenende stattfinden, dann gibt es ja in vielen Häusern einen Bereitschaftsdienst, der EEG- (x) äh Befunde ableitet und er muß das befunden (x), weil das dürfen ja nur Leute der Gesellschaft für was weiß ich Neurologie oder so, diese Nullinien (x) EEG- Befunde unterschreiben (x). Und er hat das ähm nie gemacht, er hat auch keinen Bereitschaftsdienst am Wochenende gestellt und hat auch gesagt, also seine Assistentinnen sollen am Wochenende kein EEG ableiten, und so war es dann, daß Patienten ähm ja eigentlich hätten nicht explantiert werden können, weil dieses EEG nicht da war.

Der hier beschriebene Chef der Neurologie stellt sich nicht offen gegen das Hirntodkonzept, aber er sorgt dafür, soweit es in seiner Macht steht, daß sich seine Untergebenen so wenig wie möglich an der Hirntoddiagnostik beteiligen. Im vorliegenden Fall beeinflußt dieses Vorgehen, wann am Wochenende der anhand des Hirntodkriteriums festgestellte Tod eintreten kann. In anderen Krankenhäusern gehört es für die Neurologinnen zum lokalen Ethos der Kunstfertigkeit das EEG nur als negativen Baustein in der Hirntoddiagnostik zuzulassen.

Interviewprotoll: Die Neurologen an der Klinik, an der er zuvor gearbeitet hatte, verwandten das EEG nur, um auszuschließen, daß ein Patient hirntot ist. Sie weigerten sich ein Nullinien-EEG als positiven Befund anzugeben, da sie die EEG-Diagnostik für die Todesdiagnostik nicht für sicher genug hielten.

Diese Beschreibung verweist auf ein lokales Ethos der Kunstfertigkeit, das dem Ergebnis der EEG-Ableitung mit einer gewissen Skepsis begegnet, die so hoch ist, daß das EEG als Mittel der Hirntoddiagnostik ausfällt.

Neben der im lokalen Ethos der Kunstfertigkeit fundierten gibt es eine genuin organisatorisch bedingte Verknappung von Expertinnen. Nicht an allen Krankenhäusern, in denen Patientinnen in einen Zustand geraten können, der den Verdacht nahelegt, sie könnten hirntot sein, sind befugte Wahrnehmungsexperten angestellt. Aus diesem Grunde gibt es in zwei Regionen sogenannte Hirntod-Bereitschaftsdienste[12], an die sich die behandelnden Ärzte wenden können. In einem solchen Fall fährt ein in der Hirntoddiagnostik besonders erfahrener Arzt in das Krankenhaus und führt die entsprechenden Tests durch. Die Bildung dieses Bereitschaftsdienstes wurde in einer der beiden Regionen von einem ortsansässigen Transplantationszentrum angeregt. Im anderen Fall ging die Initiative von einem der beteiligten Ärzte aus. An diesem Bereitschaftsdienst nehmen in beiden Regionen ausschließlich Neurologen[13] teil. Die Honorare für die beteiligten Ärzte werden in einem Fall von der Deutschen Stiftung Organtransplantation getragen.

Die konsilarische Tätigkeit wird immer dann durchgeführt, wenn sie angefragt wird. Es sollte prinzipiell keine Rolle spielen, ob im Anschluß an die Hirntoddiagnostik eine Organtransplantation geplant ist. Auf die Frage, wie oft eine konsilarische Hirntoddiagnostik angefragt wird, antwortet der Initiator des einen Bereitschaftsdienstes so.

IP: Unterschiedlich, ganz unterschiedlich. Also wir hatten in dem einen Jahr glaube ich mal 10 oder 12 Fälle (x) und dann mal wieder nur 5.

GL: Ja hm.

IP: aber ich muß sagen, die Intensivstation, dadurch daß sie ja doch eine Nähe der Neurologie spürt und wir das ja auch immer eigentlich propagiert haben als eine Notwendigkeit und Organspende, sind die sehr aufgeschlossen demgegenüber (x) und melden sofort jeden Fall, der dafür in Frage kommt (x) dann machen wir das. Während wir früher ..., das war vielleicht auch ein Fehler gewesen, haben wir von uns aus gesagt, wir rücken nur raus, wenn Organspende ansteht (x). wir haben also nicht den Hirntod bestimmt bei

---

12 Ich habe diesbezüglich nicht systematisch für das gesamte Bundesgebiet recherchiert. Es ist also gut möglich, daß es noch mehrere gibt. Die Akteure, mit denen ich gesprochen habe, waren allerdings der Meinung, der Bereitschaftsdienst, an dem sie teilnehmen, sei der einzige seiner Art.
13 So weit ich das überblicken konnte, nehmen nur Männer an diesem Bereitschaftsdienst teil, weswegen ich bei seiner Beschreibung ausschließlich das Maskulinum verwende.

Patienten, wo es dann sinnlos war, die weiter zu beatmen (x). Das hing aber damit zusammen, wir waren, glaube ich, 6 Mann und wir mußten uns das ganze Jahr diese Bereitschaftsdienste teilen (x). Das war eine so gewaltige Belastung (x), arbeitsmäßige Belastung.

GL: Ja

IP: Wir haben das immer so gemacht, daß denn einer immer eine ganze Woche Dienst hatte. Ja, wenn Sie nun eine Woche Dienst haben, eh dann hatten Sie eine Woche Hirntoddienst. Dann komprimierten sich aber die Klinikdienste für die restliche Zeit (x), denn die hatten Sie ja trotzdem (x) und das ließ sich nicht koppeln (x). Sie konnten also nicht Klinikdienst machen und gleichzeitig Hirntoddienst (x). Und Klinikdienste hatten Sie im Monat auch nochmal 6 bis 8 (x). Und wenn Sie in dem Monat dann – Sie waren ja alle 6 Wochen mit einer Woche Hirntod dran (x). Da war also mit Freizeit dann nicht mehr so sehr viel (x). Und das war auch eine ganz schöne Belastung und wir hatten ja Entfernungen dann von 100, 120 bis 130 km (x) für Hirntod.

Zum Zeitpunkt des Interviews war das geschilderte Problem schon seit mehreren Jahren gelöst. Die Arbeit ist so verteilt worden, daß die Ressourcen dafür ausreichen, den Konsilardienst nicht auf den Fall einer geplanten Organentnahme zu beschränken. Es ist in diesem Fall also eine Frage der zur Verfügung stehenden Mittel, wie eng in der Praxis die Verbindung von Hirntod und Organtransplantation ist. Priorität hat in jedem Fall die Hirntodbestimmung als Voraussetzung der Organentnahme, denn im Falle mangelnder Ressourcen wird der konsilarische Dienst darauf beschränkt.

Wegen des engen Zusammenhangs zwischen Organentnahme und Hirntodbestimmung sehen einige Neurologen auch eine moralische Verpflichtung, sich dem anstrengenden Hirntod-Bereitschaftsdienst nicht zu entziehen.

Interviewprotokoll: In der Klinik sei er auch mit Patienten konfrontiert, die Organe benötigten. »Ein Junge, der eine Niere braucht. Ein alter Mann, der eine Leber und ein Herz braucht.« Von da kommt er auf die moralische Verpflichtung von Neurologen zu sprechen, die Hirntodbestimmung auch konsilarisch durchzuführen. Ohne Hirntodbestimmung könne es keine Transplantation geben. Es sei wichtig, daß die Hirntodbestimmung gründlich durchgeführt wird und auch von einer Stelle, die kein Interesse an einer möglichen Explantation hat. »Es ist nicht in unserem Sinne die Zahlen zu steigern.« Aber ohne die Hirntoddiagnostik könne es keine Transplantation geben. Das sei keine schöne Arbeit, aber sie müsse gemacht werden. »Da sind die Neurologen gefordert.« Für ihn handelt es sich um eine moralische Verpflichtung, der sich Neurologen nicht entziehen könnten.

Wenn der Hirntod von Ärzten festgestellt wird, die in dieser Weise konsilarisch tätig sind, kommen neuartige logistische Schwierigkeiten ins Spiel, die Einfluß auf den Zeitpunkt des Todeseintritt haben.

IP: ... ob ich mein Auto aufgetankt habe oder nicht und wieviele Leute an der Tankstelle vor mir sind. ... Denn meine erste Untersuchung, die ich vor Ort mache, ist der erste Zeitpunkt, von dann an zählt es. Also erste Untersuchung mit positivem Ergebnis ... Von da an zählt die Zeitschiene ... So, dann ist er tot. Wenn ich zufällig 10 Minuten früher dagewesen wäre, wäre er 10 Minuten früher tot ... Komme ich eine halbe Stunde später, ist er eine halbe Stunde später tot.

Sowie ein Körper in die Hirntoddiagnostik integriert ist, hängt es nicht mehr von ihm selbst ab, ob und wann die Expressivität des Lebens, d.h. die für andere wahrnehmbare Darstellung eines Körpers als eines lebendigen Körpers, beendet ist.

Der Todeszeitpunkt hängt darüber hinaus davon ab, wie in einem lokalen Autoritätssystem die Übersetzung zwischen rechtswissenschaftlichem und bio-medizinischem Wissen konzipiert wird. Wann und unter welchen Bedingungen das formale Verfahren der Hirntoddiagnostik eingeleitet wird, hängt in jedem Fall von dem in einem lokalen Autoritätssystem gültigen Ethos der Kunstfertigkeit ab. Dessen Ausformung ist wiederum davon bestimmt, daß der lebendige Körper die Anwesenheit der Person vertritt und insofern in die Wissens- und Praxisform des Rechts übersetzt ist. Generell gilt, daß eine formelle Feststellung des Hirntodes unumgänglich ist, wenn einer Patientin Organe entnommen werden. Denn die Entnahme von Organen aus einem lebenden menschlichen Körper wäre juristisch gesehen eine Tötung und vielleicht sogar Totschlag oder Mord. Ob eine formelle Hirntoddiagnostik allerdings nur im Fall einer Organentnahme durchgeführt wird, wird von Autoritätssystem zu Autoritätssystem unterschiedlich gehandhabt.

G.L.: die Hirntoddiagnostik, führen die Sie nur durch, wenn es um eine Organentnahme geht oder auf jeden Fall?

IP: Nein. Eh, In jedem Fall brauchen Sie ... die Hirntod, die formale Hirntoddiagnostik will ich das mal ... nennen, so wie es die Bundesärztekammer auch beschrieben hat, eh, brauchen Sie nicht durchzuführen, wenn es um das Einstellen einer Therapie geht. (x) Es besteht, soweit ich informiert bin, Konsens darüber, daß Sie Therapie bei Intensivpatienten einstellen können, wenn ... keine Prognose mehr erkennbar ist für den Patienten. (x.x) Oder Sie können auch sagen, wenn die Prognose unmittelbar infaust ist (x). Ehm, also brauchen Sie keine formale Hirntoddiagnostik.

Hier wird zwischen dem Fall einer kurzfristig infausten Prognose, die besagt, der Tod der Patientin steht unmittelbar bevor, und dem Fall der Organtransplantation unterschieden. Wenn die Prognose infaust ist, kann die Therapie eingefroren oder zurückgefahren werden, d.h. etwa, daß der Patient keine kreislaufstützenden oder die Herzfrequenz stabilisierenden Medikamente mehr bekommt. Je nach dem wie der Körper darauf reagiert, wird der Tod eintreten. Im Unterschied dazu wird der Tod von den extrakorporalen Bedingungen des Wahrnehmens abhängig, wenn eine Organentnahme geplant ist und deshalb eine Hirntodbestimmung durchgeführt wird. Aber auch wenn es zum lokalen Ethos der Kunstfertigkeit gehört, im Fall einer kurzfristig hoffnungslosen Prognose, die Therapie ohne Hirntoddiagnostik einzustellen, können sich doch Situationen ergeben, in denen dem von der Bundesärztekammer vorgeschriebenen protokollarischen Verfahren auch ohne geplante Organentnahme entsprochen wird.

G.L.: Wird die Hirntoddiagnostik nur durchgeführt im Rahmen der Organentnahme, oder auch?

IP: das ist eine interessante Frage, es gibt Fälle, bei denen eine Hirntoddiagnostik durchgeführt wird, wo aber trotzdem von vornherein klar ist, es werden keine Organe entnommen. (x) Aus allen möglichen Gründen, weil die Angehörigen schon vorher abgelehnt haben. (x) Weil die Organe zu schlecht sind oder so etwas. Da ist es aber gemäß der Leitung der Klinik, meiner Klinik nämlich opportun, das auf eine unanfechtbare Basis zu stellen. Sie können ja sagen, die Prognose ist infaust. Ich stelle ab. Das ist korrekt und erlaubt. (x) Wenn Sie zwei Fachärzte haben, die sagen, die Prognose ist infaust, dann können Sie die Therapie einstellen.

G.L.: auch die Beatmung?

IP: ja da wird es schon wieder schwieriger. Da das berührt schon wieder den Bereich aktive und passive Sterbehilfe. (X) Eigentlich ein ganz anderes Thema, aber auch äußerst interessant. Ähm nur, es muß keine Hirntoddiagnostik durchgeführt werden, um zu der Diagnose zu kommen, dieser Patient ist unwiederbringlich zerebral geschädigt. Das muß nicht sein. (X) Wenn Sie es aber jetzt ganz dingfest machen wollen. Sagen wir mal ... im Fall von juristischen Verwicklungen. (x) oder ich kann mich an einen Fall erinnern, da ist ein Sinti und Roma-Kind ..1 ähm verunglückt, ist hirntot gewesen. Und die M... der Sinti und Roma hat das nicht akzeptiert. Mußte weiter therapiert werden ähm weil wir ganz konkret Konsequenzen gefürchtet hätten, bei einem Ende der Therapie. Und dieses Kind ist dann offiziell. Oder wir haben die Therapie dann eingestellt, nachdem der Hirntod auch offiziell diagnostiziert war. (X) Da war es uns lieb und recht, daß so »korrekt« in Anführungsstrichen wie möglich auch abzu (X) m zu beenden diese Therapie, um sich nicht dem Vorwurf auszusetzen, wir hätten da vielleicht ne Fehlhandlung durchgeführt (X) Aber man muß nicht den Hirntod diagnostizieren, um ne Therapie zu minimieren – sage ich mal – (x) ... Das ist nicht notwendig. ... Also die Hirntoddiagnostik macht nur Sinn für eine mögliche Explantation. Sonst nicht. Sonst brauchen wir sie nicht.

Der lebendige Körper vertritt die Person. Als Person existiert eine Patientin immer auch in rechtlichen Wissens- und Praxisformen. Unter dieser Voraussetzung wird die Gemeinsamkeit zwischen dem geschilderten Behandlungsabbruch und der Hirntoddiagnostik vor einer Organentnahme plausibel. Da die Angehörigen des Kindes sich weigerten, einem Abbruch der Behandlung zuzustimmen, befürchteten die Ärzte eine Anklage, wenn sie einem Lebenden die medizinische Behandlung entziehen. Die Entscheidung für die Hirntoddiagnostik ist durch den Schutz motiviert, den der lebende menschliche Körper als Person innehat, die unter dem Schutz des Strafrechts steht. Das gleiche gilt bei der Organentnahme, nur einem Toten dürfen lebenswichtige Organe entnommen werden, dazu muß der Tod zuvor festgestellt und dieser Sachverhalt muß so dokumentiert worden sein, daß er in einem etwaigen Strafverfahren zur Entlastung der beteiligten Ärztinnen dienen kann. Das Ethos der Kunstfertigkeit, d.h. die durch die Leitung durchgesetzte Praxis, hängt davon ab, wie in einem lokalen Autoritätssystem die Übersetzung zwischen den relevanten Wissensformen praktiziert wird.

Auf der neurochirurgischen Intensivstation, auf der ich beobachtet habe, wurden diese Probleme anders gehandhabt. Die Hirntoddiagnostik wurde immer dann durchgeführt, wenn eine Patientin in den Zustand geriet, der den Verdacht auf einen Hirntod nahelegte. Das lokale Ethos der Kunstfertigkeit legte fest, daß für die Integration des Körpers in das formelle Verfahren der Hirntoddiagnostik nur intrakorporale Faktoren relevant sein sollten. Dazu zählen primär das Erlöschen von Reflexen, die auch unter der auf der Intensivstation üblichen Narkotisierung erhalten bleiben. Als besonders bedenkliches Zeichen gilt es, wenn die Pupillen eines Patienten nicht mehr auf Lichteinfall reagieren und der Hustenreflex ausfällt, d.h., wenn bei einer Patientin der Schlauch, durch den der Schleim aus den Atemwegen abgesaugt werden kann, durch den Tubus in die Luftröhre vorgeschoben werden kann, ohne daß die Patientin darauf reagiert. Beides wird meistens zuerst von den Schwestern registriert, denn sie kontrollieren die Lichtreaktion stündlich oder alle zwei Stunden und säubern mehrmals pro Schicht die Atemwege. Wenn die genannten Reflexe über länger als ein bis zwei Stunden erloschen waren und dies nicht durch die Art der Narkose oder die spezielle Art der Krankheit erklärbar war, wurde die Narkotisierung ausgestellt. Bei der auf der Station üblichen Narkotisierung wurde eine Karenzzeit von 24 Stunden eingehalten, während derer die schmerzstillenden und das Bewußtsein ausschaltenden Medikamente abgebaut werden können. Erst danach wurde mit der Hirntoddiagnostik begonnen. Ab jetzt konnte auch auf den Stationen, auf denen ich beobachtete, der Zeitpunkt des Todeseintritts von extrakorporalen Faktoren beeinflußt werden. Da das lokale Behandlungsethos vorsah, die Angehörigen in die Zeitplanung der Durchführung der Hirntodbestimmung einzubeziehen, wurde das Eintreten des Todes auch davon abhängig, wie die Aushandlungsprozesse mit den Angehörigen verliefen.

Beobachtungsprotokoll: Ich frage die Ärztin, wann sie entscheidet, ob sie die Hirntoddiagnostik während ihrer Schicht durchführt. Es handelte sich um die zweite, d.h., die den Todeszeitpunkt definitiv festlegende klinische Untersuchung. Sie antwortet (sinngemäß:) »Ich werde versuchen herauszufinden, wie es bei den Angehörigen ist, wenn die aus Köln gekommen sind und jetzt warten, dann mache ich es, aber wenn sie sagen, daß sie verständigt werden möchten, heute abend oder morgen früh, dann mache ich es nicht. Wenn es für sie schlimmer ist zu warten, als für mich, die Hirntoddiagnostik zu machen, dann mache ich es.«

In diesem Fall hing der Todeszeitpunkt vom dem Wunsch der Angehörigen nach Klarheit ab. Je drängender sie ihn gegenüber der Ärztin vortragen, um so eher würde der Patient tot sein, denn um so eher würde die Ärztin das diagnostische Prozedere durchführen, dessen positives Ende mit dem Zeitpunkt des Todes zusammenfällt.

Auf der neurologischen Intensivstation wurden die Angehörigen noch weitgehender in die Planung der Hirntoddiagnostik einbezogen. Es wurde gemeinsam mit den Angehörigen entschieden, ob überhaupt eine Hirntodbestimmung durchgeführt werden soll. In solchen Fällen geht es um eine Aushandlung des Prozedere des Versterbens. Wobei drei Alternativen zur Auswahl stehen.

Die Ärzte stehen am Fußende des Patientenbetts und besprechen das weitere Vorgehen, da ich einiges nicht verstanden habe, frage ich, wie man jetzt weiter vorgeht. Darauf reagiert der Oberarzt in einem zurechtweisenden belehrenden Ton (sinngemäß:) »<u>Man</u> geht hier gar nicht vor, das ist immer individuell.« Es gibt drei Möglichkeiten: 1. Wenn sich die Angehörigen gegen eine Organentnahme und gegen eine Sektion und gegen eine Hirntoddiagnostik entscheiden, werden alle Medikamente abgesetzt. Da Herr Lehnert sehr viel bekommt, wird er daraufhin wahrscheinlich sterben. 2. Falls sich die

Angehörigen aber dafür entscheiden, daß eine Hirntodbestimmung durchgeführt wird (klinisch und apparativ), würde nach der positiven Hirntoddiagnostik die Beatmung eingestellt. 3. Sollten die Angehörigen einer Organentnahme zustimmen, würde die Hirntodbestimmung durchgeführt. Wenn sie positiv ausfällt, würden Herrn Lehnert anschließend die verwendbaren Organe entnommen.

Da die Angehörigen sich für die 2. Möglichkeit entschieden hatten, wurde eine Hirntodbestimmung durchgeführt. Nachdem diese abgeschlossen worden war, wurden die Perfusoren abgestellt.

N-Körner (sinngemäß:) »Haben sich die Angehörigen schon entschieden, ob er diskonnektiert werden soll?« Der Oberarzt antwortet (sinngemäß:) »Nein, die holen wir jetzt erst mal wieder rein.« Die beiden Ärzte gehen raus, ich folge ihnen. Kurz darauf gehen sie mit der Ehefrau und dem Sohn wieder in das Krankenzimmer. Ich weiß nicht recht, was ich tun soll und bleibe im Aufsichtsraum zurück. Wenige Sekunden später sehe ich durch die Glastür, daß Herr Lehnert diskonnektiert ist. Die Ärzte und die Angehörigen stehen schweigend neben dem Bett. Kurz darauf verlassen die Ärzte das Krankenzimmer.

Nach der Hirntodbestimmung wurde die Behandlung einschließlich der künstlichen Beatmung eingestellt, der Patient wurde diskonnektiert, d.h., die Verbindung zwischen Tubus und Beatmungsgerät wird getrennt. Ungefähr 10 Minuten später hörte das Herz des Patienten auf zu schlagen.

In den Interviews werden ähnliche Situationen geschildert.

IP: ... Das erste was die Angehörigen sagen: Aber über eine Organspende brauchen Sie mit mir gar nicht zu reden. Auch so was gibt's, ja. Ehm, dann würde man in einem solchen Fall ... trotzdem einen solchen Weg gehen. Ehm, wir würden das dann nur ... mit den Angehörigen besprechen (x.x). Also das heißt für mich ganz konkret, daß ich sage: Es gibt diesen Weg. Ich gehe davon aus (x.x), klinisch bietet sich, spricht alles dafür, daß der Zustand des Hirntods (x.x) eingetreten ist. Ehm, es gibt in Deutschland ein festgelegtes, auch zeitlich festgelegtes Vorgehen. Das sieht so und so aus. Das würden wir in die Wege leiten. Das heißt dann aber auch, für ihren Angehörigen, daß mit Beginn dieses Verfahrens die Uhr läuft und daß er irgendwann mit Abschluß dieses Verfahrens dann auch verstorben ist. (x.x) Auch wenn zu diesem Zeitpunkt sein Herz noch schlägt. (x.x) Das heißt es ist 'ne Frage der Offenheit, auch mit nicht organspendenden Angehörigen zu sagen, daß ab dem Moment, wo man die Hirntoddiagnostik einleitet, dieses auch mit einem dezidierten Ende (x.x) verknüpft ist. Und das muß man manchmal auch vom, vom Individualfall abhängig machen, um jetzt auf meinen Ausgang zurückzukommen. Wenn ich das Gefühl hab', das ist eine Familie, ... oder sind Angehörige, die brauchen mehr Zeit (x.x) für 'ne Trauerreaktion (x.x). Des is auch, wobei sich das wirklich auf einer Gefühlsebene abspielt (x.x), das ist ja kein (x.x) erfaßtes oder in irgendeiner Form qualitativ oder quantitativ erfaßtes (x.x) Wissen (x.x). Dann würde ich so 'was nicht so, ... ehm ... forciert machen, ja. Dann würde ich sagen: So, jetzt warten wir 'mal 'nen Tag. Aber im Hinterkopf behalten, daß man möglicherweise in so 'ne unglückliche Situation geraten könnte, wo einem die Möglichkeit zur Hirntoddiagnostik dann genommen ist. Und, ehm, ich würde dann schlicht und ergreifend nach einem oder zwei Tagen, das dürfte net lang. ... Ich würde dann, ehm, nach ein oder zwei Tagen mit den Angehörigen ansprechen (x.x) und würde sagen: Wir glauben, das wir an dem Punkt sind. Es gibt zwei Punkte, warum durchführen. Einmal, um ihrem Angehörigen ein unnötig langen Leidensweg zu ersparen, der ... zu nichts (x.x) führt außer zum Aufrechterhalten (x.x) der Beatmung eines nicht mehr ins Leben zurückkehrenden Körpers. (x.x) In ein Leben zurückkehren, was Sie und ich unter Leben verstehen. (x.x) Wir machen sie aber auch darauf aufmerksam, daß ab diesem Punkt, wenn dieser (x.x) ... ehm ... Verfahren dann zum Abschluß gebracht wird, dies auch bedeutet, daß die Therapie endet und daß er dann verstirbt. (x.x) Und das ist, und wenn's jetzt beginnt, von jetzt ab in 12 Stunden (x.x). Und das führt die Leute. Das erschreckt manchmal, ehm, die Angehörigen. Ehm. In der Regel führe diese Gespräche fast alle ich. (x.x) Ehm. Meine persönliche Erfahrung ist, daß die Leute in der Regel, auch wenn sie mal am Anfang furchtbar zurückschrecken, eigentlich in, fast immer sich noch 'mal melden und sagen, sie waren dann wahnsinnig froh drum, daß es so war. (x.x) Als für sie nach der ersten Hirntoddiagnostik klar war, soundso läuft das ab, und das is so (x.x), waren sie froh, daß es nicht mehr ewig gedauert hat.

Da im Fall des anhand des Hirntodkriteriums festgestellten Todes die Tatsache des Todeseintritts von der Wahrnehmung des Sachverhalts abhängt, wird der Todeseintritt entscheidend davon mitbestimmt, wie die Angehörigen gemäß des gültigen Ethos der Kunstfertigkeit in die Planung der Wahrnehmung des Hirntodes einbezogen werden.

Da der lebendige Körper die Person vertritt, die als ou-topisches Subjekt im Recht in Anspruch genommen wird, behandeln Ärzte einen Körper, der immer schon in das rechtswissenschaftliche Wissen übersetzt ist. Aufgrund dessen sind es rechtliche Bedingungen, die determinieren, wann ein Patientenkörper unbedingt in das Verfahren der Hirntoddiagnostik einbezogen werden muß: Bei allen Handlungen, die rechtlich zumindest als (fahrlässige) Tötungshandlung gedeutet werden könnten. Bevor derart zweideutige Handlungen ausgeführt werden, ist es sinnvoll, zuvor den Tod festgestellt zu haben, um rechtliche Komplikationen zu vermeiden. Die Konsequenzen, die sich daraus für die Behandlungsführung bzw. für die Planung und Durchführung der Hirntoddiagnostik ergeben, variieren je nach der

Ausgestaltung des lokalen Ethos der Kunstfertigkeit. Wenn ein Körper einmal in die formale Prozedur der Hirntoddiagnostik integriert worden ist, beeinflussen einerseits die organisatorischen Bedingungen, die Knappheit an qualifiziertem Personal und funktionierenden Apparaten, den Todeseintritt und andererseits das Ethos der Kunstfertigkeit, das in den Autoritätssystemen herrscht, die in die Hirntodbestimmung involviert sind. Dazu gehört nicht zuletzt, wie die Angehörigen in die Planung der konkreten Durchführung einbezogen sind. Alle diese Faktoren bestimmen, wann der Tod eintreten wird, denn im Fall der Hirntoddiagnostik tritt der Tod erst mit dem Abschluß des protokollarisch festgelegten Verfahrens ein.

Die gewöhnliche Todesfeststellung ist, was die verwendeten Tests betrifft, zwar weniger aufwendig, ihre zeitliche Struktur ähnelt aber eher der, die sich auch bei aufwendigen und komplizierten diagnostischen Verfahren findet. Besonders gründliche Ärzte nehmen auch bei einer herz-kreislauf-orientierten Todesfeststellung eine zweizeitige Untersuchung vor. Das initiale Todeszeichen ist in diesem Fall das Sistieren des Herzschlags. Auf einer Intensivstation wird dies als Nullinie auf dem EKG-Monitor dargestellt. Dann wird das Beatmungsgerät abgestellt, und spätestens jetzt wird auch die medikamentöse Versorgung beendet. Nach ein bis zwei Stunden erfolgt eine zweite Untersuchung, die das Vorhandensein der sogenannten »sicheren Todeszeichen« überprüft. Dabei handelt es sich vor allem um »Leichenflecken«. Wenn die zweite Untersuchung das Ergebnis der ersten bestätigt, hat der diagnostizierte Sachverhalt schon zum Zeitpunkt der ersten Untersuchung bestanden. Der Tod gilt als eingetreten nicht erst, wenn die Leichenflecken festgestellt werden, sondern schon zum Zeitpunkt des Herzstillstands. Falls der den Tod feststellende Arzt den Körper erst nach dem Herzstillstand zu Gesicht bekommt, sich Reanimationsmaßnahmen als erfolglos erweisen und er später die Leichenflecken feststellt, wäre der Tod schon vor der ersten Untersuchung eingetreten. In keinem Fall hängt der Todeseintritt also davon ab, wann der Tod festgestellt wird. Die Zeitstruktur der Todesfeststellung macht die Tatsache, daß der Tod eingetreten ist, unabhängig davon, ob sie wahrgenommen worden ist.[14]

---

14 Diese Differenzierung ist insofern wichtig, als in einigen Ländern der Zeitpunkt der ersten Hirntoddiagnostik als Todeszeitpunkt festgeschrieben wird. Das ist nur bedingt ein Unterschied zur deutschen Regelung, denn auch in diesem Fall wird der Tod nicht vor dem Zeitpunkt der Diagnostik eingetreten sein.

In den Termini zeitlicher Strukturen läßt sich der Unterschied so formulieren. Das institutionalisierte Prozedere der Hirntoddiagnostik folgt nicht der Logik des Futur II. Diese besagt: Das, was festgestellt wird, besteht nicht nur, sondern es wird bestanden haben. Die zeitliche Existenz des festgestellten Sachverhalts dehnt sich in die Vergangenheit aus. Wenn dagegen der Hirntod festgestellt wird, wird er nicht bereits eingetreten sein, sondern mit der Feststellung des Hirntods gilt dieser als aktuell eingetreten. Die Dauer des festgestellten Sachverhalts kann sich, so wie das Prozedere der Hirntoddiagnostik derzeit festgelegt ist, prinzipiell nicht in die Vergangenheit ausweiten. Auf diese Weise wird das Eintreten des Todes an die diagnostischen Aktivitäten gebunden und all die institutionellen Routinen und Unwägbarkeiten, die den Alltag eines Krankenhauses charakterisieren. Denjenigen, die den Hirntod feststellen, wird damit eine eigenartige institutionelle Bürde auferlegt. Sie werden dafür verantwortlich, daß ein Sachverhalt existiert.

IP: und ob ich das nun 10 Minuten vorher mache oder ne Viertelstunde später, das entscheidet über den Tod, also entscheidet nicht über den Tod – diese Entscheidung wird eh fallen – aber (seufzt) diese willkürliche Festlegung jetzt von meiner Unterschrift und der Unterschrift des anderen abhängt, das ist mir einfach unangenehm. Das möchte ich einfach nicht. Ich habe jetzt nicht so das Gefühl, daß ich jetzt Herrin äh über Leben und Tod bin, aber ..2 das möchte ich am liebsten nicht, also da möchte ich mich irgendwie aus der Verantwortung stehlen.

Die Herz-Kreislauf-bezogene Todesfeststellung weist eine zeitliche Form auf, die sie stärker in die Nähe üblicher diagnostischer Verfahren rückt. Im vierten Kapitel wurde die zeitliche Struktur der Diagnostik ausführlich behandelt, sie soll deswegen hier nur kurz anhand des Beispiels der Diagnose Hirnblutung rekapituliert werden. Wenn ein Patient mit dem Verdacht auf eine Gehirnblutung in ein Krankenhaus eingeliefert wird, wird er zunächst einer genauen klinisch-neurologischen Untersuchung unterzogen, und dann wird, sollte sich der Verdacht auf eine Gehirnblutung bestätigen, ein Computertomogramm des Gehirns erstellt. Wie beim Hirntod sind es drei Zeitpunkte, die von Bedeutung sind. Zunächst der Verdacht, dann die zweiphasige Untersuchung, die der apparativ gestützten Hirntoddiagnostik entspricht: 1. das klinische Erscheinungsbild, das ohne Zuhilfenahme von Apparaten festgestellt wird, 2. eine apparative Untersuchung. Diese Untersuchung bestätigt den Verdacht. Im Fall der Gehirnblutung wird angenommen, daß sie auch schon bestanden hatte, als der erste Verdacht auf eine Gehirnblutung aufkam, der dann durch die erste klinische Untersuchung und abschließend durch das Computertomogramm bestätigt wird. Wenn dagegen die Logik der Hirntoddiagnostik gelten würde, würde die Gehirnblutung erst dann bestehen, wenn sie durch die apparative Untersuchung bestätigt worden ist. Während die Gehirnblutung der Logik des Futur II folgt, der festgestellte Sachverhalt sich also wie bei einer normalen Diagnostik üblich in die Vergangenheit ausweitet, trifft dies bei der am Hirntodkriterium orientierten Feststellung des Todes nicht zu. In diesem Fall wird den beteiligten ÄrztInnen institutionell zugemutet, den Tod durch ihre Diagnose eintreten zu lassen. Im Unterschied zur herz-kreislauf-bezogenen Todesfeststellung gerät die Feststellung des Todes im Rahmen der Hirntoddiagnostik in einen Widerspruch mit den leitenden Annahmen der praktischen Erkenntnis auf einer Intensivstation.

Die institutionell festgeschriebene Bürde des »esse est percipi« scheint den Ärzten nicht geheuer zu sein. Nach Möglichkeit versuchen sie, den Zeitpunkt des Todes entweder vor den Zeitpunkt der abgeschlossenen Hirntoddiagnostik vorzuverlegen oder aber auf einen Zeitpunkt nach der Hirntodbestimmung nachzuverlegen. Um das diagnostische Verfahren herum erstreckt sich so eine Periode der Unbestimmtheit. Auch bei ein- und derselben Patientin kann der Zeitpunkt des Todeseintritts ausgesprochen variabel werden:

- Zeitpunkt t1: Herr X ist tot (Verbale Feststellung vor der Hirntoddiagnostik: Ein Arzt berichtet einem Kollegen von einem Angehörigengespräch, bei dem er klar gesagt habe, daß der Patient tot sei).

- t2: Frau X stirbt gerade (Praktische Feststellung, d.h. die Hirntoddiagnostik wird durchgeführt, das Ende dieser Diagnostik bezeichnet im Rahmen der Hirntodkonzeption den Todeszeitpunkt).

- t3: Der Arzt trägt den Zeitpunkt als Todeszeitpunkt in den Leichenschauschein ein. (Es handelt sich um den Zeitpunkt des Herzstillstandes, dieser trat erst ein, nachdem die Hirntoddiagnostik abgeschlossen worden war.)

Die Vorverlegung des Todeszeitpunkts geschieht ausschließlich verbal, d.h., schon vor dem formalen Abschluß der Hirntoddiagnostik wird auf den Patienten in einem Gespräch mit Angehörigen als auf einen Toten referiert. Ein Beispiel für diese Strategie lieferte schon die Interviewpassage, in der mein Interviewpartner die Bedingungen für den Einsatz der Hirntoddiagnostik außerhalb des Prozedere einer geplanten Organentnahme schilderte.

IP: ich kann mich an einen Fall erinnern, da ist ein Sinti und Roma-Kind ..1 ähm verunglückt, ist hirntot gewesen. Und die M... der Sinti und Roma hat das nicht akzeptiert. Mußte weiter therapiert werden ähm weil wir ganz konkret Konsequenzen gefürchtet hätten, bei einem Ende der Therapie. Und dieses Kind ist dann offiziell. Oder wir haben die Therapie dann eingestellt, nachdem der Hirntod auch offiziell diagnostiziert war.

Ich habe derartige Beschreibungen während meines Feldaufenthalts nur im Kontext von Angehörigengesprächen beobachten können. Es scheint schon schwierig genug zu sein, Angehörigen überhaupt zu vermitteln, daß ein hirntoter Patient tot ist, ihnen dann auch noch klar zu machen, daß der Todeseintritt vom diagnostischen Verfahren abhängt, überfordert die Vorstellungskraft von Ärzten, wenn sie sich vorstellen, was sich medizinische Laien vorstellen können.

Nach dem Abschluß der Hirntoddiagnostik hatte die Ärztin die Beatmungsmaschine abgestellt und die Verbindung zum Tubus getrennt. Während das Herz noch schlägt stehen wir im Zimmer und warten. In dieser Zeit entwickelt sich ein Gespräch, in dem ich die Ärztin darauf anspreche, warum die Angehörigen den Patienten nach dem Abschalten der Beatmung nicht mehr sehen wollten. Es handelte sich um eine größere türkische Familie. Die wichtigen Entscheidungen hatte der Vater des Patienten getroffen. Ich sage, daß ich das nicht verstehen würde. Darauf reagiert die Ärztin (sinngemäß:) »Ich kann es schon nachvollziehen, wenn sie ihn so in Erinnerung behalten wollen, wie sie in kannten und ihn nicht mehr sehen wollen, wenn er schon Flecken bekommt und blau wird. Es war wohl auch auch so, daß der Mann das entschieden hat. Die Frauen hätten es wohl gewollt. Er sagte, es sei sinnlos, die Frauen würden nur anfangen zu weinen. Die eine hat sich ja auch da schon auf den Boden geworfen. Da hat er gesagt: ›Sehen Sie, das würde dann passieren und es hat sowieso keinen Sinn mehr.‹ Was soll ich ihnen denn da sagen, nachdem ich ihnen vorher lang und breit erklärt habe, daß er schon tot ist.«

Die Gespräche, in denen die Ärztin den Angehörigen dargelegt hatte, daß Herr Görüc schon tot ist, haben vor der zweiten klinischen Untersuchung stattgefunden, d.h. vor dem Todeseintritt. Nach diesen Gesprächen erschien es ihr unmöglich, darauf hinzuweisen, daß das Abstellen der Apparate vielleicht noch ein besonderer Augenblick sein könnte. Auch wenn Ärzte sich gegenseitig darüber informieren, was sie Angehörigen gesagt haben, kann es sein, daß sie einen Patienten als tot beschreiben.

N-Sander berichtet einem Kollegen über ein Gespräch mit den Angehörigen von Herrn Gümüsdere (sinngemäß:) »Ich habe ihnen klar gesagt: ›er ist schon tot.‹«
Derart schon vor der Beendigung der protokollarischen Todesfeststellung auf eine Patientin als eine Tote zu referieren ist aber nur gegenüber Laien erlaubt, die mit den Besonderheiten der Hirntodbestimmung nicht vertraut sind. Wer sich gegenüber ärztlichen Kollegen, zumal hierarchisch hoch gestellten, in dieser Weise äußert, riskiert, sich einer harschen Kritik auszusetzen. Da das »esse« des Hirntodes an das »percipere« gebunden ist, darf vor der formal korrekten Wahrnehmung des Hirntodes, d.h. der protokollarischen Durchführung der Hirntoddiagnostik, nicht behauptet werden, der Hirntod sei eingetreten. Die im Rahmen diagnostischer Verfahren übliche hierarchisch strukturierte kollegiale Kontrolle, durch die das lokale Ethos der Kunstfertigkeit durchgesetzt wird, sorgt dafür, daß im Kontext der Hirntoddiagnostik eine Vorverlegung des Zeitpunkts des Todeseintritts vermieden wird.

Oberarzt Hubert, N-Nistner und N-Seeland kommen von der Zentralbesprechung, an der Ärztinnen aller Stationen und die Oberärzte teilnehmen. Es herrscht eine gespannte, aggressive Stimmung. N-Nistner hatte bei der Vorstellung eines neuaufgenommenen Patienten diesen als »hirntot« bezeichnet, ohne daß vorher auch nur die erste protokollarische Untersuchung durchgeführt und dokumentiert worden war, deshalb war sie vom Chef der neurologischen Abteilung heftig kritisiert worden. In der Kaffeepause frage ich bei N-Seeland nach. Die Ärztin antwortet (sinngemäß:) »›Hirntot‹ darf nur gesagt werden, wenn entsprechend dem Protokoll der Bundesärztekammer der Hirntod festgestellt wurde. Vorher darf man nicht davon sprechen. Bärbel (ihrer Kollegin) ist es passiert, weil sie übernächtigt war, aber das darf nicht sein.«

Herr Gümüsdere. Visite. N-Nistner stellt den Patienten vor. Nach der Vorstellung betont der Oberarzt (sinngemäß:) »Er ist seit der Aufnahme im Bulbärhirnsyndrom.« Zum Abschluß der Besprechung des Patienten wird entschieden, die Behandlung noch nicht einzustellen, ihn also noch nicht sterben zu lassen. Oberarzt Hubert (sinngemäß:) »Man muß überlegen, ob die Angehörigen ihn sehen sollen, die Ehefrau sollte ihn auf jeden Fall sehen können.« Bis dahin wird die Behandlung weitergeführt.

Als Bulbärhirnsyndrom wird eine schwere neurologische Störung bezeichnet, die hinsichtlich der Ergebnisse einer klinischen Untersuchung einem Hirntodsyndrom ähneln kann, bei dem aber noch nicht definitiv und dem Protokoll der Bundesärztekammer gemäß der Funktionsausfall von allen innerhalb des Schädels befindlichen Teilen des zentralen Nervensystems nachgewiesen ist. Solange die protokollarischen Anforderungen der Hirntoddiagnostik noch nicht erfüllt sind, kann ein Patient also maximal im Bulbärhirnsyndrom sein. Die nachdrückliche Feststellung des Oberarztes, daß der Patient im Bulbärhirnsyndrom sei und noch nicht hirntot, akzentuiert diesen Sachverhalt noch einmal für alle Beteiligten und vor allem vermutlich für die Ärztin, die den Patienten während der Visite vorstellt. Ihr war nämlich der faux pas unterlaufen, in Gegenwart ihres Chefs diesen Patienten als hirntot und damit als tot bezeichnet zu haben.

Die Charakterisierung des weiteren Vorgehens während der Visite macht darüber hinaus deutlich, daß der Oberarzt den Patienten noch nicht als tot ansieht, denn die Behandlung soll fortgeführt werden, bis die Ehefrau des Patienten ihn nocheinmal gesehen hat. Erst danach sollen sämtliche Medikamente, auch diejenigen die der Stabilisierung der Herzfunktion und des Kreislaufs dienen, abgesetzt werden, was mutmaßlich zur Folge haben wird, daß der Patient stirbt. Auch bei diesem Vorgehen wäre das Eintreten des Todes von der Behandlungsentscheidung abhängig, denn die Entscheidung begründet ein Vorgehen, das den schnelleren Eintritt des Todes zur Folge haben wird. Fast alle Ärztinnen, die ich bei der Hirntoddiagnostik beobachten konnte, haben versucht, die Hirntodbestimmung in die Logik der radikalen Behandlungsbegrenzung zu integrieren. Die Hirntoddiagnostik verliert damit die Eigenschaft, durch die protokollierte Wahrnehmung den Tod eintreten zu lassen und wird einer ärztlichen Diagnose geähnelt, die nicht den Tod feststellt, sondern die einen radikalen Behandlungsabbruch – einschließlich der künstlichen Beatmung – legitimiert. Wenn die Behandlung abgebrochen wird, kann der Tod von sich aus eintreten. Auf diese Weise wird der Todeszeitpunkt auf die Zeit nach der abgeschlossenen Hirntodbestimmung verlegt. Dies ist die meistverbreitete Strategie, um das »esse est percipi«, das in der Hirntoddiagnostik vorgeschrieben ist, zu vermeiden. Um die Strategie der Nachverlegung des Todeszeitpunktes genauer zu verstehen, ist es allerdings erforderlich, sich zuvor einem weiteren Problem zuzuwenden, das bei der Todesfeststellung letztlich entscheidend ist: Wie wird die konstellierte Gestalt auf den Patienten als expressives ou-topisches Gegenüber bezogen?

6.3. Das ou-topische Gegenüber und der Zwang zur wertenden Deutung der Gestalt

Bis jetzt ließ sich die Diagnose hirntot weitgehend im Rahmen des interpretatorischen Instrumentariums beschreiben, das zur Beschreibung der ärztlichen Praktiken im 4. Kapitel entwickelt worden war. Es ging um die Konstellierung der Gestalt und die Zeitstruktur der Diagnose. Um die Schwierigkeiten der Fixierung des Todeszeitpunkts genauer zu verstehen, ist es allerdings erforderlich, sich zu vergegenwärtigen, daß es nicht nur um die ärztliche Diagnostik geht, sondern auch und primär um eine elementare Zustandsänderung des outopischen Gegenüber. Aus einer Patientin, in deren gestalthafter Erscheinung ihre Lebendigkeit expressiv realisiert ist, wird eine Patientin, die ausschließlich insofern als ou-topisches Gegenüber in Anspruch genommen wird, als sie als Ordnungseinheit zur Erstellung einer Diagnose unerläßlich ist. Durch die Diagnose »hirntot« erlischt das Leben des menschlichen Körpers und damit das, was in der ärztlichen Behandlung existentiell die Person vertritt. Wenn der lebendige Körper, der sie vertritt, nicht mehr lebt, ist mit dem Leben auch das beendet, was es vertrat, die Existenz der Person.

Es ist sinnvoll, zunächst herausarbeiten, welche Probleme sich ergeben, wenn das Hirntodkriterium den Maßstab abgibt, anhand dessen beurteilt wird, ob die Expressivität des Lebens erloschen ist. In einem zweiten Schritt wird es darum gehen, wie dies mit der Komplexität der Beziehung zusammenhängt, die zwischen dem ärztlichen Personal und dem Patienten besteht, dessen Tod festgestellt wird.

6.3.1. Expressivität des Körpers – Ereignisse am Körper

Ich hatte im 5. Kapitel untersucht, wie eine Patientin als Gegenüber der ärztlichen Praxis existieren kann und dabei verschiedene Expressivitätsmodi unterschieden: die Expressivität des Lebens, die Expressivität des eigenständig reagierenden Körpers, die Expressivität des leiblichen Bewußtseins und die symbolische Expressivität. Diesen verschiedenen Modi entsprachen verschiedene Beziehungsformen zwischen Ärztin und Patientin, die sich danach unterschieden, welchen Freiraum das Gegenüber der ärztlichen Praxis hatte, wobei die Anerkennung einer eigenen Reaktionszeit eine besondere Rolle spielte. Bei der Hirntoddiagnostik wird der Patient vor allem als eigenständig reagierender Körper in Anspruch genommen, die Momente, die im Alltag der Intensivmedizin der elementaren Expressivität des Lebens zugerechnet werden, werden übergangen. Wenn die Hirntoddiagnostik positiv verlaufen ist, sind immer noch die Momente erhalten, die in allen übrigen Begegnungen zwischen Ärzten und Patienten im Sinne einer Expressivität des Lebens verstanden werden. Nach der Hirntodbestimmung handelt es sich bei denselben Phänomene aber nicht mehr um eine expressive Realisierung des Lebens, sondern um Ereignisse, die sich am Körper vollziehen.

Die Unterscheidung zwischen der Expressivität des Körpers und den Ereignissen am Körper wird bei jeder Todesfeststellung getroffen. Prokop und Göhler (1975: 16 ff.) liefern eine ausführliche Darstellung der »supravitalen Erscheinungen«, die sie als »über eine gewisse Zeitpanne nach dem Individualtod verbleibende ›Lebensäußerungen‹ (Reizbeantwortung, Stoffwechsel usw.) bestimmter Organe und Zellen« beschreiben (Prokop, Göhler 1975: 16).[15] Auch einfache reflektorische Reaktionen werden zu den supravitalen Phänomenen gerechnet, d.h. Reaktionen, die unter anderen Umständen im Sinne der Expressivität des eigenständig reagierenden Körpers gewertet würden. Die Hirntoddiagnostik unterscheidet sich also nicht prinzipiell von einer herz-kreislaufbezogenen Todesfeststellung, denn der Bereich der »supravitalen Erscheinungen«, die nicht als Lebensäußerungen des Körpers, sondern nur als Ereignisse am Körper gelten, wird nicht als solcher etabliert, er wird lediglich ausgedehnt. Die Erweiterung hat allerdings dramatische Formen, denn es handelt sich nicht um Reaktionen, die auszulösen einige Kenntnisse erfordert, sondern um spontane, schwer übersehbare Phänomene wie Herzschlag, Blutdruck und Eigenbewegungen. Die nach der herz-kreislaufbezogenen Todesfeststellung beobachtbaren Ereignisse am Körper können von den noch Lebenden relativ leicht übergangen werden, die Ereignisse dagegen, die sich am Körper von Hirntoten vollziehen, bleiben ein steter Stein des Anstoßes und zwar auch für erfahrene Intensivmediziner, die das Hirntodkonzept seit ihrem Studium kennen und insofern vollständig in die neue Todesauffassung hineinsozialisiert sind. Es scheint als würde sich auch in der medizinischen Praxis der Hirntoddiagnostik immer wieder die Frage stellen, ob die zum Hirntodsyndrom konstellierte Gestalt tatsächlich bedeutet, daß in diesem Körper das Leben nicht mehr expressiv realisiert ist.

---

15 Vgl. weiterhin Schwerd (1992: 188) und Wagner (1973: 294).

Es gibt drei Methoden, um mit den Schwierigkeiten umzugehen, die sich bei der Deutung der konstellierten Gestalt ergeben.
1. Die allzu auffälligen Ereignisse werden offensiv in pädagogischer und selbstpädagogischer Absicht zum Thema gemacht. Die Irritation wird durch erzieherische und selbsterzieherische Disziplin bewältigt.
2. Die allzu auffälligen Ereignisse am Körper werden ausgeblendet oder zumindest den Blicken von Laien entzogen. Dadurch wird die Irritation vermieden, die sich bei der Deutung der konstellierten Gestalt als »tot« ergeben.
3. Der Todeszeitpunkt wird so gelegt, daß die allzu auffälligen Ereignisse schon vorüber sind. Auf diese Weise wird vermieden, Phänomene, die außerhalb des Kontexts der Hirntodbestimmung als sichere Lebenszeichen gelten, zu den Ereignissen am Körper rechnen zu müssen. Es handelt sich hierbei um eine weiteres Element dessen, was im vorigen Abschnitt schon als Nachverlegung des Todeszeitpunkts behandelt wurde.

Alle drei Methoden werden sowohl gegenüber dem ärztlichen und pflegerischen Personal als auch im Umgang mit medizinischen Laien angewandt. Welche Methoden in welcher Situation präferiert werden, hängt vom lokalen Ethos der Kunstfertigkeit ab.

In einem Interview mit dem Chef einer anästhesiologischen Abteilung wird die erste Methode exemplarisch vorgestellt. Auf die Nachfrage, wie die Hirntoddiagnostik in seiner Abteilung durchgeführt wird, antwortet er so.

IP: Der Untersuchungsbogen umfaßt den gesamten Ablauf der Hirntoddiagnostik; der führt quasi durch die Hirntoddiagnostik und fängt damit an, daß, nach dem Prinzip der Ja/Nein-Entscheidung, angekreuzt werden muß, ob irgendwelche, ehm, Ausschlußkriterien vorliegen, die die klinische Hirntodfeststellung ausschließen (x.x). Das geht dann weiter, indem protokolliert wird, wie der Kreislaufzustand des Patienten im Moment gerade ist und das setzt sich fort über die Prüfung der Hirnnervenreflexe und geht weiter bis zu den Prüfungen der Muskeleigen- und der Fremdreflexe, die absolut nicht notwendig sind für die Hirntoddiagnostik. (x.x) Die wir aber einmal aus didaktischen Gründen untersuchen, und die wir zum anderen deswegen untersuchen, weil es ja bei Hirntoten bei der Organentnahme beispielsweise, eben zum Auftreten spinaler Reflexe kommen kann. Und wenn dann vorher im Verlauf der Hirntoddiagnostik oder nach eingetretenem Hirntod protokolliert ist, daß diese, ehm, Rückenmarksreflexe vorhanden sind, ehm, dann führt das nicht zu so großer Beunruhigung im OP. (x.x) Muß aber sauber getrennt werden von dem, was für die Hirntoddiagnostik notwendig ist. (x.x)

G.L.: Sie sagen, es führt nicht zu so großer Beunruhigung im OP. Was kann dann?

IP: Na ja gut, wer mit der Hirntoddiagnostik und wer mit dem Phänomen des Hirntodes nicht vertraut ist, ehm, der kann solche Reflexe, wenn sie denn auf Reize auftreten (x.x), beispielsweise auf Hautschnitt, eh, ja sehr schnell als Lebensäußerung interpretieren. (x.x) Es sind aber keine Lebensäußerungen, (x.x) wenn wir bei der Definition des Hirntodes bleiben, weil sie ausschließlich über das Rückenmark vermittelte Reflexe sind. (x.x) Und das muß man eben den Mitarbeitern im OP deutlich machen.

G.L.: Ich habe, ehm, auch mit einem Transplantationschirurgen gesprochen, der Schwierigkeiten hatte, sich daran zu gewöhnen. Der sagt, daß als er zum ersten Mal ... angefahren ist, also zur Organentnahme, und, eh, wo es dann eben sozusagen spinale Automatismen aufgetreten sind, der sagte: Der ist nicht Hirntod, hier mache ich keine Organentnahme.

IP: Ja, das sind verständliche Reaktionen, (x.x) wenn jemand nicht weiß, was hirntot ist.

G.L.: Haben Sie Erfahrungen mit solchen Reaktionen, auch bei Ärzten? Ich hatte das erwartet, sozusagen, beim Pflegepersonal, auch vielleicht bei OP-Schwestern. Ich war dann überrascht, als

IP: Eh, jetzt nicht mehr. Aber in der Anfangsphase der Organentnahmen hat das schon manchmal einiger Aufklärungsarbeit bedurft.

G.L.: Auch gegenüber ...

IP: Gegenüber dem Pflegepersonal, und auch gegenüber den Ärzten, die nicht Intensivmediziner sind und sich mit der Hirntoddiagnostik nicht auskennen. (x.x) Aber, das ist ganz normal, denke ich. (x.x, x.x)

G.L.: Meine Frage war eher, ob Sie auch ... ... weil das auch, ich fand das sehr, sehr, ehm, sehr drastisch, also daß er ankommt und sagt: also das mache ich nicht. Meine Frage war, ob Sie auch mit solchen drastischen

IP: Ich selber: Nein, kann ich mich nicht erinnern, mit solchen. Es ist schon diskutiert worden, es ist aber auch schon Jahre her, habe ich auch keine konkrete Erinnerung mehr. Aber daß jemand gesagt hat: Nein, er explantiert nicht, solche Erfahrungen habe ich nicht gemacht. (x.x)

G.L.: Aber schon, daß sozusagen Transplantationschirurgen irritiert waren?

IP: Das ist schon passiert. Wie gesagt, das ist Jahre her, und fragen Sie mich nicht nach Einzelheiten, die kann ich Ihnen nicht mehr dazu sagen. Es ist auch nicht häufig passiert.

G.L.: Schade, daß Sie keine Einzelheiten mehr wissen.

...

IP: Nee, dazu ist es einfach zu lange her. (x.x) Wir sind, eh, wir machen das schon zu lange mit der Organspende, (x.x) und der Informationsstand in unserer Klinik und auch in den beteiligten operativen Kliniken ist so gut, daß es da keine Probleme mehr gibt. Das ist eine Frage des Informationsstandes, (x.x) ob jemand da irritiert wird oder nicht irritiert ist. (x.x) Insofern kann ich Ihnen da leider nicht dienen.

G.L.: Hatten Sie da selber Schwierigkeiten am Anfang? Sie sind ja schon relativ lange mit der Thematik betraut.

IP: Kommt drauf an, kommt drauf an, was Sie mit Anfang verstehn, unter Anfang verstehn.

G.L.: Ihre medizinische Laufbahn.

IP: Ja, gut. Das war Anfang der 70er Jahre, da war ... das ja noch längst nicht so breit diskutiert, wenn auch alle pathophysiologischen Begebenheiten schon beschrieben waren. Eh. Und als ganz junger, unerfahrener Assistent, der auch noch nicht viel Ahnung hatte, hat mich das, eh ... schon ein bißchen nachdenklich gemacht. Aber, ich glaube, wenn ich mich so rückerinnere, nicht insoweit, ehm, daß ich an der Diagnose gezweifelt habe. (x.x) Aber selbstverständlich war damals mein Verständnis von den Zusammenhängen, wie bei allen, die neu anfangen, nicht so, wie das heute ist. (x.x) ... Also ... mehr kann ich Ihnen dazu nicht sagen.

In der Abteilung wird ein eigener Untersuchungsbogen verwendet, der sehr viel mehr abfragt, als von der Bundesärztekammer vorgeschrieben ist. Die Tests umfassen definitiv auch die Reflexe, die über das Rückenmark verschaltet werden. Diese Erweiterung des Untersuchungsbogens hat explizit »didaktische« Gründe, d.h., es geht darum, noch Unwissende in ein lokales Behandlungsethos einzuführen, das eindeutig den Organtod des Gehirns als Todeskriterium anerkennt. Im Mittelpunkt steht die Belehrung darüber, welche Reflexe anerkanntermaßen zum Hirntodsyndrom gehören. Wessen Gestalt gemäß des Hirntodkriterium konstelliert wurde, kann als tot gedeutet werden, auch wenn während der Operation, in der die Organe explantiert werden, etwa der Blutdruck steigt. Bei der Operation an einem nichthirntoten Patienten würde eine derartige Reaktion auf einen chirurgischen Schnitt als ein Hinweis auf eine unvollständige Narkose gewertet werden. Die Steigerung des Blutdrucks als Reaktion auf den Hautschnitt wäre eine expressive Leistung des lebendigen Körpers. Bei einem Hirntoten handelt es sich dagegen lediglich um ein Ereignis am Körper der Patientin. Auf Details läßt sich mein Interviewpartner allerdings nicht ein. Er kann sich weder an eine Situation erinnern, in der er erlebt hätte, daß jemand seiner didaktischen Aufklärung gegenüber immun geblieben wäre, noch an die Zeit, als er selbst noch irritiert war. Ich hatte meine Nachfrage mit der Darstellung der Erzählung eines Transplantationschirurgen eingeleitet, der von den spontanen Eigenbewegungen eines Hirntoten so verunsichert war, daß er sich geweigert hatte, eine Explantation vorzunehmen. An Irritationen seitens Unwissender kann sich mein Interviewpartner zwar erinnern, aber es war ihm immer gelungen, die Unklarheiten zu bereinigen, ohne daß dadurch derart massiv der Ablauf einer geplanten Transplantation gestört worden wäre. Das lokale Ethos der Kunstfertigkeit sieht einen offensiven Umgang mit den Irritationen vor, die Hirntote hervorrufen können.

Das gleiche Ergebnis, eine irritationsfreie Explantation, kann auch mit der zweiten Methode erreicht werden, der Ausblendung der Phänomene, die nur im Kontext des Hirntodes als Reaktionen am Körper betrachtet werden müssen.

IP: Also, als wir es (die Anästhesie während der Organentnahme, G.L.) mit geleitet haben, wir haben relaxiert (x), um also diese eh ... Fluchtreflexe (x) unterdrücken zu können. (x) Denn wir haben es einmal in der Anfangszeit, viele viele Jahre her (x), erlebt, daß Explanteure, ... kamen und dann diese Fluchtreflexe (x) beim Abwaschen sahen und wieder abgefahren sind (x). Also selber so unsicher waren (x) in ihrer Beurteilung eh ..., das wollten wir nicht nochmal provozieren. Die können ja eindrucksvoll sein, solche Fluchtreflexe (x), bis zum Aufrichten des Körpers (x.) Also wir relaxieren (x). Aber darüber hinaus nicht.

G.L.: Was ist dann passiert, also danach, als die wieder abgefahren sind? wie ging das da weiter?

IP: Ist dann kein Organ.. es war damals auch noch keine Rede von eh (x) Multiorganspende (x), es ging da um eine Nierenspende (x), die ist dann nicht durchgeführt worden (x). Aber wie gesagt das ist ... naja, Anfang der 80er Jahre vielleicht gewesen.

In dieser anästhesiologischen Abteilung ist die Aufklärung der Transplantationschirurgen anfänglich nicht immer gelungen, daraus haben die beteiligten Anästhesisten die Konsequenz gezogen, die zu Explantierenden so vorzubereiten, daß die Fluchtbewegungen unmöglich wurden: Den Patientinnen wurde ein Muskelrelaxans gespritzt. Aber auch dies wird mit der Unsicherheit in der Frühphase der Transplantationschirurgie begründet. Seit kurzem wird in dieser Klinik die Anästhesie während der Explantation nicht mehr von den Ärzten übernommen, die im Haus tätig sind, sondern von einem Transplantationskoordinator. Auf der Grundlage der Interviews, die ich mit Transplantationskoordinatoren geführt habe, halte ich es für wahrscheinlich, daß jetzt auch an dieser Klinik die offensiv pädagogische Methode angewendet wird. Es scheint generell so zu sein, daß gegenwärtig innerhalb der Ärzteschaft überwiegend die Methode der offensiven Aufklärung angewandt wird. Nur einer der von mir Befragten berichtete von Kollegen, die eine ausführliche Narkose für erforderlich hielten. In diesem Fall lagen die Zweifel auf der Seite des Anästhesisten, der den Patienten noch als einen Lebenden einstufte und die Narkose entsprechend gestaltete. Für einen Transplantationschirurgen bietet eine derart skrupulöse Anästhesie während der Organentnahme durchaus Vorteile, sie bewahrt ihn vor komplizierten Wertungsproblemen.

IP: Wenn die entsprechende Entscheidung vorher (x.x), wenn die Angehörigen es wollen, wenn ... das ganze Prozedere (x.x) bis zu dem Zeitpunkt gekommen ist, auch wirklich (x.x) korrekt (x.x) eingehalten wurde, habe ich damit kein Problem, ne. Man kann grundsätzlich sich überlegen, was, was man zur Organtransplantation oder davon hält (x.x), aber. Ehhm, für mich ist der Patient deswegen (nach der Hirntoddiagnostik, G.L.) nicht tot, ne. (x.x) Und so ein Patient kriegt ja häufig genug auch, ehm, noch Narkose zur Explantation, ne?.

G.L.: Ja? Das habe ich bisher nicht mitbekommen.

IP: Das ist sehr unterschiedlich, wer das macht (x.x), ne. Manche geben einfach auch noch Medikamente zur Nar, also als ... Narkotika oder Schmerzmittel, ne. Die, wo man einfach eigentlich im Prinzip und das glaube ich auch, daß man das nicht machen muß, ne. (x.x) Das denke ich, hat man vorher ausgiebig testen können, daß so ein Patient ... keinen Schmerz wahrnimmt (x.x), ne, auch nicht bewußt wahrnimmt, ne. (x.x) Ehm, aber das zeigt einfach nur, eh, ... das Problem sicher sehr unterschiedlich betrachtet wird.

Auch außerhalb der besonderen Situation der Organentnahme stellt sich aber durchgängig das Problem, wie Herzschlag, Blutdruck und rückenmarksgesteuerten Bewegungen zu verstehen sind: als Ereignisse am Körper oder im Sinne einer Expressivität des Lebens?

IP: Ich glaube für uns als Neurologen ist es, glaube ich, ganz entscheidend, (x.x) weil wir doch – da wiederhole ich mich auch – (x.x) weil wir einen anderen Zugang haben. Ich will nicht sagen, daß wir hirngläubig sind, aber (x.x) für uns steht ja im Grunde unserer Arbeit im Zentrum (x.x) das Gehirn und die Aktivität (x.x). Und nicht, was drumherum passiert. (x.x) Was es noch an spinalen Automatismen geben kann und dergleichen. Und deswegen haben wir als Neurologen, glaube ich, weniger Probleme damit. (x.x)

Weil wir selber gerade unseren Untersuchungen auch trauen, unseren (x) technischen Untersuchungen trauen, und wenn wir halt das dokumentiert haben, (x.x) dann gibt es für uns auch wenig Zweifel (x.x), dann werden wir auch nicht durch so eine Aktion, durch 'nen kurzen Atemstoß oder 'ne kurze Myoklonie nicht irritiert (x.x). Das ist, glaube ich, bei Nicht-Neurologen anders (x.x). Ja. Weil sie dann auch ... den eigenen Beleg nicht haben (x.x) für das, was gemacht wurde, (x.x) das EEG nicht beurteilen können und dergleichen (x.x). Da haben wir's im Grunde einfacher, sag ich mal (x.x), das so anzunehmen. (x.x) Deswegen auch die Sache mit dem, mit dem EKG, das, das berührt mich dann auch nicht. (x.x) Das mag andere: Internisten, Chirurgen, Anästhesisten mehr berühren (x.x). Weil für den, glaube ich, Leben viel mehr mit ... ich sage mal extrazerebralen Sachen (x.x) verbunden (x.x) ist. Während wir Leben doch klar definieren als das (x.x), was im Gehirn passiert (x.x), und was drumherum passiert, was das Herz macht und die Lunge, ich will nicht sagen, für uns nicht unwichtig ist, aber nicht den Stellenwert hat. (x.x) Deswegen können wir als Neurologen viel besser damit umgehen, wenn jemand noch eine Herzaktion hat ... Das erleben wir auch im Kontakt mit anderen Disziplinen (x.x). Wir hatten also ... einen Fall bei den Herz-Thorax-Chirurgen, wo die uns einfach nicht glauben wollten. Trotz aller Nachweise, (x.x) daß der Patient hirntot ist. Ja. Die konnten die zerebrale Situation nicht einschätzen (x.x) und sahen nur einen Patienten mit stabilen respiratorischen Funktionen, mit stabiler Herzfunktion, das, was für die im Grunde das wesentliche immer ist (x.x), wenn sie ihre Patienten überwachen (x.x) und konnten nicht glauben, daß ein solcher ... in Anführungsstrichen stabiler Patient, hirntot sein kann. (x.x) Die fanden also auf allen, vor allem, das hat zu erheblicher Verunsicherung beigetragen (x.x), es wollte auch keiner von denen die Maschine abstellen. (x.x) Weil die halt einfach Zweifel daran hatten. Sagten: das kann nicht sein. (x.x) Der kann nicht hirntot sein, der hat doch den ... besten, besten Rhythmus und hat den besten ..1 Blutdruck (x.x), das kann so nicht sein (x.x). Ja. Und da mußten wir lange Überzeugungsarbeit leisten, um denen auch klarzumachen (x.x), dieser Patient ist nun mal hirntot. (x.x) Ja. Da haben wir einen einfacheren Zugang, denke ich mir, zu dem Problem. (x.x) Gut, weil wir mehr sehen zum einen als Neurologen, klar, aber auch weil wir eine andere Wertigkeit haben (x.x). Das ist, glaube ich, das Entscheidende. (x.x) ..2 So daß Irritationen, die um die Hirntodbestimmung herum auftreten können, viel häufiger beim medizinischen Personal auftreten als bei den Angehörigen (x.x) – das ist meine Erfahrung. (x.x) Also bei den, bei den Pflegern, die damit befaßt sind ... oder halt auch bei, bei den Ärzten (x.x), den ärztlichen Kollegen, die damit befaßt sind. (x.x) ... Daß man da viel eher Überzeugungsarbeit leisten müssen als bei den Angehörigen, das ist so meine persönliche Erfahrung.

Dieser Neurologe führt die unterschiedliche Deutung der konstellierten Gestalt explizit auf Wertungen zurück, die einen achten auf das, was im Gehirn geschieht, während die anderen Herzschlag,

Blutdruck und Atmung in den Mittelpunkt stellen. Je nachdem wie die Phänomene, die an der Gestalt beobachtet werden können, gewichtet werden, ergeben sich unterschiedliche Konsequenzen dafür, ob eine diagnostisch konstellierte Gestalt die Deutung nahelegt, diese Patientin ist tot oder nicht. Die Differenz in der Deutung der Gestalt bringt mein Interviewpartner mit den Schwerpunkten zusammen, die durch die unterschiedlichen medizinischen Disziplinen gesetzt werden. Es steht also nicht Laienansicht gegen Expertenmeinung, sondern ärztliche Wertung gegen ärztliche Wertung. Vor dem Hintergrund der von mir gesammelten Daten läßt sich allerdings nicht bestätigen, daß derart unterschiedliche Wertungen durch die Unterschiedlichkeit der medizinischen Subdisziplinen bedingt werden. Es gibt ebenso Neurologinnen, für die es schwierig ist, einen stabilen Herzschlag und Blutdruck für mit dem Tod vereinbar zu halten, wie es Anästhesisten gibt, die das Hirntodkonzept überzeugt und offensiv vertreten. Wenn also nicht generell die Subdisziplinen derart unterschiedliche Wertungen bedingen, liegt es nahe, sie auf das lokal in dem jeweiligen Autoritätssystem gültige Ethos der Kunstfertigkeit zurückzuführen. Dies führt zu einem medizin- und wissenssoziologisch interessanten Problem. Wenn ein Patient zugleich von Angehörigen verschiedener Autoritätssysteme behandelt wird, und diese unterschiedliche wertende Deutungen eines Sachverhalts vertreten, muß situativ ausgehandelt werden, welche Deutung sich durchsetzt, denn es gibt keinen gemeinsamen autoritativen Bezugspunkt. In dem Fall, den mein Interviewpartner schildert, konnten sich die konsilarisch hinzugezogenen Neurologen gegen den Widerstand ihrer Kollegen durchsetzen. Wie sich dies vollzogen hat, läßt sich aufgrund des vorliegenden Materials nicht genauer beantworten.

Ein weiteres Indiz dafür, daß es sich beim Umgang mit Herzschlag, Blutdruck und Eigenbewegungen bei Hirntoten um Probleme der wertenden Deutung der Gestalt handelt, sind die Beschreibung des ärztlichen Vorgehens nach der Hirntoddiagnostik. Die Methode des Ausblendens der irritierenden Verhaltensweisen ist nämlich nicht auf den Operationssaal beschränkt, sondern wird auch im Klinikalltag angewendet, wenn bei einem Hirntoten die Beatmung eingestellt wird. Nachdem ich einem anästhesiologischen Oberarzt dargestellt hatte, daß auf den Stationen, auf denen ich eine teilnehmende Beobachtung durchgeführt hatte, die Ärztinnen nach dem Abschluß der Hirntoddiagnostik und der Trennung der Patientin von der Beatmungsmaschine noch solange im Zimmer geblieben seien, bis auf dem EKG-Monitor die Herzfrequenzkurve eine flache Linie aufgewiesen hätte, fragte ich ihn, wie er mit solchen Situationen umgehen würde.

IP: Das is 'ne Gschmacksfrage. Also, das, das Ableiten der Herzströme, ehm ... des EKGs, ehm, stellt ja keine medizinische Maßnahme mehr dar. (x.x) Das dokumentiert den Herzstillstand (x.x). Ehm, der Herzstillstand ist aber, Kraft definitionem, nicht die Voraussetzung (x.x)., um zu sagen, dieser Patient ist verstorben (x.x). Also der Nachweis des Erlöschens des EKGs hat nichts mehr mit dem Nachweis des Todes bei dem Patienten zu tun. (x.x). Und das ist, ich sag's mal so ganz salopp: das is 'ne Geschmacksfrage (x.x). Also das klingt jetzt furchtbar (x.x) pragmatisch, aber ich tu's mir auch net an. Ich mach's EKG aus. Also ich hab schon, ich hab das zwei, drei Mal auch bei Multiorganentnahmen erlebt, wo's Herz nicht mit entnommen wurde, ehm, ehm ... wo ich dann als, als, ehm, Narkosearzt 'ne Multiorganentnahme betreut hab. Und wenn se 'n Patient ham, der 20 Jahre alt ist, das kann noch 20 Minuten schlagen, das Herz, 25 Minuten. (x.x) Also es ist furchtbar, also das muß ma. Ich geb' mir das net, muß ich ehrlich sage. Ich schalt den Monitor. In dem Moment, wo ... ich das, das Beatmungsgerät ausschalte, schalte ich auch den Monitor aus. (x.x)

G.L.: Und was meinen Sie mit »ich geb' mir das nicht«?

IP: Es gibt, es ist für mich 'n, 'n Zustand, der, ehm, den ich, ehm, ..1 wenn ich auf'm Monitor nachvollziehen muß über die Zeit (x.x). Also das is, das is 'n Widerspruch, der bleibt (x.x). Daß es da einen Mensch gibt, der, ... ehm, ... dessen Herz noch schlägt. Ehm, man kann das, wie in der amerikanischen Medizin, als 'n Kadaver bezeichnen, dessen Herz noch schlägt. Für mich ist es ein Individuum ... ehm, das als Individuum verstorben ist, aber auf dem Boden einer Definition. (x.x) Und so verhalte ich mich auch. (x.x) Und ich tu es mir nicht an, zu sehen, dann, wenn ich beendet hab'. Das hat was mit meiner Erziehung als Mediziner zu tun. (x.x) Wenn ich sage, ich geb' mir das nicht, dann meine ich damit: Alles, was Sie in Ihrer Erziehung als Mediziner lernen ist (x.x): Solange ein Herz noch schlägt, um's Leben zu kämpfen. (x.x) Und diese Dissoziation findet ja auch in ihrem Kopf statt, in so einem Fall. (x.x) Wenn sie sagen, ja, und daß mir dauernd (x.x) diesen Widerspruch (x.x), indem ich an so einem Bett steh, klar zu machen, da ist. Das mach ich nicht, ganz einfach, da schalt ich den Monitor mit dem aus. (x.x) Wie man das macht, das ist nicht beeinflußt. Wenn das jemand auch von meinen Kollegen sich angucken möchte oder sagt: Ich fühl mich wohler, ... ehm, wenn ich gesehen hab, daß da auch die Nullinie (x.x) ist, dann ist es für mich völlig akzeptabel. Da würde ich nie jemand 'ne Vorschrift machen. (x.x) Aber ich, für mich persönlich, wenn ich dabei bleib, und dann auch den Leichenschauschein ausstelle. Ich schalt den Monitor aus. (x.x) ... ... Ich hab's oft genug mit laufendem Monitor gemacht und ich mach's nicht mehr.

G.L.: Sie habens am Anfang auch gemacht?

IP: Ja, ich habe am Anfang immer den Monitor laufen lassen. (x.x) ... Aber es. Man darf sich das jetzt auch nicht so vorstellen, wenn so was ist, wenn man das Gerät ausschaltet, ehm,... dann, ... ehm ... ist ja net so, daß jetzt da in zwei Minuten später da Himmel und Hölle über den Patient hereinbricht (x.x). Sondern mit dem, mit dem, ehm, Ausschalten, eh ... geht eigentlich erst mal alles aus der Box raus. (x.x) Man fängt an, die Papiere zusammenzusortieren, von dem Patient, alles (x.x). Dann wird der von den Pflegekräften irgendwann gewaschen, (x.x) gepflegt und versorgt. Und, ehm, so daß der Vorgang, bis dieser Patient, selbst wenn man im Kopf noch hat, jetzt das Herz hat ja noch 'ne Zeitlang geschlagen: Bis dieser Vorgang abgeschlossen ist, ehm, wo er die Station verläßt (x.x) – häufig kommen die Angehörigen noch mal, wir bringen, wenns möglich ist, den Patienten in 'n extra Raum, bei uns auf der Intensivstation (x.x). Also es dauert in der Regel zwei bis drei Stunden (x.x) und da steht's Herz ganz sicher. (x.x) Weil dann. Noch 'ne zweite: Wenngleich auch in diesem Fall, das muß man sich immer klar machen, völlig uner, juristisch völlig unerhebliche Komponente im Hinterkopf da 'ne Rolle spielen kann, bei den Leuten, die das ableiten, bis es 'ne Nullinie is. Und es ist die Tatsache, da wird jemand mit 'nem schlagenden Herz in die Leichenkammer verlegt (x.x). Ja. (x.x) Das wäre ja, theo, theoretisch denkbar. (x.x) (x.x) Wobei er per definitionem eine Leiche ist. (x.x) Aber, ehm, daß die Leute da im Kopf Probleme damit ham, kann man nachvollziehn (x.x). ... Wenn jemand drei Stunden nicht beatmet war, oder zweieinhalb Stunden, keinerlei Sauerstoff, da steht das Herz.

Der anästhesiologische Oberarzt akzentuiert deutlich das Problem der Wertung, das entsteht, wenn ein schlagendes Herz als Ereignis am Körper eingestuft werden muß und nicht mehr im Sinne der Expressivität des Lebens gedeutet werden darf. Außerhalb der Hirntoddiagnostik gilt ein schlagendes Herz als sicheres Lebenszeichen. Dies mit den Ereignissen am Körper eines Toten auf eine Stufe zu stellen, bedeutet für diesen Arzt einen bleibenden Widerspruch, den er im wahrsten Sinne des Wortes ausblendet: Er stellt die Darstellung der Herzaktivität auf dem Monitor aus. Wie stark seine Verunsicherung ist, wird daran deutlich, welche Befürchtungen er den Ärzten unterstellt, deren Verhalten ich in der Einleitung meiner Frage beschrieben hatte. Er vermutet, sie würden befürchten, es könne ein Patient mit schlagendem Herzen, d.h. implizit ein lebender Patient, in die Leichenkammer verlegt werden. Er führt eigens eine Erklärung dafür an, warum das ausgeschlossen ist. Nach mehr als zwei Stunden ohne Sauerstoffversorgung würde jedes Herz stehen, von daher sei die Befürchtung gegenstandslos. Da ich dies in meiner Frage überhaupt nicht erwähnt hatte, ist es plausibel anzunehmen, daß die Frage Befürchtungen, die er selbst hegt, aktualisiert hat. Der Vergleich zwischen herz-kreislaufbezogener Todesfeststellung und der anhand des

Hirntodkriteriums wird zu einem Vergleich zwischen der konstellierten Gestalt, die auf der Grundlage einer Definition den Tod des expressiven Gegenüber bedeutet, und der gestalthaften Erscheinung, die gemäß der Prinzipien seiner medizinischen Ausbildung den Tod bedeuten würde. Ganz in diesem Sinne bezeichnet mein Interviewpartner den anhand des Hirntodkriterium festgestellten Tod an anderer Stelle als Ergebnis einer »medico-legalen Übereinkunft«. Als Oberarzt ist mein Interviewpartner zugleich einer der Angehörigen des lokalen Autoritätssystems, der für die Durchsetzung des Ethos der Kunstfertigkeit zu sorgen haben. Seine Schilderung macht deutlich, daß das Verhalten nach der Hirntoddiagnostik aus der kollegialen Kontrolle ausgenommen ist. Es entsteht ein Freiraum, der von verschiedenen Kollegen verschieden genutzt wird.

Gegenüber Laien, d.h. den Angehörigen[16], werden die bisher beschriebenen Methoden in einer situationsangemessenen Kombination angewandt: Irritierendes wird möglichst ausgeblendet und ansonsten erfahren Angehörige soviel, wie sie wissen müssen, um die gerade erfolgte oder bevorstehende Begegnung mit einem hirntoten Intensivpatienten aus ärztlicher Sicht angemessen einzuordnen.

G.L.: Das ist ja auch ein Problem, mit den. Grad wenn es auch um die, ehm, also die Zuckungen und Bewegungen geht (x.x) weil bei Hirntodpatienten zum Teil auch noch sehr deutlich bewegen können (x.x), ehm, wie gehen Sie damit um? In der einen Klinik, wo ich war, wurde so damit umgegangen, daß die, ehm, Patienten relaxiert wurden. (x.x) Damit die Angehörigen nicht damit konfrontiert werden.

IP: Ja. Gut, das vermeiden wir halt, weil wir versuchen, daß in dieser Phase dann auch kein Kontakt mehr entsteht. Also (x.x) ... es kann aber Einzelfälle trotzdem geben, wenn Angehörige am Bett stehen. Das muß (x.x) man mit den Angehörigen danach sehr genau besprechen dann auch, (x.x) ne. Das ist aber ... für mich und die Angehörigen, die ich kennengelernt habe jetzt in der letzten Zeit, nie ein Problem gewesen. (x.x) Weil man, wie ich glaube, den Angehörigen doch relativ klar und deutlich vermitteln konnte, daß die Diagnostik, wie wir sie machen (x.x), ..1 im Grund ..1 alle Eventualitäten ausschließt (x.x) und gründlich genug ist, um Sicherheit zu haben (x.x). Ich versuche den Angehörigen auch immer zu vermitteln, daß Hirntoddiagnostik, die vor Explantationen gemacht wird, (x.x) so sicher und so sorgfältig ist, wie sie eigentlich bei keiner Todes ... bestimmung ist (x.x) sonst. Ja. Und

---

16 Ich verwende das Wort »Angehörige« im Sinne einer Chiffre für Personen, die der Patientin nahe stehen und von Ärzten aufgeklärt werden. Es ist nicht notwendig, miteinander verwandt oder verheiratet zu sein, um gemäß dieser Definition eine »Angehörige« zu sein.

das wird von den meisten Angehörigen eigentlich auch so aufgenommen, und so angenommen (x.x), daß es da selten Zweifel gibt. Ich hab' das jetzt, ich muß sagen, noch nie erlebt, daß anschließend ein Angehöriger kam und sagte: Wissen Sie Herr Doktor, ich hab' doch irgendwie Zweifel gehabt, daß mein Mann tot war. (x.x) Der hat da vielleicht noch gezuckt und noch geschnauft. Wobei wir ganz bewußt diese Sachen vermeiden auch. (x.x) Daß also der Angehörige dabei ist, wenn die Maschine abgestellt wird (x.x). Weil das, wie gesagt, solche Irritationen hervorrufen könnte. (x.x) Deswegen machen wir das nicht. ... Und wenn im Vorfeld der Hirntoddiagnostik so etwas mal passiert sein sollte bei einem klinisch hirntoten Patienten[17] (x.x), ein Angehöriger war dabei, dann müssen wir es mit denen halt besprechen und (x.x) und auch sagen, daß solche Reflexe möglich sind und daß die uns nicht irritieren. (x.x) Ja. Das ist aber, muß ich sagen, für mich in letzter Zeit kein Problem mehr gewesen, und es war auch für die Angehörigen kein Problem, (x.x) wenn man's mit denen so besprochen hatte. (x.x) Dann haben die das ... angenommen und ... haben auch nie Zweifel geäußert (x.x). Das habe ich nie erlebt, daß jemand hinterher kam und sagte: Ich glaube nicht, daß mein Mann tot war, (x.x) und er hat noch gezuckt oder noch ... sich bewegt oder wie auch immer. Wenn, sprechen die einen auch an vorher deswegen, und da muß man mit denen auch entsprechend, eh ... klar machen, was (x.x) dahintersteht (x.x). Und wenn man denen

G.L.: Was sagen Sie denen dann?

IP: Ich sag halt, daß es solche Reflexe geben kann (x.x) ... und daß wir aber mit allen möglichen Untersuchungen sicher nachweisen können, daß alle Hirnaktivität erloschen ist. (x.x) Ja. Und daß das ein Schein ist. (x.x) Wobei das gar nicht mal so das Problem ist, sondern das Problem ist ja häufiger, daß die Angehörigen auf uns zukommen und sagen: Ja, Moment mal, ich, meistens am Monitor ja auch sehn, sichtbar, das Herz schlägt doch gut, der Blutdruck ist doch gut usw., das kann doch nicht sein (x.x), daß mein Mann tot ist. Und das muß man mit denen dann besprechen. (X.x, x.x) Das wird aber eigentlich von allen ... angenommen auch. Da habe ich selten Probleme erlebt. Daß die sagen: Das glaube ich Ihnen nicht, ich sehe doch hier (x.x), das Herz schlägt doch so regelmäßig, der Puls ist doch ganz stabil (x.x), das kann doch gar nicht sein. (x.x) Das kann im Vorfeld mal Irritationen hervorrufen, aber ... das läßt sich eigentlich immer besprechen. (x.x) Das wird erstaunlich, ..1 erstaunlich gut aufgenommen, immer (x.x), gerade in einer solch belastenden Phase. (x.x) Ist es ja für mich auch immer erstaunlich, aber ..1 da ..1 da gibt's wenig Zweifel. (x.x) Und da hat man das Gefühl, daß, daß, daß auch ... die Angehörigen ... Vertrauen haben, das die Diagnostik, die wir machen, eigentlich so sicher ist, daß da sich keine Gedanken machen müssen (x.x). Ja. Das versuche ich, auch immer zu vermitteln, halt (x.x).

---

17 Ich habe nicht eigens nachgefragt, was ein »klinisch hirntoter Patient« sein soll. Ich vermute, es sind Patienten gemeint, bei denen ohne offizielles Protokoll während der regulären klinischen Untersuchungen die Reflexe überprüft wurden, die in das Repertoire des Testkatalogs der Bundesärztekammer gehören.

Daß, wenn Patienten gerade als für hirntot erklärt werden, daß da die Diagnostik so sicher ist wie bei keinem, bei dem ein … Totenschein ausgefüllt wird. (x.x) Ja. Und da ist es auch ganz wichtig, deswegen machen wir's auch. (x.x) Daß wir das ganze dokumentieren. (x.x) Es gibt ja schon auch bei Angehörigen … 'ne gewisse ..1 Technikgläubigkeit. (x.x) Und da ist es für uns oft 'ne Hilfe, zu sagen, wir haben diesen Hirntod auch technisch (x.x), sprich (x.x) durch EEG, dokumentiert. Deswegen machen wir es auch bei denen, bei denen keine Explantation vorgesehen ist (x.x). Das gibt allen Beteiligten mehr Sicherheit. (x.x) Und das überzeugt auch viele Angehörige, die vorher vielleicht nicht so ganz überzeugt waren, die sagten: Mensch, aber ich seh doch, die Maschine geht doch noch und (x.x) … die Herzaktion ist da. Oft ist es auch so, daß ich dann solchen Angehörigen auch mal die Linie dokumentiere und das auch zeige (x.x) und sage: Hier, ich zeige Ihnen jetzt mal das Nullinien-EEG und Sie sehen hier, es ist keine Aktivität mehr vorhanden. (x.x) Das wird dann immer gut angenommen (x.x), eigentlich (x.x). Ja. So daß wir da wenig Probleme erleben mit Rückfragen von Angehörigen: Mein Gott, er zuckt ja noch, oder: (x.x) er atmet ja noch, oder: er hat sich noch bewegt, das EKG läuft doch noch mit. Da habe ich doch – erstaunlich, muß ich sagen – erstaunlich viel Akzeptanz erlebt. (x.x) ..1 Und der Befund wird auch abgenommen. (x.x) Da erlebe ich wenig Zweifel. (x.x) Oder gar keine Zweifel (x.x) eigentlich. … Das ist schon fast erstaunlich. Hätte ich früher immer anders, anders geglaubt. (x.x) Aber (x.x) durch die Routine ist es eigentlich so, daß man es durch die Bank sagen kann.

In meiner Frage beschreibe ich das Vorgehen, das auf der neurochirurgischen Intensivstation angewendet wurde: Um zu vermeiden, daß Angehörige damit konfrontiert werden, daß Tote sich eigenständig rühren, werden hirntote Patienten vor der Begegnung mit Angehörigen zumeist medikamentös stillgestellt. In der Antwort stellt der befragte Neurologe eine andere Möglichkeit vor, um die Angehörigen vor Irritationen zu bewahren. Es wird versucht zu verhindern, daß sie die Patientin in der Zeit kurz vor bzw. nach der Hirntoddiagnostik überhaupt sehen. Die Patientin wird so weit wie möglich aus dem Blickfeld ihrer Angehörigen ausgeblendet. Wenn sich dieses Ziel nicht erreichen läßt, werden die Angehörigen darüber aufgeklärt, welche Phänomene als Ereignisse am Körper zu werten sind. Im Unterschied zu den Auseinandersetzungen, die sich mit ärztlichen Fachkolleginnen ergeben können, kommt hier aber das Vertrauen in die ärztliche Expertise zum Tragen. Von besonderer Bedeutung scheint dabei zu sein, daß man den Zweifelnden etwas zeigen kann. Die Irritation, die durch die vorhandene Kurvendarstellung von Herzfrequenz und Blutdruck auf dem EKG-Monitor ausgelöst wird, kann durch eine andere Kurvendarstellung, die EEG-Kurve, beruhigt werden. Das EKG mag vielleicht noch einen Herzrhythmus zeigen, aber das EEG zeigt für die Hirnaktivität eine Nullinie. Der Tod erhält so etwas von seiner sinnlichen Zugänglichkeit zurück. Während Ärztinnen darüber streiten können, welche Kurvendarstellungen in die Deutung, dieser Patient ist tot, einbezogen werden sollten und welche irrelevant sind, sind Laien eher geneigt dem Experten zu glauben. Allerdings hält mein Gesprächspartner das Vertrauen für ein knappes Gut, es sollte nicht überstrapaziert werden, weshalb Patienten nicht dabei sein sollten, wenn nach der Hirntoddiagnostik die Verbindung zwischen Lunge und Beatmungsmaschine getrennt wird. In dieser Situation könnten Phänomene auftreten, die das Vertrauen zu sehr erschüttern: vielleicht ein letzter angedeuteter Atemzug, ein letzter Schnaufer oder eine letzte Bewegung. All das könnte vielleicht zuviel sein und das Vertrauen erschüttern.

Die bis jetzt vorgestellten Methoden, die Beruhigung der Irritation durch pädagogische Disziplin und durch Ausblenden, werden von Ärztinnen gegenüber Ärztinnen und gegenüber Laien angewendet. Die dritte der eingangs genannten Methoden, die Nachverlegung des Todeszeitpunkts, wird ausschließlich von Ärzten angewendet und zwar sich selbst gegenüber. Mit Hilfe der Nachverlegung des Todeszeitpunkts läßt es sich ebenfalls erreichen, Phänomene, die außerhalb der Hirntodbestimmung als sichere Lebenszeichen eingestuft werden, nicht als Ereignisse am Körper deuten zu müssen. Es gibt zwei Handlungsweisen, die ich als Indiz für die Nachverlegung des Todeszeitpunktes verstehe. Zum einen den Eintrag der Todeszeit im Leichenschauschein und den Umgang mit den erweiterten expressiven Oberflächen des Lebens, den Darstellungen auf dem EKG-Monitor.

Auf dem Totenschein ist als Todeszeit 11.25 eingetragen. Ich frage den Arzt, ob dies dem Zeitpunkt der Hirntoddiagnostik entspricht. N-Körner (sinngemäß:) »Ich habe jetzt den Zeitpunkt der letzten Herzaktivität eingetragen. Man könnte auch den Zeitpunkt der Hirntoddiagnostik eintragen, aber das war hier ja kurz hintereinander. Das ist etwas schwammig. Emotional trage ich den Zeitpunkt der letzten Herzaktivität ein, aber das ist eine akademische Haarspalterei. Wirklich entscheidend ist das nur bei einer Organentnahme, wenn es darum geht, wie lange der Patient schon tot ist.«

Dieser neurologische Intensivmediziner löste das Problem, das ihm die Anforderung bereitet, den Herzschlag als Ereignis am Körper statt als Expressivität des Lebens zu werten, indem er den Todeszeitpunkt nachverlegt, das war für ihn emotional plausibler. Eine Diskonnektion, also die Trennung der Verbindung zwischen Lunge und Beatmungsgerät, erscheint ihm auch nach der Hirntoddiagnostik noch eher mit einer Tötung vergleichbar.

13.05. Kurzes Gespräch mit N- Körner im Arztzimmer. Ich frage ihn, ob die Hirntodbestimmung belastender für ihn sei, als der Herz-Kreislauf-Tod? Er antwortet (sinngemäß:) »Ja, es ist natürlich belastend, wenn man jemanden diskonnektiert und damit letztlich den Tod herbeiführt.«

Wenn erst die Diskonnektion, also die Beendigung der Beatmung den Tod herbeiführt, kann die vorhergehende Hirntodbestimmung nicht schon die Konstellierung der Gestalt gewesen sein, die den Tod der Patientin bedeutet.

In einer vergleichbaren Weise wurde auch auf der neurochirurgischen Intensivstation das Eintreten des Todes auf die Zeit nach der formell abgeschlossenen Feststellung des Hirntodes verlegt.

Die Hirntoddiagnostik ist abgeschlossen, nachdem die Blutgasanalyse einen Kohlendioxidwert ergeben hatte, der nach medizinischem Wissen einen Atemimpuls auslösen würde. Es sind keine Atembewegungen zu beobachten. A-Bense zu ihrem Kollegen (sinngemäß:) »Wir können jetzt auch gleich das Gerät ausschalten.« Er antwortet ihr (sinngemäß:) »Bist Du sicher, daß die Angehörigen ihn noch einmal sehen möchten.« Sie ist sich sicher. A-Wilhelm drängt darauf, die Angehörigen noch einmal zu fragen. Derweil nimmt die Anästhesistin die Verbindung zu den auf der Brust befestigten EKG-Elektroden ab. Sie kommentiert das mit den Worten (sinngemäß:) »Ach was mache ich denn da?« und klemmt die Kabel wieder an die Elektroden. Danach schließen die Ärzte den Patienten erneut an das Beatmungsgerät an und gehen raus, um mit den Angehörigen zu sprechen. Die haben sich allerdings dagegen entschieden, den Patienten noch einmal zu sehen. A-Bense stellt die Beatmungsmaschine ab und trennt die Verbindung zum Tubus. Sie sagt zu mir (sinngemäß:) »Ich bleibe dann immer noch solange im Zimmer, bis das Herz nicht mehr schlägt. Einige Kollegen sehen das anders und gehen raus, aber ich finde (wörtlich:) ›einen Rest sollte man sich bewahren.‹« Sie stellt sich ans Fußende des Betts mit Blick auf den Patienten, nur ab und zu wirft sie einen flüchtigen Blick auf den Monitor.

Sie sagt zu mir (wörtlich:) »Erschrecken Sie nicht«, (und fährt sinngemäß fort:) »wenn er sich bewegt«. Sie verweist darauf, daß bei Hirntoten noch reflexhafte Bewegungen vorkommen können, die über das Rückenmark gesteuert werden. Ich deute an, daß ich es theoretisch weiß, aber daß es wahrscheinlich noch etwas anderes ist, wenn man es sieht. A-Bense (sinngemäß:) »Wir machen es auch oft so, daß wir ihnen noch ein Relaxierungsmittel geben, weil die Angehörigen das nicht verstehen würden.«

Die Ärztin und ich geraten in ein Gespräch, das im Flüsterton stattfindet. Es ist immer wieder unterbrochen von langen Schweigepausen.

Während A-Bense und ich am Bett stehen, kommt N-Flieg und fragt, wie sie den Leichenschauschein auszufüllen habe. Die erste Frage beantwortet A-Bense kurz, bei der zweiten Frage von N-Flieg sagt sie (sinngemäß:) »Warte mal, das machen wir später zusammen.« Es ist das erste Mal, daß ich es auf der Station mitbekomme, daß eine Dringlichkeit des Alltags zurückstehen muß.

Auch in den letzten Minuten starrt A-Bense nicht auf den Monitor, sondern sieht auf den Patienten und hat den Monitor eher im Augenwinkel. Ich kann nur selten Blickwendungen direkt zum Monitor beobachten. Die Ärztin wartet, bis die Herzfrequenz- und die Blutdruckkurve auf »0« gesunken sind. Sie drückt auf den Ausschalter, die Monitordarstellung erlischt. Dann sammelt sie die Akten ein (Kurve, Pflegebogen usw.) und verläßt schweigend den Raum mit einer Geste, daß es nun zuende sei. Ich betrachte den Patienten. Seine Haut im Gesicht verfärbt sich leicht gelblich, die Lippen werden blau.

Bei einem Toten wird zuerst der Monitor ausgeschaltet und später werden die EKG-Elektroden entfernt. Auf einer Intensivstation ist ein abgeschalteter EKG-Monitor neben einem intubierten Patienten, an dem niemand arbeitet, ein auch für einen Laien gut zu erkennendes Todeszeichen. Zunächst schien es so, als würde auch dieser hirntote Tote entsprechend behandelt. Die Ärztin korrigierte sich allerdings sofort, nachdem sie damit begonnen hatte, die Verbindungen zwischen Elektroden und Monitor zu lösen. Erst als die Darstellung der Herzaktivität und die des Blutdrucks eine Nullinie aufwies, war für die Ärztin die Expressivität des Lebens erloschen. Der Patient war tot. Wichtig ist auch hier der Verweis auf das lokale Ethos der Kunstfertigkeit. Wenn es einige Kollegen gibt, die den Monitor direkt nach der Hirntoddiagnostik abstellen, ist es auch auf dieser Station eine »Geschmacksfrage«, wie man sich verhält. Das Verhalten nach der Hirntodbestimmung ist nicht verpflichtend vorgeschrieben.

Im Kontext der Analyse der zeitlichen Strukturen der Hirntoddiagnostik hatte ich schon herausgearbeitet, wie schwer es den beteiligten Medizinern fällt, die ihnen bei der Hirntodbestimmung zugemutete Konsequenz des »esse est percipi« zu ziehen. Die dabei beschriebenen Mechanismen lassen sich mit den jetzt herausgearbeiteten Methoden zusammenführen, durch die vermieden wird, Phänomene als Ereignisse am Körper zu werten, die außerhalb des Kontexts der Feststellung des Hirntodes sichere Lebenszeichen sind: Herzschlag, Blutdruck, Bewegungen der Extremitäten, über das Rückenmark gesteuerte Reflexe. Eine Vorverlegung des Todeszeitpunkts findet nur im Gespräch gegenüber Angehörigen statt, dem entspricht die dosierte, auf das situationsnotwendige beschränkte Aufklärung über die Besonderheiten von hirntoten Toten. Dabei werden die Probleme des Todeszeitpunkts überspielt, denn im Gespräch mit Angehörigen werden auch Patientinnen als hirntot beschrieben, bei denen noch keine formelle Diagnostik durchgeführt wurde. Deshalb können bei Angehörigen Irritationen gegenüber »klinisch Hirntoten« auftreten, d.h. gegenüber solchen Hirntoten, deren Tod noch nicht offiziell protokolliert wurde. Für das ärztliche Personal ist klar, daß es sich bei solchen Hirntoten noch nicht um tote Hirntote handeln kann, denn beim Hirntod ist der Todeseintritt an die protokollarisch wahrnehmende Feststellung des Todes gebunden. Wenn Ärzte sich auf ihre Kollegen beziehen, ist es deshalb untersagt, den Todeszeitpunkt vorzuverlegen. Wer gegen diese Regel verstößt, riskiert einen strengen Tadel.

Von den genannten drei Methoden führt vermutlich nur die disziplinierte Selbsterziehung zu einer Anerkennung des problematischen »esse est percipi.« Wenn dagegen Herzschlag, Blutdruck und Eigenbewegungen nach der Beendigung der Hirntoddiagnostik systematisch ausgeblendet werden, um sich eine Irritation zu ersparen, entspricht dies einer Ausblendung des Todeseintritts. Der Arzt sieht solange hin, wie der Tod noch nicht eingetreten ist. Wenn der fragliche Zeitpunkt näher rückt, sieht er weg und wendet sich dem Patienten erst dann wieder zu, wenn er sicher gestorben ist. Entscheidend ist dann, daß nur eine Patientin, deren Tod zweifelsfrei ist, von der Station in das Kühlhaus verlegt wird. Mit den irritierenden Phänomenen wird zugleich das »esse est percipi« ausgeblendet. Die Nachverlegung des Todeszeitpunktes, die ich als Praxis auf beiden Intensivstationen beobachten konnte, hat einen doppelten Vorteil. Es handelt sich einerseits um eine Methode, die es effektiv verhindert, Phänomene, die in fast allen Kontexten im Sinne der Expressivität des Lebens verstanden werden, als Ereignisse am Körper werten zu müssen und andererseits umgeht sie das »esse est percipi«: Wenn der Tod erst eintreten wird, nachdem das Herz nicht mehr schlägt, kann ein Arzt der Zumutung ausweichen, daß seine Wahrnehmung den Tod eintreten läßt.

6.3.2. Transformationen der Beziehungskomplexität als Bedingung der Todesfeststellung

Damit die Wertungsprobleme in dieser Form auftreten können, muß die Komplexität der Begegnung zwischen den beteiligten Entitäten in jedem Fall unterhalb des durch doppelte Kontingenz charakterisierten Niveaus gehalten werden. Die Patientin darf in der Beziehung mit dem Arzt auf keinen Fall als soziale Person existieren, weil dies eine Diagnose verunmöglichen würde. Die neurologische Diagnostik der Hirnstammreflexe folgt einer noch weitergehenden Logik. Sie bindet eine sichere Diagnostik daran, daß die Komplexität der Umweltbeziehung der untersuchten Entität in der Untersuchungssituation maximal der des eigenständig reagierenden Körpers entspricht. Auf diese Weise werden die Wertungsprobleme ausgeklammert, die sich ergeben, wenn die Frage, ob eine Patientin bei Bewußtsein ist, zum entscheidenden Kriterium gemacht würde. Die Expressivität des leiblichen Bewußtseins schließt – wie gesagt – ein, daß eine Entität nicht nur reagiert, sondern seine Reaktionen auch selbst gestaltet. Es müßten in diesem Fall also sinnentsprechende gestische Reaktionen gewertet werden. Wenn die Todesfeststellung dagegen die Komplexität der fraglichen Einheit von vornherein so limitiert, daß nur noch zur Debatte steht, ob sie reagiert oder nicht, kann das Problem der Wertung der Reaktionen nicht auftauchen. Es scheint, als sei eine Diagnose um so einfacher und sicherer, je sicherer der untersuchende Arzt, die Beziehung beherrscht, in der die Reaktion gewertet wird.

IP: Also habe ich keine andere Chance, die Funktion des Hirnstammes zu überprüfen, indem ich die gesamte Verschaltung (x), die neuronale Verschaltung, dieser einzelnen Kerne untereinander prüfe und das ist die Prüfung der Reflexe (x). das heißt, ich gebe einen äußeren Reiz rauf und weiß, daß dieser Reiz, den ich von außen rauf gebe (x), über diese Reflexbahnen von diesen Kerngebieten zueinander geschaltet werden und (x) ausfallen.

Der Untersucher gibt »einen äußeren Reiz rauf« und weiß was kommen muß. Er erwartet also maximal die Expressivität eines eigenständig reagierenden Körpers. Es ist zwar der Körper selbst, der reagiert, aber der reagierende Körper kann seine Reaktion nicht beherrschen, sie vollzieht sich ohne sein Zutun, d.h., ohne daß er sie situativ gestalten und z.B. variieren könnte. Wenn dies vorausgesetzt wird und wenn weiterhin allgemein überprüft ist, daß der Zustand des Körpers so ist, daß er reagieren können müßte, kann eine Nichtreaktion nur bedeuten, daß er von sich aus nicht mehr reagieren kann, weil er als eigenständig reagierender Körper nicht mehr existiert. Ohne diese Annahme könnte das Ausbleiben der expressiven Reaktion nicht als Indiz für die Existenz bzw. das Erloschensein der reagierenden Einheit gewertet werden. Die hirnbezogene Todesdiagnostik setzt eine weitgehende Beherrschung der Beziehung zu der reagierenden Einheit durch die diagnostizierende Ärztin voraus. Jede Möglichkeit zur eigenständigen Gestaltung würde der untersuchten Entität zuviel Raum geben. Jede Reaktion müßte sinnentsprechend gewertet werden, ob sie als »Hinwendung zum Reiz« oder als »gezielte Reaktion auf einen Schmerzreiz« interpretierbar ist. Schon die Art und Weise, wie die Verbindung von Reiz und Reaktion interpretiert wird, wäre mit einer komplizierteren Deutung belastet, als es der Fall ist, wenn es nur darum geht, ob überhaupt eine Reaktion beobachtbar ist.

Bei der Feststellung des Hirntodes kommt allerdings noch etwas hinzu. Intensivpatientinnen und medizinisches Personal befinden sich in einer technisch ermöglichten Symbiose, was die Aufrechterhaltung der Expressivität des Lebens betrifft. Im Vorfeld einer Hirntodbestimmung kann die Symbiose nicht etwa gelockert, sie muß im Gegenteil besonders eng gestaltet werden. Dies gilt vor allem, wenn eine Organentnahme geplant ist, denn dann sollte es verhindert werden, daß ein Patient von sich aus die expressive Darstellung seines Lebens beendet. Aber auch unabhängig von einer Organentnahme müssen bei einer Hirntodbestimmung Körpertemperatur, Blutdruck, Herzfrequenz und der Sauerstoffgehalt des Blutes einigermaßen stabil sein, damit eine Hirntoddiagnostik überhaupt durchgeführt werden kann. Da im Fall der Hirntoddiagnostik der Tod erst dann eintritt, wenn die protokollarische Wahrnehmung abgeschlossen ist, handelt es sich bei den genannten Phänomenen vor dem Abschluß der Hirntoddiagnostik noch um eine originäre Expressivität des Lebens und noch nicht um Ereignisse an der Leiche. Erst nach dem Abschluß der Hirntodbestimmung können Herzschlag, erhaltener Blutdruck usw. derart gewertet werden. Es gehört zu den Voraussetzungen der Hirntoddiagnostik, daß die Parameter der Vitalexpressivität nicht zu weit außerhalb des Normbereichs sein dürfen, d.h., Herzfrequenz, Blutdruck, Blutwerte und evtl. auch die Körpertemperatur, müssen einigermaßen stabil sein. Wenn die Vitalparameter intakt sein müssen und noch nicht als Ereignisse an der Leiche gewertet werden dürfen, ergibt sich eine merkwürdige Konsequenz: Der Patient als lebendiges Gegenüber muß nach den Maßstäben einer intensivmedizinischen Versorgung einigermaßen gesund sein, sonst ist eine Feststellung des Hirntodes nicht möglich.

Das lokale Ethos der Kunstfertigkeit ist ausschlaggebend dafür, wie festgelegt wird, ob die Expressivität des Lebens ausreichend stabil, d.h., ob der der Patient gesund genug ist. Dabei wird ein Problem virulent, das sich manchmal nicht auflösen läßt. Wenn die Vitalexpressivität problematische Werte zeigt, kann es sein, daß auch die therapeutische Manipulation der Expressivität des Lebens nicht dazu führt, den Körper in einen Zustand zu bringen, in dem eine Hirntoddiagnostik durchgeführt werden kann. Die Vergeblichkeit der therapeutischen Bemühungen kann aber evtl. auch anders gedeutet werden, denn die pathologischen Veränderungen der Vitalparameter können schon eine Folge des Funktionsausfalls des Gehirns sein. In diesem Spannungsfeld bewegt sich die Festlegung des Ausgangspunkts der Hirntodbestimmung, d.h. die Klärung der Frage, ob die Patientin gesund genug ist, um an ihr noch eine aussagekräftige Hirntoddiagnostik durchführen zu können.

Zu den problematischen Sachverhalten gehören: Herzfrequenz, Blutdruck, Körpertemperatur und Blutwerte. Durch eine Überprüfung dieser Parameter soll ausgeschlossen werden, daß der Körper nur durch Faktoren, die sich durch einen therapeutischen Eingriff beseitigen ließen, daran gehindert wird, sich von sich aus als ein eigenständig reagierender Körper zu zeigen. Stark veränderte Blutzuckerwerte könnten z.b. eine Folge des Hirntods sein, insofern sie als Hinweis auf die erlöschende Selbstregulation des lebendigen Körpers gewertet werden können. Zu hohe oder zu niedrige Blutzuckerwerte können aber auch ohne den Hirntod auftreten und ein Erscheinungsbild verursachen, das von dem einer Hirntoten nicht oder nur schwer zu unterscheiden ist. Dasgleiche gilt für die Körpertemperatur.

Als ich das erste Mal eine Transplantationskoordinatorin, Frau Esser, begleite, ist bei unserer Ankunft die Hirntoddiagnostik noch nicht abgeschlossen. Der zuständige Neurologe ist sich nicht sicher, ob das EEG artefaktfrei und damit verwertbar sei. Deshalb entscheidet er sich für eine zweizeitige Diagnostik, d.h., 12 Stunden nach der ersten soll eine zweite klinische Untersuchung durchgeführt werden. Wenn die ebenso positiv ausfallen würde wie die erste, würde der Todeseintritt erfolgen. In der Zwischenzeit warten die Transplantationskoordinatorin und ich in einer Art Aufenthaltsraum.

23.45

TK-Esser und ich sitzen im Zimmer und warten. Der Neurologe kommt ins Zimmer. Er ist wütend, denn die Körpertemperatur des Patienten ist bei 33,2 Grad. Sie war in den letzten Stunden nicht gemessen worden. »Hier springen so viele Ärzte auf der Station rum«, aber es hätte keiner angeordnet, daß die Temperatur gemessen wird. Sie haben sich »passiv darauf verlassen, daß ihnen ein auffälliger Wert gemeldet wird, aber sie haben es nicht aktiv angeordnet.« Beide beratschlagen, was nun zu tun sei. TK-Esser zieht zwei Kopien der neuen Empfehlungen der Bundesärztekammer aus der Tasche. Sie lesen sie durch. Beide sind sich einig, daß eine primäre Hypothermie (Untertemperatur, GL) nicht vorliegt. Aber sie entnehmen den Vorschriften keinen eindeutigen Hinweis darauf, ob eine Hirntoddiagnostik bei einer

Körpertemperatur von 33,2 Grad noch verantwortbar ist. Sie rätseln, ob ein Abfall der Temperatur auch als Folge des Hirntods gelten könnte (Verweis auf Anmerkung 4b der Richtlinien.) Der Neurologe bringt als minimale Temperatur 35 Grad ins Gespräch, eine genauere Begründung führt er nicht an. Schließlich einigen sich beide darauf, daß der Patient mindestens diese Temperatur haben müsse, um die Hirntoddiagnostik weiter durchzuführen.

0.15

TK-Esser ruft bei ihrem Chef an. Der ist der Meinung, daß die niedrige Temperatur nur als Folge des Hirntods gewertet werden könne, wenn der Patient nicht schon mit einer Untertemperatur ins Krankenhaus eingeliefert worden sei. Einige der Nervenzentren, deren Existenz als Bedingung einer eigenständigen Temperaturregulation des Körpers angesehen werden, befinden sich im Hirnstamm, deshalb könne eben die Temperaturregulation ausfallen, wenn der Hirnstamm geschädigt ist. Wir gehen in den gemeinsamen Aufenthaltsraum der Ärztinnen und Schwestern, in dem auch der Neurologe sitzt. TK-Esser teilt das Ergebnis ihres Telefonats dem Neurologen mit. Der hatte in der Zwischenzeit ebenfalls versucht, sich Rat zu holen und auf der Station angerufen, wo er ausgebildet worden war. Die Auskunft, die er erhalten hatte, war aber wenig hilfreich gewesen, denn auf dieser Station würden die Patienten warm gehalten – bei mindestens 36 Grad, weshalb das Problem gar nicht auftreten könne. Diese Auskunft hatte ihn eher in seiner Skepsis bestärkt. Er stimmt jetzt aber dem Interpretationsvorschlag des Chefs von TK-Esser zu. Es herrscht allgemein Erleichterung, daß das Problem gelöst ist. Der Neurologe kommentiert das weitere Vorgehen (sinngemäß:) »Dann können wir ja jetzt auch alle Werte verwenden und brauchen nur noch den Apnoe-Test zu machen«.

In diesem Fall müssen die Beteiligten ad hoc ein lokal gültiges Ethos der Kunstfertigkeit erfinden, denn der für eine knifflige Entscheidung letzte gemeinsame autoritative Bezugspunkt, ein gemeinsamer Chef, fehlt. Die erste Festlegung erfolgt unter Federführung des Neurologen; nach Maßgabe dieser Festlegung erfolgt eine therapeutische Maßnahme, um eine Mindesttemperatur zu erreichen. Er ordnet an, eine warme Infusionslösung in die Adern des Patienten laufen zu lassen. Das Verfahren erscheint den Beteiligten allerdings wenig erfolgversprechend. Ein prinzipiell ähnliches Vorgehen scheint auch im Rahmen des lokalen Ethos der Kunstfertigkeit, das auf der Ausbildungsstation des Neurologen herrscht, üblich zu sein. Es wird darauf geachtet, daß die Temperatur der körperlichen Gestalt nicht unter eine als kritisch gewertete Grenze abfällt. Der Chef der Transplantationskoordinatorin bringt eine andere Deutung ins Spiel: Die niedrige Körpertemperatur wird als Folge des Ausfalls der zentralen Temperaturregulation gedeutet, weshalb es verzichtbar ist, eine minimale

Körpertemperatur als Bedingung der Hirntodbestimmung aufrechtzuerhalten. Dies erscheint situativ allen Beteiligten als zufriedenstellende Lösung. Es kann aber auch sein, daß die Schwierigkeit nicht durch eine Neuinterpretation des Zustandes des Patienten beseitigt werden kann, sondern die problematische Ausgangslage durch einen therapeutischen Eingriff korrigiert werden muß. Das auf der neurochirurgischen Intensivstation geltende Ethos der Kunstfertigkeit schreibt in mehreren Hinsichten vor, wie problematische Vitalparameter zu werten sind.

N-Siebert (sinngemäß:) »Sie müssen natürlich den Kreislauf stabil halten, einen Mitteldruck über 50/45, sonst können sie die Hirntoddiagnostik vergessen und Sie müssen die Blutwerte überprüfen – Zucker, Natrium, Kalium –, um ein diabetisches Koma auszuschließen.«

Unter dieser Voraussetzung werden therapeutische Eingriffe erforderlich, wenn die Vitalexpressivität des noch lebenden Patienten nicht in einen Zustand ist, der eine Hirntoddiagnostik erlaubt. Der Blutzuckerwert wird routinemäßig mitbestimmt, wenn der Anteil von Sauerstoff und Kohlendioxid im Blut untersucht wird, eine Analyse, die im Rahmen des Tests des Atemantriebs, des Apnoe-Tests, durchgeführt wird. Wenn die Ursache der Hirnschädigung bekannt ist, wäre eine derartige Untersuchung zwar nicht zwingend vorgeschrieben, aber wenn sie gemacht worden ist und ein zu hoher Zuckerwert als Untersuchungsergebnis dokumentiert ist, kann die Hirntoddiagnostik nicht abgeschlossen werden.

Die Art der Hirnschädigung ist bekannt: Es handelt sich um eine Subarachnoidalblutung, d.h., es fließt Blut in den Raum zwischen den beiden inneren Hauthüllen, die das Gehirn umgeben. Bei der Blutgasanalyse wurde auch der Blutzucker mit untersucht. Aufgrund des dokumentierten hohen Blutzuckers ist es nicht auszuschließen, daß das positive Ergebnis der Hirntoddiagnostik durch den Zuckerstoffwechsel verursacht worden ist. N-Weller (sinngemäß:) »Jetzt können wir das ganze noch mal machen.« Um sich zu versichern, ruft die Neurochirurgin bei einem Oberarzt an, dessen Kommentar sie so wiedergibt (sinngemäß:) »Der hat gesagt, wenn Du so blöd bist, den Blutzucker zu dokumentieren.« Im Rahmen dieses Krankheitsbildes wäre es nicht erforderlich gewesen. Aber jetzt ist die Hirntoddiagnostik nur gültig, wenn der Blutzuckerwert unter 200–250 gesunken ist. Die Patientin bekommt Insulin gespritzt. Nach ungefähr einer Stunde ist der Wert des Blutzuckers soweit gesunken, daß die Hirntoddiagnostik durchgeführt werden kann.

Da sie noch nicht tot ist, geht es in jeder Hinsicht um die Behandlung einer lebenden Patientin. Sie bekommt ein Medikament, Insulin, gespritzt, der lebendige Körper verarbeitet das Medikament durch seine eigenen Stoffwechselprozesse, was in der Folge den Blutzuckerwert senkt. Erst nachdem der lebendige Körper sich durch seine eigenen Prozesse in den Zustand gebracht hat, die ihn als gesund genug erscheinen lassen, um die Hirntoddiagnostik durchzuführen, kann diese abgeschlossen und eine Stunde später, nach dem Abschluß der diagnostischen Verfahren der Tod festgestellt werden. In diesem Fall können die beteiligten Ärztinnen das »esse est percipi« nicht vermeiden, da eine Organentnahme geplant ist. Der Todeszeitpunkt fällt mit der Beendigung der diagnostischen Verfahren zusammen.

Wenn die Patienten gesund genug sein müssen, um eine Hirntodbestimmung durchzuführen kann es geschehen, daß sie unrettbar so krank werden, daß eine Hirntoddiagnostik nicht mehr durchgeführt werden kann.

IP: Ich kann Ihnen die Frage sehr, relativ rasch beantworten. ... Ehm, das hängt 'n bißerl davon ab, ... (tiefer Schnaufer des Befragten) Ich will's versuchen, ganz ehrlich zu beantworten. Es gibt eigentlich net so 'ne feste Regel dafür. Die Regel is ..1 so zu interpretieren, daß wir sagen, ehm ..1 wenn wir befürchten müssen, das völlig unabhängig von einer möglichen Organspende (x.x) eine never ending story (x.x) aus einer nicht durchgeführten Hirntoddiagnostik entsteht, dann leiern wir die Hirntoddiagnostik wie im ersten Fall geschildert an (x.x), wie in dem Berei, wie im Fall der Neurochirurgie. Weil ich Ihnen bestimmt aus meiner Erfahrung – ich mach acht Jahre (x.x) schwerpunktmäßig Intensivmedizin – bestimmt ... fünfzehn, zwanzig Fälle sagen kann, wo junge Menschen, speziell junge Menschen, wirklich Wochen vor sich hingedümpelt sind, bis sie dann irgendwann 'mal Gott sei Dank verstorben sind. Ehm, von daher, und ab einem bestimmten Punkt, ich habe Ihnen vorher einen genannt, können Sie keine Hirntoddiagnostik mehr durchführen. (x.x) Weil, wenn Sie in die Spect fahren und der Patient hat nur noch einen systolischen Blutdruck von 40, sagt Ihnen der Radiologe: Tja, kann ich keine aussagekräftige Spect-Analytik machen. Und das ist dann halt einfach so: Die gehen in den Zustand, die haben eine Fre, Herzfrequenz von 40 (x.x), einen Blutdruck von 40 über 20, und das über Wochen. (x.x) Das kann Ihnen passieren. (Ja) Ehm, und, ehm, in so einem Fall sind einem dann auch hinsichtlich der Hirntoddiagnostik alle Hände gebunden. Das heißt: Man sollte, wenn, so etwas machen, ehm, wenn

G.L.: Auch bei 'ner zweizeitigen klinischen Diagnostik?

IP: Ja, das ist ganz, ganz schwierig. Weil da sagt der, der fängt er dann auch an. Ja das ist ja, jetzt ist er ganz kalt, der Patient. Sie sind ja auch an Normen und Temperatur. Und die kriegen Sie fast schon nie mehr aufgewärmt, die

Patie. Wirklich schwierig, die Bedingungen für 'ne korrekte Hirntoddiagnostik dann zu erfüllen.

Mein Interviewpartner beschreibt sehr anschaulich die Schwierigkeit den richtigen Zeitpunkt für eine Feststellung des Hirntodes nicht zu verpassen. Sowie eine Patientin so instabil, d.h. so krank, geworden ist, daß die Expressivität des Lebens nicht mehr in der Weise manipuliert werden kann, wie es erforderlich wäre, um die Hirntoddiagnostik durchzuführen, bleibt als einzige Möglichkeit, den Patienten weiter zu behandeln, bis er an einem Herz-Kreislaufversagen von sich aus stirbt.

Die Notwendigkeit, die Expressivität des Lebens auf einem bestimmten Niveau halten zu müssen, um eine Hirntoddiagnostik durchzuführen, akzentuiert scharf das komplexe Verhältnis von Expressivität des Lebens und der Expressivität des eigenständig reagierenden Körpers. Die Hirntodbestimmung nimmt den Patienten ausschließlich als eigenständig reagierenden Körper in Anspruch. Wenn die Diagnostik positiv ist, ist der Tod festgestellt und sämtliche Phänomene, die zuvor noch als Expressivität des Lebens gewertet worden waren, werden nach dem Abschluß der Hirntoddiagnostik zu Ereignissen am Körper. Solange aber die Feststellung des Hirntodes noch nicht abgeschlossen worden ist, ist die Patientin noch nicht tot und entsprechend sind Herzschlag und Blutdruck notwendigerweise noch im Sinne der Expressivität des Lebens zu werten. Verschlechterungen der Werte, in denen die Vitalexpressivität realisiert ist, werden gemäß der Prinzipien der technisch ermöglichten Symbiose behandelt. Diese wird deshalb im Vorfeld der Hirntoddiagnostik und während der Schwebezeit intensiviert, um den Patienten in dem Gesundheitszustand zu erhalten, der die Voraussetzung der Hirntodbestimmung bildet.

Vor diesem Hintergrund wird ein Konflikt verständlich, der bei der Durchführung der Hirntoddiagnostik entsteht. Denn einerseits muß die technisch ermöglichten Symbiose aufrechterhalten werden, um die Bedingungen der Diagnostik nicht zu gefährden, aber andererseits muß sie zur Durchführung der diagnostischen Prozeduren gelockert werden. Die behandelnden Ärzte müssen, während sie die klinische Prüfung vornehmen, den Patienten aus der technisch ermöglichten Symbiose entlassen, um ihn als eigenständig reagierenden Körper in den Blick nehmen und entsprechend deuten zu können. Einer der Tests, bei dem die Auflösung der Symbiose offen zum Problem werden kann, ist der Apnoetest. Dabei wird der Patient von der Beatmungsmaschine getrennt und es soll getestet werden, ob er eigene Atembewegungen ausführt. Der Atemantrieb muß ausgelöst werden, wenn der Kohlendioxidgehalt im Blut des Patienten den Maßwert 60 übersteigt. Es kann 10 bis 15 Minuten dauern, bis dieser Maßwert bei der Blutgasanalyse nachgewiesen werden kann. Reagiert die Patientin während dieser Zeit nicht mit einer Bewegung der Atemmuskulatur, ist der Apnoetest positiv verlaufen. Während des Apnoetests können die Zeichen, in denen das Leben expressiv realisiert ist, so beschaffen sein, daß sie unter normalen Umständen einen Intensivmediziner zu einer Handlung motivieren. Da es den auf einer Intensivstation gültigen Handlungsprinzipien widerspricht, der Verschlechterung des Zustandes eines Patienten zuzuschauen, ohne eine Manipulation der Expressivität des Lebens zu versuchen, deute ich umgekehrt die Schwierigkeit, die Wartezeit beim Apnoetest einzuhalten, als ein Indiz für den Konflikt zwischen der Intention, die Vitalexpressivität durch eine Intensivierung der technisch ermöglichten Symbiose aufrechtzuerhalten und der Notwendigkeit im Rahmen der Hirntodbestimmung den Körper in die Selbständigkeit zu entlassen, die er braucht, um eigenständig reagieren zu können.

Ungefähr nach 7 Minuten nimmt Oberarzt Schlot zum ersten Mal Blut ab. N-Siebert moniert (sinngemäß:) »Das ist noch drei Minuten zu früh, dann muß man nur nochmal laufen.« Das Ergebnis der Analyse dieses Blutes ist für eine positive Hirntoddiagnostik nicht ausreichend. Erst das zu einem späteren Zeitpunkt abgenommene Blut weist einen ausreichen hohen Kohlendioxidgehalt auf.

Ein weiteres Beispiel:

A-Bense verläßt mit den ersten beiden Blutproben das Zimmer, um die Blutgasanalyse zu machen. Zuvor fragt sie ihren Kollegen (sinngemäß:) »Willst Du gehen oder gucken?« Er bleibt im Zimmer. A-Wilhelm beobachtet die Brust und den Bauch des Patienten. Um genauer zu sehen, hockt er sich hin. Seine Augen sind in Brusthöhe des Patienten. Ich frage ihn, ob die pulsierende Bewegung der oberen Bauchdecke der Herzschlag sei. A-Wilhelm (sinngemäß:) »Bauchschlagader – so dick.« Er macht mit Daumen und Zeigefinger einen Kreis von ungefähr 2 cm Durchmesser. A-Bense kommt wieder. Die Kohlendioxid-Werte haben noch nicht die Höhe erreicht, die für einen positiven Apnoetest erforderlich sind. A-Wilhelm nimmt nocheinmal Blut ab. N-Flieg kommt, steht kurz dabei. Sie bietet sich an, die nächste Blutgasanalyse zu machen. Sie verläßt mit dem dritten Röhrchen voll Blut das Zimmer. A-Bense und A-Wilhelm gucken jetzt beide auf die Brust und den Bauch des Patienten und auf den Monitor.

Nach 1–2 Minuten nimmt A-Wilhelm noch einmal Blut ab. Er ist sich sicher, daß jetzt der Kohlendioxidwert hoch genug ist. Aus den Werten auf dem Monitor schließt er (sinngemäß:) »Sie hat jetzt schon eine Azidose.« Er schickt sich an, den Beatmungsschlauch wieder anzuschließen. A-Bense ist dagegen (sinngemäß:) »Wir müssen das auch über die Blutgasanalyse nachweisen.« N-Flieg kommt wieder, der Kohlendioxid-Wert war immer noch nicht hoch genug. Sie verläßt mit der vierten Blutprobe das Zimmer, um erneut eine Blutgasanalyse zu machen. Das Ergebnis der vierten Blutgasanalyse weist einen Kohlendioxidgehalt im Blut von über 60 aus. An der Gestalt des Patienten waren während der ganzen Zeit keine Bewegungen zu beobachten, die die Ärztinnen als Atembewegung wahrgenommen hätten.

Als präzisen Nachweis eines ausreichend hohen Kohlendioxidgehalt im Blut einer Patientin galt auf der Station einzig das Ergebnis der Blutgasanalyse. In keinem Fall, den ich auf der neurochirurgischen Intensivstation beobachten konnte, wies die erste Blutgasanalyse[18] einen ausreichend hohen Kohlendioxidwert auf, es mußten immer mehrere Untersuchungen vorgenommen werden. Im zweiten Fall schließt der eine Arzt von den auf dem Monitor angegebenen Werten der Vitalexpressivität auf den gefährdeten Zustand des Patienten und möchte sofort, in therapeutisch angemessener Weise darauf reagieren. Bei einer Azidose, in diesem Fall einer respiratorischen Azidose, handelt es sich um einen Zustand, der durch einen zu hohen Kohlendioxidgehalt im Blut verursacht wird. Die Therapie besteht in einer Verbesserung der Beatmung bzw. in der Einleitung einer künstlichen Beatmung. Nur die kollegiale Kontrolle verhindert, daß der Arzt entsprechend seines therapeutischen Impetus reagiert und der Patient – unter Umständen – zu früh wieder an das Beatmungsgerät angeschlossen wird. Die Schwierigkeiten, die Wartezeit beim Apnoetest einzuhalten, zeigen, wie schwer es sein kann, die Manipulation der Expressivität des Lebens, die in der technisch ermöglichten Symbiose die Regel ist, aufzugeben und der Patientin die Selbständigkeit zuzumuten, die sie braucht, um eine eigenständige Reaktion zeigen zu können. Bei besonders gefährdeten Patienten kann dieser Konflikt schon im Vorfeld der Hirntoddiagnostik zutage treten.

Bei Frau Wigmann muß die Hirntoddiagnostik wiederholt werden, da sie bei der ersten einen zu hohen Blutzucker hatte. N-Weller hatte sich mit A-Herzberg, einem anästhesiologisch besonders erfahrenen Kollegen, telefo-

---

18 Als erste Blutgasanalyse gilt hier die, die einige Minuten nach der Unterbrechung der künstlichen Beatmung gemacht wird, um den Kohlendioxidgehalt nachzuweisen, der als hoch genug gilt, um eine irgendwie geartete Eigenaktivität der Atemmuskulatur hervorzurufen. Es handelt sich also nicht um die Blutgasanalyse, die gemacht wird, um den Ausgangspunkt des Apnoetests zu fixieren.

nisch beraten. Er rät dazu, die gesamte Hirntoddiagnostik noch einmal zu machen und zwar unabhängig davon, ob es den behandelnden Ärzten gelingt, die Kreislaufsituation in den Griff zu bekommen. Nach der Hirntoddiagnostik solle das Transplantationsteam benachrichtigt werden, das feststellt, welche Organe für eine Transplantation in Frage kommen. Denen solle die Patientin dann überlassen werden. Kurz vor Beginn der zweiten Hirntoddiagnostik-Prozedur meldet A-Wilhelm Bedenken an (wörtlich:) »Einen zweiten Apnoetest übersteht sie nicht.« N-Weller (sinngemäß:) »Die Zeit arbeitet gegen uns. Wenn sie an Kreislaufversagen stirbt, ist auch nichts gewonnen. Wenn sie beim Apnoetest stirbt, dann ist es eben so, dann können wir auch nichts machen.« Bei der Durchführung des Apnoetests wird die Patientin von der Beatmungsmaschine getrennt. A-Wilhelm kann nur schwer warten, bis die Zeit verstrichen ist, die es braucht, damit der Kohlendioxid-Wert hoch genug angestiegen ist. Noch bevor das Ergebnis der Blutgasanalyse vorliegt, möchte er die Patientin wieder an die Beatmungsmaschine anhängen. Seine Kollegin ermahnt ihn, das nicht zu früh zu machen, denn wenn die Patientin schon zu früh wieder angehängt werden würde, müßte der gesamte Apnoetest wiederholt werden.

Der Anästhesist weigert sich anfänglich, die technisch ermöglichte Symbiose überhaupt aufzulösen. Für ihn ist es eine offene Frage, ob die Patientin gesund genug ist, um die Hirntoddiagnostik zu überstehen, oder ob sie so geschwächt ist, daß davon besser Abstand genommen werden sollte. Es ist auch in diesem Fall nur der kollegialen Kontrolle geschuldet, daß der Arzt seine Bedenken zurückstellt, das Leben einer Patientin, deren Kreislaufsituation ohnehin schon prekär ist, durch die Tests zu gefährden, die der Feststellung des Todes anhand des Hirntodkriteriums dienen. Zugleich verdeutlicht diese Interaktionssequenz das schwierige Verhältnis zwischen der Expressivität des Lebens und der des eigenständig reagierenden Körpers. Im Rahmen der Hirntoddiagnostik geht es nur um die Expressivität des eigenständig reagierenden Körpers, aber solange die Feststellung des Hirntodes noch nicht abgeschlossen ist, die Patientin also noch nicht tot ist, kann sie noch versterben, indem sie von sich aus die Produktion der Zeichen einstellt, in denen ihre Lebendigkeit expressiv realisiert ist, denn bis zum Abschluß der Hirntoddiagnostik sind die vitalexpressiven Zeichen noch gültige Äußerungen der Lebendigkeit des Körpers.

Die Analyse der Transformationen der Beziehungskomplexität führt erneut auf das Problem der wertenden Deutung. Das bisherige Ergebnis, Ärztinnen könnten deshalb Probleme mit dem Hirntod haben, weil sie Phänomene als Ereignisse am Körper deuten müßten, die sie außerhalb der besonderen Situation der Hirntoddiagnostik immer als Lebensäußerungen deuten würden, erweist sich als unterkomplex und muß modifiziert werden. Denn die Phänomene der Expressivität des Lebens müssen Ärzte auch unmittelbar im Kontext der Hirntoddiagnostik als Lebensäußerungen werten. Erst wenn die Hirntodbestimmung abgeschlossen ist, stellt sich das Wertungsproblem in der zuerst beschriebenen Weise. Da eine intakte Vitalexpressivität zu den Bedingungen der Durchführung einer Hirntoddiagnostik gehört, ist die Anerkennung von Blutdruck, Herzschlag und angemessenen Blutgaswerten als Zeichen des Lebens integraler Bestandteil des Vollzugs der Feststellung des Hirntodes. Dies verschärft die Probleme der wertenden Deutung, durch die festgelegt wird, welche konstellierte Gestalt bedeutet, daß das Leben des Körpers erloschen ist.

Dennoch gelingt die Deutung. Aber wie wird sie vollzogen und stabilisiert.

6.3.3. Das Paradox des Todes – die unmögliche Identifikation des ou-topischen mit der Gestalt

Die Todesfeststellung ist eine finale Deutung, die eine bestimmte gestalthafte Erscheinung bzw. eine diagnostisch konstellierte Gestalt als Hinweis auf das Erloschensein des lebendigen Gegenüber wertet. Dabei lassen sich drei Problemebenen unterscheiden, die sich ergeben, wenn eine Deutung der Gestalt Aussagen über die Patientin als outopisches Gegenüber trifft.

1. Da der Sachverhalt, um den es geht, nämlich die Lebendigkeit des Körpers für das positive Wissen nicht direkt zugänglich ist, sondern nur erdeutet werden kann, gibt es hinsichtlich der Todesfeststellung keine letztendlich gültige Sicherheit. Dies hatte sich schon bei der Darstellung der historischen Entwicklung des Hirntodkonzepts gezeigt.

2. Als besonders problematisch hatte es sich dabei erwiesen, den Todeseintritt zeitlich zu fixieren. Dies galt zwar auch für die herzkreislauf-bezogene Todesfeststellung, aber beim Hirntod trat dieser Sachverhalt deutlicher hervor, da hier der genaue Todeszeitpunkt explizit problematisiert worden war. Es war trotz des Zwangs zur Klarheit, der durch die Verbindung von Hirntodkriterium und Transplantationsmedizin entstanden war, nicht gelungen, den Todeseintritt genau festzulegen. Diese Schwierigkeit interpretiere ich

als Hinweis auf die Unmöglichkeit, das ou-topische Subjekt mit einer bestimmten gestalthaften Erscheinung zu identifizieren.

3. Die Deutung entscheidet darüber, ob ein Patient weiterhin als ein selbständiges expressives ou-topisches Gegenüber in der Begegnung mit dem medizinischen Personal existieren kann, oder ob der Patient als expressives Gegenüber erloschen ist. Insofern die selbständige Existenz des expressiven ou-topischen Gegenüber von der medizinischen Deutung berührt wird, entspricht die Todesdiagnostik dem Paradox des Bewußtseins bzw. dem Paradox der Person.

Der erste Punkt berührt allgemein das Problem der wertenden Deutung. Der zweite Punkt spitzt es zu, insofern die Fixierung des Todeszeitpunkts exakt den gestalthaften Zustand angeben müßte, der das Eintreten des Todes bedeutet. Der dritte Punkt situiert das Problem der Deutung wieder in der Beziehung zwischen Ärztin und Patientin und verweist auf die Paradoxie, die darin enthalten ist, wenn die eine Seite darüber befindet, ob auf der anderen Seite ein selbständiges Gegenüber vorhanden ist oder nicht.

Eine Untersuchung dessen, wie situativ eine beruhigende Sicherheit in der wertenden Deutung erreicht und zugleich die Paradoxie des Todes bewältigt wird, führt erneut auf die drei Methoden, mit denen die Irritationen bearbeitet werden, die sich ergeben, wenn die Phänomene der Expressivität des Lebens nach dem Abschluß der Hirntodbestimmung den supravitalen Zeichen zugerechnet werden sollen.

1. Der Methode, die Irritation durch allzu auffällige Ereignisse vermittels erzieherischer und selbsterzieherischer Disziplin zu bewältigen, entspricht einem disziplinierte Festhalten an der gewonnen Einsicht: Die zum Hirntodsyndrom konstellierte Gestalt bedeutet, daß der Tod eingetreten ist. Die Sicherheit wird durch eine disziplinierte Orientierung am lokalen Ethos der Kunstfertigkeit erreicht.

2. Der Methode, die allzu auffälligen Ereignisse am Körper auszublenden, entspricht die Vermeidung einer Festlegung, welche Gestalt im zeitlichen Verlauf den Tod des Patienten bedeutet. Diese Methode erfordert, daß das lokale Ethos der Kunstfertigkeit den beteiligten Ärzten einen gewissen Freiraum im Umgang mit den Unsicherheiten bietet, die sich ergeben, wenn eine Deutung als letzte und unveränderliche Deutung einer Gestalt fixiert wird.

3. Der Methode, den Todeszeitpunkt so zu legen, daß die allzu auffälligen Ereignisse schon vorüber sind, entspricht eine Praktik, die darauf hinausläuft, den Tod als einen aktuell eintretenden Sachverhalt festzulegen. Dies wird durch eine Veränderung der semiotischen Synthese erreicht, die in die Deutung eingeht und die eine eigenartige hochartifizielle Identifikation von Gestalt und ou-topischem Gegenüber ermöglicht.

Die ersten beiden Methoden, wie die Sicherheit in der Deutung einer Gestalt als »tot« erzeugt wird, rekurrieren vor allem auf das im Rahmen eines Autoritätssystems durch kollegiale Kritik gestützte Ethos der Kunstfertigkeit. Entweder schreibt es fest vor, daß die konstellierte Gestalt, die sich nach dem Abschluß der Hirntoddiagnostik ergibt, definitiv das Erloschensein der expressiven Leistungen des outopischen Gegenüber bedeutet, oder aber es läßt Freiräume, die es den direkt beteiligten Ärzten erlaubt, die Phänomene auszublenden, die ihnen als unvereinbar mit dem Tod erscheinen. Das Paradox des Todes wird durch das »Fürspracheprinzip« bearbeitet. Darunter ist folgendes zu verstehen. Ein Körper ist solange lebendig, wie im Rahmen des lokal gültigen Ethos der Kunstfertigkeit berücksichtigenswerte Einwände geltend gemacht werden können. Erst wenn keine der behandelnden Ärztinnen sich durch einen Einwand zur Fürsprecherin des Lebens einer Patientin macht, ist diese endgültig als expressives ou-topisches Gegenüber erloschen. In den vorhergehenden Abschnitten dieses Kapitels bin ich schon ausführlich darauf eingegangen, wie derartige Einwände erfolgen können: Durch den Verweis auf Reaktionen, die bei hirntoten Toten nicht vorkommen dürfen, oder durch den Verweis darauf, daß die Nichtreaktion durch Faktoren bedingt ist, die durch einen therapeutischen Eingriff beseitigt werden können. Wenn niemand derartige Einwände erhebt und sich so zum Fürsprecher des Lebens eines Körpers macht, bedeutet die konstellierte Gestalt: Das ou-topische Gegenüber ist als expressives Gegenüber erloschen. Die zweite Methode, die des Ausblendens, ist eine Bearbeitung stummer Zweifel, die im Rahmen eines lokalen Ethos der Kunstfertigkeit nicht im Sinne einer effektiven Fürsprache für das Leben eines Körpers wirksam werden können. Diese Methode erfordert einen kollegial gewährten Freiraum. Es muß den Ärzten freigestellt sein, wie sie sich nach der Hirntoddiagnostik auf die Patienten beziehen. Auf diese Weise kann das Paradox des Todes durch Nichtbeachtung gelöst werden. Denn dann wenn der Tod eintreten müßte, wird der Körper außer Sicht gebracht.

Die dritte Methode, das Paradox des Todes zu bearbeiten, geht das Problem der Festlegung der Gestalt, die definitiv den Tod bedeutet, anders an. Die ersten beiden Methoden lösen das Problem der Fixierung der Gestalt, die das Erloschensein des expressiven Gegenüber bedeutet, durch protokollarische Korrektheit. Da es unmöglich ist festzustellen, wann der irreversible Funktionsverlust des Gehirns eintritt, wird die Wahrnehmung dieses Sachverhalts mit seinem Auftreten identifiziert. Etwaige Zweifel werden in kollegial gewährte Freiräume abgedrängt. Eine besondere Form der Ausgestaltung dieser Freiräume ist die Nachverlegung des Todeszeitpunktes. Das besondere dieser Praxis besteht darin, die Aktivitäten des Patienten wieder stärker in den Mittelpunkt der Aufmerksamkeit zu rücken. An dieser Stelle liegt ein wichtiger Unterschied zu den beiden erstgenannten Methoden. Wenn nämlich der Todeseintritt auf die Zeit nach der Hirntodbestimmung verlegt wird, sind nicht das Fürspracheprinzip und kollegiale Kontrolle allein, sondern auch ein direkt von der Patientin ausgehendes Ereignis ein bestimmendes Moment des Todeseintritts. Der Körper wird nicht als »tot« gedeutet, weil er auf die systematische Befragung seiner Reaktionsmöglichkeiten nicht antwortet, sondern er kann sein Versterben selbst zu Protokoll geben. Dies erfordert allerdings eine qualitative Veränderung der semiotischen Struktur der Todesfeststellung.

Die Fixierung des Todeszeitpunkts als Identifikation des ou-topischen Gegenüber mit der Gestalt

Das grundsätzliche Problem, das sich ergibt, wenn aufgrund der Deutung der Gestalt eine Aussage über den Existenzmodus des ou-topischen Gegenüber getroffen werden soll, läßt sich folgendermaßen skizzieren: Wenn der Todeseintritt exakt festgelegt werden soll, muß das ou-topische Gegenüber im Augenblick des Eintretens des Todes mit der gestalthaften Erscheinung identifiziert werden, anhand derer unter kollegialer Kontrolle festgelegt wird, daß sich der Existenzmodus des ou-topischen Gegenüber im Augenblick des Todeseintritts verändert: Die wahrnehmbare Veränderung ist identisch mit der Veränderung des ou-topischen Gegenüber. Um den Sinn dieses Arguments zu verstehen, ist es erforderlich, sich zu vergegenwärtigen, wie verschieden eine Entität in einer Begegnung ein ou-topisches Gegenüber sein kann. Als Ordnungseinheit überdauert das Gegenüber Veränderungen seiner gestalthaften Erscheinung, ohne dadurch in seiner

Existenz berührt zu sein, denn es wird in der Begegnung nur insofern in Anspruch genommen, als die verschiedenartigen gestalthaften Erscheinungen zu einer Einheit konstelliert werden. Solange das Gegenüber in dieser Weise als Ordnungseinheit existiert, ist es gleichgültig gegen die Frage, ob es lebt oder tot ist. Wenn der Existenzmodus nicht relevant ist, stellt sich auch das Problem der Identifikation des ou-topischen mit der Gestalt nicht. Aber wenn das Gegenüber in der Gestalt expressiv realisiert ist, wird dieses Problem virulent. Im Moment des endgültigen Erlöschens der expressiven Realisierung müßte das expressive ou-topische Gegenüber mit der Gestalt identisch sein, denn die Gestaltveränderung ist zugleich die Veränderung des Existenzmodus des ou-topischen Gegenüber. Daraus ergibt sich eine neuartige Möglichkeit mit der Paradoxie des Todes umzugehen. Diese besagte, daß es letztlich nicht möglich sein könne, es durch die Deutungsaktivitäten von Ärztinnen festzulegen, ob diese ein outopisches expressives Gegenüber vorfinden oder nicht. Denn dann müßte das Gegenüber gerade insofern es expressiv eigenständig ist, durch die Diagnose bestimmt sein. Die auf der Grundlage der Deutung der Gestalt als aktuelles Ereignis festgestellte Veränderung des Existenzmodus ist so angelegt, als würde sie den Patienten aus seiner Abhängigkeit von der Deutung entlassen: Diese wartet auf das sichtbare Erlöschen einer bestimmten Aktivität, die als definitives Zeichen des Lebens gilt, dadurch wird eine bestimmte gestalthafte Erscheinung mit der Veränderung des Existenzmodus identifiziert.

Bei der Hirntoddiagnostik werden wie bei den meisten diagnostischen Verfahren über einen längeren Zeitraum Elemente produziert und/oder gesammelt, die schließlich zu einer Gestalt konstelliert werden. Es handelt sich also in einem ausgeprägten Sinn um eine sequentielle Synthese.[19] Diese darf weiterhin gemäß der Vorschriften der Bundesärztekammer erst mit der Integration der letzten Zeichen gelingen. Die Bedingung einer derartigen Synthese ist die Differenz zwischen der Patientin als einem ou-topischen Gegenüber und den einzelnen Zeichen bzw. Testergebnissen, die zu der diagnostisch relevanten Gestalt konstelliert werden. Der praktische Vollzug der Synthese aktualisiert die Differenz zwischen ou-topischem Gegenüber und der Gestalt, als die es im Ergebnis erscheint. Solange diese Differenz aufrechterhalten ist, wird das Problem der wertenden Deutung

---

19 Für die Differenz zwischen sequentiellen und simultanen Synthesen vgl. Jakobson (1971a, b).

permanent virulent gehalten. Wenn der Zeitpunkt des Todeseintritts allerdings auf die Zeit nach der Feststellung des Hirntodes verlegt wird, ergibt sich eine überraschende Möglichkeit die Differenz zwischen biotechnischer Gestalt und ou-topischem Gegenüber einzuebnen. In diesem Fall wird das Erlöschen von Herzfrequenz und Blutdruck unmittelbar mit dem Eintreten des Todes identifiziert. Dies entspricht dem üblichen Modus des Versterbens auf der Intensivstation. Dort stirbt niemand überraschend, sondern nur, weil zuvor festgelegt wurde, in welchem Ausmaß lebensrettende Maßnahmen ergriffen werden sollen. Die technisch ermöglichte Symbiose erlaubt eine effektive und weitgehende Manipulation der Vitalexpressivität. Ein Patient stirbt zumeist erst dann, wenn das ihm diagnostisch zuerkannte Maß an therapeutischer Unterstützung ausgeschöpft ist. In diesem kontrollierten Rahmen kann eine Patientin von sich aus an Herz-Kreislaufversagen sterben. Der Tod tritt von sich aus ein, wenn er zugelassen wird. Da der Tod auf einer Intensivstation nur unter extrem kontrollierten Bedingungen auftritt, wird es möglich die Monitordarstellung von Herzfrequenz und Blutdruck direkt als gültige Lebenszeichen und ihr Erlöschen mit dem Erlöschen des Lebens zu identifizieren. Außerhalb einer Intensivstation wäre diese eindeutige Identifikation unmöglich, denn dort wüßte ein Arzt nicht, welche Chancen es gäbe, das Herz eines Patienten mit therapeutisch gutem Erfolg wieder zum Schlagen zu bringen, und er müßte entsprechend mit einer Reanimation beginnen.

Unter den kontrollierten Bedingungen der Intensivmedizin und eben mit besonderer Klarheit unter den kontrollierten Bedingungen nach einer Hirntoddiagnostik ist es für die beteiligten Ärzte eindeutig, daß jede Reanimationsmaßnahme sinnlos ist. Unter dieser Voraussetzung kann sich eine Ärztin gegenüber einem Hirntoten wie gegenüber einem Lebenden verhalten, bei dem eine Reanimation ausgeschlossen wurde: Seine Lebendigkeit wird vollständig mit der apparativ durch die Monitordarstellung sichtbar gemachten Expressivität des Lebens identifiziert. Erst wenn Herzfrequenz- und Blutdruckkurve eine Nullinie aufweisen, ist die Patientin tot, aber wenn dies eingetreten ist, ist der Patient auch definitiv tot.

Diese Identifikation von Gestalt und ou-topischem Gegenüber entspricht einer Verschiebung der semiotischen Struktur. Die Zeichen, die im Fall dieser Todesfeststellung zu einer Gestalt zusammengefaßt werden, können simultan erfaßt werden. Es gilt die Gleichung: Eine annähernd simultan erfaßte biotechnische Gestalt (einschließlich der Monitordarstellung) = eine Patientin als ou-topisches Gegenüber.

Die Differenz zwischen dem Patienten als expressivem ou-topischen Gegenüber und der Gestalt, als die er erscheint, wird damit praktisch bedeutungslos und ist allerhöchstens noch für erkenntnistheoretische Erwägungen von Interesse. Wenn die simultane Synthese der Zeichen zu der Gestalt, die den Tod bedeutet, gelingt, wird das Eintreten des Todes beobachtbar. Es ist als würde das Leben sein eigenes Erlöschen direkt zu Protokoll geben.

6.4. Die finale Deutung und das Paradox des Todes

Die finale Deutung eines ehemals lebendigen Körpers als ein nichtexpressives ou-topisches Gegenüber anhand des Hirntodkriterium läßt sich zusammenfassend so beschreiben. Die Komplexität der Beziehung zwischen gedeuteter Patientin und deutender Ärztin wird einer Feinregulierung unterworfen: Der Patient muß einerseits gemäß der Prinzipien, die sich aus der technisch ermöglichten Symbiose ergeben, behandelt und im Zustand ausreichender Gesundheit erhalten werden, um die Hirntoddiagnostik durchzuführen, andererseits muß die Patientin aber zur Durchführung der Hirntoddiagnostik aus der technisch ermöglichten Symbiose entlassen werden, und zugleich darf die Komplexität ihrer Umweltbeziehung in der Begegnung mit den diagnostizierenden Ärztinnen nicht die eines eigenständig reagierenden Körpers übersteigen. Wenn die Feinregulierung gelingt, können die diagnostisch relevanten Tests durchgeführt werden, die gemäß des Verständnisses der diagnostizierenden Ärzte den vorgeschriebenen Sorgfaltskriterien entsprechen. Wenn die Tests unter den Bedingungen, die das lokale Behandlungsethos vorschreibt, zu der Gestalt konstelliert werden können, die gemäß des lokalen Ethos der Kunstfertigkeit das Erloschensein der Expressivität des ou-topischen Gegenüber bedeutet, ist der Tod eingetreten. Das von der Bundesärztekammer formulierte Protokoll gilt als Mindeststandard, der in den von mir beobachteten Fällen übererfüllt wird.

Die Deutung einer konstellierten Gestalt als Erloschensein des expressiven ou-topischen Gegenüber akzentuiert scharf die wertende Deutung, die in jeder Todesfeststellung enthalten ist. Der Bereich der supravitalen Phänomene, d.h. der Phänomene, die als Ereignisse am Körper aufgefaßt werden müssen, umfaßt im Fall der Hirntodbestimmung nämlich auch Phänomene, die nicht nur außerhalb, sondern auch innerhalb des engen Kontextes der Hirntoddiagnostik im Sinne der Expressivität des Lebens gedeutet werden.

Darüber hinaus unterscheiden sich die zeitlichen Strukturen der Todesfeststellung anhand des Hirntodkriteriums von den zeitlichen Strukturen der auf einer Intensivstation üblichen diagnostischen Verfahren. Dies führt zu der befremdlichen Konsequenz des »esse est percipi«. Die Realität der Tatsache des eingetretenen Todes ist daran gebunden, daß der Tod in protokollarisch vorgeschriebener Weise wahrgenommen worden ist. Solange das nicht der Fall ist, lebt der Patient noch. Wenn das lokale Ethos der Kunstfertigkeit genügend Freiräume bietet, wird der endgültige Vollzug der finalen Deutung deshalb so angelegt, daß sowohl die Irritationen durch die Phänomene, die bis zum Abschluß der Hirntoddiagnostik der Expressivität des Lebens zugerechnet werden müssen, als auch die Bürde, den Tod durch die eigene Wahrnehmung eintreten zu lassen, methodisch vermieden werden.

Eine begegnende Gestalt als »tot« zu deuten, heißt, durch die Deutung den Existenzmodus des selbständigen ou-topischen Gegenüber zu modifizieren. Denn die Deutung legt fest, wie ein begegnendes Gegenüber erscheinen muß, um noch als ein expressives Gegenüber gewertet werden zu können. Die Bestimmung des Existenzmodus des selbständigen Gegenüber durch die deutende Aktivität der Mediziner habe ich als Paradox des Todes bezeichnet. Dieses wird im Kontext der Intensivmedizin durch die Feinregulierung der Beziehungskomplexität bearbeitet. Der Patient wird in eine biotechnische Gestalt verwandelt und existiert als solche mit den behandelnden Ärzten in einer technisch ermöglichten Symbiose, dadurch wird die Expressivität des Lebens einer weitgehenden Kontrolle unterworfen. Unter dieser Voraussetzung kann gerade in der Intensivmedizin der eintretende Tod zu einem kontrolliert beobachtbaren Ereignis werden: Das Erlöschen des expressiven Existenzmodus des ou-topischen Gegenüber wird identifiziert mit dem Erlöschen der Kurvendarstellung von Herzfrequenz und Blutdruck.

Bei der Hirntoddiagnostik ist die Kontrolle der Expressivität des Lebens im Rahmen der technisch ermöglichten Symbiose die Voraussetzung für die spezifische Wertung der diagnostischen Tests. Die Tests selber nehmen die Patientin nur im Sinne einer eigenständig reagierenden Einheit in Anspruch. Aufgrund der Ätiologie und der Kontrolle der Expressivität des Lebens gilt es als ausgeschlossen, daß eine Nichtreaktion auf die klinische Befragung durch einen Faktor verursacht worden ist, der durch einen therapeutischen Eingriff beseitigt werden könnte. Auf diese Weise sind die Reaktionen in zweifacher Hinsicht einer maximalen Kontrolle unterworfen. Da es sich um reflektorische Reaktionen handelt, geht es einzig darum, ob überhaupt irgendeine Reaktion erfolgt oder nicht. Die Reaktion braucht keiner Wertung unterzogen zu werden, denn insofern die Begegnung so verläuft, das dem ou-topischen Gegenüber kein Spielraum für die Gestaltung seiner Reaktionen bleibt, kann sich nicht das Problem stellen, sinnentsprechende Reaktionen etwa als »Hinwendung zu« oder als »Abwehr von« interpretieren zu müssen. Wenn die Kontrolle der Expressivität des Lebens es ausschließt, daß eine Nichtreaktion durch therapeutisch beeinflußbare Faktoren bedingt wird, kann die Nichtreaktion nur bedeuten, daß das, was reagieren könnte, die Patientin als expressive eigenständig reagierende Einheit, nicht mehr existiert. Unter dieser Voraussetzung findet das Leben eines menschlichen Körpers keinen Fürsprecher mehr, der sich effektiv auf das lokale Ethos der Kunstfertigkeit berufen könnte. Mit dem Abschluß der Deutung verwandeln sich die Phänomene, die eben noch der Expressivität des Lebens zugerechnet worden waren und optimal manipuliert werden mußten, um den Patienten gesund genug zu erhalten, damit er die Prozeduren der Hirntoddiagnostik übersteht, in Ereignisse am Körper. Diese abrupte Verschiebung führt bei den meisten Ärzten zu einer Praxis des stummen Zweifels, die sich in den Ritzen entfaltet, die durch die kollegiale Kontrolle nicht erfaßt sind.

Mit dem Erloschensein ihres Vertreters, des lebendigen Körpers, ist das unumschränkte Existenzrecht der Person erloschen. Der tote Körper kann entweder in die Kühlkammer verlegt oder zur Heilung anderer lebender Körper verwendet werden, in denen eine Person symbolisiert ist. Ab jetzt gibt es für die Person, die elementar durch den jetzt verstorbenen und bis zum Abschluß der Hirntoddiagnostik noch lebendigen Körper vertreten wurde, nur noch sehr beschränkte Formen der Vertretung, die durch die engen Vorschriften des postmortalen Persönlichkeitsrecht begrenzt sind. Von diesen Ausnahmen abgesehen gilt: Der physische Tod ist der soziale Tod. Die Grenzen des Sozialen fallen zusammen mit den Grenzen des Lebens eines menschlichen Körpers.

7. DIE BIOMEDIZINISCHEN GRENZEN DES SOZIALEN UND DIE EPISTEMOLOGISCHE BLINDHEIT DER SOZIOLOGIE

Den Ausgangspunkt der Analyse bildete eine Kritik der unausgesprochenen anthropologischen Fundierung der soziologischen Theoriebildung. Der Soziologie gelten nur lebende Menschen als soziale Akteure bzw. nur von lebenden Menschen gemachte Ordnungen als soziale Ordnungen. Der Rekurs auf den Menschen ist zweifach. Er läßt sich als Antwort auf zwei Fragen begreifen: Was ist der Mensch? Wer ist ein Mensch? Die erste Frage zielt auf das Wesen des Menschen, das ihm kulturübergreifend zukommt. In dieser Hinsicht hat die Soziologie maßgeblich daran mitgearbeitet, fixierte Wesensvorstellungen durch die Annahme zu ersetzen, daß Menschen sich in spezifischen historischen Situationen Ordnungen erschaffen, durch die sie das, was sie sind und wie sich verstehen, allererst hervorbringen. Daraus folgt: Es gibt keine überhistorischen universalen anthropologischen Wesensbestimmungen. Die Antwort auf die zweite Frage ist gegenwärtig identisch mit der Antwort auf die Frage, wer ein sozialer Akteur ist. In dieser Hinsicht hält die Soziologie an unexplizierten anthropologischen Annahmen fest. Deren Fortschreibung läßt sich nur vermeiden, wenn die unausgesprochene positive anthropologische Fundierung durch eine reflexive Anthropologie ersetzt wird. Diese löst die Gleichsetzung zwischen dem Bereich des Sozialen und dem Kreis der Menschen auf, indem sie die Frage, wer ein Mensch ist, selbst zum Gegenstand macht. Dadurch wird es möglich, diese Frage in einer für die empirische Forschung fruchtbaren Weise zu reformulieren: Aus der Frage – »Wer ist ein Mensch?« –, wird die Frage – »In welchen Deutungsprozessen wird entschieden, wer ein sozialer Akteur ist?« Eine reflexive Anthropologie enthält sich positiver Aussagen darüber, wie die Grenzen des Sozialen gezogen werden, und überläßt diese der empirischen bzw. der materialen historischen Forschung.

Wenn es in beobachtbaren Prozessen entschieden wird, wer ein Mensch bzw. wer ein sozialer Akteur ist, wird die anthropologische Sicherung, die der theoretischen und empirischen soziologischen Forschung Halt und Facon gab, definitiv aufgelöst. Bislang orientierte sich die soziologische Forschung positiv gegenstandsbezogen. Sie untersuchte »die menschliche Gesellschaft«, »menschliches soziales Handeln« oder »menschliche soziale Systeme«. Wenn der Bezug auf

»die Menschen« aufgegeben wird, entsteht eine vollkommen neuartige Situation: Das naive Vorgehen, das seinen Gegenstand, die »menschliche Gesellschaft«, als gegeben vorfindet, muß ersetzt werden durch ein kritisches Vorgehen, das sich selbst Rechenschaft darüber ablegt, wie der Gegenstand der soziologischen Forschung gebildet wird. Es wird unerläßlich, allgemein anzugeben, was unter Sozialität verstanden werden soll, um mit Bezug auf diese konstruktive Setzung den Gegenstand des Fachs kritisch bestimmen zu können.

Als kritisch begrenzende Annahme verwendete diese Studie das Theorem der doppelten Kontingenz. Diese Option folgt zwei Erwägungen. Zum einen erweist sich das Theorem der doppelten Kontingenz nämlich als konkretisierende Ausgestaltung des Begriffs der Mitwelt, d.h. der sozialtheoretischen Annahmen, die sich im Rahmen einer reflexiven Anthropologie ergeben. Zum anderen ist das Theorem der doppelten Kontingenz in der soziologischen Diskussion gut eingeführt. Es bildet einen allgemeinen Bezugspunkt, auf den sich sinnentsprechend so unterschiedliche Theorietraditionen wie die der Systemtheorie und der Handlungstheorie, einschließlich der Theorie der symbolvermittelten Interaktion, berufen.

Ausgehend von dieser disziplinierenden Orientierung lassen sich die methodischen Anforderungen präzisieren, vor die sich eine Forschung gestellt sieht, die die Grenzen des Sozialen selbst zum Gegenstand macht. Um die Vielschichtigkeit der Probleme, die sich dabei ergeben, in den Blick zu nehmen, ist es sinnvoll, diese schrittweise zu entfalten.

Sozialität setzt die Existenz mehrerer Entitäten voraus. Die bloße Vielzahl von Entitäten reicht aber nicht aus, um zu bestimmen, was unter Sozialität zu verstehen ist. Das Theorem der doppelten Kontingenz dient dazu, das Charakteristikum sozialer Beziehungen zu bestimmen. In der empirischen Forschung werden Phänomene daraufhin beobachtet, ob sie sie sich mit Bezug auf das Theorem der doppelten Kontingenz plausibel deuten lassen.

Wenn Sozialität durch doppelte Kontingenz bestimmt ist, ergibt sich weiterhin, daß diejenigen Entitäten, die miteinander in einer sozialen Beziehung stehen, darum wissen, daß sie miteinander in einer sozialen Beziehung stehen. Die Begrenzung zwischen dem Bereich des Sozialen und anderem ist nicht nur eine Unterscheidung, die von der soziologischen Beobachterin getroffen wird, sondern es handelt sich um eine Unterscheidung, die im Feld selbst vollzogen wird. Die Unterscheidung etwa zwischen dem Bereich des Sozialen und dem der Natur ist eine Unterscheidung, die von den beobachteten Akteuren selbst getroffen wird. In den Blick zu nehmen, wie diese Unterscheidung im Feld vollzogen wird, erfordert ein zweistufiges Deutungsverfahren. Die Rekonstruktion dessen, wie Akteure kommunikative Mitteilungen interpretieren, kommt mit einem einstufigen Deutungsverfahren aus, das Mitteilungen und ihre Interpretationen in den Blick nimmt. Wenn aber zur Debatte steht, wie die Unterscheidung zwischen dem Bereich des Sozialen und anderem gezogen wird, bedarf es eines zweistufigen Deutungsverfahrens, das auch die basale Deutung zum Gegenstand macht, durch die entschieden wird, wessen Aktivitäten überhaupt als kommunikative Mitteilungen gewertet werden. Die Analyse der Grenzen des Sozialen ist eine Analyse der fundierenden Deutung, die von Akteuren vollzogen wird, wenn sie begegnende Entitäten danach unterscheiden, ob sie als Kommunikanten in Frage kommen oder nicht. Die fundierende Deutung unterscheidet zwischen sozialen Beziehungen und nichtsozialen Beziehungen. Auf diese Weise wird die Grenze zwischen dem Bereich des Sozialen und dem Bereich des Nichtsozialen, z.B. dem der Natur gezogen. Auf diese Weise wissen moderne soziale Akteure – etwa Mediziner –, ob und wie sie mit lebendigen menschlichen Wesen, z.B. ihren Kollegen und Patienten, in einer sozialen Beziehung stehen.

Für Soziologen, die derartige Phänomene untersuchen, stellen sich diese Fragen in einer potenziert reflexiven Weise: Zum einen müssen sie anhand des kritisch begrenzenden Prinzips der doppelten Kontingenz unterscheiden, ob sie eine soziale Beziehung oder etwas anderes beobachten und zum anderen müssen sie methodisch berücksichtigen, daß auch die Beziehungen, in denen die Forschung stattfindet, – zumindest teilweise – soziale Beziehungen sind.

Daraus ergibt sich eine weitere Schwierigkeit. Wenn anhand des Theorems der doppelten Kontingenz in der empirischen Forschung unterschieden wird zwischen dem Bereich des Sozialen und anderem, lassen sich soziologisch relevante Phänomene von anderen abgrenzen. Für die Untersuchung des Bereichs des Sozialen, der durch diese forschungspraktische Unterscheidung gebildet wird, wäre eine genuin soziologische Sichtweise zuständig. Wenn sich die Analyse aber darauf beschränkt, diesen Bereich zu untersuchen, wären soziale Handlungen, Kommunikationen oder symbolvermittelte Interaktionen der ausschließliche Gegenstand. Die Unterscheidung, durch die der Bereich des Sozialen im Feld praktisch wirksam erzeugt wird, d.h. die fundierende Deutung, würde aus der soziologischen Forschung herausfallen. Um die fundierende Deutung zum Gegenstand zu machen, ist es notwendig, das Feld von einem Diesseits der Unterscheidung zwischen Sozialem und Nichtsozialem in den Blick zu nehmen. Denn nur von einem Diesseits aus, wäre es möglich zu sehen, wie das deutende Unterscheiden zwischen dem Bereich des Sozialem und anderem funktioniert. Es ist wichtig, sich stets zu vergegenwärtigen, daß diese Unterscheidung auf zwei Ebenen wirksam ist: Zum einen als eine Unterscheidung, die die Forschung diszipliniert und sie auf das Soziale lenkt, und zum anderen als im Feld wirksame Unterscheidung, durch die der Bereich des Sozialen praktisch konstituiert wird. Um zu beobachten, wie im Feld die für die Soziologie epistemologisch relevante Grenze gezogen wird, ist es erforderlich, eine Perspektive von diesseits der epistemologischen Grenzen einzunehmen. Die kritische Reflexion auf die Grenzen des Sozialen erfordert eine kontrollierte Beobachtung von diesseits der epistemologischen Grenzen des Bereichs des Sozialen.

Jetzt läßt sich die methodische Anlage der Untersuchung erfassen, die ihren Gegenstand weder als gegeben voraussetzt, noch mit Hilfe einer formal-apriorischen Annahme begrenzt. Der Gegenstand wird nicht naiv vorausgesetzt, denn er wird mit Bezug auf eine konstruktive Annahme, die sich in der Materialanalyse bewähren muß, limitiert. Die konstruktive Annahme nimmt allerdings auch nicht den Charakter eines universalen formalen a priori an, denn sie wird immer auf die Möglichkeit ihres Andersseins bezogen. Das Theorem der doppelten Kontingenz bleibt immer bezogen auf die auch in formaler Hinsicht nicht bestimmte Mitwelt. Von dorther ließe sich unter anderen Bedingungen vielleicht auch in ganz anderer Weise Sozialität in eine konstruktive Annahme übersetzen, die sich in anderer Weise für empirische Forschung operationalisieren ließe. Weiterhin lassen sich die Gegenstände, die eine soziologische Forschung in den Blick nimmt, nämlich die Enitäten, deren Beziehung im Sinne doppelter Kontingenz gedeutet werden kann, nicht vollständig in diese disziplinierte Perspektive einschließen. Sie verweisen immer auch auf die Möglichkeit ihres Anders-Sein-Könnens.

Diese Einsicht zu verallgemeinern, ist die methodische Grundentscheidung der vorliegenden Studie. In einer modernen Gesellschaft existieren Entitäten nicht nur in einer, sondern in mehreren Wissens- und Praxisformen. Was in einer Wissens- und Praxisform von einer Entität gewußt wird, kann vollständig unvergleichbar mit dem praktischen Wissen sein, das es in einer anderen Praxis- und Wissensform von dieser Entität gibt. Im untersuchten Fall, der das Verhältnis von biomedizinischem Wissen vom Leben und rechtswissenschaftlichen Wissen von natürlichen Personen betraf, handelte es sich in der Tat um ein vollständig unvereinbares Wissen. Wenn es sich trotzdem um dieselben Entitäten handelt, die auf so verschiedene Weise existieren, läßt dies nur den Schluß zu, daß die Entitäten, von denen es ein derartig divergierendes praktisches Wissen gibt, nicht vollständig damit identifiziert werden können, wie sie in einer Wissens- und Praxisform existieren. Diese Differenz habe ich als ou-topisch bezeichnet. Outopos ist im Wortsinne zu verstehen. Als ou-topische Gegenüber eines praktischen Wissens sind Entitäten nicht vollständig in die in einer Wissens- und Praxisform gültige Topographie des Wissens integriert, sondern sie sind im Verhältnis zu diesem Wissensort outopisch. Dies ermöglicht es, daß ein- und derselbe Gegenstand als Gegenüber einer Wissenspraxis immer auch ein anderer sein kann, nämlich als Gegenüber einer anderen Wissenspraxis. Die Entitäten wandern durch die Wissens- und Praxisformen. Es scheint mir ein Spezifikum zumindest der untersuchten Wissens- und Praxisformen zu sein, daß sie den ou-topischen Charakter ihrer Gegenstände indirekt anerkennen. Sie berücksichtigen nämlich für ihre eigene Praxis, daß das Gegenüber, mit dem sie es zu tun haben, in andere Wissens- und Praxisformen übersetzt ist und geben damit den Anspruch eines umfassenden Wissens über die behandelten Entitäten auf. Das jeweilige Wissen ist ein Wissen im Konjunktiv.

Um diese Einsicht für die empirische Forschung fruchtbar zu machen, habe ich ein Interpretationsmodell entwickelt, das drei Ebenen unterscheidet.

1. Die Ebene des ou-topischen Gegenüber.

2. Die Ebene des gestalthaft geordneten positiven Wissens über eine Entität.

3. Die Ebene der Verfahren, in denen die diskreten Elemente produziert werden, die zu einer gestalthaften Ordnung zusammengesetzt werden.

Erprobt wurde dieses Modell vor allem in der Interpretation des Umgangs von Ärztinnen mit Patientinnen. Eine Deutung der medizinischen Praxis, die sich an diesem Modell orientiert, ermöglicht es, dem Patienten auf der Spur zu bleiben, auch wenn er nicht mehr als soziale Person existiert, sondern übersetzt ist in das Gegenüber der medizinischen Wissens- und Praxisformen. Das praktische medizinische

Wissen ist allerdings nicht in sich homogen, sondern nimmt die Patientin in verschiedener Weise als ou-topisches Gegenüber in Anspruch. Die medizinische Praxis ist in sich durch die Notwendigkeit von Übersetzungsleistungen charakterisiert. Um dem Patienten durch die verschiedenen Wissens- und Praxisformen zu folgen, erweist es sich als unerläßlich, zwischen verschiedenen Möglichkeiten, wie eine Patientin ein ou-topisches Gegenüber sein kann, zu unterscheiden. Von besonderer Bedeutung ist dabei die Differenz zwischen dem Patienten als expressives und als nichtexpressives Gegenüber. Bei der Erstellung einer Diagnose werden verschiedene apparative und klinische Verfahren eingesetzt; die Ergebnisse dieser Tests sind zunächst diskrete Elemente, die für sich genommen noch keine diagnostische Aussagekraft haben. Diese erhalten sie erst, wenn sie einem Patienten zugeordnet werden und mit anderen, diesem Patienten zugeordneten, diskreten Elementen zu einer Gestalt konstelliert werden. In diesem Prozeß existiert die Patientin insofern als ou-topisches Gegenüber, als sie mit keiner der verschiedenen gestalthaften Erscheinungen identisch ist. Nur wenn sie in Differenz zu den verschiedenen Möglichkeiten ist, Wissen von ihr zu erwerben, kann sie das sein, wodurch diese Elemente zu einer Einheit arrangiert werden. Die sicht- und tastbare Gestalt, als die eine Patientin dem Zugriff der medizinischen Praxis zugänglich ist, kann nicht in diesem Sinne als Ordnungseinheit fungieren, denn die Gestalt wird in den diagnostischen Verfahren vollständig aufgelöst. Nur mit Bezug auf die körperliche Gestalt ginge die Patientin als Einheit verloren und die diskreten Elemente könnten nicht mehr zu einer Einheit zusammengefügt werden.

Die Patientin als expressives Gegenüber kommt notwendig dann ins Spiel, wenn es von Bedeutung ist, ob sie lebt, eigenständig reagiert, bei Bewußtsein ist, als natürliche Person im Sinne des Rechts oder soziologisch als soziale Person existiert. In jedem Fall geht es um eine expressive Eigenaktivität, die die betreffende Entität selbständig vollbringen muß. Diese Eigenaktivität, d.h. Leben, Eigenreaktivität, Bewußtsein oder symbolische Expressivität sind Leistungen, die die Patientin für andere wahrnehmbar selbständig erbringen muß. Vor allem anhand des medizinischen Umgangs mit Patienten wurde untersucht, wie dies erfolgt. Eine Patientin wird nur solange behandelt, wie in ihrer körperlichen bzw. biotechnischen Gestalt für andere wahrnehmbar expressiv realisiert ist, daß sie am Leben ist. Wenn es zur Debatte steht, ob der Tod nur anhand des Hirntodkriteriums festgestellt werden kann, wird auf eine diagnostisch konstellierte Gestalt rekurriert, die daraufhin gedeutet wird, ob in ihr die Tatsache der Lebendigkeit expressiv realisiert ist oder nicht.

Im Rahmen dieser Untersuchung erwies es sich als sinnvoll, die verschiedenen Expressivitätsmodi in zwei Hinsichten genauer zu differenzieren.

1. Der Expressivitätsmodus ist zugleich ein Existenzmodus des ou-topischen Gegenüber. Wie dieser in der Begegnung mit der ärztlichen Praxis existieren kann, wird einerseits durch die Beziehung determiniert, in der die ärztliche Deutung stattfindet und ist andererseits die Voraussetzung dafür, wie die Beziehung beschaffen ist.

2. Die verschiedenen Expressivitätsmodi lassen sich danach unterscheiden, ob sie leibgebunden sind. Die Expressivität des Lebens, die Expressivität des eigenständig reagierenden Körpers und die Expressivität des leiblichen Bewußtseins hängen direkt von der Gestalt des Patienten ab. Die Patientin muß sich mit großem physischem Aufwand darin engagieren, als lebendig, eigenreaktiv oder bewußt zu erscheinen. Im Fall der symbolischen Expressivität kann der direkte physische Aufwand minimiert und evtl. sogar vollständig substituiert werden. Die Person, die sich durch symbolische Expressivität kundtut, braucht noch nicht einmal als körperliche bzw. als biotechnische Gestalt anwesend zu sein.

Die Expressivität eines ou-topischen Gegenüber, d.h. sein Existenzmodus, wird in einem Zusammenspiel dreier Momente festgelegt, die in einem paradox anmutenden Verhältnis wechselseitigen Voraussetzens zueinander stehen: 1. die deutende ärztliche Aktivität, 2. das erdeutete ou-topische Gegenüber und 3. die Beziehung, in der die Deutung stattfindet. Ob ein Patient als Gegenüber einer ärztlichen Deutungspraxis als tot, als lebendig oder als bewußt existiert, ist insofern durch die Deutungspraxis determiniert, als diese die gestalthafte Erscheinung festlegt, die bedeutet, daß eine Patientin tot, lebendig oder bei Bewußtsein ist. Demnach müßte die Deutung dafür entscheidend sein, wie ein Patient als ou-topisches Gegenüber existiert. Die Deutung ist aber auf die Durchführung von Tests angewiesen, die zu einer stimmigen Gestalt konstelliert werden. Da nun die Art und Weise, wie die Tests erfolgen, die zu der zu deutenden Gestalt konstelliert werden, durch die Beziehung determiniert ist, innerhalb derer die Tests durchgeführt werden, müßte die Beziehung zwischen Ärztin und ou-topischem Gegenüber das Entscheidende sein.

Je nachdem ob es nämlich um die Expressivität des Lebens, die Expressivität des eigenständig reagierenden Körpers oder die des leiblichen Bewußtseins geht, werden dem Gegenüber unterschiedliche Freiheitsspielräume zugemutet. Im Rahmen der technisch ermöglichten Symbiose, in der ein Patient sich maximal als lebendig zeigen kann, ist z.b. eine Aussage über das Bewußtsein unmöglich. Die Patientin verfügt in dieser Beziehung über einen zu geringen Freiheitsspielraum, als das eine Feststellung hinsichtlich ihres Bewußtseins möglich wäre. Der Arzt muß sich so zum Patienten in Beziehung setzen, daß er diesen als ein Gegenüber mit einem Gestaltungsspielraum erwartet, sonst ist z.b. die wertende Deutung »Bewußtsein« allein durch die Beziehung, in der die Diagnose stattfindet, unmöglich geworden. Dies gilt nicht nur für die Tests, durch die festgestellt werden soll, ob eine Patientin bei Bewußtsein ist, sondern auch schon dann, wenn eine Aussage über die Patientin als eigenständig reagierende Einheit getroffen werden soll. Auch in diesem Fall muß die technisch ermöglichte Symbiose gelockert werden. Wie ein Patient als ein selbständiges ou-topisches expressives Gegenüber existiert, hängt also ebenso davon ab, wie Arzt und Patient zueinander in Beziehung gesetzt sind. Die jeweilige Beziehung zwischen Ärztin und Intensivpatientin basiert aber notwendig darauf, daß die Patientin in der Beziehung als selbständiges expressives ou-topisches Gegenüber existiert, d.h., die Patientin als expressives ou-topisches Gegenüber bildet die Voraussetzung dafür, daß überhaupt die Beziehung zustande kommen kann, in der die Tests durchgeführt werden. Etwas vergleichbares gilt für die deutende ärztliche Praxis, auch diese ist auf die Patientin als ein selbständiges Gegenüber angewiesen, das sich von sich aus zeigt. Auch wenn es eine ärztliche Aktivität ist, die die biotechnische Gestalt bzw. die konstellierte Gestalt deutet und so den Tod des ou-topischen Gegenüber feststellt, liegt es doch nicht in der Macht der wertenden Deutung, den Sachverhalt existieren zu lassen, daß eine Patientin lebt oder nicht. Es ist das Gegenüber selbst, das lebt und deshalb sterben kann. Eine derart paradoxe Verschachtelung von deutender medizinischer Praxis, erdeutetem ou-topischem Gegenüber und der Beziehung, in der sich die Deutung ereignet, ergibt sich immer dann, wenn die medizinische Deutung auf eine Veränderung des Existenzmodus des ou-topischen Gegenüber abzielt, d.h., wenn durch die Diagnose festgelegt wird, ob eine Patientin in dieser oder jener Weise als expressives ou-topisches Gegenüber existiert. Diese Deutungen entsprechen der fundierenden Deutung, durch die festgelegt wird, ob die für andere sichtbare Erscheinung einer Entität kommu-

nikativ im Sinne symbolischer Expressivität gedeutet wird oder nicht.
Damit komme ich zum zweiten Punkt. Das Besondere symbolischer Expressivität besteht darin, dem Gegenüber ein Maximum an Spielraum für die Gestaltung der eigenen Reaktion einzuräumen, der sogar soweit geht, daß sich das Gegenüber in der Begegnung vertreten lassen kann. Es muß nicht unmittelbar als die Einheit präsent sein, die sich als symbolisch expressive Einheit zeigt, sondern sie kann durch etwas, das nicht sie selbst als symbolisch expressive Einheit ist, vertreten werden. Symbolische Expressivität setzt voraus, daß die Beziehung der Entitäten, die füreinander als symbolisch expressive Einheiten auftauchen, die Komplexität doppelter Kontingenz hat. In der ärztlichen Diagnostik spielt symbolische Expressivität eine marginale Rolle und entscheidend ist dabei immer, daß es den beteiligten Ärzten gelingt, das Faktum der Kommunikation und der sie fundierenden doppelten Kontingenz sofort wieder auszublenden. Dies ist die notwendige und zureichende Bedingung dafür, um in der Begegnung mit einer Patientin nicht in eine kommunikative Beziehung abzugleiten und damit jede Form diagnostischen Wissens zu verunmöglichen. In dem Moment, in dem die ärztliche Beziehung mit dem Patienten direkt die Komplexität doppelter Kontingenz annimmt, gelangt das praktische ärztliche Wissen an seine eigene unüberschreitbare Grenze. Wenn die Beziehung kommunikativ wäre, wäre eine Diagnose unmöglich. Dies kann als ein empirischer Beleg dafür gewertet werden, daß doppelte Kontingenz konstitutiv ist für Wissens- und Praxisformen, die Entitäten zum Gegenstand haben, die füreinander als soziale Entitäten existieren. Zwischen sozialwissenschaftlichem und rechtswissenschaftlichem Wissen besteht in dieser Hinsicht keine vergleichbar scharfe Grenze, sondern eher eine epistemologische Verwandtschaft, denn das rechtswissenschaftliche Wissen nimmt zumindest indirekt Entitäten in Anspruch, deren Beziehung zueinander durch doppelte Kontingenz gekennzeichnet ist.[1]

Das Auffällige ist nun, daß die ausschließende Deutung, d.h. die Deutung, durch die definitiv festgelegt wird, daß eine Entität, die bis eben noch ein sozialer Akteur war, ab jetzt keiner mehr ist, empirisch nicht vorzukommen scheint. Es gibt keinen direkten Grenzübertritt zwischen dem Bereich des Sozialen und dem der Natur. Diese Grenz-

---

1 Dies ergibt sich z.B. ausgehend vom Begriff der Person, wie er in den sechziger Jahren in der rechtswissenschaftlichen Diskussion in der BRD verwendet wurde. Vgl. Lindemann (2002)

ziehung würde strenggenommen der epistemologischen Grenze entsprechen, die sich ergibt, wenn eine Beziehung die Komplexität doppelter Kontingenz erreicht, die erforderlich ist, damit die physische Erscheinung der beteiligten Entitäten im Sinne symbolischer Expressivität gedeutet werden kann. Diese Grenzziehung ist zwar in hohem Maße epistemologisch relevant, insofern sie anzeigt, welche Komplexität die Arzt-Patient-Beziehung auf keinen Fall erreichen darf, weil dadurch das medizinische Wissen verunmöglicht würde. Aber die empirisch rekonstruierbare epistemologische Grenze, die das biomedizinische Wissen vom soziologischen Wissen trennt, entspricht nicht der faktisch wirksamen Grenze, die eine Entität überschreiten muß, wenn der Ausschluß aus dem Bereich des Sozialen vollzogen wird. Dieser wird nämlich direkt im Feld der Biomedizin selbst vollzogen – anhand der Unterscheidung zwischen Leben und Tod.

Wenn Entitäten im Modus symbolischer Expressivität existieren, sind sie als ou-topische Gegenüber nicht nur übersetzbar in verschiedene Wissens- und Praxisformen, sondern die Existenz in der einen Wissens- und Praxisform kann die Existenz in einer anderen Wissens- und Praxisform symbolisch vertreten. In diesem Sinn ist der lebendige Körper nicht nur übersetzbar in eine natürliche Person, deren Existenz durch das Recht geschützt wird, sondern der lebendige menschliche Körper bedeutet, daß er zugleich eine Person ist, auch wenn die gestalthafte Erscheinung der Patientin, die so gewertet wird, aktuell keinen Hinweis darauf bietet, daß die Patientin im Modus symbolischer Expressivität existiert. Aufgrund dieses Vertretungsverhältnisses wird die Existenz der Person davon abhängig, ob das Symbol des Personseins, der lebendige menschliche Körper, existiert oder nicht. Die Grenzen des Sozialen werden also maßgeblich davon bestimmt, wie die Symbolisierung bzw. die Vertretung der Person reguliert wird.

Daraus ergeben sich für eine historische Forschung und für die Beobachtung der Gegenwartsgesellschaft wichtige Konsequenzen. Historisch wäre zu fragen, wie der lebendige Körper zum entscheidenden Symbol der Person wurde. Darauf aufbauend ergibt sich die Frage, wie die Medizin die Deutungsmacht über den Existenzmodus des Symbols der Person erlangte. Hier ist vor allem an das Zusammenspiel von Politik, Recht und Medizin zu denken. Im Rahmen des historischen Teils dieser Arbeit konnte ich nur grob skizzieren, wie die Medizin das staatlich geschützte Monopol erlangte, die erscheinende Gestalt menschlicher Körper daraufhin zu deuten, ob diese noch am Leben sind oder nicht. Nachdem die Medizin dieses Monopol erlangt hat, werden die Deutungen dieses Körpers, die nie direkt symbolische

Deutungen sein können, entscheidend für die Konstruktion von Sozialität. Solange sich die Soziologie genuin auf den Bereich des Sozialen beschränkt, wird ihr prinzipiell entgehen, wie die Grenze zwischen jenen, die in den Bereich des Sozialen gehören und jenen, bei denen das nicht der Fall ist, gezogen wird. Denn: Das empirisch beobachtbare Grenzregime[2] funktioniert nicht auf der Grundlage kommunikativer Deutungen. Anhand der Einführung des Hirntodkonzepts habe ich gezeigt, wie durch Deutungsprozesse, die auf keinen Fall kommunikativ sein dürfen, um überhaupt praktikabel zu sein, die Grenzen des Sozialen neu abgesteckt werden.

Für die Beobachtung des Grenzregimes der Gegenwartsgesellschaft folgt daraus, daß die Soziologie eines Vorgehens bedarf, das in der empirischen Analyse die Grenzen des Fachs kontrolliert überschreitet, um in den Blick nehmen zu können, welche Veränderungen im Bereich der Biomedizin relevant dafür sind, wie die Person vertreten und welchen materiell-technischen Anschlüssen und Kontrollen das Symbol der Person unterworfen werden kann. Am Beispiel des lebendigen Intensivpatienten zeigt sich, daß das Symbol der Person, nämlich der lebendige menschliche Körper, der in der biotechnischen Gestalt expressiv realisiert ist, in einem Ausmaß einer Kontrolle unterworfen werden kann, wie es für die Person direkt undenkbar wäre. Solange der lebendige menschliche Körper das maßgebende Symbol der Person ist, gilt die Feststellung: Die Gesellschaft ist von dem in der materiellen Gestalt expressiv realisierten menschlichen Leben her aufgebaut. Wie lange das noch der Fall sein wird, ist offen. Ob aufgrund technischer Entwicklungen auch andere Symbolisierungen der Person in Betracht kommen werden, ist gegenwärtig schwer abzuschätzen. Wenn es aber gelingen sollte, die Person damit zu identifizieren, was im Gehirn passiert, und es darüber hinaus möglich würde, technische Speicher und Prozessoren für die neuronalen Ereignisse herzustellen, wäre es nicht mehr ausgeschlossen, daß die Bindung von Person und lebendigem menschlichen Körper wieder gelockert wird. Die Person könnte dann ebensogut durch eine technische Apparatur symbolisiert werden. All diese Entwicklungen werden als biotechnische Entwicklungen im Rahmen von Deutungen und Praktiken stattfinden, die außerhalb des soziologischen Beobachtungsfokus liegen. So wie die Soziologie zur Zeit angelegt ist, ist sie blind für die

---

2 Den Begriff des Grenzregimes entnehme ich Krüger (1999:19), er erhält allerdings im Kontext meiner Argumentation eine andere Bedeutung. Vgl. auch Lindemann (2002b).

biotechnischen Grenzen ihres Gegenstandes. Die Soziologie steht vor der Aufgabe, sich theoretisch und methodisch zu erneuern, um die Grenzregimes moderner technisch avancierter Gesellschaften überhaupt als solche wahrnehmen zu können. Dazu braucht es ein befremdendes Denken des Sozialen von der Differenz her, dem sich diese Studie vorsichtig anzunähern suchte.

Literatur

Ach, Johann S.; Quante, Michael (Hg.) Hirntod und Organverpflanzung. Ethische, medizinische, psychologische und rechtliche Aspekte der Transplantationsmedizin, Stuttgart, Bad Cannstatt: Frommann-Holzboog

Achter, Victor (1951) Geburt der Strafe, Frankfurt/M.: Klostermann

Ad Hoc Committee of the Harvard Medical School (1968) A definition of irreversible coma. Report of the Harvard Medical School to examine the definition of brain death, in: Journal of the American Medical Association 205: 337–340

Alexandre, G.P.J. (1966) Diskussionsbeitrag, in: Wolstenholme, Gordon Ethelbert Ward; O'Connor, Maeve (ed.) (1966) Ethics in medical progress. With special reference to transplantation, pp. 68–69, London: Churchill (Ciba Foundation Symposia)

Allaines, Francois de Gaudard de (1966a) Au nom de la Commission des Prélèvement d'organes, in: Bulletin de L'Academie Nationale de Medicine, Tome 150: 249–250

Allaines, Francois de Gaudard de (1966b) Les problèmes posés par les prélèvement d'organes sur un mort en survie artificielle, in: Bulletin de L'Academie Nationale de Medicine, Tome 150: 6–8

Altmann, H.-W.; Büchner, F.; Cottier, H.; Holle, G.; Letterer, E.; Masshoff, W.; Meessen, H.; Roulet, R.; Seifert, G.; Siebert, G.; Studer, A. (Hg.) Handbuch der Allgemeinen Pathologie, Berlin, Heidelberg, New York: Springer

Amann, Klaus; Hirschauer, Stefan (1997) Die Befremdung der eigenen Kultur: Ein Programm, in: dieselben (Hg.) Die ethnographische Herausforderung, S. 7–52, Frankfurt/M.: Suhrkamp

Amann, Klaus (1994) Menschen, Mäuse und Fliegen. Eine wissenssoziologische Analyse der Transformation von Organismen in epistemische Objekte, in: Zeitschrift für Soziologie 23: 22–44

Anderson, Warwick (1992) The Reasoning of the Strongest: the Polemics of Skill and Science in Medical Diagnosis, in: Social Studies of Science 22: 653–684

Angstwurm, Heinz (1991) Ärztlich-ethische Überlegungen zur Organspende nach dem Tode, in: Toellner, Richard (Hg.) Organtransplantation – Beiträge zu ethischen und klinischen Fragen, S. 81–85, Stuttgart, New York: Fischer

Anspach, R. (1993) Deciding who lives, fateful choices in an intensive-care nursery, Berkeley: University of California Press

Arlt, Gerhard (1996) Anthropologie und Politik. Ein Schlüssel zum Werk Helmuth Plessners, München: Fink

Asemissen, Ullrich (1973) Die exzentrische Position des Menschen. In: Grundprobleme der großen Philosophen. Philosophie der Gegenwart II, S. 146–180, Göttingen: Vandenhoeck

Assmann, Jan (1995, 2. Aufl.) Ma`at. Gerechtigkeit und Unsterblichkeit im Alten Ägypten, München: Beck

Assmann, Jan (1997, 2. Aufl.) Das kulturelle Gedächtnis. Schrift, Erinnerung und politische Identität in Frühen Hochkulturen, München: Beck

Atkinson, Paul (1995) Medical Talk and Medical Work, London, Thousand Oaks, New Delhi: Sage

Auner, Notburga (1995) Charta der im Gesundheitsdienst tätigen Personen vom Päpstlichen Rat für die Seelsorge im Krankendienst (Rezension) in: Imago Hominis II, Nr. 3: 175–176

Badura, Bernhard (1985) Zur Soziologie der Krankheitsbewältigung. Oder: Das emotionale Defizit soziologischer Handlungstheorie, in: Zeitschrift für Soziologie 14: 339–348

Badura, Bernhard (1990) Interaktionsstreß. Zum Problem der Gefühlsregulierung in modernen Gesellschaften, in: Zeitschrift für Soziologie 19: 317–328

Badura, Bernhard (Hg.) (1981) Soziale Unterstützung und chronische Krankheit. Zum Stand sozialepidemologischer Forschung, Frankfurt/M.: Suhrkamp

Baier, Horst (1985) Die ›Idee des Menschen‹ in der Medizin. Überlegungen zu einer Medizinsoziologie zwischen Gesellschaftlichkeit und Leiblichkeit des Menschen, in: Österreichische Zeitschrift für Soziologie 10: 5–16

Bates, D. (1991) Coma, in: Swash, Michael; Oxbury, John (Hg.) Clinical Neurology, S. 188–203, Edinburgh, London, Melbourne, New York: Churchill Livingston

Bauer, G.; Gerstenbrand, F.; Rumpl, E. (1979) Varieties of the locked-in syndrome, Journal of Neurology 221: 77–91

Bauer, K.H.; Block, W.; Brunner, A..; Denk, W.; Derra, E.; Frey, E.K.; Seeman, H.v.; Zenker, R. (1964) (Hg.) Verhandlungen der Deutschen Gesellschaft für Chirurgie, 81. Tagung, in: Langenbecks Archiv für klinische Chirurgie Bd. 308

Baureithel, Ulrike; Bergmann, Anna (1999) Herzloser Tod. Das Dilemma der Organspende, Stuttgart: Klett-Cotta

Beaufort, Jan (2000) Die gesellschaftliche Konstitution der Natur, Würzburg: Königshausen & Neumann

Beck-Gernsheim, Elisabeth (1991) Technik, Markt und Moral. Über Reproduktionsmedizin und Gentechnologie, Frankfurt/M.: Fischer

Beleites, Eggert (1997) Richtlinien der Bundesärztekammer für die Sterbebegleitung und für ärztliches Verhalten bei entscheidungsunfähigen Patienten, in: Hamburger Ärzteblatt 6/1997: 268–269

Berg, Marc (1995) Turning a Practice into a Science: Reconceptualizing Postwar Medical Practice, in: Social Studies of Science 25: 437–476

Berg, Marc (1997a) Problems and Promises of the Protocol, in: Social Science and Medicine 44: 1081–1088

Berg, Marc (1997b) Rationalizing Medical Work: Support-Techniques and Medical Practices, Cambridge, MA: MIT Press

Berg, Marc; Mol, Annemarie (eds) (1998) Differences in Medicine: Unraveling Practices, Techniques, and Bodies (Body, Commodity, Text), Duke University Press

Berger, Peter L.; Luckmann, Thomas (1980) Die gesellschaftliche Konstruktion der Wirklichkeit. Eine Theorie der Wissenssoziologie, Frankfurt/M.: Fischer

Berkenhoff, Hans Albert (1937) Tierstrafe, Tierbannung und Rechtsrituelle Tiertötung im Mittelalter; Bühl in Baden

Bernat, J.L. (1984) The Definition, criterion, and Statute of Death, in: Semin. Neurol. 4: 45–51

Bernat, J.L.; Culver, C.M.; Gert, B. (1981) On the Definition and Criterion of Death, in: Annales of Internal Medicine 94: 389–394

Bhaskar, Roy (1978) A Realist Theory of Science, New York, London, Toronto, Sydney, Tokyo: Harvester Wheatsheaf

Biniek, R.; Schindler, E. (1996) Untersuchung des bewußtlosen Patienten, in: Nervenarzt 67: 975–982

Birnbacher, Dieter (1995) Einige Gründe, das Hirntodkriterium zu akzeptieren, in: Hoff, Johannes; in der Schmitten, Jürgen (Hg.) Wann ist der Mensch tot? Organverpflanzung und »Hirntod«-Kriterium, S. 28–40, Reinbek bei Hamburg: Rowohlt

Bloor, David (1984) Die Logik der Azande und die westliche Wissenschaft, in: Schöfthaler, Traugott; Goldschmidt, Dietrich (Hg.) Soziale Struktur und Vernunft, S. 157–168, Frankfurt/M.: Suhrkamp

Bloor, David (1991, 2. Aufl.) Knowledge and Social Imagery, Chicago, London: University of Chicago Press

Bloor, David (1996) Idealism and the Sociology of knowledge, in: Social Studies of Science 26: 839–856

Blumer, Herbert (1973) Der methodologische Standort des symbolischen Interaktionismus, in: Arbeitsgruppe Bielefelder Soziologen (Hg.) Alltagswissen, Interaktion und gesellschaftliche Wirklichkeit, S. 80-146, Reinbek bei Hamburg: Rowohlt

Bohnsack, Ralf (1997) Dokumentarische Methode, in: Hitzler, Ronald; Honer, Anne (Hg.) Sozialwissenschaftliche Hermeneutik, S. 191–212, Opladen: Leske und Budrich

Boileau, Claire (1997) Ethnographie d'un prélèvement d'organes, in: Sciences Sociales et Santé, 15: 21–33

Borck, Cornelius (1996) Anatomien medizinischen Wissens. Medizin, Macht, Moleküle, Frankfurt/M.: Fischer

Bosk, Charles L. (1979) Forgive and Remember. Managing medical Failure, Chicago, London: University of Chicago Press

Bourdieu, Pierre (1987) Sozialer Sinn. Kritik der theoretischen Vernunft, Frankfurt/M.: Suhrkamp

Breidbach, Olaf (1993) Expeditionen ins Innere des Kopfes, Stuttgart: Enke

Breidbach, Olaf (1997) Die Materialisierung des Ichs, Frankfurt/M.: Suhrkamp

Brosig, Wilhelm (1965) Eigene Erfahrungen mit der Nierentransplantation beim Menschen, in: Deutsches Medizinisches Journal. Organ für Ärztliche Fortbildung 16: 740–742

Bundesärztekammer (1982) Kriterien des Hirntodes. Entscheidungshilfen zur Feststellung des Hirntodes, in: Deutsches Ärzteblatt 79: A/B 45–55, Fortschreibungen 1986, 83: 2940–2946; 1991, 88: B-2855–2860; 1993, 90: B 2177–2179; 1997, 94: B 1032–B 1039

Burkhardt, Hans; Frewer, Andreas (Hg.) (1993) Person und Ethik. Historische und systematische Aspekte zwischen medizinischer Anthropologie und Ethik, Erlangen: Palm & Enke

Callon, Michel (1986) Some Elements of a sociology of translation: domestication of the scallops and the fishermen of St Brieuc Bay, in: Law, John (Hg.) Power, Action and Belief, S. 196–233, London: Routledge

Callon, Michel (1991) Techno-economic networks and irreversibility, in: Law, John (ed.) A Sociology of Monsters: Essays on Power, Technology and Domination, pp. 132–161, London and New York: Routledge

Callon, Michel; Latour, Bruno (1992) Don't throw the Baby Out with the Bath School! A Reply to Collins and Yearley, in: Pickering, Andrew (ed.) Science as Practice and Culture S. 343–368, Chicago, London: University of Chicago Press

Canguilhem, Georges (1979) Zur Geschichte der Wissenschaften vom Leben seit Darwin, in: ders. Wissenschaftsgeschichte und Epistemologie, S. 134–153, Frankfurt/M.: Suhrkamp

Canguilhem, Georges (1989) Der epistemologische Status der Medizin, in: ders. Grenzen medizinischer Rationalität, S. 69–93, Tübingen: diskord

Canguilhem, Georges; Foucault, Michel (1988) Der Tod des Menschen im Denken des Lebens, Tübingen: diskord

Carroll, W.M.; Mastaglia, F.L. (1979) ›Locked-in coma‹ in postinfective polyneuropathy, Arch. Neurol. 36: 46–47

Carstens, Thomas: Das Recht der Organtransplantation. Stand und Tendenzen des deutschen Rechts im Vergleich zu ausländischen Gesetzen, Frankfurt a.M., Bern (usw.): P. Lang

Cattorini, Paolo; Reichlin, Massimo (eds.) (1997) Theoretical Medicine, Special Issue »Decisions of Medicine at the End of Life, Vol. 18, No. 3

Cattorini, Paolo; Reichlin, Massimo (1997a) Introduction, in: Theoretical Medicine 18: 217–219

Cattorini, Paolo; Reichlin, Massimo (1997b) Persistent Vegetative State: A Presumption to Treat, in: Theoretical Medicine 18: 263–281

Cavalieri, Paola; Singer, Peter (Hg.) (1996) Menschenrechte für die großen Menschenaffen, München: Goldmann

Celesia, Gastone G. (1997) Persistent Vegetative State: Clinical and Ethical Issues, in: Theoretical Medicine 18: 221–236

Charlson, Mary E.; Sax, Frederic L.; MacKenzie, Ronald; Fields, Suzanne D.; Braham, Robert L.; Douglas, R. Gordon (1986) Resuscitation: How

Do We Decide?, in: Journal of the American Medical Association 255: 1320

Cicourel, Aaron (1986) The Reproduction of Objective Knowledge: Common Sense Reasoning in Medical Decision Making, in: Böhme, Gernot; Stehr, Nico (eds.) The Knowledge Society, S. 87–122, Dordrecht; Boston; Lancaster; Tokyo: Kluwer

Cicourel, Aaron V. (1974) Methode und Messung in der Soziologie, Frankfurt/M.: Suhrkamp

Claessens, Dieter (1993) Das Konkrete und das Abstrake. Soziologische Skizzen zur Anthropologie, Frankfurt/M.: Suhrkamp

Clark, David (ed) (1993) The Sociology of Death: theory, culture, practice, Cambridge: Blackwell

Collins, H.M.; Yearley, Steven (1992) Epistemological Chicken, in: Pickering, Andrew (ed.) Science as Practice and Culture, S. 301–326, Chicago, London: University of Chicago Press

Collins, H.M. (1996) In Praise of Futile Gestures: How Scientific is the Sociology of Scientific Knowledge, in: Social Science of Studies 26: 229–244

Collins, H.M.; Yearley, Steven (1992) Journey into space, in: Pickering, Andrew (ed.) Science as Practice and Culture, S. 369–389, Chicago, London: University of Chicago Press

Crigger, Bette-Jane (1995) Bioethnography: Fieldwork in the Lands of Medical Ethics, in: Medical Anthropology Quarterly (New Series) 9: 400–417.

Culmann, H.-M. (1986) Zur Geschichte der Entwicklung der Todesauffassung des Arztes im europäischen Raum. Dissertation Freiburg im Breisgau

Cushman, Reid; Holm, Soren (1990) Death, democracy, and public ethical choice, in: Bioethics 4: 237–252

Dawe, Alan (1970) The two sociologies, in: The British Journal of Sociology 21: 207–218

Dawe, Alan (1978) Theories of Social Action, in: Bottomore, Tom; Nisbet, Robert (eds.) A History of Sociological Analysis, S. 363–417, New York: Basic Books

Dennett, Daniel; Springer, Michael (1997) Roboter sind wie fremde Kinder, in: Lettre 1997 Heft IV: 99–100

Derrida, Jaques (1976) Die Struktur, das Zeichen und das Spiel im Diskurs der Wissenschaften vom Menschen, in: ders. Die Schrift und die Differenz, S. 422–442, Frankfurt/M.: Suhrkamp

Deutsche EEG-Gesellschaft (1969) Empfehlungen zur Bestimmung des Todeszeitpunktes, in: Kugler, J. (1981) Elektroencephalographie in Klinik und Praxis, S. 169–170, Stuttgart: Thieme

Deutsche Gesellschaft für Chirurgie (1968) Todeszeichen und Todeszeitbestimmung, in: Der Chirurg 39: 196–197

Don, Hillary (1988) Intensivmedizinische Entscheidungen, Stuttgart: Schwer

Downie, Jocelyn (1990) Brain death and brain life: Rethinking the connection, in: Bioethics 4: 216–226
Dreikorn, K.; Ritz, E. (1982) Einführung/Introduction, in: Aktueller Stand der Nierentransplantation III, Nieren- und Hochdruckkrankheiten, Zeitschrift für klinische Nephrologie und ihre Randgebiete 11: 2–3
Dreyfus, Hubert L. (1992) Response to Collins, Artificial Experts, in: Social Studies of Science 22: 717–726
Dreyfus, Hubert L.; Rabinow, Paul (1987) Michel Foucault. Jenseits von Strukturalismus und Hermeneutik, Frankfurt/M.: Athenäum
DRK-Schwesternschaft Lübeck (Hg.) (1996) Hirntod-Transplantation. Aspekte, Fragen und Probleme aus pflegerischer Sicht, Lübeck: Selbstverlag
Durkheim, Emile (1984, 3. Aufl.) Die elementaren Formen des religiösen Lebens, Frankfurt/M.: Suhrkamp
Durkheim, Emile (1991, 2. Aufl.) Die Regeln der soziologischen Methode, Frankfurt/M.: Suhrkamp
Durkheim, Emile; Mauss, Marcel (1987) Über einige primitive Formen von Klassifikation. Ein Beitrag zur Erforschung der kollektiven Vorstellungen, in: Durkheim, Emile: Schriften zur Soziologie der Erkenntnis, S. 169–256, Frankfurt/M.: Suhrkamp
Duven, H.E.; Kollrack, H.W. (1970) Areflexie: kein obligates Symptom bei dissoziiertem Hirntod, in: Deutsche med. Wochenschrift 95: 1347–1348
Dux, Günter (1994) Die ontogenetische und historische Entwicklung des Geistes, in: Dux, Günter; Wenzel, Ulrich (Hg.) Der Prozeß der Geistesgeschichte. Studien zur ontogenetischen und historischen Entwicklung des Geistes, S. 173–224, Frankfurt/M: Suhrkamp
Dux, Günter (1994) Für eine Anthropologie in historisch-genetischer Absicht. Kritische Überlegungen zur philosophischen Anthropologie Helmuth Plessners, in: Dux, Günter; Wenzel, Ulrich (Hg.) Der Prozeß der Geistesgeschichte. Studien zur ontogenetischen und historischen Entwicklung des Geistes, S. 92–115, Frankfurt/M.: Suhrkamp
Eisenbart, Bettina (1998) Patienten-Testament und Stellvertretung in Gesundheitsangelegenheiten. Alternativen zur Verwirklichung der Selbstbestimmung im Vorfeld des Todes, Baden-Baden: Nomos
Elias, Norbert (1976) Über den Prozeß der Zivilisation, 2 Bde. Frankfurt/M: Suhrkamp
Eßbach, Wolfgang (1994) Der Mittelpunkt außerhalb. Helmuth Plessners philosophische Anthropologie, in: Dux, Günter; Wenzel, Ulrich (Hg.) Der Prozeß der Geistesgeschichte. Studien zur ontogenetischen und historischen Entwicklung des Geistes, S. 15–44, Frankfurt/M.: Suhrkamp
Esser, Hartmut (1993) Soziologie. Allgemeine Grundlagen, Frankfurt/M., New York: Campus
Europarat (1996) Draft Convention for the protection of Human rights and Dignity of the Human Being with Regard to the Application of Biology and Medicine: Convention on Human Rights and Biomedicine
Evans, E. P. (1906) The Criminal Prosecution and Capital Punishment of Animals, London

Evans, M. A. (1990) A Plea for the Heart, in: Bioethics 4: 227–231

Fahrenbach, Helmut (1994) »Phänomenologisch-transzendentale« oder »historisch-genetische« Anthropologie – eine Alternative, in: Dux, Günter; Wenzel, Ulrich (Hg.) Der Prozeß der Geistesgeschichte. Studien zur ontogenetischen und historischen Entwicklung des Geistes, S. 64–91, Frankfurt/M.: Suhrkamp

Falk, Gunter; Steinert, Heinz (1973) Einleitung, in: Steinert, Heinz (Hg.) Symbolische Interaktion. Arbeiten zu einer reflexiven Soziologie, S. 13–45, Stuttgart: Klett

Favret-Saada, Jeanne (1979) Die Wörter, der Zauber der Tod. Der Hexenglaube im Hainland von Westfrankreich, Frankfurt/M.: Suhrkamp

Feldmann, Klaus; Fuchs-Heinritz, Werner (Hg.) (1995) Der Tod ist ein Problem der Lebenden, Frankfurt/M.: Suhrkamp

Feuerstein, Günter (1995) Das Transplantationssystem: Dynamik, Konflikte und ethisch-moralische Grenzgänge, Weinheim, München: Juventa

Fink-Eitel, Hinrich (1997, 3. Aufl.) Michel Foucault zur Einführung, Hamburg: Junius

Fleck, Ludwik (1935/1980) Entstehung und Entwicklung einer wissenschaftlichen Tatsache, Frankfurt/M.: Suhrkamp

Flick, Uwe (1996) Qualitative Forschung. Theorie, Methoden, Anwendung in Psychologie und Sozialwissenschaften, Reinbek bei Hamburg: Rowohlt

Foucault, Michel (1971) Die Ordnung der Dinge, Frankfurt/M.: Suhrkamp

Foucault, Michel (1979, 3. Aufl.) Überwachen und Strafen. Die Geburt des Gefängnisses, Frankfurt/M.: Suhrkamp

Foucault, Michel (1981) Archäologie des Wissens, Frankfurt/M.: Suhrkamp

Foucault, Michel (1988) Die Geburt der Klinik. Eine Archäologie des ärztlichen Blicks, Frankfurt/M.: Fischer

Foucault, Michel (1991) Die Ordnung des Diskurses, Frankfurt/M.: Fischer

Foucault, Michel (1992) Was ist Kritik?, Berlin: Merve

Fox, Renée C. (1957) »Training for Uncertainty«, in: Merton, Robert K.; Reader, George; Kendall, Patricia (Hg.) The Student-Physician, S. 207-241, Cambridge: Harvard University Press

Freidson, Eliot (1975) Doctoring Together. A Study of Professional Social Control, New York, Oxford, Amsterdam: Elsevier

Frowein, R.A. (1960,61) Beurteilung und Behandlung der Störungen lebenswichtiger Funktionen im akuten Stadium schwerer Schädel-Hirnverletzungen, in: Acta Neurochirurgica 9: 468–495

Frowein, R.A. (1998) Geschichte der Hirntoddiagnostik, Vortrag gehalten auf der Tagung der Werner Reimers Stiftung: »Der Tod im Kopf. Zur Geschichte der Hirntod-Konzepts« vom 23.-25. Nov. in Bad Homburg

Frowein, R.A.; Euler, K.H.; Karimi-Nejad, A. (1964) Grenzen der Wiederbelebung bei schweren Hirntraumen, in: Langenbecks Archiv für klinische Chirurgie Bd. 308: 276–281

Frowein, Reinhold A. (1991) Hirntod-Diagnostik. Fortschreibung der Empfehlungen der Bundesärztekammer 1991, in: Toellner, Richard (Hg.)

Organtransplantation – Beiträge zu ethischen und klinischen Fragen, S. 67–72, Stuttgart, New York: Fischer
Fuchs, Richard (1996) Tod bei Bedarf. Das Mordsgeschäft mit der Organtransplantation, Frankfurt/M., Berlin: Ullstein
Fuchs, Thomas (1977) Was heißt »töten«? Die Sinnstruktur ärztlichen Handelns bei passiver und aktiver Euthansie, in: Ethik in der Medizin 9: 78–90
Fuller, Steve (1995) Is there life for sociological theory after the sociology of scientific knowledge, in: Sociology 29: 159–166
Gallwas, H.-U. (1997) Redebeitrag, zit. nach Protokoll der 72. Sitzung des Rechtsausschusses des Deutschen Bundestages am 15.1.1997, S. 10
Galtung, John (1959) Expectations and Interaction Processes, in: Inquiry 2: 213–234
Gamm, Gerhard (1997) Die Unausdeutbarkeit des Selbst. Über die normative Kraft des Unbestimmten in der Moralphilosophie der Gegenwart, in: Luutz, Wolfgang (Hg.) Das »Andere« der Kommunikation. Theorien der Kommunikation, S.126–139, Leipzig: Universitätsverlag
Gamm, Gerhard (1998) Technik als Medium. Grundlinien einer Philosophie der Technik, in: Hauskeller, Michael; Rehmann-Sutter, Christoph; Schiemann, Gregor (Hg.) Naturerkenntnis und Natursein, S. 94–106, Frankfurt/M.: Suhrkamp
Garfinkel, Harold (1967) Studies in Ethnomethodology, Englewood Cliffs, NJ: Prentice Hall
Gehlen, Arnold (1964/1975, 3. Aufl.) Urmensch und Spätkultur. Philosophische Ergebnisse und Aussagen, Frankfurt/M., Bonn: Athenäum
Gehlen, Arnold (1983) Philosophische Anthropologie, in: Rehberg, Karl-Siegbert (Hg.) Philosophische Anthropologie und Handlungslehre, Gesamtausgabe. Bd. 4: 236–246, Frankfurt/M.: Klostermann
Gehlen, Arnold (1993) Der Mensch. Seine Natur und seine Stellung in der Welt, in: Rehberg, Karl-Siegbert (Hg.) Gesamtausgabe. Bd. 3,1, Frankfurt/M.: Klostermann
Gehlen, Arnold (1993) Der Mensch. Seine Natur und seine Stellung in der Welt, in: Rehberg, Karl-Siegbert (Hg.) Gesamtausgabe. Bd. 3,2, Frankfurt/M.: Klostermann
Gerhard, Ute (1978), Verhältnisse und Verhinderungen. Frauenarbeit, Familie und Rechte der Frauen im 19. Jahrhundert, Frankfurt/M.: Campus
Gerhardt, Uta (1991a) Gesellschaft und Gesundheit, Frankfurt/M.: Suhrkamp
Gerhardt, Uta (1991b) Krankheitsbedeutung und Rückkehr zur Arbeit. Zum Problem sozialen Handelns im Arzt-Patient-Verhältnis, in: dies.: Gesellschaft und Gesundheit, S. 88–132, Frankfurt/M.: Suhrkamp
Gerhardt, Uta (1991c) Soziologische Erklärung gesundheitlicher Ungleichheit. Probleme der theoretischen Rekonstruktion empirischer Befunde, in: dies. Gesellschaft und Gesundheit, S. 103–228, Frankfurt/M.: Suhrkamp
Gerhardt, Uta (1999) Herz und Handlungsrationalität, Frankfurt/M.: Suhrkamp

Gerlach, Joachim (1969) Syndrome des Sterbens, in: Münchener Medizinische Wochenschrift 111: 169–176
Gerstenbrand, F. (1967) Das traumatische apallische Syndrom. Heidelberg: Springer
Gescher, Susanne (1994) Rechtsprobleme des Schwangerschaftsabbruchs bei Anenzephalen, Frankfurt/M., Berlin, Bern, New York, Paris, Wien: Lang
Giacomini, Mita (1997) A Change of Heart and a Change of Mind? Technology and the Redefinition of Death in 1968, in: Social Science and Medicine 44: 1465–1482
Giddens, Anthony (1984) The Constitution of Society, Camebridge: Polity Press
Giddens, Anthony (1993, 2. edition) New Rules of Sociological Method, Cambridge: Polity Press
Gillet, Grant (1990) Consciousnes, the brain and what matters, in: Bioethics 4: 181–198
Glaser, Barney G.; Strauss, Anselm L. (1974) Interaktion mit Sterbenden, Göttingen: Vandenhoeck, Ruprecht
Glaser, Barney G.; Strauss, Anselm (1965) Temporal Aspects of Dying as a Non-Scheduled Status Passage, in: American Journal of Sociology: 49–59
Glück, J.; Matt, E.; Weingarten, E. (1983) Zur interaktiven Ausgestaltung der Arzt-Patient-Beziehung in der Visite, in: Deppe, H.-U.; Gerhardt, U.; Novak, P. (Hg.) Medizinische Soziologie, Jahrbuch 3: 158–214, Frankfurt/M., New York: Campus
Godin, Benoit (1997) The Rethoric of a Health Technology: the Microprocessor Patient Card, in: Social Studies of Science 27: 865–902
Goffman, Erving (1975) Stigma. Über Techniken der Bewältigung beschädigter Identität, Frankfurt/M.: Suhrkamp
Goffman, Erving (1980) Rahmenanalyse. Ein Versuch über die Organisation von Alltagserfahrungen, Frankfurt/M.: Suhrkamp
Goodman, J. (1978) Diskussionsbemerkung, in: Korein, Julius (ed.) Brain Death: Interrelated Medical and Social Issues, Annals of the New York Academy of Sciences 315: S. 211-214
Görg, Christoph (1999) Gesellschaftliche Naturverhältnisse, Münster: Westfälisches Dampfboot
Gramer, Eugen: Das Recht der Organtransplantation, Würzburg, Univ., Jur. Fak., Diss. 1981
Greshoff, Rainer (1999) Notwendigkeit einer »konzeptuellen Revolution in der Soziologie«?, in: Österreichische Zeitschrift für Soziologie 24: 6–32
Grimm, Jacob und Wilhelm (1854–1971) Deutsches Wörterbuch in 33 Bänden, Deutscher Taschenbuchverlag
Gros, C.; Vlahovitch, B.; Roilgen, A. (1959) Les arrets circulatoires dans l'hypertension intra-cranienne suraigue, in: La Presse Medicale 67: 1065–1067
Gröschner, Rolf (1995) Menschenwürde und Sepulkralkultur in der grundgesetzlichen Ordnung – Die kulturstaatlichen Grenzen der Privatisierung im Bestattungsrecht, Stuttgart, München, Hannover, Berlin, Weimar, Dresden: Boorberg

Gross, Peter; Hitzler, Ronald; Honer, Anne (1985) Zwei Kulturen? Diagnostische und Therapeutische Kompetenzen im Wandel, in: Österreichische Zeitschrift für Soziologie 10: 146–162

Grote-Janz, Claudia von; Weingarten, Elmar (1983) Technikgebundene Handlungsabläufe auf der Intensivstation. Zum Zusammenhang von medizinischer Technologie und therapeutischer Beziehung, in: Zeitschrift für Soziologie 12: 328–340

Grundmann, Reiner (1997) Die soziologische Tradition und die natürliche Umwelt, in: Hradil, Stefan (Hg.) Differenz und Integration. Die Zukunft moderner Gesellschaften, S. 533–550, Frankfurt/M., New York: Campus

Gütgemann, A. (1967) Über Ärztliche Verantwortung in der Chirurgie, in: Münchener Medizinische Wochenschrift 109: 333–339

Gütgemann, A.; Käufer, C. (1970) Der Scheintod, in: Deutsche Medizinische Wochenschrift 95: 702–706

Gütgemann, A.; Vahlensieck, W. (1968) Voraussetzungen zur Nierentransplantation, in: Deutsche Medizinische Wochenschrift 93: 671–674

Habermas, Jürgen (1973) Aus einem Brief an Helmuth Plessner, in: ders.: Kultur und Kritik, S. 232–235, Frankfurt/M.: Suhrkamp

Habermas, Jürgen (1977) Kultur und Kritik, Frankfurt/M.: Suhrkamp

Habermas, Jürgen (1977, 2.Aufl.) Philosophische Anthropologie (ein Lexikonartikel). 1958, in: ders.: Kultur und Kritik, S. 232–235, Frankfurt/M.: Suhrkamp

Hacking, Ian (1999) Was heißt >soziale Konstruktion<? Zur Konjunktur einer Kampfvokabel in den Wissenschaften, Frankfurt/M.: Fischer

Hagner, Michael (1997) Homo cerebralis. Der Wandel vom Seelenorgan zum Gehirn, Berlin: Berlin Verlag

Hahn, Alois (1968) Einstellungen zum Tod und ihre soziale Bedingtheit. Eine soziologische Untersuchung, Stuttgart: Enke

Hahn, Alois (1991) Rezension: Nassehi, Armin; Weber, Georg (1989) Tod Modernisierung und Gesellschaft. Entwurf einer Theorie der Todesverdrängung, Opladen: Westdeutscher Verlag, in: Kölner Zeitschrift für Soziologie und Sozialpsychologie 43: 162–164

Hahn, Susanne (Hg.) (1997) »Und der Tod wird nicht mehr sein...«, Medizin- und kulturhistorische, ethische, juristische und Psychologische Aspekte der Wiederbelebung, Darmstadt: Steinkopf

Haid, Bruno (1958) Religiös-sittliche Fragen betreffend die Wiederbelebung (Resuscitation, Reanimation) – Stellungnahme von Pius XII. in: Der Anästhesist 7: 241–244

Hamburger, Jean (1991) Memories of Old Times, in: Alexandre, G.P.J. e.a. (ed) History of Transplantation: Thirty-Five Recollections, S. 61-72, Los Angeles (Cal.): UCLA Tissue Typing Lab.

Hanack, Ernst-Walter (1969) Zur strafrechtlichen Problematik von Beginn und Ende menschlichen Lebens, in: Der Nervenarzt 40: 505–509

Happ, Mary B. (2000) Interpretation of nonvocal behavior and the meaning of voicelessness in critical care, in: Social Science and Medicine 50: 1247–1255

Haraway, Donna (1995) Situiertes Wissen, in: dies. Die Neuerfindung der Natur. Primaten, Cyborgs und Frauen, S. 73-97, Frankfurt/M., New York: Campus

Häusler, Sepp (1995, 2. Aufl.) Hirnverletzt. Ein Schicksal ohne Ende?, München: Dustri-Verlag

Heintz, Bettina (1993) Wissenschaft im Kontext. Neuere Entwicklungstendenzen in der Wissenschaftssoziologie, in: Kölner Zeitschrift für Soziologie und Sozialpsychologie 45: 528–552

Heritage, John (1984) Garfinkel and Ethnomethodology, Camebridge: Polity Press

Hesse, Mary (1980) Revolutions and Reconstructions in the Philosophy of Science, Brighton: Harvester Press

Hirsch, H.; Euler, K.H.; Schneider, M. (1957) Über die Erholung und Wiederbelebung des Gehirns nach Ischämie bei Normothermie, in: Pflügers Archiv 265: 281–313

Hirschauer, Stefan (1991) The manufacture of bodies in Surgery, in: Social Studies of Science 21: 279–319

Hirschauer, Stefan (2001) Ethnographisches Schweigen und die Schweigsamkeit des Sozialen. Zu einer Methodologie der Beschreibung, Zeitschrift für Soziologie 30: 407–429

Hitzler, Ronald; Honer, Anne (Hg.) Sozialwissenschaftliche Hermeneutik, Opladen: Leske und Budrich

Hörster, Norbert (1995a) Abtreibung im säkularen Staat. Argumente gegen den § 218, Frankfurt/M.: Suhrkamp

Hörster, Norbert (1995b) Neugeborene und das Recht auf Leben, Frankfurt/M.: Suhrkamp

Hoff, Johannes; in der Schmitten, Jürgen (1995) Wann ist der Mensch tot? Organverpflanzung und »Hirntod«-Kriterium, Reinbek bei Hamburg: Rowohlt

Hoff, Johannes; in der Schmitten, Jürgen (1995a) Vorwort der Herausgeber, in: dies. (Hg.) Wann ist der Mensch tot? Organverpflanzung und »Hirntod«-Kriterium, S. 9–16, Reinbek bei Hamburg: Rowohlt

Hoffmann, M. (1997) Zum Tode von Professor Dr. med. Rudolf Pichlmayr, in: Nieren- und Hochdruckkrankheiten, Zeitschrift für klinische Nephrologie und ihre Randgebiete 26: 520–525

Hogle, Linda F. (1995) Standardization across Non-Standard Domains: The Case of Organ Procurement, in: Science, Technology, and Human Values 20: 482–500

Hogle, Linda F. (1999) Recovering the Nation's Body. Cultural Memory, Medicine and the Politics of Redemption, New Brunswick, New Jersey, London: Rutgers University Press

Holfelder, Hans Hermann (1997) Koma und Sterben als Durchgangs- und Wandlungsprozess. Aspekte einer Ethik der Beziehung in der Medizin, Vortrag an der Fortbildungsakademie-Ärztekammer Hamburg

Honegger, Claudia (1991) Die Ordnung der Geschlechter, Frankfurt/M., New York: Campus

Honnefelder, Ludger (1996) Lebensrecht und Menschenwürde. Zu Bedeutung und Grenzen der Behandlungspflicht bei Patienten mit komplettem apallischem Syndrom, in: Ethik in der Medizin 8: 1–5
Honneth, Axel; Joas, Hans (1980) Soziales Handeln und menschliche Natur. Anthropologische Grundlagen der Sozialwissenschaften, Frankfurt/M., New York: Campus
Hucklenbroich, Peter (1998) Steps toward a theory of medical practice, in: Theoretical Medicine and Bioethics 19: 215–228
Husserl, Edmund (1976a) Husserliana, III/1: Ideen zu einer reinen Phänomenologie und phänomenologischen Philosophie, 1. Halbband, Den Haag: Nijhoff
Husserl, Edmund (1976b) Husserliana, III/1: Ideen zu einer reinen Phänomenologie und phänomenologischen Philosophie, 2. Halbband, Den Haag: Nijhoff
Husserl, Edmund (1980a) Logische Untersuchungen, Bd. I: Prolegomena zur reinen Logik, Tübingen: Niemeyer
Husserl, Edmund (1980b) Logische Untersuchungen, Bd. II/1: Untersuchungen zur Phänomenologie und Theorie der Erkenntnis, Tübingen: Niemeyer
Husserl, Edmund (1980c) Logische Untersuchungen, Bd. II/2: Elemente einer phänomenologischen Aufklärung der Erkenntnis, Tübingen: Niemeyer
Ikels, Charlotte (1997) Kidney Failure and Transplantation in China, in: Social Science and Medicine 44: 1271–1283
Institut für Wissenschaft und Ethik (Hg.) (1995) European Conference on »The moral issues surrounding the treatment and health care of patients in persistent vegetative state (PVS), Conference File
Ivan, Leslie P. (1973) Spinal reflexes in cerebral death, in: Neurology 23: 650–652
Jakobson, Roman (1971a) On the relationship between visual and auditory signs, in: Word and Language. Selected Writings Band II: 338–344, The Hague: Mouton. Deutsch in: ders. (1992) Semiotik, S. 286–290, Frankfurt/M.: Suhrkamp
Jakobson, Roman (1971b) Visual and auditory signs, in: Word and Language. Selected Writings Band II: 334–337, The Hague: Mouton. Deutsch in: ders. (1992) Semiotik, S. 290–300, Frankfurt/M.: Suhrkamp
Jasonoff, Sheila (1996) Beyond Epistemology: Relativism and Engagement in the Politics of Science, in: Social Science of Studies 26: 393–418
Joas, Hans (1989) Praktische Intersubjektivität, Frankfurt/M.: Suhrkamp
Joerges, Bernward (1995) Prosopoietische Systeme, in: Halfmann, Jost (Hg.) Technik und Gesellschaft, Jahrbuch 8: Theoriebausteine der Techniksoziologie, S. 31–48, Frankfurt/M, New York: Campus.
Joerges, Bernward (1996) Technik. Körper der Gesellschaft, Frankfurt/M.: Suhrkamp
Jonas, Hans (1995) Brief an Hans-Bernhard Würmeling, in: Hoff, Johannes; in der Schmitten, Jürgen (Hg.) Wann ist der Mensch tot? Organverpflan-

zung und »Hirntod«-Kriterium, S. 21–27, Reinbek bei Hamburg: Rowohlt.
Jørgensen, E.O. (1973) Spinal Man after Brain Death. The Unilateral Extension-Pronation Reflex of the Upper Limb as an Indication of Brain Death, in: Acta Neurochirurgica 28: 259-273
Jürgens, Andreas; Kröger, Detlef; Marschner, Rolf; Winterstein, Peter (1992) Das neue Betreuungsrecht, München: Beck
Kamper, Dietmar (1973) Geschichte und menschliche Natur. Die Tragweite gegenwärtiger Anthropologiekritik, München: Hanser
Käufer, C.; Penin, H. (1968) Todeszeitbestimmung beim dissoziierten Hirntod, in: Deutsche med. Wochenschrift 93: 679–684
Kaupen-Haas, Heidrun (1997, 2. Aufl.) Medizinische Soziologie, in: Korte, Hermann; Schäfers, Bernhard: Einführung in die Praxisfelder der Soziologie, Opladen: Leske u. Budrich
Kelsen, Hans (1982), Vergeltung und Kausalität, Wien, Köln, Graz: Böhlau
Klein, Martin (1995a) Leserforum: Antwort von Klein auf die Kritik von Körner und Spittler (1995: 109–112) und Link und Gramm (1995: 165–166), in: Ethik in der Medizin 7: 219–220
Klein, Martin (1995b) Hirntod: Vollständiger und irreversibler Verlust aller Hirnfunktionen, in: Ethik in der Medizin 7: 6–15
Klinke, Rainer; Silbernagl, Stefan (1996, 2. Aufl.) Lehrbuch der Physiologie, Stuttgart: Thieme
Knorr Cetina, Karin (1991) Die Fabrikation von Erkenntnis. Zur Anthropologie der Naturwissenschaft, Frankfurt/M.: Suhrkamp
Knorr Cetina, Karin (1992) The Couch, the Cathedral, and the Laboratory: On the Relationship between Experiment and Laboratory Science, in: Pickering, Andrew (ed.) Science as Practice and Culture, S. 113–138, Chicago, London: University of Chicago Press
Knorr Cetina, Karin (1998) Sozialität mit Objekten, in: Rammert, Werner (Hg.) Technik und Sozialtheorie, S. 83–120, Frankfurt/M., New York: Campus
Knorr-Cetina, Karin (1995) How Superorganisms Change: Consensus Formation and the Social Ontology of High-Energy Physics Experiments, in: Social Studies of Science 25: 119–147
Kohlhaas, M. (1967a) Lebensrettung wider Willen, in: Münchener Medizinische Wochenschrift 109: 2176–2179
Kohlhaas, M. (1967b) Rechtliche Fragen der Organtransplantation, in: Münchener Medizinische Wochenschrift 109: 2265–2266
Kohlhaas, M. (1968) Organentnahmeverbot durch letztwillige Verfügung, in: Deutsche medizinische Wochenschrift 93: 1612–1613
König, Rene (1958) Probleme der Medizinsoziologie, in: König, Rene; Margret Toennesmann (Hg.) Probleme der Medizin-Soziologie, Kölner Zeitschrift für Soziologie und Sozialpsychologie, Sonderheft 3: 1-9
Korthals, Gernot (1969) Strafrechtliche Probleme der Organtransplantation, Hamburg, Jur. Fak. Diss. v. 25. Aug. 1969
Korein, Julius (ed.) (1978) Brain Death: Interelated Medical and Social Issues, Annals of the New York Academy of Science Vol. 315

Kramer, Hans-Juergen (1987) Rechtsfragen der Organtransplantation, München: Florentz
Kress, Hans Frh. von (1969) Das Problem des Todes, in: Altmann, H.-W.; Büchner, F.; Cottier, H.; Holle, G.; Letterer, E.; Masshoff, W.; Meessen, H.; Roulet, R.; Seifert, G.; Siebert, G.; Studer, A. (Hg.) Prolegomena einer allgemeinen Pathologie, Handbuch der Allgemeinen Pathologie Bd. 1, S. 205–231, Berlin, Heidelberg, New York: Springer
Krösl, W., Scherzer, E. (Hg.) (1973) Die Bestimmung des Todeszeitpunktes, Wien: Maudrich
Kuhn, Thomas S. (1976) Die Struktur wissenschaftlicher Revolutionen, Frankfurt/M.: Suhrkamp
Krüger, Hans-Peter (1999) Zwischen Lachen und Weinen, Bd. 1: Das Spektrum menschlicher Phänomene, Berlin: Akademie
Krüger, Hans-Peter (2000a) Schwerpunkt: Das Schauspiel der Kultur im Spiel der Natur. Helmuth Plessners Philosophische Anthropologie, in: Deutsche Zeitschrift für Philosophie 48: 208–212
Krüger, Hans-Peter (2000b) Das Spiel zwischen Leibsein und Körperhaben. Helmuth Plessners Philosophische Anthropologie, in: Deutsche Zeitschrift für Philosophie 48: 289–318
Küfner, Nikolaus J. (1997) Rechtsphilosophische Aspekte moderner Medizintechniken am Beispiel der Transplantationsmedizin, Frankfurt/M., Berlin, Bern, New York, Paris, Wien: Lang
Küss, Réne (1991) Human Renal Transplantation Memories, 1951-1981, in: Alexandre, G.P.J. e.a. (ed) History of Transplantation: Thirty-Five Recollections, S. 37-60, Los Angeles (Cal.): UCLA Tissue Typing Lab.
Lachmund, Jens (1992) Die Erfindung des ärztlichen Gehörs. Zur historischen Soziologie der stethoskopischen Untersuchung, in: Zeitschrift für Soziologie 21: 235–251
Lachmund, Jens (1999) Making Sense of Sound: Auscultation and Lung Sound Codification in Nineteenth-Century. French and German Medicine, in: Science, Technology, and Human Values 24: 419–450)
Lamau, M.-L.; Cadore, B.; Boitte, P. (1997) From »The Ethical Treatment of Patients in a Persistant Vegetative State« to a Philosophical Reflection on Contemporary Medicine, in: Theoretical Medicine 18: 237–262
Langer, Susanne K. (1984) Philosophie auf neuem Wege. Das Symbol im Denken, im Ritus und in der Kunst, Frankfurt/M.: Fischer
Lanzerath, Dirk (1996) Europäische Fachtagung des Instituts für Wissenschaft und Ethik Bonn, in: Ethik in der Medizin 8: 164–166
Larenz, Karl (1960) Methodenlehre der Rechtswissenschaft, Berlin, Goettingen, Heidelberg: Springer
Largiadèr, F. (1967) Gegenwärtiger Stand der Transplantation von ganzen Organen, in: Wiederbelebung und Organersatz 4: 35–42
Lassek, C. e.a. (1998) Widersprüchliche Befunde in der Hirntoddiagnostik, in: Abstractband der 15. Jahrestagung der »Arbeitsgemeinschaft neurologische Intensivmedizin«, S. 54

Latour, Bruno (1986) The powers of association, in: Law, John (ed.) Power, Action and Belief, S. 264–280, London: Routledge

Latour, Bruno (1987) Science in action. How to follow scientists and engineers through society, Cambridge, Mass.: Harvard University Press

Latour, Bruno (1988) The Pasteurization of France, Cambridge, Mass., London: Harvard University Press

Latour, Bruno (1991) The Politics of Explanation: An Alternative, in: Woolgar, Steve (ed.) Knowledge and Reflexivity, New Frontiers in the Science of Knowledge, pp 155–176, London, Newbury Park, Beverly Hills, New Delhi: Sage

Latour, Bruno (1994) On Technical Mediation – Philosophy, Sociology, Genealogy, in: Common Knowledge 3: 29–64

Latour, Bruno (1995) Wir sind nie modern gewesen, Berlin: Akademie Verlag

Latour, Bruno (1996) Touching the untouchable. Factishes or can we do politics without the critique, in: Paper presented at »Contemporary Models of the Critique in Society, the Sciences and the Arts. Jerusalem Conference May 1996

Latour, Bruno; Woolgar, Steve (1979) Laboratory Life. The Social Construction of Scientific Facts, London, Beverly Hills: Sage

Law, John (1986) On the methods of long distance control: vessels, navigation and the Portuguese navigation route to india, in: derselbe (ed.) Power, Action and Belief, S. 234–263, London: Routledge

Law, John (ed.) (1986) Power, Action and Belief. A New Sociology of Knowledge?, London: Routledge

Law, John (ed.) (1991) A Sociology of Monsters: Essays on Power, Technology and Domination, London, New York: Routledge

Leach, Edmund (1982) Humanity and Animality, in: Social Anthropology, S. 86–121, New York, Oxford: Oxford University Press

Leach, Edmund (1982) The Unity of Man, in: derselbe (ed.) Social Anthropology, S. 55–85, New York, Oxford: Oxford University Press

Leher, Stephan P. (1997) Ethik im Krankenhaus. Wien; New York: Springer

Leist, Anton (Hg.) (1990) Um Leben und Tod. Moralische Probleme bei Abtreibung, künstlicher Befruchtung, Euthanisie und Selbstmord, Frankfurt/M.: Suhrkamp

Liebhardt, Erich W.; Wuermeling, Hans-B. (1968) Juristische und medizinisch-naturwissenschaftliche Begriffsbildung und die Feststellung des Todeszeitpunktes

Lindemann, Gesa (1999) Bewußtsein, Leib und Biographie. Biographische Kommunikation und die Verkörperung doppelter Kontingenz, in: Alheit e.a. (Hg.) Biographie und Leib, S. 44–72, Gießen: Psychosozial-Verlag

Lindemann, Gesa (2001) Die Interpretation ›hirntot‹, in: Schlich, Thomas; Wiesemann, Claudia (Hg.) Hirntod. Zur Kulturgeschichte der Todesfeststellung, S. 318–343, Frankfurt/M.: Suhrkamp

Lindemann, Gesa (2002) Unheimliche Sicherheiten. Zur Genese der Hirntodkonzeption, Konstanz: Universitätsverlag, in: Deutsche Zeitschrift für Philosophie, im Druck

Lindemann, Gesa (2002b) Kritik der Soziologie, Manuskript
Link, J.; Gramm, H.-J. (1995a) Leserforum zu »Hirntod: Vollständiger und irreversibler Verlust aller Hirnfunktionen?« von Martin Klein, in: Ethik in der Medizin 7: 165–166
Link, J.; Gramm, H.-J. (1995b) Stellungnahme zu »Hirntod: Vollständiger Verlust aller Hirnfunktionen?« von Martin Klein, in: Ethik in der Medizin 7: 165–166
Linke, D.B.; Kurthen, M.; Reuter, B.M.; Hamilton, P. (1991) Der Hirntod: Testung, Kriterienfindung, Definition, Attribution und Personkonzept, in: Toellner, Richard (Hg.) Organtransplantation – Beiträge zu ethischen und juristischen Fragen, S. 73–79, Stuttgart, New York: Fischer
Linke, Detlef B. (1991) Hirngewebetransplantation als ethisches Problem, in: Ethik in der Medizin 3: 59–67
Linke, Detlef B. (1993) Hirnverpflanzung. Die erste Unsterblichkeit auf Erden, Reinbek bei Hamburg: Rohwolt
Linke, Detlef B. (1996) Menschenrecht in den Biowissenschaften, in: Lettre, Heft 35, 4. Vj.: 14–17
Linke, Detlef; Reif, Adelbert (1996) Das Ich und sein Gehirn, in: Lettre, Heft 32, 1. Vj., S. 26–33
Lock, Margaret (1995) Transcending Mortality: Organ Transplants and the Practice of Contradictions, in: Medical Anthropology Quarterly (New Series), 9: 390–393
Lock, Margaret (1996a) Displacing Suffering: The Reconstruction of Death in North America and Japan, in: Daedalus, 125: 207–244
Lock, Margret (1996b) Death in Technological Time: Locating the End of Meaningful Life, in: Medical Anthropology Quarterly 10: 575–600
Lock, Margret (1997) The Unnatural as Ideology. Contesting Brain Death in Japan, in: Asquith, P.J.; Kalland, A. (eds.) Japanese Images of Nature, pp.121–144, Richmond: Cruzon Press
Lock, Margret (1998) Living cadarvers and the calculation of death, Manuscript/Paper presented at the »Workshop ›Theorizing Bodies‹ WTMC – CSI, Paris, September 9–11, 1998
Lock, Margret (1999) On Dying Twice: Culture, Technology, and the Determination of Death, in: Lock, Margret; Cambrosio, Alberto; Young, Allan (eds.) Living and Working with New Biomedical Technologies: Intersections of Inquiry, (Manuskr), Cambridge: University Press
Löwenich, Volker v. (1985) Grenzen der ärztlichen Behandlungspflicht bei schwerstgeschädigten Neugeborenen aus ärztlicher Sicht, in: Medizinrecht 3: 30–33.
Löwenich, Volker v. (1991) Ethische Fragen in der Perinatal-Medizin, in: Hegselmann, Rainer; Merkel, Reinhard (Hg.) Zur Debatte über Euthanasie Beiträge und Stellungnahmen, S. 128–152, Frankfurt/M.: Suhrkamp
Luckmann, Thomas (1980) Über die Grenzen der Sozialwelt, in: Lebenswelt und Gesellschaft, S. 56–92, Paderborn, München, Wien, Zürich: Schöningh
Luhmann, Niklas (1976) Generalized Media and the Problem of Contingency, in: Loubser, Jan J. e.a. (eds.) Explorations in General

Systems Theory in Social Science. Essays in Honor of Talcott Parsons, S. 507–532, New York: The Free Press / London: Collier Macmillan

Luhmann, Niklas (1980–1995) Gesellschaftsstruktur und Semantik. Studien zur Wissenssoziologie der modernen Gesellschaft, bis jetzt 4 Bde., Frankfurt/M.: Suhrkamp

Luhmann, Niklas (1984) Soziale Systeme. Grundriß einer allgemeinen Theorie, Frankfurt/M.: Suhrkamp

Luhmann, Niklas (1985) Society, Meaning, Religion – Based on Self-Reference, in: Sociological Analysis 46: 5–20

Luhmann, Niklas (1986) Systeme verstehen Systeme, in: Luhmann, Niklas; Schorr, Karl Eberhard (Hg.) Zwischen Intransparenz und Verstehen. Fragen an die Pädagogik, S. 72–126, Frankfurt/M.: Suhrkamp

Luhmann, Niklas (1987) Die Autopoiesis des Bewußtseins, in: Hahn, Alois; Kapp, Volker (Hg.) Selbstthematisierung und Selbstzeugnis: Bekenntnis und Geständnis. S. 25–94, Frankfurt/M.: Suhrkamp

Luhmann, Niklas (1988) Die Wirtschaft der Gesellschaft, Frankfurt/M.: Suhrkamp

Luhmann, Niklas (1992) Die Wissenschaft der Gesellschaft, Frankfurt/M.: Suhrkamp

Luhmann, Niklas (1995a) Die operative Geschlossenheit psychischer und sozialer Systeme, in: Soziologische Aufklärung Bd. 6: Die Soziologie und der Mensch. S, 25–36, Opladen: Westdeutscher Verlag

Luhmann, Niklas (1995b) Wie ist Bewußtsein an Kommunikation beteiligt?, in: Soziologische Aufklärung Bd. 6: Die Soziologie und der Mensch. S, 37–54, Opladen: Westdeutscher Verlag

Luhmann, Niklas (1997) Die Gesellschaft der Gesellschaft, 2 Bde, Frankfurt/M.: Suhrkamp

Mannheim, Karl (1970) Beiträge zur Theorie der Weltanschauungs-Interpretation, in: Wissenssoziologie, S. 91–154, Neuwied, Berlin: Luchterhand

Mannheim, Karl (1985) Ideologie und Utopie, Frankfurt/M.: Klostermann

Manzei, Alexandra (1997) Hirntod, Herztod, ganz tot?, Frankfurt/M.: Mabuse

Marks, Harry M. (1997) The Progress of Experiment: Science and Therapeutic Reform in the United States, 1900–1990, Cambridge, New York: Cambridge University Press

Mauss, Marcel (1989) Die Techniken des Körpers, in: ders. Soziologie und Anthropologie Bd. 2, S. 199–220, Frankfurt/M.: Fischer

Mead, George H. (1938) The Mechanism of Role-Taking in the Appearance of the Physical Object, in: The Philosophy of the Act, pp 426–432, Chicago, London: University of Chicago Press

Mead, George H. (1938) The Philosophy of the Act, Chicago, London: University of Chicago Press

Mead, George H. (1967) Mind, Self, and Society, Chicago, London: University of Chicago Press

Mead, George H. (1987a) Die Genesis der Identität und die soziale Kontrolle, in: ders. Gesammelte Aufsätze Bd. I, S. 299–328, Frankfurt/M.: Suhrkamp

Mead, George H. (1987b) Die soziale Identität, in: Gesammelte Aufsätze Bd. I: 241–249, Frankfurt/M.: Suhrkamp

Mead, George H. (1987c) Der Mechanismus des sozialen Bewußtseins, in: ders. Ges. Aufsätze Bd. I: 232–240, Frankfurt/M.: Suhrkamp

Mehan, Hugh; Wood, Houston (1975) The Reality of Ethomethodology, New York, London, Sydney, Toronto: Wiley.

Meinefeld, Werner (1995) Realität und Konstruktion. Erkenntnistheoretische Grundlagen einer Methodologie der empirischen Sozialforschung, Opladen: Leske und Budrich

Meinefeld, Werner (1997) Ex-ante Hypothesen in der Qualitativen Sozialforschung: zwischen »fehl am Platz« und »unverzichtbar« in: Zeitschrift für Soziologie 26: 22–34

Merleau-Ponty, Maurice (1966) Phänomenologie der Wahrnehmung, Berlin: de Gruyter

Merz, Martina; Knorr Cetina, Karin (1997) Denconstruction in a ›Thinking‹ Science: Theoretical Physicists at Work, in: Social Studies of Science 27: 73–111

Meuser, Michael; Nagel, Ulrike (1991) ExpertInneninterviews – vielfach erprobt, wenig bedacht, in: Garz, Detlef; Kraimer, Klaus (Hg.) Qualitativ-empirische Sozialforschung, S. 441–471, Opladen: Westdeutscher Verlag

Michailakis, Dimitris (1995) Legislating death: socio-legal studies of the brain death controversy in Sweden, Stockholm: Almqvist & Wiksell

Michel, Barbara (1997) Das Koma als veränderter Wahrnehmungs- und Bewußtseinszustand, Diplomarbeit im Studiengang Behindertenpädagogik an der Universität Bremen

Misch, Georg (1967, 3. Aufl.,) Lebensphilosophie und Phänomenologie. Eine Auseinandersetzung der Diltheyschen Richtung mit Heidegger und Husserl, Stuttgartt: Teubner.

Molinari, Gaetano F. (1980) The NINDS Collaborative Study of Brain Death – A Historical Perspective, in: The NINCDS Collaborative Study of Brain Death, pp. 1–32, NIH Publication No. 81–2286

Mollarét, P.; Goulon, M. (1959) Le Coma Dépasse, in: Revue Neurologique 101: 3–15

Mollarét, Pierre (1962) Über die äußersten Möglichkeiten der Wiederbelebung. Die Grenzen zwischen Leben und Tod, in: Münchner medizinische Wochenschrift 34: 1539–1545

Moore, Francis Daniel; Brendel, Walter (1970) Transplantation. Geschichte und Entwicklung bis zur heutigen Zeit, Berlin, Heidelberg, New York: Springer

Moravec, Hans (1990) Mind Children. Der Wettlauf zwischen menschlicher und künstlicher Intelligenz, Hamburg: Hoffmann und Campe

Morin, Edgar (1974) Das Rätsel des Humanen. Grundfragen einer neuen Anthropologie, München, Zürich: Piper

Morin, Edgar (1994) Die Unidualität des Menschen, in: Kamper, Dietmar; Wulf, Christoph (Hg.) Anthropologie nach dem Tode des Menschen. S. 15–24, Frankfurt/M.: Suhrkamp

Mueller, Berthold (1975) Der Tod und seine Feststellung. Untersuchung von Leichen. Verhalten am Auffindungsort der Leiche, in: ders. Gerichtliche Medizin, 1. Band: Tod und Sterben. Leichenuntersuchung, Spurenuntersuchung. Identifizierung. Todesursachen. Verkehrsmedizin, S. 8–44, Berlin, Heidelberg, New York: Springer

Mulkay, Michael (1993) Social death in Britain, in: Clark, David (ed.) The Sociology of Death: Theory, Culture, Practice, p.: 31–49, Oxford, Cambridge: Blackwell.

Müller, Knut (1996) Postmortaler Rechtsschutz – Überlegungen zur Rechtssubjektivität Verstorbener, Frankfurt/M., Berlin, Bern, New York, Wien: Lang

Multi-Society Task Force on PVS (1994) Medical aspects of the persistent vegetative state. First of two parts, New England Journal of Medicine, 330: 1499–1508

Multi-Society Task Force on PVS (1994) Medical aspects of the persistent vegetative state. Second of two parts, New England Journal of Medicine, 330/22: 1572–1579

Murauer, Michael (1982) Organtransplantation, Recht und Öffentlichkeit, München, Techn. Univ., Fak. f. Medizin, Diss.,

Nassehi, Armin; Weber, Georg (1989) Tod, Modernität und Gesellschaft. Entwurf einer Theorie der Todesverdrängung, Opladen: Westdeutscher Verlag

Negovskij, Vladimir Aleksandrovic (1959) Pathophysiologie und Therapie der Agonie und des klinischen Todes, Berlin: Akademie

Nissen, R. (1967) Quo vadis medicina? in: Hippokrates 38: 232–235

Nordenfelt, Lennart; Ingemar, B.; Lindahl, B. (Hg.) (1984) Health, disease, and causal explanations in medicine, Dordrecht, Boston, Lancaster: Reidel

Novak, Peter (1985) Grenzprobleme der Medizin, in: Österreichische Zeitschrift für Soziologie 10: 17–34

Obermann, Konrad (1998) Some Politico-Economic Aspects of Organ Shortage in Transplantation Medicine, in: Social Science and Medicine 46: 299–311

Obermeier, Otto-Peter (1985) Zweck – Funktion – System, Freiburg, München: Alber.

Oduncu, Fuat (1998) Hirntod und Organtransplantation. Medizinische, juristische und ethische Fragen, Göttingen: Vandenhoeck, Ruprecht

Offer, John (1996) Sociological Theory and the Sociology of Scientific Knowledge: A Reply to Steve Fuller, in: Sociology 30: 159–162

Ohnuki-Tierny, Emiko (1994) Brain Death and Organtransplantation. Cultural Bases of Medical Technology, in: Current Anthropology 15: 233–242

Päpstlicher Rat für die Seelsorge im Krankendienst (1995) Charta der im Gesundheitsdienst Tätigen Personen, Vatikanstadt

Parsons, Talcott (1956) Boundary Relations between Sociocultural and Personality Systems (Presentation mit anschließender Diskussion), in: Grinker, Roy R. (ed.) Toward a Unified Theory of Human Behaviour: An introduction to General Systems Theory. S. 325–339, New York: Basic Books

Parsons, Talcott (1958) Struktur und Funktion der modernen Medizin, in: König, Rene; Margret Toennesmann (Hg.) Probleme der Medizin-Soziologie, Kölner Zeitschrift für Soziologie und Sozialpsychologie, Sonderheft 3: 10–57

Parsons, Talcott (1964) The Social System, New York: The Free Press

Parsons, Talcott (1968) Interaction: Social Interaction, in: International Encyclopedia of the Social Sciences Bd. 7, S. 429–441, New York: Macmillan/The Free Press

Parsons, Talcott e.a. (1959) Some Fundamental Categories of The General Theory of Action: A General Statement, in: Parsons, Talcott; Shils, Edward A. (eds.) Toward a General Theory of Action, S. 3–29, Cambridge, Massachusetts: Harvard University Press

Parsons, Talcott; Shils, Edward A. (1959b) Values, Motives, and Systems of Action, in: Parsons, Talcott; Shils, Edward A. (Hg.) Toward a General Theory of Action, S. 47–275, Cambridge, Mass.: Harvard University Press

Peabody, J.L.; Emery, J.R.; Ashwal, S. (1989) Experience with Anencephalic Infants as Prospective Organ Donors, in: New Engl. J. Med. 321: 344–350

Pels, Dick (1996) The politics of symmetry, in: Social Studies of Science 26: 277–304.

Pendl, Gerhard (1986) Der Hirntod, Wien, New York: Springer

Penin, Heinz; Käufer, Christoph (Hg.) (1969) Todeszeitbestimmung bei irreversiblem Funktionsverlust des Gehirns, Stuttgart: Thieme

Pernick, Martin S. (1988) Back from the Grave: Recurring Controversies over Defining and Diagnosing Death in History, in: Zaner, R.M. (ed.) Death: Beyond Whole-brain Criteria, pp. 17–74, Dordrecht, Boston, London: Kluwer

Pettinari, Catherine Johnson (1988) Task, Talk, and Text in the Operating Room: A Study in Medical Discourse, Norwood (New Jersey): Ablex

Pickering, Andrew (1993) The Mangle of Practice: Agency and Emergence in the Sociology of Science, in: American Journal of Sociology 99: 559–589

Pietrowicz, Stephan (1992) Helmuth Plessner. Genese und System seines philosophisch-anthropologischen Denkens, München: Alber

Pinch, Trevor J.; Bijker, Wiebe E. (1984) The Social Construction of Facts and Artefacts: or How the Sociology of Science and the Sociology of Technology might Benefit Each Other, in: Social Studies of Science 14: 399–441

Plessner, Helmuth (1975, 3. Aufl.) Die Stufen des Organischen und der Mensch, Berlin, New York: de Gruyter

Plessner, Helmuth (1981) Macht und menschliche Natur. Ein Versuch zur Anthropologie der geschichtlichen Weltansicht, in: Gesammelte Schriften

Bd. V: Macht und menschliche Natur. S. 135–234, Frankfurt/M.: Suhrkamp

Portmann, A. (1969) Das Problem des Lebendigen, in: Altmann, H.-W.; Büchner, F.; Cottier, H.; Holle, G.; Letterer, E.; Masshoff, W.; Meessen, H.; Roulet, R.; Seifert, G.; Siebert, G.; Studer, A. (Hg.) Prolegomena einer allgemeinen Pathologie, Handbuch der Allgemeinen Pathologie Bd. 1, S. 187–204, Berlin, Heidelberg, New York: Springer

Pribilla, O. (1968) Wann kann man frühestens den Totenschein nach Eintritt des Todes ausstellen?, in: Deutsche Medizinische Wochenschrift 93: 1213

Prokop, Otto; Göhler, Werner (1975, 3. Aufl.) Forensische Medizin, Berlin: VEB Verlag Volk und Gesundheit

Quante, Michael (1997) »Hirntod« und Organverpflanzung, in: Ach, Johannes S.; Quante, Michael (Hg.) Hirntod und Organverpflanzung, Stuttgart, Bad Cannstatt: frommann-holzboog

Quante, Michael (Hg.) (1999) Personale Identität, Paderborn: Schöningh

Reichertz, Jo (1992) Beschreiben oder Zeigen – Über das Verfassen Ethnographischer Berichte, in: Soziale Welt 43: 331–350

Reiser, Stanley J. (1978) Medicine and the Reign of Technology, Cambridge, New York, New Rochelle, Melbourne, Sydney: Cambridge University Press

Rheinberger, Hans-Jörg (1992a) Das ›Epistemische Ding‹ und seine technischen Bedingungen, in: ders.: Experiment-Differenz-Schrift, S. 67–86, Marburg: Basilisken-Presse

Rheinberger, Hans-Jörg (1992b) Experimentalsysteme: Differenz, Graphematizität, Konjunktur, in: ders.: Experiment-Differenz-Schrift, S. 21–46, Marburg: Basilisken-Presse

Rheinberger, Hans-Jörg (1992c) Experiment, Difference, and Writing I. Tracing proteinsynthesis, in: Studies in the History and Philosophy of Science 23: 305–331

Rheinberger, Hans-Jörg (1993) Vom Mikrosom zum Ribosom. ›Strategien‹ der Repräsentation 1935–1955, in: Rheinberger, Hans-Jörg; Hagner, Michael (Hg.) Die Experimentalisierung des Lebens: Experimentalsysteme in den biologischen Wissenschaften 1850–1950, S. 163–187, Berlin: Akademie

Rheinberger, Hans-Jörg (1997) Von der Zelle zum Gen. Repräsentationen in der Molekularbiologie, in: Rheinberger e.a. (Hg.) Räume des Wissens: Repräsentation, Codierung, Spur, S. 265–279, Berlin: Akademie Verlag

Rheinberger, Hans-Jörg (1999) Putting Isotopes to Work: Liquid Scintillation Counters, 1950–1970, Max-Planck-Institut für Wissenschaftsgeschichte: Reprint 121

Ridder, Paul (1979) Die Sprache des Schmerzes, Konstanz

Ridder, Paul (1980) Patient im Krankenhaus: Personenbezogener Dienst auf der Station, Bd. 1: Die Trauer des Leibes; Bd. 2: Die Teilung der Arbeit, Stuttgart: Enke

Ridder, Paul (1985) Die Gespaltene Identität der Praktischen Wissenschaft, in: Österreichische Zeitschrift für Soziologie 10: 43–59
Ridley, A. (1991) Persistent states of altered consciousness, in: Swash, Michael; Oxbury, John (Hg.) Clinical Neurology, S. 204–210, Edinburgh, London, Melbourne, New York: Churchill Livingston
Rix, Bo Andreassen (1990) The importance of knowledge and trust in the definition of death, in: Bioethics 4: 232–236
Rödig, Andrea (1997) Foucault und Sartre. Die Kritik des modernen Denkens, München: Alber
Rorty, Richard (1980) A Reply to Dreyfus and Taylor, in: Review of Metaphysics 34: 39–46
Rorty, Richard; Taylor, Charles; Dreyfus, Hubert L. (1980) A Discussion, in: Review of Metaphysics 34: 46–55
Roth, Gerhard (1994) Autopoiese und Kognition: Die Theorie H. R. Maturanas und die Notwendigkeit ihrer Weiterentwicklung, in: Schmidt, Siegfried J. (Hg.) Der Diskurs des radikalen Konstruktivismus. S. 256–286, Frankfurt/M.: Suhrkamp
Roth, Gerhard (1994) Erkenntnis und Realität: Das reale Gehirn und seine Wirklichkeit, in: Schmidt, Siegfried J. (Hg.) Der Diskurs des radikalen Konstruktivismus. S. 229–255, Frankfurt/M.: Suhrkamp
Roth, Gerhard (1997) Das Gehirn und seine Wirklichkeit, Frankfurt/M.: Suhrkamp
Roth, Gerhard; Dicke, Ursula (1995) Das Hirntodproblem aus der Sicht der Hirnforschung, in: Hoff, Johannes; in der Schmitten, Jürgen (Hg.) Wann ist der Mensch tot? Organverpflanzung und ›Hirntod‹-Kriterium, S. 51–67, Reinbek bei Hamburg: Rowohlt
Rusch, Gebhard; Schmidt, Siegfried J.; Breidbach, Olaf (Hg.) (1996) Interne Repräsentationen, Frankfurt/M.: Suhrkamp
Saint-Arnaud, Jocelyne (1996) Réanimation et transplantation; la mort reconceptualisée, in: Sociologie et Societes 28: 93–108
Sanchez-Gonzalez, Miguel A. (1997) Advance Directives Outside the USA: Are They the Best Solution Everywhere?, in: Theretical Medicine 18: 283–301
Sarasin, Philipp; Tanner, Jakob (Hg.) (1998) Physiologie und industrielle Gesellschaft. Studien zur Verwissenschaftlichung des Körpers im 19. und 20. Jahrhundert, Frankfurt/M.: Suhrkamp
Sartre, Jean-Paul (1967) Kritik der dialektischen Vernunft. 1. Band: Theorie der gesellschaftlichen Praxis, Reinbek bei Hamburg: Rowohlt
Sartre, Jean-Paul (1982) Die Transzendenz des Ego, Reinbek bei Hamburg: Rowohlt
Sartre, Jean-Paul (1993) Das Sein und das Nichts. Versuch einer phänomenologischen Ontologie, Reinbek bei Hamburg: Rowohlt
Sass, Hans-Martin (Hg.) (1989) Medizin und Ethik, Stuttgart: Reclam
Sawday, Jonathan (1995) The body emblazoned. Dissection and the human body in renaissance culture, London, New York
Schachtner, Christina (1999) Ärztliche Praxis. Die gestaltende Kraft der Metapher, Frankfurt/M.: Suhrkamp

Schauf, Charles L.; Moffett, David F.; Moffett, Stacia B. (Hg.) (1993) Medizinische Physiologie, nach der amerikanischen Originalausgabe herausgeben von Ernst Schubert, Berlin, New York: de Gruyter

Scheler, Max (1973) Gesammelte Werke, Bd. 7: Wesen und Formen der Sympathie, Bern: Francke

Schellong, Sebastian (1990) Künstliche Beatmung. Strukturgeschichte eines ethischen Dilemmas, Stuttgart, New York: Fischer

Schlake, Hans-Peter; Roosen, Klaus (o.J.) Der Hirntod als Tod des Menschen, Deutsche Stiftung Organtransplantation

Schlaudraff, Udo (1998) Organtransplantation-Gesetzliche Regelung-Praktische Wirklichkeit, Vortrag im Rahmen der Vortragsreihe »Hospizarbeit« Braunschweig am 22.4.1998

Schlich, Thomas (1998) Pathological Theory – Surgical Practice? The Rationale behind the first Organ Transplantations (1880s-1920s), in: Prüll, Cay-Rüdiger; Woodward, John (eds.) Pathology in the 19th and 20th Centuries: the Relationship between Theory and Practice, pp. 55–69, Sheffield: European Association for the History of Medicine and Health Publications

Schlich, Thomas (1999) Ethik und Geschichte: Die Hirntoddebatte als Streit um die Vergangenheit, in: Ethik in der Medizin 11: 79–88

Schmidt, Volker H. (1996) Politik der Organverteilung, Baden-Baden: Nomos.

Schmidt-Rost, Reinhard (1985) ›Zuvorkommende Behandlung‹? Historisch-soziologische Skizzen zur Entwicklung der Arzt-Patienten-Beziehung unter den Bedingungen fachlicher Spezialisierung in der Medizin, in: Österreich. Zeitschrift für Soziologie 10: 139–145

Schmied, G. (1988) Sterben und Trauern in der modernen Gesellschaft, München: Pieper

Schmitz, Hermann (1964–1980) System der Philophie, 5 Bde., Bonn: Bouvier

Schmitz, Hermann (1978) Die Wahrnehmung, in: System der Philophie. Bd. III,5, Bonn: Bouvier

Schneider, Gerald (1985) Inhumane Intensivmedizin. Zur Struktur der Interaktion von Personal und Patienten auf der Intensivstation, in: Österreichische Zeitschrift für Soziologie 10: 179–190

Schneider, Max (1965) Überlebens- und Wiederbelebungszeit von Gehirn Herz, Leber, Niere nach Ischämie und Anoxie, Köln, Opladen: Westdeutscher Verlag

Schneider, Werner (1999a) »So tot wie nötig – so lebendig wie möglich!«. Sterben und Tod in der fortgeschrittenen Moderne, Münster, Hamburg, London: Lit-Verlag

Schneider, Werner (1999b) ›Death Is Not the Same Always and Everywhere‹ – Sociocultural Aspects of Brain Death and the Legislation of Organ Transplantation, in: European Societies 1: 353–389

Schneiderman, Lawrence J.; Jecker, Nancy S. (1996) Should a Criminal receive a Heart Transplant? Medical Justice vs. Societal Justice, in: Theoretical Medicine 17: 33–44

Schöning, Rolf (1996) Rechtliche Aspekte der Organtransplantation unter besonderer Berücksichtigung des Strafrechts, Zürich: Schulthess, Polygraph. Verl.
Schubert, E. (1993) Physiologie des Menschen – Definition, S. 1–10, in: Charles L.; Moffett, David F.; Moffett, Stacia B. (Hg.) (1993) Medizinische Physiologie, nach der amerikanischen Originalausgabe herausgegeben von Ernst Schubert, Berlin, New York: de Gruyter
Schulz, Walter (1984) Plessner: »Die Stufen des Organischen und der Mensch, in: Schulz, Walter (Hg.) Philosophie in der veränderten Welt. S. 433–441, Pfullingen
Schütz, Alfred (1973) Collected Papers. Vol. 1: The Problem of Social Reality, Den Haag: Martinus Nijhoff
Schütz, Erich; Caspers, Heinz; Speckmann, Erwin-Josef (1982) Physiologie: Lehrbuch für Studierende, München, Wien, Baltimore: Urban und Schwarzenberg
Schwab, R.S.; Potts, F.; Bonazzi, A. (1963) EEG as an aid in determining death in the presence of cardiac activity (ethical, legal and medical aspects) in: Electroencephalography and Clinical Neurophysiology 15: 147–148
Schwerd, Wolfgang (1992) Forensische Thanatologie, in: Rechtsmedizin. Lehrbuch für Mediziner und Juristen, S. 182–209, Köln: Deutscher Ärzteverlag
Schwörer, Christa (1995, 3. Aufl.) Der apallische Patient. Aktivierende Pflege und therapeutische Hilfe im Langzeitbereich, Stuttgart, Jena, New York: Fischer
Seeland, Klaus (1998) Interkultureller Vergleich, Eine Theorie der Weltaneignung nach Heidegger, Würzburg: Königshausen, Neumann
Serre, Michel (1994) Der Naturvertrag, Frankfurt/M.: Suhrkamp
Shapin, Steven; Schaffer, Simon (1985) Leviathan and the Air-Pump. Hobbes, Boyle, and the Experimental Life, Princeton: University Press
Sharp, Lesley A. (1995) Organ Transplantation as a Transformative Experience: Anthropological Insights into the Restructuring of the Self, in: Medical Anthropology Quarterly (New Series), 9: 357–389
Shewmon, D. Alan (1998) Chronic ›brain death‹. Meta-analysis and conceptual consequences, in: Neurology 51: 1583–1545
Shilling, Chris (1993) The Body and Social Theory, London: Sage
Silverman, D. (1971) Cerebral death – The history of the Syndrome and its identification, in: Annals of Internal Medicine 74: 1003–1005
Simmel, Georg (1908/1983) Soziologie. Untersuchungen über die Formen der Vergesellschaftung, Berlin: Duncker und Humblot
Singer, Peter (1994) Praktische Ethik, Stuttgart: Reclam
Singer, Wolf (1997) Bewußtsein, etwas »Neues, bis dahin Unerhörtes«, in: Berlin-Brandenburgische Akademie der Wissenschaften, Berichte und Abhandlungen, Band 4: 175–190, Berlin: Akademie Verlag
Singer, Wolf (1998) Auf dem Weg nach innen. 50 Jahre Hirnforschung in der Max-Planck-Gesellschaft, in: MPG Spiegel, Sonderausgabe, Heft 2: 20–34

Sismondo, Sergio (1993) Some Social Constructions, in: Social Studies of Science 23: 515–553

Smith, Andrew J.K.; Walker, A. Earl (1973) Cerebral blood flow and brain metabolism as indicators of cerebral death, in: Johns Hopkins Medical Journal 133: 107–119

Soeffner, Hans-Georg (1989) Auslegung des Alltags – Der Alltag der Auslegung. Zur wissenssoziologischen Konzeption einer sozialwissenschaftlichen Hermeneutik, Frankfurt/M.: Suhrkamp

Soeffner, Hans-Georg (1989a) Alltagsverstand und Wissenschaft, in: ders. Auslegung des Alltags – Der Alltag der Auslegung. Zur wissenssoziologischen Konzeption einer sozialwissenschaftlichen Hermeneutik, S. 10–50, Frankfurt/M.: Suhrkamp

Spaemann, Robert (1996) Personen. Versuche über den Unterschied zwischen ›etwas‹ und ›jemand‹, Stuttgart: Klett-Cotta

Spann, W.; Kugler, J.; Liebhardt, E. (1967) Tod und elektrische Stille im EEG, in: Münchener medizinische Wochenschrift 109: 2161–2167

Spann, W.; Liebhardt, E. (1966) Reanimation und Feststellung des Todeszeitpunktes, in: Münchener medizinische Wochenschrift 108: 1410–1414

Spann, W.; Liebhardt, E. (1967) Rechtliche Probleme bei der Organtransplantation, in: Münchener medizinische Wochenschrift 109: 672–675

Spann, Wolfgang (1966) Strafrechtliche Probleme an der Grenze von Leben und Tod, in: Deutsche Zeitschrift für die gesamte Gerichtliche Medizin 57: 26–30

Spann, Wolfgang (1996, 2. Aufl.) Kalte Chirurgie, Landsberg: ecomed

Spittler, Johann Friedrich (1995) Der Hirntod – Tod des Menschen. Grundlagen und medizinethische Gesichtspunkte, in: Ethik in der Medizin 7: 128–145

Stapenhorst, Kurd (1996) Über die biologisch-naturwissenschaftlich unzulässige Gleichsetzung von Hirntod und Individualtod und ihre Folgen für die Medizin, in: Ethik in der Medizin 8: 79–89

Stapenhorst, Kurd (1999) Unliebsame Betrachtungen zur Transplantationsmedizin, Göttingen: Vandenhoek, Ruprecht

Star, Susan Leigh (1995) Introduction, in: dies. (ed.) Ecologies of Knowledge. Work and Politics in Science and Technology, pp. 1–35, State University of New York Press

Star, Susan Leigh (ed.) (1995b) Ecologies of Knowledge. Work and Politics in Science and Technology, State University of New York Press

Starzl, Thomas E. (1992) The Puzzle People, Pittsburgh and London: University of Pittsburgh Press

Steinert, Heinz (1995) Soziale Ausschließung – Das richtige Thema zur richtigen Zeit, in: Kriminologisches Journal 27: 82–88.

Steinert, Heinz (Hg.) (1973) Symbolische Interaktion. Arbeiten zu einer reflexiven Soziologie, Stuttgart: Klett

Steinert, Heinz (o.J.) Reflexivität. Zur Bestimmung des Gegenstandsbereichs der Sozialwissenschaften, in: Steinert, Heinz (Hg.) Zur Kritik der empirischen Sozialforschung. Studientexte zur Sozialwissenschaft Bd. 14, hg. am FB Gesellschaftswissenschaften der Johann Wolfgang Goethe-Universität Frankfurt a.M., S. 15–28

Steinhausen, Michael (1986) Medizinische Physiologie: Ein Lehrbuch mit Prüfungsfragen, Berlin, Heidelberg, New York, Tokyo: Springer

Stöcker, Ralf (1997) An den Grenzen des Todes – ein Plädoyer für die moralphilosophische Überwindung der Hirntoddebatte, in: Ethik in der Medizin 9: 194–208

Straus, Robert (1957) The Nature and Status of Medical Sociology, in: American Sociological Review 22: 200-204

Strauss, Anselm (1974) Spiegel und Masken, Frankfurt/M.: Suhrkamp

Strauss, Anselm; Fagerhaugh, Schizuko; Suczek, Barbara; Wiener, Carolyn (1985) Social Organization of Medical Work, Chicago and London: University of Chicago Press

Streckeisen, Ursula et al. (1992) Die berufliche Konstruktion des Lebensendes. Thanatopraktische Handlungsweisen in explorativer Sicht. Schlußbericht an den Schweizerischen Nationalfonds, Bern: unveröffentlichter Forschungsbericht

Streckeisen, Ursula (2001) Die Medizin und der Tod. Über berufliche Strategien zwischen Klinik und Pathologie, Opladen: Leske und Budrich

Sudnow, David (1973) Organisiertes Sterben. Eine soziologische Untersuchung, Frankfurt/M.: Fischer

Sytsma, Sharon E. (1996) Anencephalics as Organ Sources, in: Theoretical Medicine 17: 19–32

Thomas, Hans (1994) Sind Hirntote Lebende ohne Hirnfunktion oder Tote mit erhaltenen Körperfunktionen, in: Ethik in der Medizin 6: 189–207

Thümler, Reiner (1994) Schädel-Hirn-Trauma und apallisches Syndrom. Informationen und Ratschläge, München: Piper

Timmermans, Stefan (1996) Saving Lives or Saving Multiple Identities?: The Double Dynamic of Resuscitation Scripts, in: Social Science Studies 26: 767–797

Timmermans, Stefan; Berg, Marc (1997) Standardization in Action: Achieving Local Universality through Medical Protocols, in: Social Science of Studies 27: 273–305

Toellner, Richard (Hg.) (1991) Organtransplantation – Beiträge zu ethischen und juristischen Fragen, Stuttgart, New York: Fischer

Toellner, Richard (Hg.) (1995) Wissen, Handeln, Ethik. Strukturen ärztlichen Handelns und ihre ethische Relevanz, Stuttgart: G. Fischer

Tomlinson, Tom (1990) Misunderstanding Death on Respirator, in: Bioethics 4: 253–264

Tönnis, W.; Frowein, R.A. (1963) Wie lange ist Wiederbelebung bei schweren Hirnverletzungen möglich?, in: Monatsschrift für Unfallheilkunde 66: 169–190

Truog, Robert D.; Fletcher, John C. (1990) Brain Death and the Anencephalic Newborn, in: Bioethics 4: 199–215

Turkle, Sherry (1984) Die Wunschmaschine, Reinbek bei Hamburg: Rowohlt

Vahlensieck, W.; Gödde, St.; Siedek, M.; Paquet, K.J.; Albrecht, D.; Fritz, K.W.; Wilbrandt, R.; Neuhaus, G.; Vorländer, K.O. (1968) Organkonservierung, Operationstechnik und Immunsuppression bei Nierentransplantation, in: Deutsche med. Wochenschrift 93: 676–679

Veatch, Robert M. (1978) The Definition of Death: Ethical, Philosophical, and Policy Confusion, in: Korein, Julius (ed.) Brain Death: Interrelated Medical and Social Issues, Annals of the New York Academy of Sciences 315: S. 307–320

Veatch, Robert M. (1989) Death, Dying, and the Biological Revolution, New Haven, London: Yale University Press

Vielmetter, Georg (1998) Die Unbestimmtheit des Sozialen. Zur Philosophie der Sozialwissenschaften, Frankfurt/M., New York: Campus

Vollmann, Jochen (1996) Todeskriterien und Interessen bei Organentnahme. Ein Plädoyer für eine patientenorientierte Interessenabwägung in der Transplantationsmedizin, in: Ethik in der Medizin 8: 114–124

Wachsmuth, W. (1967) 84. Tagung der Deutschen Gesellschaft für Chirurgie, Eröffnungsansprache des Präsidenten, in: Langenbecks Archiv für klinische Chirurgie 319: 3–11

Wagner, Gerald (1998) Die programmierte Medizin, Opladen: Westdeutscher Verlag

Wagner, H. J. (1973) Todeszeitbestimmung, in: Handwörterbuch der Rechtsmedizin, Band 1: Die Tat und ihr Nachweis, S. 292–296

Wagner, Wolfgang (1995) Gemeinsamkeiten zwischen Hirntodkonzept und traditionellen Todeszeichenkonzepten. Überlegungen zu den anthropologischen Grundlagen der Feststellung des menschlichen Todes, in: Ethik in der Medizin 7: 193–212

Waldenfels, Bernhard (1980) Grenzen der Universalisierung. Zur Funktion der Rollenübernahme in Meads Sozialtheorie, in: ders.: Der Spielraum des Verhaltens, S. 223–262, Frankfurt/M.: Suhrkamp

Walters, James (1989) Anencephalic infants as organ sources: Should the law be changed?, in: The Journal of Pediatrics 115: 824–828

Wanek, Volker (1994) Machtverteilung im Gesundheitswesen: Struktur und Auswirkungen, Frankfurt/M.: Verlag für akademische Schriften

Wawersik, J. (1968) Klinik und Forschung. Kriterien des Todes unter dem Aspekt der Reanimation, in: Der Chirurg 39: 345–348

Weber, Max (1980, 5. Aufl.) Wirtschaft und Gesellschaft, Tübingen: Mohr

Weigand, Norbert; Zerkowski, Hans-Reinhard (o.J.) Die Entwicklung der Transplantationsmedizin, Universität GH Essen: Essener Unikate

Wertheimer, P.; Jouvet, M.; Descotes, J. (1959) A propos du diagnostic de la mort du système nerveux. Dans les comas avec arret respiratoire traités par respiration artificielle, in: La Presse Medicale 67: 87–88

Wertheimer, P.; Rougement, J. de; Descotes, J.; Jouvet, J. (1960) Données angiographiques relatives à la mort de l'encephale au cours de comas avec arrets repiratoire (Comas dits dépassés), in: Lyon Chirurgical 56: 641–648

Wiebel-Fanderl, Olivia (1997) Herztransplantation als erzählte Erfahrung. Ein Beitrag zum Spannungsfeld von Krankheit und Heilung aus subjektiver Sicht, in: Ambitielos, Dimetios; Neuland-Kikerow, Dagmar; Noack, Karoline (Hg.) Medizin im interkulturellen Vergleich, S. 149–166, Münster: Waxmann

Wieland, Wolfgang (1975) Diagnose. Überlegungen zur Medizintheorie, Berlin, New York: de Gruyter

Wiesemann, Claudia (1993) Grenzen des Lebens, Grenzen der Person? Zur Debatte um ›Hirnleben‹ und ›Hirntod‹, in: Burkhardt, Hans; Frewer, Andreas (Hg.) Person und Ethik. Historische und systematische Aspekte zwischen medizinischer Anthropologie und Ethik, S. 67–85, Erlangen: Palm & Enke

Wiesemann, Claudia (1995a) Ethische Aspekte der Prognose, in: Toellner, Richard (Hg.) Wissen, Handeln, Ethik. Strukturen ärztlichen Handelns und ihre ethische Relevanz, S. 37–47, Stuttgart: G. Fischer

Wiesemann, Claudia (1995b) Hirntod und Gesellschaft. Argumente für einen pragmatischen Skeptizismus, in Ethik in der Medizin 7: 16–28

Wiesemann, Claudia (1998) Instrumentalisierte Instrumente: EEG, zerebrale Angiographie und die Etablierung des Hirntodkonzepts, (Manuskript), in: Meinel, C. (Hg.) Instrument-Experiment: Historische Studien, Bassum/Stuttgart: GNT-Verlag

Wiesemann, Claudia (1998) The significance of prognosis for a theory of medical practice, in: Theoretical Medicine and Bioethics 19:253–261

Wiesemann, Claudia (1999) Defining Brain Death: The German Debate in Historical Perspective, in: Jütte, R.; Woodward, J. (eds.) Medicine Law and Human Rights (Manuscript)

Wiesemann, Claudia (2001) Notwendigkeit und Kontingenz. Zur Geschichte der ersten Hirntod-Definition der Deutschen Gesellschaft für Chirurgie von 1968, in: Schlich, Thomas; Wiesemann, Claudia (Hg.) Hirntod. Zur Kulturgeschichte der Todesfeststellung, S. 209-235, Frankfurt/M.: Suhrkamp

Wiesing, Urban; Welie, Jos V.M. (1998) Why should medicine consider a theory of practice? Introduction to the issue, in: Theoretical Medicine and Bioethics 19: 199–202

Wikler, Daniel (1993) Brain Death – A Durable Consensus?, in: Bioethics 7: 239–246

Wild, Claudia (1990) Soziale Folgen der Technisierung der Medizin, in: Journal für Sozialforschung 30: 295–317

Wimmer, Helga; Pelikan, Jürgen M. (1985) Gestörte Kommunikation zwischen Arzt und Patient. Eine Analyse von Kommunikationsbedingungen am Beispiel der Anamnese, in: Österreichische Zeitschrift für Soziologie 10: 163–178

Winslow, Gerald R. (1989) No – the law on anencephalic infants as organ sources should not be changed, in: The Journal of Pediatrics 115: 829–832

Wolbert, Werner (1996) Zur neueren Diskussion über den Gehirntod, in: Ethik in der Medizin 8: 6–18

Wolfe, Alan (1993) The human difference. Animals, Computers, and the necessity of social science, Berkeley, Los Angeles, Oxford: University of California Press

Wolfslast, Gabriele (1989) Grenzen der Organgewinnung – Zur Frage einer Änderung der Hirntodkriterien, in: Medizinrecht 7: 163–168

Wolstenholme, G. E. W.; O'Connor, Maeve (eds.) (1966) Ethics in medical progress. With special reference to transplantation. London: Churchill (Ciba Foundation Symposia)

Woolgar, Steve (1985) Why not a sociology of machines? The case of sociology and artificial intelligence, in: Sociology 19: 557–572

Woolgar, Steve (1991a) Reflexivity is the Ethnographer of the Text, in: Woolgar, Steve (ed.) Knowledge and Reflexivity, New Frontiers in the Science of Knowledge, pp 14–34, London, Newbury Park, Beverly Hills, New Delhi: Sage

Woolgar, Steve (ed.) (1991b) Knowledge and Reflexivity. New Frontiers in the Science of Knowledge, London, Newbury Park, Beverly Hills, New Delhi: Sage

Woolgar, Steve; Ashmore, Malcolm (1991) The Next Step: an Introduction to the Reflexive Project, in: Woolgar, Steve (ed.) Knowledge and Reflexivity, New Frontiers in the Science of Knowledge, pp 1–11, London, Newbury Park, Beverly Hills, New Delhi: Sage

Wuermeling, Hans-Bernhard (1997) Behandlungsabbruch und Recht auf Leben, in: Hamburger Ärzteblatt 6/1997: 260–262

Würmeling, Hans-Bernhard (1993) Sind Anfang und Ende der Person Biologisch definierbar – oder wie sonst, in: Burkhardt, Hans; Frewer, Andreas (Hg.) Person und Ethik. Historische und systematische Aspekte zwischen medizinischer Anthropologie und Ethik, S. 101–110, Erlangen: Palm & Enke

Wynne, Anna (1991) Accounting for Accounts of the Diagnosis of Multiple Diagnosis, in: Woolgar, Steve (ed.) Knowledge and Reflexivity, New Frontiers in the Science of Knowledge, pp 101–122, London, Newbury Park, Beverly Hills, New Delhi: Sage

Youngner, Stuart J.; Bartlett, Edward T. (1983) Human death and high techonology: The failure of the whole brain formulations, in: Annals of Internal Medicine 99: 252–258

Zaner, R.M. (ed.) (1988) Death: Beyond Whole-brain Criteria, Dordrecht, Boston, London: Kluwer

Zell, Michael (1997) Die Entwicklung der Neurochirurgie in Deutschland unter besonderer Berücksichtigung des Lebens und Werks von Wilhelm Tönnis in Bochum-Langendreer, Inaugural-Dissertation zur Erlangung des Doktorgrads der Medizin einer Hohen Medizinischen Fakultät der Ruhr-Universität Bochum

Zenker, R.; Pichlmaier, H. (1968) Organverpflanzung beim Menschen, in: Deutsche Medizinische Wochenschrift 93: 713–720

Zenker, R.; Pichlmaier, H.; Erpenbeck, R.; Bessirsky, H.W.; Jabour, A.; Edel, H.; Gurland, H.J.; Müller, R.; Altmeyer, B.; Dobbelstein, H. (1967) Erste Erfahrungen mit der Transplantation von Leichennieren beim Menschen, in: Münchener Medizinische Wochenschrift 109: 613–620

Zieger, Andreas (1995) Informationen und Hinweise für Angehörige von Schädel-Hirn-Verletzten und Menschen im Koma und apallischem Syndrom, Oldenburg: EigenVerlag

Zieger, Andreas (1997) Neue Forschungsergebnisse und Überlegungen im Umgang mit Wachkomapatienten, Vortrag an der Fortbildungsakademie – Ärztekammer Hamburg am 11.01.97 im Rahmen der Fortbildungsveranstaltung »Bioethik in der Medizin am Beispiel der Wachkoma-Patienten. Abgedruckt in: Hamburger Ärzteblatt 6/1997: 254–259

Zimmermann, Mirjam; Zimmermann, Ruben; Löwenich, Volker v. (1997) Die Behandlung bei schwerstgeschädigten Neugeborenen und Frühgeborenen an deutschen Kliniken, in: Ethik in der Medizin 9: 56–77

Zussman, Robert (1992) Intense Care. Medical Ethics and the Medical Profession, Chicago and London: University of Chicago Press

Personenverzeichnis

Ad Hoc Committee of the Harvard Medical School 128, 131f
Adorno, T. W. 352
Alexandre, G. P. J. 122, 132
Allaines, F. 128, 132
Altmann, H.-W. 129
Amann, K. 58, 232
Anderson, W. 142
Anspach, R. 233, 339
Arlt, G. 24
Asemissen, U. 24
Atkinson, P. 140, 142ff

Badura, B. 139
Baureithel, U. 141
Beaufort, J. 25
Beck-Gernsheim, E. 141
Berg, M. 56, 142, 234
Berger, P. L. 21, 26
Bergmann, A. 141
Berkenhoff, H. A. 105
Bernat, J.L. 79
Bloor, D. 59f, 142
Blumer, H. 26
Bonazzi, A. 116, 128
Bosk, C. 141, 205ff, 214
Boyle, R. 62f
Brosig, W. 125
Bundesärztekammer 130f, 354, 369ff, 385f, 419, 421

Callon, M. 56-64, 72, 142
Canguilhem, G. 227f, 231
Cavalieri, P. 54
Cicourel, A. 141, 269
Collins, H. M. 58f, 64
Culver, C.M. 79

Derrida, J. 75
Dilthey, W. 25

Dux, G. 24

Eisenbart, B. 326, 340
Eßbach, W. 31

Fahrenbach, H. 24
Feldmann, K. 106
Feuerstein, G. 121, 143
Fleck, L. 142f
Foucault, M. 24f, 105, 142f, 227f, 248f, 352
Fox, R. C. 203
Freidson, E. 141
Frowein, R. A. 116, 134f
Fuchs, R. 142
Fuchs-Heinritz, W. 106

Garfinkel, H. 26, 92
Gehlen, A. 20f
Gerhard, Ute 53
Gerhardt, U. 135, 141
Gerstenbrand, F. 271
Giacomini, M. 366
Glück, J. 141
Goffman, E. 53
Göhler, W. 388
Goodman, J. 136
Görg, C. 56
Goulon, M. 122
Gramer, E. 126
Gramm, H.-J. 364
Grote-Janz, C. 141, 234
Gütgemann, A. 127

Habermas, J. 26
Hacking, I. 55
Hagner, M. 144
Hahn, A. 106
Haid, B. 112-115
Hamburger, J. 120, 122

Hanack, E.-W. 123, 127
Haraway, D. 75
Heidegger, M. 23, 25, 29, 66
Heinitz, E. 123
Heintz, B. 55, 142
Heritage, J. 26
Hirschauer, S. 63f, 153, 234
Hobbes, T. 62f
Hoff, J. 23
Hogle, L. F. 79, 141
Honegger, C. 105
Honneth, A. 20, 26
Horkheimer, M. 352
Husserl, E. 23, 25, 65

in der Schmitten, J. 23

Jakobson, R. 419
Joas, H. 20, 26
Joerges, B. 47
Jørgensen, E.O. 367

Kamper, D. 20
Kant, I. 25
Käufer, C. 23, 127, 133, 136
Kaupen-Haas, H. 139
Kelsen, H. 25
Klein, M. 364
Klinke, R. 226
Knorr Cetina, K. 35, 55, 73, 142, 232
Kohlhaas, M. 123f, 126f
Kommission der Deutschen Gesellschaft für Chirurgie 127f, 135
König, R. 139
Korein, J. 79, 129
Korthals, G. 125f
Kress, H. 129
Krösl, W. 135
Krüger, H.-P. 24, 45, 435
Kuhn, T. S. 142
Kurthen, M. 79-84, 87, 182, 271

Larenz, K. 124
Largiadère, F. 125
Lassek, C. 363
Latour, B. 55-64, 71f, 75, 142, 185

Law, J. 55-63
Liebhardt, E. W. 127
Lindemann, G. 24, 47, 66, 105, 130, 136, 364, 366, 433
Link, J. 364
Linke, D.B. 79-84, 87, 182, 268, 271
Lock, M. 141
Luckmann, T. 21ff, 25, 58, 61-70
Luhmann, N. 21, 26, 32, 37, 40-46, 75, 92

Mannheim, K. 142
Manzei, A. 352
Matt, E. 141
Mead, G. H. 26, 37, 45, 92, 297f
Merleau-Ponty, M. 20
Misch, G. 23, 25, 66
Molinari, G. 136
Mollarét, P. 122
Moore, F. D. 120
Moravec, H. 54
Müller, K. 22, 351
Multi-Society Task Force on PVS 229f, 270, 273f
Murauer, M. 124

Negovskij, V.A. 110, 133
Nissen, R. 127

Obermann, K. 141

Papst Pius der XII 112-116
Parsons, T. 37, 43, 47, 139
Pelikan, J. M. 141
Pels, D. 62f
Penin, H. 23, 127, 133, 136
Pernick, M. S. 108f
Pichlmaier, H. 125, 134
Pickering, A. 55, 57
Pietrowicz, S. 25
Plessner, H. 22ff, 27-49, 66, 145, 231f
Portmann, A. 129
Potts, F. 116, 128
Prokop, O. 388

Quante, M. 57

Reiser, S. 234
Rheinberger, H.-J. 144, 232
Ridder, P. 144f
Roosen, K. 362

Sarasin, P. 142
Sartre, J.-P. 20
Schachtner, C. 141, 233
Schaffer, S. 62f
Scheler, M. 298
Schellong, S.111-113, 173ff
Scherzer, E. 135
Schlake, H. P. 362
Schmidt, V. 141
Schmidt-Rost, R. 141
Schmied, G. 106
Schmitz, H. 28, 65
Schneider, G. 141
Schneider, M. 134
Schneider, W. 352
Schubert, E. 227
Schütz, A. 26, 61, 78, 298
Schwab, R. S. 116, 128, 132
Schwerd, W. 388
Seeland, K. 66
Shapin, S. 62f
Sharp, L. 141
Silbernagl, S. 226
Silverman, D. 136
Simmel, G. 136
Singer, P. 54, 57
Smith, A.J.K. 136
Soeffner, H.-G. 63
Spann, W. 116, 127, 132
Spittler, F. 364
Stapenhorst, K. 364
Star, S. L. 64

Starzl, T. E. 121
Steinert, H. 53, 61
Straus, R. 139
Strauss, A. L. 26, 141-144, 233
Streckeisen, U. 22
Sudnow, D. 22

Tanner, J. 142
Timmermans, S. 56, 142, 234, 328f
Tönnis, W. 116, 134f, 154
Turkle, S. 47

Vahlensieck, W. 127
Veatch, R. M. 79
Vielmetter, G. 298

Wachsmuth, W. 128
Wagner, G. 142, 235, 242
Wagner, H. J. 388
Walker, A. E. 136
Wanek, V. 141
Wawersik, J. 127
Weingarten, E. 141, 234
Wertheimer, P. 135
Wieland, W. 180
Wiesemann, C. 135, 180, 366
Wimmer, H. 141
Wolstenholme, G. E. W. 122, 127
Woolgar, S. 55, 63, 142
Wuermeling, H.-B. 127

Yearley, S. 58f, 64

Zaner, R.M. 23
Zenker, R. 125, 134
Zieger, A. 57
Zussman, R. 142, 233, 325, 329, 339f

Über diese Reihe

Die Bände der Reihe „Übergänge" bewegen sich in einem Zwischenbereich, in dem philosophische Überlegungen und sozialwissenschaftliche Forschung aufeinander stoßen und sich verschränken. Das thematische Schwergewicht sind Prozesse des gemeinsamen Handelns, Sprechens und leiblichen Verhaltens, die sich in einer sozialen Lebenswelt abspielen und verändern. Die Frage nach der Ordnung der Welt und Gesellschaft und nach den Übergängen von einer Ordnung zur anderen stellt sich auf neue Weise, sobald man von einer Zwischensphäre ausgeht, die auf die Dauer von keiner Einzelinstanz zu steuern und durch keine bestimmte Ordnung zu erschöpfen ist. In dieser Begrenzung liegt das Potential zu einer Kritik, die nicht aufs Ganze geht.

In der Abfolge der Reihe, die der phänomenologischen Tradition verbunden, aber nicht auf sie beschränkt ist, soll die Erörterung theoretischer und methodischer Grundfragen abwechseln mit der Präsentation spezifischer Forschungsansätze und geschichtsvariabler Untersuchungen. Bevorzugte Themen sind etwa die leibliche Verankerung von Handeln und Erkennen, die Ausbildung und Ausgrenzung von Milieus, Prozesse der Normalisierung und Typisierung, der Kontrast von Alltags- und Forschungspraktiken, die Divergenz von Erkenntnis- und Rationalitätsstilen, der Austausch zwischen fremden Kulturen, Krisen der abendländischen Lebens- und Vernunftordnung u. ä.

Um diesen Studien ein historisches Relief zu verleihen, werden thematisch relevante Traditionsbestände in repräsentativen Texten vergegenwärtigt. Diesem internationalen Programm entspricht auf deutscher Seite der Versuch, an die Forschungslage vor 1933 wiederanzuknüpfen und Vergessenes wie Verdrängtes zurückzuholen.

Herausgeber:
Wolfgang Eßbach und
Bernhard Waldenfels

Erschienen sind:

Band 1
Richard Grathoff/Bernhard
Waldenfels, Hrsg.
Sozialität und Intersubjektivität
Phänomenologische Perspektiven
der Sozialwissenschaft im Umkreis
von Aron Gurwitsch und Alfred
Schütz, 1983, 410 S.
ISBN 3-7705-2187-8
(vergriffen)

Band 2
Ulf Matthiesen
*Das Dickicht der Lebenswelt und
die Theorie des kommunikativen
Handelns*
2. Auflage 1985, 186 S.
ISBN 3-7705-2188-9

Band 3
Maurice Merleau-Ponty
Die Prosa der Welt
Hrsg. von Claude Lefort.
Einleitung zur dt. Ausgabe von
Bernhard Waldenfels. Aus dem
Franz. von Regula Giuliani
2. Aufl. 1993, 168 S.
ISBN 3-7705-2823-9

Band 4
Alfred Schütz, Aron Gurwitsch
Briefwechsel 1939 – 1959
Hrsg. von Richard Grathoff.
Mit einer Einleitung von Ludwig
Landgrebe
1985, XXXX, 544 S.
ISBN 3-7705-2260-5

Band 5
Hermann Coenen
*Diesseits von subjektivem Sinn und
kollektivem Zwang*
Schütz – Durkheim – Merleau-
Ponty
Phänomenologische Soziologie im
Feld zwischenleiblichen Verhaltens
1985, 332 S.
ISBN 3-7705-2242-7
(vergriffen)

Band 7
Käte Meyer-Drawe
Leiblichkeit und Sozialität
Phänomenologische Beiträge zu
einer pädagogischen Theorie der
Inter-Subjektivität.
3. unveränd. Aufl. 2001, 301 S.
ISBN 3-7705-2241-9

Band 8
Christa Hoffmann-Riem
Das adoptierte Kind
Familienleben mit doppelter
Elternschaft
4. unveränd. Aufl. 1998, 343 S.
ISBN 3-7705-2248-6

Band 9
Peter Kiwitz
Lebenswelt und Lebenskunst
Perspektiven einer Kritischen
Theorie des sozialen Lebens
1986, 230 S.
ISBN 3-7705-2322-9

Band 10
Anselm L. Strauss
*Grundlagen qualitativer
Sozialforschung*
Datenanalyse und Theoriebildung
in der empirischen soziologischen
Forschung
1991, 376 S.
ISBN 3-7705-2656-2
(vergriffen)

Band 11
Stéphane Mosès
System und Offenbarung
Die Philosophie Franz Rosenzweigs.
Vorw. von Emmanuel Lévinas. Aus dem Franz. von Rainer Rochlitz
1985, 242 S.
ISBN 3-7705-2314-8

Band 12
Paul Ricœur
Die lebendige Metapher
(Vom Verfasser gekürzte Fassung)
Aus dem Franz. von Rainer Rochlitz
1986, 325 S.
ISBN 3-7705-2349-0

Band 13
Maurice Merleau-Ponty
Das Sichtbare und das Unsichtbare
Gefolgt von Arbeitsnotizen. Hrsg., mit Vorwort und Nachwort versehen von Claude Lefort. Aus dem Franz. von Regula Giuliani und Bernhard Waldenfels
1986, 391 S.
ISBN 3-7705-2321-0

Band 14
Rüdiger Welter
Der Begriff der Lebenswelt
Theorien vortheoretischer Erfahrungswelt
1986, 219 S.
ISBN 3-7705-2357-1
(vergriffen)

Band 15
Alexandre Métraux, Bernhard Waldenfels, Hrsg.
Leibhaftige Vernunft
Spuren von Merleau-Pontys Denken
1986, 309 S.
ISBN 3-7705-2315-6

Band 16
Wolfgang Eßbach
Die Junghegelianer
Soziologie einer Intellektuellengruppe
1988, 470 S.
ISBN 3-7705-2434-9

Band 17
Jacques Derrida
Husserls Weg in die Geschichte am Leitfaden der Geometrie
Ein Kommentar zur Beilage III der „Krisis". Aus dem Franz. von Rüdiger Hentschel und Andreas Knop. Mit einem Vorw. von Rudolf Bernet
1987, 233 S.
ISBN 3-7705-2424-1

Band 18/I, 18/II, 18/III
Paul Ricœur
Zeit und Erzählung
Bd. I: *Zeit und historische Erzählung*
Aus dem Franz. von Rainer Rochlitz
1988, 357 S., ISBN 3-7705-2467-5
Bd. II: *Zeit und literarische Erzählung*
Aus dem Franz. von Rainer Rochlitz
1989, 286 S., ISBN 3-7705-2468-3
Bd. III: *Die erzählte Zeit*
Aus dem Franz. von Andreas Knop
1991, 450 S., ISBN 3-7705-2608-2

Band 19
Gerhard Riemann
Das Fremdwerden der eigenen Biographie
Narrative Interviews mit psychiatrischen Patienten
1987, 512 S.
ISBN 3-7705-2396-2

Band 20
Eckhard Lobsien
Das literarische Feld
Phänomenologie der Literaturwissenschaft
1988, 225 S.
ISBN 3-7705-2485-3

Band 21
Józef Tischner
Das menschliche Drama
Phänomenologische Studien zur Philosophie des Dramas
1989, 276 S.
ISBN 3-7705-2589-2

Band 22
John O'Neill
Die fünf Körper
Medikalisierte Gesellschaft und Vergesellschaftung des Leibes
1990, 172 S.
ISBN 3-7705-2620-1

Band 23
Jürgen Seewald
Leib und Symbol
Ein sinnverstehender Zugang zur kindlichen Entwicklung
2. unveränd. Auflage 2000, 560 S.
ISBN 3-7705-3498-0

Band 24
Burkhard Liebsch
Spuren einer anderen Natur
Piaget, Merleau-Ponty und die ontogenetischen Prozesse
1992, 434 S.
ISBN 3-7705-2780-1

Band 25
Alexander Haardt
Husserl in Rußland
Phänomenologie der Sprache und Kunst bei Gustav Spet und Aleksej Losev
1993, 259 S.
ISBN 3-7705-2807-7

Band 26
Paul Ricœur
Das Selbst als ein Anderer
Aus dem Franz. von Jean Greisch in Zusammenarbeit mit Thomas Bedorf und Birgit Schaaff
1996, 443 S.
ISBN 3-7705-2904-9

Band 27
Verena Olejniczak
Subjektivität als Dialog
Philosophische Dimension der Fiktion
Zur Modernität Ivy Compton-Burnetts
1993, 463 S.
ISBN 3-7705-2906-5

Band 28
Maurice Merleau-Ponty
Keime der Vernunft
Vorlesungen an der Sorbonne 1949-1952. Hrsg. und mit einem Vorwort vers. v. Bernhard Waldenfels. Aus d. Franz. v. Antje Kapust. Mit Anmerkungen v. Antje Kapust und Burkhard Liebsch
1994, 450 S.
ISBN 3-7705-2927-8

Band 29
Käte Meyer-Drawe
Menschen im Spiegel ihrer Maschinen
1996, 232 S.
ISBN 3-7705-3087-X

Band 30
Burkhard Liebsch
Geschichte im Zeichen des Abschieds
1997, 435 S.
ISBN 3-7705-3128-0

Band 31
Ichiro Yamaguchi
Ki als leibhaftige Vernunft
Beitrag zur interkulturellen Phänomenologie der Leiblichkeit
1997, 248 S.
ISBN 3-7705-3204-X

Band 32
Bernhard Waldenfels, Iris Därmann, Hrsg.
Der Anspruch des Anderen
Perspektiven phänomenologischer Ethik
1998, 351 S.
ISBN 3-7705-3254-6

Band 33
László Tengelyi
Der Zwitterbegriff Lebensgeschichte
1997, 446 S.
ISBN 3-7705-3248-1

Band 34
Maurice Merleau-Ponty
Die Natur
Aufzeichnungen von Vorlesungen am Collège de France 1956-1960.
Hrsg. u. mit Anmerk. versehen v. Dominique Séglard. Aus d. Franz. v. Mira Köller.
2000, 388 S.
ISBN 3-7705-3339-9

Band 35
Maurice Merleau-Ponty
Sinn und Nicht-Sinn
Aus d. Franz. v. Hans-Dieter Gondek
2000, 264 S.
ISBN 3-7705-3379-8

Band 36
Thomas Rolf
Normalität
Ein philosophischer Grundbegriff des 20. Jahrhunderts
1999, 322 S.
ISBN 3-7705-3391-7

Band 37
Regula Giuliani, Hrsg.
Merleau-Ponty und die Kulturwissenschaften
2000, 365 S.
ISBN 3-7705-3478-6

Band 38
Ruben Zimmermann, Hrsg.
Bildersprache verstehen
Zur Hermeneutik der Metapher und anderer bildlicher Sprachformen. Mit einem Geleitwort von Hans-Georg Gadamer
2000, 391 S.
ISBN 3-7705-3492-1

Band 39
Thomas Keller
Deutsch-französische Dritte-Weg-Diskurse
Personalistische Intellektuellendebatten in der Zwischenkriegszeit
2001, 437 S.
ISBN 3-7705-3504-9

Band 40
Helmuth Plessner
Politik – Anthropologie – Philosophie
Aufsätze und Vorträge. Hrsg. v.
Salvatore Giamusso und Hans-
Ulrich Lessing
2001, 355 S.
ISBN 3-7705-3516-2

Band 41
Sabine Gürtler
Elementare Ethik
Alterität, Generativität und Ge-
schlechterverhältnis bei Emmanuel
Lévinas
2001, 434 S.
ISBN 3-7705-3541-3

Band 42
Martin W. Schnell
Zugänge zur Gerechtigkeit
Diesseits von Liberalismus und
Kommunitarismus
2001, 293 S.
ISBN 3-7705-3577-4

Band 43
Brigitte Jostes, Jürgen Trabant,
Hrsg.
Fremdes in fremden Sprachen
2001, 279 S.
ISBN 3-7705-3545-6

Band 44
Jörg Michael Kastl
Grenzen der Intelligenz
Die soziologische Theorie und das
Rätsel der Intentionalität
2001, 379 S.
ISBN 3-7705-3564-2

Band 45
Olaf Kaltenborn
Das Künstliche Leben
Die Grundlagen der Dritten Kultur
2001, 322 S.
ISBN 3-7705-3562-6

Band 46
Birgit Griesecke
Japan dicht *beschreiben*
Produktive Fiktionalität in der eth-
nographischen Forschung
2001, 214 S.
ISBN 3-7705-3610-X

Band 47
Mirjana Vrhunc
Bild und Wirklichkeit
Zur Philosophie Henri Bergsons
2002, 288 S.
ISBN 3-7705-3644-4